실전 예제로 완성하는 모델 2 웹 프로그래밍

JSP 3.1
&Servlet 6.0

JSP 3.1 &Servlet 6.0

초판 인쇄일 2024년 10월 30일
초판 발행일 2024년 11월 6일

지은이 오정원
발행인 박정모
등록번호 제 9-295호
발행처 도서출판 혜지원
주소 (10881) 경기도 파주시 회동길 445-4(문발동 638) 302호
전화 031) 955-9221~5 **팩스** 031) 955-9220
홈페이지 www.hyejiwon.co.kr
인스타그램 @hyejiwonbooks

기획 김태호
진행 이찬희
디자인 유니나
영업마케팅 김준범, 서지영
ISBN 979-11-6764-071-0
정가 35,000원

실전 예제로 완성하는 모델 2 웹 프로그래밍

JSP 3.1 &Servlet 6.0

오정원 지음

혜지원

머리말

자바 웹 프로그래밍 분야의 개발과 컨설팅 및 강의를 병행해 온 지도 벌써 20년이 넘었다. 그동안 수많은 후배 개발자들과 학생들을 접했다. 모두들 자신의 위치에서 최선을 다하고 있었지만, 자바 웹 프로그래밍의 능력을 키우는 데 어려움을 겪고 있었다. 후배 개발자들이나 학생들을 지도하면서 미래의 웹 프로그래밍 분야를 이끌어갈 이들에게 어떻게 효과적으로 기술을 전달할 수 있을까 고민하기 시작했다.

많은 후배 개발자들이 여기저기 자신들의 방향을 찾아 해매다가 결국 좌절하곤 했다. 그 이유는 자바 웹 프로그래밍 언어를 제대로 학습하기 위해서 노력은 하지만, 웹 프로그래밍 언어의 기본이 되는 자바 프로그래밍 언어 자체가 큰 규모의 프로젝트를 수행하기 위해서 개발된 언어이기 때문에 개념을 정확히 이해하기가 쉽지 않고 자바 웹 프로그래밍 언어의 정확한 맥을 잡지 못하기 때문으로 판단된다.

최근 자바 웹 프로그래밍의 가장 기본적이고 핵심적인 기술은 모델 2 개발 방법이다. 기본적으로 이 모델 2 개발 방법에 대해서 완벽히 이해를 하게 되면 회사에서 사용하는 프레임워크에 대한 이해가 빨라진다. Spring Framework 등 최근 웹 개발에 많이 사용되고 있는 프레임워크들도 결국 모델 2 개발 방법의 요청 처리를 위한 프레임워크들이기 때문이다. Spring FrameWork는 자바 웹 프로그래밍 언어인 Servlet을 중심으로 구현한 언어이고, Spring FrameWork를 이용해서 개발할 때 여러 가지 복잡한 설정을 자동으로 해결해 주어 개발을 효율적으로 진행할 수 있도록 해 주는 별도의 프레임워크가 Spring Boot 프레임워크이다. 기업 자체 프레임워크로 개발을 진행하여도 결국 이 모델 2 개발 방법을 크게 벗어나지 않는다. 결국 이 모델 2 개발 방법을 익히지 못하면 아무리 JSP의 문법을 책으로 학습한다 하더라도 실제 프로젝트에서는 어려움을 겪을 수밖에 없다. 그렇지만 현재 출판되어 있는 대부분의 JSP 서적들은 모델 1 기반의 예제들로 구성되어 있다.

따라서, 본 저자는 어떻게 하면 신입 개발자들이나 자바 웹 프로그래밍을 처음 시작하는 학생들이 모델 2 개발 방법을 효율적으로 이해할 수 있을지 고민하였고, 모델 2 개발 방법 위주로 구성되어 있는 JSP 책을 출판하게 되었다. 또한, 모델 2 기반 애플리케이션의 구성을 최근 대부분의 JavaEE 에플리케이션 개발에서 표준 프레임워크로 사용되고 있는 Spring Framework 구조와 유사하게 구성하였다. 본 교재에서 사용하고 있는 모델 2 에플리케이션의 구성을 완전히 이해하면 Spring Framework 등 기타 프레임워크를 이해하는 데에도 많은 도움이 될 것이다.

또한, 본 교재에서는 웹 애플리케이션의 주요 기능들을 다양한 예제로 소개하였다. 응답형 게시판, 회원 관리, 쇼핑몰, 자바 메일링 등 실제 웹 애플리케이션에 적용할 수 있는 다양한 예제들을 수록하였다.

물론, 본 책을 읽었다고 모델 2 개발 방법을 완전히 통달할 수는 없다. 그리고 모델 2 개발 방법을 이해했다고 프로젝트를 완벽하게 진행할 수는 없다. 실제 프로젝트를 진행하기 위해서는 데이터베이스, 프레임워크 등 기타 필요한 기술들이 많기 때문이다. 그러나 본 책을 꼼꼼히 학습하면 자바 웹 프로젝트에서 가장 핵심이 되는 기술인 모델 2 개발 방법의 기본 구조를 정확히 이해할 수 있다. 즉, 실제 개발을 진행할 수 있는 기초가 다져지는 셈이다.

모쪼록 자바 웹 프로그래밍 기술을 향상하고자 하는 개발자 및 학생들이 본 책을 통해서 많은 도움을 얻기를 바란다.

또한, 항상 내 곁을 지켜주는 아내와 내 아이들에게 감사하다는 말을 전하고 싶고 이 책이 무사히 출판될 수 있도록 무수한 오타도 잡아 주시며 꼼꼼히 검수해 주신 이찬희 혜지원 편집담당자 분께도 진심으로 감사하는 마음을 전한다.

저자 오정원

목 차

JSP 기본 요소

내장 객체와 액션 태그

액션 태그를 활용한 템플릿 페이지 작성

자바빈(JavaBean)

세션(Session)과 쿠키(Cookie)

Chapter 08

예외 처리

Chapter 09

파일 업로드

Chapter 10

이미지 썸네일

Chapter 11

JavaMail

데이터베이스를 이용한 회원 관리 시스템

JSTL(JSP Standard Tag Library)과 EL(Expression Language)

Model 2로 만드는 게시판 프로젝트

Chapter 15

Model 2 예제들

Chapter 16

부록

Chapter 01 **JSP 입문**

이번 장에서는 웹상에서의 요청을 수신하고 처리하는 웹 애플리케이션의 개념을 살펴보고 웹 애플리케이션을 개발할 때 사용할 수 있는 PHP, ASP, JSP, SERVLET 등 웹 프로그래밍 언어의 특징에 대해서 살펴본다. 또한, 웹 애플리케이션의 요청 처리 구조에 대해 살펴본다.
PHP, ASP 등 다른 웹 프로그래밍 언어에 비해 서블릿은 많은 장점을 가지고 있다. 서블릿의 요청 처리 단계를 살펴보면서 서블릿의 장점에 대해서도 살펴본다.

....

1. 웹 애플리케이션의 개요

1) 웹 프로그래밍이란?

인터넷이 전 세계를 하나로 연결해 주고 있는 지금, 웹(Web)은 모든 기술의 집약체이자 근본이 되었다고 해도 과언이 아니다. 브라우저를 통해 앉은 자리에서 전세계의 정보와 상품을 검색하고 구입할 수 있으며 인터넷을 통해서 할 수 없는 일이 없을 정도이다. 지금 이 책을 보고 있는 독자들 중에도 웹이나 브라우저란 단어에 대해 모르고 있는 사람은 아마 없을 것이다.

그렇다면 우리가 브라우저를 통해 접할 수 있는 그 많은 사이트들은 어떻게 만들어졌을까? 네이버나 지마켓, 옥션 등 수많은 사용자들을 가지고 있는 거대 사이트들부터 개인이 제작하고 관리하는 소규모 홈쇼핑 사이트까지 기본적으로 웹 브라우저를 통해 사용자로부터 데이터를 입력 받고 처리하는 모든 사이트들은 바로 웹 프로그래밍 언어를 통해서 구축되었다고 볼 수 있다. **즉 웹 프로그래밍이란 웹상에서 사용자와 기업 또는 사용자들간의 연결을 가능하게 하는 프로그래밍 언어라 할 수 있다.**

웹 콘텐츠를 제작하고 관리할 때 가장 중요한 점은 수많은 사용자에 의해 동적으로 변화되는 데이터를 효율적으로 처리해야 한다는 점이다. 그렇다면 동적으로 변하는 데이터란 뭘까? 옥션처럼 많은 사용자를 가지고 있는 기업 사이트를 생각해 보자. 이런 사이트들은 하루에도 셀 수 없이 많은 사용자가 상품을 검색하고 구입하며 상품평을 적는다. 이는 상품에 대해 기업이 가지고 있는 데이터가 많은 사용자들에 의해 끊임없이 조회되고 새로 생성되며 추가된다는 것을 의미한다. 즉 데이터가 사용자에 의해 계속적으로 변화된다.

하지만 웹 기반의 언어로 가장 먼저 개발된 **HTML(HyperText Markup Language)**[1]**은 텍스트 기반의 웹 문서 작성이나 정적인 데이터들을 처리하는 데에는 편하지만 동적인 데이터를 처리할 수는 없다. 따라서 이러한 한계점을 극복하기 위해 개발된 기술들이 뒤에 소개할 CGI, ASP, PHP, JSP 등의 기술**이다.

그렇다면 실제 웹 프로그래밍을 통해 구축된 사이트들은 어떤 방식으로 동작하는 것일까? 뒤에서 자세히 설명하겠지만 일반적으로 웹 프로그래밍은 클라이언트(Client)/서버(Server)의 방식으로 구축된다. 즉 클라이언트(사용자)가 웹 브라우저를 통해 어떤 결과를 보여 달라는 요청 (Request)을 웹 서버에 보내게 되면 서버는 그 요청을 받아들여서 데이터를 처리한 후 결과를 웹 브라우저의 응답(Response) 형태로 클라이언트에게 보내게 되고 사용자는 웹 브라우저를 통해서 그 결과를 받아 보게 된다.

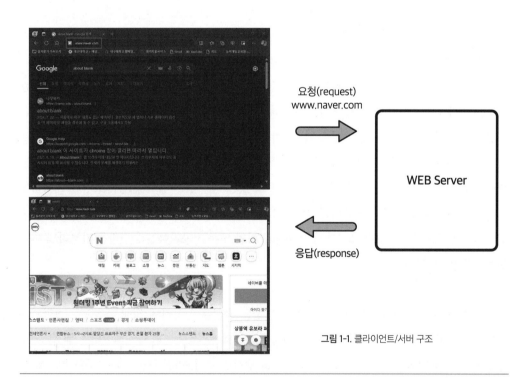

그림 1-1. 클라이언트/서버 구조

---

1) HTML: HyperText Markup Language의 약자로 인터넷상에서 문서들을 링크에 의해 서로 연결하기 위해 만들어진 언어이다. 우리가 웹상에서 보는 모든 문서는 HTML로 만들어져 웹 브라우저에 의해 해석되어 보여진다.

2) 웹 프로그래밍 언어 소개

(1) CGI(Common Gateway Interface)

CGI란 Common Gateway Interface의 약어로 응용 프로그램과 웹 서버 사이의 정보를 주고 받는 방식이나 규약들을 정해 놓은 것을 말한다. 따라서 크게 보면 ASP나 PHP, Perl, JSP 등이 모두 CGI의 범주에 들어간다고 볼 수 있다. CGI가 개발된 이유는 앞에서 언급한 것처럼 단순한 HTML 방식으로는 동적인 웹 페이지를 만들기 어렵기 때문에 서버 측에서 동적인 데이터를 처리해 클라이언트에 HTML 문서로 전송해 줄 수 있는 응용프로그램(웹 프로그램)의 필요성이 나타났기 때문이다.

초기 CGI 프로그래밍에서 사용된 C 또는 Perl 웹 프로그램의 경우 파일 DB(텍스트 파일, MDB 등)의 사용은 가능했지만 데이터베이스(DBMS)와의 연동이 매우 불편했고 쉽게 익히기 어려운 단점이 있었다. 따라서 좀 더 발전된 형태의 CGI 프로그래밍 언어가 필요해졌고 익히기 쉬운 문법을 가지며 웹 서버에서 동적인 데이터를 처리하는 데 있어 좀 더 강력한 기능을 갖춘 ASP, PHP, JSP 등이 차례로 등장한다. 이 언어들은 C 또는 Perl 기반의 초기 CGI 기술과는 다르게 **DBMS[2]와의 간편한 연동, 객체 지향적인 특성, 편한 개발 환경 등 강력한 기능을 갖추었기에 현재의 웹 프로그래밍은 ASP, PHP, JSP를 이용한 것이 대부분**이라 할 수 있다.

(2) ASP(Active Server Page)

ASP는 Active Server Page의 약어로 동적인 웹 페이지의 구현을 위해 Visual Basic 언어를

---

2) **DBMS(Database Management System):** 데이터베이스 관리자라고도 불리는데, 다수의 컴퓨터 사용자들이 데이터베이스 안에 데이터를 기록하거나 접근할 수 있게 해주는 프로그램으로서 통상적으로 약어인 DBMS라는 용어를 더 많이 사용한다. DBMS는 데이터베이스 내의 정보를 검색하거나, 데이터베이스에 정보를 저장하기 편리하고 효율적인 환경을 제공하며, 응용소프트웨어별로 흩어져 있는 자료들을 통합하고 통합된 자료들을 각 응용소프트웨어가 공유하여 정보의 체계적인 활용을 가능하게 한다. 일반적 형태의 DBMS는 관계형 데이터베이스 관리 시스템(RDBMS)인데, RDBMS의 표준화된 사용자 및 프로그램 인터페이스[3]를 SQL(Structured Query Language)이라고 한다. 관계형 DBMS로는 오라클(Oracle), 사이베이스(Sybase), 인포믹스(Infomix) 등이 널리 쓰인다.

3) **인터페이스(Interface):** 사물과 사물 간의 소통이 가능하도록 만들어진 매개체 또는 규약을 일컫는 말로써 여기서는 서버와 응용 프로그램 간의 원활한 통신이 가능하도록 만들어진 규약을 말한다.

기반으로 만들어진 VBScript라는 스크립트 언어[4]를 사용해서 구성된 웹 프로그래밍 기술이다. ASP는 Visual Basic을 기반으로 하여 만들어졌기 때문에 쉬운 문법을 가지고 있어서 빠르고 쉽게 개발할 수 있고, Active-X 및 DDL 컴포넌트를 사용하여 어느 정도의 확장성도 갖추었다고 할 수 있다. 하지만 웹서버로 오직 Windows 기반의 IIS(Internet Information Server)만을 사용할 수 있기 때문에 **플랫폼에 비독립적이라는 큰 단점을 가지고 있으며 Java 기반의 JSP에 비해 시스템 자원의 효율성과 확장성이 떨어진다는 단점**이 있다.

(3) PHP(Personal Hypertext Preprocessor)

PHP는 ASP와 유사한 스크립트 기반의 언어이지만 ASP와는 다르게 C를 기반으로 만들어진 언어이기 때문에 빠른 속도를 가지고 있다. 또한 다양한 플랫폼에서 사용이 가능하며 개인적인 용도로 개발된 언어이기 때문에 100% 무료로 사용할 수 있다는 장점을 가지고 있다. 하지만 **서버 측의 지원 인프라가 매우 부족하며 확장성이 떨어지고, 기업형의 복잡한 시스템 구조에 적용하기가 힘들고 보안상의 약점을 가지고 있다는 단점**이 있다.

(4) JSP

Sun Microsystems사에서는 초창기에 서블릿(Servlet)이라는 동적 웹 구현 기술을 발표하였다. 서블릿은 자바를 기반으로 만들어졌기 때문에 철저히 객체지향적이며 플랫폼 독립적인 자바의 장점을 그대로 웹에서 구현할 수 있었으며 스레드(Thread) 기반의 요청 처리 방식을 채택했기에 사용자가 많을수록 효율적으로 동작하는 강력한 기술이었다. 그러나 서블릿만으로 웹 프로젝트를 개발하기 위해서는 우선 자바에 대한 지식이 필요했으며 화면 인터페이스 구현에 너무 많은 코드를 써야 해서 비효율적이었기 때문에 개발자들이 쉽게 익히기 어려운 언어로 인식되었다.

Sun Microsystems사는 곧 유저 인터페이스 구현이 쉬운 ASP의 장점을 수용하여 JSP라는 보다 효과적인 기술을 개발한다. JSP는 ASP, PHP처럼 스크립트 기반으로 개발되어 서버 페이지

---

4) 스크립트 언어(Script Language): C나 Visual Basic 등 일반적인 프로그래밍 언어는 컴파일러에 의해 컴파일 되어 2진수로 되어있는 기계어로 변환되어야지만 컴퓨터상에서 실행될 수 있다. 이와는 달리 컴파일이 필요 없이 해석기(인터프리터)에 의해 즉시 실행될 수 있는 프로그램 언어를 스크립트 언어라고 한다. 대표적으로 브라우저에 의해 해석되어 실행되는 JavaScript, VBScript 등이 있으며 Unix의 쉘 스크립트, 윈도우의 Batch 파일도 스크립트 언어라 할 수 있다.

를 훨씬 쉽게 작성할 수 있으며 **서블릿과 함께 구동함으로써 서블릿의 기능을 그대로 사용할 수 있고, 자바빈즈(JavaBeans), EJB 같은 기술로 보다 강력한 객체지향적 지원이 가능**하게 되었다. 또한 **JSTL을 지원하게 되면서 웹 프로그램의 가독성이 좋아지고 유지 및 보수가 훨씬 쉬워지는 장점**을 가지게 되었다. 특히 이러한 장점은 대규모의 프로젝트일수록 더욱 위력을 발휘하기 때문에 최근에는 일정 규모 이상의 웹사이트를 개발할 때 JSP를 이용하여 개발하는 경우가 대부분이다.

📑 프로세스(Process)와 스레드(Thread)

프로세스란 실행 중인 프로그램을 나타내는 말로서 디스크에 저장되어 있는 프로그램이 실행되면 그 프로그램은 자신의 고유한 메모리 공간에 프로그램의 코드가 읽혀질 것이고 CPU는 메모리에 로드된 프로그램의 명령어를 하나하나 읽어서 실행하게 될 것이다. 그리고 이렇게 실행 중인 상태의 프로그램을 우리는 프로세스(Process) 또는 태스크(Task)라 부른다. 윈도우와 같이 멀티태스킹을 지원하는 운영체제에서는 동시에 실행되고 있는 여러 개의 프로세스에 대하여 CPU와 메모리 자원을 안정되게 분배해 주어야 하며 이러한 역할은 그 운영체제의 성능을 결정하는 데 있어 아주 중요한 요소이다. 만일 어떤 사용자가 똑같은 프로그램(예를 들어 브라우저) 두 개를 실행한다고 하자. 그러면 운영체제는 같은 프로그램이라고 하더라도 서로 다른 자원을 할당해 두 개의 프로세서를 만든다. 즉 한 시스템에 수많은 사용자가 접속해 모두 같은 프로그램을 실행하더라도 운영체제는 일일이 모든 사용자에게 서로 다른 자원을 할당해 수많은 프로세스를 생성해야만 한다. 이 시스템이 웹 서버이고 실행해야 할 프로그램이 초기의 CGI 프로그램이라면 사용자의 수가 아무리 많더라도 웹 서버는 끊임없이 프로세스를 생성해 내는 수밖에 없다. 이런 경우 웹 서버는 같은 페이지에 대해 항상 다른 자원을 할당해야 하므로 자원관리에 있어서 대단히 비효율적이게 된다. 이러한 단점을 극복하고자 나온 기술이 스레드(Thread) 기반의 서블릿이다. 스레드란 하나의 프로세스 내에서 해당 프로세스가 할당 받은 자원을 공유하며 실행되는 독립적인 작업 단위로 프로세스의 자원을 참조할 뿐 새로 할당 받을 필요가 없기 때문에 프로세스를 생성하는 것보다 훨씬 빠른 생성 속도를 가진다. 따라서 웹 환경처럼 같은 페이지에 대해 많은 사용자가 요청을 보낼 경우 서블릿처럼 스레드 기반으로 처리하면 이미 메모리에 생성되어 있는 프로세스(서블릿 인스턴스)의 자원을 참조하기만 하면 되므로 획기적인 성능의 향상을 가져올 수 있다. 실제로 새로운 프로세스를 생성하는 것보다 기존의 프로세스 내에서 새로운 스레드를 하나 생성하는 것이 67배 정도 빠르다고 한다. 물론 하나의 프로세스 내에 무한정 많은 수의 스레드를 생성할 수는 없기 때문에(하나의 프로세스에 할당받은 자원의 한계와 효율성의 문제 때문) 뒤에서 설명할 서블릿 컨테이너가 이러한 스레드 수와 프로세스 수를 적절히 조절하게 된다.

3) 웹 애플리케이션의 구조

이 책으로 공부하는 독자들의 목표는 JSP와 서블릿을 이용한 웹 애플리케이션의 개발이라고 할 수 있다. 그럼 웹 애플리케이션을 개발한다는 것은 어떤 의미일까? 바로 웹을 통해 정보를 주고받는 프로그램을 개발한다는 것을 뜻한다. 즉 특정한 개인의 컴퓨터에 설치해 그 개인만이 사용하는 프로그램이 아니라 브라우저를 통해서 동시에 수많은 사용자가 이용할 수 있는 프로그램을 개발한다는 것을 의미한다. 일반적으로 웹 애플리케이션은 사용자의 컴퓨터에 특별한 설치를 필요로 하지 않는다(물론 보안 모듈 등의 확장 프로그램을 설치해야 하는 경우도 있다). 이는 웹 애플리케이션의 가장 큰 특징이자 장점으로 이를 가능케 하는 것은 사용자와의 모든 정보처리를 브라우저를 통해서 하는 웹 애플리케이션 구조에 기인한다고 볼 수 있다.

알집이나 포토샵 같은 개인 용도의 애플리케이션의 경우 사용자의 명령을 받아들이고 그 명령을 처리한 결과를 보여주기 위한 프로그램 각각의 화면 인터페이스가 필요하지만, 웹 어플리케이션의 경우 모든 입력과 결과는 브라우저를 통해서 받아들이고 표시한다. 따라서 웹 애플리케이션을 개발하기 위해서는 사용자가 브라우저를 통해 특정한 명령(예를 들어 상품 구매나 상품 검색 등)을 내렸을 때 어떠한 과정을 거쳐서 최종적으로 사용자의 브라우저에 결과가 전송되는지 알 필요가 있다.

앞에서 잠시 언급한 바와 같이 일반적인 웹 애플리케이션은 클라이언트/서버 방식으로 이루어진다. 이 때 서버는 일반적으로 사용자의 요청을 받아들이고 결과 페이지를 전송하는 웹 서버와 사용자의 요청을 실질적으로 처리할 수 있는 비즈니스 로직이 구현되어 있는 애플리케이션 서버로 이루어지며 이러한 웹 애플리케이션의 구조를 3-tier 구조라 부른다. 먼저 사용자(클라이언트)에서 요청이 웹 서버 쪽으로 전송되면 웹 서버는 그 요청이 어떠한 요청에 해당하는지를 판단한다. 즉 지금 사용자가 보낸 요청이 상품 검색을 하고자 하는 것인지 아니면 상품 구입을 하고자 하는 것인지를 판단하여 실제로 그 요청을 처리할 수 있는 비즈니스 로직이 구현되어 있는 애플리케이션 서버(EJB로 구현되어 있을 경우 WAS 등)로 그 요청을 넘겨주게 된다. 그럼 애플리케이션 서버에서는 실제 로직을 작동시켜 요청을 처리하고 그 결과를 웹 서버로 다시 전송한다. 이때 요청된 작업이 데이터베이스 작업을 필요로 하는 것이라면 데이터베이스와의 연동을 통해 요청을 처리하게 된다. 처리한 결과를 받아들인 웹 서버는 브라우저로 표시할 수 있는 화면으로 구성하여 사용자에게 최종 결과를 보여주게 된다.

예를 들어 어떤 사이트에 회원가입을 한다고 생각해보자. 사용자는 먼저 브라우저에 기입해야 하는 목록들(이름, 주민등록번호, 주소 등)을 채우고 회원가입 버튼을 클릭할 것이다. 그러면 사용자의 브라우저는 사용자가 기입한 데이터들을 회원가입 요청이라는 표시(실제적으로는 서블릿 또는 페이지 주소)와 함께 웹 서버로 전송한다. 웹 서버는 지금 들어온 요청이 회원가입을 위한 요청임을 판단하고 그 데이터를 실제로 회원가입 처리를 해 줄 수 있는 애플리케이션 서버로 다시 전송한다. 그러면 애플리케이션 서버에서는 받은 데이터를 가지고 데이터베이스 시스템과 연동해(회원정보는 데이터베이스 시스템에 저장해야 하므로) 회원가입을 처리하게 되고 그 처리가 완료됐다는 메시지를 웹 서버로 보낸다. 웹 서버는 처리가 무사히 완료됐다는 메시지가 담겨 있는 페이지를 사용자의 브라우저로 전송하고, 사용자는 그 페이지를 봄으로써 회원가입이 제대로 됐다는 판단을 내리게 되는 것이다.

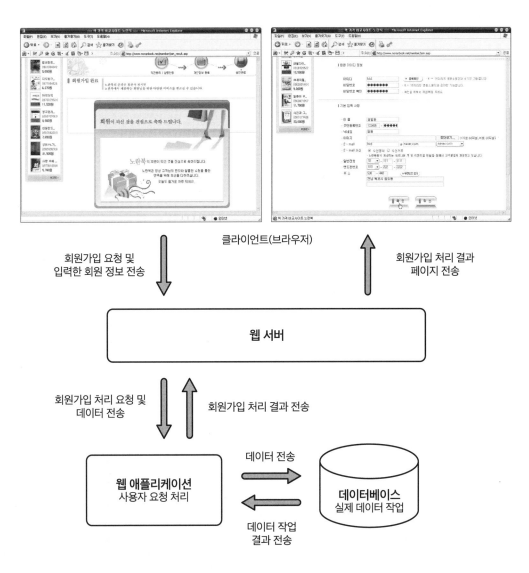

그림 1-2. 웹 애플리케이션 구조(3-Tier 구조)

2. JSP와 서블릿(Servlet)

1) JSP의 개요

JSP(Java Server Page)는 앞에서 언급한 것처럼 Java를 이용하여 동적인 웹 페이지를 만들기 위해 Sun Microsystems사가 개발한 기술이다. 브라우저는 기본적으로 HTML 형식의 문서만을 표시할 수 있기 때문에 동적인 웹 페이지, 즉 사용자의 요청에 맞는 결과를 동적으로 표시해 주는 웹 페이지를 웹 서버 측에서 사용자에게 전송해 주기 위해서는 요청의 처리 결과에 따라서 자동으로 응답을 생성할 수 있는 역할을 하는 프로그램이 필요하다. 예를 들어 현재 시각을 표시해 주는 웹 페이지를 생각해 보자. 만약 동적인 페이지를 표시할 수 있는 기술이 서버 측에 없다면(정적인 웹 페이지만을 사용할 수 있다면) 웹 서버 쪽에 올려져 있는 웹 페이지에는 고정된 하나의 시간만이 적혀 있을 것이고 사용자는 현재 시각이 아닌 항상 같은 시간만을 볼 수 있을 것이다. 하지만 동적인 웹 페이지를 만들 수 있는 기술(JSP 등)을 사용한다면 사용자가 요청을 보낼 때마다 서버가 그때의 시간을 표시해 줄 수 있게 된다.

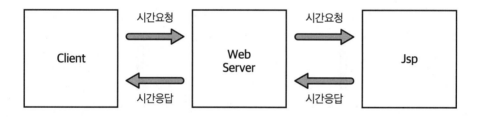

그림 1-3. Jsp의 현재 시간 요청 처리 흐름

(1) JSP 문서 소스 확인하기

JSP 문법을 아직 학습하지는 않았지만 간단하게 웹 서버로 현재 시간을 요청하는 예를 살펴본다. JSP 페이지 안에 있는 코드들은 아직 이해하지 못할 것이다. 지금은 클라이언트가 JSP 페이지 요청을 하면 JSP 페이지 코딩 내용이 HTML 페이지 형태로 변환되고, HTML 형태로 변환된 내용이 최종적으로 브라우저에서 해석되어 사용자에게 보여진다는 구조만 이해한다.

```
1    <%@ page language="java" contentType="text/html; charset=UTF-8"
2    pageEncoding="UTF-8"%>
3    <!DOCTYPE html>
4
5    <%@page import="java.util.Calendar"%>
6    <html>
7    <head>
8    <%
9    Calendar c=Calendar.getInstance();
10   int hour=c.get(Calendar.HOUR_OF_DAY);
11   int minute=c.get(Calendar.MINUTE);
12   int second=c.get(Calendar.SECOND);
13   %>
14   <meta charset="UTF-8">
15   <title>현재 시각</title>
16   </head>
17   <body>
18   현재시간은 <%=hour %>시 <%=minute %>분 <%=second %>초 입니다.
19   </body>
20   </html>
```

위의 소스를 분석해 보면 JSP 문서는 기본적인 HTML의 형식과 JAVA의 문법 형식이 혼합되어 있는 형태임을 알 수 있다. 〈%@...%〉, 〈%...%〉, 〈%=…%〉 등으로 묶여 있는 부분을 제외하고는 HTML 형식으로 되어 있고 〈%...%〉로 묶여 있는 부분은 자바의 기본적인 문법으로 되어 있다. 사용자가 JSP 페이지를 요청하게 되면 웹 서버(뒤에서 설명하겠지만 실제적으로는 JSP 컨테이너)는 HTML 코드가 아닌 부분을 분석해서 JVM(Java Virtual Machine)을 통해서 자바 코드를 실행하게 되고 그 결과를 브라우저가 인식할 수 있는 HTML 코드 형식으로 변환해서 웹 페이지를 만들어 사용자측으로 전송한다. 이 소스의 경우 9라인부터 12라인까지 java.util.Calendar 클래스를 사용해서 현재의 시, 분, 초를 구하고 그 결과를 18라인의 〈%=…%〉로 묶인 부분을 통해 HTML 코드로 변환하여 사용자에게 전송하게 된다.

(2) JSP 페이지 실행해 보기

앞서의 JSP 페이지를 웹 서버에 올려서 실행해 보면 다음과 같은 페이지를 볼 수 있다.

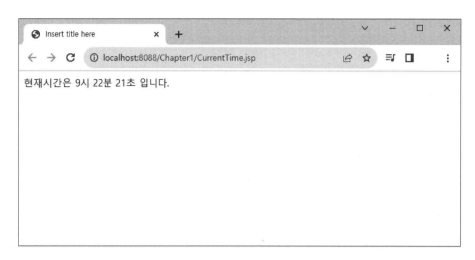

그림 1-4. CurrentTime.jsp의 실행 결과

사용자가 이 페이지를 호출할 때마다 웹 서버는 자바 코드 부분을 계속적으로 실행하여 만들어진 결과를 토대로 사용자에게 전송하므로 사용자는 항상 현재의 시간을 볼 수 있게 되는 것이다. 실행 결과 페이지에서 브라우저의 [보기] → [소스보기(버전에 따라 원본)]를 클릭하면 다음과 같은 HTML 코드를 볼 수 있다.

```
1
2    <!DOCTYPE html>
3
4    <html>
5    <head>
6
7    <meta charset="UTF-8">
8    <title>현재 시각</title>
9    </head>
10   <body>
11   현재시간은 10시 10분 33초 입니다.
12   </body>
13   </html>
14
```

HTML 코드를 보면 JSP 요소들(⟨%@...%⟩, ⟨%...%⟩, ⟨%=···%⟩로 묶인 부분들)이 모두 사라지고 11라인의 현재시간을 표시하는 부분이 정적으로 표시되어 있는 것을 알 수 있다. 만일 웹 서버에 동적인 웹 페이지를 만들어 주는 JSP 페이지가 올려져 있는 것이 아니라 위의 단순한 HTML 페이지가 올려져 있다고 한다면 사용자가 이 페이지를 언제 요청하더라도 시간은 항상 HTML 코드에 적혀 있는 10시 10분 33초를 나타내게 될 것이다. 즉 JSP가 동적인 웹 페이지를 만들어 준다는 것의 의미는 사용자의 요청이 들어오면 그 요청이 JSP 페이지의 자바 코드 부분에 의해 처리되어 결과가 동적으로 생산되고, 생산된 그 결과가 브라우저가 인식할 수 있는 HTML 코드로 변환된다는 의미이다.

2) JSP의 특징

앞에서 설명한 것처럼 JSP는 근래에 가장 널리 이용되고 있고 각광받고 있는 기술이다. JSP는 다른 웹 프로그래밍 언어들과 비교해 어떤 특징과 장점이 있기에 각광받고 있는 것일까? 하나씩 살펴보자.

(1) 강력한 이식성

이식성은 JSP의 가장 큰 장점이자 자바의 가장 큰 장점이라 할 수 있다. JVM을 이용한 자바 언어의 특성상 어떤 운영체제에서도, 어떤 JSP 컨테이너에서도 사용이 가능하므로 한 번 작성한 코드를 별다른 수정 없이 다른 플랫폼으로 얼마든지 이식이 가능하다. 'Write Once, Run Anywhere'라는 자바의 모토가 이를 극명하게 드러내 준다고 볼 수 있다. 최근 SOA[5](Service Oriented Architecture)와 같이 모듈화와 모듈의 재사용성이 강조되고 있는 추세로 볼 때 하나의 소스로 여러 플랫폼에 적용할 수 있다는 장점은 JSP의 적용이 늘어가는 가장 큰 이유 중 하나라고 볼 수 있다.

---

5) SOA(Service Oriented Architecture): 1996년 가트너(Gartner) 그룹에 의해 처음 소개된 후 2006년부터 각광을 받기 시작한 개념으로 기존의 프로젝트 중심의 개발이 아니라 서비스를 중심으로 개발하고자 하는 것이 핵심이다. 이렇게 서비스 단위로 개발할 경우 하나의 서비스를 개발하면 그 서비스를 다른 프로젝트에서도 연계해서 사용할 수 있기 때문에 재활용성이 높아지며 환경 변화로 현재 서비스를 변경할 필요가 있을 경우에도 신속히 대응할 수 있으므로(해당 서비스만 교체하는 식의 방법으로) IT 산업의 핵심 화두라고 할 수 있는 비용절감과 효율성 증대에 가장 적합한 개념이라고 할 수 있다.

(2) 서버 자원의 효율적인 사용

기존 CGI 방식의 가장 큰 단점 중의 하나는 바로 프로세스 관리의 어려움으로 인한 서버 자원의 낭비였다고 볼 수 있다. 사용자가 웹 서버에 요청을 보내면 서버는 각 요청당 하나의 프로세스를 생성하고 해당 프로세스를 통해 결과를 생산하면 프로세스가 종료되는 구조를 가지고 있었기 때문에 수많은 사용자가 접속할 경우 프로세스 생성에 너무 많은 서버 자원을 필요로 하게 되어 심각한 문제를 야기하곤 했다. JSP는 이러한 문제점을 스레드(Thread) 기반의 아키텍처를 사용하여 개선시켰다. 즉 최초의 요청이 웹 서버에 들어오면 서버는 그 요청에 맞는 JSP 페이지에 대한 서블릿 인스턴스[6]를 단 한 번 생성하고 이후 같은 페이지를 요청하는 사용자가 있을 경우 이미 생성되어 있는 인스턴스에 스레드 단위로 요청을 전송하여 처리하기 때문에 서버 자원의 효율적인 사용이 가능해졌다.

(3) 간편한 MVC 패턴 적용

사용자에게 보여지는 화면인 View 부분과 실제 비즈니스 로직이 들어가는 Model 부분 그리고 View와 Model을 연결시켜주는 Controller 부분으로 구성되어 있는 MVC(Model-View-Controller) 패턴은 최근의 웹 프로젝트 개발에서 각광받는 디자인 패턴[7]이라 할 수 있다. 이러한 MVC 패턴을 JSP(View)와 자바빈즈(Model) 그리고 서블릿(Controller)을 이용해 쉽게 구현할 수가 있다. 따라서 프로젝트의 규모가 커지더라도 View 부분과 Model 부분의 분업으로 훨씬 더 효율적인 개발이 가능하다. 또한 자바빈즈를 사용하여 비즈니스 로직을 분리하면 컴포넌트화 할 수 있으므로 공통되는 로직(예를 들어 한글 처리 로직, 데이터베이스 커넥션 등)의 재사용이 가능하게 되어 생산성이 매우 높아지게 되고, SOA의 개념을 적용하는 데에도 큰 이점을 가지게 된다고 할 수 있다.

---

6) 인스턴스(Instance): 자바에서는 클래스로부터 만들어진 객체를 뜻하며, 어떤 클래스를 객체로 만드는 과정을 인스턴스화(Instantiate)라고 한다. 일반적으로 객체와 인스턴스는 비슷한 의미를 가지고 있지만 실제 사용할 수 있게 메모리에 생성된 객체를 인스턴스라고 하는 경향이 있다. 일반 프로그램적인 관점에서 볼 때에는 프로세스에 가까운 의미도 있다.

7) 디자인 패턴(Design Pattern): 프로젝트를 개발함에 있어서 특정한 문제가 주어졌을 때 그 문제를 해결하기 위한 방법을 설명해 놓은 일종의 지침이라 할 수 있다. 프로젝트를 쉽고 빠르게 완성하기 위해서는 많은 선배 프로그래머들이 시험하고 만들었던 방법 중 효과적이라 판명된 설계 구조를 채택하여 사용하는 것이 가장 효율적인 방법이 될 수 있다. 최근에는 중대형 프로젝트에서 효율적이라 평가받는 MVC 디자인 패턴이 많이 사용되고 있다

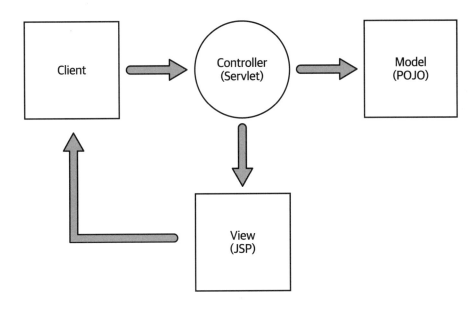

(4) JSTL, 커스텀 태그 등을 이용한 개발 용이성

JSP 개발에 있어서 가장 큰 문제점으로 JSP 문서 내에 자바 형식의 문법과 태그 형식의 HTML 문법이 같은 페이지 내에 존재하기 때문에 JSP 문서의 코딩 양이 많아질수록 코드의 가독성이 떨어진다는 점을 들 수 있다. 하지만 JSP 2.0 이후로 JSTL(JSP Standard Tag Library)과 커스텀 태그에 대한 지원이 강화됨으로써 자바 형식의 문법을 태그 라이브러리 파일로 만들어서 JSP를 태그만으로 구성할 수 있게 만드는 기능이 강화되었다. 따라서 JSP에 부분부분 떨어져 있던 〈%@...%〉, 〈%...%〉, 〈%=…%〉의 요소들을 태그 형식으로 깔끔하게 정리함으로써 전체적인 JSP 코드의 길이를 대폭 줄일 수 있게 되었으며, 코드의 가독성 및 유지 보수의 효율이 대폭 향상되었다.

(5) 서블릿(Servlet)과 비교되는 장점

서블릿 페이지는 바로 다음 파트에서도 살펴보겠지만 전체 코드가 자바 코드로 이루어져 있고 HTML 코드를 자바 코드 안에서 생성해야 하기 때문에 화면 내용을 구성하기에 불편하다.
JSP는 전체적인 틀은 HTML 태그로 구성되고 JSP 코드가 필요한 부분은 〈% %〉 안에 삽입하면 되므로 화면 내용을 구성하기가 편리하다.

3) 서블릿(Servlet)의 개요

앞에서 언급한 바와 같이 브라우저는 기본적으로 HTML 형식의 문서만을 표시할 수 있기 때문에 사용자의 요구에 맞는 동적인 웹 페이지의 표시에는 한계가 있다. 그러므로 웹 서버 측에서 사용자의 요구에 따라 자동으로 생성된 HTML 형식의 페이지를 생산해 전송해 줄 수 있는 여러 기술이 개발되었고, 그중 자바 진영의 기술이 바로 서블릿(Servlet)이다.

서블릿은 단적으로 말하자면 웹 서버상에서 실행되는 자바의 클래스 파일이라 할 수 있다. 따라서 기본적으로 자바의 모든 API를 그대로 사용할 수 있으며 강력한 객체지향성 등 자바의 장점을 모두 갖고 있다. 다만 일반적인 자바 클래스와 비교해 볼 때 서블릿은 반드시 javax.servlet.Servlet 인터페이스를 구현(Implements)해서 작성해야만 하며 입력과 출력을 HTTP 프로토콜의 요청(Request)과 응답(Response)의 형태로 다룬다는 점만이 다를 뿐이다. 기본적으로 클라이언트가 요청을 보내오면 웹 서버는 그 요청에 해당하는 서블릿 클래스 파일을 실행하고 서블릿 클래스에서는 요청을 처리해 결과물(HTML형식의 페이지)을 만들어 내면 웹 서버가 그 페이지를 클라이언트에 전송한다. 결국 서블릿(Servlet)이란 말 그대로 Server Side Applet[8] 즉, 서버 사이드의 자바 응용 프로그램이란 뜻이다.

JSP를 사용하려 하는데 서블릿이 필요한가라는 의문을 가질 수도 있을 것이다. 사실 JSP로 요청이 전송되어 오면 컨테이너는 JSP 파일을 서블릿 형태의 자바 코드로 자동 변환한 후 서블릿의 라이프 사이클을 거치면서 클라이언트의 요청을 처리해 준다. 결국 JSP에 대한 요청도 서블릿의 요청 처리 방식으로 처리해 주는 것이다. 따라서 서블릿에 대한 내용을 정확히 이해한다면 JSP 대부분의 내용은 같은 개념으로 이루어지므로 빠른 이해에 도움이 된다.

---

8) 애플릿(Applet): 애플릿은 패널(Panel)을 상속하는 클래스로, 웹 브라우저에 담겨서 실행되는 작은 자바 응용 프로그램을 말한다. 과거에는 HTML의 정적인 면을 보완해주는 도구인 애플릿이 상당한 인기를 누리고 있었다. 하지만 최근에는 HTML5와 CSS3, JavaScript 언어가 발전하면서 애플릿을 사용하는 프로그래밍 방식은 거의 사용되지 않는다.

4) HTTP 프로토콜의 이해

인터넷 통신 프로토콜[9]에는 TCP/IP, FTP, SMTP, HTTP 등 수없이 많은 종류의 프로토콜이 있다. 그중 실제 사용자와 연결된 최상위 계층의 프로토콜로 가장 대표적인 것이 웹 브라우저의 통신에 관한 프로토콜인 HTTP(HyperText Transfer Protocol)이다. 우리가 JSP와 서블릿을 사용한 웹 프로그래밍을 작성할 때 사용하는 프로토콜이 HTTP 프로토콜이므로 HTTP가 어떤 구조를 가지고 어떤 연관성을 지녔는지 알아보도록 하자.

(1) HTTP 프로토콜의 구조

HTTP 프로토콜은 요청(Request)과 응답(Response)의 형태로 이루어졌다고 볼 수 있다. 예를 들어 사용자가 웹 페이지의 링크를 클릭했을 때 브라우저는 HTTP 프로토콜의 요청 형태로 HTTP 메시지를 작성하여 웹 서버에 전송하게 된다. 웹 서버에서는 지금 받은 HTTP 메시지가 요청(Request) 메시지임을 판단하고 그 데이터를 분석해서 HTTP 프로토콜의 응답(Response) 형태로 메시지를 작성하여 브라우저로 보내게 되면 브라우저는 메시지를 받아서 사용자의 화면에 표시하게 된다.

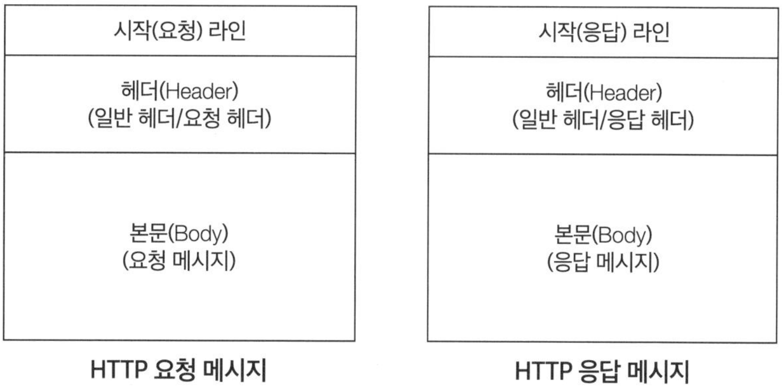

그림 1-6. HTTP 메시지의 구조

---

9) **프로토콜(Protocol)**: 사람들이 소식을 주고받는 방법으론 전화, 전보, 편지 등 여러 가지가 있다. 마찬가지로 네트워크상에서도 다양한 방법을 통해서 데이터를 주고받을 수 있다. 데이터를 주고받으려면 데이터를 주고받는 규칙이 존재해야 한다. 두 사람이 서로 데이터를 주고받는데 한 사람은 전화를 사용하고 또 한 사람은 편지를 사용한다면 서로 간에 원활한 소통을 할 수가 없을 것이다. 따라서 기본적으로 두 사람이 데이터를 주고받는 방법을 약속할 필요가 있는데, 이것이 바로 프로토콜이다. 한마디로 프로토콜이란 '컴퓨터 상호간의 대화에 필요한 통신 규약'을 의미한다.

이때 각 HTTP 메시지는 지금 작성된 메시지가 요청인지 응답인지와 요청 URL 등 기본적인 정보가 담겨 있는 시작 라인과 수행 날짜, 서버 정보, 브라우저 버전 등 부가적인 정보를 담는 헤더, 그리고 요청이나 응답에 필요한 내용을 담고 있는 본문(Body)으로 구성된다.

(2) HTTP 요청(Request) 메시지

HTTP 요청 메시지는 기본적으로 HTTP 메소드(Method)와 접근할 주소(URL) 정보 그리고 서버에 전달할 데이터인 폼 파라미터[10]로 구성된다. 이 중 HTTP 메소드는 클라이언트가 웹 서버가 해야 할 행동을 정해주는 정보라 할 수 있는데, 대표적으로 GET 메소드와 POST 메소드가 있다. 일반적으로 GET 메소드를 사용하는 요청 메시지를 GET 방식의 요청, POST 메소드를 사용하는 요청 메시지를 POST 방식의 요청이라고 한다.

GET 방식의 경우 전송할 파라미터 값들을 시작 라인의 URL 정보에 붙여서 같이 전송하며 파라미터의 길이가 256바이트를 넘을 수 없는 제약이 있지만 본문(Body)이 필요 없기 때문에 전송 속도가 POST 방식에 비해 빠르다고 할 수 있다. 따라서 전송해야 할 데이터가 적을 경우에 유용하다. POST 방식은 파라미터 값들을 요청 메시지의 본문(Body)에 담아서 전송하기 때문에 길이의 제약이 없다. 또한 GET 방식의 경우 파라미터가 URL 뒤에 붙여서 전송되므로 사용자가 브라우저의 주소 창에 전송되는 파라미터를 실제로 확인할 수 있는 데 비해 POST 방식은 파라미터를 사용자가 확인할 수 없으므로 보안상 더 유용한 전송 방식이라고 할 수 있다.

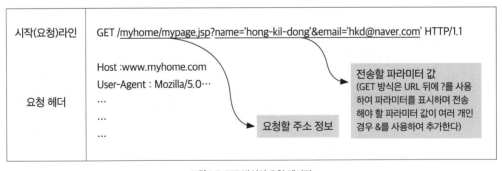

그림 1-7. GET 방식의 요청 메시지

---

10) **파라미터(Parameter):** 일반적으로 HTML 코드의 폼(form) 태그 안에 정의된 인자들을 '파라미터'라 부르며 폼 전송이 일어날 때 HTTP 요청 메시지에 담겨서 폼 태그 내의 action에 정의된 URL로 전송된다. 이때 폼 태그의 method가 GET으로 명시되는가 POST로 명시되는가에 따라 전송되는 방식이 달라진다.

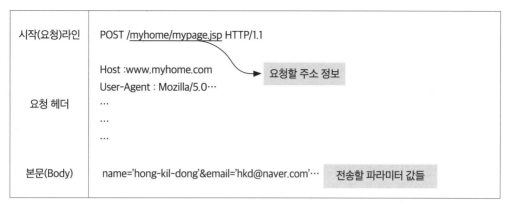

그림 1-8. POST 방식의 요청 메시지

(3) HTTP 응답(Response) 메시지

HTTP 응답 메시지는 요청에 대한 서버의 처리 성공 여부를 표시하는 상태 코드(HTTP 404, 500 등) 번호와 웹 서버가 응답해주는 콘텐츠의 타입 정보(텍스트/HTML, 이미지 등), 콘텐츠의 내용으로 구성된다. 실제적으로 서블릿 클래스가 요청을 처리해 생성하는 페이지는 웹 서버에서 응답 메시지의 형태로 작성되어 사용자의 브라우저에 전송된다.

5) 웹 컨테이너란?

JSP와 서블릿을 사용한 웹 서버는 크게 URL 주소의 해석을 담당하는 HTTP 서버와 서블릿 클래스 또는 JSP 파일의 실행 요청을 처리해주는 웹 컨테이너(Web Container)로 구성된다. HTTP 서버는 단순히 어떤 주소(URL) 요청이 들어왔을 경우 그 주소에 미리 매핑되어 있는 콘텐츠(HTML 파일이나 이미지 등)를 사용자의 브라우저에 응답 형태로 전송하는 역할을 한다. 이때 요청된 URL이 서블릿 클래스 또는 JSP 파일(예시: http://www.sevlet.com/servlet 또는 http://www.servlet.com/home.jsp)일 경우 HTTP 서버는 이를 웹 컨테이너에서 처리하도록 클라이언트의 요청을 넘겨준다. 웹 컨테이너에서는 요청된 URL에 맞는(미리 설정된) 서블릿 클래스 또는 JSP 파일을 실행하여 그 결과를 HTTP 서버에 넘겨주게 되고 이는 응답 메시지의 형태로 사용자의 브라우저에 전송된다. 즉 웹 컨테이너란 웹 서버 내부에서 서블릿 클래스 또는 JSP 파일을 실행하기 위한 실행 환경을 제공하는 역할을 하며, 특히 서블릿 클래스에 대한 웹 컨테이너를 서블릿 컨테이너, JSP 파일에 대한 웹 컨테이너를 JSP 컨테이너라고 한다. 다만 실제적으로 이 둘을 혼용하여 웹 컨테이너(서블릿 컨테이너)로 통칭하는 경우가 많다. 대표적인 웹 컨테이너로 자카르타 톰캣, 웹로직, Resin 등이 있다.

6) 서블릿의 동작 원리

위에서 언급한 바와 같이 서블릿은 서블릿 컨테이너라는 실행 환경에서만 동작할 수 있다. 그러면 실제 사용자가 서블릿 요청을 보냈을 때 서블릿이 어떤 원리로 동작하고 서블릿 컨테이너가 어떤 과정을 거쳐서 서블릿 클래스를 실행하는지 알아보자.

(1) 사용자의 URL 요청

어떤 사용자의 URL 요청이 서블릿 요청이라는 것을 웹 서버가 알기 위해서는 사전에 웹 서버 측에 URL과 서블릿 클래스를 미리 매핑시켜 놓은 배포 서술자(Deployment Descriptor)가 필요하다. 배포 서술자가 어떤 것이고 어떤 식으로 작성하는지는 Chapter 2에서 자세히 다루겠지만 일단 여기서는 지금 받은 사용자의 URL 요청이 특정한 서블릿 클래스를 필요로 하는 서블릿 요청이라는, 웹 서버가 알아챌 수 있도록 적어놓은 파일이라고 생각해 두자. 웹 서버가 배포서술자를 통해 지금 받은 요청이 서블릿 요청이라는 것을 알게 되면 서블릿을 담당하는 웹 컨테이너로 그 요청을 전달한다.

(2) request, response 객체 생성

웹 컨테이너는 받은 요청을 처리하기 위해 HTTP 요청(Request)을 처리하기 위한 request 객체와 HTTP 응답(Response)을 위한 response 객체를 생성한다. request 객체는 javax. servlet.http.HttpServletRequest 객체 타입으로 생성되며 response 객체는 javax.servlet. http.HttpServletResponse 객체 타입으로 생성된다.

(3) 서블릿 인스턴스와 스레드 생성

request, response 객체가 생성된 뒤 사용자의 URL 요청이 어떤 서블릿 클래스를 필요로 하는지 배포 서술자를 통해 알아낸다. 만일 그 클래스가 웹 컨테이너에서 한 번도 실행된 적이 없거나 현재 메모리에 생성된 인스턴스(프로세스)가 없다면 새로 인스턴스를 생성하고(메모리에 로드하고) init() 메소드를 실행하여 초기화한 뒤 스레드를 하나 생성한다. 이미 인스턴스가 존재할 경우에는 새로 인스턴스를 생성하지 않고 기존의 인스턴스에 스레드만 하나 새로 생성한다. 각 서블릿 인스턴스는 웹 컨테이너당 하나만 존재하기 때문에 init() 메소드는 각 서블릿당 한 번씩만 호출된다.

(4) service() 메소드 호출과 서블릿 클래스 실행

스레드가 생성되면 각 스레드에서 service() 메소드가 호출된다. service() 메소드가 호출되면 HTTP 요청 방식이 GET 방식일 경우에는 서블릿 클래스의 doGet() 메소드가, POST 방식일 경우에는 doPost() 메소드가 request, response 객체를 인자로 자동으로 호출된다. 따라서 개발자가 실제로 동적인 웹 페이지 생성을 할 수 있는 코드를 만들어야 하는 부분이 바로 doGet()과 doPost() 메소드 부분이라고 할 수 있다.

(5) 응답과 스레드의 소멸

doGet() 또는 doPost() 메소드가 호출되어 사용자의 요청에 따른 동적인 웹 페이지를 생성하면 그 결과물이 담긴 response 객체를 웹 컨테이너가 HTTP 응답(Response) 형태로 바꾸어 웹 서버로 전송하게 된다. 그리고 사용이 끝난 request와 response 객체를 소멸시키고 스레드를 종료하게 된다. 웹 서버는 전송받은 HTTP 응답 메시지를 사용자의 브라우저로 전송하게 되고 사용자는 브라우저를 통해서 동적으로 생성된 페이지를 받아보게 된다.

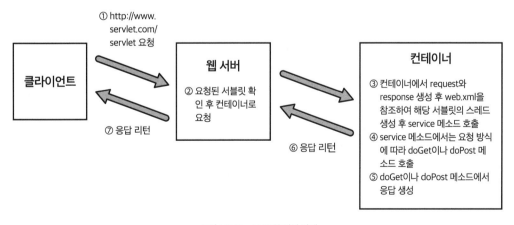

그림 1-9. Servlet 요청 처리 단계

1 웹 콘텐츠를 제작하고 관리하는 데 있어 수많은 사용자에 의해 동적으로 변화되는 데이터를 효율적으로 처리해야 하지만 웹 서버 스스로는 동적인 데이터를 생성하지 못한다. 따라서 사용자의 요구에 맞는 동적인 웹 페이지를 다룰 수 있는 CGI, ASP, PHP, Servlet/JSP 등의 웹 프로그래밍 기술들이 개발되었다.

2 그중 최근 각광받고 있는 웹 프로그래밍 기술인 서블릿/JSP는 자바를 기반으로 만들어졌기 때문에 철저히 객체 지향적이며 플랫폼 독립적인 자바의 장점을 그대로 웹에서 구현할 수 있으며 스레드(Thread) 기반의 요청 처리 방식을 채택했기에 사용자가 많을수록 효율적으로 동작하는 강력한 기술이다. 또한 JSP는 ASP, PHP처럼 스크립트 기반으로 개발되어 서버 페이지를 보다 쉽게 작성할 수 있으며 서블릿, **자바빈즈**(JavaBeans), EJB 등과 함께 개발함으로써 유연하고 확장성이 좋으며 유지/보수 효율이 뛰어난 웹 프로젝트의 개발 언어이다.

3 특히 최근 많이 사용되고 있는 디자인 패턴인 MVC 패턴(모델 2)을 사용할 경우 JSP(View)와 **자바빈즈**(Model) 그리고 서블릿(Controller)을 이용해 효율적으로 구현할 수 있다. 따라서 프로젝트의 규모가 커지더라도 View 부분과 Model 부분의 분업으로 훨씬 더 효율적인 개발이 가능하며, **자바빈즈**를 사용한 비즈니스 로직을 분리하여 컴포넌트화할 경우 공통되는 로직의 재사용이 가능하게 되어 생산성이 매우 높아지게 된다.

4 서블릿은 웹 서버상에서 실행되는 자바의 클래스 파일로, 일반적인 자바 클래스와 비교해 볼 때 서블릿은 반드시 javax.servlet.Servlet 인터페이스를 구현(Implements)해서 작성해야만 하며 입력과 출력을 HTTP 프로토콜의 요청(Request)과 응답(Response)의 형태로 다룬다는 점만이 다를 뿐이다. 따라서 서블릿은 자바의 모든 강력한 기능을 사용할 수 있으며 자바를 공부한 사람은 빠르게 익힐 수 있다.

5 웹 서버는 크게 URL 주소의 해석을 맡아주는 HTTP 서버와 서블릿 클래스 또는 JSP 파일의 실행 요청을 처리해 주는 웹 컨테이너(Web Container)로 구성된다. 웹 컨테이너란 웹 서버의 내부에서 서블릿 클래스 또는 JSP파일을 실행하기 위한 실행 환경을 제공하는 역할을 하며 대표적인 웹 컨테이너로서 자카르타 톰캣, 웹로직, Resin 등이 있다.

6 웹 서버가 사용자의 요청이 서블릿 요청이라는 것을 알기 위해서는 배포서술자라는 것이 필요하다. 배포서술자를 통해 서블릿 요청임을 알게 되면 웹 컨테이너는 서블릿 인스턴스의 유무를 검사해 없을 경우 인스턴스를 생성하고 초기화한다. 생성된 인스턴스 내에 각각의 서블릿 요청마다 하나씩의 스레드를 생성하며 생성된 스레드는 서비스 메소드를 호출한다. 요청 방식이 GET인가 POST인가에 따라 각각 doGet() 메소드, doPost() 메소드가 자동으로 호출되며 doGet() 또는 doPost() 메소드를 통해 처리된 결과가 response 객체에 담기고 웹 컨테이너는 이를 HTTP 응답(Response) 메시지로 작성해 최종적으로 클라이언트의 브라우저에 전송되게 된다.

개발 환경 설정

Chapter 02

이번 장에서는 서블릿과 JSP를 이용해서 웹 애플리케이션을 구현할 수 있는 시스템 환경을 설정하도록 하겠다. 서블릿과 JSP로 개발을 하기 위해서 기본적으로 설치되어야 할 프로그램은 JAVA SE와 JAVA EE를 구현해 놓은 웹 애플리케이션 서버이다. 웹 애플리케이션 서버 역할을 하는 소프트웨어는 다수 존재하지만 소규모의 웹 애플리케이션을 개발하기에 적합하고 보편적으로 사용되는 Tomcat을 설치하도록 하겠다.

본 교재가 집필되는 현재 시점에서의 최신 톰캣 버전인 Tomcat 10.1 버전을 기준으로 설치과정을 설명한다. Tomcat 10.1 버전은 Servlet 6.0과 JSP 3.1을 제공해 주며, Java SE 11 버전 이상이 설치되어야 한다. 본 교재가 집필되는 시점의 자바의 최신 LTS* 버전은 Java SE 21 버전이므로 JDK 버전은 Java SE 21 버전을 설치한다.

*LTS(Long Term Support): 출시 후 장기간에 걸쳐 보안 업데이트와 버그 수정을 지원할 것임을 선언한 버전이라 할 수 있다. 그렇기에 보다 안정적으로 Java를 사용하고 싶다면 LTS 버전을 사용하는 것이 좋다.

1. Java SE 21 설치

앞 챕터에서 설명한 대로 실제로 서블릿과 JSP를 구동시키는 것은 웹 컨테이너라 할 수 있다. 하지만 JSP를 이용할 수 있는 웹 컨테이너를 구동하기 위해서는 JAVA의 컴파일러와 실행 환경이 필요하다. 왜냐하면 서블릿과 JSP는 JAVA를 기본으로 만들어진 기술이기 때문이다. JAVA에서 컴파일러와 실행 환경을 설치한다는 것은 바로 자바 개발 툴인 JDK(Java Development Kit)를 설치한다는 것을 의미한다. JDK(Java Development Kit) 안에 자바 컴파일러와 실행 환경이 포함되어 있다.

1) 다운로드 및 설치

JDK는 크게 세 가지로 구분할 수 있다. 일반적인 PC용 프로그램 개발을 위한 Java SE(Java Standard Edition), 엔터프라이즈급 개발을 위한 Java EE(Java Enterprise Edition), 모바일 플랫폼 등 임베디드 시스템용 개발도구인 Java ME(Java Micro Edition)가 바로 그것이다. 기본적으로 JAVA 프로그래밍을 위해서는 Java SE가 필요하다. 그래서 Java SE는 다른 말로 JRE(Java Runtime Environment - 자바 실행 환경)으로 불린다. 따라서 우리도 이제부터 Java SE를 설치할 것이다.

01 웹 브라우저를 열고 구글 검색창에 'jdk 다운로드'를 입력한 뒤 검색한다.

그림 2-1. Java SE 21 다운로드-1

02 검색 결과 창에서 Oracle에서 제공하는 Java Downloads 페이지를 클릭하여 들어간다.

그림 2-2. Java SE 21 다운로드-2

03 JDK 21 하단의 Download 링크를 클릭한다.(2024년 8월 시점에는 이 버전이 최신 LTS 버전이다.)

그림 2-3. Java SE 21 다운로드-3

04 파일 탐색기에서 다운로드 받은 jdk-21_windows-x64_bin.msi 설치 파일을 더블클릭하여 실행한다.

그림 2-4. Java SE 21 다운로드-4

05 〈그림 2-4〉에서 JDK 설치 파일을 더블클릭하여 실행한 후 〈그림 2-5〉에서 〈Next〉 버튼을 클릭한다.

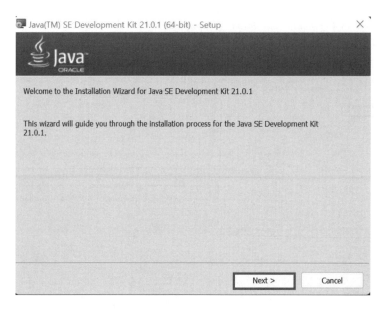

그림 2-5. Java SE 21 설치-1

06 JDK 설치 경로를 지정하는 부분이다. JDK 설치 경로를 변경하기 위해서 〈Change〉 버튼을 클릭한다.

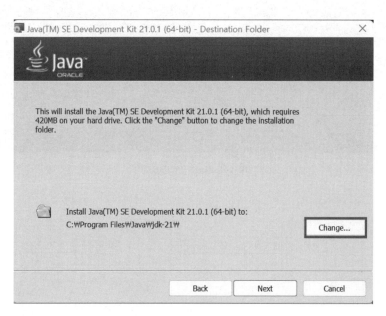

그림 2-6. Java SE 21 설치-2

07 JDK 설치 경로를 "C:\jsp3.1\jdk-21\"로 변경하고 〈OK〉 버튼을 클릭한다.

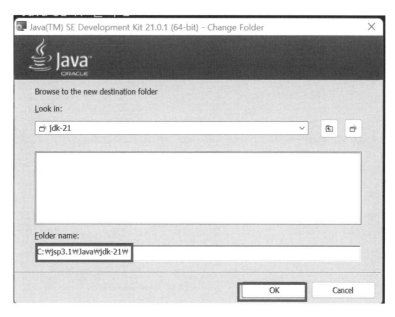

그림 2-7. Java SE 21 설치-3

08 〈그림 2-8〉에서 〈Next〉 버튼을 클릭하여 설치를 진행한다.

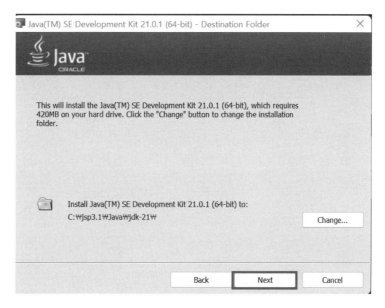

그림 2-8. Java SE 21 설치-4

09 〈Close〉 버튼을 클릭하여 설치를 마무리한다.

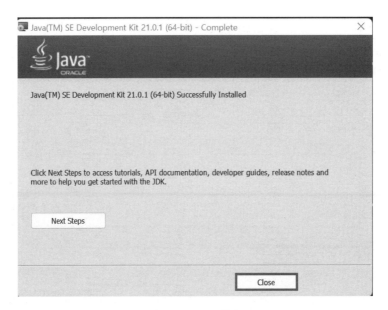

그림 2-9. Java SE 21 설치-6

2) 환경 변수 설정하기

자바 코드를 컴파일할 수 있는 javac 명령어와 JVM 실행 명령어인 java 등 자바로 프로그램을 하는 데 있어서 필요한 실행 파일들을 어느 위치에서나 실행이 가능하게 하려면 해당 실행 파일들이 있는 경로를 환경 변수에서 Path 경로로 설정하는 작업을 해주어야 한다. 자바의 각 실행 파일들이 존재하는 경로는 다음 그림과 같이 "C:\jsp3.1\jdk-21\bin" 디렉토리이다.

01 다음 화면과 같이 해당 경로를 복사한다.

그림 2-10. bin 디렉토리 경로 복사

02 바탕화면의 내 PC를 오른쪽 클릭한 뒤 '속성'을 클릭한다.

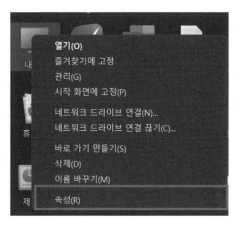

그림 2-11. 속성 메뉴 클릭

03 시스템 항목들 중 '정보' 탭으로 들어가 '고급 시스템 설정'을 찾아 클릭한다.

그림 2-12. '고급 시스템 설정' 클릭

04 시스템 속성 "고급" 탭에서 〈환경 변수〉 버튼을 클릭한다.

그림 2-13. PATH 환경 변수 설정-1

05 환경 변수 대화상자에서 시스템 변수 부분에서 〈Path〉를 고른 뒤 〈편집〉 버튼을 클릭한다.

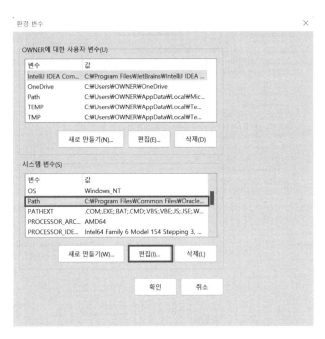

그림 2-14. PATH 환경 변수 설정-2

06 환경 변수 편집 대화상자가 나타나면 변수 〈새로 만들기〉 버튼을 클릭한다.

그림 2-15. PATH 환경 변수 설정-3

07 복사한 bin 디렉토리 경로를 입력하여 항목을 만든 뒤, 〈위로 이동〉 버튼을 눌러 가장 위로 옮긴다.

그림 2-16. PATH 환경 변수 설정-4

08 bin 디렉토리 경로가 가장 위로 옮겨지면 〈확인〉 버튼을 누른다.

그림 2-17. PATH 환경 변수 설정-5

09 Path 항목의 값이 수정된 것을 확인했으면 〈확인〉 버튼을 눌러 환경 변수 대화상자를
종료한다.

그림 2-18. PATH 환경 변수 설정-6

10 찾기 → CMD를 입력하여 명령 프롬프트를 실행시킨다.

그림 2-19. PATH 환경 변수 설정-7

11 명령창에 들어가서 java -version 명령으로 설치한 자바가 path로 제대로 설정되었는
지 확인이 되면 JDK 설치가 제대로 마무리된 것이다.

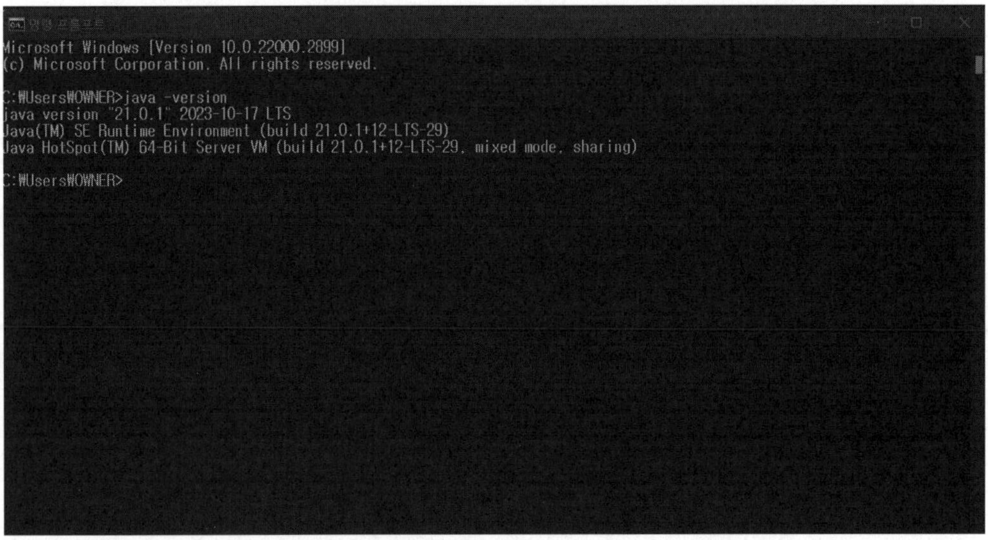

그림 2-20. PATH 환경 변수 설정-8

2. 웹 컨테이너(Apache Tomcat 10.1) 설치

JDK의 설치가 끝났으면 실질적으로 JSP와 서블릿을 동작시킬 웹 컨테이너를 설치해야 한다. 대표적인 웹 컨테이너로는 아파치 톰캣, Resin, 웹로직 등이 있다. 이 책에서는 오픈 소스 프로젝트로서 개발되어 무료로 제공되며 호스팅 업체에서도 많이 사용되고 있는 아파치 톰캣(Apache Tomcat)을 설치한다.

이 책을 집필할 때 아파치 톰캣(Apache Tomcat)의 최신 버전은 Apache Tomcat 10.1 버전이다.

1) 다운로드 및 설치

01 웹 브라우저를 실행하고 다음 그림과 같이 톰캣 홈페이지(http://tomcat.apache.org)에 접속하고 왼쪽 목록창에서 Download 아래의 〈Tomcat 10〉을 클릭한다.

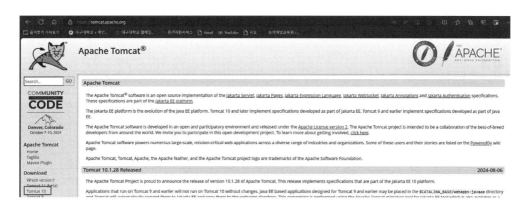

그림 2-21. Tomcat 홈페이지에 있는 Tomcat 10 클릭

02 "10.1.28 Binary Distributions" 부분 메뉴 항목들 중에서 32비트 컴퓨터와 64비트 컴퓨터에 공용으로 사용될 수 있는 32-bit/64-bit Windows Service Installer (pgp, sha512) 항목을 클릭한다.

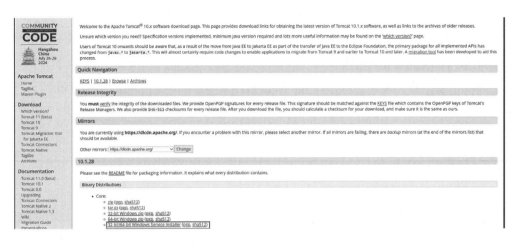

그림 2-22. 32-bit/64-bit Windows Service Installer (pgp, sha512) 항목 클릭

03 설치 작업을 시작하기 위해서 apache-tomcat-10.1.28 설치 파일을 더블클릭한다.

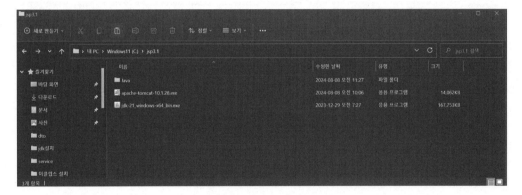

그림 2-23. 다운로드 디렉토리

04 Apache Tomcat Setup 화면이 출력되면 〈Next〉 버튼을 클릭하여 설치를 계속한다.

그림 2-24. Apache Tomcat Setup 시작 화면

05 License Agreement 화면이다. 설치를 계속 진행하려면 라이선스 동의를 해야 하기 때문에 〈I Agree〉 버튼을 클릭한다.

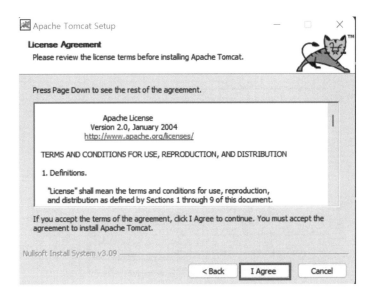

그림 2-25. License Agreement 화면

06 설치할 톰캣의 컴포넌트들을 선택하는 화면이다. "Normal"로 설치하면 일반적인 톰캣 서버에 필요한 컴포넌트들을 설치할 수 있다. 기타 구성요소들은 체크박스를 선택하여 설치할 수 있다.

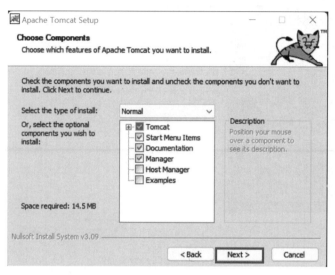

그림 2-26. Choose Components 화면

07 서버 포트 8080이 기본적으로 설정되지만 8080 포트는 오라클에서 제공되는 부수적인 서비스 포트와 충돌이 발생할 수 있으므로 8088 포트로 변경한다. User Name과 Password는 관리자 아이디 설정이므로 본인이 사용할 계정을 설정한다. 이 책에서는 admin과 1111로 간단하게 설정하도록 하겠다.

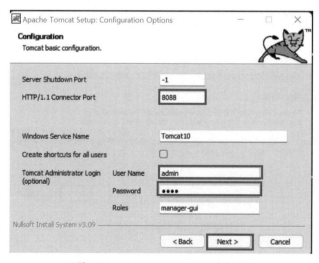

그림 2-27. Tomcat Basic Configuration 화면

08 Tomcat에서 사용되는 Java Virtual Machine을 선택 화면에서 JDK 21 경로를 선택하고 〈Next〉 버튼을 클릭한다.

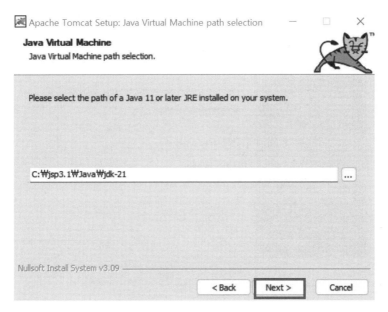

그림 2-28. Java Virtual Machine 선택 화면

09 Apache Tomcat이 설치될 디렉토리를 선택하는 화면이다. "C:\jsp3.1\Tomcat10.1" 디렉토리를 선택한다.

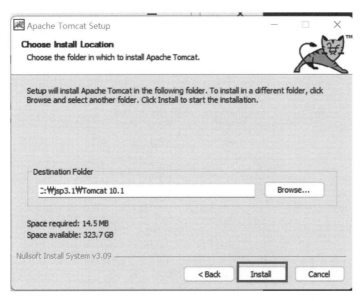

그림 2-29. Apache Tomcat이 설치될 디렉토리 선택 화면

10 Apache Tomcat 설치가 완료된 화면이다. 체크박스를 모두 해제하고 〈Finish〉 버튼을 클릭하여 톰캣 설치를 완료한다.

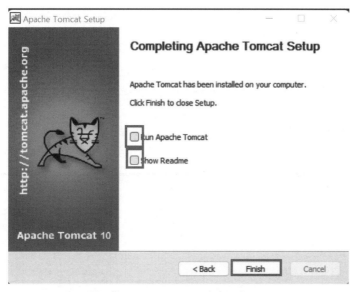

그림 2-30. Apache Tomcat 설치가 완료된 화면

11 시작 메뉴 → Apache Tomcat 10.1 Tomcat10 → Monitor Tomcat을 선택한다.

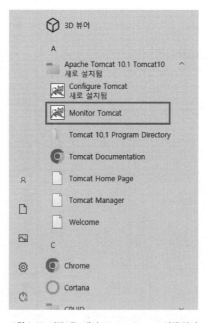

그림 2-31. 시작 메뉴에서 Monitor Tomcat 선택 화면

12 작업 표시줄의 트레이 부분의 Monitor Tomcat 아이콘에서 마우스 우측 버튼을 누르고 "Start Service" 메뉴를 클릭하여 서비스를 시작한다.

그림 2-32. Tomcat Service를 시작하는 화면

13 작업 표시줄 트레이 영역의 Tomcat Service가 시작된 것을 확인한다.

그림 2-33. Tomcat Service를 시작하는 화면

14 Tomcat Service가 시작되었으면 브라우저를 실행하고 http://localhost:8088 주소를 요청한다.

〈그림 2-34〉처럼 Tomcat에서 기본적으로 제공하는 index 페이지가 실행되면 Tomcat이 제대로 실행된 것이다.

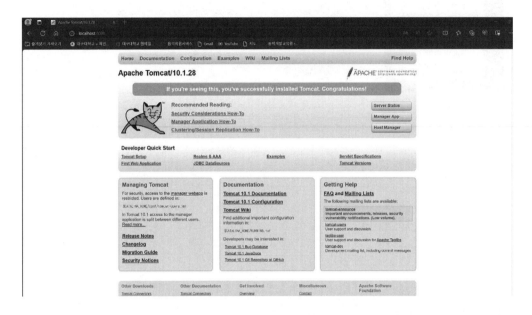

그림 2-34. Tomcat에서 기본적으로 제공되는 index 페이지

2) 톰캣에서 ServletTest 서블릿과 JSP 파일 동작 확인

톰캣에서 웹 애플리케이션이 저장되어야 하는 기본 디렉토리는 바로 "톰캣 설치 경로\webapps"이다.
webApps 디렉토리로 이동한다.

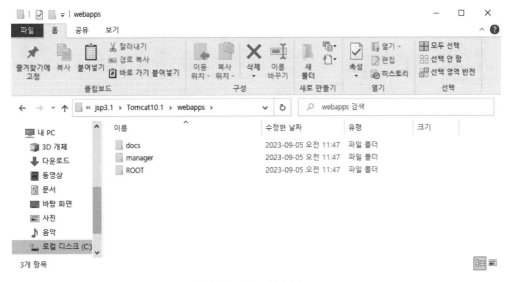

그림 2-35. webApps 디렉토리

이번 장에서 만드는 웹 애플리케이션은 ex1이라는 이름의 웹 프로젝트로 만들 것이다. 톰캣에서 webapps 폴더 밑에 새로운 하위 폴더를 추가하고 웹 애플리케이션에 관한 설정을 하면 톰캣은 그 폴더를 웹 애플리케이션 폴더로 인식한다. 뒤에서 설명하겠지만 특별히 컨텍스트 루트를 설정하지 않으면 브라우저의 접근 경로는 "http://localhost/폴더명"이 된다. 즉, 단순한 경로로 인식한다.
우리의 경우 ex1이라는 폴더를 만들어 그 안에서 해당 폴더를 웹 애플리케이션으로 인식되게 할 수 있도록 설정할 것이므로 브라우저의 기본 접근 경로는 http://localhost/ex1이 된다.

(1) 웹 애플리케이션으로 동작하게 하기 위한 파일 만들기

이제 폴더를 만들고 그 안에 실제 웹 어플리케이션으로 동작하게 하기 위한 파일들을 만들어 보자.

01 webapps 폴더 안에 ex1이라는 폴더를 생성한다.

그림 2-36. ex1 디렉토리

02 ex01 폴더 안에 WEB-INF 폴더를 생성한다.

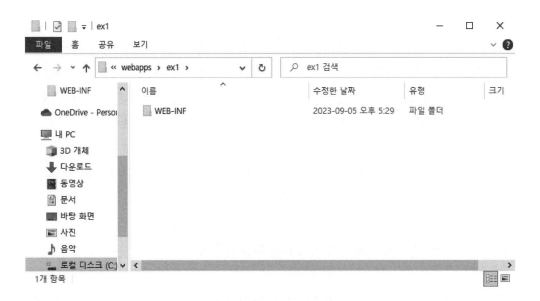

그림 2-37. WEB-INF 디렉토리

03 이제 WEB-INF 폴더 안에 아래 그림과 같이 classes, src, lib 폴더를 생성한다. WEB-INF 디렉토리 안에서 생성된 각각 디렉토리의 기능은 다음과 같다.

- **classes**: 컴파일된 클래스 파일들이 존재하는 디렉토리로, 웹 애플리케이션에서는 이 경로를 클래스들의 루트 경로로 인식한다.

- **src**: 자바 소스 파일들이 존재하는 경로. 실제 애플리케이션을 배포할 때는 필수적인 디렉토리는 아니지만 관리의 편의상 만들어 둔다.

- **lib**: 웹 애플리케이션에서 사용하는 라이브러리 파일들이 존재하는 디렉토리. 만약, 웹에서 DB 연동 작업을 한다면 ojdbc6.jar 파일이 이 디렉토리에 존재해야 한다.

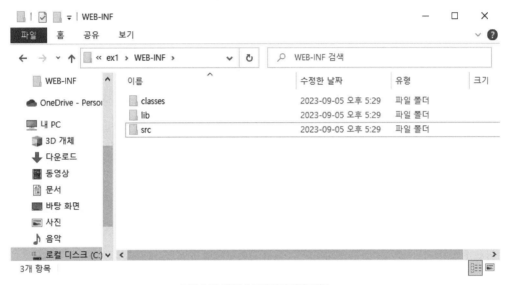

그림 2-38. WEB-INF 의 하위 디렉토리들

(2) 서블릿 만들기

첫 번째 서블릿을 만들어 보자.

01 src 폴더로 들어가서 마우스 오른쪽 버튼을 클릭해 [새로 만들기]를 선택한 후 텍스트 파일을 하나 만들고, 더블 클릭하여 메모장을 실행한다. 그리고 다음과 같은 코드를 입력한다.

ServletTest.java　　　　　　　　⬇ Chapter2₩ex1₩WEB-INF₩src₩ServletTest.java

```java
import jakarta.servlet.*;
import jakarta.servlet.http.*;
import java.io.*;
import java.util.Calendar;

public class ServletTest extends HttpServlet{
    public void doGet(HttpServletRequest request, HttpServletResponse response) throws IOException{
        response.setContentType("text/html");
        response.setCharacterEncoding("UTF-8");
        Calendar c=Calendar.getInstance();
        int hour=c.get(Calendar.HOUR_OF_DAY);
        int minute=c.get(Calendar.MINUTE);
        int second=c.get(Calendar.SECOND);
        PrintWriter out=response.getWriter();
        out.write("<HTML><HEAD><TITLE>ServletTest</TITLE></HEAD>");
        out.write("<BODY><H1>");
        out.write("현재시각은 ");
        out.write(Integer.toString(hour));
        out.write("시 ");
        out.write(Integer.toString(minute));
        out.write("분 ");
        out.write(Integer.toString(second));
        out.write("초입니다.");
        out.write("</H1></BODY></HTML>");
        out.close();
    }
}
```

1~4	해당 파일에서 사용하는 클래스들을 임포트한다. 서블릿을 생성할 때는 jakarta.servlet.*와 jakarta.servlet.http.*는 반드시 임포트해 주어야 한다. 거의 규칙이다. 서블릿에 관한 클래스는 jakarta.servlet 패키지에 포함되어 있고, http 요청을 처리하는 클래스들은 jakarta.servlet.http에 속해 있기 때문이다. 본 교재는 톰캣 10.1 버전을 사용하고 있으므로 javax가 아닌 jakarta를 사용한다.
6	서블릿 클래스를 정의하는 부분이다. 서블릿 클래스를 정의하려면 반드시 HttpServlet 클래스를 상속받는다. HttpServlet 클래스에 서블릿에 관한 일반적인 기능이 정의되어 있기 때문에 HttpServlet 클래스를 상속받은 자식 클래스 또한 서블릿 클래스가 된다.
7~8	doGet 메소드를 정의하는 부분이다. 클라이언트에서 요청이 get 방식으로 전송되어 오면 doGet 메소드가 자동 실행된다.
9	응답 데이터의 마임타입을 HTML 타입의 데이터로 지정하는 부분이다.
10	응답 타입의 문자 인코딩 타입을 한글이 제대로 출력되도록 UTF-8로 지정하는 부분이다. UTF-8(유니코드) 인코딩 방식은 전 세계의 모든 문자를 인식할 수 있다.
11~14	Calendar 객체를 생성하여 객체로부터 시간, 분, 초 값을 얻어오는 부분이다.
15	응답(response)에 내용을 출력할 출력 스트림을 생성하는 부분이다.
16~26	클라이언트로 응답할 내용을 응답에 html 타입의 데이터로 출력하는 부분이다.

02 작성한 코드의 파일명을 ServletTest.java로 지정하고 src 디렉토리에 저장한다. 그 후 해당 경로를 복사한다.

그림 2-39. WEB-INF 의 src 디렉토리

03 찾기 → CMD 입력 → 〈Enter〉후 명령 창에 들어가서 cd 〈그림 2-39〉에서 복사한 경로를 붙여 넣기한 후 〈Enter〉 시 해당 경로로 이동하게 된다.

그림 2-40. cd 명령어로 해당 디렉토리 경로로 이동

04 "javac -cp C:\jsp3.1\Tomcat10.1\lib\servlet-api.jar -d ../classes ServletTest. java" 명령 행을 실행해서 서블릿을 컴파일한다. "-cp C:\jsp3.1\Tomcat10\lib\ servlet-api.jar"를 사용하여 servlet-api.jar 파일의 경로를 지정하여 컴파일러가 찾을 수 있게 한다. 경로를 "WEB-INF/classes"로 컴파일하기 위해 "../"로 현재 경로에서 한 단계 올라가서 classes로 경로를 지정하고 컴파일한다. 〈그림 2-41〉과 같이 아무런 에러도 출력되지 않으면 컴파일이 제대로 실행된 것이다.

그림 2-41. javac 명령 실행으로 서블릿 컴파일

05 classes 디렉토리에서 생성된 ServletTest.class 파일을 확인한다.

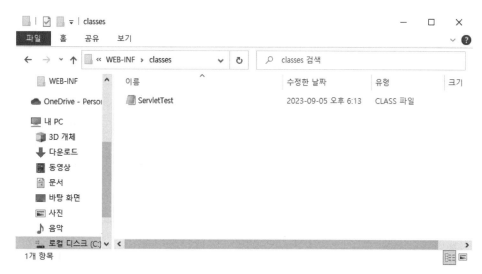

그림 2-42. ServletTest.class 파일이 생성된 화면

06 다음으로 web.xml이라는 배포 서술자를 작성한다. web.xml 파일에는 서블릿 배포에 관한 설정 내용을 작성한다. web.xml 파일을 처음부터 전부 작성하기에는 작성해야 할 내용이 너무 많고 오타가 발생할 가능성이 있으므로 파일을 톰캣 설치 디렉토리(C:\jsp3.1\Tomcat10.1\conf)에서 복사하도록 한다.

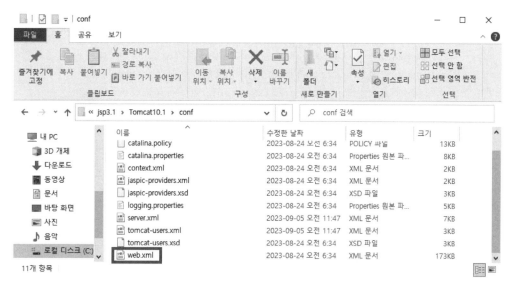

그림 2-43. 설치된 Tomcat 의 conf 디렉토리

07 복사한 web.xml 파일을 "C:\jsp3.1\Tomcat10.1\webapps\ex1\WEB-INF" 디렉
토리에 붙여 넣는다.

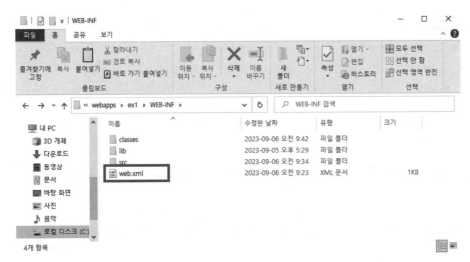

그림 2-44. C:\jsp3.1\Tomcat10.1\webapps\ex1\WEB-INF 디렉토리

08 이제 web.xml 파일을 수정해보자. 먼저 web.xml 파일을 메모장으로 열어서 맨 아래
부분을 보면 〈/web-app〉이라는 태그가 있다. 아래 그림처럼 〈/web-app〉 위에 우
리가 서블릿 설정에 관한 부분을 추가하자. 이미 web.xml에 저장되어 있는 모든 다른
코드 부분은 삭제하고 하단 코드 부분만 남긴다.

web.xml   ⬇ Chapter2\ex1\WEB-INF\web.xml

```
1   <web-app xmlns="https://jakarta.ee/xml/ns/jakartaee"
2     xmlns:xsi="http://www.w3.org/2001/XMLSchema-instance"
3     xsi:schemaLocation="https://jakarta.ee/xml/ns/jakartaee
4                     https://jakarta.ee/xml/ns/jakartaee/web-app_6_0.
5   xsd"
6   version="6.0">
7
8   <servlet>
9   <servlet-name>ServletTest</servlet-name>
10  <servlet-class>ServletTest</servlet-class>
11  </servlet>
12
13  <servlet-mapping>
14  <servlet-name>ServletTest</servlet-name>
```

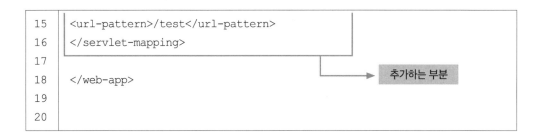

```
15    <url-pattern>/test</url-pattern>
16    </servlet-mapping>
17
18    </web-app>
19
20
```

추가하는 부분

web.xml 파일의 서블릿 관련 부분은 웹 컨테이너에게 어떠한 URL 요청이 서블릿 요청이고 그 서블릿 요청이 사용하는 서블릿 클래스는 어떤 것인지를 알려주는 파일이다. 위의 코드에서 <servlet>…</servlet> 태그로 묶인 부분이 각각의 서블릿에 대응하는 서블릿 클래스를 지정하는 부분이고 <servlet-mapping>…</servlet-mapping> 부분은 url 상의 요청명과 서블릿을 연결해 주는 부분이다. 좀 더 자세히 살펴보면 <servlet> 태그 안의 <servlet-name> 태그로 묶인 부분은 서블릿의 이름을 배정한 부분이고 <servlet-class> 태그로 묶인 부분이 각각의 서블릿 이름에 대한 클래스를 명시해 놓은 부분이다. 만약 서블릿 클래스가 특정 패키지에 속하면 패키지 명까지 전체 이름을 설정해야 한다. 또 <servlet-mapping> 태그 안의 <url-pattern> 태그로 묶인 부분이 바로 위의 <servlet-name> 태그에 명시된 서블릿이 요청되기 위한 주소의 패턴을 입력하는 부분이다. 위의 <servlet> 태그 안의 <servlet-name>에 배정된 이름은 반드시 클래스 이름과 같을 필요는 없지만 아래의 <servlet-mapping>에는 같은 <servlet-name>을 가진 태그가 반드시 있어야만 한다. 즉 <servlet> 태그로 묶인 부분과 <servlet-mapping> 태그로 묶인 부분은 1:1 매칭이 되어야 한다.

(3) 서블릿 구동하기

첫 번째 서블릿을 구동하기 위해 필요한 파일은 모두 만들었다. 이제 실제로 서블릿을 구동하여 보자.

01 먼저 web.xml 파일을 수정하였으므로 톰캣을 재가동해야 한다. 오른쪽 아래의 알림 영역의 톰캣 아이콘에서 마우스 오른쪽 클릭한 후 [Stop Service]를 선택한다. 서비스가 종료되면 다시 아이콘에서 마우스 오른쪽 클릭하여 [Start Service]를 선택한다.

TIP 최근 웹 컨테이너 기능이 향상되면서 재시작하지 않아도 설정 파일의 수정 부분을 서버에서 자동으로 읽어 들이는 컨테이너들이 있지만, 해당 기능이 제공되지 않는 컨테이너들도 존재하므로 설정 파일을 수정하였을 경우 서버를 재시작하는 것이 안전하다.

02 이제 웹 컨테이너가 구동되었으니 브라우저를 실행하고 주소창에 http://localhost:8088/ex1/test를 입력하고 요청하면 다음과 같이 실행된다.

TIP 여기서 중간의 ex1은 webapps 폴더 안에 생성된 프로젝트 폴더를 의미하고 가장 오른쪽의 test는 web.xml에서 <url-pattern> 태그를 사용하여 지정한 "/test"로 url에서 사용하는 이름을 의미한다. 보통 설정 파일에서 컨텍스트 루트를 특별히 설정하지 않으면 주소의 형식은 "http://도메인명/프로젝트명(폴더명)/서블릿명"이 된다. 본 설정에서 도메인명으로 내부 도메인인 localhost, 폴더명으로 ex1, 서블릿 url 패턴으로 /test를 주었기 때문에 ServletTest 서블릿에 접근하기 위한 주소가 최종적으로 "http://localhost:8088/ex1/test"가 되는 것이다.

그림 2-45. ServletTest 서블릿 요청 화면

03 〈F5〉 키를 눌러서 새로 고침 하면 매번 시간이 바뀌는 것을 확인할 수 있다. 여러분은 이제 첫 번째 서블릿을 만든 것이다.

다시 정리를 해보면 서블릿을 구동하기 위해서는 아래 그림과 같은 구조의 폴더를 생성하고 web.xml을 작성하고 우리가 서비스할 서블릿 클래스를 작성해 WEB-INF/classes 폴더에 넣어 두어야 한다. 그리고 톰캣을 실행하여 Start Service를 한 뒤 web.xml에 설정한 서블릿 URL 주소로 브라우저를 사용해 접근하면 컨테이너는 서블릿 요청임을 web.xml 파일을 참조하여 파악하게 되며, 각각의 서블릿에 매칭되어 있는 서블릿 클래스를 구동시켜 그 결과를 사용자의 브라우저에 HTML 코드 형식으로 전송하게 된다.

웹 애플리케이션의 폴더 구조는 하단 그림과 같다.

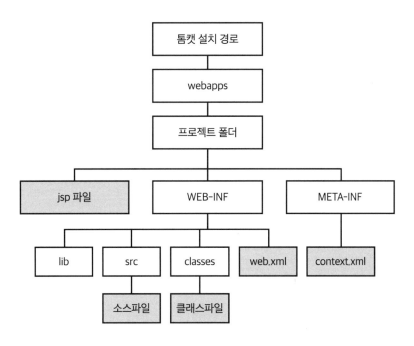

그림 2-46. 웹 어플리케이션 폴더 구조

하지만 서블릿 소스를 잘 살펴보면 〈HTML〉, 〈BODY〉 등 HTML 태그를 사용자의 브라우저에 전송하기 위해 response.getWrite()를 사용해 PrintWriter 객체를 얻어와서 일일이 write() 메소드를 사용해야 한다. 사용자에게 보여주기 위한 페이지의 HTML 코드 길이가 짧다면 큰 지장은 없겠지만 만일 수백 라인, 수천 라인의 HTML 코드로 되어있는 페이지를 이러한 방식으로 만들려고 한다면 상당히 힘들뿐더러 유지 보수에도 심각한 문제가 생길 것이다. 그래서 이러한 단점을 보완해 주기 위해 만들어진 것이 바로 JSP이다.

(4) 서블릿 클래스를 JSP로 만들기

위에서 만든 서블릿 클래스의 내용들을 JSP로 만들면 화면에 내용을 출력하는 것이 많이 간단해진다.

01 프로젝트 폴더 안으로 들어가 새로운 파일을 만들어 메모장으로 다음과 같이 편집한다.

ServletTest.jsp

⬇ Chapter2₩ex1₩ServletTest.jsp

```
1   <%@ page language="java" contentType="text/html; charset=UTF-8"
2       pageEncoding="UTF-8"%>
3   <%@page import="java.util.Calendar"%>
4   <!DOCTYPE html>
5   <html>
6   <head>
7   <%
8   Calendar c=Calendar.getInstance();
9   int hour=c.get(Calendar.HOUR_OF_DAY);
10  int minute=c.get(Calendar.MINUTE);
11  int second=c.get(Calendar.SECOND);
12  %>
13  <meta charset="UTF-8">
14  <title>Servlet Test</title>
15  </head>
16  <body>
17  <h1>현재시간은 <%=hour %>시 <%=minute %>분 <%=second %>초 입니다.</h1>
18  </body>
19  </html>
```

 코드 분석

1장에서 작성한 ServletTest.jsp 파일과 동일한 코드이므로 코드 설명은 생략한다.

02 코딩을 마쳤으면 파일 메뉴의 다른 이름으로 저장하기를 선택하여 아래 그림처럼 이름
을 ServletTest.jsp로, 파일 형식을 모든 파일로 선택하여 저장한다.

그림 2-47. ServletTest.jsp 파일 저장

03 저장이 끝났으면 이제 JSP 파일이 제대로 동작하는지 시험해보자.

우선 톰캣 서버를 시작하고(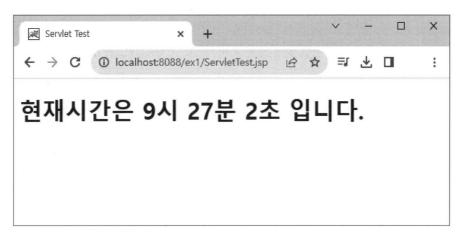) 브라우저의 주소 창에 "http://localhost/ex1/
ServletTest.jsp"를 입력하고 〈Enter〉키를 누르면 다음 그림과 같은 화면이 뜬다.

그림 2-48. ServletTest.jsp 파일 실행

결과를 잘 살펴보면 앞에서 만든 서블릿의 실행 결과와 같이 새로 고침 할 때마다 시간이 현재 시간으로 갱신됨을 알 수 있다. 즉 앞의 서블릿을 실행한 페이지와 완전히 같은 페이지라고 볼 수 있다. 하지만 JSP의 소스를 살펴보면 거의 대부분이 일반적인 HTML 코드로 이루어져 있다. ⟨%...%⟩, ⟨%!...%⟩, ⟨%=···%⟩ 등으로 묶인 부분들을 제외하면 서블릿 소스에서는 write() 메소드를 사용해야만 생성할 수 있었던 HTML 코드를 JSP 파일에서는 HTML 파일을 작성하듯 그대로 사용하였고 Calendar를 이용해 시간을 구하는 로직 부분만 ⟨%...%⟩ 등으로 묶어서 HTML 태그와 구분하였음을 알 수 있다. 따라서 HTML 코드가 길어지더라도 서블릿처럼 복잡하게 메소드 안에 HTML 코드를 삽입하지 않고 HTML 코드를 사용할 수 있을 뿐만 아니라 서블릿에서 동적인 결과를 만들어 내기 위한 로직 부분도 ⟨%..%⟩ 등으로 묶어서 표현할 수 있기 때문에 JSP는 서블릿보다는 화면을 표현하는 데 편리하다.

이제 여러분은 JSP 파일을 사용하면 서블릿에서 write() 메소드를 사용해서 복잡하게 표현했던 HTML 코드를 쉽게 사용할 수 있다는 것을 이해했다. 그렇다면 JSP 파일은 어떻게 해서 HTML 코드와 JAVA 코드를 동시에 사용해서 웹 페이지를 생성해 내는지를 살펴보자.

우선 사용자의 URL 요청이 위에서처럼 JSP 파일이면 웹 컨테이너는 먼저 JSP 파일을 파싱 (Parsing)하여 자바 코드로 변환한다. 파싱이란 코드를 해석해서 그에 맞는 변환 코드로 바꾸는 작업을 뜻한다. 즉 이 경우 각각의 태그를 자동으로 감지하여 ⟨%...%⟩, ⟨%!...%⟩, ⟨%=···%⟩ 등 자바 코드 부분은 그대로 사용하고 그 외의 HTML 태그로 된 부분들은 위의 서블릿 소스처럼 write() 메소드를 사용하는 방식으로 변환한다. 그렇게 만들어진 자바 코드 파일을 컴파일하여 서블릿 클래스 파일을 만들게 된다. 만들어진 서블릿 클래스가 실행되면 가장 먼저 인스턴스를 생성하고 init() 메소드에 의해 초기화된다. 그 후 요청에 따른 스레드가 하나 생성되어 service() 메소드를 호출하게 되고 요청 방식에 따라 자동으로 doGet() 또는 doPost() 메소드가 실행되어 HTML 코드로 이루어진 결과 페이지가 생성된다. 생성된 결과 페이지는 웹 컨테이너에서 웹 서버를 거쳐 사용자의 브라우저로 응답의 형태로 전송되고 사용자는 결과를 받아보게 된다. 이러한 과정은 최초 요청이 이루어졌을 때에만 전부 거치게 되고 같은 페이지에 대한 두 번째 요청부터는 이미 생성된 인스턴스에서 스레드만 하나씩 생성되어 service() 메소드를 호출한다. 따라서 JSP 파일이 서블릿으로 변환되는 과정은 오직 한 번만 일어나므로 같은 페이지에 대한 수많은 사용자의 요청이 있더라도 처리 속도는 거의 떨어지지 않게 된다. 만약 jsp 페이지의 코딩 내용이 변경되면 다시 변환 과정을 거친다.

Chapter 1부터 계속해서 JSP와 서블릿의 동작 원리를 설명하는 것에 대해 머리가 아프다고 느끼는 독자들도 있을 것이다. 처음 프로그래밍을 접하는 독자들, 프로그래밍을 해 보았지만 웹 프로그래밍에 대해서는 초보라고 생각되는 독자들에게는 조금 어려운 이야기일수도 있다. 너무 어렵다고 생각되는 독자들은 일단 모든 개발 환경 설정을 마친 후 다음 장부터 예제 위주로 공부해 나가면 좀 더 쉽고 흥미를 느끼며 공부해 갈 수 있을 것이다. 하지만 중급 이상의 개발자가 되기 위해서는 서블릿의 원리와 웹 애플리케이션의 원리를 반드시 알아 두어야 한다.

3) 서블릿의 라이프사이클(LifeCycle)

(1) 서블릿 객체의 생성 소멸 단계

서블릿은 클라이언트의 첫 번째 요청이 들어오거나 컨테이너가 시작될 때 생성된다. 서블릿 객체가 컨테이너가 시작될 때 생성되게 할지, 클라이언트의 첫 번째 요청이 들어올 때 생성되게 할지는 컨테이너 속성 값으로 설정할 수 있다. 첫 번째 클라이언트의 요청에 대해서만 객체가 생성되고 두 번째 요청부터는 각 클라이언트마다 스레드를 생성하여 요청을 처리한다.
그리고, 컨테이너가 종료될 때 서블릿 객체는 소멸된다. 서블릿 객체의 생성과 소멸 단계를 도식화해 본다.

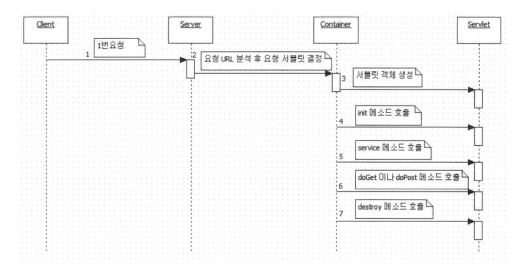

그림 2-49. 서블릿 객체 생성 소멸 단계

클라이언트의 첫 번째 요청이 들어오면 서블릿 객체가 생성되고 init 메소드가 호출되어 서블릿에 필요한 초기화 작업을 수행한다. init 메소드 안에서는 주로 서블릿 전체에서 공유되는 자원을 생성한다. init 메소드는 첫 번째 클라이언트의 요청이 들어올 때만 서블릿 생애 주기 중 단 한 번만 호출되며 두 번 다시 호출되지 않는다. 두 번째 요청부터는 service 메소드가 반복적으로 호출되면서 요청을 처리한다.

즉, 요청 하나당 service 메소드가 한 번 호출된다.

컨테이너에서는 service 메소드를 호출하기 전에 HttpServletRequest 객체와 HttpServletResponse 객체를 생성하여 service 메소드에 파라미터로 전송한다.

service 메소드에서는 클라이언트의 요청이 GET 방식으로 넘어왔으면 doGet 메소드를 호출하고, 요청이 POST 방식으로 넘어왔으면 doPost 메소드를 자동으로 호출한다. doGet이나 doPost 메소드 호출 시 인자로 HttpServletRequest 객체와 HttpServletResponse 객체를 전달한다.

일반적으로 개발 시 service 메소드는 재정의하지 않는다. 개발 시 doGet이나 doPost 메소드를 재정의하여 클라이언트의 요청을 처리한다.

(2) 서블릿 LifeCycle 관련 메소드 호출 순서 확인

HttpServlet 클래스에 정의되어 있는 라이프 사이클 관련 메소드들은 클라이언트의 요청이 전송될 때 일정한 규칙과 순서에 의해서 호출된다.

01 서블릿 클래스를 생성한 후 라이프 사이클 관련 메소드들의 호출되는 순서를 살펴보자.

ServletLifeCycle.java　　　　　　　⬇ Chapter2\ex2\WEB-INF\src\ServletLifeCycle.java

```
1    import java.io.IOException;
2    import jakarta..servlet.ServletConfig;
3    import jakarta.servlet.ServletException;
4    import jakarta.servlet.annotation.WebServlet;
5    import jakarta.servlet.http.HttpServlet;
6    import jakarta.servlet.http.HttpServletRequest;
7    import jakarta.servlet.http.HttpServletResponse;
8
9    public class ServletLifeCycle extends HttpServlet {
10       private static final long serialVersionUID = 1L;
```

```
11
12        public ServletLifeCycle() {
13            super();
14            System.out.println("Constructor");
15        }
16
17        @Override
18        public void init(ServletConfig config) throws ServletException {
19         super.init(config);
20         System.out.println("init");
21        }
22
23        @Override
24        protected void service(HttpServletRequest request,
25    HttpServletResponse response) throws ServletException, IOException {
26         System.out.println("service");
27         super.service(request, response);
28        }
29
30        protected void doGet(HttpServletRequest request,
31    HttpServletResponse response) throws ServletException, IOException {
32            System.out.println("doGet");
33        }
34
35        protected void doPost(HttpServletRequest request,
36    HttpServletResponse response) throws ServletException, IOException {
37         System.out.println("doPost");
38        }
39
40        @Override
41        public void destroy() {
42            System.out.println("destroy");
43            super.destroy();
44        }
45
46    }
47
```

코드 분석

9	서블릿 클래스를 정의한다. 서블릿 클래스를 정의할 때는 HttpServlet 클래스를 상속한다.
12~15	생성자를 정의한 부분이다. 이 부분은 첫 번째 클라이언트 요청이 들어올 때 실행된다.
17~21	init 메소드를 정의한 부분이다. 이 메소드는 첫 번째 요청이 들어올 때만 호출된다. 두 번째 요청부터는 호출되지 않는다.
23~28	service 메소드를 정의한 부분이다. 이 메소드는 클라이언트의 요청이 들어올 때마다 반복적으로 호출되면서 각 클라이언트의 요청을 처리한다.
30~33	doGet 메소드를 정의한 부분이다. 이 메소드는 클라이언트가 get 방식으로 요청을 하면 호출된다.
35~38	doPost 메소드를 정의한 부분이다. 이 메소드는 클라이언트가 post 방식으로 요청을 하면 호출된다.
40~44	destroy 메소드를 정의한 부분이다. 서블릿 인스턴스가 소멸되기 직전에 단 한 번만 호출되는 메소드이다. 톰캣 서비스를 중지하면 실행된다.

02 배포 서술자인 web.xml을 작성한다.

web.xml

⬇ Chapter2₩ex2₩WEB-INF₩web.xml

```
1   <web-app xmlns="https://jakarta.ee/xml/ns/jakartaee"
2     xmlns:xsi="http://www.w3.org/2001/XMLSchema-instance"
3     xsi:schemaLocation="https://jakarta.ee/xml/ns/jakartaee
4                     https://jakarta.ee/xml/ns/jakartaee/web-app_6_0.
5   xsd"
6     version="6.0">
7
8     <servlet>
9       <servlet-name>ServletLifeCycle</servlet-name>
10      <servlet-class>ServletLifeCycle</servlet-class>
11    </servlet>
12
13    <servlet-mapping>
14      <servlet-name>ServletLifeCycle</servlet-name>
15      <url-pattern>/ServletLifeCycle</url-pattern>
16    </servlet-mapping>
17
18  </web-app>
```

9	web.xml 내부에서 사용하는 서블릿을 구분하기 위한 이름이다. 이 이름은 개발자가 임의적으로 지정해 주면 된다. "a"라고 지정해도 되고 "b"라고 지정해도 된다. 서블릿끼리 구분되게만 지정하면 된다.
10	서블릿이 호출되었을 때 최종적으로 실행될 서블릿 클래스이다. 서블릿의 실제 클래스 명이 지정된다. 서블릿 클래스가 특정 패키지에 포함되어 있으면 패키지 명까지 지정해야 한다. 즉, ServletLifeCycle 클래스 파일이 test 패키지에 포함되어 있으면 "\<servlet-class>test.ServletLifeCycle\</servlet-class>" 라고 지정해야 한다.
14	web.xml에서 사용되는 서블릿 이름을 지정하는 부분이다. 9라인에서 지정한 서블릿 이름과 동일해야 한다.
15	URL상의 서블릿 이름을 지정하는 부분이다. "/"는 애플리케이션 루트 경로를 의미한다. 즉, 작성된 예제 서블릿을 주소 표시줄에 요청하려면 http://localhost:8088/ex2/ServletLifeCycle 이라고 입력해야 한다.

03 작성된 ServletLifeCycle.java 파일을 ex2\WEB-INF\classes 디렉토리로 컴파일한다.

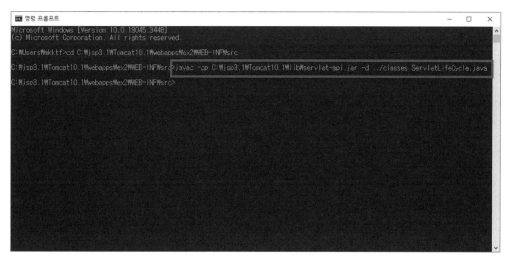

그림 2-50. ServletLifeCycle.java 파일 컴파일

04 톰캣 서버를 시작하고(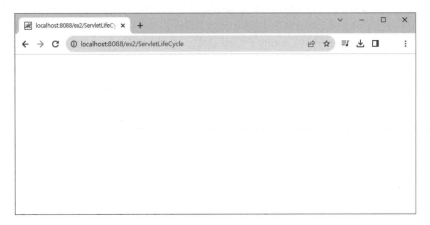) 브라우저의 주소 창에 http://localhost:8088/ex2/
ServletLifeCycle 주소를 입력하고 〈Enter〉키를 누른다.

ServletLifeCycle 서블릿에는 화면에 출력하는 내용을 정의하지 않았기 때문에 클라
이언트 화면에는 아무런 내용도 출력되지 않는다.

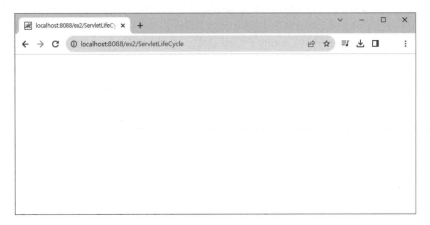

그림 2-51. ServletLifeCycle 서블릿을 브라우저에서 요청한 화면

05 톰캣 로그를 확인하여 클라이언트가 처음 요청했을 때 어떤 메소드가 실행되는지를 확
인한다.

톰캣의 로그를 확인하기 위해서 "C:\jsp3.1\Tomcat10.1\logs\tomcat10-
stdout.2023-09-06" 파일을 연다. 서블릿 내에서 System.out.print로 출력한 내용은
날짜별 stdout 로그파일에 출력된다. 날짜는 각 독자들이 예제를 실행한 날짜별로 파
일이 생성된다.

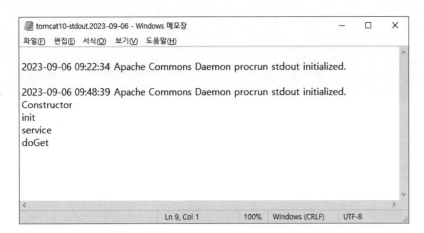

그림 2-52. 서블릿에 첫 번째 요청이 전송된 경우

06 서블릿에 두 번째 요청을 전송하고 어떤 메소드가 실행되는지를 확인하기 위해서 주소 표시줄에 http://localhost:8088/ex2/ServletLifeCycle 주소를 입력하고 〈Enter〉키를 입력한 후 다시 한번 "C:\jsp3.1\Tomcat10.1\logs\tomcat10-stdout.2023-09-06" 파일을 연다.

두 번째 요청부터는 service 메소드가 반복적으로 실행되면서 요청을 처리하는 것을 확인할 수 있다.

그림 2-53. 서블릿에 두 번째 요청이 전송된 경우

07 톰캣 서버를 종료할 때 어떤 메소드가 실행되는지를 확인하기 위해서 트레이 영역에 있는 Monitor Tomcat 아이콘에서 마우스 우측 버튼을 클릭한 후 Stop Service 메뉴를 선택하여 톰캣 서비스를 종료한다. 톰캣 서비스를 종료한 후 "C:\jsp3.1\Tomcat10.1\logs\tomcat10-stdout.2023-09-06" 파일을 열어서 서블릿의 어떤 메소드가 실행되는지 확인한다. 톰캣이 종료되기 직전에 destroy 메소드가 단 한 번 호출되는 것을 확인할 수 있다.

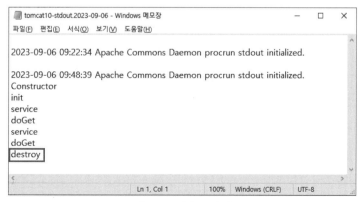

그림 2-54. 톰캣이 종료된 경우

3. 종합 개발 툴(이클립스) 설치

자바 개발 도구인 JDK와 웹 컨테이너인 톰캣의 설치를 마쳤으면 이제 실제 개발에 사용할 종합 개발 툴을 설치할 차례이다. 코딩은 앞에서 설명한 것처럼 일반 메모장에서도 가능하지만 실제 긴 라인의 코딩을 진행하고 빌드하기에는 메모장으로 작업하면 생산성이 떨어진다. 개발의 생산성을 향상시키는 다양한 기능들을 제공해주는 종합 개발 툴(IDE)들이 많이 존재하는데, 자바 웹 프로그래밍을 할 때 최근 폭넓게 쓰이는 개발 툴로 대표적인 것이 바로 이클립스(Eclipse)이다. 이클립스를 설치하면 자바 개발에 필요한 모델링 부분부터 배포까지 거의 모든 작업을 지원해 준다.

1) 다운로드 및 설치

01 이클립스 홈페이지(www.eclipse.org)에 접속하고 [Download]를 클릭한다.

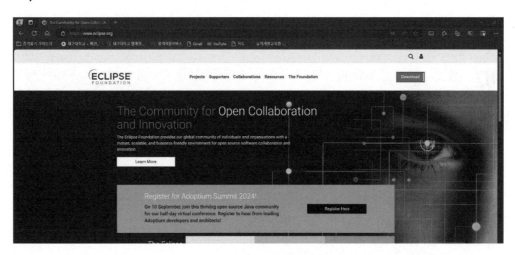

그림 2-55. 이클립스 홈페이지 접속

02 Download 페이지가 열리면 하단의 그림에서 [Download Packages]를 클릭하여 들어간다.

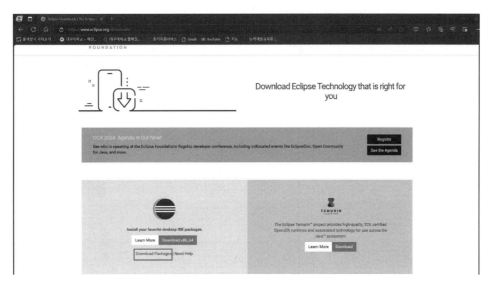

그림 2-56. Download Packages 클릭

03 가장 최신 버전의 Eclipse Packages를 다운로드할 수 있는 화면으로 이동한다. 본 교재를 집필 중인 시점에서 가장 최신 버전은 2024-06 R 버전이다. 윈도우 환경에서 사용할 수 있는 Eclipse IDE for Enterprise Java and Web Developers x86_64 파일을 다운로드받기 위해 아래 그림에 표시된 x86_64 부분을 눌러 준다.

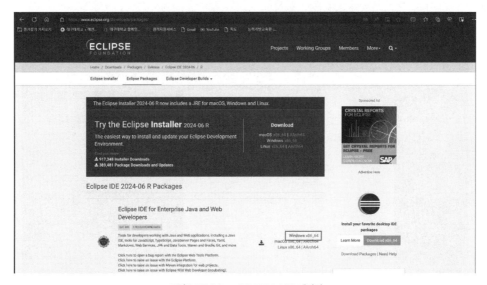

그림 2-57. Eclipse IDE 2024-06 R 패키지

04 Select a mirror 창이 열리면 오렌지색 다운로드 버튼이나 아래 파일 이름을 직접 클릭하여 파일을 다운받는다. 다운로드 속도가 느릴 경우 [Select Another Mirror]를 클릭하여 다른 다운 경로를 선택할 수 있다.

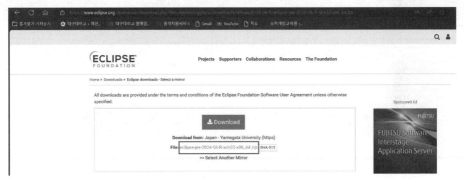

그림 2-58. SELECT A MIRROR

05 다운로드 받은 Eclipse-jee-2024-06-R-win32-x86_64.zip 파일의 압축을 푼다.

그림 2-59. Eclipse Installer 압축 풀기 - 1

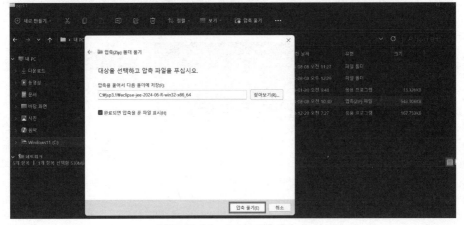

그림 2-60. Eclipse Installer 압축 풀기 - 2

06 압축을 푼 폴더에 들어가 eclipse.exe를 실행시킨다.

그림 2-61. eclipse.exe 실행

07 Eclipse.exe를 실행하면 Workspace를 지정하게 된다. 박스에 "C:\jsp3.1\ workspace"를 입력하고 〈Launch〉 버튼을 클릭하여 이클립스를 실행한다.

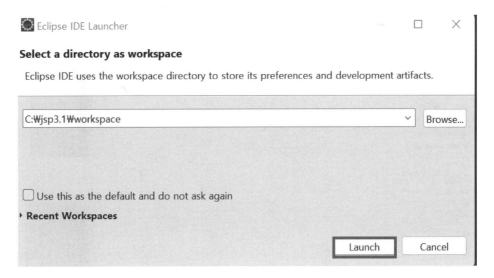

그림 2-62. Workspace 선택

08 다음 화면과 같이 Welcome 화면이 실행되면 〈X〉 버튼을 클릭하여 Welcome 화면을 닫는다.

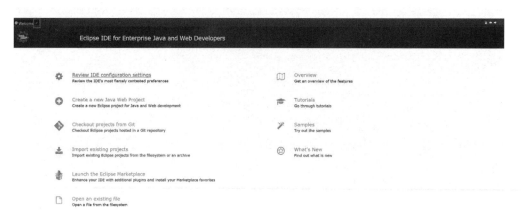

그림 2-63. Welcome 화면

09 다음 그림과 같이 Eclipse에서 작업할 수 있는 화면이 실행되면 이클립스가 제대로 실행된 것이다.

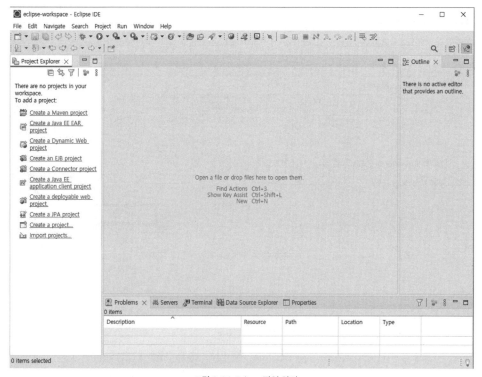

그림 2-64. Eclipse 작업 화면

2) 이클립스에 톰캣 서버 등록하기

서블릿이나 JSP는 웹 컨테이너에서 실행되기 때문에 이클립스에서 실행될 때 서블릿이나 JSP
가 실행될 수 있는 환경을 설정해야 한다.
이 책에서는 웹 서버로 Tomcat을 사용하므로 이클립스에 톰캣을 서버로 등록하면 된다.

01 [Window]-[Preferences] 메뉴를 선택하면 하단 그림과 같은 대화 상자가 열린다.
대화 상자에서 서버 설정을 위해서 [Server]-[Runtime Environments] 메뉴를 선택
하여 "Server Runtime Environments" 화면을 연 후 〈Add〉 버튼을 클릭한다.

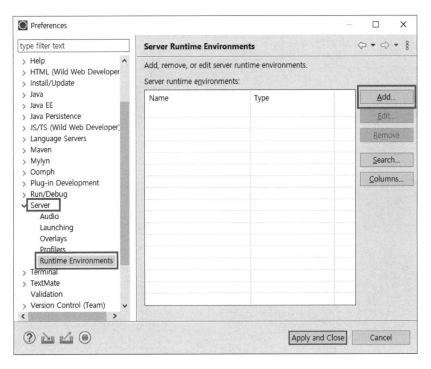

그림 2-65. [Runtime Environments] 선택

02 다음 화면은 톰캣 버전을 선택하는 화면이다.

이 책에서 이클립스에 톰캣을 추가해서 사용할 때는 Tomcat 10.1 버전을 사용한다.

하단 그림 화면에서 "Apache Tomcat v10.1"을 선택한 후 〈Next〉 버튼을 클릭한다.

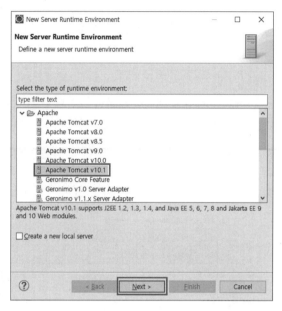

그림 2-66. Tomcat 버전을 선택하는 화면

03 다음 화면은 톰캣의 설치 경로와 JRE 경로를 지정하는 화면이다. 화면과 같이 각 경로를 선택한 후 〈Finish〉 버튼을 클릭한다.

그림 2-67. Tomcat 설치 경로 지정

04 다음 화면에서 "Apache Tomcat v10.1" 서버가 추가된 것을 확인하고 〈Apply and Close〉 버튼을 클릭한다.

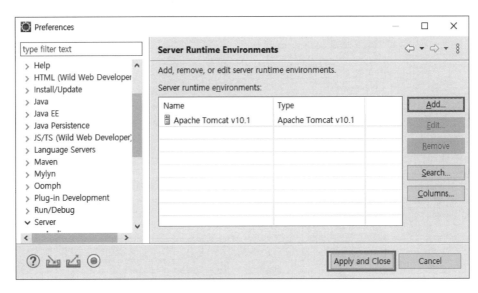

그림 2-68. Tomcat 서버 추가 확인

05 다음 화면에서 Servers 탭에 링크가 걸려 있는 "No servers are available. Click this link to create a new server…"를 클릭한다.

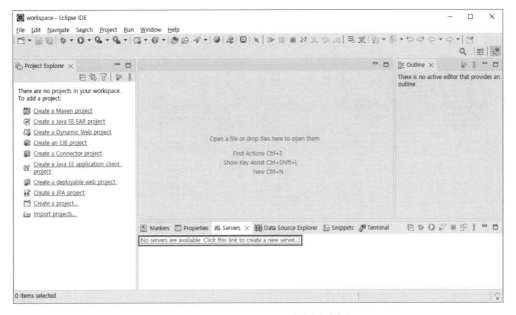

그림 2-69. Eclipse 의 Servers 탭에 서버 추가하기

06 다음 화면에서 서버로 추가한 "Tomcat v10.1 Server"를 클릭한 후 〈Finish〉 버튼을 클릭하여 "Servers" 탭에 "Tomcat Server"를 추가한다.

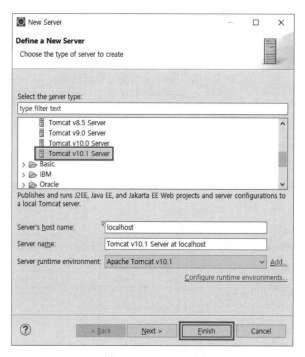

그림 2-70. Tomcat v10.1 선택

07 다음 화면처럼 "Servers" 탭에 "Tomcat Server"가 추가되었으면 서버 등록 작업이 완료된 것이다.

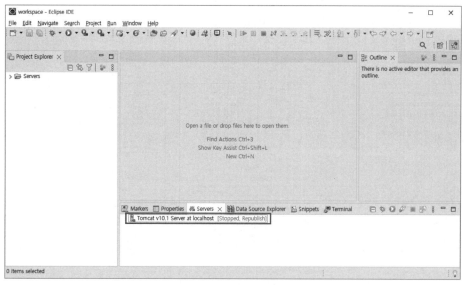

그림 2-71. "Servers" 탭에 "Tomcat Server" 추가 작업 완료

3) 웹 프로젝트 생성하고 애플리케이션 실행하기

이제 이클립스에서 웹프로젝트를 생성하고 애플리케이션을 실행해 보도록 한다. 웹 프로젝트 생성 후 간단한 서블릿과 JSP를 생성하여 웹 요청을 테스트한다.

01 Project Explorer 뷰에서 마우스 우측 버튼을 클릭한 후 [New]-[Dynamic Web Project]를 선택한다.

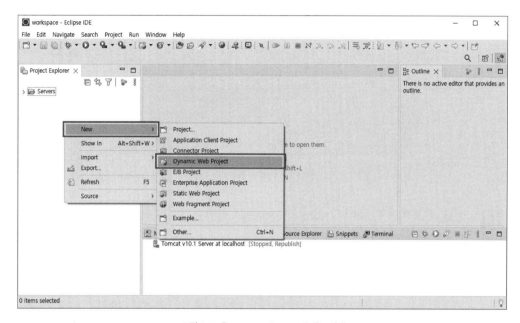

그림 2-72. "Dynamic Web Project" 메뉴 선택

02 Project name을 JspProject로 지정하고 〈Finish〉 버튼을 클릭한다.

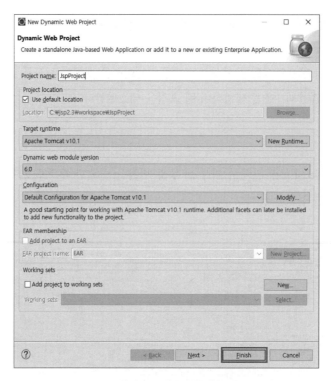

그림 2-73. Project name 지정

03 해당 프로젝트의 [src]-[main]-[webapp] 폴더에서 마우스 우측 버튼을 누른 후 [New]-[JSP File] 메뉴를 실행한다.

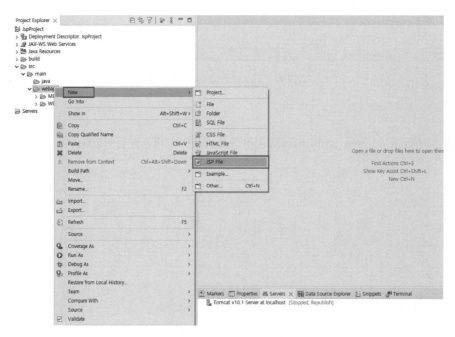

그림 2-74. [New]-[JSP File] 선택

04 File Name을 hello로 지정하고 〈Finish〉 버튼을 클릭하여 JSP 파일을 생성한다. 확장자는 생략이 가능하다.

그림 2-75. JSP 파일명 입력

05 자동으로 생성되는 코드의 폰트 크기가 너무 작으므로 폰트 크기를 조절한다. 폰트를 원하는 크기로 변경하기 위해 [Windows]-[Preferences] 메뉴를 실행하고 [General]-[Appearance]-[colors and Fonts] 클릭한다.

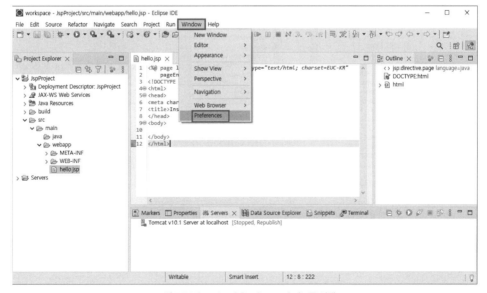

그림 2-76. [Windows]-[Preferences] 메뉴를 실행

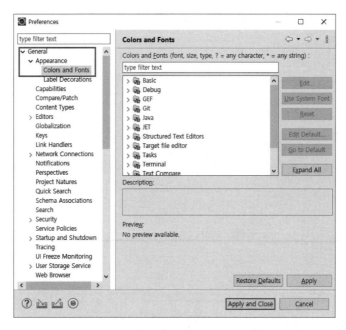

그림 2-77. [General]-[Appearance]-[Colors and Fonts] 메뉴를 실행

06 [Basic]-[Text Font]를 선택한 후 〈Edit〉 버튼을 클릭한다.

그림 2-78. [Basic]-[Text Font]-[Edit] 메뉴를 실행

07 글꼴 대화 상자에서 원하는 글꼴과 크기를 선택한 후 〈확인〉 버튼을 클릭한다.

그림 2-79. 원하는 글꼴과 크기 선택

08 선택한 폰트를 적용하기 위해서 하단 그림 화면에서 〈Apply〉 버튼과 〈Apply and Close〉 버튼을 차례대로 누른다.

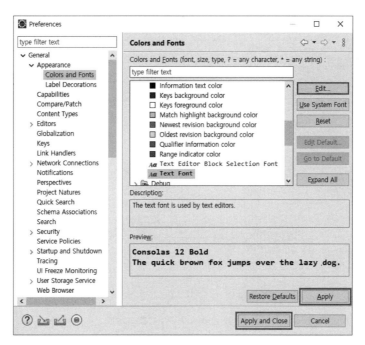

그림 2-80. [Apply]-[Ok] 메뉴를 실행

09 다음 화면과 같이 이클립스 폰트가 변경된 것을 확인한다.

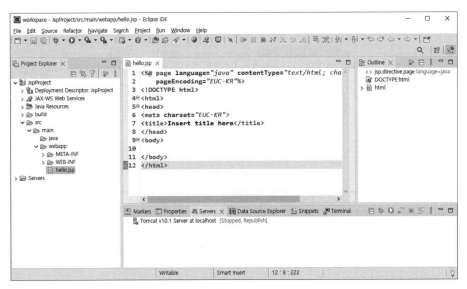

그림 2-81. 이클립스 폰트 변경 확인

10 hello.jsp 페이지의 "〈body〉〈/body〉" 사이에 "안녕" 이라는 문자열을 입력하고 저장한다.

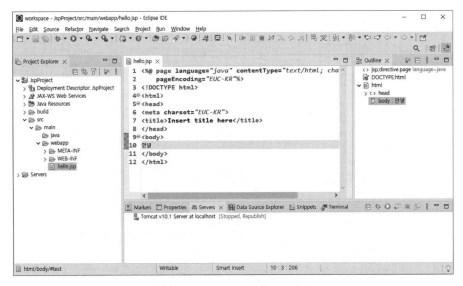

그림 2-82. jsp 페이지에 "안녕" 문자열 입력

11 JSP 파일을 실행하려면 "Project Explore" 탭의 해당 JSP 파일(hello.jsp)을 선택하고 마우스 우측 버튼을 누르거나 JSP 코드 편집기상에서 마우스 우측 버튼을 누른 후 [Run As]-[Run on Server] 메뉴를 실행하여 해당 JSP를 실행한다. 또 한 가지 실행 방법은 상단 툴바의 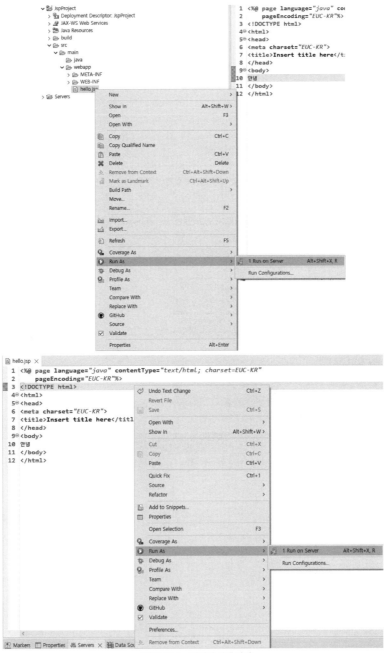 아이콘을 눌러도 된다.

그림 2-83. jsp 페이지 실행 방법

12 실행 결과 화면은 다음과 같다.

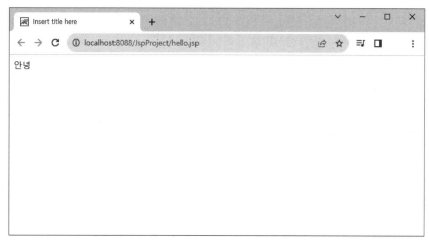

그림 2-84. hello.jsp 실행 결과 화면

TIP 참고로, 실행 브라우저를 변경하려면 [Window]-[Web Browser] 메뉴의 하위 메뉴에서 JSP를 실행하고자 하는 브라우저를 선택하면 된다.

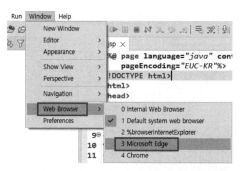

그림 2-85. 실행 브라우저로 Microsoft Edge 선택

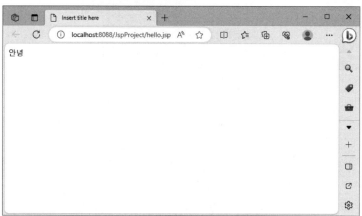

그림 2-86. hello.jsp를 Microsoft Edge 에서 실행

13 서블릿을 생성하고 실행해 보자. 프로젝트의 "src" 디렉토리에서 마우스 우측 버튼을 누르고 [New]-[Servlet] 메뉴를 선택한다.

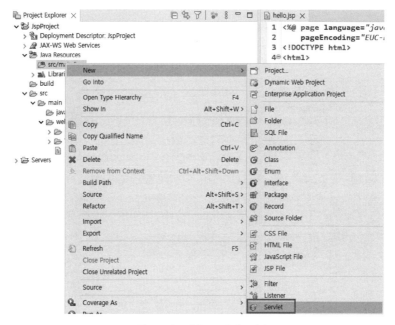

그림 2-87. [New]-[Servlet] 메뉴 선택

14 다음 대화 상자에서 Class Name 항목의 값을 "HelloServlet"으로 지정하고 〈Next〉 버튼을 클릭한다.

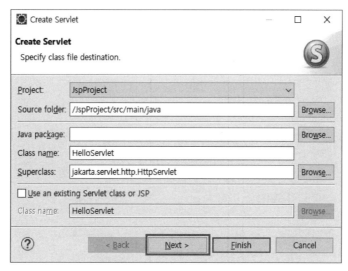

그림 2-88. HelloServlet 서블릿 클래스 이름 지정

15 다음 화면의 대화 상자에서 Name 항목의 값은 web.xml 파일의 "〈servlet-name〉" 엘리먼트의 값과 동일하며 URL mappings 항목의 값은 web.xml 파일의 "〈url-pattern〉" 엘리먼트의 값과 동일한 역할을 한다. URL상에서 요청하는 서블릿 이름을 간단하게 변경하고 싶으면 URL mappings 항목에 지정된 값을 선택하고 〈Edit〉 버튼을 누른다.

그림 **2-89**. Create Servlet-1

16 다음 대화 상자에서 Pattern 항목의 값을 "/hello"로 변경한 후 〈OK〉 버튼과 〈Finish〉 버튼을 차례대로 누른다.

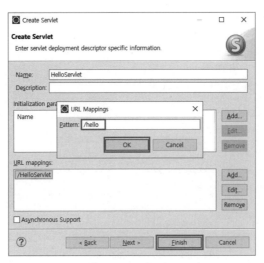

그림 **2-90**. Create Servlet-2

17 다음 화면에서 서블릿을 실행하기 위해서 코드 편집기상에서 [Run As]-[Run On Server] 메뉴를 선택한다.

그림 2-91. Create Servlet-3

18 다음과 같은 화면이 출력되면 서블릿이 제대로 실행된 것이다.

그림 2-92. Create Servlet-4

1 이번 장에서는 서블릿과 JSP로 웹 애플리케이션을 개발하기 위한 환경을 설정하였다. 이 책이 집필되는 시점에서의 LTS 최신 버전인 JDK 21과 Tomcat 10.1로 환경을 설정하였다. 기본적으로 Tomcat에서는 웹 애플리케이션이 존재하는 디렉토리로 tomcat_dir₩webapps를 인식하기 때문에 웹 애플리케이션 webapps 디렉토리의 하위 디렉토리로 존재해야한다.

2 특정 디렉토리가 웹 애플리케이션 디렉토리로 인식이 되려면 다음과 같은 특정한 구조를 가지고 있어야한다.

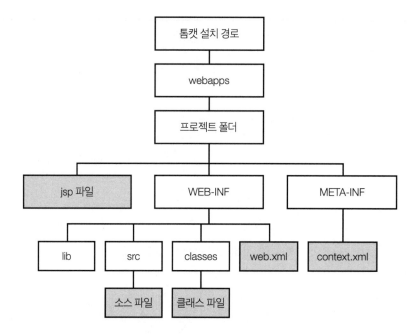

위의 그림에서 src 폴더는 옵션이다. 반드시 src라는 이름으로 정의하지 않아도 된다. 단순히 소스 파일을 저장하는 부분이다. 위의 그림에서 서블릿이 실행되기 위해서 반드시 존재해야 하는 필수 디렉토리는 실행될 클래스가 존재하는 classes 디렉토리와 서블릿 배포에 관한 정의를 설정하는 web.xml 파일이다.

또한, 서블릿을 실행하면서 특정한 라이브러리 파일이 필요하다면 WEB-INF 디렉토리 밑에 lib라는 디렉토리를 생성하고 lib 디렉토리 안에 라이브러리 파일을 위치시키면 서블릿에서 해당 라이브러리 파일을 인식할 수 있다.

3 서블릿 라이프사이클은 다음 그림과 같다.

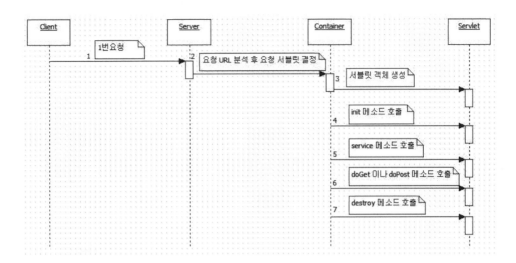

4 JDK와 톰캣을 설치하고 일반 편집기로 애플리케이션을 제작할 수도 있지만 일반 편집기로 코딩을 하게 되면, 해당 파일들을 일일이 컴파일을 해야 하고 생산성이 저하된다.

따라서, 이 책의 집필 시점에서 최신 버전인 이클립스 IDE 2024-06R 버전을 설치하여 개발 툴로 이용하고 있다. 이클립스를 이용하면 컴파일, 배포를 자동으로 처리해 주기 때문에 개발자는 코딩에만 집중하면 된다. 따라서 생산성이 월등히 좋아진다.

5 web.xml에서 정의한 서블릿 배포에 관한 부분은 반드시 이해해야한다.

```
<servlet>
<servlet-name>설정파일내부에서 사용되는 임의의 서블릿명</servlet-name>
<servlet-class>실질적으로 요청에 대해 처리될 물리적인 서블릿클래스명</servlet-class>
</servlet>
<servlet-mapping>
<servlet-name>설정 파일 내부에서 사용되는 임의의 서블릿명 '<servlet>' 엘리먼트에 정의된 이름과
일치해야 함
</servlet-name>
<url-pattern>url 상에서 실질적으로 요청되는 서블릿명</url-pattern>
</servlet-mapping>
```

Chapter 03 Servlet의 핵심 사항들

JSP 파일이 클라이언트로부터 요청을 받으면 컨테이너는 JSP 파일을 서블릿 형태의 자바 코드로 변환한 후 서블릿 라이프사이클을 거치면서 요청 처리를 하게 된다. 따라서, JSP에 관한 요청 처리도 최종적으로 서블릿에 관한 요청 처리와 비슷한 과정을 거치면서 요청 처리를 해준다. 그리고 JSP에서 제공해주는 API들은 대부분 서블릿에서 제공되는 인터페이스를 구현하여 설계되었으므로 JSP를 제대로 이해하기 위해서는 서블릿을 이해하는 것이 무엇보다 중요하다. 따라서 JSP에 대한 학습을 진행하기 전에 서블릿 구조로 핵심적인 사항들을 먼저 학습하는 것이 효과적이라 판단된다. 이번 장에서는 서블릿 부분에서 꼭 이해해야 하는 내용을 다룬다.

. . . .

1. 클라이언트에서 서블릿으로 요청하는 방식

클라이언트에서 서블릿으로 요청하는 방식은 대표적으로 GET과 POST 두 가지 방식으로 나누어진다.

1) GET 방식

단순하게 서버에 존재하는 간단한 페이지를 요청하거나 게시판 글 목록 페이지에서 해당 페이지에 대한 목록 출력을 요청할 때 페이지 번호와 같이 간단한 파라미터를 전송하는 경우 사용되는 방식이다.

- 사용 방식 :〈a href="list.jsp?pageNo=2"〉[2]〈/a〉
- GET 방식으로 요청이 전송되는 경우
    ① 브라우저 주소 표시줄에 주소를 직접 입력해서 요청을 전송하는 경우.
    ② Html의 a 태그를 사용해서 링크를 걸어서 전송하는 경우
    〈a href="list.jsp"〉목록보기〈/a〉
    ③ Html 폼 태그에서 method 속성을 GET으로 지정하는 경우
    〈form action="" name="" method="GET "〉

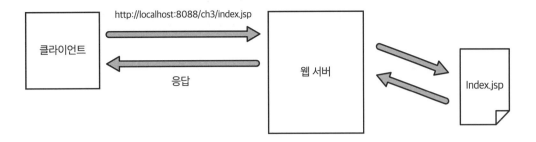

그림 3-1. GET 방식의 요청 처리

2) POST 방식

단순하게 특정한 페이지를 요청하는 것이 아니라 특정 페이지로 많은 양의 파라미터를 전송하여 파라미터에 관한 처리를 할 때 POST 방식으로 요청을 전송한다. 회원가입 요청, 게시판 글쓰기 요청, 자료실 업로드 등을 처리할 때 사용하는 방식이 모두 POST 방식에 해당한다. POST 방식으로 요청을 서버로 전송하려면 반드시 html의 form 태그를 사용하여 method 속성을 POST로 지정하여야 한다.

• 사용 방식 :〈form name="" action="" method="POST"〉

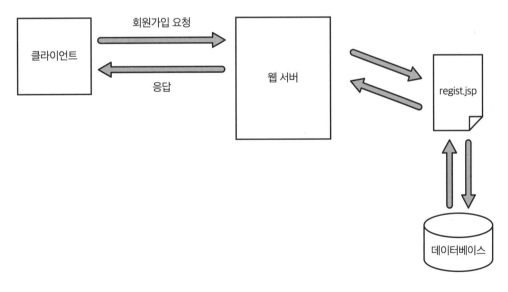

그림 3-2. POST 방식의 요청 처리

2. 서블릿을 이용한 클라이언트에서 전송되는 요청 처리

1) 각 장에서 예제 소스를 테스트하기 위한 웹 프로젝트 생성하기

각 장에서 테스트할 예제 소스를 작성할 때는 각 장별로 웹 프로젝트를 생성하여 테스트한다.

01 다음 화면에서와 같이 "Project Explorer" 탭에서 마우스 우측 버튼을 클릭하고 [New]-[Dynamic Web Project] 메뉴를 선택한다.

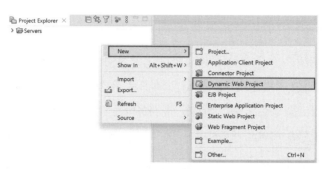

그림 3-3. 웹 프로젝트 생성-1

02 다음 화면에서 Project name 항목에 "Chapter3"이라고 입력하고 〈Next〉 버튼을 누른다.

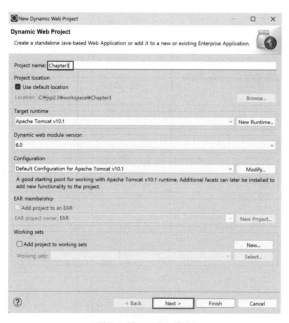

그림 3-4. 웹 프로젝트 생성-2

03 다음 화면에서 〈Next〉 버튼을 누른다.

그림 3-5. 웹 프로젝트 생성-3

04 체크 박스를 체크한 후 〈Next〉 버튼을 클릭한다. 이클립스에서 web.xml 파일이 프로젝트에 자동 생성되게 하려면 체크박스를 체크하여야 한다.

그림 3-6. 웹 프로젝트 생성-4

05 다음 화면처럼 웹 프로젝트가 생성된다. 책에서 작성되는 모든 소스 코드는 각 장별로 웹 프로젝트를 생성하여 작성한다.

그림 3-7. 웹 프로젝트 생성-5

2) Form 태그를 사용한 GET 방식의 요청 처리

GET 방식으로 요청이 전송되어 올 경우는 앞 장에서도 살펴보았듯이 최종적으로 doGet(HttpServletRequest request, HttpServletResponse response) 메소드가 호출 되기 때문에 해당 메소드에서 요청을 처리해준다. 또한, 서블릿에서 제공되는 메소드 중 HttpServletRequest 인터페이스에서 제공되는 String getParameter(String name) 메소드가 존재하는데 이 메소드는 name이라는 이름으로 전송되어 온 파라미터 값을 반환해주는 메소드 이다. 이 메소드를 사용하여 클라이언트의 요청에 전송되어오는 파라미터 값도 처리해 보도록 하겠다. HTML 파일 생성 순서는 다음과 같이 진행한다.

01 Chapter3 웹 프로젝트의 WebContent 디렉토리에서 마우스 우측 버튼을 클릭하고 [New]-[HTML File] 메뉴를 선택한다.

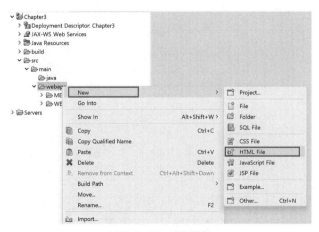

그림 3-8. HTML 파일 생성-1

02 File name 입력 창에 생성할 HTML 파일 이름을 입력하면 된다. 확장자는 생략 가능하다. 현재 생성할 파일 이름인 "login"을 입력하고 〈Next〉 버튼을 누른다.

그림 3-9. HTML 파일 생성-2

03 생성할 HTML 파일의 버전을 "Html 5"로 선택하고 〈Finish〉 버튼을 누른다.

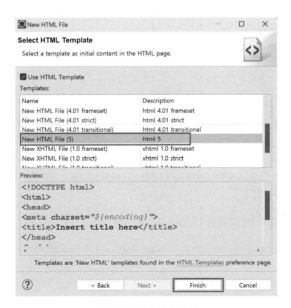

그림 3-10. HTML 파일 생성-3

04 다음 화면처럼 "login.html" 페이지가 제대로 생성되었다. 앞으로 HTML 페이지를 생성할 때는 제시된 순서대로 진행하면 된다.

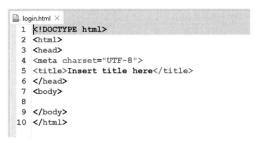

```
login.html ×
 1  <!DOCTYPE html>
 2  <html>
 3  <head>
 4  <meta charset="UTF-8">
 5  <title>Insert title here</title>
 6  </head>
 7  <body>
 8
 9  </body>
10  </html>
```

그림 3-11. HTML 파일 생성-4

(1) 클라이언트 페이지 생성하기

login.css   ⬇ Chapter3₩src₩main₩webapp₩css₩login.css

```
1   #loginFormArea{
2   text-align : center;
3   width : 250px;
4   margin : auto;
5   border : 1px solid red
6   }
7   h1{
8   text-align : center;
9   }
```

✅ 코드 분석

1~9	HTML 본문의 스타일을 정의한 부분이다.
1~6	<section> 태그 영역의 스타일을 지정한 부분이다.
2	<section> 태그 영역 안에 포함되는 내용들이 <section> 태그 영역 내에서 좌우 가운데 정렬되게 설정하는 부분이다.
3	<section> 태그 영역의 폭을 250px로 설정하는 부분이다.
4	<section> 태그 영역을 전체 화면의 가운데 정렬되게 설정하는 부분이다.
5	<section> 영역에 테두리를 설정하는 부분이다.
7~9	<h1> 태그 영역 안에 있는 내용들이 좌우 가운데 정렬되게 설정하는 부분이다.

```html
1    <!DOCTYPE html>
2    <html>
3    <head>
4    <meta charset="EUC-KR">
5    <title>Insert title here</title>
6    <link href="css/login.css" rel="stylesheet" type="text/css">
7    </head>
8    <body>
9    <h1>로그인</h1>
10   <section id = "loginFormArea">
11   <form action="login" method="get">
12   <label id = "id">아이디 :</label> <input type="text" name="id" id =
13   "id"/><br>
14   <label id = "passwd">비밀번호 :</label> <input type="password"
15   name="passwd" id = "passwd"><br><br>
16   <input type="submit" value="로그인"/>
17   </form>
18   </section>
19   </body>
20   </html>
```

6	css/login.css 파일의 스타일을 해당 HTML 문서에 적용한다.
10~18	id 값이 loginFormArea를 가지는 <section> 태그 영역을 정의한 부분이다. 태그에 지정된 id 값은 <style> 태그 영역에서 해당 아이디를 가지고 있는 영역의 스타일을 정의하는 용도로 사용된다.
11~17	서버로 요청을 보내는 역할을 하는 태그인 <form> 태그 영역을 정의한 부분이다. action 속성 값을 "login"으로 지정하여 "login" URL로 요청을 전송하며, method 속성 값을 "get"으로 지정하여 get 방식으로 요청을 하게 지정하였다.
12~13	<label> 태그에 id 속성 값을 "id"로 지정하여 HTML 실행 화면에서 "아이디" 레이블을 마우스로 클릭하면 아이디를 입력하는 입력 상자로 커서가 이동하게 연결하였다. <label> 부분과 <input> 영역은 id 속성 값으로 연결된다.
16	submit 버튼을 정의하여 로그인 요청을 할 수 있게 처리하였다.

(2) 서블릿 생성하기

서블릿 클래스를 생성해 보도록 하겠다. 이클립스를 이용해서 서블릿 클래스를 처음으로 생성하는 것인 만큼, 그림으로 자세히 설명하겠다.

01 [New]-[Servlet]을 클릭한다.

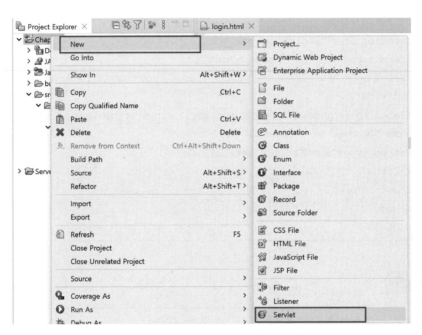

그림 3-12. [New]-[Servlet]

02 Class Name에 LoginServlet을 입력하고 〈Next〉 버튼을 클릭한다. 이 부분은 실질적으로 생성되는 자바 파일명을 지정하는 부분으로, web.xml 설정에서 〈servlet-class〉 항목에 설정되는 값이다.

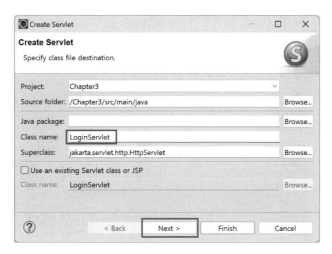

그림 3-13. Class Name

03 다음 화면에서 URL mappings 항목을 선택하고 〈Edit〉 버튼을 클릭한다. 이 부분은
web.xml 설정 파일에서 〈url-pattern〉 항목의 내용으로 설정되는 부분이다.

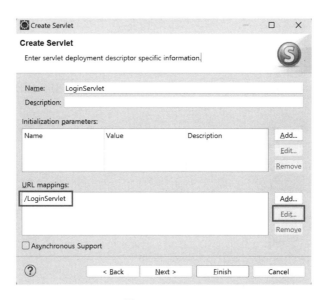

그림 3-14. URL mappings

04 클라이언트 폼 태그의 요청 경로가 login(〈form action="login"〉)으로 설정되어 있으므로 URL mappings 값을 /login으로 수정한다. 이 부분은 web.xml 설정 파일에서 〈url-pattern〉 항목의 내용으로 추가되는 부분이다.

그림 3-15. URL mappings Confirm

05 본 예제의 요청 방식이 GET 방식이므로 Which method stubs would you like to create? 부분의 체크 박스에서 doGet 메소드만 체크한 후 〈Finish〉 버튼을 클릭한다.

그림 3-16. Which method stubs would you like to create?

06 다음과 같은 템플릿 페이지가 생성된다.

```
login.html    LoginServlet.java  ×
  1  import jakarta.servlet.ServletException;
  7
  8  /**
  9   * Servlet implementation class LoginServlet
 10   */
 11  public class LoginServlet extends HttpServlet {
 12      private static final long serialVersionUID = 1L;
 13
 14      /**
 15       * @see HttpServlet#HttpServlet()
 16       */
 17      public LoginServlet() {
 18          super();
 19          // TODO Auto-generated constructor stub
 20      }
 21
 22      /**
 23       * @see HttpServlet#doGet(HttpServletRequest request, HttpServletResponse response)
 24       */
 25      protected void doGet(HttpServletRequest request, HttpServletResponse response) throws Servle
 26          // TODO Auto-generated method stub
 27          response.getWriter().append("Served at: ").append(request.getContextPath());
 28      }
 29
 30  }
```

그림 3-17. 생성된 서블릿 템플릿 코드

상단의 출력 결과를 살펴보면 doGet 메소드가 자동으로 생성되었고, 무엇보다 중요한 부분은 jsp3.1의 서블릿 설정이 web.xml보다는 어노테이션[1] 기반을 우선 제공하고 있으므로 @WebServlet("/login") 코드가 자동으로 생성된 것이다. 이 부분은 http://localhost:8088/Chapter3/login으로 요청이 전송되어 오면 해당 서블릿 클래스에서 요청을 처리하겠다는 의미이다.

이제 소스를 작성하도록 한다. 템플릿에서 doGet 메소드에 기본적으로 추가된 코드는 제거하고 하단 코드로 작성한다.

---

1) **어노테이션 (Annotation):** Java 5.0부터 지원되는 기술로, 기존에 설정 파일(web.xml 등)에서 제공하는 설정 내용들을 설정 파일에서 설정하지 않아도 해당 소스 내에 설정할 수 있는 방법을 제공함으로써 설정 파일의 크기를 줄이거나 설정 파일 자체를 없앨 수 있는 역할을 하는 기능이다.

```java
1    import java.io.IOException;
2    import java.io.PrintWriter;
3    import jakarta.servlet.ServletException;
4    import jakarta.servlet.annotation.WebServlet;
5    import jakarta.servlet.http.HttpServlet;
6    import jakarta.servlet.http.HttpServletRequest;
7    import jakarta.servlet.http.HttpServletResponse;
8
9    /**
10    * Servlet implementation class LoginServlet
11    */
12   @WebServlet("/login")
13   public class LoginServlet extends HttpServlet {
14       private static final long serialVersionUID = 1L;
15
16       /**
17        * @see HttpServlet#HttpServlet()
18        */
19       public LoginServlet() {
20           super();
21           // TODO Auto-generated constructor stub
22       }
23
24       /**
25        * @see HttpServlet#doGet(HttpServletRequest request,
26   HttpServletResponse response)
27        */
28       protected void doGet(HttpServletRequest request,
29   HttpServletResponse response) throws ServletException, IOException {
30           // TODO Auto-generated method stub
31           String id = request.getParameter("id");
32           String passwd = request.getParameter("passwd");
33           response.setContentType("text/html;charset=UTF-8");
34           PrintWriter out = response.getWriter();
35           out.println("아이디="+id + "<br>");
36           out.println("비밀번호="+passwd + "<br>");
37       }
38
39   }
```

31~32	클라이언트에서 전송되어 오는 id라는 이름의 파라미터 값과 passwd라는 이름의 파라미터 값을 받는 부분이다.
33	응답하는 데이터 타입이 html 타입이고, charset=UTF-8로 지정하면서 응답되는 데이터들의 한글 처리를 한 부분. 서블릿에서 응답하는 데이터 타입은 XML 데이터일 수도 있고 JSON 데이터일 수도 있다. setContentType으로 지정해 주는 마임 타입에 따라서 응답하는 데이터의 타입이 결정된다.
34	문자열 단위로 response 객체에 내용을 출력할 수 있는 출력 스트림을 생성한 부분이다.
35~36	응답에 id 변수 값과 passwd 변수 값을 출력하는 부분이다.

(3) 결과 확인하기

다음 그림과 같이 아이디와 비밀번호를 입력하고 〈로그인〉 버튼을 클릭하면 서블릿의 doGet 메소드에서 요청을 전송받아 브라우저 화면으로 아이디와 비밀번호를 출력해주는 것을 확인할 수 있다.

그림 3-18. login.html 페이지를 실행한 화면

위의 화면에서 아이디와 비밀번호를 입력하고 〈로그인〉 버튼을 클릭하면 하단 그림과 같이 입력한 아이디와 비밀번호가 화면에 출력된다.

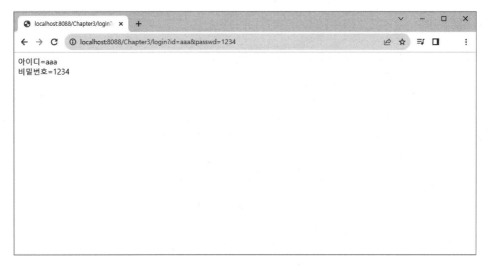

그림 3-19. 로그인 요청에 대한 결과 화면

3) a 태그를 사용한 GET 방식의 요청 처리

HTML의 〈a〉 태그에 의해서 링크가 걸린 부분을 클릭해서 서버로 요청할 경우도 GET 방식으로 요청이 전송된다.
간단하게 게시판에서 2 페이지의 글 목록을 요청하는 경우를 가정하여 요청 예제를 작성한다.

(1) 클라이언트 페이지 코딩

boardList.html   ⬇ Chapter3₩src₩main₩webapp₩boardList.html

```
1   <!DOCTYPE html>
2   <html>
3   <head>
4   <meta charset="EUC-KR">
5   <title>Insert title here</title>
6   </head>
7   <body>
8   <h1>2페이 목록 요청하기</h1>
9   <a href = "boardList?page=2">2page</a>
10  </body>
11  </html>
```

9	<a> 태그를 사용하여 GET 방식으로 boardList 서블릿에 요청을 하는 부분이다. GET 방식으로 요청 시 파라미터 값은 요청 URL 뒤에 "?" 문자를 붙이고 "파라미터 이름=파라미터 값" 형태로 전송한다. 전송해야 할 파라미터 값이 여러 개일 경우는 "&" 문자로 연결한다. "파라미터 이름1=파라미터 값1&파라미터 이름2=파라미터 값2" 형태로 파라미터 값을 여러 개 전송할 수 있다.

(2) 서블릿 페이지 코딩

BoardListServlet.java   ⬇ Chapter3₩src₩main₩java₩BoardListServlet.java

```
1   import java.io.IOException;
2   import java.io.PrintWriter;
3   import jakarta.servlet.ServletException;
4   import jakarta.servlet.annotation.WebServlet;
5   import jakarta.servlet.http.HttpServlet;
6   import jakarta.servlet.http.HttpServletRequest;
7   import jakarta.servlet.http.HttpServletResponse;
8
9   /**
10   * Servlet implementation class BoardListServlet
11   */
12  @WebServlet("/boardList")
13  public class BoardListServlet extends HttpServlet {
14      private static final long serialVersionUID = 1L;
15
16      /**
17       * @see HttpServlet#HttpServlet()
18       */
19      public BoardListServlet() {
20          super();
21          // TODO Auto-generated constructor stub
22      }
23
24      /**
25       * @see HttpServlet#doGet(HttpServletRequest request,
26  HttpServletResponse response)
27       */
```

```
28        protected void doGet(HttpServletRequest request,
29   HttpServletResponse response) throws ServletException, IOException {
30            String page = request.getParameter("page");
31            response.setContentType("text/html;charset=UTF-8");
32            PrintWriter out = response.getWriter();
33            out.println(page + " 페이지 게시판 목록 출력");
34        }
35
36   }
```

코드 분석

12	서블릿이 "boardList" URL 로 전송되어 오는 요청을 처리하도록 설정하는 부분이다.
30	클라이언트에서 전송된 page라는 이름의 파라미터 값을 받는 부분이다.
31	서블릿에서 응답할 데이터의 타입을 Html 문서 타입으로 설정하는 부분이다.
32	클라이언트에게 보내줄 응답을 출력하는 데 사용할 출력 스트림을 생성하는 부분이다.
33	page 변수의 값을 응답에 출력하는 부분이다.

(3) 결과 확인하기

링크를 사용한 GET 방식으로 요청을 하기 위해서 boardList.html 파일을 실행한다.

그림 3-20. boardList.html 파일 실행 화면

위의 화면에서 링크가 걸려 있는 2page 부분을 클릭하면 하단 그림 화면과 같이 페이지 번호를 받아서 화면에 출력한 화면이 응답된다.

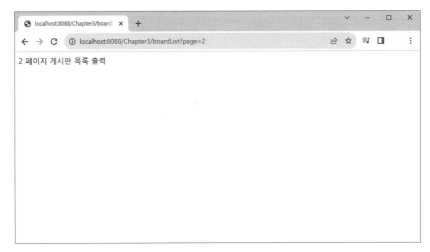

그림 3-21. 링크를 이용한 GET 방식의 요청에 대한 응답 화면

4) 주소 표시줄에 URL을 직접 입력하여 요청하는 GET 방식의 요청 방식

주소 표시줄에 직접 URL을 입력하여 요청해도 GET 방식으로 요청이 전송된다.
"doGet" 메소드를 구현하는 서블릿을 작성한 후 서블릿을 실행하고 파라미터 값을 주소 표시줄에 직접 입력하여 파라미터 값을 전송한다.

(1) 서블릿 페이지 코딩

DirectURLServlet.java   ⬇ Chapter3₩src₩main₩java₩DirectURLServlet.java

```
 1   import java.io.IOException;
 2   import java.io.PrintWriter;
 3   import jakarta.servlet.ServletException;
 4   import jakarta.servlet.annotation.WebServlet;
 5   import jakarta.servlet.http.HttpServlet;
 6   import jakarta.servlet.http.HttpServletRequest;
 7   import jakarta.servlet.http.HttpServletResponse;
 8
 9   /**
10    * Servlet implementation class DirectURLServlet
```

```
11    */
12    @WebServlet("/directURL")
13    public class DirectURLServlet extends HttpServlet {
14        private static final long serialVersionUID = 1L;
15
16        /**
17         * @see HttpServlet#HttpServlet()
18         */
19        public DirectURLServlet() {
20            super();
21            // TODO Auto-generated constructor stub
22        }
23
24        /**
25         * @see HttpServlet#doGet(HttpServletRequest request,
26    HttpServletResponse response)
27         */
28        protected void doGet(HttpServletRequest request,
29    HttpServletResponse response) throws ServletException, IOException {
30            String name = request.getParameter("name");
31            String age = request.getParameter("age");
32            response.setContentType("text/html;charset=UTF-8");
33            PrintWriter out = response.getWriter();
34            out.println("이름 : " + name + "<br>");
35            out.println("나이 : " + age + "<br>");
36        }
37
38    }
```

 코드 분석

30~35	클라이언트에서 전송된 name과 age라는 이름을 가지고 있는 파라미터 값을 받아서 응답에 출력하는 부분이다.

(2) 결과 확인하기

directURL 서블릿을 실행하면 처음에는 파라미터 값이 전송되지 않기 때문에 하단 그림과 같이 name 값과 age 값이 null로 출력된다.

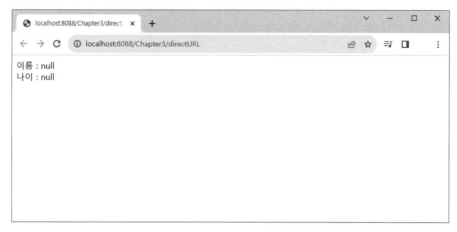

그림 3-22. directURL 서블릿을 주소 표시줄에 입력하여 요청

위의 그림에서 요청된 URL 뒤에 하단 그림과 같이 전송할 파라미터 값 "?name=aaa&age=23"을 추가한 후 다시 요청하면 name과 age 파라미터 값이 GET 방식으로 서블릿에 전송된다.

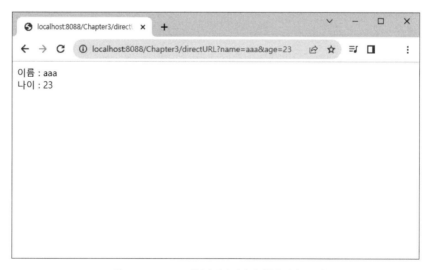

그림 3-23. directURL 서블릿 뒤에 파라미터를 추가하고 요청

5) POST 방식으로 요청이 전송되어 올 경우

POST 방식으로 요청을 처리할 경우도 GET 방식으로 요청을 처리하는 경우와 거의 유사하다.
단지 서블릿 쪽에서 요청 처리를 수행할 때 doGet이 아닌 doPost 메소드에서 요청이 처리된
다는 차이점이 존재한다. 앞 부분에서 이클립스에서 서블릿을 생성하는 방법을 그림으로 자세
히 살펴보았으므로 소스만 간단히 설명하도록 하겠다.

(1) 클라이언트 페이지 코딩

memReg.html   ⬇ Chapter3₩src₩main₩webapp₩memReg.html

```
1    <body>
2    <h1>회원가입</h1>
3    <form action="memReg" method="post">
4        회원명 :<input type="text" name="name"><br>
5        주소 :<input type="text" name="addr"><br>
6        전화번호 :<input type="text" name="tel"><br>
7        취미 :<input type="text" name="hobby"><br>
8        <input type="submit" value="회원가입"/>
9    </form>
10   </body>
```

 코드 분석

3	form 태그의 요청 메소드 방식을 POST로 지정하였다.

클라이언트 페이지 소스를 보면 폼 태그의 method 속성만 post로 변경되었고, 나머지 부분은
GET 방식으로 요청을 보낼 때와 거의 유사하다.

(2) 서블릿 페이지 코딩

MemRegServlet.java   ⬇ Chapter3₩src₩main₩java₩MemRegServlet.java

```
1   protected void doPost(HttpServletRequest request, HttpServletResponse
2   response) throws ServletException, IOException {
3       // TODO Auto-generated method stub
4       response.setContentType("text/html;charset=UTF-8");
5       PrintWriter out = response.getWriter();
6       String name=request.getParameter("name");
7       String addr = request.getParameter("addr");
8       String tel = request.getParameter("tel");
9       String hobby = request.getParameter("hobby");
10      out.println("이름  = "+name + "<br>");
11      out.println("이름  = "+addr + "<br>");
12      out.println("이름  = "+tel + "<br>");
13      out.println("이름  = "+hobby + "<br>");
14  }
```

1	클라이언트에서 요청이 "POST" 방식으로 전송되어 오므로 "doPost" 메소드를 구현하였다.

서블릿 페이지 소스를 보면 전송되어 오는 요청을 doPost 메소드에서 구현하고 있다. 한글 문제 처리는 하지 않았다. 한글 문제는 서블릿에서 한글 처리하기 부분에서 살펴보도록 하겠다.

(3) 결과 확인

POST 방식 요청을 테스트하기 위해서 "memReg.html" 페이지를 실행한다.

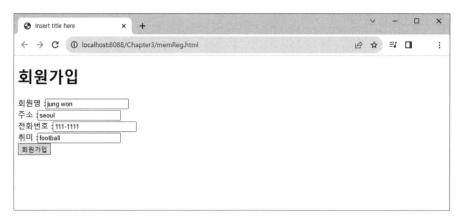

그림 3-24. memReg.html 실행

"memReg.html" 실행 화면에서 입력 양식에 내용을 입력하고 〈회원가입〉 버튼을 클릭하면 하단 그림과 같이 파라미터 값이 서블릿으로 전송된 것을 확인할 수 있다.

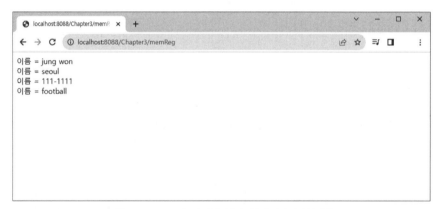

그림 3-25. memReg.html 페이지에서 전송된 파라미터 값 출력

3. 서블릿에서 한글 처리하기

서블릿에서의 한글 처리 방법을 GET 방식으로 요청이 전송되어 올 경우와 POST 방식으로 요청이 전송되어 올 경우로 나누어서 살펴보도록 하자.

기본적으로 한글 처리가 제대로 되기 위해서는 클라이언트, 즉 브라우저에서 문자를 처리하는 방식과 서버에서 문자를 처리하는 방식이 같아야 한다. 즉 브라우저에서는 문자를 euc-kr 방식으로 처리하는데 서버에서는 ISO-8859-1 방식으로 처리하게 되면 한글이 깨지게 된다. 클라이언트에서 문자를 euc-kr로 처리한다면 서버에서도 문자를 euc-kr로 처리해야 한글이 제대로 인식된다. 기본적으로 톰캣 서버에서 사용하는 캐릭터셋은 UTF-8 방식이므로, 한글이 제대로 인식되려면 다음에 소개되는 방법 중에 하나를 사용해서 캐릭터셋을 변경해 주어야 한다.

1) GET 방식으로 요청이 전송되어 올 경우

링크가 걸려서 요청 처리가 되는 경우 form 태그의 method 속성이 GET 방식인 경우는 페이지에서 사용하고 있는 캐릭터셋으로 인코딩되어 파라미터가 전송된다. 주소 표시줄에 파라미터를 직접 입력해서 전송하는 경우는 해당 브라우저에서 사용하고 있는 캐릭터셋을 이용해서 인코딩을 처리한다.

톰캣의 URL 인코딩 방식이 UTF-8 방식이므로 GET 방식으로 요청 시 한글이 제대로 처리가 되려면 클라이언트의 페이지 인코딩 방식이 UTF-8 방식이어야 한다.

이클립스를 이용해서 Html 페이지나 jsp 페이지를 생성할 때 이클립스에 지정된 기본 인코딩 방식이 euc-kr 방식이므로 한글이 제대로 인식이 되도록 하려면 이클립스에서 Html 페이지와 jsp 페이지의 인코딩 방식을 UTF-8로 지정하고 작업하는 것이 편리하다.

 이클립스의 [Window]-[Preferences] 메뉴를 클릭한다.

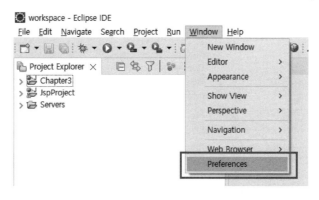

그림 3-26. [Window]-[Preferences] 메뉴 클릭

02 Preferences 대화 상자에서 [Web]-[CSS Files] 메뉴를 선택한다.

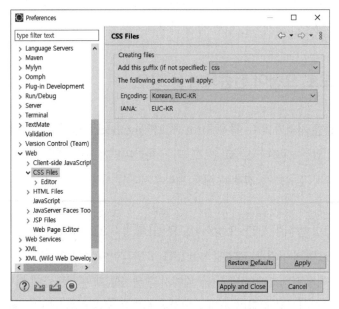

그림 3-27. [Web]-[CSS Files] 메뉴 클릭

03 다음 화면에서 CSS Files의 Encoding을 ISO 10646/Unicode(UTF-8) 로 선택 후 〈Apply〉 버튼을 눌러서 기본 인코딩 방식을 변경한다.

HTML Files 와 JSP Files 메뉴를 각각 눌러서 동일한 작업을 처리한다.

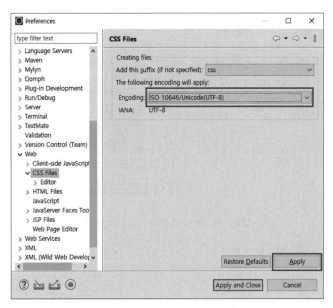

그림 3-28. CSS Files 기본 인코딩 방식 설정

04 JSP Files까지 인코딩 방식을 모두 선택 적용하였으면 〈OK〉 버튼을 클릭하여 인코딩 설정을 마친다.

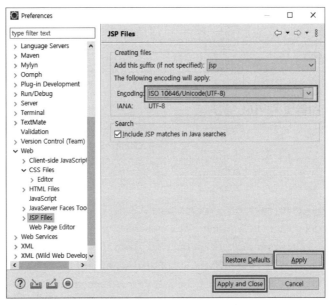

그림 3-29. 기본 인코딩 방식 설정 완료

04번 작업까지 완료하면 이클립스에서 Html Files, CSS Files, JSP Files 페이지를 생성할 때 기본 인코딩 방식이 UTF-8 방식으로 설정된다.

(1) 한글 처리용 클라이언트 페이지 작성

hangul.html   ⬇ Chapter3₩src₩main₩webapp₩hangul.html

```
1   <!DOCTYPE html>
2   <html>
3   <head>
4   <meta charset="UTF-8">
5   <title>Insert title here</title>
6   </head>
7   <body>
8   <form action="hangul" method="get">
9       한글이름 : <input type="text" name="name"/><br>
10      <input type="submit" value="확인"/>
11  </form>
12  </body>
13  </html>
```

4	서버로 전송되는 한글 파라미터 값이 제대로 처리되도록 하기 위해서 페이지 인코딩 방식을 UTF-8 방식으로 지정한 부분이다.
8	GET 식으로의 파라미터 값 전송을 테스트하기 위해서 form 태그의 method 속성 값을 get으로 설정하였다.

(2) 한글 처리용 서블릿 페이지 작성

HangulServlet.java   ⬇ Chapter3₩src₩main₩java₩HangulServlet.java

```
1   import java.io.IOException;
2   import java.io.PrintWriter;
3   import jakarta.servlet.ServletException;
4   import jakarta.servlet.annotation.WebServlet;
5   import jakarta.servlet.http.HttpServlet;
6   import jakarta.servlet.http.HttpServletRequest;
7   import jakarta.servlet.http.HttpServletResponse;
8
9   /**
10   * Servlet implementation class HangulServlet
11   */
12  @WebServlet("/hangul")
13  public class HangulServlet extends HttpServlet {
14      private static final long serialVersionUID = 1L;
15
16      /**
17       * @see HttpServlet#HttpServlet()
18       */
19      public HangulServlet() {
20          super();
21          // TODO Auto-generated constructor stub
22      }
23
24      /**
25       * @see HttpServlet#doGet(HttpServletRequest request,
26  HttpServletResponse response)
27       */
28      protected void doGet(HttpServletRequest request,
29  HttpServletResponse response) throws ServletException, IOException {
30          // TODO Auto-generated method stub
```

```
31              String name = request.getParameter("name");
32              response.setContentType("text/html;charset=UTF-8");
33              PrintWriter out = response.getWriter();
34              out.println("hangul Process = " + name);
35          }
36      }
```

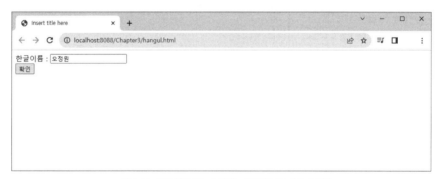

코드 분석

12	서블릿이 "hangul" URL 요청을 처리하도록 설정하는 부분이다.
28~35	클라이언트에서 GET 방식으로 전송되어 오는 요청을 처리하기 위해서 doGet 메소드를 재정의 하는 부분이다.
32	클라이언트로 응답되는 데이터의 타입을 Html 타입으로 지정하는 부분이다.

(3) 결과 확인

클라이언트 페이지인 hangul.html 파일을 실행한다.

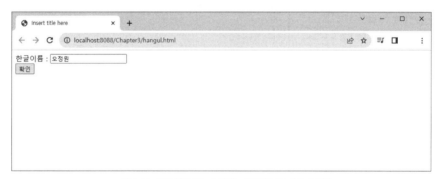

그림 3-30. GET 방식으로 요청하는 클라이언트 페이지 실행

위의 화면에서 한글이름에 "오정원" 값을 입력하고 〈확인〉 버튼을 누르면 하단 그림 화면과 같이 서블릿 페이지에서 한글 파라미터 값이 잘 처리되는 것을 확인할 수 있다.

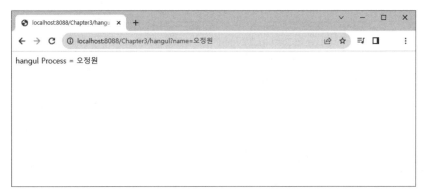

그림 3-31. 서블릿 페이지에서 GET 방식으로 전송되어 온 한글 파라미터 값을 처리한 화면

2) POST 방식으로 요청이 전송되어 올 경우

01 hangul.html 페이지의 코드 내용에서 form 태그의 method 속성을 POST로 변경한다.

hangul.html   ⬇ Chapter3₩src₩main₩webapp₩hangul.html

```html
1   <!DOCTYPE html>
2   <html>
3   <head>
4   <meta charset="UTF-8">
5   <title>Insert title here</title>
6   </head>
7   <body>
8   <form action="hangul" method="post">
9       한글이름 : <input type="text" name="name"/><br>
10      <input type="submit" value="확인"/>
11  </form>
12  </body>
13  </html>
```

 코드 분석

8	POST 방식으로 요청을 전송하기 위해서 form 태그의 method 속성 값을 "post"로 변경하였다.

02 클라이언트의 요청이 POST 방식으로 전송되어 오기 때문에 HangulServlet의 doGet 메소드에 정의되어 있는 코드들을 doPost 메소드로 그대로 복사한다.

HangulServlet.java   ⬇ Chapter3₩src₩main₩java₩HangulServlet.java

```java
1    import java.io.IOException;
2    import java.io.PrintWriter;
3    import jakarta.servlet.ServletException;
4    import jakarta.servlet.annotation.WebServlet;
5    import jakarta.servlet.http.HttpServlet;
6    import jakarta.servlet.http.HttpServletRequest;
7    import jakarta.servlet.http.HttpServletResponse;
8
9    /**
10    * Servlet implementation class HangulServlet
11    */
12   @WebServlet("/hangul")
13   public class HangulServlet extends HttpServlet {
14       private static final long serialVersionUID = 1L;
15
16       /**
17        * @see HttpServlet#HttpServlet()
18        */
19       public HangulServlet() {
20           super();
21           // TODO Auto-generated constructor stub
22       }
23
24       /**
25        * @see HttpServlet#doGet(HttpServletRequest request,
26   HttpServletResponse response)
27        */
28       protected void doPost(HttpServletRequest request,
29   HttpServletResponse response) throws ServletException, IOException {
30           // TODO Auto-generated method stub
31           String name = request.getParameter("name");
32           response.setContentType("text/html;charset=UTF-8");
33           PrintWriter out = response.getWriter();
34           out.println("hangul Process = " + name);
35       }
36   }
```

28	POST 방식으로 전송되어 오는 클라이언트의 요청을 처리하기 위해서 서블릿의 doPost 메소드를 재정의한 부분이다.

03 클라이언트의 요청 방식이 GET 방식에서 POST 방식으로 변경되었다. GET 방식으로 요청이 전송되어 올 경우는 요청 파라미터 값이 요청 URL에 붙어서 전송되어 오기 때문에 클라이언트의 URLEncoding 방식과 서버의 URLEncoding 방식을 동일하게 지정하기만 하면 한글이 제대로 처리되지만, POST 방식으로 요청이 전송되어 올 경우는 요청 파라미터 값이 요청 body 영역에 따로 인코딩되어 넘어오기 때문에 URLEncoding 설정만으로는 한글이 제대로 처리되지 않는다.

hangul.html 페이지를 실행해서 한글이름 입력 상자에 "오정원"이라고 입력하고 〈확인〉 버튼을 눌러서 POST 방식으로 서블릿에 요청한다.

```
← → C    ① localhost:8088/Chapter3/hangul.html
```

한글이름 : 오정원
확인

그림 3-32. 클라이언트 페이지에서 POST 방식으로 요청 전송

위의 화면에서 POST 방식으로 한글 파라미터 값을 서블릿으로 전송했을 때 URLEncoding 변경 방식으로는 한글이 제대로 처리되지 않는다.

그림 3-33. POST 방식으로 전송된 한글 처리 실패 화면

클라이언트에서 POST 방식으로 전송되어 온 한글 파라미터 값을 제대로 처리하려면 request 객체의 setCharacterEncoding 메소드를 사용하여 request 객체의 body 영역의 인코딩 방식을 변경해 주어야 한다.

HangulServlet의 doPost 메소드 부분을 다음과 같이 수정하고 POST 방식으로 다시 한글 파라미터 값을 서블릿으로 전송하면 한글이 제대로 처리되는 것을 확인할 수 있다.

Tomcat 10 이후 버전부터는 POST 방식으로 요청 시 기본적으로 한글이 제대로 인식된다. 즉, 기본적으로 UTF-8로 인코딩된다.

HangulServlet.java   ⬇ Chapter3₩src₩main₩java₩HangulServlet.java

```
1   protected void doPost(HttpServletRequest request, HttpServletResponse
2   response) throws ServletException, IOException {
3       // TODO Auto-generated method stub
4       request.setCharacterEncoding("UTF-8");
5       String name = request.getParameter("name");
6       response.setContentType("text/html;charset=euc-kr");
7       PrintWriter out = response.getWriter();
8       out.println("hangul Process = " + name);
9   }
```

 코드 분석

4	POST 방식으로 전송된 한글 파라미터 값을 처리하기 위한 부분이다.

hangul.html 페이지를 다시 실행해서 한글이름 입력상자에 "오정원" 이라고 입력하고 〈확인〉 버튼을 눌러서 POST 방식으로 서블릿에 요청한다.

그림 3-34. 서블릿에서 한글 처리 후 POST 방식으로

POST 방식으로 요청을 전송받은 서블릿에서 한글 파라미터 값을 제대로 처리해서 받는 것을 다음을 통해 확인할 수 있다.

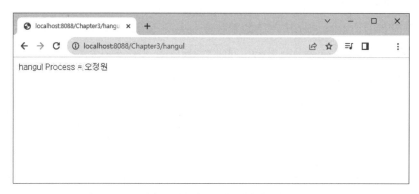

그림 3-35. POST 방식으로 전송된 한글 파라미터 값을 제대로 처리한 그림

4. 하나의 파라미터 이름으로 여러 개의 파라미터 값이 전송되어 올 경우 처리하기

앞에서 소개한 서블릿 예제들은 하나의 파라미터 이름으로 하나의 파라미터 값이 전송되는 경우의 처리 방법이었기 때문에 HttpServletRequest에서 제공되는 String getParameter(String paramName)으로 처리가 가능했으나, 하나의 파라미터 이름으로 여러 개의 값이 전송되어 올 때는 HttpServletRequest 인터페이스에서 제공되는 String[] getParameterValues(String paramName) 메소드를 사용해서 처리해야 된다.

체크 박스의 경우 같은 파라미터 이름으로 값이 여러 개 전송되어 올 수 있으므로 String[] getParameterValues(String paramValue)로 파라미터를 전송받아야 한다.

(1) 클라이언트 페이지

dog.html   ⬇ Chapter3₩src₩main₩webapp₩dog.html

```html
1   <!DOCTYPE html>
2   <html>
3   <head>
4   <meta charset="UTF-8">
5   <title>Insert title here</title>
6   </head>
7   <body>
8   <h1>당신이 좋아하는 강아지를 선택 하세요</h1>
9   <form action="choiceDog" method="post">
10  <input type="checkbox" name="dog" value="pu.jpg"/>푸들
11  <input type="checkbox" name="dog" value="jin.jpg"/>진돗개
12  <input type="checkbox" name="dog" value="pung.jpg"/>풍산개
13  <input type="checkbox" name="dog" value="sap.jpg"/>삽살개
14  <input type="submit" value="선택"/>
15  </form>
16  </body>
17  </html>
```

✅ 코드 분석

같은 이름으로 여러 개의 파라미터 값을 전송하기 위해서 체크 박스를 사용하였고 체크 박스의 name 속성 값은 공통적으로 dog로 지정하였다. 그리고, 각각 체크 박스의 value 속성 값으로 강아지 이미지 파일명을 설정하여 파라미터 값으로 강아지 이미지 이름이 전송되도록 했다.

(2) 서블릿 페이지

ChoiceDogServlet.java   ⬇ Chapter3₩src₩main₩java₩ChoiceDogServlet.java

```
1   protected void doPost(HttpServletRequest request, HttpServletResponse
2   response) throws ServletException, IOException {
3       // TODO Auto-generated method stub
4       response.setContentType("text/html;charset=UTF-8");
5       PrintWriter out = response.getWriter();
6       String[] dog = request.getParameterValues("dog");
7       out.println("<html>");
8       out.println("<head>");
9       out.println("</head>");
10      out.println("<body bgcolor='black'>");
11      out.println("<table align='center' bgcolor='yellow'>");
12      out.println("<tr>");
13      for(int i=0;i<dog.length;i++){
14      out.println("<td>");
15      out.println("<imgsrc='"+dog[i]+"'/>");
16      out.println("</td>");
17      }
18      out.println("</tr>");
19      out.println("</table>");
20      out.println("</body>");
21      out.println("</html>");
22  }
```

✅ 코드 분석

6	dog라는 이름으로 전송되어 온 파라미터 값들을 문자열 배열로 리턴받는다.
13	dog 배열에는 강아지 이미지 이름들이 저장되어 있으므로 배열 크기만큼 for 문을 반복하면서 각각의 이미지를 소스로 이미지를 출력한다.

(3) 결과 확인

01 좋아하는 강아지를 선택할 수 있는 dog.html 파일을 실행한 후 원하는 강아지를 체크하고 〈선택〉 버튼을 클릭하여 서블릿으로 요청한다.

그림 3-36. 좋아하는 강아지 종류를 선택하는 화면

02 다음 화면과 같이 선택한 강아지 이미지가 화면에 출력되는 것을 확인할 수 있다.

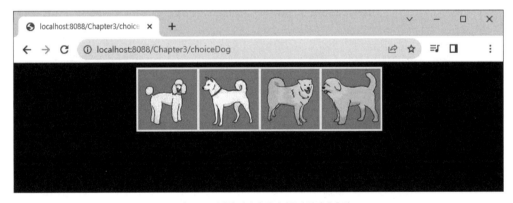

그림 3-37. 선택한 강아지 이미지들이 화면에 출력

5. 서블릿에서 세션 살펴보기

1) 세션의 개념

세션의 개념을 이해하려면 우선 HTTP 프로토콜의 특성부터 이해해야 한다. HTTP 프로토콜의 대표적인 특징 중의 하나는 상태를 유지하지 않는다는 것이다. 즉, 클라이언트가 한번 요청을 하고 서버에서 응답을 하면 해당 클라이언트와 서버와의 연결은 유지되지 않는다는 특징이 있다.

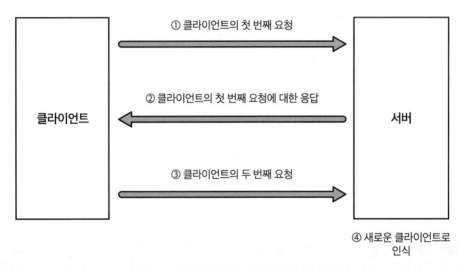

그림 3-38. HTTP 프로토콜의 상태를 유지하지 않는 특성

앞 그림에서 확인할 수 있듯이 HTTP 프로토콜은 상태를 유지하지 않는 특성이 있기 때문에 첫 번째 클라이언트의 요청에 대해서 서버에서 응답을 내려보내면, 똑같은 클라이언트가 두 번째 요청을 했을 때 서버에서는 두 번째 요청을 한 클라이언트가 첫 번째 요청을 한 클라이언트임을 인식하지 못한다.

HTTP의 이런 특징 때문에 웹서버는 동시에 여러 개의 요청을 효과적으로 처리할 수 있는 것이다. 그렇지만 HTTP 프로토콜의 상태를 유지하지 않는 특징 때문에 로그인, 장바구니 등 상태가 유지되어야 할 프로그램을 작성하기는 힘들다.

이 단점을 보완하기 위한 방법이 바로 세션이다. 세션은 서블릿에서 클라이언트와 서버의 상태를 유지하기 위해 제공되는 API(Application Programming Interface)이다. 서블릿 개념이 적용되면 〈그림 3-38〉의 요청 처리 단계가 다음과 같이 수정된다.

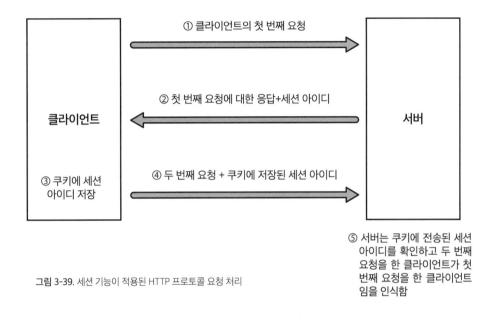

① 클라이언트의 첫 번째 요청

클라이언트

② 첫 번째 요청에 대한 응답+세션 아이디

서버

③ 쿠키에 세션 아이디 저장

④ 두 번째 요청 + 쿠키에 저장된 세션 아이디

⑤ 서버는 쿠키에 전송된 세션 아이디를 확인하고 두 번째 요청을 한 클라이언트가 첫 번째 요청을 한 클라이언트임을 인식함

그림 3-39. 세션 기능이 적용된 HTTP 프로토콜 요청 처리

〈그림 3-39〉를 보면 알 수 있듯이 세션 기능을 이용하면 클라이언트의 요청에 대한 응답을 할 때 서버에서는 중복되지 않는 세션 아이디를 클라이언트마다 부여해서 응답에 같이 보낸다. 그리고 이 세션 아이디는 클라이언트의 쿠키 저장소에 저장되게 되고 클라이언트가 다시 요청을 하면 이 세션 아이디가 요청에 같이 전송된다. 서버는 요청에 전송되어 오는 세션 아이디를 판별하여 두 번째 요청을 한 클라이언트가 첫 번째 요청을 한 클라이언트임을 확인할 수 있다.

2) 간단한 세션 예제

세션을 이용해서 예제를 작성해보자. 간단하게 클라이언트가 요청했을 때 세션 객체를 생성해서 자신의 세션 영역에 이름을 속성으로 저장하고, 세션에 저장되어 있는 이름 속성 값을 출력해 보도록 하겠다.
우선 세션 자신의 세션 영역에 이름 속성을 저장하는 코드를 작성해보자. 서블릿에서는 세션을 다룰 수 있는 HttpSession 인터페이스를 제공하고 있다. 세션 객체는 다음 메소드를 이용해서 얻어올 수 있다.

• HttpServletRequest.getSession(true): 해당 클라이언트에 세션이 할당되어 있으면, 즉 이전 요청에 의해서 이미 세션이 생성되어 있으면 기존에 생성되어 있는 세션 객체의 레퍼런스를 반환하고, 생성되어 있지 않으면, 즉 첫 번째 요청이면 새롭게 세션 객체를 생성하는 메소드. 파라미터 값을 생략했을 경우, 즉 HttpServletRequest.getSession()도 같은 의미이다. 기본 파라미터 값은 true이다.

• HttpServletRequest.getSession(false): 기존에 클라이언트에 대해서 세션 객체가 생성되어 있으면 기존 생성된 세션의 레퍼런스를 반환하고, 기존에 세션 객체가 생성되어 있지 않으면 에러를 발생시키는 메소드이다.

SetNameServlet.java   ⬇ Chapter3₩src₩main₩java₩SetNameServlet.java

```
1   protected void doGet(HttpServletRequest request, HttpServletResponse
2   response) throws ServletException, IOException {
3           // TODO Auto-generated method stub
4           HttpSession session = request.getSession();
5           session.setAttribute("name","오정원");
6           response.setContentType("text/html;charset=UTF-8");
7           PrintWriter out = response.getWriter();
8           out.println("<h1>이름저장</h1>");
9       }
```

 코드 분석

| 5 | 해당 세션 영역에 name이라는 이름으로 특정 값을 저장하기 위해 setAttribute(String attr_name, Object attr_value) 메소드를 사용하고 있다. |

 TIP   서블릿에서 데이터를 공유하는 방법은 두 가지가 있는데 하나는 초기화 파라미터를 사용하는 것으로, web.xml에 초기화 파라미터를 설정하는 방법이다. 그리고 또 한 가지는 서블릿이 제공하는 특정 영역에 속성을 생성하는 방법이다. 그 중 속성을 생성하는 방법을 이용해서 세션 영역에 name이라는 이름의 속성 값을 생성하고 있다

이제 해당 세션 영역에 저장되어 있는 name 속성 값을 가져와서 출력하는 서블릿을 작성해보자.

```
1    protected void doGet(HttpServletRequest request, HttpServletResponse
2    response) throws ServletException, IOException {
3            // TODO Auto-generated method stub
4            HttpSession session = request.getSession();
5            String name=(String)session.getAttribute("name");
6            response.setContentType("text/html;charset=UTF-8");
7            PrintWriter out = response.getWriter();
8            out.println("<h1>name="+name+"</h1>");
9        }
```

✅ 코드 분석

5	세션 영역에 존재하는 name 속성 값을 반환 받기 위해 Object getAttribute(String attr_name) 메소드를 사용하고 있다. 해당 메소드의 리턴 타입이 String이 아니고 Object 타입이므로 String 형태의 변수에 저장하기 위해서 String 타입으로 캐스팅해서 변수에 할당하고 있다.

결과를 확인해보자.

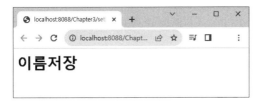 

그림 3-40. 세션 기능이 적용된 HTTP 프로토콜 요청 처리

○ 실행방법

1. 브라우저 주소표시줄에서 setName 서블릿을 실행한다.
2. setName을 실행한 동일한 브라우저의 주소표시줄에서 getName 서블릿을 실행한다.

그림으로 표현하면 다음과 같다.

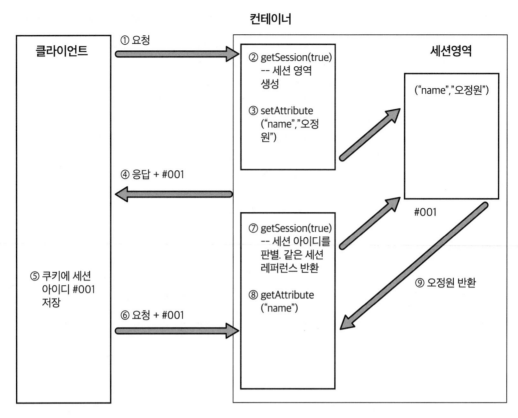

컨테이너

클라이언트

① 요청

② getSession(true)
-- 세션 영역
생성

③ setAttribute
("name","오정
원")

세션영역

("name","오정원")

④ 응답 + #001

⑤ 쿠키에 세션
아이디 #001
저장

#001

⑦ getSession(true)
-- 세션 아이디를
판별. 같은 세션
레퍼런스 반환

⑧ getAttribute
("name")

⑥ 요청 + #001

⑨ 오정원 반환

그림 3-41. 세션 객체를 생성하여 자신의 세션 객체에 속성 저장하고 사용하기

〈그림 3-41〉을 보면 알 수 있듯이 세션 객체는 클라이언트마다 하나씩 할당되면 브라우저를
종료하고 세션에서 나갈 때까지는 계속해서 세션이 유지된다는 것을 알 수 있다. 이 세션의 기
능을 이용해서 상태가 유지되어야 하는 프로그램, 즉 로그인 프로그램, 장바구니 프로그램 등
을 구현할 수 있다. 그럼 세션 기능을 이용해서 로그인 프로그램을 구현해 보도록 하겠다.

 login.jsp를 작성한다.

login.jsp ⬇ Chapter3₩src₩main₩webapp₩login.jsp

```
1   <form action="sessionLogin" method="post">
2       아이디 :<input type="text" name="id"/>
3       비밀번호 :<input type="password" name="passwd"/><br>
4       <input type="submit" value="로그인"/>
5   </form>
```

| 1 | 로그인 처리를 위해서 "sessionLogin" URL을 처리하는 서블릿으로 action 속성을 지정한다. |

 02 menu.jsp를 작성한다.

menu.jsp   ⬇ Chapter3₩src₩main₩webapp₩menu.jsp

```
1    <%
2        String id = (String)session.getAttribute("id");
3    %>
4    <body>
5    <%
6        if(id == null){
7    %>
8    <a href="login.jsp">로그인</a>
9    <%
10       }
11       else{
12   %>
13       <%=id %> 님 환영합니다.
14   <%
15       }
16   %>
```

 코드 분석

2	session 객체를 사용하고 있다. 서블릿에서는 session 객체를 사용하기 위해서 HttpSession session = request.getSession()과 같이 세션 객체를 수동으로 생성해 주어야 하지만 jsp에서는 세션 객체를 자동으로 생성해주기 때문에 생성하는 코드 부분 없이 바로 사용이 가능하다.
5~16	jsp에서 <%%> 부분은 scriptlet 부분에 해당한다. 이 부분이 실질적으로 jsp에 해당하는 코드가 작성되는 부분이다. jsp로 작성되는 코드는 거의 자바 문법과 유사하다. 2라인 부분에서 서블릿에서 로그인이 성공해서 세션 영역에 id값이 저장되어 있다면 저장되어 있는 id가 반환되고 id가 저장되어 있지 않으면, 즉 로그인이 되어 있지 않은 상태라면 null 값을 반환한다. null 값이 반환되면 8라인의 로그인 메뉴가 출력되고, 값이 반환되면 13라인에서 () 님 환영합니다. 라는 메시지가 출력된다.

03 SessionLoginServlet.java를 작성한다.

SessionLoginServlet.java   ⬇ Chapter3₩src₩main₩java₩₩SessionLoginServlet.java

```java
1   protected void doPost(HttpServletRequest request, HttpServletResponse
2   response) throws ServletException, IOException {
3       // TODO Auto-generated method stub
4       request.setCharacterEncoding("utf-8");
5       response.setContentType("text/html;charset=UTF-8");
6       PrintWriter out = response.getWriter();
7       String id=request.getParameter("id");
8       String passwd = request.getParameter("passwd");
9       if(id.equals("java")&&passwd.equals("java")){
10          HttpSession session = request.getSession();
11          session.setAttribute("id", id);
12          RequestDispatcher dispatcher =
13                  request.getRequestDispatcher("menu.jsp");
14          dispatcher.forward(request, response);
15      }
16      else{
17          out.println("<script>");
18          out.println("alert('아이디나 비밀번호가 일치하지 않습니다.')");
19          out.println("history.back()");
20          out.println("</script>");
21      }
22  }
23
24
```

✅ 코드 분석

7~8	클라이언트 페이지에서 전송되어 오는 id 파라미터 값과 passwd 파라미터 값을 String 타입의 변수 값으로 할당한다.
9	아이디와 비밀번호가 java이면 인증이 되었다고 가정한다. (제대로 인증을 하려면 DB에서 값을 가져와서 비교해야 하겠지만, 본 예제는 세션을 사용하는 방법을 살펴보는 것이 목적이므로 DB 부분은 생략했다.)
10~11	인증이 되었을 때 id라는 이름의 속성 값을 세션 영역에 생성한다.

| 12~14 | 요청 처리 페이지를 loginSuccess.jsp로 포워딩한다.
(Javax.servlet 패키지에 존재하는 RequestDispatcher 인터페이스는 특정 페이지로 포워딩하는 기능이 정의되어 있다. 모델 2로 작업을 할 때 빈번하게 사용되는 인터페이스이다. 생성할 때 파라미터 값으로 포워딩될 URL이 온다.
그리고 14라인에서 forward 메소드가 호출될 때 실질적으로 해당 URL로 포워딩이 이루어진다. |
| 16~21 | 로그인에 실패했을 때 자바 스크립트로 '아이디나 비밀번호가 일치하지 않습니다.'라는 경고 메시지를 출력해주고 인증하는 페이지로 되돌아간다. |

04 로그인 예제를 실행해 보기 위해 http://localhost:8088/Chapter3/menu.jsp로 접속한다. 현재 로그인 처리되지 않은 상태이므로 "로그인"이라는 링크된 문자열이 출력된다.

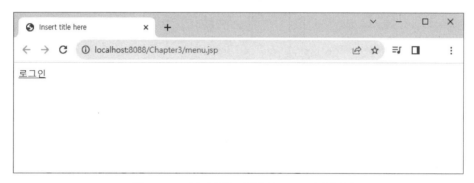

그림 3-42. 로그인이 되지 않은 상태에서 menu.jsp 페이지 실행

05 앞의 화면에서 "로그인" 링크를 클릭하면 다음과 같이 login.jsp 페이지가 요청된다. login.jsp 화면에서 아이디를 "aaa" 비밀번호를 "1111"로 입력하고 〈로그인〉 버튼을 누른다.

SessionLoginServlet 서블릿 클래스에서는 아이디가 "java"이고 비밀번호가 "1111"이 전송되어 올 때 로그인이 성공되게 코드가 구현되어 있다.

그러면 인증되지 않는 아이디와 비밀번호를 입력하고 〈로그인〉 버튼을 눌러 보자.

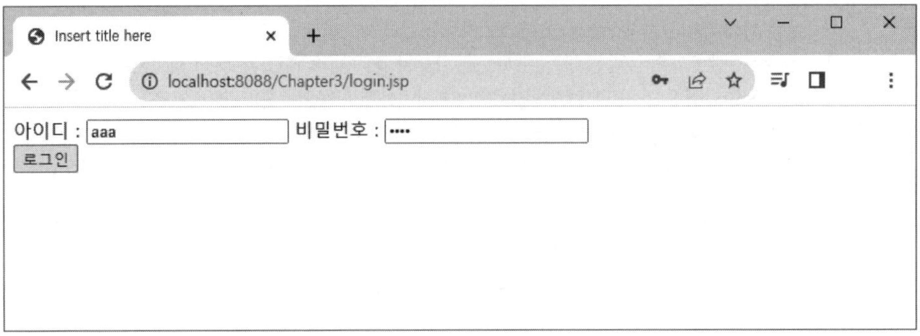

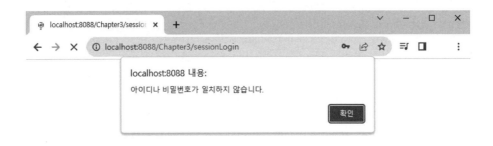

그림 3-43. 올바르지 않은 아이디와 비밀번호를 입력한 후 로그인 요청

06 위의 그림에서 아이디와 비밀번호를 올바르지 않게 입력하고 로그인 요청을 하였으므로 하단 그림 화면처럼 아이디와 비밀번호가 일치하지 않다는 경고 창이 출력되고, 경고 창에서 〈확인〉 버튼을 누르면 다시 login.jsp 페이지로 이동한다.

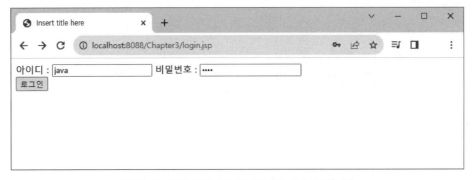

그림 3-44. 로그인 실패 후 경고 창이 출력된 화면

07 로그인 화면에서 아이디를 "java" 비밀번호를 "1111"로 올바르게 입력하고 〈로그인〉 버튼을 누른다.

그림 3-45. 로그인 화면에서 아이디와 비밀번호를 올바르게 입력

08 다음 화면과 같이 로그인이 성공되면 menu.jsp로 포워딩되며 현재 로그인된 사용자 정보가 출력된다.

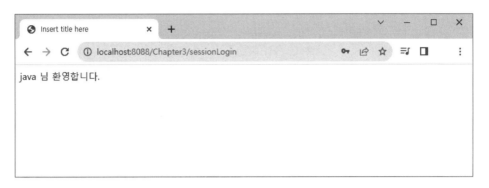

그림 3-46. 로그인된 사용자 정보 출력

📑 서블릿에서 특정 페이지로 포워딩하는 두 가지 방법

1) Dispatcher 방식
앞서 로그인 예제에서 사용한 방식이다. 이 방식으로 포워딩을 하게 되면 주소 표시줄의 주소가 변경되지 않는다. 즉 하나의 요청이라는 의미이다. 따라서 같은 request 영역을 공유하게 된다.
예제를 작성해 보도록 하겠다.

DispatcherServlet.java　　　　　　　　⬇ Chapter3₩src₩main₩java₩DispatcherServlet.java

```
1  protected void doGet(HttpServletRequest request,
2  HttpServletResponse response) throws ServletException,
3  IOException {
4      // TODO Auto-generated method stub
5      RequestDispatcher dispatcher =
6          request.getRequestDispatcher("dispatcher.jsp");
7      request.setAttribute("request","requestValue");
8      dispatcher.forward(request, response);
9  }
```

dispatcher.jsp　　　　　　　　⬇ Chapter3₩src₩main₩webapp₩dispatcher.jsp

```
1  <body>
2  request 속성 값 :<%=request.getAttribute("request") %>
3  </body>
```

위의 서블릿에서는 로그인 예제의 방식과 마찬가지로 dispatcher 방식에 의해서 포워딩을 하게 된다.

dispatcher.jsp에서는 request 영역에 request라는 이름으로 저장되어 있는 값을 가져와서 출력하고 있다. JSP 부분에서 좀 더 자세히 설명하겠지만, <%=%> 부분은 내부에서 반환되는 값을 출력하는 기능을 한다. 본 예제에서는 이 정도로만 이해하고 넘어가면 되겠다.

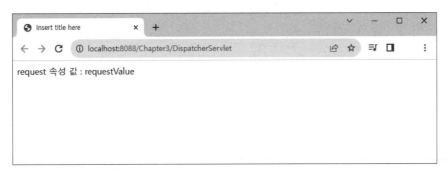

그림 3-47. 로그인된 사용자 정보 출력

앞의 출력 화면에서도 확인할 수 있듯이 브라우저의 주소 표시줄의 URL에 변경이 없으며 서블릿과 JSP가 같은 request 영역을 공유하기 때문에 포워딩 된 jsp 페이지에서 request 영역에 공유되어 있는 값에 접근이 가능하다는 것을 확인할 수 있다.

2) Redirect 방식

포워딩될 때 브라우저의 주소 표시줄의 URL이 변경되므로 요청이 바뀌게 된다. 따라서, 포워딩된 JSP 페이지에서는 서블릿에서 request 영역에 공유한 속성 값에 접근할 수 없다.

RedirectServlet.java   ⬇ Chapter3₩src₩main₩java₩RedirectServlet.java

```
1   protected void doGet(HttpServletRequest request,
2   HttpServletResponse response) throws ServletException,
3   IOException {
4       // TODO Auto-generated method stub
5       request.setAttribute("request", "requestValue");
6       response.sendRedirect("redirect.jsp");
7   }
```

위의 코드에서의 sendRedirect(String url) 메소드가 리다이렉트 방식으로 해당 URL로 포워딩을 해주는 메소드이다.

redirect.jsp   ⬇ Chapter3₩src₩main₩webapp₩redirect.jsp

```
1   <body>
2   request 속성 값 :<%=request.getAttribute("request") %>
3   </body>
```

실행 화면을 보자.

그림 3-48. 리다이렉트 방식으로 포워딩

앞의 출력 화면을 보면 주소 표시줄상의 URL이 변경되는 것을 확인할 수 있고, request 영역이 공유되지 않으므로 포워딩된 JSP 페이지에서 request 영역에 공유되어 있는 속성 값을 가져오지 못하는 것을 확인할 수 있다.

앞서 로그인 예제에서 LoginServlet.java 파일이 서블릿 파일이지만 클라이언트 페이지에서 서블릿 이름을 LoginServlet이 아니라 login으로 요청하는 것을 확인할 수 있다. 서블릿을 생성하면서 URL 이름을 변경하고 싶으면 다음 화면과 같이 url-mapping 값을 편집해 주어야 한다.

위와 같이 서블릿을 생성하게 되면 URL명이 login으로 적용되며 생성된 서블릿의 어노테이션과 다음과 같이 자동으로 수정된다.

@WebServlet("/login")

KEY-POINT

1 JSP 문법을 살펴보기 전에 서블릿을 이해하는 것이 매우 중요하다. JSP가 서비스될 때 서블릿 형태의 자바 코드로 변환 과정을 거친 후 서블릿 라이프 사이클을 거치면서 서비스되기 때문이다. 결국, JSP도 서블릿으로 이해할 수 있다.

2 클라이언트에서 서블릿으로 요청이 전송되어 오면 컨테이너는 해당 요청이 동적인 요청임을 판단하고 해당 서블릿의 Service 메소드를 호출한다. Service 메소드는 요청이 GET 방식으로 전송되어 왔으면 doPost 메소드를 자동으로 호출하고, POST 방식으로 전송되어 왔으면 doPost 메소드를 자동으로 호출한다. 최종적으로 클라이언트에서 전송되어온 요청 처리를 하는 코딩은 doPost나 doGet 메소드에 구현해야 하는 것이다.

3 서블릿에서 한글이 제대로 처리되려면 서버상의 문자 인코딩 방식을 클라이언트에서 전송되어오는 파라미터 값의 인코딩 방식과 같은 방식으로 처리해 주어야 한다. 즉, 클라이언트에서 전송되어 오는 파라미터의 인코딩 방식이 EUC-KR이면 서버상의 인코딩 방식도 EUC-KR이 되어야 한다. 기본적으로 톰캣의 인코딩 방식은 UTF-8 방식이다.
클라이언트에서 GET 방식으로 요청이 전송되어 올 경우는 클라이언트의 인코딩 방식을 UTF-8 방식으로 맞추면 한글 처리가 제대로 된다.

POST 방식으로 요청이 전송되어 올 경우는 다음과 같은 메소드를 이용하여 한글 처리가 가능하다.

request.setCharacterEncoding("UTF-8")

주의할 점은 인코딩은 반드시 파라미터 값을 받기 전에 처리해야 한다는 것이다.

4 클라이언트에서 특정 파라미터 이름으로 하나의 파라미터 값이 전송되어 올 경우는 String request.getParameter(String paramName)으로 파라미터 값을 전송받으면 되지만, 하나의 파라미터 이름으로 값이 여러 개 전송되어 올 경우는 String[] getParameterValues(String paramName)이라는 메소드를 이용해서 값을 전송 받아야 된다.

5 웹에서 통신할 때 주로 사용하는 프로토콜인 HTTP 프로토콜의 대표적인 특성 중의 하나는 상태가 유지되지 않는다는 것이다. 이러한 특성 때문에 서버상에서 동시에 수많은 클라이언트의 요청을 처리해 줄 수 있는 것이다. 그러나, 이러한 특성 때문에 상태가 유지되어야 하는 프로그램(로그인, 장바구니 등)을 구현하는 데는 제약이 있다. 이러한 단점을 보완하기 위해 나온 개념이 세션이다. 세션을 이용하면 해당 클라이언트가 요청을 한 후 브라우저를 종료하거나 로그아웃을 하고 해당 사이트에서 완전히 퇴장하기

전까지는 해당 클라이언트가 사용하는 데이터를 세션 영역에 저장할 수 있다. 다른 클라이언트는 다른 클라이언트가 할당받은 세션 영역에 접근할 수 없다.

6 서블릿에서 특정 페이지로 포워딩할 수 있는 방식은 두 가지 방식을 제공해준다. 그중 하나는 dispatcher 방식이다. 이 방식은 브라우저상의 요청 주소가 변경되지 않기 때문에 같은 request 객체를 공유한다. 또 한 가지 방식은 redirect 방식이다. 이 방식은 포워딩될 때 브라우저의 주소 표시줄의 주소가 변경되기 때문에 새로운 요청이 전송되는 것이므로 request 객체가 공유되지 않는다.

이번 장에서 서블릿에 대한 핵심적인 내용을 살펴보았다. 물론 서블릿 부분을 빠짐없이 살펴보지는 않았다. 나머지 부분은 JSP 문법을 마무리하고 모델 2 부분에서 다시 다루도록 하겠다.

JSP 기본 요소

Chapter
04

JSP는 크게 주석(Comment), JSP 지시어(Directive), 스크립트 요소(Scripting Elements), 액션 태그(Action Tag)의 4가지 기본 요소로 구분할 수 있다. 이중 액션 태그는 다음 장에서 내장객체와 함께 설명할 것이므로 이번 장에서는 주석, JSP 지시어, 스크립트 요소에 대해 배워보도록 하자.

1. JSP 주석

1) 주석을 사용하는 이유

주석이란 개발자가 개발한 코드를 본인 혹은 다른 개발자가 디버깅하거나 코드를 수정해야 할 때 코드를 쉽게 이해할 수 있도록 가이드의 역할을 하게끔 코드에 적어 놓은 해설을 뜻한다. 프로그램의 실행에는 영향을 미치지 않으며 오로지 코드의 이해를 돕는 역할을 한다. 수백, 수천 라인의 코드를 작성한다고 할 때 소스 코드가 주석 없이 실행 코드만으로 이루어져 있다면 에러의 수정을 위한 디버깅을 하거나 필요에 의해 새로운 코드를 추가하고자 할 때 어느 부분의 코드가 어떤 역할을 맡는지, 어떤 변수와 함수가 수정하거나 추가하는 데 필요한 코드인지 알아내는 데 큰 어려움을 겪을 수밖에 없다. 따라서 유지보수 시 코드를 알아보기 쉽도록 주석을 꼼꼼하고 쉽게 작성하는 버릇을 가져야 한다. 웹 프로그래밍에서도 마찬가지로 JSP나 서블릿 등의 코드를 작성할 때에 코드가 길어지면 길어질수록 주석을 반드시 작성하도록 한다.

2) 언어별 주석의 형태

(1) HTML 주석

```
<!-- HTML 주석입니다. -->
```

HTML을 공부한 독자라면 익숙하게 보이는 내용일 것이다. 기본적으로 HTML 문서 또는 XML

문서에서 활용되는 주석의 형태로 브라우저에 나타나는 결과에는 영향을 미치지 않지만, 브라우저의 소스 보기 기능으로 확인할 수는 있다. 즉 클라이언트의 브라우저에 전송되는 HTML 문서에는 포함되어 전송된다.

(2) JSP 주석

```
<%-- JSP 주석입니다.%-->
```

JSP 주석은 숨겨진 주석(Hidden Comment)으로 JSP 파일 내에서 완전히 무시되어 처리되므로 서버상에서 컴파일되지 않으며 클라이언트에 전송되지도 않는다. 따라서 브라우저의 소스 보기 기능으로 확인할 수가 없으며 오로지 원본 JSP 파일을 통해서만 확인할 수 있다.

(3) 자바 스타일 주석

```
<%
/* 여러 줄을 사용할 때의
자바 주석입니다.*/
%>

<%
```

일반적인 자바 스타일의 주석으로 서버상에서 JSP 파일의 컴파일 시에 자바 자체에서 주석으로 처리한다. 뒤에서 설명할 선언문(Declaration)이나 스크립틀릿(Scriptlet)에서만 사용되며 역시 클라이언트에 전송되지 않으므로 브라우저의 소스 보기 기능으로 확인할 수는 없다.

2. JSP 지시어(Directive)

```
<%@ ... %>
```

JSP 지시어(Directive)는 위와 같은 형식으로 표현되며, JSP 파일 내에서 JSP를 실행할 컨테이너에서 해당 페이지를 어떻게 처리할 것인가에 대한 설정 정보들을 지정해주는 데 사용된다.

지시어는 page 지시어, include 지시어, taglib 지시어 세 가지로 나누어진다.

1) page 지시어

page 지시어는 JSP 페이지에 대한 속성을 지정하는 지시어로 다음과 같은 형식으로 사용된다.

```
<%@ page 속성1="값1" 속성2="값2" 속성3="값3"...  %>
```

속성에는 스크립트 언어, import할 패키지/클래스, 세션 사용 여부, 에러 페이지 등 다음 표와 같이 12개의 설정 정보를 지정해 사용할 수 있다. 각각의 속성을 하나의 page 지시어에 한번에 지정할 수도 있으며 여러 개의 page 지시어에 나누어 지정할 수도 있다. 그러나 import 속성을 제외한 나머지 속성은 하나의 페이지에서 오직 한 번씩만 지정할 수 있다.

속성	사용법	기본값	설명
language	language="java"	java	스크립트 요소에서 사용할 언어 설정
extends	extends="클래스명"	없음	상속받을 클래스를 설정
import	import="패키지.클래스명"	없음	import할 패키지. 클래스 설정
session	session="true"	true	HttpSession 사용 여부를 설정
buffer	buffer="16kb"	8kb	JSP 페이지의 출력 버퍼 크기를 설정
autoFlush	autoFlush="true"	true	출력 버퍼가 다 찼을 경우 처리 방법을 설정
isThreadSafe	isThreadSafe="true"	true	다중 스레드의 동시 실행 여부를 설정
info	info="페이지 설명"	없음	페이지 설명
errorPage	errorPage="에러 페이지.jsp"	없음	에러 페이지로 사용할 페이지를 지정
contentType	contentType="text/html"	text/html;charset=ISO-8859-1	JSP 페이지가 생성할 문서의 타입을 지정
isErrorPage	isErrorPage="false"	false	현재 페이지를 에러 페이지로 지정
pageEncoding	pageEncoding="euc-kr"	ISO-8859-1	현재 페이지의 문자 인코딩 타입 설정

그럼 위의 표에 나온 12가지 속성에 대해 하나하나 자세히 알아보자.

(1) language 속성

JSP 파일 내에서 사용될 스크립트 언어를 지정하는 속성이다. 특별히 지정하지 않을 경우 JSP 컨테이너가 지원하는 기본 언어인 자바가 language 기본 속성으로 지정된다. 참고로 뒤에서 설명할 include 지시어를 사용할 경우 include될 페이지의 language 속성과 include할 페이지의 language 속성은 반드시 동일해야만 한다. 다음과 같은 용법으로 사용한다.

```
<%@ page language="java" %>
```

(2) extends 속성

JSP 파일은 앞에서 설명한 것처럼 JSP 컨테이너에서 실행되기 위해서는 파싱 과정을 거쳐 서블릿으로 변환되어야 한다. 이때 서블릿 클래스로 변환되는 과정에서 상속할 부모 클래스를 지정하는 속성이 extends 속성이다. 기본적으로 이러한 상속은 JSP 컨테이너에서 자체적으로 알아서 처리하기 때문에 개발자가 특별히 지정하는 경우는 거의 없다. 또한 자바는 다중 상속을 허용하지 않기 때문에 사용자가 지정하는 경우 아무 클래스나 상속받아서는 안 되고 반드시 기본적으로 JSP 컨테이너에서 상속받게 되는 클래스인 jakarta.servlet.jsp.HttpJspPage 또는 jakarta.servlet.jsp.JspBase 인터페이스를 구현한 클래스를 상속받아야 한다. 기본적인 사용법은 아래와 같다.

```
<%@ page extends="jakarta.servlet.jsp.HttpJspBase" %>
```

(3) import 속성

자바에서 사용하는 import 구문과 같은 의미를 가지고 있는 속성으로 JSP 페이지 내에서 사용할 패키지 또는 클래스를 import하는 데 사용된다. 다음과 같이 쉼표를 사용해 여러 개의 패키지 또는 클래스를 한 번에 import하여 사용할 수 있다.

```
<%@ page import="java.io.*, java.util.ArrayList" %>
```

import 속성의 예제를 작성해보자. 이클립스에서 새로운 JSP 파일을 생성하고 다음과 같이 코딩한다.

importTest.jsp   ⬇ Chapter4₩src₩main₩webapp₩importTest.jsp

```
1   <%@ page language="java" contentType="text/html; charset=UTF-8"
2   pageEncoding="UTF-8"%>
3   <!DOCTYPE html PUBLIC "-//W3C//DTD HTML 4.01 Transitional//EN"
4   "http://www.w3.org/TR/html4/loose.dtd">
5
6   <%@page import="java.text.SimpleDateFormat"%>
7   <%@page import="java.util.*"%>
8   <html>
9   <head>
10  <meta http-equiv="Content-Type" content="text/html; charset=UTF-8">
11  <title>import 속성 테스트</title>
12  </head>
13  <body>
14  <h1> 현재 시간은 <%=new SimpleDateFormat().format(new Date()) %>입니다.</
15  h1>
16  </body>
17  </html>
```

 코드 분석

6	14라인에서 SimpleDateFormat을 사용하기 위해 java.text.SimpleDateFormat 클래스를 import하였다.
7	역시 14라인에서 Date 클래스를 사용하기 위해 java.util.*를 import하였다.
14~15	현재 시간을 표시하기 위해 Date 클래스의 생성자를 사용해 Date 객체를 생성하고 SimpleDateFormat 클래스의 format 메소드를 사용해 표시하였다.

이 소스를 실행하면 다음과 같은 결과가 나온다.

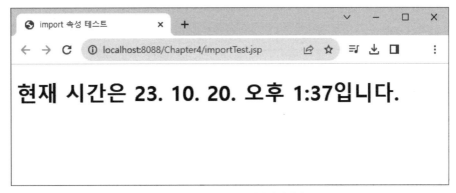

그림 4-1. importTest.jsp 파일 실행 화면

(4) session 속성

HTTP 프로토콜은 클라이언트로부터 요청이 들어오면 새로운 커넥션을 생성하여 요청에 대한 응답을 회신한 후 그 커넥션을 끊는다. 이러한 특성을 Stateless 특성이라고 하며 HTTP 프로토콜의 가장 큰 특성의 하나이다. Stateless 특성으로 인해 커넥션을 매번 새로 생성하기 때문에 동일한 클라이언트에 대해 정보를 유지할 필요가 있는 경우(예를 들어 로그인 상태를 유지할 필요가 있는 경우 등) 다른 클라이언트와 현재 정보가 유지되어야 할 클라이언트를 구별할 특별한 방법이 사용된다. 이러한 방법을 세션 관리(Session Management)라 하며 세션 관리에 의해 클라이언트의 정보가 유지되도록 만들어진 가상의 커넥션(Virtual Connection)을 HTTP 세션(HTTP Session)이라고 한다. JSP 내에서 이러한 세션을 사용할 수 있도록 하는 설정이 바로 session 속성으로, Chapter 05와 Chapter 08에서 더 자세한 내용을 다룰 것이다. 기본적인 사용법은 다음과 같다.

```
<%@ page session="true" %>
```

(5) buffer 속성

JSP 페이지가 서블릿으로 변환되어 응답을 생성해 클라이언트에 전송할 때 사용되는 버퍼의 크기를 지정하는 속성이다. 기본적으로는 "8kb"로 설정되어 있으며 만일 "none"으로 설정할 경우 응답을 생성할 때 버퍼를 사용하지 않고 바로 바로 클라이언트에 응답을 전송한다. 일반적으로 기본값인 "8kb"면 충분하며 사용법은 다음과 같다.

```
<%@ page buffer="16kb" %>
```

(6) autoFlush 속성

autoFlush 속성은 buffer 속성에서 지정한 버퍼가 다 채워졌을 경우 이를 어떻게 처리할 것인
지 JSP 컨테이너에게 알려주는 속성이다. 기본값은 "true"로, 버퍼가 다 채워지면 클라이언트
에 전송하고 버퍼를 비운다. autoFlush 속성을 "false"로 지정하면 버퍼가 다 채워졌을 경우에
는 버퍼를 전송하는 것이 아니라 Exception을 발생시킨다. 만일 buffer 속성을 "none"으로
지정했을 경우에는 autoFlush 속성을 "false"로 지정하는 것은 불가능하다. 사용법은 다음과
같다.

```
<%@ page autoFlush="true" %>
```

(7) isThreadSafe 속성

기본적으로 JSP는 다중 스레드(Multiple Thread)를 기반으로 실행된다. 즉 JSP 파일이 JSP
컨테이너에 의해 파싱되어 서블릿 인스턴스가 생성되고 사용자의 요청 각각에 대한 스레드
가 하나씩 생성되어 그 스레드가 사용자의 요청을 처리하는 방식이다. 하지만 만일 다중 스레
드에 의해 한 데이터에 대한 동시 접근이 이루어지면 그 데이터의 값이 의도되지 않은 값으로
변경될 가능성이 있을 경우, 다중 스레드에 의한 동시 접근을 차단할 필요가 있다. 이러한 경
우 isThreadSafe 속성을 "true"로 지정하면 JSP 파일이 실행되더라도 하나의 스레드에 의한
service() 메소드 실행이 완전히 끝날 때까지 다른 스레드는 기다리게 된다. 따라서 해당 페이지
에 의해 공유되는 데이터에 대한 사용자의 동시 접근을 막을 수 있게 된다. 기본적으로는 다중
스레드의 동시 실행을 허용하지 않고 순서대로 요청을 처리하려면 다음과 같이 설정하면 된다.

```
<%@ page isThreadSafe="true" %>
```

(8) info 속성

해당 페이지 전체에 대한 주석의 역할을 하는 속성으로 개발자가 해당 페이지의 기능이나 특성을 설명해 놓을 때 활용된다. 다음과 같은 방식으로 사용된다.

```
<%@ page info="이 페이지는 이클립스로 만들어진 페이지입니다." %>
```

(9) errorPage 속성

errorPage 속성은 JSP 페이지를 처리하는 과정에서 예외(Exception)가 발생했을 때 해당 페이지에서 직접 처리하지 않고 에러 페이지를 지정해 지정된 에러 페이지에서 예외를 처리하도록 할 때 사용하는 속성이다. 에러 페이지를 지정할 때는 다음과 같이 같은 컨텍스트 루트 내의 JSP 파일을 직접 지정하여 사용한다.

```
<%@ page errorPage="error/error.jsp" %>
```

에러 페이지를 지정한다고 해도 모든 예외가 반드시 에러 페이지에서 처리되는 것은 아니다. 이는 buffer 속성과 연관이 있는데 만일 buffer 속성이 "none"으로 지정되어 있다면 응답이 즉시 전송되기 때문에 예외가 발생하더라도 JSP 컨테이너에서 에러 페이지로 제어권을 넘겨줄 수가 없다. 또한 buffer 속성에 특정 값이 지정되어 있고 autoFlush가 "true"로 지정되어 있을 경우에도 만일 버퍼가 다 채워져서 클라이언트로 응답이 전송된 이후에는 마찬가지로 예외가 발생하더라도 JSP 컨테이너가 제어권을 에러 페이지로 넘겨줄 수 없기 때문에 에러 페이지를 사용할 수 없게 된다.

(10) contentType 속성

contentType 속성은 JSP 페이지가 전송할 응답의 형태가 어떠한 MIME 형식으로 되어 있는지를 지정하는 속성이다. MIME(Multipurpose Internet Mail Extension)란 인터넷을 통해 문서를 주고받을 때 사용되는 문서 형식을 정의해 놓은 것으로 단순한 ASCII 파일뿐 아니라 이미지, 비디오, 오디오 등 멀티미디어 형식의 문서도 원활히 주고받을 수 있도록 text/html, image/gif, video/avi 등 여러 가지 타입을 제공한다. contentType의 속성 값을 지정할 때는 다음처럼 "type/subtype"의 형식으로 앞에 대분류를 지정하고 "/" 뒤에 그 대분류의 하위에 있는 소분류를 지정한다.

```
<%@ page contentType="text/html" %>
```

또한 다음처럼 문자셋(character set)의 인코딩 방식을 ";charset:"을 사용해 추가할 수 있다.

```
<%@ page contentType="text/html;charset=euc-kr" %>
```

(11) isErrorPage 속성

isErrorPage 속성은 현재 페이지가 다른 페이지에서 발생한 예외(Exception)를 처리할 페이지일 때 지정하는 속성이다. 기본값은 "false"이고 특정 JSP 페이지의 예외를 처리할 JSP 에러 페이지를 만들었다면 다음처럼 그 에러 페이지의 isErrorPage 속성을 "true"로 지정하여 사용한다.
isErrorPage 속성 값을 true로 설정하면 에러가 발생한 페이지에서 전달된 exception 객체를 사용할 수 있다.

```
<%@ page isErrorPage="true" %>
```

(12) pageEncoding 속성

JSP 페이지의 문자셋 인코딩 방식을 지정할 때 사용하는 속성이다. 기본값은 "ISO-8859-1"로 이는 북유럽 문자셋 인코딩 방식이므로 한글을 처리할 수가 없다. 따라서 속성 값을 다음처럼 한글이 호환되는 문자셋 인코딩 방식인 "euc-kr"이나 "UTF-8"로 지정하지 않을 경우 한글이 모두 깨져서 출력되게 된다.

```
<%@ page pageEncoding="euc-kr" %>
```

문자셋은 pageEncoding 속성을 사용해서 지정할 수도 있지만 보통은 pageEncoding 속성을 사용하지 않고 지시자 영역에서 contentType 속성을 지정할 때 한 것처럼 한번에 지정하여 사용한다.

```
<%@ page contentType="text/html;charset=euc-kr" %>
```

2) include 지시어

include 지시어는 특정한 JSP 파일 또는 HTML 파일을 해당 JSP 페이지에 삽입할 수 있도록 하는 기능을 제공하는 지시어이다. 여러 JSP 페이지에서 공통되는 부분이 많을 때 이러한 공통되는 부분을 따로 파일로 만들어 include 지시어로 삽입하면 매번 같은 내용을 입력하지 않고도 간단하게 공통되는 부분을 포함시킬 수 있다. Chapter 06에서 설명할 레이아웃 템플릿 페이지를 작성할 때 많이 쓰이며 다음과 같은 형식으로 사용한다.

```
<%@ include file="header.jsp" %>
```

이때 포함되는(include 되는) 파일들은 실제 컴파일 과정을 거쳐서 그 결과가 해당 JSP 페이지에 포함되는 것이 아니라 JSP 소스 코드 자체가 해당 JSP 페이지에 복사되어 더해지므로 서블릿 컴파일 과정은 include되는 파일의 개수가 아무리 많다고 하더라도 단 한 번만 이루어지게 된다. 또한 include 지시어는 중첩 사용이 가능하기 때문에 include 되는 파일 안에서 또 다른 파일을 include하여도 문제없이 동작한다. 다음 예제로 include 사용법을 연습해보자.

includeTest.jsp   ⬇ Chapter4₩src₩main₩webapp₩includeTest.jsp

```
1   <%@ page language="java" contentType="text/html; charset=UTF-8"
2   pageEncoding="UTF-8"%>
3   <!DOCTYPE html PUBLIC "-//W3C//DTD HTML 4.01 Transitional//EN"
4   "http://www.w3.org/TR/html4/loose.dtd">
5   <%@ include file="header.jsp"%>
6   <html>
7   <head>
8   <meta http-equiv="Content-Type" content="text/html; charset=UTF-8">
9   <title>include 테스트</title>
10  </head>
```

11	`<body>`
12	`<h1>includeTest.jsp 파일입니다.</h1>`
13	`<%@ include file="footer.jsp" %>`
14	`</body>`
15	`</html>`

✅ 코드 분석

5	header.jsp 파일을 include하였다.
13	footer.jsp 파일을 include하였다.

header.jsp   ⬇ Chapter4₩src₩main₩webapp₩header.jsp

1	`<%@ page language="java" contentType="text/html; charset=UTF-8"`
2	`pageEncoding="UTF-8"%>`
3	`<h3>header.jsp 파일의 내용이 들어가는 곳입니다.</h3>`
4	`<hr>`

footer.jsp   ⬇ Chapter4₩src₩main₩webapp₩footer.jsp

1	`<%@ page language="java" contentType="text/html; charset=UTF-8"`
2	`pageEncoding="UTF-8"%>`
3	`<hr>`
4	`<h3>footer.jsp 파일의 내용이 들어가는 곳입니다.</h3>`

위의 세 파일을 모두 코딩한 후 includeTest.jsp 파일을 실행하면 다음과 같은 결과가 나타난다.

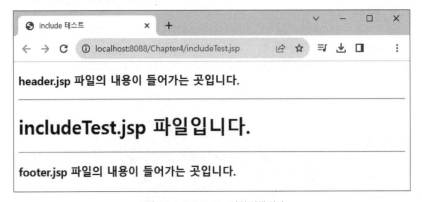

그림 4-2. includeTest.jsp 파일 실행 화면

3) taglib 지시어

taglib 지시어는 JSTL(JSP Standard Tag Library)이나 커스텀 태그 등 태그 라이브러리를 JSP 에서 사용할 때 접두사를 지정하기 위해 사용된다. taglib 지시어는 uri 속성과 prefix 속성의 두 가지 속성으로 이루어지는데 uri 속성은 태그 라이브러리에서 정의한 태그와 속성 정보를 저장한 TLD(Tag Library Descriptor) 파일이 존재하는 위치를 지정하고, prefix 속성에는 사용할 커스텀 태그의 네임 스페이스(Name Space)를 지정한다.

```
<%@ taglib uri="http://taglib.com/sampleURI" prefix="samplePrefix" %>
```

위와 같은 형식으로 taglib 지시어를 사용해 커스텀 태그를 지정하면 해당 uri에 존재하는 TLD 파일에 정의된 태그들을 prefix로 지정한 네임 스페이스를 통해 다음과 같이 사용할 수 있다.

```
<samplePrefix: table col="2" row="2" border="1">
태그 라이브러리를 이용한 테이블입니다.
</samplePrefix: table>
```

JSP 페이지를 개발할 때 taglib 지시어를 사용해 커스텀 태그를 활용하면 코드의 길이가 줄어들고 인식성이 좋아지는 등 다양한 이점이 있다. 보다 자세한 내용은 Chapter 13에서 태그 라이브러리와 JSTL을 설명할 때 더 자세히 하도록 하겠다.

3. JSP 스크립트 요소

JSP 스크립트 요소는 JSP 페이지 내에 자바의 코드를 삽입하기 위해 사용되며 선언문 (Declaration), 스크립틀릿(Scriptlet), 표현식(Expression)의 세 가지로 구분된다.

1) 선언문(Declaration)

선언문은 JSP 페이지에서 자바 코드에서 말하는 멤버 변수와 메소드를 선언하기 위해 사용된다. 선언문을 사용해 선언된 변수는 JSP 파일이 웹 컨테이너에 의해 컴파일될 때 멤버 변수로 인식되기 때문에 JSP 페이지의 어느 위치에서도 해당 변수를 참조하는 것이 가능하다. 뒤에서 설명할 스크립틀릿 요소에서 변수를 선언하면 멤버 변수가 아니라 지역 변수로 인식되기 때문에 변수를 선언하기 이전의 위치에서는 참조가 불가능한 점이 가장 큰 차이점이라 할 수 있다. 선언문은 다음과 같이 〈%!...%〉 태그를 사용한다.

```
<%!
private String str="JSP 스터디";
public String checkStr(){
  if(str==null) return "no";
  else return "ok";
}
%>
```

위에서 선언된 String 타입의 변수 str은 해당 JSP 페이지의 어느 위치에서도 참조 가능한 멤버 변수가 되며 선언문 태그인 〈%!...%〉는 중복 사용이 가능하다. 즉 위의 코드는 다음의 코드와 같이 변경될 수 있다.

```
<%! private String str="JSP 스터디"; %>
<%!
public String checkStr(){
  if(str==null) return "no";
  else return "ok";
}
%>
<%!
public String checkStr(){
  if(str==null) return "no";
  else return "ok";
}
%>
<%! private String str="JSP 스터디"; %>
```

선언문 등 스크립트 요소를 사용할 때에는 자바 코드를 JSP 내에 삽입하는 것이므로 반드시 자바 문법에 맞추어서 사용해야 한다. 다음 예제를 통해 선언문의 사용법을 연습해보자.

declarationTest.jsp   ⬇ Chapter4₩src₩main₩webapp₩declarationTest.jsp

```
1   <%@ page language="java" contentType="text/html; charset=UTF-8"
2   pageEncoding="UTF-8"%>
3
4   <h1><%=getStr() %></h1>
5   <%!
6   private String getStr(){
7       str+="테스트입니다.";
8       returnstr;
9   }
10  private String str="선언문 ";
11  %>
```

✅ 코드 분석

5~9	str 변수 값을 생성하는 getStr() 메소드를 정의하는 부분이다. str 변수는 10 라인에서 선언부 안에서 선언되었기 때문에 jsp 페이지 전체에서 인식된다.
4	선언부에 정의되어 있는 getStr() 메소드를 호출하는 부분이다.

이 코드를 실행해보면 다음과 같은 결과가 출력된다.

그림 4-3. declarationTest.jsp 파일 실행 화면

2) 스크립틀릿(Scriptlet)

앞에서 설명했듯이 JSP는 서블릿 코딩의 어려움을 극복하기 위해서 개발된 방식이다. 서블릿으로 HTML 응답을 만들어 내기 위해서는 각각의 HTML 태그를 PrintWriter 등의 클래스를 사용해 출력 객체를 생성한 후 일일이 출력해주어야 한다. 따라서 HTML 태그로 이루어진 코드의 길이가 길어질수록 코드의 유지/보수가 어려워지며 그만큼 웹 애플리케이션의 개발 어려움이 증가하게 된다. JSP에서는 이러한 어려움을 스크립틀릿(Scriptlet)을 사용하여 극복한다. HTML 코드로 된 부분은 일반 HTML 파일처럼 그대로 사용하고 자바 코드로 이루어진 비즈니스 로직 부분은 〈%...%〉로 표현되는 스크립틀릿 태그를 사용하여 구분함으로써 out 객체를 사용하지 않고도 쉽게 HTML 응답을 만들어 낼 수 있다. 스크립틀릿의 사용법은 다음과 같다.

```
<% 문장1; %>
<%
문장2; 문장3; 문장4; ....
%>
```

다음의 예제를 통해 스크립틀릿의 사용법 및 JSP 변환 과정을 살펴보자.

scriptletTest.jsp   ⬇ Chapter4₩src₩main₩webapp₩scriptletTest.jsp

```
1   <%@ page language="java" contentType="text/html; charset=UTF-8"
2   pageEncoding="UTF-8"%>
3   <%@ page import="java.util.Calendar"%>
4   <%
5   Calendar c=Calendar.getInstance();
6   int hour=c.get(Calendar.HOUR_OF_DAY);
7   int minute=c.get(Calendar.MINUTE);
8   int second=c.get(Calendar.SECOND);
9   %>
10  <html>
11  <head>
12  <title>Scriptlet Test</title>
13  </head>
14  <body>
15  <h1>현재시간은 <%=hour %>시 <%=minute %>분 <%=second %>초 입니다.</h1>
16  </body>
17  </html>
```

코드 분석

4~9	스크립틀릿 부분에서 현재 시간과 분, 초 값을 로컬 변수에 할당하는 부분이다. 스크립틀릿에서 선언되는 변수는 로컬 변수로 인식된다.
15	스크립틀릿 부분에서 구한 현재 시간 값들을 화면에 출력하는 부분이다.
	소스를 살펴보면 자바 코드가 사용된 부분은 스크립틀릿 태그(<%...%>) 등으로 묶여 있고 나머지 HTML 코드는 그대로 사용되어 있는 것을 볼 수 있다. 이러한 JSP 파일이 실행될 때는 앞에서 설명한 것처럼 웹 컨테이너에 의해 JSP 코드가 파싱(Parsing) 과정을 거쳐서 서블릿 클래스로 변환된다. 이때 일반 서블릿 클래스의 service() 메소드에 해당하는 _jspService() 메소드가 웹 컨테이너에 의해 자동으로 재정의(오버라이딩)되며 이 메소드의 내부에 파싱된 JSP 코드가 들어가게 된다. 이렇게 웹 컨테이너에 의해 서블릿 클래스가 생성되면 인스턴스와 스레드가 생성되고 _jspService() 메소드에 의해 응답 페이지가 만들어져서 클라이언트에 전송되어 결과 페이지가 표시된다.

위의 소스를 코딩하고 실행해보자.

그림 4-4. scriptletTest.jsp 파일 실행 화면

JSP 파일이 실행되었으므로 웹 컨테이너에 의해 JSP 파일이 파싱되어 서블릿 클래스로 변환된 자바 소스 파일과 클래스 파일이 서버에 저장된다. 실제로 변환된 파일을 찾아서 소스 코드를 살펴보자. 이클립스의 워크스페이스(workspace)를 "C:\jsp3.1\workspace"로 설정하였다면 탐색기를 열어 "C:\jsp3.1\workspace\.metadata\.plugins\org.eclipse.wst.server.core" 디렉토리로 이동한다.

그림 4-5. C:\jsp3.1\workspace\.metadata\.plugins\org.eclipse.wst.server.core 디렉토리

이 폴더 안에 이클립스에서 서버를 사용한 프로젝트를 진행할 때 필요한 파일들이 위치한다. 이 디렉토리에서 다음 그림처럼 "tmp0\work\Catalina\localhost\Chapter4\org\apache\jsp"의 디렉토리로 이동한다.

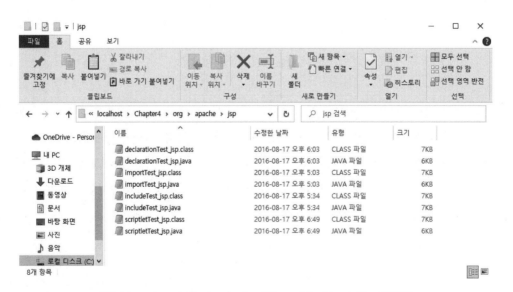

그림 4-6. tmp0\work\Catalina\localhost\Chapter4\org\apache\jsp 디렉토리

이 폴더가 바로 JSP 파일들이 웹 컨테이너에 의해 변환되어 생성된 서블릿 소스 코드와 클래스

들이 위치하는 폴더이다. 이 폴더 내용을 살펴보면 앞에서 우리가 만들었던 JSP 파일들과 유사한 이름을 가진 java 파일들과 class 파일들을 볼 수 있을 것이다. JSP 파일이 서블릿 클래스로 변환되면 그 소스 파일과 클래스 파일의 이름은 각각 "JSP파일명_jsp.java"와 "JSP파일명_jsp.class"가 된다. 조금 전 우리가 실행한 JSP 파일의 이름이 scriptletTest.jsp이므로 변환된 소스 파일과 클래스 파일의 이름은 각각 scriptletTest_jsp.java와 scriptletTest_jsp.class가 된다. 소스 파일인 scriptletTest.java 파일을 메모장으로 열어보면 다음과 같은 코드들이 생성되어 있다.

이 파일들은 코딩을 한 것이 아니라 JSP 파일을 실행하면 자동으로 생성된다.

scriptletTest_jsp.java   JSP를 실행하면 자동으로 생성되는 파일

```
1    package org.apache.jsp;
2
3    import jakarta.servlet.*;
4    import jakarta.servlet.http.*;
5    import jakarta.servlet.jsp.*;
6    import java.util.Calendar;
7
8    public final class scriptletTest_jsp extends org.apache.jasper.
9    runtime.HttpJspBase
10   implements org.apache.jasper.runtime.JspSourceDependent {
11
12   private static final JspFactory _jspxFactory = JspFactory.
13   getDefaultFactory();
14
15   private static java.util.List _jspx_dependants;
16
17   private javax.el.ExpressionFactory _el_expressionfactory;
18   private org.apache.AnnotationProcessor _jsp_annotationprocessor;
19
20   public Object getDependants() {
21   return _jspx_dependants;
22     }
23
24   public void _jspInit() {
25       _el_expressionfactory = _jspxFactory.getJspApplicationContext(get
26   ServletConfig().getServletContext()).getExpressionFactory();
27       _jsp_annotationprocessor = (org.apache.AnnotationProcessor)
28   getServletConfig().getServletContext().getAttribute(org.apache.
29   AnnotationProcessor.class.getName());
```

```
30        }
31
32     public void _jspDestroy() {
33        }
34
35     public void _jspService(HttpServletRequest request,
36     HttpServletResponse response)
37     throws java.io.IOException, ServletException {
38
39        PageContext pageContext = null;
40     HttpSession session = null;
41     ServletContext application = null;
42     ServletConfigconfig = null;
43     JspWriter out = null;
44        Object page = this;
45     JspWriter _jspx_out = null;
46        PageContext _jspx_page_context = null;
47
48
49     _jspx_out = out;
50     try {
51     response.setContentType("text/html; charset=UTF-8");
52     pageContext = _jspxFactory.getPageContext(this, request, response,
53             null, true, 8192, true);
54        _jspx_page_context = pageContext;
55     application = pageContext.getServletContext();
56     config = pageContext.getServletConfig();
57     session = pageContext.getSession();
58     out = pageContext.getOut();
59
60     out.write("WrWn");
61     out.write("WrWn");
62
63     Calendar c=Calendar.getInstance();
64     int hour=c.get(Calendar.HOUR_OF_DAY);
65     int minute=c.get(Calendar.MINUTE);
66     int second=c.get(Calendar.SECOND);
67
68     out.write("WrWn");
69     out.write("<html>WrWn");
```

```
70    out.write("<head>₩r₩n");
71    out.write("<title>Scriptlet Test</title>₩r₩n");
72    out.write("</head>₩r₩n");
73    out.write("<body>₩r₩n");
74    out.write("<h1>현재시간은 ");
75    out.print(hour );
76    out.write('시');
77    out.write(' ');
78    out.print(minute );
79    out.write('분');
80    out.write(' ');
81    out.print(second );
82    out.write("초 입니다.</h1>₩r₩n");
83    out.write("</body>₩r₩n");
84    out.write("</html>₩r₩n");
85        } catch (Throwable t) {
86    if (!(t instanceofSkipPageException)){
87    out = _jspx_out;
88    if (out != null && out.getBufferSize() != 0)
89    try { out.clearBuffer(); } catch (java.io.IOException e) {}
90    if (_jspx_page_context != null) _jspx_page_context.
91    handlePageException(t);
92        }
93      } finally {
94        _jspxFactory.releasePageContext(_jspx_page_context);
95      }
96    }
97  }
```

✓ 코드 분석

8	JSP에 대한 자바 코드가 생성될 때 생성되는 클래스가 HttpJspBase 클래스를 상속하는 것을 확인할 수 있다. 그리고 HttpJspBase 클래스는 서블릿 API의 상속 구조에서 HttpServlet 클래스를 상속받기 때문에 결국 컨테이너에서 자동으로 생성되는 클래스는 서블릿 클래스가 된다.
24~30	서블릿의 init 메소드 역할을 하는 _jspInit 메소드가 정의된 부분이다.
32~33	서블릿의 destroy 메소드 역할을 하는 _jspDestroy 메소드가 정의된 부분이다.
35~96	서블릿의 service 메소드 역할을 하는 _jspService 메소드가 정의된 부분이다. 상단 코드에서 살펴보았듯이 JSP 파일을 클라이언트가 요청하면 JSP 파일의 코드 내용은 서블릿 형태의 자바 코드로 변환된 후 자바 코드가 컴파일 된 후 서비스된다. 결국, JSP 도 최종적으로는 서블릿 클래스가 되는 것이다.

다음의 예제를 살펴보자.

scriptletTest2.jsp   ⬇ Chapter4₩src₩main₩webapp₩scriptletTest2.jsp

```jsp
1   <%@ page language="java" contentType="text/html; charset=UTF-8"
2   pageEncoding="UTF-8b"%>
3   <%@ page import="java.util.Calendar"%>
4   <%
5   Calendar c=Calendar.getInstance();
6   int hour=c.get(Calendar.HOUR_OF_DAY);
7   int minute=c.get(Calendar.MINUTE);
8   int second=c.get(Calendar.SECOND);
9   %>
10  <html>
11  <head>
12  <title>Scriptlet Test2</title>
13  </head>
14  <body>
15  <h1>현재시간  <%=hour %>시 <%=minute %>분 <%=second %>초</h1>
16  <% if(hour>=12) { %>
17  <h2>오후 입니다.</h2>
18  <%} else { %>
19  <h2>오전 입니다.</h2>
20  <%} %>
21  </body>
22  </html>
```

✅ 코드 분석

16~20	if 제어문에서 "{"를 닫지 않은 상태에서 스크립틀릿 태그를 닫고 HTML 태그를 표시한 후 다시 스크립틀릿 태그를 열어 제어문을 완성한 것을 볼 수 있다. 즉 스크립틀릿 태그는 제어문을 통해 어떤 HTML 태그를 사용할지를 제어하는 데 매우 유용하게 사용될 수 있다. 물론 제어문 중간에서 스크립틀릿 태그를 닫고 HTML 태그를 표시한 뒤 다시 스크립틀릿 태그를 열어 제어문을 마무리하는 방법을 사용하지 않고, 다음 챕터에서 자세히 설명할 내장 객체(Implicit Object) 중 출력을 담당하는 out 객체를 사용해서 하나의 스크립틀릿 태그 내에서 직접 write() 메소드로 HTML 태그를 출력하는 방법도 있다. 하지만 제어문으로 제어할 HTML 태그의 길이가 길어질수록 out 객체보다는 스크립틀릿 태그를 닫고 다시 여는 방법이 훨씬 편리하다. 위의 소스에서는 16라인에서 현재 시간이 12시를 넘었는가를 판단해서 12시가 지났으면 17라인의 "오후입니다." 문장을 출력하고 12시가 넘지 않았으면 19라인의 "오전입니다." 문장을 출력하게 된다. 이렇게 제어문을 사용할 때처럼 스크립틀릿을 빈번히 열고 닫을 때에는 자바 코드 에러가 나지 않도록 대괄호를 닫는 위치를 주의 깊게 살피면서 코딩해야 한다. 만일 대괄호를 열어 놓은 상태에서 닫지 않고 JSP 파일을 실행하면 웹 컨테이너가 파싱하여 컴파일 하는 과정에서 자바 문법 오류가 나게 된다.

위의 소스를 실행하면 다음과 같은 결과가 나온다.

그림 4-7. scriptletTest2.jsp 페이지 실행 화면

3) 표현식(Expression)

표현식은 선언문 또는 스크립트릿 태그에서 선언된 변수값이나 메소드의 리턴값을 스크립틀릿 태그 외부에서 출력하기 위해 사용되는 방법으로 다음과 같이 사용할 수 있다.

```
<%=변수 %>
<%=리턴값이 있는 메소드 %>
<%=수식 (변수 또는 리턴값이 있는 메소드를 포함할 수 있음) %>
```

표현식 태그(⟨%=…%⟩) 내 구문 전체의 결과값은 JSP 파일이 파싱될 때 출력 객체의 print() 메소드를 통해 자동으로 문자열(String) 형식으로 변환되어 출력된다. 또한 하나의 표현식 태그 내의 구문 전체가 하나의 print() 메소드의 괄호 안에 통째로 들어가게 되므로 표현식 태그 내부에서는 세미콜론(;)을 사용해서는 안 된다. 그럼 예제를 통해 자세히 살펴보자.

expressionTest.jsp   ⬇ Chapter4₩src₩main₩webapp₩expressionTest.jsp

```
1   <%@ page language="java" contentType="text/html; charset=UTF-8"
2   pageEncoding="UTF-8"%>
3   <%!
4   public int sum(){
5       int total=0;
6       for(int i=1;i<=100;i++){
7           total+=i;
8       }
9       return total;
```

```
10  }
11  %>
12  <%
13  String str="1부터 100까지의 합";
14  %>
15  <html>
16  <head>
17  <title>Expression Test</title>
18  </head>
19  <body>
20  <h2><%=str %>은<b><%=sum() %></b>입니다.</h2>
21  <br>
22  <h2><%=str %>에 3을 곱하면  <b><%=sum()*3 %></b>이 됩니다.</h2>
23  <br>
24  <h2><%=str %>을 1000으로 나누면  <b><%=sum()/1000. %></b>가 됩니다.</h2>
25  </body>
26  </html>
```

✅ 코드 분석

3~11	1부터 100까지의 합을 구하는 sum()이라는 메소드를 선언문 영역에 정의하였다.
13	스크립트릿 영역에서 "1부터 100까지의 합은"이라는 문장을 str이라는 변수에 할당하였다.
20	str 변수의 값과 sum() 메소드의 결과값을 표현식을 이용해 출력하였다.
22, 24	sum() 메소드를 포함한 수식의 결과를 표현식을 사용해 출력하였다.

이 소스를 실행해보면 다음과 같은 결과가 나온다.

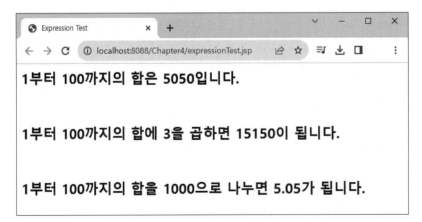

그림 4-8. expressionTest.jsp 페이지 실행 화면

이제 실제로 웹 컨테이너가 이 JSP 파일을 파싱하여 생성한 소스 코드를 살펴보자. 탐색기에서 웹 컨테이너가 생성한 소스 코드가 있는 위치로 이동해 expressionTest_jsp.java 파일을 메모장으로 열면 다음과 같은 코드를 볼 수 있다.

expressionTest_jsp.java JSP를 실행하면 자동으로 생성되는 파일

```java
package org.apache.jsp;

import jakarta.servlet.*;
import jakarta.servlet.http.*;
import jakarta.servlet.jsp.*;

public final class expressionTest_jsp extends org.apache.jasper.
runtime.HttpJspBase
implements org.apache.jasper.runtime.JspSourceDependent {

public int sum(){
    int total=0;
    for(int i=1;i<=100;i++){
        total+=i;
    }
    return total;
}

private static final JspFactory _jspxFactory = JspFactory.
getDefaultFactory();

private static java.util.List _jspx_dependants;

private javax.el.ExpressionFactory _el_expressionfactory;
private org.apache.AnnotationProcessor _jsp_annotationprocessor;

public Object getDependants() {
return _jspx_dependants;
  }

public void _jspInit() {
    _el_expressionfactory
_jspxFactory.getJspApplicationContext(getServletConfig().
getServletContext()).getExpressionFactory();
    _jsp_annotationprocessor = (org.apache.AnnotationProcessor)
```

```
36    getServletConfig().getServletContext().getAttribute(org.apache.
37    AnnotationProcessor.class.getName());
38      }
39
40    public void _jspDestroy() {
41      }
42
43    public void _jspService(HttpServletRequest request,
44    HttpServletResponse response)
45    throws java.io.IOException, ServletException {
46
47        PageContext pageContext = null;
48    HttpSession session = null;
49    ServletContext application = null;
50    ServletConfigconfig = null;
51    JspWriter out = null;
52        Object page = this;
53    JspWriter _jspx_out = null;
54        PageContext _jspx_page_context = null;
55    try {
56    response.setContentType("text/html; charset=UTF-8");
57    pageContext = _jspxFactory.getPageContext(this, request, response,
58            null, true, 8192, true);
59        _jspx_page_context = pageContext;
60    application = pageContext.getServletContext();
61    config = pageContext.getServletConfig();
62    session = pageContext.getSession();
63    out = pageContext.getOut();
64        _jspx_out = out;
65
66    out.write('\r');
67    out.write('\n');
68    out.write('\r');
69    out.write('\n');
70
71    String str="1부터 100까지의 합";
72
73    out.write("\r\n");
74    out.write("<html>\r\n");
75    out.write("<head>\r\n");
```

```
76    out.write("<title>Expression Test</title>\r\n");
77    out.write("</head>\r\n");
78    out.write("<body>\r\n");
79    out.write("<h2>");
80    out.print(str );
81    out.write("은 <b>");
82    out.print(sum() );
83    out.write("</b>입니다.</h2>\r\n");
84    out.write("<br>\r\n");
85    out.write("<h2>");
86    out.print(str );
87    out.write("에 3을 곱하면  <b>");
88    out.print(sum()*3 );
89    out.write("</b>이 됩니다.</h2>\r\n");
90    out.write("<br>\r\n");
91    out.write("<h2>");
92    out.print(str );
93    out.write("을 1000으로 나누면  <b>");
94    out.print(sum()/1000. );
95    out.write("</b>가 됩니다.</h2>\r\n");
96    out.write("</body>\r\n");
97    out.write("</html>\r\n");
98        } catch (Throwable t) {
99    if (!(t instanceofSkipPageException)){
100   out = _jspx_out;
101   if (out != null && out.getBufferSize() != 0)
102   try { out.clearBuffer(); } catch (java.io.IOException e) {}
103   if (_jspx_page_context != null) _jspx_page_context.
104   handlePageException(t);
105       }
106     } finally {
107       _jspxFactory.releasePageContext(_jspx_page_context);
108     }
109   }
110 }
```

11~17	JSP 페이지에서 선언문 태그를 사용해 선언한 sum() 메소드는 10라인에서 16라인까지 expressionTest_jsp 클래스의 메소드로 선언되어 있고 스크립트릿 내부에서 선언된 str 변수는 _jspService() 메소드 내부인 66라인에서 지역 변수로 선언되어 있음을 볼 수 있다. 그리고 표현식 태그로 묶인 코드는 75, 77, 81, 83, 87, 89 라인에서 보여지는 것처럼 출력 객체의 print() 메소드 괄호 안으로 들어가 있는 것을 볼 수 있다. 따라서 표현식에 세미콜론(;)을 넣으면 print() 메소드 괄호 안에 세미콜론이 들어가게 되므로 당연히 자바의 문법 오류가 발생한다.

이번 장에서는 JSP 페이지의 핵심 요소라고 할 수 있는 스크립트 요소에 대해 알아보았다. 다음 장에서는 JSP 페이지에 뛰어난 확장성을 제공해 주는 내장 객체와 액션 태그에 대해서 살펴본다.

1 JSP의 기본 요소는 크게 주석, 지시어, 스크립트 요소, 액션 태그의 네 가지로 분류할 수 있다.

2 좋은 프로그래머가 되기 위해서는 자신이 만든 코드를 나중에 쉽게 알아볼 수 있도록 주석을 꼼꼼하고 자세하게 작성하는 습관을 키워야 하며, JSP 페이지에서는 HTML 주석, JSP 주석, 자바 스타일 주석의 세 가지 타입의 주석을 제공한다.

3 JSP 페이지에서는 웹 컨테이너에게 JSP 페이지의 각종 설정 정보를 알려주는 데 사용되는 지시어를 제공하며 크게 page 지시어, include 지시어, taglib 지시어의 세 가지로 구분할 수 있다.

4 page 지시어는 해당 페이지에서 사용할 스크립트 언어, 상속받을 클래스, import할 패키지/클래스, HttpSession 사용, 출력 버퍼의 크기, 출력 버퍼가 완전히 찼을 경우 오토플러시 여부, 다중 스레드의 동시 실행 여부, 페이지 설명, 에러 페이지로 사용할 페이지의 지정, 현재 페이지의 에러 페이지 사용 여부, 문자 인코딩 타입 설정 등의 속성을 지정할 수 있으며 이 가운데 import 속성을 제외한 모든 속성은 하나의 페이지에서 오직 한 번만 지정할 수 있다.

5 include 지시어로 지정되어 현재 페이지에 포함되는 JSP 파일들은 웹 컨테이너에 의해 따로따로 컴파일되는 것이 아니라 그 소스가 include 지시어를 사용한 해당 페이지에 복사되어 더해지는 것으로 웹 컨테이너는 전체 JSP 파일들의 소스가 합쳐진 하나의 페이지만을 컴파일한다.

6 taglib 지시어는 uri와 prefix의 두 가지 속성으로 이루어져 있으며 uri 속성에는 TLD 파일이 존재하는 위치를 지정하고 prefix 속성에는 사용할 커스텀 태그의 네임스페이스를 지정한다.

7 JSP의 스크립트 요소는 선언문, 스크립틀릿, 표현식의 세 가지로 구분할 수 있다.

8 선언문은 JSP 페이지 내에서 자바 멤버 변수와 메소드를 선언하기 위해 사용되며 이렇게 선언된 멤버 변수와 메소드는 JSP 페이지 어느 위치에서도 참조할 수 있다.

9 스크립틀릿은 JSP 페이지 내에서 자바 코드를 삽입하는 데 이용되는 태그로 스크립틀릿으로 묶인 부분은 웹 컨테이너가 JSP 페이지를 파싱하여 서블릿 클래스로 변환할 때 자동으로 _jspService() 메소드 안에 구현된다.

10 표현식은 JSP 페이지 내에서 자바의 변수값과 메소드의 결과값들을 쉽게 출력하기 위해 사용하는 것으로 하나의 표현식으로 묶인 부분은 웹 컨테이너에 의해 _jspService() 메소드 내부에 출력 객체의 print() 메소드 괄호 안으로 통째로 들어가므로 스크립틀릿과는 다르게 세미콜론을 사용해서는 안 된다.

내장 객체와 액션 태그

이번 장에서는 JSP가 자바 코드로 변환될 때 자바 파일에 자동으로 추가되는 내장 객체들에 대해서 살펴본다.
JSP에서는 내장 객체를 자동으로 생성해서 제공해 주기 때문에 서블릿 코드에서 개발자가 직접 생성했던 필요한 객체들을 생성하지 않고 내장 객체를 이용해서 필요 작업들을 할 수 있다.
한 예로 서블릿에서는 응답에 내용을 출력하는 출력 스트림(PrintWriter out = response.getWriter())을 개발자가 코딩하여 생성 후 사용했지만, JSP에서는 자동으로 'out'이라는 이름으로 출력 스트림을 생성해주므로 out 내장 객체를 이용하여 응답에 출력할 수 있다.
또한, 태그 형태로 JSP의 특정 기능을 제공해 주는 액션 태그들에 대해서도 살펴본다.

1. 내장 객체

1) 내장 객체의 개요

앞에서 설명한 것처럼 JSP 페이지는 웹 컨테이너에 의해 서블릿 클래스로 변환되어 사용자의 요청을 수행한다. 이 서블릿 클래스가 인스턴스로 생성되고 사용자의 요청에 맞는 응답 페이지를 생성하기 위해서는 기본적으로 jakarta.servlet 패키지 아래 몇 가지의 객체가 필수적으로 사용된다. 이들 객체는 서블릿이 실행되는 데 필요한 설정 정보를 다루는 객체, 사용자의 요청과 응답에 관련된 객체, JSP 페이지의 입출력을 다루는 객체 등으로 JSP 페이지가 웹 컨테이너에 의해 서블릿으로 변환될 때 고정된 이름의 객체로 웹 컨테이너에 의해 자동적으로 구현되며 사용자는 JSP 페이지에서 해당 객체의 클래스.패키지 import와 객체의 선언 없이도 이들 객체를 자유롭게 접근할 수 있다. 이렇게 웹 컨테이너가 제공하는 고정된 이름의 객체를 JSP 내장 객체(Implicit Object)라고 부르며 JSP를 지원하는 웹 컨테이너에서는 서블릿을 구현하는 데 공통적으로 요구되는 jakarta.servlet 패키지 아래 8개의 객체와 예외 처리를 위한 java.lang 패키지 아래 1개의 객체를 각각 JSP 스펙에서 정해진 이름의 객체로 제공한다. 다음처럼 웹 컨테이너가 JSP 파일을 변환해 생성한 소스 파일을 살펴보면 이들 내장 객체가 실제 구현된 모습을 볼 수 있다.

scriptletTest_jsp.java

```
 1    public final class scriptletTest_jsp extends org.apache.jasper.
 2    runtime.HttpJspBase
 3    implements org.apache.jasper.runtime.JspSourceDependent {
 4
 5    public void _jspService(HttpServletRequest request,
 6    HttpServletResponse response)
 7    throws java.io.IOException, ServletException {
 8
 9        PageContext pageContext = null;
10    HttpSessionsession = null;
11    ServletContextapplication = null;
12    ServletConfigconfig = null;
13    JspWriterout = null;
14        Object page = this;
15    JspWriter _jspx_out = null;
16        PageContext _jspx_page_context = null;
17    …
18    …
19    …
20
```

위의 코드는 앞 장에서 우리가 만들었던 scriptletTest.jsp 파일이 웹 컨테이너에 의해 자동 변환된 서블릿 클래스 코드로 JSP 페이지에서 우리가 선언하지 않았던 pageContext, session, application, config, out 등의 객체들이 _jspService() 메소드 내부에 자동으로 구현되어 있음을 볼 수 있다. 이들이 바로 JSP 스펙으로 규정된 내장 객체들로 우리는 이들 객체를 JSP 페이지 내에서 특별한 선언 없이 위의 코드에서 선언된 이름으로 사용할 수 있다. 본 교재가 톰캣 10.1 기준으로 작성되었기 때문에 아래 표는 jakarta EE 스펙으로 작성되었다.

내장 객체 변수명	클래스/인터페이스 타입	설명
request	jakarta.servlet.SevletRequest (jakarta.servlet.http. HttpServletRequest)	클라이언트의 HTTP 요청 정보를 저장한 객체 (HTTP 헤더 정보, 파라미터 등)
response	jakarta.servlet.ServletResponse (jakarta.servlet.http. HttpServletResponse)	HTTP 요청에 대한 응답 정보를 저장한 객체
session	jakarta.servlet.http.HttpSession	클라이언트의 세션 정보를 저장한 객체
pageContext	jakarta.servlet.jsp.PageContext	페이지 실행에 필요한 컨텍스트 정보를 저장한 객체

out	jakarta.servlet.jsp.JspWriter	응답 페이지 전송을 위한 출력 스트림 객체
application	jakarta.servlet.ServletContext	동일한 애플리케이션의 컨텍스트 정보를 저장한 객체
config	jakarta.servlet.ServletConfig	해당 페이지의 서블릿 설정 정보(초기화 정보)를 저장한 객체
page	java.lang.Object (jakarta.servlet.jsp.HttpJspPage)	해당 페이지 서블릿 객체(인스턴스)
exception	java.lang.Throwable	예외 처리를 위한 객체

JSP 스펙에서 규정하고 있는 내장 객체는 위의 표와 같이 9개로 이루어져 있다. 사용자는 이들 내장 객체가 사용하는 이름과 같은 이름을 가진 변수를 JSP 페이지 내의 스크립트릿 안에서 정의해 사용해서는 안 된다. 왜냐하면 이들 내장 객체는 JSP 페이지가 서블릿 클래스로 변환될 때 _jspService() 메소드 안에서 가장 먼저 선언되기 때문에 사용자가 JSP 페이지의 스크립트릿 안에서 내장 객체의 이름을 가진 변수를 정의하면 스크립트릿 내의 코드가 _jspService() 메소드 안에 구현될 때 중복된 이름으로 정의되므로 컴파일 에러가 발생하기 때문이다.

2) request 객체

앞에서 설명한 것처럼 사용자가 서버에 웹 브라우저를 통해 페이지(자원)를 요청할 경우 브라우저는 사용자 요청과 관련된 일련의 데이터들을 HTTP 메시지로 구성해 서버에 전송하게 된다. 이러한 HTTP 메시지는 HTTP 헤더와 HTTP 본문으로 구성되며 웹 서버는 HTTP 메시지를 수신하여 그 안의 정보를 분석해 이 요청이 서블릿/JSP 요청으로 판명될 경우(요청된 URI가 배포 서술자나 어노테이션에 정의되어 있는 경우) JSP/서블릿 컨테이너에 요청에 대한 처리를 넘기게 된다. JSP/서블릿 컨테이너는 전송받은 HTTP 메시지를 통해 HttpServletRequest 객체를 생성하고 이를 서블릿 인스턴스에 넘겨줌으로써 서블릿이 사용자의 요청에 관련된 데이터들을 얻게 된다. JSP 페이지에서는 이 HttpServletRequest 객체를 request란 이름의 객체로 사용한다. request 객체에서 사용자의 요청에 관한 주요 정보를 얻기 위한 메소드들은 다음과 같다. 여기에서 소개하는 메소드들이 전부는 아니며 관심 있는 독자들은 오라클사에서 제공하는 API 문서를 참고하기 바란다.

(1) 요청 파라미터와 관련된 메소드

리턴 타입	메소드명	설명
String	getParameter(String name)	name이란 이름으로 지정된 파라미터에 할당된 값을 리턴한다. 지정된 이름의 파라미터가 없으면 null을 리턴한다.
String[ ]	getParameterValues(String name)	name이란 이름으로 지정된 파라미터의 모든 값을 String 배열로 리턴한다. 하나의 이름으로 여러 개의 값을 가질 수 있는 checkbox와 같은 태그를 사용했을 때에 주로 사용되며 하나의 이름에 하나의 값만 가지는 파라미터는 getParameter(String name) 메소드를 사용하는 것이 좋다.
Enumeration	getParameterNames()	요청에 포함된 모든 파라미터 이름을 java.util.Enumeration 객체로 리턴한다.

다음의 예제를 통해 위에서 소개한 메소드들을 연습해보자.

reqeustTest1_Form.css　　　　　　⬇ Chapter5₩src₩main₩webapp₩css₩reqeustTest1_Form.css

```
1   h1 , #commandCell{
2       text-align: center;
3   }
4   table {
5       margin: auto;
6       width: 400px;
7       border: 1px solid red;
8   }
```

✅ 코드 분석

1~3	h1 태그 영역과 아이디(id) 속성 값이 commandCell인 영역의 내용들을 가운데 정렬해서 출력하게 설정하는 부분이다.
4~8	table 태그 영역을 화면의 가운데 정렬하고 (margin : auto), width 속성 값과 border 속성 값을 설정하는 부분이다.

reqeustTest1_Form.jsp　　　　　　⬇ Chapter5₩src₩main₩webapp₩reqeustTest1_Form.jsp

```
1   <%@ page language="java" contentType="text/html; charset=UTF-8"
2       pageEncoding="UTF-8"%>
3   <html>
4   <head>
5   <title>Request Test</title>
6   <link href="css/requestTest1_Form.css" rel="stylesheet" type="text/
7   css">
8   </head>
```

```
9    <body>
10       <h1>Request 예제입니다.</h1>
11       <form action="requestTest1.jsp" method="post">
12          <table>
13             <tr>
14                <td><label for = "name">이름</label></td>
15                <td><input type="text" name="name" id = "name"></td>
16             </tr>
17             <tr>
18                <td><label for = "gender">성별</label></td>
19                <td>남<input type="radio" name="gender" value="male" id
20    = "gender"> 여<input
21                   type="radio" name="gender" value="female">
22                </td>
23             </tr>
24             <tr>
25                <td><label for = "hobby">취미</label></td>
26                <td>독서<input type="checkbox" name="hobby" value="독서"
27    id = "hobby">
28                   게임<input type="checkbox" name="hobby" value="게임">
29    TV시청<input
30                   type="checkbox" name="hobby" value="TV시청"> 축구
31    <input
32                   type="checkbox" name="hobby" value="축구"> 기타<input
33                   type="checkbox" name="hobby" value="기타">
34                </td>
35             </tr>
36             <tr>
37                <td colspan="2" id = "commandCell"><input type="submit"
38    value="전송"></td>
39             </tr>
40          </table>
41       </form>
42    </body>
43    </html>
```

✅ 코드 분석

6	<link> 태그를 사용해서 css 폴더 안의 requestTest1.css라는 스타일 시트 파일을 해당 HTML 문서에 연결하여 해당 문서의 스타일을 지정하거나 변경한다.

reqeustTest1_Form.jsp 페이지를 작성하고 실행하면 다음과 같은 화면이 나온다.

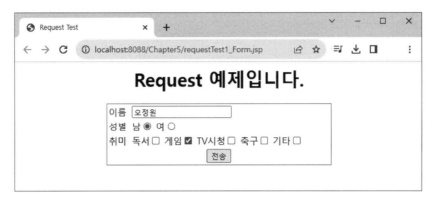

그림 5-1. reqeustTest1_Form.jsp 페이지 실행 화면

위 화면에서 이름을 입력하고 성별, 취미를 선택한 후 〈전송〉 버튼을 누르면 소스의 form 태그에서 지정된 requestTest1.jsp 페이지로 요청이 전송된다. reqeustTest1.jsp 페이지에서는 전송받은 파라미터들을 내장 객체인 request를 통해서 얻어내서 화면에 출력한다.

requestTest1.jsp 페이지는 다음과 같이 작성한다.

reqeustTest1.css   ⬇ Chapter5₩src₩main₩webapp₩css₩reqeustTest1.css

```
1  h1 {
2      text-align: center;
3  }
4  table {
5      margin: auto;
6      width: 400px;
7      border: 1px solid red;
8  }
```

reqeustTest1.jsp   ⬇ Chapter5₩src₩main₩webapp₩reqeustTest1.jsp

```
1  <%@ page language="java" contentType="text/html; charset=UTF-8"
2      pageEncoding="UTF-8"%>
3  <%request.setCharacterEncoding("UTF-8");%>
4  <html>
5  <head>
6  <title>Request Test</title>
7  <link href="css/requestTest1.css" rel="stylesheet" type="text/css">
```

```
8    </head>
9    <body>
10   <h1>Request 예제입니다.</h1>
11   <table>
12       <tr>
13           <td>이름</td>
14           <td><%=request.getParameter("name") %></td>
15       </tr>
16       <tr>
17           <td>성별</td>
18           <td>
19               <%if(request.getParameter("gender").equals("male")) {%>
20   남자
21               <%} else {%>여자<%} %>
22           </td>
23       </tr>
24       <tr>
25           <td>취미</td>
26           <td>
27               <%
28               String[] hobby=request.getParameterValues("hobby");
29               for(int i=0;i<hobby.length;i++){
30               %>
31               <%=hobby[i] %>  
32               <%} %>
33           </td>
34       </tr>
35   </table>
36   </body>
37   </html>
```

✓ 코드 분석

3	파라미터의 한글 처리를 위해 request 객체의 문자셋 인코딩 방식을 UTF-8로 지정하였다.
14	name이란 이름을 가진 파라미터 값을 얻어와서 표현식으로 출력하였다.
19~21	gender란 이름을 가진 파라미터 값이 male일 경우 성별을 남자로, female일 경우 여자로 출력하였다.
26~33	hobby란 이름을 가진 파라미터는 여러 개의 값을 가질 수 있기 때문에 getParameterValues(String name) 메소드를 사용하여 String 배열로 값을 가져온 뒤 for문을 사용하여 String 배열에 저장된 값을 모두 출력하였다.

requestTest1.jsp 파일을 모두 작성하였으면 저장한 후 〈그림 5-1〉 그림 화면에서 실제로 이름과 성별, 취미를 입력하고 〈전송〉 버튼을 누르면 하단 그림 화면처럼 파라미터 값이 제대로 전송된 것을 확인할 수 있다.

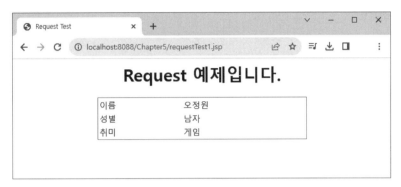

그림 5-2. reqeustTest1_Form.jsp 페이지에서 전송된 파라미터 값 출력

(2) HTTP 헤더 정보와 관련된 메소드들

리턴 타입	메소드명	설명
String	getHeader(String headerName)	HTTP 요청 헤더에 headerName으로 지정된 이름으로 할당된 값을 리턴한다. headerName으로 지정된 이름이 없을 경우 null을 리턴한다.
Enumeration	getHeaders(String headerName)	headerName으로 지정된 이름으로 할당된 모든 값을 java.util.Enumeration 객체로 리턴한다.
Enumeration	getHeaderNames()	HTTP 요청 헤더에 포함된 모든 헤더 이름을 java.util.Enumeration 객체로 리턴한다.
int	getIntHeader(String headerName)	headerName 헤더의 값을 int 타입으로 리턴한다. 지정된 헤더값을 int로 변환할 수 없을 경우에는 NumberFormatException이 발생하고 headerName 헤더가 없을 경우에는 -1을 리턴한다.

다음의 예제를 통해 헤더 정보와 관련된 메소드들을 연습해보자.

reqeustTest2.css   ⬇ Chapter5₩src₩main₩webapp₩css₩reqeustTest2.css

```
1   h1 {
2       text-align: center;
3   }
4   table {
5       margin: auto;
6       width: 400px;
7       border: 1px solid red;
8   }
```

```
1   <%@ page language="java" contentType="text/html; charset=UTF-8"
2       pageEncoding="UTF-8"%>
3   <%@page import="java.util.Enumeration"%>
4   <html>
5   <head>
6   <title>Request Test2</title>
7   <link href="css/requestTest2.css" rel="stylesheet" type="text/css">
8   </head>
9   <body>
10      <h1>헤더정보 예제</h1>
11      <table>
12         <tr>
13            <td>헤더이름</td>
14            <td>헤더값</td>
15         </tr>
16         <%
17  Enumeration e=request.getHeaderNames();
18  while(e.hasMoreElements()){
19      String headerName=(String)e.nextElement();
20  %>
21         <tr>
22            <td><%=headerName %></td>
23            <td><%=request.getHeader(headerName) %></td>
24  <%}%>
25
26      </table>
27  </body>
28  </html>
```

✓ 코드 분석

3	Enumeration 객체를 사용하기 위해 java.util.Enumeration 클래스를 import하였다.
17	getHeaderNames() 메소드를 사용하여 헤더의 이름들을 Enumeration 객체로 받아왔다.
18~24	while문을 사용하여 Enumeration 객체에 저장되어 있는 헤더의 이름들을 18라인에서 하나씩 꺼내와 22라인에서 헤더의 이름을 표현식을 사용하여 출력하였고 23라인에서 해당 이름을 가진 헤더의 값을 getHeader(String headerName) 메소드를 사용하여 꺼내 와 표현식을 사용하여 출력하였다.

상단에서 작성된 requestTest2.jsp 페이지를 실행하면 하단 그림과 같이 헤더 정보들이 출력된다.

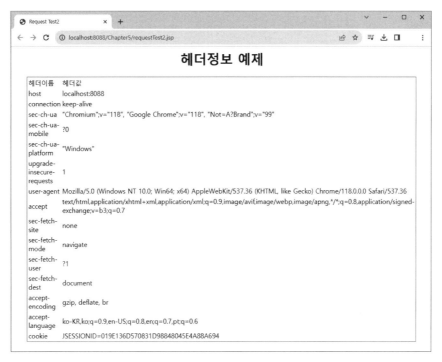

그림 5-3. reqeustTest2.jsp 페이지 실행 화면

(3) 세션 정보와 관련된 메소드들

리턴 타입	메소드명	설명
HttpSession	getSession()	요청한 클라이언트에 할당된 HttpSession 객체를 반환한다. 이전에 생성된 HttpSession 객체가 없으면 새로운 객체를 생성해 할당한다.
HttpSession	getSession(Boolean create)	create가 true일 경우 getSession() 메소드와 동일한 결과를 리턴하지만 create를 false로 지정하면 이전에 생성된 HttpSession 객체가 없을 경우 null을 리턴한다.
String	getRequestedSessionId()	요청한 클라이언트에 지정된 세션의 ID를 문자열로 리턴한다.
boolean	isRequestedSessionIdValid()	요청에 포함된 클라이언트의 세션 ID가 유효하면 true를, 아니면 false를 리턴한다.

뒤에서도 설명하겠지만 JSP 페이지에서 세션을 사용할 때는 일반적으로 내장 객체를 이용하는 방법이 효율적이다. 더 자세한 내용은 session 내장 객체를 설명할 때 알아보도록 하자.

(4) 쿠키, URL/URI, 요청 방식과 관련된 메소드들

리턴 타입	메소드명	설명
Cookie[]	getCookies()	HTTP 요청 메시지의 헤더에 포함된 쿠키를 javax.servlet.http. Cookie 배열로 리턴한다.
String	getServerName()	서버의 도메인명을 문자열로 리턴한다.
int	getServerPort()	서버의 포트번호를 int형으로 리턴한다.
StringBuffer	getReqeustURL()	요청 URL을 StringBuffer로 리턴한다.
String	getRequestURI()	요청 URI를 문자열로 리턴한다.
String	getQueryString()	요청에 사용된 쿼리 문장을 문자열로 리턴한다.
String	getRemoteHost()	클라이언트의 호스트 이름을 문자열로 리턴한다.
String	getRemoteAddr()	클라이언트의 IP 주소를 문자열로 리턴한다.
String	getProtocol()	요청에 사용된 프로토콜 이름을 문자열로 리턴한다.
String	getMethod()	요청에 사용된 요청방식(GET, POST 등)을 문자열로 리턴한다.
String	getContextPath()	해당 JSP 페이지의 컨텍스트 경로를 문자열로 리턴한다.

다음의 예제를 통해 상단에 제시된 메소드들을 연습해 보자.

reqeustTest3.css   ⬇ Chapter5₩src₩main₩webapp₩css₩reqeustTest3.css

```
1   h1 {
2       text-align: center;
3   }
4   table {
5       margin: auto;
6       width: 700px;
7       border: 1px solid red;
8   }
```

reqeustTest3.jsp   ⬇ Chapter5₩src₩main₩webapp₩reqeustTest3.jsp

```
1   <%@ page language="java" contentType="text/html; charset=UTF-8"
2       pageEncoding="UTF-8"%>
3   <html>
4   <head>
5   <title>Request Test3</title>
6   <link href="css/requestTest3.css" rel="stylesheet" type="text/css">
7   </head>
8   <body>
```

```
 9    <h1>쿠키, URL/URI, 요청방식에 관련된 정보 예제</h1>
10    <table border="1">
11        <tr>
12            <td>쿠키정보</td>
13    <%
14    Cookie[] cookie=request.getCookies();
15    if(cookie==null){
16    %>
17            <td>쿠키가 존재하지 않습니다</td>
18    <%
19    } else {
20        for(int i=0; i<cookie.length;i++){
21            %>
22            <td><%=cookie[i].getName()%>(<%=cookie[i].
23    getValue()%>)  </td>
24            <%
25        }
26    }
27    %>
28        </tr>
29        <tr>
30            <td>서버 도메인명</td>
31            <td><%=request.getServerName() %>
32        </td>
33        <tr>
34            <td>서버 포트번호</td>
35            <td><%=request.getServerPort() %>
36        </td>
37        <tr>
38            <td>요청 URL</td>
39            <td><%=request.getRequestURL() %>
40        </td>
41        <tr>
42            <td>요청 URI</td>
43            <td><%=request.getRequestURI() %>
44        </td>
45        <tr>
46            <td>요청 쿼리</td>
47            <td><%=request.getQueryString() %>
48        </td>
```

```
49      </td>
50        <tr>
51          <td>클라이언트 호스트명</td>
52          <td><%=request.getRemoteHost() %>
53        </td>
54        <tr>
55          <td>클라이언트 IP 주소</td>
56          <td><%=request.getRemoteAddr() %>
57        </td>
58        <tr>
59          <td>프로토콜</td>
60          <td><%=request.getProtocol() %>
61        </td>
62        <tr>
63          <td>요청방식</td>
64          <td><%=request.getMethod() %>
65        </td>
66        <tr>
67          <td>컨텍스트 경로</td>
68          <td><%=request.getContextPath() %>
69        </td>
70    </table>
71    </body>
72    </html>
```

코드 분석

14	getCookies() 메소드를 사용해 쿠키 정보를 얻어왔다.
15~18	쿠키 정보가 null(존재하지 않을)일 경우 "쿠키가 존재하지 않습니다."라는 문자열을 출력한다.
19~25	쿠키가 존재할 경우 for문을 사용하여 쿠키 이름은 쿠키 객체의 getName() 메소드로, 쿠키 값은 쿠키 객체의 getValue() 메소드로 가져와 출력한다.

상단에서 작성된 requestTest3.jsp 페이지를 실행한 결과는 하단 그림과 같다.

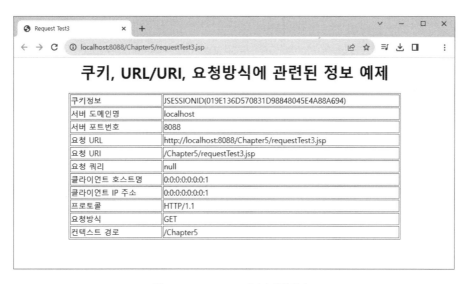

그림 5-4. reqeustTest3.jsp 페이지 실행 화면

3) response 객체

response 객체는 클라이언트의 요청에 대한 HTTP 응답(HTTP Response)을 나타내는 객체로 웹 컨테이너에서는 jakarta.servlet.http.HttpServletResponse 인터페이스를 사용해 response 객체를 생성한다. JSP 페이지에서는 response 객체를 통해 클라이언트로 전송될 HTTP 응답 헤더(HTTP Response Header) 정보를 설정하거나 쿠키를 추가하고 페이지를 리다이렉트하는 등의 기능을 사용할 수 있다. response 객체의 주요 메소드들은 다음과 같다.

리턴 타입	메소드명	설명
없음	setHeader(String headerName, String headerValue)	응답에 포함될 헤더 정보에 headerName의 이름으로 headerValue 값을 설정해 추가한다.
없음	addCookie(Cookie cookie)	javax.servlet.http.Cookie 타입의 쿠키 객체를 응답 헤더에 추가한다. 쿠키에 대해서는 Chapter 8에서 자세히 다룬다.
없음	sendRedirect(String url)	지정된 URL로 요청을 재전송한다.
없음	setContentType(String type)	응답 페이지의 contentType을 설정한다.

예제를 통하여 response 객체의 주요 메소드들을 연습해 보자. 먼저 하단의 두 페이지를 작성하자.

responseTest1.jsp   ⬇ Chapter5₩src₩main₩webapp₩responseTest1.jsp

```
1   <%@ page language="java" contentType="text/html; charset=UTF-8"
2   pageEncoding="UTF-8"%>
3   <%
4   response.sendRedirect("responseTest2.jsp");
5   %>
```

4	responseTest2.jsp 페이지로 요청을 다시 전송한다.

responseTest2.jsp   ⬇ Chapter5₩src₩main₩webapp₩responseTest2.jsp

```
1   <%@ page language="java" contentType="text/html; charset=UTF-8"
2   pageEncoding="UTF-8"%>
3   <html>
4   <head>
5   <title>Response Test</title>
6   </head>
7   <body>
8   <h1>
9   현재 페이지는 responseTest1.jsp에 의해<br>
10  리다이렉트 된 페이지입니다.
11  </h1>
12  </body>
13  </html>
```

9~10	responseTest1.jsp 페이지로부터 요청이 전송되어 왔음을 출력해 준다.

두 페이지를 작성하고 responseTest1.jsp 파일을 실행하면 다음과 같은 화면이 출력된다.

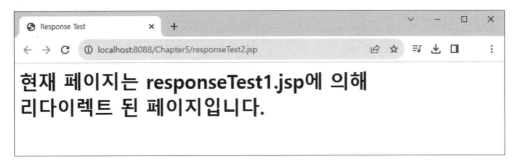

그림 5-5. responseTest1.jsp 페이지 실행 화면

결과 화면의 주소 표시줄을 살펴보면 responseTest2.jsp로 변경되어 있는 것을 알 수 있다. responseTest1.jsp 파일의 4라인에서 sendRedirect 메소드를 사용해 responseTest2.jsp로 요청을 재전송하기 때문에 최종적으로 브라우저의 주소 표시줄에 표시되는 주소는 responseTest2.jsp가 되는 것이다.

response.sendRedirect 메소드를 사용해서 페이지를 전환하면 리다이렉트 방식으로 페이지가 전환되며 리다이렉트 방식은 요청이 변경되며 클라이언트의 주소 표시줄의 URL이 변경된다.

4) pageContext 객체

pageContext 객체는 jakarta.servlet.jsp.PageContext 클래스를 상속하여 웹 컨테이너가 구현한 객체로 JSP 페이지와 관련된 프로그램에서 다른 내장 객체를 얻어내거나 현재 페이지의 요청과 응답의 제어권을 다른 페이지로 넘겨주는 데 사용한다. pageContext 객체는 또 한 가지 중요한 기능을 가지고 있는데 바로 request, session, application처럼 내장 객체의 속성을 제어하는 기능이다. pageContext, request, session, application의 네 가지의 영역 내장 객체는 각각의 영역(scope)과 관련된 자신의 속성(attribute)을 가질 수 있고 이를 통해 각각의 영역별로 속성 데이터를 공유할 수 있다. 예를 들어 session 객체의 속성으로 지정된 객체는 세션이 유지되는 한 서로 다른 JSP 페이지라 할지라도 공유해서 사용하는 것이 가능하다. 그렇기 때문에 이들 네 가지 내장 객체를 따로 영역 객체(scopes)라고도 부른다. 이들 영역 객체에 대해서는 뒤에서 보다 자세히 설명하도록 한다.

리턴 타입	메소드명	설명
ServletRequest	getRequest()	클라이언트의 요청 정보를 담고 있는 객체를 리턴한다(request 내장 객체를 리턴한다).
ServletResponse	getResponse()	요청에 대한 응답 객체를 리턴한다(response 내장 객체를 리턴한다).
JspWriter	getOut()	응답 출력 스트림을 리턴한다(out 내장 객체를 리턴한다).
Object	getPage()	서블릿 인스턴스 객체를 리턴한다(page 내장 객체를 리턴한다).
ServletConfig	getServletConfig()	서블릿의 초기 설정 정보를 담고 있는 객체를 리턴한다(config 내장 객체를 리턴한다).
ServletContext	getServletContext()	서블릿의 실행 환경 정보를 담고 있는 객체를 리턴한다 (application 내장 객체를 리턴한다).
HttpSession	getSession()	클라이언트의 세션 정보를 담고 있는 객체를 리턴한다(session 내장 객체를 리턴한다).
없음	forward(String url)	현재 페이지의 요청과 응답에 관한 제어권을 URL로 지정된 주소로 영구적으로 넘긴다. forward된 페이지의 요청 처리가 종료되면 응답도 종료된다.
없음	include(String url)	현재 페이지의 요청과 응답에 관한 제어권을 URL로 지정된 주소로 임시로 넘긴다. include된 페이지의 처리가 끝나면 제어권은 다시 원래의 페이지로 돌아온다. 따라서 include로 지정된 페이지의 내용을 원래 페이지에 삽입하는 효과를 가진다.

예제를 통해 위의 메소드들을 연습해보자. 다음 세 페이지를 코딩한다.

pageContextTest1.jsp   ⬇ Chapter5\src\main\webapp\pageContextTest1.jsp

```
1  <%@ page language="java" contentType="text/html; charset=UTF-8"
2  pageEncoding="UTF-8"%>
3  <%
4  pageContext.forward("pageContextTest2.jsp");
5  %>
```

4	pageContextTest2.jsp 로 제어권을 넘긴다. 즉, 포워딩한다.

pageContextTest2.jsp ⬇ Chapter5₩src₩main₩webapp₩pageContextTest2.jsp

```
1    <%@ page language="java" contentType="text/html; charset=UTF-8"
2    pageEncoding="UTF-8"%>
3    <html>
4    <head>
5    <title>pageContext Test</title>
6    </head>
7    <body>
8    <%
9    pageContext.include("pageContextTest3.jsp");
10   %>
11   <h2>pageContext의 forward 메소드로 포워딩된 페이지입니다.</h2>
12   </body>
13   </html>
```

✓ 코드 분석

| 9 | pageContextTest3.jsp 를 인클루드하는 부분이다. |

pageContextTest3.jsp ⬇ Chapter5₩src₩main₩webapp₩pageContextTest3.jsp

```
1    <%@ page language="java" contentType="text/html; charset=UTF-8"
2    pageEncoding="UTF-8"%>
3    <h3>include되는 pageContextTest3.jsp 페이지입니다.</h3>
4    <hr>
```

✓ 코드 분석

| 3 | pageContextTest2.jsp 페이지에 인클루드된 페이지임을 알려주는 부분이다. |

위의 세 파일을 코딩하고 첫 번째 파일인 pageContextTest1.jsp를 실행하면 다음과 같은 결과가 나온다.

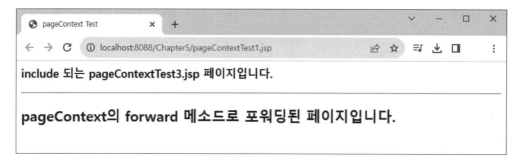

그림 5-6. pageContextTest1.jsp 페이지 실행 화면

주소 표시줄을 살펴보면 response 객체의 sendRedirect 메소드를 사용했을 경우와는 다르게 처음 실행된 pageContextTest1.jsp의 주소가 그대로 유지되어 있다. 이렇게 요청과 응답에 대한 제어권을 다른 페이지로 넘기더라도 브라우저에 표시되는 주소가 유지되는 방식을 디스패치 방식이라고 한다. 디스패치 방식은 현재 페이지의 요청과 응답의 정보에 대한 제어권만이 다른 페이지로 넘어가므로 요청 정보와 응답 정보가 유지되는 장점이 있기 때문에 모델2 기반의 웹 프로그래밍에서 뷰 페이지에서 요청 영역에 공유되어 있는 속성 값을 이용하여 페이지를 구성하는 데 있어 편리한 방식이 된다. 이에 반해 브라우저에 표시되는 주소가 바뀌는 방식을 리다이렉트 방식이라고 하며 리다이렉트 방식은 이동할 페이지로 요청과 응답 객체를 새로 생성하여 전송하므로 요청 정보와 응답 정보가 유지되지 않는 특성이 있다.

또한, pageContextTest3.jsp 페이지의 결과가 pageContextTest2.jsp 페이지에 삽입된 것을 확인할 수 있다.

pageContext.include 메소드를 사용하여 특정 jsp 페이지를 인클루드 하면 인클루드 되는 페이지로 프로그램 제어권이 넘어가 인클루드 되는 페이지(pageContextTest3.jsp)의 결과를 출력하고 제어권이 다시 원래 페이지(pageContextTest2.jsp)로 돌아와서 원래 페이지의 나머지 부분을 실행한다.

따라서 인클루드 되는 페이지의 출력 결과가 원래 페이지의 pageContext.include 메소드를 사용한 위치에 삽입되는 결과로 나타난다.

5) session 객체

앞에서 설명하였듯이 HTTP 프로토콜은 요청(request)/응답(response)의 구조로 되어 있어 서버가 요청에 대한 응답을 전송하고 나면 연결이 끊어지게(Stateless) 된다. 따라서 클라이언트의 정보가 유지되어야 할 필요가 있는 경우를 위해 가상 연결(Virtual Connection)이라는 개념의 세션이 등장하였고 JSP에서는 이러한 세션을 session 내장 객체를 이용하여 구현해 준다. 다음은 session 객체의 주요 메소드들이며 보다 자세한 내용은 Chapter 08에서 설명할 것이다.

리턴 타입	메소드명	설명
String	getId()	해당 세션의 세션 ID를 문자열로 리턴한다. 세션 ID는 session 객체 생성 시에 웹 컨테이너에 의해 자동으로 할당된다.
long	getCreationTime()	1970년 1월 1일 00시 00분 00초(epoch)부터 해당 세션이 생성된 순간까지의 경과 시간을 밀리초로 계산하여 long형으로 리턴한다.
long	getLastAccessedTime()	epoch로부터 해당 세션에 마지막으로 접근된 시간까지의 경과 시간을 밀리초로 계산하여 long형으로 리턴한다.
int	getMaxInactiveInterval()	클라이언트의 요청이 없을 시 서버가 해당 세션을 유지하도록 지정된 시간을 초 단위의 정수로 리턴한다.
없음	invalidate()	세션의 속성 값으로 저장된 모든 객체를 반납하여 해당 세션을 종료시킨다.
boolean	isNew()	새로운 세션일 경우 true를 리턴하고 기존에 세션이 유지되고 있으면 false를 리턴한다.
없음	setMaxInactiveInterval(int seconds)	클라이언트의 요청이 없더라도 세션을 유지할 시간을 초 단위의 정수값으로 설정한다. 음수로 설정할 경우 세션은 무효화(invalidate)되지 않는다.
없음	forward(String url)	현재 페이지의 요청과 응답에 관한 제어권을 URL로 지정된 주소로 영구적으로 넘긴다. forward된 페이지의 요청 처리가 종료되면 응답도 종료된다.
없음	include(String url)	현재 페이지의 요청과 응답에 관한 제어권을 URL로 지정된 주소로 임시로 넘긴다. include된 페이지의 처리가 끝나면 제어권은 다시 원래의 페이지로 돌아온다. 따라서 include로 지정된 페이지의 내용을 원래 페이지에 삽입하는 효과를 가진다.

다음의 예제를 통해서 위의 메소드들을 연습해보자.

sessionTest1.jsp   ⬇ Chapter5₩src₩main₩webapp₩sessionTest1.jsp

```
1   <%@ page language="java" contentType="text/html; charset=UTF-8"
2   pageEncoding="UTF-8"%>
3   <%
4   session.setMaxInactiveInterval(10);
5   %>
6   <html>
```

```
7    <head>
8    <title>Session Test</title>
9    </head>
10   <body>
11   <h2>세션 테스트</h2>
12   isNew():<%=session.isNew()%><br>
13   생성시간:<%=session.getCreationTime()%><br>
14   최종 접속 시간:<%=session.getLastAccessedTime()%><br>
15   세션ID:<%=session.getId()%><br>
16   </body>
17   </html>
```

✅ 코드 분석

4	사용자의 작업이 없어도 세션을 유지할 시간을 10초로 설정하는 부분이다.
12	현재 세션이 새로 생성되었는지를 판단하는 부분이다.
13	세션이 생성된 시간을 밀리초 단위로 반환 받는 부분이다.
14	클라이언트가 최종적으로 요청을 한 시간을 밀리초 단위로 반환 받는 부분이다.
15	세션 아이디를 반환 받는 부분이다.

위의 소스를 실행한 결과는 다음과 같다.

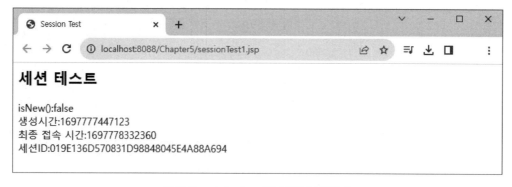

그림 5-7. sessionTest1.jsp 페이지 첫 번째 실행 화면

소스의 4라인에서 클라이언트의 요청이 없을 경우 세션을 유지하는 시간을 10초로 설정했으므로 10초가 지나기 전에 〈F5키〉로 새로 고침을 해보면 다음처럼 동일한 세션ID와 생성 시간

을 가진(세션이 유지되는) 화면을 볼 수 있다.

그림 5-8. sessionTest1.jsp 페이지 두 번째 실행 화면

상단의 출력 내용을 살펴보면 세션 유지 시간 10초가 지나지 않았기 때문에 세션 아이디는 그대로 유지되지만, 세션이 해당 요청에 의해서 새로 생성된 것은 아니므로 isNew() 메소드에서는 false를 반환하는 것을 확인할 수 있다.

10초가 지난 후에 다시 새로 고침 해보면 다음처럼 새로운 세션 ID로 세션이 생성되어 있음을 볼 수 있다.

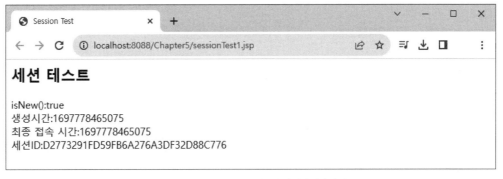

그림 5-9. sessionTest1.jsp 페이지 세 번째 실행 화면

6) application 객체

application 객체는 jakarta.servlet.ServletContext 클래스를 상속받아 웹 컨테이너가 구현하여 제공하는 객체로 해당 웹 애플리케이션의 실행 환경을 제공하는 서버의 정보와 서버 측 자원에 대한 정보를 얻어내거나 해당 어플리케이션의 이벤트 로그를 다루는 메소드들을 제공한다. application은 각 웹 애플리케이션당 오직 하나만의 객체만이 생성되므로 해당 웹 애플

리케이션 전체 영역에서 자원을 공유해야 할 때(방문자 수 등의 통계를 다룰 때) 주로 사용된다. 다음은 application 내장 객체에서 제공하는 메소드들을 나타낸 표이다.

리턴 타입	메소드명	설명
int	getMajorVersion()	Servlet API 스펙의 Major버전을 int로 리턴한다.
int	getMinorVersion()	Servlet API 스펙의 Minor버전을 int로 리턴한다.
String	getServerInfo()	서블릿/JSP 컨테이너의 이름과 버전을 문자열로 리턴한다.
String	getMimeType(String file)	서버에 존재하는 file이란 이름을 가진 파일의 MIME 타입을 문자열로 리턴한다.
java.net.URL	getResource(String path)	path로 지정된 경로의 자원을 URL 객체로 리턴한다. 자원이 존재하지 않으면 null을 리턴한다.
InputStream	getResourceAsStream(String path)	path로 지정된 경로의 자원을 InputStream 객체로 리턴한다. 자원이 존재하지 않으면 null을 리턴한다.
String	getRealPath(String path)	path로 지정된 경로의 자원을 서버의 실제 파일시스템상의 경로로 바꾸어 문자열로 리턴한다.
없음	log(String msg)	문자열 msg를 서블릿 로그 파일에 기록한다.
없음	log(String msg, java.lang. Throwable exception)	문자열 msg와 예외의 StackTrace 정보를 로그 파일에 기록한다.

다음의 예제를 통해서 위의 메소드들을 연습해보자.

applicationTest1.jsp   ⬇ Chapter5₩src₩main₩webapp₩applicationTest1.jsp

```
1   <%@ page language="java" contentType="text/html; charset=UTF-8"
2   pageEncoding="UTF-8"%>
3   <html>
4   <head>
5   <title>Application Test</title>
6   </head>
7   <body>
8   <h2>application 테스트</h2>
9   <table border="1">
10      <tr>
11         <td>JSP 버전</td>
12         <td><%=application.getMajorVersion() %>.<%=application.
13   getMinorVersion() %></td>
14      </tr>
15      <tr>
16         <td>컨테이너 정보</td>
```

```
17          <td><%=application.getServerInfo() %></td>
18      </tr>
19      <tr>
20          <td>웹 어플리케이션의 실제 파일시스템 경로</td>
21          <td><%=application.getRealPath("/") %></td>
22      </tr>
23  </table>
24  </body>
25  </html>
```

✓ 코드 분석

12	Servlet API의 버전 정보를 얻어오는 부분이다.
17	컨테이너 정보를 얻어오는 부분이다.
21	어플리케이션 루트 경로("/")의 실제 시스템상의 경로를 얻어오는 부분이다.

applicationTest1.jsp 페이지를 실행하면 다음과 같은 결과가 나온다.

그림 5-10. applicationTest1.jsp 페이지 실행 화면

7) out 객체

out 객체는 서블릿/JSP 컨테이너가 응답 페이지를 만들기 위해 사용하는 출력 스트림 객체로 java.io.Writer 클래스를 상속한 javax.servlet.jsp.JspWriter 클래스 타입으로 생성된다. JSP 기능의 핵심은 사용자의 요구에 맞는 응답 페이지를 만들어 내는 것이므로 이 응답 페이지를 만드는 데 직접적으로 사용되는 out 객체는 가장 중요하고 빈번하게 사용되는 객체라 할 수 있

다. 하지만 JSP 개발자가 이 out 객체를 사용하는 일은 빈번하지 않다. 그 이유는 out 객체를 사용하지 않고도 표현식을 이용해서 자바 코드의 변수값들과 메소드의 리턴값들을 충분히 출력할 수 있기 때문이다.

표현식 태그와 out 객체의 print() 메소드는 그 처리 과정이 완전히 동일하다. 따라서 다음의 두 예제는 완전히 동일한 결과 페이지를 만들어 낸다.

outTest1.jsp   ⬇ Chapter5₩src₩main₩webapp₩outTest1.jsp

```
1   <%@ page language="java" contentType="text/html; charset=UTF-8"
2   pageEncoding="UTF-8"%>
3   <h2>1부터 100까지의 합은
4   <%
5   int sum=0;
6   for(int i=1;i<=100;i++){
7       sum+=i;
8   }
9   out.print(sum+"입니다.</h2>");
10  %>
```

outTest2.jsp   ⬇ Chapter5₩src₩main₩webapp₩outTest2.jsp

```
1   <%@ page language="java" contentType="text/html; charset=UTF-8"
2   pageEncoding="UTF-8"%>
3   <h2>1부터 100까지의 합은
4   <%
5   int sum=0;
6   for(int i=1;i<=100;i++){
7       sum+=i;
8   }
9   %>
10  <%=sum %>입니다.</h2>
```

위의 두 페이지를 실행한 결과는 다음처럼 완전히 동일하다.

그림 5-11. outTest1.jsp 페이지 실행 화면과 outTest2.jsp 페이지 실행 화면 비교

out 객체에서 제공하는 메소드들은 다음과 같다.

리턴 타입	메소드명	설명
없음	clear()	출력 버퍼에 저장된 내용을 버린다. 만일 이미 버퍼가 다 채워져서 클라이언트로 전송되었을 경우에는 예외를 발생시킨다.
없음	clearBuffer()	출력 버퍼에 저장된 내용을 버린다. clear() 메소드와는 다르게 버퍼에 담긴 내용이 이미 전송된 이후에도 예외를 발생시키지 않고 현재 저장되어 있는 버퍼만을 버린다.
없음	flush()	현재 버퍼에 저장되어 있는 내용을 클라이언트로 전송하고 버퍼를 비운다.
없음	close()	출력 버퍼를 클라이언트로 전송하고 출력 스트림을 종료한다.
boolean	isAutoFlush()	page 지시어의 autoFlush 속성으로 지정된 값을 리턴한다. 즉 출력 버퍼가 다 채워졌을 때 버퍼 내용을 클라이언트로 전송하도록 지정되어 있으면 true를 리턴하고, 출력 버퍼가 다 채워졌을 때 예외가 발생하도록 지정되어 있으면 false를 리턴한다.
int	getBufferSize()	출력 버퍼의 크기를 바이트 단위로 계산하여 정수 값으로 리턴한다.
int	getRemaining()	출력 버퍼의 남은 양을 바이트 단위로 계산하여 정수 값으로 리턴한다.
없음	print(String str)	출력 스트림으로 str 문자열을 출력한다.
없음	log(String msg, java.lang.Throwable exception)	문자열 msg와 예외의 StackTrace 정보를 로그 파일에 기록한다.

다음의 예제를 통해서 위의 메소드들을 연습해보자.

outTest3.jsp
이미지 ⬇ Chapter5₩src₩main₩webapp₩outTest3.jsp

```
1   <%@ page language="java" contentType="text/html; charset=UTF-8"
2   pageEncoding="UTF-8"%>
3   <html>
4   <head>
5   <title>Out Test</title>
6   </head>
7   <body>
8   <h2>Out 테스트</h2>
9   <table border="1">
10      <tr>
11          <td>autoFlush 여부</td>
12          <td><%=out.isAutoFlush() %></td>
13      </tr>
14      <tr>
15          <td>출력 버퍼의 크기</td>
16          <td><%=out.getBufferSize() %>바이트</td>
17      </tr>
18      <tr>
19          <td>출력 버퍼의 남은 양</td>
20          <td><%=out.getRemaining() %>바이트</td>
21      </tr>
22  </table>
23  </body>
24  </html>
```

✓ 코드 분석

12	autoFlush 여부를 출력하는 부분이다.
16	출력 버퍼의 크기를 출력하는 부분이다.
20	출력 버퍼의 남은 바이트 수를 출력하는 부분이다.

위의 소스를 실행한 결과는 다음과 같다.

198   JSP 3.1 & Servlet 6.0

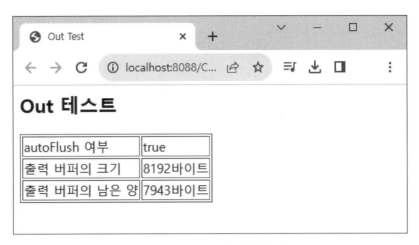

그림 5-12. outTest3.jsp 페이지 실행 화면

8) config 객체

config 내장 객체는 JSP 페이지가 서블릿 클래스로 변환되어 서블릿 인스턴스가 생성될 때 참조해야 할 초기 설정 정보들을 저장해 놓은 객체이다. 이러한 초기 설정 정보들은 웹 컨테이너가 구동될 때 내부에서 자체적으로 생성/관리되며 서블릿당 1개만의 객체가 생성되며 같은 서블릿 인스턴스는 동일한 config 객체를 참조하게 된다.

리턴 타입	메소드명	설명
String	getInitParameter(String init_paramName)	컨테이너의 설정 파일에 저장되어 있는 초기 파라미터 값 중 init_paramName의 이름을 가진 파라미터 값을 리턴한다. init_paramName의 이름을 가진 파라미터가 없을 경우 null을 리턴한다.
Enumeration	getInitParameterNames()	컨테이너의 설정 파일에 저장되어 있는 모든 초기 파라미터 이름을 Enumeration 타입으로 리턴한다.
String	getServletName()	해당 서블릿의 이름을 문자열로 리턴한다.

다음의 예제를 통해 위의 메소드들을 연습해 보자.

```
1    <%@ page language="java" contentType="text/html; charset=UTF-8"
2    pageEncoding="UTF-8"%>
3    <%@page import="java.util.Enumeration"%>
4    <html>
5    <head>
6    <title>Config Test</title>
7    </head>
8    <body>
9    <h2>config 테스트</h2>
10   <table border="1">
11      <tr>
12         <td>초기 파라미터 이름</td>
13         <td>초기 파라미터 값</td>
14      </tr>
15   <%
16   Enumeration e=config.getInitParameterNames();
17   while(e.hasMoreElements()){
18      String init_paramName=(String)e.nextElement();
19      %>
20      <tr>
21         <td><%=init_paramName %></td>
22         <td><%=config.getInitParameter(init_paramName) %></td>
23      </tr>
24      <%
25   }
26   %>
27   </table>
28   </body>
29   </html>
```

✅ 코드 분석

3	Enumeration 클래스를 import하는 부분이다.
16	초기화 파라미터의 이름들을 Enumeration 타입으로 얻어오는 부분이다.
17~25	각 초기화 파라미터의 이름(init_paramName)과 초기화 파라미터 값을 (config.getInitParameter(init_paramName))을 출력하는 부분이다.

위의 소스를 실행한 결과는 다음과 같다. 기본적으로 생성되는 초기화 파라미터 값과 web.xml 에서 설정한 fileDir 값이 출력되는 것을 확인할 수 있다.

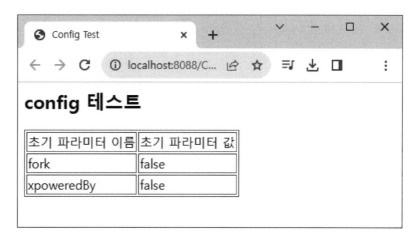

그림 5-13. configTest1.jsp 페이지 실행 화면

web.xml   ⬇ Chapter5₩src₩main₩webapp₩WEB-INF₩web.xml

```
1    <display-name>Chapter5</display-name>
2    <servlet>
3    <servlet-name>configTest1</servlet-name>
4    <jsp-file>/configTest1.jsp</jsp-file>
5    <init-param>
6    <param-name>fileDir</param-name>
7    <param-value>C:₩test</param-value>
8    </init-param>
9    </servlet>
10   <servlet-mapping>
11   <servlet-name>configTest1</servlet-name>
12   <url-pattern>/configTest1.jsp</url-pattern>
13   </servlet-mapping>
```

✅ 코드 분석

12	주소 표시줄에 요청으로 전송되어올 URL을 지정한 부분이다.
11	web.xml 내에서 다른 서블릿들과 구분될 고유한 이름을 지정한 부분이다.
3	11라인과 같은 의미로 사용되었고 11라인과 이름이 반드시 일치해야 한다.

5~8	해당 서블릿에서 공유될 초기화 파라미터를 설정한 부분이다.
6	초기화 파라미터 이름
7	초기화 파라미터 값

9) page 객체

page 객체는 JSP 페이지에 의해 생성되는 서블릿 인스턴스 자체를 나타내는 객체이다. JSP 페이지가 변환된 서블릿 클래스의 소스를 살펴보면 다음과 같은 코드가 포함되어 있음을 볼 수 있다.

pageContextTest3_jsp.java   pageContextTest3.jsp 페이지를 실행하면 자동으로 생성되는 페이지

```
1   package org.apache.jsp;
2
3   import jakarta.servlet.*;
4   import jakarta.servlet.http.*;
5   import jakarta.servlet.jsp.*;
6
7   public final class pageContextTest3_jsp extends org.apache.jasper.
8   runtime.HttpJspBase
9       implements org.apache.jasper.runtime.JspSourceDependent,
10                org.apache.jasper.runtime.JspSourceImports {
11  ………….
12  ………….
13  public void _jspService(final jakarta.servlet.http.HttpServletRequest
14  request, final jakarta.servlet.http.HttpServletResponse response)
15        throws java.io.IOException, javax.servlet.ServletException {
16
17  final java.lang.String _jspx_method = request.getMethod();
18  if (!"GET".equals(_jspx_method) && !"POST".equals(_jspx_method) &&
19  !"HEAD".equals(_jspx_method) && !jakarta.servlet.DispatcherType.
20  ERROR.equals(request.getDispatcherType())) {
21  response.sendError(HttpServletResponse.SC_METHOD_NOT_ALLOWED, "JSPs
22  only permit GET POST or HEAD");
23  return;
24  }
25
```

```
26    final jakarta.servlet.jsp.PageContext pageContext;
27        jakarta.servlet.http.HttpSession session = null;
28        final jakarta.servlet.ServletContext application;
29        final jakarta.servlet.ServletConfig config;
30        jakarta.servlet.jsp.JspWriter out = null;
31        final java.lang.Object page = this;
32        jakarta.servlet.jsp.JspWriter _jspx_out = null;
33        jakarta.servlet.jsp.PageContext _jspx_page_context = null;
34    ……….. .
35    ……….. .
```

위의 소스는 앞에서 작성한 pageContextTest3.jsp 파일이 컨테이너에 의해 변환되어 생성된 서블릿 클래스이다. _jspService() 메소드 내부를 살펴보면 내장 객체를 선언한 부분에 page 객체가 this로 참조되어 있음을 볼 수 있다. this는 자바 코드에서 자기 자신을 참조하는 레퍼런스이므로 page 객체는 서블릿 인스턴스 자체를 참조하는 객체임을 알 수 있다. JSP 페이지는 스크립트 언어가 자바이기 때문에 page 객체를 사용하지 않고 단지 this 예약어를 사용하더라도 동일한 효과를 얻는다. 따라서 page 객체는 거의 사용 빈도가 낮다. 다만 컨테이너가 자바 이외의 다른 스크립트 언어를 지원하게 된다면 해당 스크립트 언어를 사용한 스크립트 코드에서 page 객체를 사용하여 서블릿 인스턴스를 참조할 수도 있게 된다.

10) exception 객체

exception 객체는 JSP 페이지에서 예외가 발생하였을 경우 그 예외를 처리할 에러 페이지를 사용자가 지정한 경우에 해당 에러 페이지에 전달되는 예외 객체이다. exception 객체를 사용하기 위해서는 해당 페이지가 에러 페이지로 지정되어 있어야만 한다. 즉 page 지시어에 의해 isErrorPage 속성이 true로 지정되어 있어야만 사용이 가능하며 isErrorPage 속성의 기본값은 false이기 때문에 사용자가 true로 설정해 주어야 에러 페이지로 지정된다. exception 객체는 java.lang.Throwable 클래스로 선언되며 다음과 같은 메소드들이 있다.

리턴 타입	메소드명	설명
String	getMessage()	에러 메시지를 문자열로 리턴한다.
없음	printStackTrace()	해당 에러의 StackTrace 정보를 출력한다.
없음	printStackTrace(PrintWriter out)	해당 에러의 StackTrace 정보를 PrintWriter 객체 out으로 출력한다.
없음	printStackTrace(PrintStream out)	해당 에러의 StackTrace 정보를 PrintStream 객체 out으로 출력한다.

이로써 JSP가 제공하는 아홉 가지의 내장 객체를 알아보았다. 다음은 속성을 저장하고 불러들일 수 있는 네 가지의 영역 객체와 속성들에 대해서 알아보도록 하자.

2. 영역 객체와 속성

1) 영역 객체(Scope)와 속성(Attribute)

JSP에서 제공하는 내장 객체들 중 session, request, application 객체들은 해당 객체에 정의된 유효 범위 안에서 필요한 객체(데이터)들을 저장하고 읽어 들임으로써 서로 공유할 수 있는 특정한 영역을 가지고 있다. 공유되는 데이터를 속성(Attribute)이라고 하며 속성을 공유할 수 있는 유효 범위를 영역(Scope)이라고 한다. 즉 session 내장 객체는 세션이 유지되고 있는 범위 안에서(세션 영역 안에서) 서로 다른 페이지라 할지라도 객체(데이터)들을 공유할 수 있는 속성을 가질 수 있고, 이 속성에 저장된 객체(데이터)는 세션이 종료되는 순간에 반환된다(버려진다). request 객체는 클라이언트의 요청이 처리되는 동안에 속성을 사용할 수 있으며, application 객체는 해당 웹 어플리케이션이 실행되고 있는 동안에 속성을 사용할 수 있다. 이렇게 해당 영역에서 속성을 사용할 수 있는 내장 객체들을 영역 객체라고 부른다.

영역 객체에는 상단에서 설명한 세 가지 객체 외에 하나가 더 있다. 바로 page 영역 객체이다. page 영역 객체는 오직 하나의 페이지 내에서만 유효성을 갖는 영역으로 주의해야 할 점은 page 내장 객체가 아닌 pageContext 내장 객체를 통해 접근할 수 있는 영역이라는 점이다.

정리하면 JSP에서 정의하는 영역은 page, request, session, application으로 구성되며 이들 영역은 각각 pageContext, request, session, application 내장 객체를 통해서 속성을 설정하거나 읽어 들일 수 있다. 특별히 pageContext 내장 객체는 page 영역뿐만이 아니라 모든 영역의 속성에 대한 접근이 가능하다. 다음은 각 영역과 영역 객체들을 표로 나타낸 것이다.

영역	영역 객체	속성의 유효 범위
page	pageContext	해당 페이지가 클라이언트에 서비스를 제공하는 동안에만 유효 (서블릿 인스턴스의 _jspServicer() 메소드가 실행되는 동안에만 유효)
request	request	클라이언트의 요청이 처리되는 동안 유효 (포워딩 또는 include를 이용하는 경우 여러 개의 페이지에서도 요청 정보가 계속 유지되므로 request 영역의 속성을 여러 페이지에서 공유할 수 있다.)
session	session	세션이 유지되는 동안 유효 (하나의 브라우저(클라이언트)에 1개의 세션이 생성되므로 같은 웹 브라우저 내에서 실행되는 페이지들이 속성을 공유할 수 있다.)
application	application	웹 어플리케이션이 실행되고 있는 동안 유효 (웹 컨테이너에서 해당 어플리케이션은 오직 하나만이 실행되므로 네 가지 영 역 중 가장 큰 영역에 해당한다.) 웹 컨테이너를 종료하면 어플리케이션 영역 객체가 소멸된다.

2) 속성과 관련된 메소드들

영역 객체의 속성을 설정하고 읽어 들이기 위해서 JSP는 다음과 같이 대표적인 네 가지 메소드들을 제공한다. 이들 네 가지 메소드들은 pageContext, request, session, application 내장 객체들이 동일하게 정의하고 있는 메소드들이다.

리턴 타입	메소드명	해설
Object	getAttribute(String key)	Key 값으로 등록되어 있는 속성을 Objcet 타입으로 리턴 (key 값에 해당하는 속성이 없을 경우 null을 리턴)
Enumeration	getAttributeNames()	해당 영역에 등록되어 있는 모든 속성들의 이름을 Enumeration 타입으로 리턴
없음	setAttribute(String key, Object obj)	해당 영역에 key 값의 이름으로 obj 객체를 등록
없음	removeAttribute(String key)	Key 값으로 등록되어 있는 속성을 제거

다음의 예제를 통해서 각 영역에 속성을 정의하고 사용하는 방법을 연습해보자.

(1) attributeTest1_Form.jsp 작성하기

attributeTest1_Form.jsp   ⬇ Chapter5₩src₩main₩webapp₩attributeTest1_Form.jsp

```jsp
1   <%@ page language="java" contentType="text/html; charset=UTF-8"
2   pageEncoding="UTF-8"%>
3   <html>
4   <head>
5   <title>Attribute Test Form</title>
6   </head>
7   <body>
8   <h2>영역과 속성 테스트</h2>
9   <form action="attributeTest1.jsp" method="post">
10  <table border="1">
11     <tr><td colspan="2">Application 영역에 저장할 내용들</td></tr>
12     <tr>
13        <td>이름</td>
14        <td><input type="text" name="name"></td>
15     </tr>
16     <tr>
17        <td>아이디</td>
18        <td><input type="text" name="id"></td>
19     </tr>
20     <tr>
21        <td colspan="2"><input type="submit" value="전송"></td>
22     </tr>
23  </table>
24  </form>
25  </body>
26  </html>
```

 코드 분석

이름과 아이디를 입력하고 전송하는 페이지를 만들었다.

실행하면 다음과 같이 이름과 아이디를 입력할 수 있는 화면이 출력된다. 이 화면에 이름과 아이디를 입력하고 "전송" 버튼을 클릭하여 attributeTest1.jsp로 요청을 전송한다.

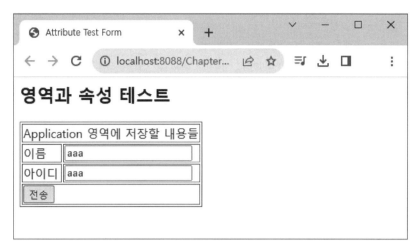

그림 5-14. attributeTest1_Form.jsp 페이지 실행 화면

(2) attributeTest1.jsp 작성하기

attributeTest1.jsp   ⬇ Chapter5₩src₩main₩webapp₩attributeTest1.jsp

```
1   <%@ page language="java" contentType="text/html; charset=UTF-8"
2   pageEncoding="UTF-8"%>
3   <html>
4   <head>
5   <title>Attribute Test</title>
6   </head>
7   <body>
8   <h2>영역과 속성 테스트</h2>
9   <%
10  request.setCharacterEncoding("UTF-8");
11  String name=request.getParameter("name");
12  String id=request.getParameter("id");
13  if(name!=null&&id!=null){
14      application.setAttribute("name",name);
15      application.setAttribute("id",id);
16  }
17  %>
18  <h3><%=name %>님 반갑습니다.<br><%=name %>님의 아이디는 <%=id %>입니다.</
19  h3>
20  <form action="attributeTest2.jsp" method="post">
21  <table border="1">
22      <tr><td colspan="2">Session 영역에 저장할 내용들</td></tr>
```

```
23        <tr>
24            <td>e-mail 주소</td>
25            <td><input type="text" name="email"></td>
26        </tr>
27        <tr>
28            <td>집 주소</td>
29            <td><input type="text" name="address"></td>
30        </tr>
31        <tr>
32            <td>전화번호</td>
33            <td><input type="text" name="tel"></td>
34        </tr>
35        <tr>
36            <td colspan="2"><input type="submit" value="전송"></td>
37        </tr>
38    </table>
39    </form>
40    </body>
41    </html>
```

✓ 코드 분석

11~12	클라이언트에서 파라미터로 전송된 이름과 아이디 값을 받는 부분이다.
13~16	이름과 아이디 값을 에플리케이션 영역(application)에 속성으로 공유하는 부분이다.
18	클라이언트에서 전송된 파라미터 값을 출력하는 부분이다.
20~39	세션 영역(session)에 저장할 값을 입력받는 form 영역을 정의한 부분이다.

✓ 코드 분석

10	request 객체를 통해 넘어오는 파라미터 중 한글이 있기 때문에 한글 처리를 위한 코드를 넣었다.
11	이름과 아이디를 getParameter() 메소드를 사용해 받아왔다.
13	전송되어 온 파라미터 값들이 있을 경우 application 영역에 setAttribute() 메소드를 사용해 등록하였다.
20	session 영역에 저장할 데이터들을 입력 받을 폼을 생성하였다.

요청이 전송되어 오면 다음과 같이 파라미터로 전송되어온 이름과 아이디를 출력하고 세션에 저장될 데이터를 입력할 폼 영역이 출력된다.

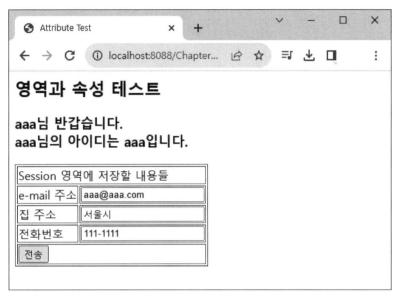

그림 5-15. attributeTest1.jsp 페이지 요청 화면

(3) attributeTest2.jsp 작성하기

attributeTest2.jsp   ⬇ Chapter5₩src₩main₩webapp₩attributeTest2.jsp

```
1   <%@ page language="java" contentType="text/html; charset=UTF-8"
2   pageEncoding="UTF-8"%>
3   <html>
4   <head>
5   <title>Attribute Test</title>
6   </head>
7   <body>
8   <h2>영역과 속성 테스트</h2>
9   <%
10  request.setCharacterEncoding("UTF-8");
11  String email=request.getParameter("email");
12  String address=request.getParameter("address");
13  String tel=request.getParameter("tel");
14  session.setAttribute("email",email);
15  session.setAttribute("address",address);
16  session.setAttribute("tel",tel);
```

```
17
18    String name=(String)application.getAttribute("name");
19    %>
20    <h3><%=name %>님의 정보가 모두 저장되었습니다.</h3>
21    <a href="attributeTest3.jsp">확인하러 가기</a>
22    </body>
23    </html>
```

✓ 코드 분석

10	파라미터의 한글 처리를 위해 request 객체의 문자셋 인코딩 방식을 UTF-8로 지정하였다.
11~13	email, address, tel이라는 이름의 파라미터 값을 얻어오는 부분이다.
14~16	email, address, tel 값을 session 영역에 속성으로 공유한다.
18	application 영역에 name이라는 이름으로 공유되어 있는 속성 값을 얻어오는 부분이다.
20	application 영역에서 얻어온 name 속성 값을 출력하는 부분이다.
21	각 영역에 공유된 속성 값을 확인할 수 있는 attributeTest3.jsp로 링크를 건 부분이다.

〈그림 5-15〉 그림 화면에서 〈전송〉 버튼을 클릭하면 하단 그림과 같은 화면이 출력된다. application 영역과 session 영역에 공유되어 있는 속성 값을 확인하기 위해서 "확인하러 가기" 링크를 클릭한다.

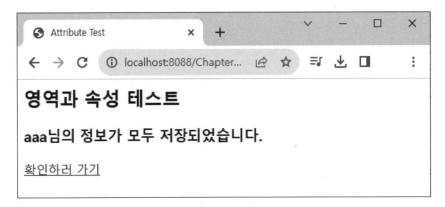

그림 5-16. attributeTest2.jsp 페이지 요청 화면

(4) attributeTest3.jsp 작성하기

attributeTest3.jsp   ⬇ Chapter5₩src₩main₩webapp₩attributeTest3.jsp

```jsp
1   <%@ page language="java" contentType="text/html; charset=UTF-8"
2       pageEncoding="UTF-8"%>
3   <%@page import="java.util.Enumeration"%>
4   <html>
5   <head>
6   <title>Attribute Test</title>
7   </head>
8   <body>
9   <h2>영역과 속성 테스트</h2>
10  <table border="1">
11      <tr><td colspan="2">Application 영역에 저장된 내용들</td></tr>
12      <tr>
13          <td>이름</td>
14          <td><%=application.getAttribute("name") %></td>
15      </tr>
16      <tr>
17          <td>아이디</td>
18          <td><%=application.getAttribute("id") %></td>
19      </tr>
20  </table>
21  <br>
22  <table border="1">
23      <tr><td colspan="2">Session 영역에 저장된 내용들</td></tr>
24  <%
25  Enumeration e=session.getAttributeNames();
26  while(e.hasMoreElements()){
27      String attributeName=(String)e.nextElement();
28      String attributeValue=(String)session.
29  getAttribute(attributeName);
30      %>
31      <tr>
32          <td><%=attributeName %></td>
33          <td><%=attributeValue %></td>
34      </tr>
35      <%
36  }
37  %>
```

38	</table>
39	</body>
40	</html>

14	application 영역에 "name"이란 이름으로 등록된 속성을 읽어 들여 표현식으로 출력하였다.
18	application 영역에 "id"란 이름으로 등록된 속성을 읽어 들여 표현식으로 출력하였다.
25~37	session 영역에 등록된 모든 속성의 이름을 Enumeration 타입으로 읽어 들인 뒤 각각의 속성 이름을 attributeName이란 변수로 받아서 각 attributeName의 이름을 가진 속성을 getAttribute() 메소드를 사용해 attributeValue의 변수에 저장한 후 32~33라인에서 표현식으로 속성 이름과 그 값을 출력하였다.

attributeTest3.jsp가 요청되면 하단 그림과 같은 화면이 출력되면서 세션 영역과 애플리케이션 영역에 저장되어 있는 속성 값들의 정보를 출력한다.

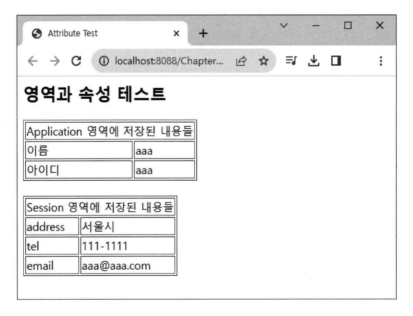

그림 5-17. attributeTest3.jsp 페이지 요청 화면

같은 브라우저에서 실행했기 때문에 세션 영역이 유지되므로 세션 영역의 속성 값들과 애플리케이션 영역의 속성 값들이 모두 잘 출력되는 것을 확인할 수 있다. 브라우저를 닫았다가 다시

실행해 보면 다음 그림과 같이 세션 영역에 저장된 속성 값들은 사라지는 것을 확인할 수 있다.

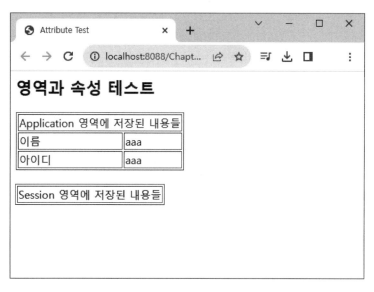

그림 5-18. attributeTest3.jsp 페이지를 브라우저 종료 후 다시 요청한 화면

브라우저를 종료하면 세션 영역은 소멸되지만 애플리케이션 영역은 그대로 살아있으므로 애플리케이션 속성 값들은 제대로 출력되는 것을 확인할 수 있다. 그렇다면 애플리케이션 영역은 언제 소멸될까? 애플리케이션 영역은 서버를 중지시키면 소멸된다. 서버를 종료한 후 다시 attributeTest3.jsp를 요청하면 다음과 같은 화면이 출력된다.

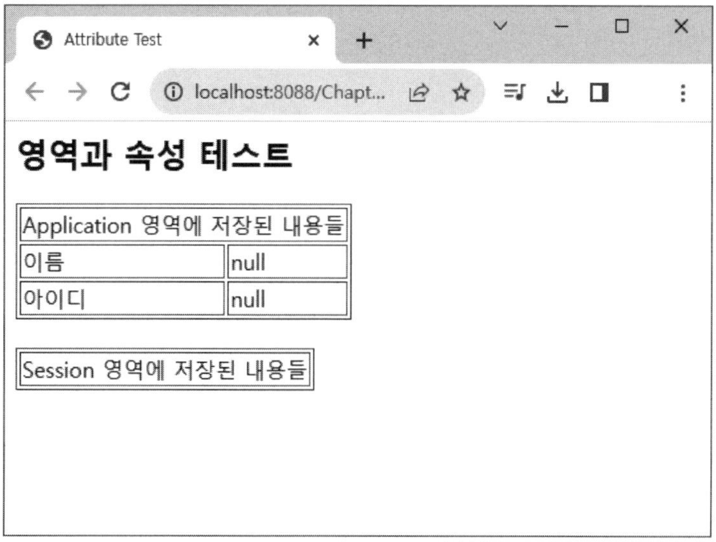

그림 5-19. attributeTest3.jsp 페이지를 톰캣 서버를 종료 후 다시 요청한 화면

서버를 종료했기 때문에 application 영역도 소멸되었고, 그래서 애플리케이션 영역의 속성 값도 소멸된 것을 확인할 수 있다.

(5) page 영역과 request 영역 비교

attributeTest4.jsp   ⬇ Chapter5₩src₩main₩webapp₩attributeTest4.jsp

```
1   <%@ page language="java" contentType="text/html; charset=UTF-8"
2      pageEncoding="UTF-8"%>
3   <!DOCTYPE html PUBLIC "-//W3C//DTD HTML 4.01 Transitional//EN"
4   "http://www.w3.org/TR/html4/loose.dtd">
5   <html>
6   <head>
7   <meta http-equiv="Content-Type" content="text/html; charset=UTF-8">
8   <title>Insert title here</title>
9   </head>
10  <body>
11  <%
12  pageContext.setAttribute("pageScope", "pageValue");
13  request.setAttribute("requestScope", "requestValue");
14  %>
15
16  pageValue = <%=pageContext.getAttribute("pageScope") %><br>
17  requestValue = <%=request.getAttribute("requestScope") %>
18  </body>
19  </html>
```

✅ 코드 분석

12	page 영역에 속성 값을 공유한다.
13	request 영역에 속성 값을 공유한다.
16~17	page 영역과 request 영역에 공유되어 있는 속성 값들을 화면에 출력한다.

해당 페이지 안에서 속성을 생성하고 해당 페이지 안에서 속성 값을 사용하고 있기 때문에 page 영역의 속성과 request 영역의 속성 값이 모두 잘 출력되는 것을 다음 화면 결과와 같이 확인할 수 있다.

그림 5-20. attributeTest4.jsp 페이지를 요청한 화면

이번에는 포워드 기능을 이용해서 페이지를 다른 페이지로 변경해서 page 영역을 소멸시키고 request 영역은 유지해 보도록 하겠다.

attributeTest5.jsp   ⬇ Chapter5₩src₩main₩webapp₩attributeTest5.jsp

```
1   <%@ page language="java" contentType="text/html; charset=UTF-8"
2   pageEncoding="UTF-8"%>
3   <!DOCTYPE html PUBLIC "-//W3C//DTD HTML 4.01 Transitional//EN"
4   "http://www.w3.org/TR/html4/loose.dtd">
5   <html>
6   <head>
7   <meta http-equiv="Content-Type" content="text/html; charset=EUC-KR">
8   <title>Insert title here</title>
9   </head>
10  <body>
11  <%
12  pageContext.setAttribute("pageScope", "pageValue");
13  request.setAttribute("requestScope", "requestValue");
14  %>
15  <jsp:forward page="attributeTest5Result.jsp"></jsp:forward>
16  </body>
17  </html>
```

✅ 코드 분석

12	page 영역에 속성 값을 공유한다.
13	request 영역에 속성 값을 공유한다.
15	forward 액션 태그를 사용하여 프로그램 제어권을 requestTest5Result.jsp로 이동시킨다. 즉, 페이지를 requestTest5Result.jsp로 이동시킨다.

위의 코드를 살펴보면 아직 본 교재에서 학습되지는 않았지만 〈jsp:forward /〉라는 액션 태그를 이용해서 요청을 requestTest5Result.jsp로 포워딩하고 있다. forward 액션 태그로 요청을 다른 페이지로 포워딩했을 경우에는 request를 공유한다.

attributeTest5Result.jsp   ⬇ Chapter5₩src₩main₩webapp₩attributeTest5Result.jsp

```
1   <%@ page language="java" contentType="text/html; charset=UTF-8"
2       pageEncoding="UTF-8"%>
3   <!DOCTYPE html PUBLIC "-//W3C//DTD HTML 4.01 Transitional//EN"
4   "http://www.w3.org/TR/html4/loose.dtd">
5   <html>
6   <head>
7   <meta http-equiv="Content-Type" content="text/html; charset=UTF-8">
8   <title>Insert title here</title>
9   </head>
10  <body>
11  pageValue = <%=pageContext.getAttribute("pageScope") %><br>
12  requestValue = <%=request.getAttribute("requestScope") %>
13  </body>
14  </html>
```

✅ 코드 분석

11~12	page 영역과 request 영역에 공유된 속성 값을 출력하는 부분이다.

다음 출력 화면에서 확인할 수 있는 것처럼 페이지 영역의 속성 값은 한 페이지에서만 공유가 가능하므로 제대로 출력되지 않지만, request 영역은 하나의 요청을 처리하는 영역에서 공유가 가능하므로 속성 값이 잘 출력된다.

그림 5-21. attributeTest5.jsp 페이지를 요청한 화면

3. 액션 태그

1) 액션 태그의 개요

액션 태그란 JSP 페이지에서 자바 코드 등의 스크립트 언어를 사용하지 않고도(즉, HTML 태그 형태로) 다른 페이지의 서블릿이나 자바빈 객체에 접근할 수 있도록 태그를 이용해 구현된 기능을 말한다. 액션 태그를 통해서 개발자는 페이지의 흐름을 제어하거나 자바빈의 속성을 읽고 쓰며 애플릿을 사용하는 등의 다양한 기능을 활용할 수 있다. 또한 이러한 기능들은 스크립틀릿 등의 스크립트 요소(자바 코드)를 사용하지 않기 때문에 개발자는 JSP 페이지의 내부적인 프로그램 로직을 사용자로부터 감출 수가 있다. 이것은 액션 태그를 사용하면 사용자에게 보여지는 프레젠테이션 부분과 사용자의 요청을 처리하는 비즈니스 로직 부분(프로그램 부분)을 분리하는 것이 가능하다는 것을 의미하며, 웹 프로그래밍에 있어서 이러한 프레젠테이션 부분과 비즈니스 로직 부분의 분리는 프로그램 재사용성을 높여주고 코드의 간결성을 향상시킨다.

JSP에서 제공하는 액션 태그는 크게 다음과 같이 나눌 수 있다.

- 페이지 흐름 제어 액션(forward/include 액션)
- 자바빈 사용 액션(useBean 액션)
- 애플릿 사용 액션(plugin 액션)

이중 자바빈 사용에 관한 액션 태그는 다음 Chapter에서 자세히 다룰 것이므로 여기서는 생략하기로 하며 애플릿 사용에 관한 액션 태그는 현재 그 사용 빈도가 현저히 줄어든 추세이므로 간략하게만 설명하기로 한다. 따라서 여기서는 페이지 흐름 제어에 관한 액션 태그인 forward 액션과 include 액션에 대해서 중점적으로 살펴보도록 하겠다.

2) forward 액션

(1) forward 액션 개요

〈jsp:forward〉 액션 태그의 사용법은 다음과 같다.

```
<jsp:forward page="이동할 페이지" />
<jsp:forward page="이동할 페이지"></jsp:forward>
```

액션 태그는 XML 문법을 이용하여 구현된 기능이므로 위에서 보이듯이 태그의 끝에 종료 태그가 반드시 있어야 한다. 즉 단독으로 태그가 쓰여졌을 경우에는 ⟨jsp:forward page="이동할 페이지" /⟩처럼 태그의 마지막에 종료를 알리는 "/"를 포함해야 하며, 해당 태그의 하위에 본문(body)이 있을 때에는 반드시 ⟨/jsp:forward⟩처럼 종료 태그를 넣어 주어야 한다.

forward 액션은 앞에서 설명한 내장 객체 중 pageContext 내장 객체의 forward() 메소드가 태그로 구현된 기능이다. 따라서 forward 액션은 현재 페이지의 요청과 응답에 관한 처리권을 page 속성에 지정된 이동할 페이지로 영구적으로 넘기는 기능을 한다. 이때 이동하기 전의 페이지에 대한 모든 출력 버퍼의 내용은 무시(버퍼의 내용이 버려짐)되며 이동한 페이지가 요청을 처리하여 응답이 완료되면 원래 페이지로 제어권이 돌아가지 않고 그 상태에서 모든 응답이 종료된다. 요청과 응답에 관한 처리권이 넘어간다는 것은 원래 페이지에 의해 생성된 request 객체와 response 객체가 그대로 넘어간다는 것을 의미한다. 따라서 사용자가 request에 지정한 속성들은 포워딩된 페이지에서도 그대로 사용할 수 있다.

forward 액션의 page 속성에서 지정되는 이동할 페이지의 주소는 동일한 웹 어플리케이션의 컨텍스트 루트를 기준으로 한 절대 경로나 상대 경로로만 지정이 가능하다. 즉 page 속성을 지정할 때는 스키마(http://) 부분과 도메인(localhost) 부분, 그리고 포트 번호를 생략해야 한다. 따라서 예를 들어 현재 페이지의 브라우저 주소 창 경로가 http://localhost/Chapter5/forwardTest.jsp이고 포워딩할 페이지의 경로가 http://localhost/JspStudy/Chapter5/forward.jsp라면 다음과 같은 두 가지의 지정만이 유효하다는 뜻이다(웹 애플리케이션의 이름이 Chapter5).

```
<jsp:forward page="/forward.jsp" />
<jsp:forward page="forward.jsp" />
```

"/forward.jsp"의 경우에는 해당 웹 애플리케이션의 컨텍스트 루트(/)의 절대 경로를 기준으로 페이지를 지정한 것이고 "forward.jsp"는 현재 페이지의 경로를 기준으로 상대 경로로서 포워딩할 페이지를 지정한 것이다. 또한 페이지를 지정할 때 아래처럼 표현식을 사용해 동적으로 지정하는 것도 가능하다.

```
<jsp:forward page='<%=nextPage %>' />
```

forward 태그를 사용하여 이동할 페이지에 추가적으로 파라미터를 넘겨줄 필요가 있을 때에는 다음처럼 forward 태그의 하위 태그인 〈jsp:param/〉 태그를 사용할 수 있다.

```
<jsp:forward page="이동할 페이지">
  <jsp:param name="파라미터 이름1" value="파라미터 값1" />
  <jsp:param name="파라미터 이름2" value="파라미터 값2" />
  …
</jsp:forward>
```

위에서 〈jsp:param /〉 태그를 사용하여 지정한 파라미터는 GET 방식으로 전송할 때처럼 이동할 페이지의 주소 뒤에 직접 붙여서 전송하는 것도 가능하다. 즉 다음의 두 예는 동일한 결과를 만든다.

```
<jsp:forward page="forward.jsp">
  <jsp:param name="id" value="hongkildong" />
  <jsp:param name="password" value="abc" />
</jsp:forward>
```

```
<jsp:forward page="forward.jsp?id=hongkildong&password=abc" />
```

(2) forward 액션 연습

예제를 통해 forward 액션을 연습해 보자.

① forwardTest.jsp 페이지 작성하기

forwardTest.jsp   ⬇ Chapter5₩src₩main₩webapp₩forwardTest.jsp

```
1   <%@ page language="java" contentType="text/html; charset=UTF-8"
2       pageEncoding="UTF-8"%>
3   <html>
4   <head>
5   <title>Forward Action Test</title>
6   </head>
7   <body>
8   <h2>포워드 액션 테스트</h2>
9   <form action="forwardTest1.jsp" method="POST">
10  <input type="hidden" name="forwardPage" value="forwardTest2.jsp">
11  <table>
12      <tr>
13          <td>이름    </td>
14          <td><input type="text" name="name"></td>
15      </tr>
16      <tr>
17          <td>나이    </td>
18          <td><input type="text" name="age"></td>
19      </tr>
20      <tr>
21          <td>주소    </td>
22          <td><input type="text" name="address"></td>
23      </tr>
24      <tr><td><input type="submit" value="전송"></td></tr>
25  </table>
26  </form>
27  </body>
28  </html>
```

코드 분석

10	hidden 타입의 입력 양식으로 다음페이지에서 forward 태그에서 포워딩할 주소로 사용될 주소 (forwardTest2.jsp) 값을 지정하였다. hidden 타입의 입력 양식은 사용자로부터 값을 직접 입력 받는 경우 사용하는 것이 아니고 특정 이름의 파라미터 값을 코드상에서 직접 지정하여 전송하는 경우에 사용한다.

② forwardTest1.jsp 페이지 작성하기

forwardTest1.jsp   ⬇ Chapter5₩src₩main₩webapp₩forwardTest1.jsp

```
1   <%@ page language="java" contentType="text/html; charset=UTF-8"
2       pageEncoding="UTF-8"%>
3   <%request.setCharacterEncoding("UTF-8"); %>
4   <html>
5   <body>
6   <jsp:forward page='<%=request.getParameter("forwardPage") %>' >
7       <jsp:param name="tel" value="034-1234-5678"/>
8   </jsp:forward>
9   </body>
10  </html>
```

코드 분석

3	클라이언트에서 전송되어 오는 파라미터 값들에 대한 한글 처리를 하는 코드이다.
6	forward 액션 태그의 page 속성을 이전 페이지에서 받은 파라미터 중 하나인 forwardPage를 표현식을 사용하여 지정하였다. 이렇게 표현식을 사용하여 page 속성을 지정할 때에는 표현식 내부에 큰따옴표("")가 들어올 수 있으므로 page 값은 작은 따옴표(')를 사용하여 처리해야 한다.
7	포워딩되는 페이지에 tel이란 이름으로 전화번호 값을 파라미터로서 전송하기 위해 <jsp:param/> 태그를 사용하였다.

③ forwardTest2.jsp 페이지 작성하기

forwardTest2.jsp   ⬇ Chapter5₩src₩main₩webapp₩forwardTest2.jsp

```jsp
 1    <body>
 2    <h2>포워드 된 페이지(forwardTest2.jsp)</h2>
 3    <table>
 4        <tr>
 5            <td>이름</td>
 6            <td><%=request.getParameter("name") %></td>
 7        </tr>
 8        <tr>
 9            <td>나이</td>
10            <td><%=request.getParameter("age") %></td>
11        </tr>
12        <tr>
13            <td>주소</td>
14            <td><%=request.getParameter("address") %></td>
15        </tr>
16        <tr>
17            <td>전화번호</td>
18            <td><%=request.getParameter("tel") %></td>
19        </tr>
20    </table>
```

✅ 코드 분석

forwardTest.jsp 페이지에서 전송된 파라미터 값인 name, age, address 값과 forwardTest1.jsp 페이지에서 forward 태그에서 전송된 파라미터 값이 모두 받아진다.
즉, forward 태그를 사용한 jsp 페이지와 forward 된 페이지는 요청(request)를 공유한다.

④ 실행하기

첫 번째 파일인 forwardTest.jsp 파일을 실행하면 다음과 같은 화면이 출력된다. 필요한 데이터들을 입력하고 〈전송〉 버튼을 클릭한다.

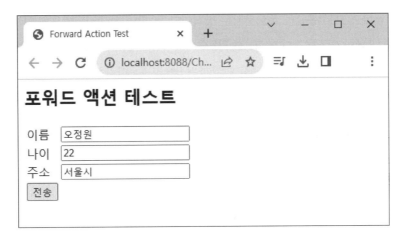

그림 5-22. forwardTest.jsp 페이지를 요청한 화면

〈전송〉 버튼을 클릭하면 forwardTest1.jsp로 요청이 전송되는데 포워딩될 값이 forwardTest. jsp에서 forwardTest2.jsp로 전송되었기 때문에 최종적으로 forwardTest2.jsp로 포워딩된 결과를 확인할 수 있다.

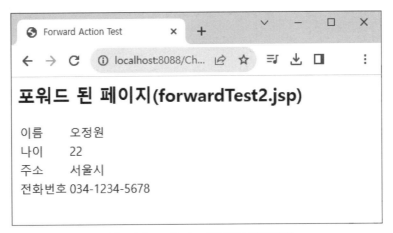

그림 5-23. forwardTest2.jsp 페이지로 포워딩된 화면

3) include 액션 태그

(1) include 액션 태그 개요

앞에서 살펴보았듯이 forward 액션은 제어권을 포워딩되는 페이지로 완전히 넘기고 그 페이

지의 처리가 끝나면 모든 응답을 종료시키는 방식이다. 하지만 include 액션은 임시로 제어권을 include되는 페이지로 넘겼다가 그 페이지의 처리가 끝나면 처리 결과를 원래 페이지로 되돌아오고 다시 원래의 페이지로 제어권을 반환하는 방식이다. 따라서 include 액션은 include 지시어처럼 여러 페이지를 한 페이지 안에 담는 기능을 갖고 있다고 할 수 있다. 다만 include 지시어와의 차이점은 include 지시어의 경우 원래 페이지 안으로 include 지시어로 지정한 페이지의 소스 코드가 그대로 복사되어 들어가는 데 반해 include 액션은 소스 코드가 복사되는 것이 아니라 제어권 자체가 include 액션으로 지정된 페이지로 넘어갔다가 다시 원래 페이지로 돌아온다는 점이 다르다. include 지시어의 경우에는 컨테이너의 버전에 따라서 원래 페이지의 서블릿이 생성된 이후에 include 되는 페이지가 변동되었을 경우 그 변동을 원래 페이지가 반영하지 못하는 경우도 있다. 따라서 include 지시어는 일반적으로 정적인 코드(저작권 표시 등)를 포함시킬 때 주로 사용하고 include 액션은 JSP 페이지처럼 동적인 페이지를 포함시키고자 할 때 주로 사용된다. 이렇게 include 액션은 여러 페이지를 동적으로 하나의 페이지로 묶을 수 있으므로 각각의 페이지를 기능별로 모듈화시켜서 하나의 페이지를 여러 모듈화된 페이지의 집합으로 표현하는 것이 가능하며 이러한 페이지를 템플릿 페이지라고 한다. 템플릿 페이지는 웹 프로그래밍에 있어 아주 중요한 기법 중의 하나로 다음 장에서 보다 자세히 알아보도록 한다.

include 액션은 다음과 같이 사용한다.

```
<jsp:include page="포함될 페이지" flush="false"/>
<jsp:include page="포함될 페이지" flush="false"></jsp:include>
```

forward 액션 태그와 마찬가지로 include 액션 태그에서도 파라미터 값을 전달하려면 다음과 같이 사용한다.

```
<jsp:include page="이동할 페이지">
  <jsp:param name="파라미터 이름1" value="파라미터 값1" />
  <jsp:param name="파라미터 이름2" value="파라미터 값2" />
  …
</jsp:include>
```

위의 방법 외에도 forward 액션 태그에서 설명했지만 지정한 파라미터는 GET 방식으로 전송할 때처럼 이동할 페이지의 주소 뒤에 붙여서 전송하는 것도 가능하다.

아래의 두 예제는 동일한 결과값을 얻는다.

```
<jsp:include page="test/include.jsp">
  <jsp:param name="id" value="hongkildong" />
  <jsp:param name="password" value="abc" />
  …
</jsp:include>
```

```
<jsp:include page="test/include.jsp?id=hongkildong&password=abc" />
```

(2) include 액션 태그 연습

다음의 간단한 예제로 include 액션을 연습해 보도록 한다.

① includeTest1.jsp 페이지 작성하기

includeTest1.jsp   ⬇ Chapter5₩src₩main₩webapp₩includeTest1.jsp

```
1   <%@ page language="java" contentType="text/html; charset=UTF-8"
2   pageEncoding="UTF-8"%>
3   <html>
4   <head>
5   <title>Include Action Test</title>
6   </head>
7   <body>
8   <h2>인클루드 액션 테스트</h2>
9   <jsp:include page="includeTest2.jsp">
10      <jsp:param name="name" value="hongkildong"/>
11  </jsp:include>
12  </body>
13  </html>
```

9	includeTest2.jsp 파일을 includeTest.jsp 파일 내에 인클루드시킨다.
10	name 파라미터에 hongkildong 값을 넣어 includeTest2.jsp 파일에 전달한다. 파라미터로 전송되는 name 값은 클라이언트에서 전송되어 오는 파라미터 값처럼 String getParameter(String paramName)이나 String[] getParameterValues(String paramName) 메소드를 사용해서 받으면 된다.

② includeTest2.jsp 페이지 작성하기

includeTest2.jsp   ⬇ Chapter5₩src₩main₩webapp₩includeTest2.jsp

```
1   <%@ page language="java" contentType="text/html; charset=UTF-8"
2   pageEncoding="UTF-8"%>
3   <%
4       String name=request.getParameter("name");
5   %>
6   <html>
7   <body>
8   <b><%=name%></b>
9   </body>
10  </html>
```

4	클라이언트에서 name이라는 이름으로 전송된 파라미터 값을 받는 부분이다.
8	name 변수 값을 Expression Tag로 출력하는 부분이다.

③ 실행하기

첫 번째 파일인 includeTest1.jsp 파일을 실행하면 다음과 같은 화면이 나온다.

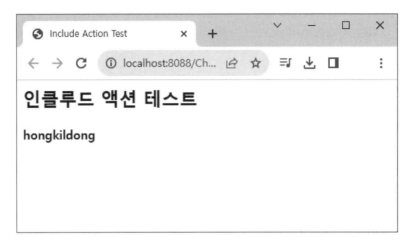

그림 5-24. includeTest1.jsp 페이지 실행 화면

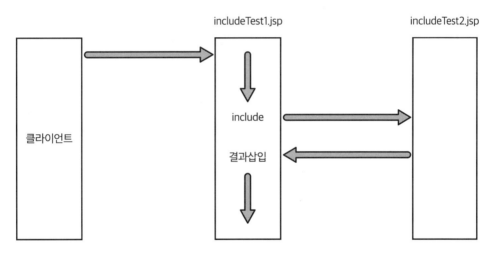

그림 5-25. include 액션 태그 사용 시 실행 순서

상단 그림에서 보면 알 수 있듯이 클라이언트에서 요청이 전송되어 오면 요청된 페이지 (includeTest1.jsp)를 읽어 들이다가 include 액션 태그 영역을 만나게 되면 include되는 페이지(includeTest2.jsp)로 제어권이 넘어가고 include되는 페이지(includeTest2.jsp)를 로딩한다. 로딩이 끝나면 로딩된 결과를 메인 페이지(includeTest1.jsp)에 삽입하고 메인 페이지의 다음 라인부터 다시 로딩한다.

4) XMLElement를 생성하는 액션 태그들

JSP에서 제공하는 XML 엘리먼트 관련 액션 태그들은 JSP 내에 XML 관련 엘리먼트들을 동적으로 생성하는 역할을 한다.

(1) 관련 액션 태그들

〈jsp:element〉 액션 태그는 xml 엘리먼트를 정의하는 액션 태그이다.
name 속성 값으로는 생성할 XML 엘리먼트의 이름을 지정한다.

```
<jsp:elelment name = "elementName" ></jsp:element>
```

〈jsp:attribute〉 액션 태그는 엘리먼트의 속성을 정의하는 액션 태그이다. name 속성 값으로는 속성의 이름을 지정하며, 〈jsp:attribute〉 태그의 몸체 부분에는 속성의 값이 지정된다.

```
<jsp:attribute name = "attributeName" >
attrbuteValue
</jsp:attribute>
```

〈jsp:body〉 태그 영역에는 엘리먼트의 내용을 지정한다.

```
<jsp:body>XML 엘리먼트의 내용</jsp:body>
```

(2) XMLElement 관련 액션 태그 연습

① xmlGenerator.jsp 페이지 작성하기

xmlGenerator.jsp   ⬇ Chapter5₩src₩main₩webapp₩xmlGenerator.jsp

```
1    <?xml version="1.0" encoding="UTF-8" ?>
2    <%@ page language="java" contentType="text/html; charset=UTF-8"
3        pageEncoding="UTF-8"%>
4    <!DOCTYPE html PUBLIC "-//W3C//DTD XHTML 1.0 Transitional//EN"
5    "http://www.w3.org/TR/xhtml1/DTD/xhtml1-transitional.dtd">
6    <html xmlns="http://www.w3.org/1999/xhtml">
7    <head>
8    <meta http-equiv="Content-Type" content="text/html; charset=UTF-8" />
9    <title>Insert title here</title>
10   </head>
11   <body>
12   <jsp:element name="member">
13   <jsp:attribute name="id">
14      member1
15   </jsp:attribute>
16   <jsp:body>
17      오정원
18   </jsp:body>
19   </jsp:element>
20   </body>
21   </html>
```

✓ 코드 분석

12~19	member 엘리먼트를 정의하는 부분이다.
13~15	member 엘리먼트에 생성하는 id 속성 값을 정의하는 부분이다.
16~18	member 엘리먼트의 body 영역의 값을 정의하는 부분이다.

② 실행하기

xmlGenerator.jsp 페이지를 실행하면 다음 그림과 같이 member라는 엘리먼트가 자동으로 생성된다.

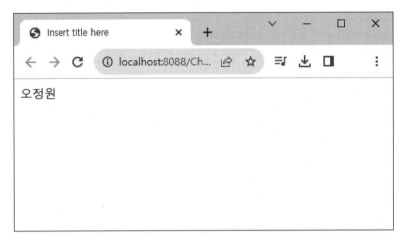

그림 5-26. xmlGenerator.jsp 페이지 실행화면

위의 그림 화면에서 마우스 우측 버튼을 누르고 소스 보기 메뉴를 선택하면 다음 그림과 같이 member 엘리먼트가 제대로 생성된 것을 확인할 수 있다.

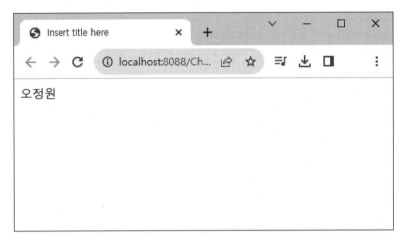

그림 5-27. xml 엘리먼트가 생성된 화면 그림

1 내장 객체는 사용자의 요청에 맞는 응답 페이지를 생성하기 위해 사용된다.

2 request 객체는 클라이언트에서 전달된 파라미터 값을 전달받을 때 사용한다.

3 response 객체는 클라이언트의 요청에 대한 응답을 처리할 때 사용한다.

4 session 객체는 클라이언트 세션 정보를 처리할 때 사용한다.

5 pageContext 객체는 페이지 실행에 필요한 컨텍스트 정보를 처리할 때 사용한다.

6 액션 태그는 JSP 페이지에서 자바 코드 등의 스크립트 언어를 사용하지 않고도 다른 페이지의 서블릿이나 자바빈의 객체에 접근할 수 있도록 태그를 이용해 구현된 기능이다.

7 forward 액션 태그와 include 액션 태그는 기능은 비슷하지만, forward의 경우는 페이지가 이동됨과 동시에 제어권을 지정된 페이지에 넘기며, include는 지정된 페이지를 include 태그를 사용한 페이지에 포함시키며 제어권을 지정한 페이지에 넘겼다가 처리가 끝나면 제어권을 다시 원래의 페이지로 반환한다.

8 JSP내에 XMLElement들을 동적으로 생성할 수 있는 액션 태그 종류로는 <jsp:element>, <jsp:attribute>, <jsp:body> 액션 태그가 존재한다.

액션 태그를 활용한 템플릿 페이지 작성

Chapter 06

이번 장에서는 템플릿 페이지를 사용하는 이유, 일반적인 웹 페이지의 구조, 템플릿 페이지의 설계, 액션 태그를 이용한 템플릿 페이지의 작성 등에 관한 내용에 대해 학습한다.

1. 템플릿 페이지

1) 템플릿 페이지를 사용하는 이유

여러 사이트들을 돌아다니다 보면 대부분의 웹사이트 화면 구성이 좌측과 상단의 메뉴는 고정되어 있고 메뉴에 따라 메인 페이지가 변경되는 것을 확인할 수 있다. 이렇게 반복되는 페이지의 사이트를 만들 때 템플릿 페이지를 사용하지 않는 것은 매우 비효율적이다. 템플릿 페이지를 사용하지 않으면 레이아웃을 변경할 경우 작성된 페이지를 모두 새로 작성해야 하기 때문이다. 이 같은 비효율적인 문제를 해결하기 위해서 사용하는 것이 바로 템플릿 페이지이다. 템플릿 페이지는 레이아웃을 구성하고 각 영역의 내용은 다른 페이지에서 가져오므로 전체 페이지 구성 수정 시에도 이 템플릿 페이지만 변환시키면 되므로 매우 편리하다.

2) 일반적인 웹 페이지의 구조

그림 6-1. 일반적인 웹페이지 구조

앞의 페이지는 일반적인 웹 페이지의 구조이다. 크게 위(TOP), 아래(BOTTOM), 왼쪽(LEFT), 가운데(CENTER)의 네 부분으로 나누어져 있다. 이 중 TOP, BOTTOM, LEFT 페이지의 경우는 메뉴로 사용되고 있으므로 매번 변경되는 페이지는 가운데 페이지뿐이다. 가운데 페이지는 메뉴에 의해 내용이 계속 바뀌게 되는데 이 레이아웃 구조대로 효율적으로 사이트를 개발하려면 템플릿 페이지를 사용하는 것이 좋다.

3) 템플릿 페이지의 설계

템플릿 페이지의 설계에서 중요한 것은 레이아웃 구조를 결정하는 것이다. 템플릿 페이지 자체가 레이아웃 구조나 마찬가지이기 때문이다. 템플릿 페이지 설계를 위해서는 사이트 화면의 틀이 결정되어야 한다. 본 장에서는 가장 전형적인 웹 페이지 구조인 TOP, BOTTOM, LEFT, CENTER 이렇게 네 부분으로 나누어 설계를 했다. 아래의 레이아웃 구조는 전형적인 웹 사이트의 구조이다. 더 자세한 내용은 다음 '액션 태그를 이용한 템플릿 페이지의 작성'에서 살펴볼 것이다.

그림 6-2. 전형적인 레이아웃 템플릿 페이지 구조

4) 액션 태그를 이용한 템플릿 페이지의 작성

여기서 작성할 템플릿 페이지는 위의 웹 페이지 레이아웃 방식을 사용할 것이다. 템플릿 페이지를 중심으로 설명할 것이므로, 위의 웹 페이지 구조에서 '신상품', '인기상품' 메뉴만 페이지화시키도록 하겠다.
화면을 구성하는 각 페이지들은 하단 표와 같이 구성된다.

파일 이름	설명
top.jsp	화면 상단에 표시될 메뉴 파일 이름이다.
bottom.jsp	화면 하단에 표시될 파일 이름이다.
left.jsp	화면 좌측에 표시될 메뉴 파일 이름이다.
newitem.jsp	신상품 페이지 파일 이름이다.
bestitem.jsp	인기상품 페이지 파일 이름이다.
template.jsp	템플릿 페이지(레이아웃) 파일 이름이다.

(1) template.jsp

파일 목록 중 가장 중요한 파일은 template.jsp이다. 이 파일이 TOP, BOTTOM, LEFT, CENTER의 레이아웃 구조를 담고 있을 파일이며, 메뉴에 따라 이동되는 페이지 또한 표시해 줄 페이지이다. 템플릿 페이지를 사용하는 이유와 특성을 익히기 위함이 목적이므로, 나머지 파일들은 간단하게 작성하도록 하겠다.

① TOP, BOTTOM, LEFT, CENTER 작성하기

top.jsp   ⬇ Chapter6₩src₩main₩webapp₩top.jsp

```
1   <%@ page language="java" contentType="text/html; charset=UTF-8"
2   pageEncoding="UTF-8"%>
3
4   <a href="login.jsp">Login</a> |
5   <a href="join.jsp">Join</a>
```

bottom.jsp   ⬇ Chapter6₩src₩main₩webapp₩bottom.jsp

```
1   <%@ page language="java" contentType="text/html; charset=UTF-8
2   "pageEncoding="UTF-8"%>
3
4   <center>Since 2008</center>
```

```
1   <%@ page language="java" contentType="text/html; charset=UTF-8"
2   pageEncoding="UTF-8"%>
3
4   <center>
5   <a href="./template.jsp?page=newitem">신상품</a><br><br>
6   <a href="./template.jsp?page=bestitem">인기상품</a><br><br>
7   </center>
```

```
1   <%@ page language="java" contentType="text/html; charset=UTF-8"
2   pageEncoding="UTF-8"%>
3
4   <b>신상품 목록입니다.</b>
```

```
1   <%@ page language="java" contentType="text/html; charset=UTF-8"
2   pageEncoding="UTF-8"%>
3
4   <b>인기상품 목록입니다.</b>
```

② template.jsp 작성하기

```
1   table {
2       margin : auto;
3       width : 960px;
4       color : gray;
5       border : 1px solid gray;
6   }
```

```
1   <%@ page language="java" contentType="text/html; charset=UTF-8"
2   pageEncoding="UTF-8"%>
3   <%
4       String pagefile=request.getParameter("page");
5       if (pagefile==null){pagefile="newitem";}
6   %>
7   <html>
8   <head>
9   <title>Template Test</title>
10  <link href="css/template.css" rel="stylesheet" type="text/css">
11  </head>
12  <body>
13  <table>
14      <tr>
15          <td height="43" colspan=3 align=left>
16              <jsp:include page="top.jsp"/>
17          </td>
18      </tr>
19      <tr>
20          <td width="15%" align=right valign=top><br>
21              <jsp:include page="left.jsp"/>
22          </td>
23          <td colspan=2 align=center>
24              <jsp:include page='<%=pagefile+".jsp" %>' />
25          </td>
26      </tr>
27      <tr>
28          <td width="100%" height="40" colspan="3">
29              <jsp:include page="bottom.jsp"/>
30          </td>
31      </tr>
32  </table>
33  </body>
34  </html>
```

4	템플릿 페이지에 표시할 웹 페이지 이름을 얻는다.
5	템플릿 페이지에 표시할 웹 페이지 이름이 파라미터로 전송되지 않을 경우 기본 값으로 'newitem'을 갖는다.
16	TOP 부분의 메뉴 페이지를 포함한다.
21	LEFT 부분의 메뉴 페이지를 포함한다.
24	라인 4에서 얻은 표시할 웹 페이지 이름 끝에 .jsp를 붙여서 페이지를 인클루드한다. 이 부분이 템플릿 페이지의 가장 중요한 부분이며 고정된 레이아웃에 삽입될 페이지를 동적으로 변경할 수 있다.

③ 실행하기

template.jsp 파일을 실행하면 삽입될 페이지의 기본값을 "newitem"으로 지정했기 때문에 다음 그림처럼 신상품을 출력하는 페이지가 삽입된다.

그림 6-3. 템플릿 페이지 메인 영역에 신상품이 삽입된 화면 그림

위의 화면에서 "인기상품" 링크를 클릭하면 다음과 같이 인기상품을 출력하는 페이지가 메인 영역에 삽입된다.

그림 6-4. 템플릿 페이지 메인 영역에 인기상품이 삽입된 화면 그림

위의 화면에서 다시 "신상품" 링크를 클릭하면 템플릿 페이지 메인 영역에 신상품 페이지가 삽입되는 것을 확인할 수 있다.

그림 6-5. 템플릿 페이지 메인 영역에 다시 신상품이 삽입된 화면 그림

위의 결과 페이지를 보면 TOP, BOTTOM, LEFT 이 세 부분은 항상 같은 페이지가 고정되어 있다. 신상품 또는 인기상품을 누르게 되면 그에 해당하는 페이지가 메인 영역에 출력된다. 주소 표시줄을 보게 되면 '신상품'을 보고 있을 때는 page 파라미터에 newitem 값을 갖고, '인기상품'을 보고 있을 때는 page 파라미터에 bestitem 값을 갖는다. 템플릿 페이지를 이용하면 이와 같이 여러 페이지를 파라미터 값을 사용하여 표시할 수 있다. 그리고 TOP, BOTTOM, LEFT 페이지 또한 가운데에 표시되는 각 메인 페이지마다 구현하지 않아도 템플릿 페이지에만 포함시켜 놓으면 어떤 페이지를 표시하던지 항상 보이게 된다. 이것을 JSP 페이지의 모듈화라고도 한다.

1 템플릿 페이지는 반복되는 레이아웃의 패턴을 쉽고 효율적으로 구현하기 위해 사용된다.

2 템플릿 페이지는 include 액션 태그를 이용하여 작성된다.

3 템플릿 페이지를 사용하게 되면 차후 레이아웃을 변경할 때도 include될 페이지와 템플릿 페이지를 분리하여 작업이 가능하다.

4 다음 그림과 같이 전체 레이아웃에서 상단 부분과 메뉴 부분, 메인 부분, 하단 부분에 출력될 코드를 각각 include로 처리할 수 있다.

다음 화면에서 신상품 메뉴를 클릭했을 경우 메인 프레임 영역에 신상품을 출력하는 페이지를 include 처리하여 나머지 영역은 내용이 변경되지 않게 하고 메인 영역만 내용이 변경되게 처리하는 것이 가능하다.

신상품을 클릭한 후 화면

Chapter 07 자바빈(JavaBean)

이번 장에서는 JSP에서 관련 있는 데이터를 저장하는 클래스(자바빈)를 정의하여 사용하는 방법을 살펴보도록 하겠다. 관련이 있는 데이터들은 각각 데이터들을 따로 다루는 것보다는 관련이 있는 데이터를 저장하는 하나의 클래스를 설계하여 하나의 단위로 다루는 것이 훨씬 효율적이다.

예를 들어 회원가입 요청에서 회원 한 명의 정보를 이름 따로 주소 따로 다루게 되면 각 데이터의 관련성이 없으므로 회원 정보라는 클래스를 설계하여 해당 클래스에 이름과 주소를 속성으로 정의하여 한 명의 회원 정보로 다루는 것이 보다 객체 지향적인 코드이며 효율적인 코드가 된다.

본 장에서는 자바빈 클래스를 정의하는 규칙을 살펴보며, JSP에서 자바빈 클래스를 보다 편리하게 사용할 수 있도록 제공되는 빈 관련 액션 태그에 대해 살펴본다.

1. 자바빈의 개요

일반적으로 웹 사이트는 디자이너와 프로그래머가 협업하여 개발하게 된다. 그런데 프로그래머가 JSP 페이지의 이곳 저곳에 자바 코드를 입력했을 때 디자이너는 해당 페이지를 해석하기 어려워지게 되고, 개발 효율 또한 떨어질 것이다. 그렇다고 프로그래머는 자바 코드를 사용하지 않을 수는 없는 일이다. 이런 비효율적인 부분을 지원하기 위해 제공되는 기능의 형태가 자바빈이다. 자바빈은 JSP 페이지의 디자인 부분과 비즈니스 로직 부분을 분리함으로써 복잡한 JSP 코드들을 줄이고, 프로그램의 재사용성을 증가시킨다.

1) 자바빈을 사용하는 이유

위에서 설명했듯이 자바빈을 사용하는 이유는 디자인 부분과 비지니스 로직 부분을 분리하기 위함이다. 자바빈을 사용하게 되면 디자이너는 디자이너의 역할만, 프로그래머는 프로그래머의 역할만 할 수 있게 된다. 아래의 소스 코드를 살펴보자.

```
1    <%@ page contentType = "text/html;charset=euc-kr"%>
2    <%
3        id1 = isNull(request.getParameter("id1"));
4        id2 = isNull(request.getParameter("id2"));
```

```
 5        id3 = isNull(request.getParameter("id3"));
 6        id4 = isNull(request.getParameter("id4"));
 7
 8        String sql = "SELECT * FROM data";
 9        rs = stmt.executeQuery(sql);
10
11        if (rs.next()) {
12            count = rs.getInt("count");
13            name = rs.getString("name");
14            head = rs.getString("head");
15            foot = rs.getString("foot");
16        }
17        rs.close();
18 %>
19 <html>
20 <body>
21     <%if(count != 0){%>
22 count : <%=count%><br>
23     <%}%>
24     name : <%=name%><br>
25     head : <%=head%><br>
26     foot : <%=foot%><br>
27 </body>
28 </html>
```

위의 코드를 살펴보면 자바 코드가 상단에는 물론 하단에 있는 HTML 코드 내에도 코딩되어
있다. 이렇게 코드가 복잡하고 길어지면 직접 작업한 프로그래머는 이해할 수 있더라도 디자이
너는 이해하기 어렵기 때문에 디자인 작업이 용이하지 못하다. 이때는 디자이너가 자바 개발자
에게 도움을 요청해야 하지만 이 방법 또한 매우 비효율적이다. 그만큼 많은 시간이 소비되기
때문이다. 자바빈을 사용한다면 앞서 설명했듯이 디자이너는 디자인을, 프로그래머는 자바 코
딩만을 할 수 있게 된다. 즉, 개발 시 분리된 작업이 가능하게 된다.

2) 자바빈의 설계 규약

자바빈을 작성하기 위해서는 먼저 설계 규약을 알아야 한다. 자바빈은 다른 클래스와는 달리

규정되어 있는 규약에 따라서 작성해야 하며, 이에 맞지 않을 경우는 자바빈의 특성을 갖지 않는 클래스가 되어버릴 수 있으므로 주의해야 한다. 자바빈의 설계 규약이라 해도 많은 내용이 포함된 것은 아니며, 가장 일반적인 내용들을 기본으로 한다. 다음은 자바빈의 설계 규약 내용이다.

1. 멤버 변수마다 별도의 get/set 메소드가 존재해야 한다.
2. get 메소드는 파라미터가 존재하지 않아야 한다.
3. set 메소드는 반드시 하나 이상의 파라미터가 존재해야 한다.
4. 빈즈 컴포넌트의 속성은 반드시 읽기 또는 쓰기가 가능해야 한다. 즉, get 메소드와 set 메소드를 구현해야 한다. 단, 읽기 전용인 경우 get 메소드만 정의할 수 있다.
5. 생성자는 파라미터가 존재하지 않아야 한다. 인자 없는 생성자가 반드시 있어야 한다.
6. 멤버 변수의 접근 제어자는 private이며, 각 set/get 메소드의 접근 제어자는 public으로 정의되어야 하며 클래스의 접근 제어자는 public으로 정의한다.

3) 자바빈의 기본 작성 예제

여기서는 자바빈의 기본 작성 예제에 대해 살펴본다. 자바빈을 이용하여 JSP 페이지를 작성하는 것은 어렵지 않다. 자바빈의 설계 규약을 알고 있고 클래스를 생성할 수 있다면 얼마든지 쉽게 작성할 수 있다.

다음 예제를 실습해보도록 하자.

① BeanTest.java 파일 작성하기

BeanTest.java   ⬇ Chapter7₩src₩main₩java₩test₩BeanTest.java

```
1   package test;
2
3   public class BeanTest {
4       private String name="honggildong";
5
6       public String getName() {
7           return name;
8       }
9
```

```
10          public void setName(String name) {
11              this.name = name;
12          }
13    }
```

✓ 코드 분석

6	name 멤버 변수의 get 메소드의 이름은 get + 멤버 변수의 이름(name)으로 지정하되 멤버 변수 이름의 첫 문자는 대문자로 지정한다.
10	name 멤버 변수의 set 메소드의 이름은 set + 멤버 변수의 이름(name)으로 지정하되 멤버 변수 이름의 첫 문자는 대문자로 지정한다.

② beanTest.jsp

beanTest.jsp   ⬇ Chapter7₩src₩main₩webapp₩beanTest.jsp

```
1     <%@ page language="java" contentType="text/html; charset=UTF-8"%>
2
3     <jsp:useBean id="beantest" class="test.BeanTest" scope="page"/>
4
5     <html>
6     <head>
7     <title>JavaBean Test</title>
8     </head>
9     <body>
10    <b>자바빈 사용 예제</b>
11    <h3><%=beantest.getName() %></h3>
12    </body>
13    </html>
```

✓ 코드 분석

3	test 패키지에 있는 BeanTest라는 자바빈 클래스를 beantest라는 이름으로 객체를 생성한다.
11	beantest 객체에 있는 name 값을 출력한다.

③ 실행하기

앞의 예제(beanTest.jsp)를 실행하면 다음과 같은 결과를 얻을 수 있다.

그림 7-1. 빈 객체 사용 후 속성 값 출력

이처럼 자바빈을 사용하면 객체를 생성하는 것도 간단하며 속성 값을 얻어오는 코드도 간단하기 때문에 자바빈을 사용한다면 보다 더 편리한 프로그래밍이 가능하다. 다음 단원에서 자바빈에 대해 좀 더 자세히 살펴보도록 하겠다.

2. JSP에서 자바빈 사용하기

1) <jsp:useBean/> 태그

앞의 예제에서 〈jsp:useBean/〉 태그를 간단하게 사용해보았는데, 이것은 자바빈 객체를 생성하기 위한 액션 태그이다. 〈jsp:useBean/〉 태그의 사용 방법은 다음과 같다.

```
<jsp:useBean id="빈 이름" class="자바빈 클래스 명" scope="사용 범위"/>
```

id는 JSP 페이지에서 사용될 자바빈 객체의 변수 명이며, class는 자바빈의 설계 규약에 맞게 작성된 클래스 명을 적어 주어야 한다. 클래스가 패키지 안에 작성되어 있다면 패키지 경로까지 지정해 주어야 한다. scope는 사용 범위를 뜻하는데, request, page, session, application 네 종류가 있으며 기본 값은 page이다.

2) <jsp:setProperty/> 태그

〈jsp:setProperty/〉 태그는 자바빈 클래스의 속성 값을 설정하기 위한 태그이다. 사용 방법은
다음과 같다.

```
<jsp:setProperty name="빈 이름" property="속성 명" value="설정할 속성 값"/>
```

아래의 소스 코드는 앞에서 테스트했던 BeanTest.jsp 코드에서 setProperty 태그만 추가한 것
이다. 다음 코드에서 setProperty가 어떤 역할을 하는지 확인해보자.

beanTest.jsp   ⬇ Chapter7₩src₩main₩webapp₩beanTest.jsp

```
1   <%@ page language="java" contentType="text/html; charset=EUC-KR"%>
2
3   <jsp:useBean id="beantest" class="test.BeanTest" scope="page"/>
4   <jsp:setProperty name="beantest" property="name" value="BeanTest!"/>
5   <html>
6   <head>
7   <title>JavaBean Test</title>
8   </head>
9   <body>
10  <b>자바빈 사용 예제</b>
11  <h3><%=beantest.getName() %></h3>
12  </body>
13  </html>
```

✓ 코드 분석

4	3 라인에서 생성된 beantest 빈 객체의 name 속성 값을 "BeanTest!"로 설정하는 부분이다.

상단의 beanTest.jsp 페이지를 실행하면 하단과 같은 그림 화면이 출력된다.

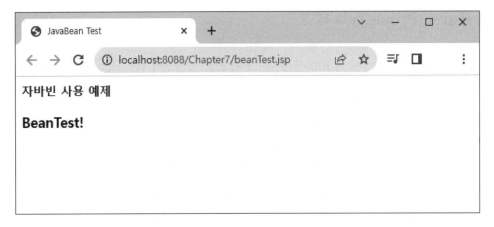

그림 7-2. setProperty 액션 태그 사용

〈그림 7-1〉에서는 name 속성 값이 'honggildong'이 출력되었으나, 〈그림 7-2〉 그림 화면에서는 'BeanTest!'가 출력되었다. 〈jsp:setProperty/〉 태그를 사용하여 BeanTest 자바빈에 접근하여 name 변수를 변경한 것이다. 하지만 자바빈에 보면 name 변수는 private으로 선언되어 있으므로, 직접 변경할 수 없게 되어 있다. 〈jsp:setProperty/〉 태그는 자바빈 객체의 멤버 변수를 직접 수정하는 것이 아니며 set 메소드를 호출하여 멤버 변수를 수정하는 것이다. 즉, 위의 태그는 자바빈 객체에 있는 다음의 코드를 실행하게 되는 것이다.

```
1   public void setName(String name) {
2   this.name = name;
3   }
```

〈jsp:setProperty/〉 태그는 자바빈 객체의 멤버 변수를 직접 수정하는 것이 아니라 해당 속성의 set 메소드를 호출하는 것이다. 클라이언트에서 전송되어 오는 파라미터 값을 속성 값으로 할당할 경우는 value 대신 param을 사용한다.

```
<jsp:setProperty name="빈 이름" property="속성 명" param="파라미터명"/>
```

만약 클라이언트에서 name이라는 이름의 파라미터 값이 전송되어 오고 이 값을 name 속성 값으로 할당하고 싶다면 다음과 같이 설정해 주면 된다.

beanTest.html   ⬇ Chapter7₩src₩main₩webapp₩beanTest.html

```
1    <body>
2    <form action="beanTest.jsp">
3        이름 :<input type="text" name="name"/>
4        <br/>
5        <input type="submit" value="전송"/>
6    </form>
7    </body>
8
```

 코드 분석

beanTest.jsp 페이지로 name 속성 값을 전송한다.

beanTest.jsp   ⬇ Chapter7₩src₩main₩webapp₩beanTest.jsp

```
1    <%@ page language="java" contentType="text/html; charset=UTF-8"%>
2    <jsp:useBean id="beantest" class="test.BeanTest" scope="page"/>
3    <jsp:setProperty name="beantest" property="name" param="name"/>
4    <html>
5    <head>
6    <title>JavaBean Test</title>
7    </head>
8    <body>
9    <b>자바빈 사용 예제</b>
10   <h3><%=beantest.getName() %></h3>
11   </body>
12   </html>
```

코드 분석

3	클라이언트에서 name이라는 이름으로 전송되어 오는 파라미터 값을 beantest 빈 객체의 name 속성 값으로 설정하는 부분이다.

위의 코드에서 html 페이지에서 전송되어 오는 파라미터의 이름이 설정하려는 빈 객체의 속성 명과 같으면 param 속성은 생략해도 된다. 결과를 확인하면 다음과 같이 name 속성 값이 잘 출력되는 것을 볼 수 있다.

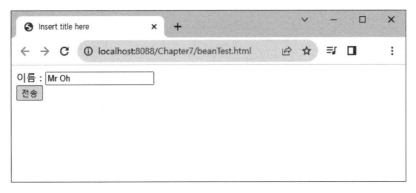

그림 7-3. name 값을 입력하는 클라이언트 페이지

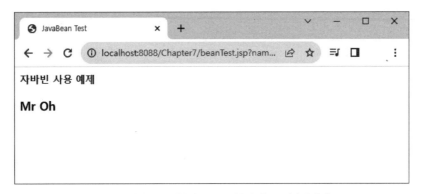

그림 7-4. 파라미터로 전송되는 name 값을 속성으로 설정 후 출력

또한, 클라이언트에서 전송되어 오는 파라미터 이름이 빈 객체의 속성 명과 모두 같다면 다음과 같이 한번에 할당할 속성 명을 할당할 수 있다.

```
<jsp:setProperty name="빈 이름" property="*"/>
```

위와 같이 property="*"로 설정하면, 클라이언트에서 전송되어 오는 파라미터 값이 모두 같은 이름의 빈 객체의 속성 값으로 자동으로 할당된다.

property="*" 방법 테스트를 위해서 정보를 저장하는 빈 클래스를 작성한다.

```java
1   package test;
2
3   public class BeanTest2 {
4       private String name;
5       private String addr;
6       private String email;
7       private String birthday;
8       public String getName() {
9           return name;
10      }
11      public void setName(String name) {
12          this.name = name;
13      }
14      public String getAddr() {
15          return addr;
16      }
17      public void setAddr(String addr) {
18          this.addr = addr;
19      }
20      public String getEmail() {
21          return email;
22      }
23      public void setEmail(String email) {
24          this.email = email;
25      }
26      public String getBirthday() {
27          return birthday;
28      }
29      public void setBirthday(String birthday) {
30          this.birthday = birthday;
31      }
32  }
```

 코드 분석

관련 있는 일련의 정보를 속성 값으로 저장하는 클래스이다.

빈 클래스가 작성되었으면 클라이언트 페이지인 html 페이지를 하단과 같이 작성한다.

beanTest2.css   ⬇ Chapter7₩src₩main₩webapp₩css₩beanTest2.css

```
1   #formArea{
2       margin : auto;
3       width : 400px;
4       border : 1px solid black;
5       }
6   h1,fieldset{
7       text-align : center;
8   }
```

✅ 코드 분석

1~5	form 태그가 정의되는 영역의 스타일을 정의하는 부분이다.
6~8	h1 태그 영역과 fieldset 태그 영역의 내용을 가운데 정렬하는 스타일을 정의한 부분이다.

beanTest2.html   ⬇ Chapter7₩src₩main₩webapp₩beanTest2.html

```
1    <!DOCTYPE html>
2    <html>
3    <head>
4    <meta charset="UTF-8">
5    <title>Insert title here</title>
6    <link href="css/beanTest2.css" rel="stylesheet", type="text/css">
7    </head>
8    <body>
9    <section id = "formArea">
10       <h1>propery="*" 테스트</h1>
11       <form action = "beanTest2.jsp" method = "POST">
12          <fieldset>
13             <label for = "name">이름 : </label><input type = "text" name
14   = "name" id = "name"/><br>
15             <label for = "addr">주소 : </label><input type = "text" name
16   = "addr" id = "addr"/><br>
17             <label for = "email">이메일 주소 : </label><input type = "email"
18   name = "email" id = "email"/><br>
19             <label for = "birthday">생년월일 : </label><input type = "date"
20   name = "birthday" id = "birthday"/><br>
```

21	`<input type = "submit" value = "전송">`
22	`</fieldset>`
23	`</form>`
24	`</section>`
25	`</body>`
26	`</html>`

클라이언트 페이지(html)가 작성되었으면 bean 관련 액션 태그를 사용하는 beanTest2.jsp 페이지를 작성한다.

beanTest2.jsp ⬇ Chapter7₩src₩main₩webapp₩beanTest2.jsp

```
1   <%@ page language="java" contentType="text/html; charset=UTF-8"%>
2
3   <%
4       request.setCharacterEncoding("UTF-8");
5   %>
6   <jsp:useBean id="beantest" class="test.BeanTest2" scope="page"/>
7   <jsp:setProperty name="beantest" property="*"/>
8   <html>
9   <head>
10  <title>JavaBean Test</title>
11  </head>
12  <body>
13  <h1>자바빈 속성 값 출력</h1>
14  <b>이름 : </b> <%=beantest.getName() %><br>
15  <b>주소 : </b> <%=beantest.getAddr() %><br>
16  <b>이메일 주소 : </b> <%=beantest.getEmail() %><br>
17  <b>생년월일 : </b> <%=beantest.getBirthday() %><br>
18  </body>
19  </html>
```

✅ 코드 분석

7	클라이언트에서 파라미터로 전송되어 오는 파라미터 값들을 파라미터 이름들과 동일한 이름의 빈 객체의 속성 값으로 할당하는 부분이다.
14~17	빈객체의 각 속성 값들을 출력하는 부분이다.

전체 코드가 작성되었으면 beanTest2.html 페이지를 실행한 후 〈그림 7-6〉과 같이 필요한 값을 입력한다.

beanTest2.html 페이지에서 사용한 email 타입이나 date 타입의 input 박스가 제대로 인식되게 하려면 사용하는 브라우저를 크롬으로 변경하여야 한다.

[Window]-[Web Browser]-[Chrome]을 선택하여 사용 브라우저를 Chrome으로 변경한다.

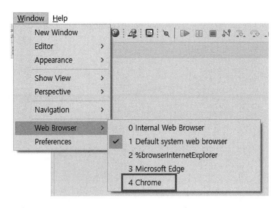

그림 7-5. Chrome 브라우저로 변경하기

사용 브라우저가 Chrome으로 변경되었으면 HTML5에서 제공되는 입력 양식을 사용할 수 있으므로 beanTest2.html 페이지를 실행한 후 필요한 값을 입력한다.

그림 7-6. beanTest2.html 페이지 실행 화면

〈그림 7-6〉에서 필요한 값을 모두 입력하였으면 〈전송〉 버튼을 클릭하여 파라미터 값을 beanTest2.jsp 페이지로 전송한다.

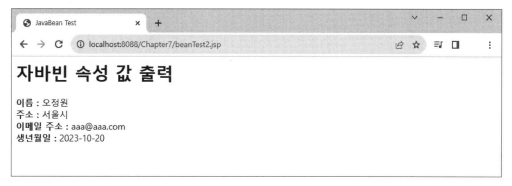

<jsp:useBean 태그 관련 내용을 담은 브라우저 화면 설명>

자바빈 속성 값 출력

이름 : 오정원
주소 : 서울시
이메일 주소 : aaa@aaa.com
생년월일 : 2023-10-20

그림 7-7. beanTest2.jsp 페이지 요청 화면

〈그림 7-7〉처럼 클라이언트에서 전송된 모든 파라미터 값들이 빈 객체의 속성 값으로 할당된 것을 확인할 수 있다.

3) <jsp:getProperty/> 태그

〈jsp:getProperty/〉 태그는 자바빈 클래스의 속성 값을 가져오기 위한 태그이다. 사용 방법은 다음과 같다.

```
<jsp:getProperty name="빈 이름" property="속성 명"/>
```

아래의 소스 코드는 앞에서 테스트했던 BeanTest4.jsp 코드에서 getProperty 태그만 추가한 것이다. 다음 코드에서 getProperty가 어떤 역할을 하는지 확인해보자.

beanTest.jsp   ⬇ Chapter7₩src₩main₩webapp₩beanTest.jsp

```
1   <%@ page language="java" contentType="text/html; charset=EUC-KR"%>
2
3   <jsp:useBean id="beantest" class="test.BeanTest" scope="page"/>
4   <html>
5   <head>
6   <title>JavaBean Test</title>
```

```
7    </head>
8    <body>
9    <b>자바빈 사용 예제</b>
10   <h3><%=beantest.getName() %></h3>
11   <h3><jsp:getProperty name="beantest" property="name"/></h3>
12   </body>
13   </html>
```

☑ 코드 분석

11	getProperty 액션 태그를 사용해서 name 속성 값을 출력하는 부분이다.

위의 beanTest.jsp 페이지 코드를 실행해보면 다음과 같은 결과를 확인할 수 있다.

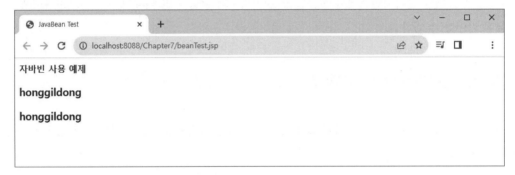

그림 7-8. getProperty 액션 태그 연습 화면

〈그림 7-8〉에서 결과를 확인해 보면 앞의 코드 중 10번 라인과 11번 라인이 동일한 역할을 한 다는 것을 알 수 있다. 〈jsp:getProperty/〉 태그도 〈jsp:setProperty/〉 태그와 마찬가지로 멤 버 변수에서 값을 직접 가져오지 않는다. 위에서 작성한 〈jsp:getProperty/〉 태그는 아래의 코 드와 연동된다.

```
1    public String getName() {
2        return name;
3    }
```

name 멤버 변수는 직접 제어할 수 없는 private으로 선언되어 있기 때문에 직접 접 근하는 것은 불가능하다. 그렇기 때문에 getName() 메소드로만 접근하여야 하는데,

〈jsp:getProperty/〉가 바로 이 getName() 메소드를 호출하는 역할을 하는 것이다.

4) 자바빈의 영역

자바빈의 영역이란 앞에서 다루었던 〈jsp:useBean/〉 태그와 관련이 있다. 〈jsp:useBean/〉 태그를 공부했다면 scope 속성이 있던 것을 확인하였을 것이다. 이 속성은 자바빈 객체가 저장될 영역을 뜻한다. 〈jsp:useBean/〉 태그를 사용하게 되면 자바빈 클래스가 지정한 빈 이름으로 객체 생성이 되는데, 이 객체 생성은 scope에 지정된 곳으로 생성이 된다. 자바빈의 영역(scope)은 page, request, session, application 이렇게 네 가지로 나누어지며, scope를 지정하지 않을 경우 기본 값은 page가 된다.

영역	설명
page	빈 객체 공유 범위가 현재 페이지의 범위에만 한정된다. 페이지가 변경되면 공유가 유지되지 않는 scope이다.
request	request 요청을 받고 처리를 완료할 때까지 생존하는 scope이다.
session	클라이언트당 하나씩 할당되는 영역이다, 클라이언트가 브라우저를 종료하기 전까지 유지되는 scope이다.
application	사이트 전체의 범위를 가지며, 서버가 종료되기 전에는 계속 유지되는 scope이다.

일반적으로 request 영역은 모델 2로 요청 처리를 할 때 서블릿에서 데이터를 공유하고 JSP 페이지에서 공유된 데이터를 사용할 때 많이 사용되며, 세션 영역은 요청이 바뀌어도 정보가 유지되어야 하는 경우, 즉 로그인이나 장바구니 등에 많이 사용되며 애플리케이션 영역은 애플리케이션 전체 영역에서 데이터를 공유해야 하는 경우, 즉 전체 방문자수 계산 등에 많이 사용한다. 개발하고 있는 프로그램의 기능을 고려하여 적절한 영역을 사용해야 메모리의 낭비를 줄일 수 있다.

3. 자바빈을 이용한 회원가입 폼 작성

이 단원에서는 자바빈을 활용하여 회원가입 폼을 작성해 볼 것이다. 회원가입 폼을 작성하면서 자바빈에 대해 상세히 공부해 보도록 한다.

1) 자바빈의 작성

먼저 회원가입 폼 작성에서 중심이 되는 자바빈을 작성할 것이다. 여기서 자바빈의 역할은 회원가입할 때 입력했던 내용을 멤버 변수에 저장하는 역할을 한다. 다음 소스 코드를 작성해 보도록 하자.

JoinBean.java ⬇ Chapter7₩src₩main₩java₩join₩JoinBean.java

```java
package join;

public class JoinBean {
    private String id;
    private String pass;
    private String name;
    privateint sex;
    privateint age;
    private String email;

    public String getId() {
        return id;
    }
    public void setId(String id) {
        this.id = id;
    }
    public String getPass() {
        return pass;
    }
    public void setPass(String pass) {
        this.pass = pass;
    }
    public String getName() {
        return name;
    }
    public void setName(String name) {
        this.name = name;
    }
    publicintgetSex() {
        return sex;
    }
    public void setSex(int sex) {
```

```
33        this.sex = sex;
34    }
35    publicintgetAge() {
36        return age;
37    }
38    public void setAge(int age) {
39        this.age = age;
40    }
41 public String geEmail(){
42        return email;
43 }
44 public void setEmail(String email) {
45        this.email = email;
46    }
47 }
```

 코드 분석

회원에 관한 정보를 저장하는 빈 클래스이다.

자바빈 클래스를 위와 같이 작성하였다. 멤버 변수는 아이디, 비밀번호, 이름, 성별, 나이, 이메일, 주소 총 6개로 구성되어 있고, 각 get/set 메소드가 규약에 맞게 선언되어 있다. 이것이 자바빈 클래스의 구조이며, 회원가입 처리에 이 자바빈을 활용할 것이다.

2) 입력 폼 페이지의 작성

자바빈 클래스를 작성하였으므로, 이번에는 회원가입 입력 폼 페이지를 작성할 것이다. 이 페이지는 아이디, 비밀번호 등 회원가입 시 필요한 정보들을 입력 받고 〈가입〉 버튼을 누르면 입력 정보 확인 페이지로 이동한다. 다음 소스 코드를 작성하도록 한다.

```
1   #formArea{
2       margin : auto;
3       width : 400px;
4       border : 1px solid gray;
5       text-align : center;
6   }
7   h1{
8       text-align: center;
9   }
10  table{
11      width : 380px;
12      margin : auto;
13      text-align: center;
14  }
```

```
1   <%@ page language="java" contentType="text/html; charset=UTF-8"%>
2   <html>
3   <head>
4   <title>회원가입 폼</title>
5   <link href="css/joinForm.css" rel=""stylesheet type="text/css">
6   </head>
7   <body>
8   <section id = "formArea">
9   <h1>회원정보 입력</h1>
10  <form action="joinChk.jsp" method="post">
11  <table>
12      <tr>
13          <td><label for = "id">아이디 : </label></td>
14          <td><input type="text" name="id" id = "id"></td>
15      </tr>
16      <tr>
17          <td><label for = "pass">비밀번호 : </label></td>
18          <td><input type="password" name="pass" id = "pass"></td>
19      </tr>
20      <tr>
21          <td><label for = "name">이름 : </label></td>
22          <td><input type="text" name="name" id = "name"></td>
```

```
23    </tr>
24       <tr>
25          <td><label for = "sex">성별 : </label></td>
26          <td>
27             <input type="radio" name="sex" value="1" id = "sex"
28    checked>남
29             <input type="radio" name="sex" value="2">여
30          </td>
31       </tr>
32       <tr>
33          <td><label for = "age">나이 : </label></td>
34          <td><input type="text" name="age" id = "age"></td>
35       </tr>
36       <tr>
37          <td><label for = "email">이메일주소 : </label></td>
38          <td><input type="text" name="email" id = "email"></td>
39       </tr>
40       <tr>
41          <td colspan="2">
42             <input type="submit" value="가입">
43             <input type="reset" value="다시 작성">
44          </td>
45       </tr>
46    </table>
47    </form>
48    </section>
49    </body>
50    </html>
```

사용자의 정보를 입력할 수 있는 페이지의 코드이다.

3) 입력 정보 확인 페이지의 작성

위에서 작성한 입력 폼 페이지(joinForm.jsp)에서 회원가입 정보를 입력하고 〈가입〉 버

튼을 누르면 입력 정보 확인 페이지가 요청된다. 입력 정보 확인 페이지에서는 회원가입 정보를 〈jsp:setProperty/〉 태그를 이용하여 자바빈 객체에 저장하고, 저장한 내용을 〈jsp:getProperty/〉 태그를 이용하여 표시하는 코드를 작성한다. 다음과 같이 소스 코드를 작성하도록 한다.

joinChk.css   ⬇ Chapter7₩src₩main₩webapp₩css₩joinChk.css

```css
1  table{
2      width : 400px;
3  }
4  h1{
5      text-align: center;
6  }
```

joinChk.jsp   ⬇ Chapter7₩src₩main₩webapp₩joinChk.jsp

```jsp
1  <%@ page language="java" contentType="text/html; charset=UTF-8"%>
2  <%request.setCharacterEncoding("UTF-8");%>
3  <jsp:useBean id="join" class="join.JoinBean"/>
4  <jsp:setProperty name="join" property="*"/>
5
6  <html>
7  <head>
8  <title>회원가입 입력 정보 확인 페이지</title>
9  <link href="css/joinChk.css" rel="stylesheet" type="text/css">
10 </head>
11 <body>
12 <table>
13     <tr>
14         <td><b>아이디 : </b></td>
15         <td><jsp:getProperty name="join" property="id"/></td>
16     </tr>
17     <tr>
18         <td><b>비밀번호 : </b> </td>
19         <td><jsp:getProperty name="join" property="pass"/></td>
20     </tr>
21     <tr>
22         <td><b>이름 : </b></td>
23         <td><jsp:getProperty name="join" property="name"/></td>
24     </tr>
25     <tr>
```

```
26        <td><b>성별 : </b></td>
27        <td><jsp:getProperty name="join" property="sex"/></td>
28     </tr>
29     <tr>
30        <td><b>나이 : </b></td>
31        <td><jsp:getProperty name="join" property="age"/></td>
32     </tr>
33     <tr>
34        <td><b>이메일주소 : </b></td>
35        <td><jsp:getProperty name="join" property="email"/></td>
36     </tr>
37  </table>
38  </body>
39  </html>
```

✅ 코드 분석

2	joinForm.jsp에서 입력한 한글 값을 받을 때 깨지지 않도록 한다.
3	join 패키지에 있는 JoinBean자바빈 객체를 join이란 빈 이름으로 생성한다.
4	회원가입 폼에서 받아온 입력 값들을 자바빈 객체의 속성 값에 모두 저장한다.
12~37	각 프로퍼티에 해당 값을 가져와서 표시한다.

자바빈을 이용한 회원가입 폼을 작성해 보았다. 자바빈을 잘 작성하여 이용하면 매우 효율적인 프로그래밍이 가능하다. 위처럼 회원가입 폼에서 입력 받은 자료들을 ⟨jsp:setProperty/⟩ 태그를 이용하여 하나씩 할당하지 않더라도 한 줄의 코드로 모든 데이터를 한번에 입력시킬 수 있다. 전체적인 소스 또한 지저분하지 않기 때문에, 디자이너와 작업할 때 빠른 진행이 가능할 것이라 생각한다.

다음은 위의 코드를 실행한 결과이다. 먼저 joinForm.jsp 페이지를 실행한다.

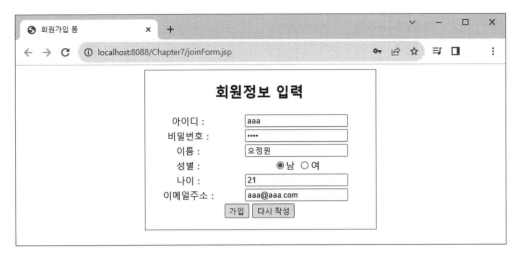

그림 7-9. joinForm.jsp 페이지 실행화면

위의 출력 화면에 필요한 데이터를 입력하고 〈가입〉 버튼을 클릭하면 하단과 같은 결과가 출력
된다.

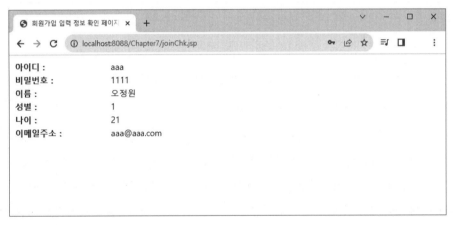

그림 7-10. joinChk 요청 화면

입력한 데이터들이 빈 객체의 속성 값으로 자동으로 설정된 후 출력된 것을 상단의 출력 화면
을 통해 확인할 수 있다.

1 <jsp:useBean/> 태그는 자바빈 객체를 생성하는 액션 태그이며, scope로 사용 범위를 지정할 수 있다. 사용 문법은 다음과 같다.

<jsp:useBean id="빈 이름" class="자바빈 클래스 명" scope="사용 범위"/>

2 <jsp:setProperty/>와 <jsp:getProperty>는 자바빈 객체의 멤버 변수 값을 설정하거나 반환하는 태그이다.

① 특정 값을 특정 빈 객체의 속성 값으로 할당.

<jsp:setProperty name="빈 이름" property="속성 명" value="설정할 속성 값"/>

② 클라이언트에서 전송되어 오는 특정 파라미터의 값을 특정 속성 값으로 할당.
   이 경우는 value 대신 param 속성 값을 사용해야 한다.

<jsp:setProperty name="빈 이름" property="속성 명"param="파라미터명"/>

③ 입력 폼의 모든 파라미터 이름과 자바빈 객체의 변수들 이름이 일치하는 모든 파라미터 값을 해당 변수에 할당. 일반적으로 회원가입 요청이나 게시판 글쓰기 요청처럼 파라미터가 여러 개 전송되어 오는 요청의 경우는 이 방법이 가장 많이 사용되는 방법이다. 파라미터 이름과 일치하지 않는 빈 객체의 속성 명이 있으면 일치하는 이름의 속성으로만 값이 할당된다.

<jsp:setProperty name="beanName" property="*"/>

④ 특정 빈 객체의 속성 값을 출력.

<jsp:getProperty name="빈 이름" property="속성 명"/>

3 자바빈 클래스의 설계 규칙

① 멤버 변수마다 별도의 get/set 메소드가 존재해야 한다.
② get 메소드는 파라미터가 존재하지 않아야 한다.
③ set 메소드는 반드시 하나 이상의 파라미터가 존재해야 한다.
④ 빈즈 컴포넌트의 속성은 반드시 읽기 또는 쓰기가 가능해야 한다. 단, 읽기 전용인 경우 get 메소드만 정의할 수 있다.
⑤ 생성자는 파라미터가 존재하지 않아야 한다.
⑥ 멤버 변수의 접근 제어자는 private이며, 각 set/get 메소드의 접근 제어자는 public으로 정의되어야 하며 클래스의 접근 제어자는 public으로 정의한다.

세션(Session)과
쿠키(Cookie)

기본적으로 웹에서 클라이언트와 서버가 통신할 때는 HTTP 프로토콜을 이용하여 통신한다. HTTP 프로토콜의 대표적인 특성 중의 하나는 상태가 유지되지 않는다는 것이다. 즉, 클라이언트가 서버로 요청을 한번 하고 서버가 요청에 대한 응답을 하면, 요청한 클라이언트와 응답을 한 서버의 관계는 소멸된다. 즉, 상태가 유지되지 않는다. 따라서, 로그인이라든지 장바구니 기능 등, 서버와 클라이언트의 상태가 유지되어야 하는 프로그램을 구현하기가 어렵다. 이런 단점을 보강하기 위해, 즉 클라이언트와 서버의 관계(상태)를 유지하기 위해 제공되는 기능이 세션이다. 쿠키 또한 클라이언트의 정보를 쿠키 단위로 클라이언트의 시스템에 저장하는 기능을 제공한다. 세션은 클라이언트의 정보가 서버 컨테이너에 저장되는 기능이고, 쿠키는 클라이언트의 정보가 클라이언트에 저장되는 기능이다. 이번 장에서는 세션과 쿠키의 기능을 살펴본다.

1. 세션(Session)

세션이란 서버 측의 컨테이너에서 관리되는 정보이다. 세션의 정보는 컨테이너에 접속해서 종료되기까지(브라우저를 종료할 때까지) 유지되며, 접속 시간에 제한을 두어 일정 시간 응답이 없다면 정보는 더 이상 유지되지 않게 설정이 가능하다. 이것은 정보가 서버 측에서 저장된다는 면에서 보안적으로 유리하다. 쿠키같이 클라이언트에 정보가 저장될 경우 데이터가 노출되어 보안적으로 심각한 문제가 발생할 수 있다. 보안이 필요한 정보를 공유하기 위해서는 서버 측에서 관리될 수 있는 세션을 이용하는 것이 좋다.

1) HTTP 프로토콜의 특성

세션을 이해하기 위해서는 HTTP 프로토콜의 특성을 알아두면 많은 도움이 된다. HTTP란 웹 상에서 텍스트, 이미지, 사운드 등의 파일들을 주고받기 위한 통신 규약이다.

HTTP 프로토콜은 데이터를 요청하고 데이터의 결과 값을 받게 되면 바로 연결은 종료된다. 일반적으로 항상 연결된 상태에서 데이터를 주고받는다고 생각할 수도 있다. 하지만 HTTP 프로토콜은 데이터 송/수신을 하자마자 바로 연결이 끊기게 된다. 이것이 HTTP 프로토콜의 기본적인 특성이다.

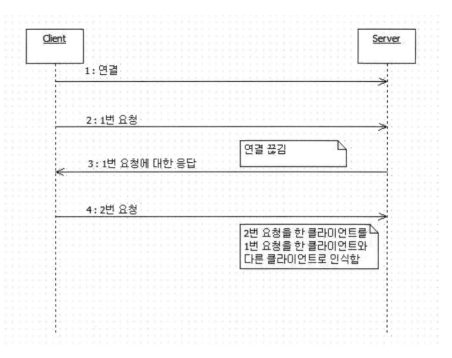

그림 8-1. 세션 기능이 적용되지 않은 HTTP 프로토콜의 요청 처리 흐름

2) 세션의 개요

세션은 클라이언트와 서버 간의 접속을 유지시켜 주는 역할을 한다. 앞에서 HTTP 프로토콜의 특성은 연결되면 요청/응답을 한 뒤에 바로 연결이 끊어진다고 하였다. 클라이언트와 서버의 연결 정보를 유지하려면 연결이 끊어지지 않고 유지되어야 하므로 세션이라는 기능이 필요하다. 클라이언트가 세션에 요청할 경우 서버 측에서는 클라이언트에게 클라이언트를 구분할 수 있는 식별자(세션 ID)를 부여하게 된다. 여러 클라이언트가 요청하는 정보들은 이 세션 ID를 통하여 각 클라이언트를 구분하여 정보를 저장할 수 있는 것이다.

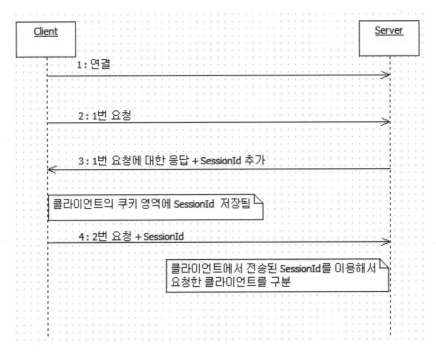

그림 8-2. 세션 기능이 적용된 HTTP 프로토콜의 요청 처리 흐름

3) JSP에서의 세션 관리

(1) session 객체의 메소드

JSP에서 세션을 관리하는 방법을 알아보도록 하겠다. 먼저 세션을 관리하기 전에 세션 객체의 메소드를 확인할 것이다. 다음 표의 내용은 세션 객체에서 자주 이용되는 메소드들이다.

메소드	설명
setAttribute(String attrName,Object attrValue)	세션 영역에 속성을 생성한다.
removeAttribute(String attrName)	파라미터로 지정된 이름의 속성을 제거한다.
getAttribute(String attrName)	지정된 이름의 속성 값을 반환한다.
getId()	클라이언트의 세션 ID 값을 반환한다.
setMaxInactiveInterval(int seconds)	세션의 유지 시간을 설정한다.
getMaxInactiveInterval()	세션의 유지 시간을 반환한다.
invalidate()	현재 세션의 정보들을 모두 제거한다.

위의 메소드들은 세션을 사용할 때 자주 사용되는 메소드들이다. 각 메소드를 좀 더 자세히 살펴본다.

① setAttribute

```
session.setAttribute("name","hongkildong");
```

이 코드는 세션 객체에 hongkildong이라는 값이 들어있는 name이라는 이름의 속성을 저장하는 역할을 한다. 세션은 유지 시간을 초과하지 않는 한 브라우저를 종료하지 않게 되면 name 속성은 계속해서 잃지 않고 유지할 수 있다. 현재 저장한 속성은 hongkildong이라는 String 값이지만, 저장 속성 형태는 객체 타입은 모두 저장할 수 있다.

```
String name = (String)session.getAttribute("name");
```

이 코드는 세션 객체에서 name 속성을 얻어오는 역할을 한다. setAttribute할 때 String 형태로 값을 입력했기 때문에, 받을 때에도 String 형태로 선언한 name 변수에 대입한다. getAttribute의 인자는 하나뿐이며 그 인자 값은 속성 명을 의미한다. getAttribute의 기본적인 반환 값의 타입은 Object이므로, String 타입의 변수에 값을 할당하려면 String 형태로 형 변환을 해주어야 한다. 예를 들어 Student 클래스가 들어있는 것을 반환할 경우는 Student student = (Student)session.getAttribute("student");와 같이 적절하게 형 변환을 해주어야 한다.

② removeAttribute

```
session.removeAttribute("name");
```

이 코드는 파라미터로 지정된 이름의 속성 값을 제거할 때 사용된다. 세션에 저장해둔 속성을 이미 다 사용하였고 더 이상 사용할 필요가 없을 때 제거하게 된다.

③ setMaxInactiveInterval

```
session.setMaxInactiveInterval(1000);
```

이 코드는 세션의 유지 시간을 설정하는 역할을 하며, 초 단위로 인자 값을 설정할 수 있다.

④ getMaxInactiveInterval

```
session.getMaxInactiveInterval();
```

세션의 유지 시간을 반환하는 역할을 한다.

⑤ invalidate()

```
session.invalidate();
```

이 코드는 세션의 모든 속성을 제거하는 역할을 한다. invalidate() 메소드는 세션의 모든 속성 값을 제거하기 때문에 removeAttribute() 메소드를 사용할 때처럼 각 속성 값들을 하나씩 제거할 필요가 없다. 그리고 또 invalidate() 메소드는 모든 속성을 제거하기 때문에 세션 유지 시간이 지났을 때 세션이 초기화되는 것과 같은 효과를 가져온다.

지금까지 세션 객체의 메소드 사용 방법들을 알아보았다. 이제 세션의 기능을 확인할 수 있는 예제를 다루어 보도록 하겠다.

(2) 세션 기능 예제로 확인해보기

① sessionTest.jsp 페이지 작성하기

sessionTest.jsp   ⬇ Chapter8₩src₩main₩webapp₩sessionTest.jsp

```
1   <%@ page language="java" contentType="text/html; charset=UTF-8"%>
2   <%
3       String name;
4       if (session.getAttribute("name")!=null){
5           name=(String)session.getAttribute("name");
6       }else{
7           name="세션 값 없음.";
8       }
9   %>
10  <html>
11  <head>
12  <title>Session Test</title>
13  </head>
14  <body>
15  <h2>세션 테스트</h2>
16  <input type="button" onclick="location.href='sessionSet.jsp'" value="
17  세션 값 저장">
18  <input type="button" onclick="location.href='sessionDel.jsp'" value="
19  세션 값 삭제">
20  <input type="button" onclick="location.href='sessionInvalidate.jsp'"
21  value="세션 초기화">
22  <h3><%=name %></h3>
23  </body>
24  </html>
```

✔ 코드 분석

4	name이라는 이름을 가지고 있는 속성이 세션 영역에 저장이 되어 있는지를 판단한다. getAttribute 메소드에 인자로 주어진 이름의 속성이 존재하지 않으면 null 값이 반환된다.
5	name이라는 속성의 값이 null 값이 반환되지 않았으면, 즉, name이라는 이름의 속성 값이 세션 영역에 저장되어 있으면 저장된 속성 값을 name 변수에 할당하는 부분이다.
6~8	세션 영역에 name이라는 이름의 속성 값이 생성되어 있지 않으면 name 변수의 값을 "세션 값 없음" 문자열로 할당하는 부분이다.

② sessionSet.jsp 페이지 작성하기

sessionSet.jsp   ⬇ Chapter8₩src₩main₩webapp₩sessionSet.jsp

```
1  <%@ page language="java" contentType="text/html; charset=UTF-8"%>
2  <%session.setAttribute("name","Session Test!"); %>
3  <script>
4  location.href="sessionTest.jsp";
5  </script>
```

🗹 코드 분석

2	session 영역 객체에 'Session Test!'라는 문구를 name의 속성 값으로 저장한다.
4	다시 session 값을 확인하는 페이지로 이동한다.

③ sessionDel.jsp 페이지 작성하기

sessionDel.jsp   ⬇ Chapter8₩src₩main₩webapp₩sessionDel.jsp

```
1  <%@ page language="java" contentType="text/html; charset=UTF-8"%>
2  <%session.removeAttribute("name"); %>
3  <script>
4  location.href="sessionTest.jsp";
5  </script>
```

🗹 코드 분석

2	session 영역 객체에서 name 이름의 속성 값을 제거한다.
4	다시 session 영역의 속성 값을 확인하는 페이지로 이동한다.

④ sessionInvalidate.jsp

sessionInvalidate.jsp   ⬇ Chapter8₩src₩main₩webapp₩sessionInvalidate.jsp

```
1  <%@ page language="java" contentType="text/html; charset=UTF-8"%>
2  <%session.invalidate(); %>
3  <script>
4  location.href="sessionTest.jsp";
5  </script>
```

코드 분석

2	session 객체에 존재하는 모든 속성을 제거한다(세션 초기화).
4	다시 session 영역에 저장된 속성 값을 확인하는 페이지로 이동시킨다.

⑤ 실행하기

01 sessionTest.jsp를 실행하면 하단 그림과 같은 화면이 출력된다.

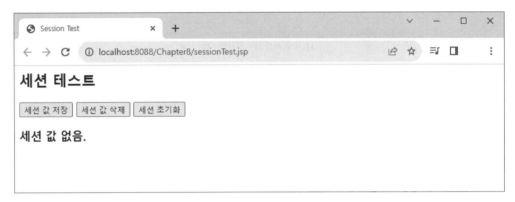

그림 8-3. sessionTest.jsp 페이지 실행 화면

02 〈그림 8-3〉에서 〈세션 값 저장〉 버튼을 클릭하면 다음과 같이 설정된 세션 값이 출력된다.

그림 8-4. 세션 값이 저장된 화면

03 〈그림 8-4〉에서 〈세션 값 삭제〉 버튼을 클릭하면 다음과 같이 세션 값이 제거되는 것을 확인할 수 있다.

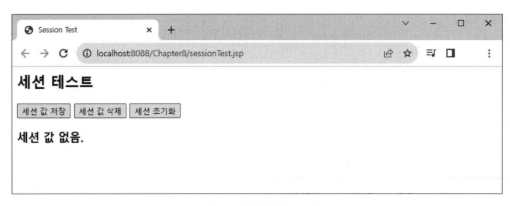

그림 8-5. 세션 값이 제거된 화면

위의 화면에서 세션 값이 제거된 것이 확인되면 〈세션 값 저장〉 버튼을 다시 클릭하여 세션 속성 값을 다시 설정한다.

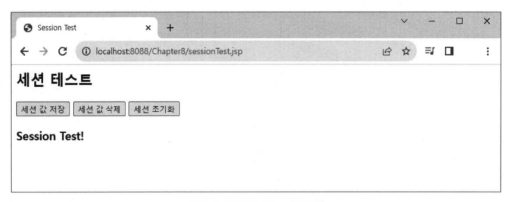

그림 8-6. 세션 값을 다시 설정한 화면

04 〈그림 8-6〉 화면에서 〈세션 초기화〉 버튼을 클릭하면 하단 그림과 같이 세션 속성 값이 초기화되는 것을 확인할 수 있다.

그림 8-7. 세션 값이 초기화된 화면

세션 값을 저장하는 setAttribute() 메소드와 세션 값을 가져오는 getAttribute() 메소드는 세션 객체에서 빈번하게 사용되는 메소드이므로 매우 중요하다. 위의 결과를 실행해보면 '세션 값 삭제' 기능과 '세션 초기화' 기능이 같은 결과를 가져오는 것을 알 수 있다. 현재는 세션 값을 하나만 저장하였기 때문에 기능이 같은 것처럼 보인다. 기능을 정확히 구분하자면 세션 값 삭제는 removeAttribute() 메소드를 이용한 것으로 특정 속성 값만을 삭제하는 기능이며, 세션 초기화는 invalidate() 메소드를 이용한 것으로 존재하는 모든 속성을 제거하는 기능을 한다.

2. 쿠키(Cookie)

1) 쿠키의 개요

쿠키란 클라이언트 측에서 관리되는 정보를 의미한다. 세션과의 차이를 비교해보면 세션은 서버 측에서 관리되지만 쿠키는 클라이언트에 정보가 저장된다. 또한 쿠키의 정보는 세션과 달리 브라우저를 종료한다고 해도 생존 기간이 지정되면 생존 기간 동안 데이터가 사라지지 않는다. 쿠키는 하드디스크에 파일로 저장되기 때문에, 그 파일이 남아 있는 한 쿠키는 항상 유지된다. 하지만, 쿠키는 클라이언트에서 관리되기 때문에 보안적으로 매우 취약한 면을 가지고 있다. 하드디스크에 있는 쿠키 파일을 수정할 염려가 있기 때문이다. 이렇기 때문에 보안이 필요한 정보는 쿠키를 사용하지 않고 세션을 사용한다. 회원제로 운영되는 웹 사이트를 보면 로그인할 때 '아이디 저장' 기능이 있는 것을 확인할 수 있다. 이러한 아이디 저장의 정보를 저장할 수 있는 것은 오로지 쿠키뿐이다. 세션은 브라우저가 종료되면 정보가 사라질뿐더러 저장된다 하더라도 아이디는 클라이언트에게만 필요한 정보이며, 서버가 관리할 필요가 없는 데이터이기 때문에 서버에 부하만 주게 된다. 이처럼 쿠키는 클라이언트에서만 사용될 데이터를 보관하고 그 데이터는 보안적으로 문제를 일으키지 않는 데이터여야 한다.

2) HTTP 헤더를 이용한 쿠키 설정

쿠키를 설정하는 방법에는 HTTP 헤더를 이용한 쿠키 설정 방법과 서블릿 API를 이용한 쿠키 설정 방법 이렇게 두 가지가 있다. 여기서는 HTTP 헤더를 이용한 쿠키 설정 방법을 설명하도록 하겠다.

```
Set-Cookie: name=value; expires=date; domain=domain; path=path; secure
```

쿠키를 HTTP 헤더를 이용하여 설정하려면 위와 같은 형식으로 설정하면 된다. 아래의 표를 통하여 각 속성의 기능을 알아보자.

속성	설명
name	쿠키 이름을 지정한다.
value	쿠키 값을 지정한다.
expires	쿠키의 만료 기간을 지정한다.
domain	저장된 쿠키를 서버에게 전송할 때의 도메인을 지정한다.
path	쿠키가 전송될 서버의 URL 지정하고, 유효한 URL일 경우 쿠키 객체를 전송한다.
secure	이 속성을 추가하면 보안적인 채널(SSL 등)로 전송되어야 한다.

여기서 필수적으로 요구되는 속성은 name 속성과 value 속성이다. 이 두 가지의 값만 설정하여도 기본적인 쿠키 기능을 사용할 수 있다. name 속성과 value 속성 외에 자주 사용되는 속성은 expires 정도이며, 이것은 만료 기간을 의미한다. 이 만료 기간을 설정하지 않을 경우 쿠키는 파일로 저장되지 않는다. 그렇기 때문에 브라우저를 종료하게 되면 세션처럼 저장된 정보는 사라지게 된다. 만료 기간을 설정한 경우 브라우저를 종료할 때 쿠키 파일이 생성된다.

3) 서블릿 API를 이용한 쿠키 설정

(1) 쿠키 객체의 생성자 및 메소드

이번에는 서블릿 API를 이용하여 쿠키를 설정해 보도록 하자. 서블릿 API를 이용해서 쿠키를 설정하는 것은 간단하고 쉽다. HTTP 헤더를 이용해서 쿠키를 설정할 때처럼 복잡하게 한 줄로 나열하는 것이 아니라 쿠키 객체에서 사용할 메소드만을 선택하여 사용하면 된다. 먼저 서블릿 API로 쿠키를 사용하기 위해서는 쿠키 객체를 생성하여야 한다.

```
Cookie cookie = new Cookie(name, value);
```

앞의 코드처럼 쿠키 객체를 생성할 경우 바로 쿠키의 이름과 값을 입력할 수 있다. 하지만 생성하면서 값을 입력하였다고 쿠키가 메모리 또는 하드디스크에 저장된 것이 아니다. 쿠키를 생성하였으면 생성한 쿠키를 클라이언트로 전송을 해주어야 한다.

```
response.addCookie(cookie);
```

response 객체의 addCookie 메소드를 이용하면 생성한 쿠키 값을 클라이언트로 전송할 수 있다. 위의 코드까지 처리하게 되면 쿠키 객체가 클라이언트에 전송된 것이며, 메모리에 쿠키 값이 저장된다. 쿠키 객체에는 여러 가지 메소드가 존재하는데 자주 사용되는 메소드를 살펴보기로 하겠다.

속성	설명
setValue(String value)	쿠키 값을 설정한다.
setMaxAge(int seconds)	쿠키 만료 기간을 지정한다.
getValue()	쿠키 값을 얻어온다.
getMaxAge()	쿠키 만료 기간을 얻어온다.
getName()	쿠키 이름을 얻어온다.

상단에 소개한 메소드들은 서블릿 API를 이용하여 쿠키를 사용할 때 거의 필수적으로 사용되는 메소드들이다. 이 외에도 다른 메소드들이 존재하지만 최소한 위의 내용은 기본적으로 숙지하여야 쿠키를 사용하는 데 문제가 없다.

(2) 예제로 쿠키의 사용법 익히기

다음 예제를 통하여 쿠키의 사용법을 익혀 보자.

① cookieTest1.jsp 페이지 파일 작성하기

cookieTest1.jsp   ⬇ Chapter8₩src₩main₩webapp₩cookieTest1.jsp

```
1   <%@ page language="java" contentType="text/html; charset=UTF-8"%>
2   <%
3       Cookie cookie=new Cookie("name","hongkildong");
4       cookie.setMaxAge(600);
5       response.addCookie(cookie);
6   %>
7   <html>
8   <head>
9   <title>Cookie Test</title>
10  </head>
11  <body>
12  <h2><%=cookie.getName() %></h2>
13  <h2><%=cookie.getValue() %></h2>
14  <h2><%=cookie.getMaxAge() %></h2>
15  <a href="cookieTest2.jsp">쿠키 값 불러오기</a>
16  </body>
17  </html>
```

✅ 코드 분석

3	쿠키 객체를 생성함과 동시에 쿠키 이름과 값을 설정한다.
4	쿠키 생존 기간(유효 시간)을 600초(10분)로 설정한다.
5	생성한 쿠키를 클라이언트로 전송한다.

② cookieTest2.jsp 페이지 파일 작성하기

cookieTest2.jsp   ⬇ Chapter8₩src₩main₩webapp₩cookieTest2.jsp

```
1   <%@ page language="java" contentType="text/html; charset=UTF-8"%>
2   <%
3       String name="";
4       String value="";
5       String cookie = request.getHeader("Cookie");
6
7       if(cookie!=null){
8           Cookie cookies[]=request.getCookies();
9
10          for(int i=0;i<cookies.length;i++){
11              if(cookies[i].getName().equals("name")){
12                  name=cookies[i].getName();
13                  value=cookies[i].getValue();
14              }
15          }
16      }
17  %>
18  <html>
19  <head>
20  <title>Cookie Test</title>
21  </head>
22  <body>
23  <h2>쿠키 이름 = <%=name %></h2>
24  <h2>쿠키 값 = <%=value %></h2>
25  </body>
26  </html>
```

 코드 분석

5	쿠키가 생성되어 있는지 확인하기 위해 쿠키 헤더를 확인한다.
8	쿠키 값들을 배열로 가져온다.
10~15	쿠키 배열 객체에 담긴 각각의 쿠키 객체들을 배열의 0번 인덱스부터 마지막 인덱스까지 반복하면서 name이라는 이름을 가진 쿠키 객체를 검색하여 해당 쿠키 객체의 이름과 값을 얻어와 각각 name 변수와 value 변수에 할당한다.

③ 실행하기

위의 코드를 실행하면 다음과 같은 결과를 얻게 된다. 이 화면에서 "쿠키 값 불러오기" 링크를 클릭한다.

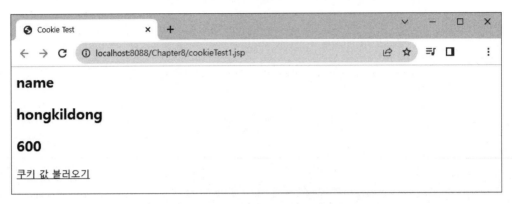

그림 8-8. cookieTest1.jsp 페이지 실행 화면

〈그림 8-8〉에서 "쿠키 값 불러오기" 링크를 클릭하면 다음 그림과 같이 cookieTest1.jsp 페이지에서 생성한 쿠키 이름과 값이 출력된다.

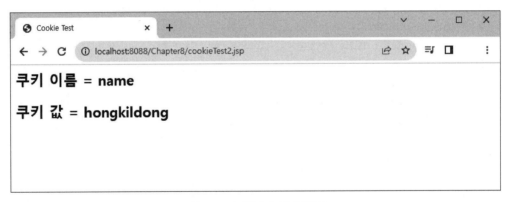

그림 8-9. 쿠키 이름과 값이 출력된 화면

cookieTest1.jsp에서는 쿠키 값을 저장하는 역할을 하고 cookieTest2.jsp는 저장한 쿠키 값을 불러오는 역할을 한다. cookieTest1.jsp에서 setMaxAge() 메소드 인자를 600으로 설정한 것은 600초 동안 이 쿠키가 유효하게 유지됨을 의미한다. 유효 시간을 초과하게 되면 쿠키는 더 이상 사용될 수 없게 된다.

3. 세션과 쿠키를 이용한 예제

1) 세션을 이용한 로그인 정보 유지

일반 포털 사이트에 로그인한 후에 브라우저를 종료하거나 오랜 시간 응답이 없을 경우를 제외하면 다른 사이트로 이동하고 다시 돌아오더라도 접속했던 포털 사이트에 그대로 로그인되어 있는 것을 확인할 수 있다. 그 이유는 세션을 사용하여 로그인 정보를 저장해 두었기 때문이다. 세션은 앞서 설명했듯이 서버 측 컨테이너에서 관리되는 정보를 말한다. 사용자가 로그인을 하게 되면 로그인 정보는 서버 측 컨테이너에 저장되며, 이 정보를 계속 가지고 있으면서 클라이언트가 로그인 상태를 유지할 수 있게 해준다. 다음 예제를 통하여 세션이 로그인 기능을 구현하기 위해서 어떻게 이용되는지 알아보도록 하자.

① sessionLogin1.jsp 페이지 파일 작성하기

sessionLogin1.css   ⬇ Chapter8₩src₩main₩webapp₩css₩sessionLogin1.css

```
1    #loginArea{
2        width : 400px;
3        margin : auto;
4        border : 1px solid black;
5    }
6    table {
7        margin : auto;
8    }
9    td{
10       text-align : center;
11   }
```

 코드 분석

1~5	loginArea 아이디를 가지고 있는 section 태그 영역의 스타일을 지정하는 부분이다.

```
1   <%@ page language="java" contentType="text/html; charset=UTF-8"%>
2   <html>
3   <head>
4   <title>Session Login</title>
5   <link href="css/sessionLogin1.css" rel="stylesheet" type="text/css">
6   </style>
7   </head>
8   <body>
9      <section id="loginArea">
10     <form action="sessionLogin2.jsp" method="post">
11        <table>
12          <tr>
13            <td><label for="id">아이디 : </label></td>
14            <td><input type="text" name="id" id="id"></td>
15          </tr>
16          <tr>
17            <td><label for="pass">비밀번호 :</label></td>
18            <td><input type="password" name="pass" id="pass"></td>
19          </tr>
20          <tr>
21            <td colspan="2"><input type="submit" value="로그인">
22   <input
23                type="reset" value="다시 작성"></td>
24          </tr>
25        </table>
26     </form>
27     </section>
28   </body>
29   </html>
```

 코드 분석

10~26	로그인에 사용될 아이디와 비밀번호를 사용자로부터 입력받는 부분이다.

② sessionLogin2.jsp 페이지 파일 작성하기

sessionLogin2.jsp   ⬇ Chapter8₩src₩main₩webapp₩sessionLogin2.jsp

```
1   <%@ page language="java" contentType="text/html; charset=UTF-8"%>
2   <%session.setAttribute("id",request.getParameter("id")); %>
3   <html>
4   <head>
5   <title>Session Login</title>
6   </head>
7   <body>
8   <h3>로그인되었습니다.</h3>
9   <h3>로그인 아이디 : <%=(String)session.getAttribute("id") %></h3>
10  <a href="sessionLogout.jsp">로그아웃</a>
11  </body>
12  </html>
```

✅ 코드 분석

2	로그인 페이지에서 입력한 아이디를 세션 객체에 저장한다. 이렇게 저장된 값으로 로그인 상태를 유지하며, 세션의 유지 시간 설정에 따라 로그인 유지 시간을 설정할 수 있다.
9	세션 객체에 공유되어 있는 아이디 속성 값을 String 형태로 반환하여 표시한다.
10	로그아웃 링크를 설정한 부분이다

③ sessionLogout.jsp 페이지 파일 작성

sessionLogout.jsp   ⬇ Chapter8₩src₩main₩webapp₩sessionLogout.jsp

```
1   <%@ page language="java" contentType="text/html; charset=UTF-8"%>
2   <%session.removeAttribute("id"); %>
3   <h3>로그아웃 되었습니다.</h3>
4   <a href="sessionLogin1.jsp">로그인 페이지로 이동</a>
```

✅ 코드 분석

2	세션 객체에 저장된 아이디 속성을 제거한다. 이 속성을 제거하게 되면 로그인은 더 이상 유지되지 않으며, 로그아웃된 것으로 처리된다. sessionLogin1.jsp 페이지로 페이지를 전환하는 링크를 생성한 부분이다.
4	로그인 링크를 설정한 부분이다

④ 실행하기

01 sessionLogin1.jsp 페이지 소스 코드를 실행하면 다음과 같은 화면이 출력된다. 아이디와 비밀번호를 입력하고 〈로그인〉 버튼을 클릭한다.

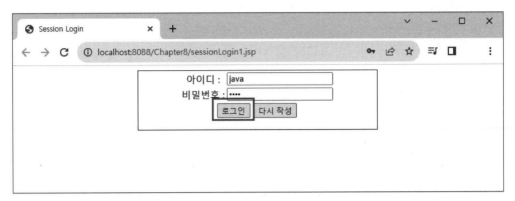

그림 8-10. sessionLogin1.jsp 페이지 실행 화면

02 〈그림 8-10〉에서 〈로그인〉 버튼을 클릭하면 다음 그림과 같이 로그인 처리가 된 것을 확인할 수 있으며 로그아웃 처리를 하려면 "로그아웃" 링크를 클릭하면 된다.

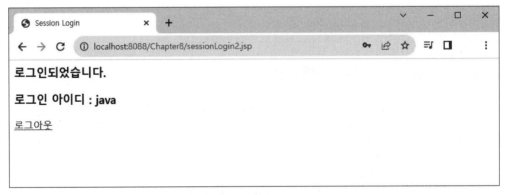

그림 8-11. 로그인 성공한 화면

03 〈그림 8-11〉에서 "로그아웃" 링크를 클릭하면 sessionLogout.jsp 페이지로 요청이 전송되어 다음 화면처럼 로그아웃 처리가 된다.

다시 로그인 페이지로 이동하려면 "로그인 페이지로 이동" 링크를 클릭하면 된다.

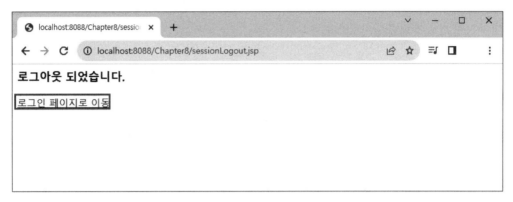

그림 8-12. 로그아웃된 화면

04 〈그림 8-12〉에서 "로그인 페이지로 이동" 링크를 클릭하면 sessionLogin1.jsp 페이지로 다시 이동한다.

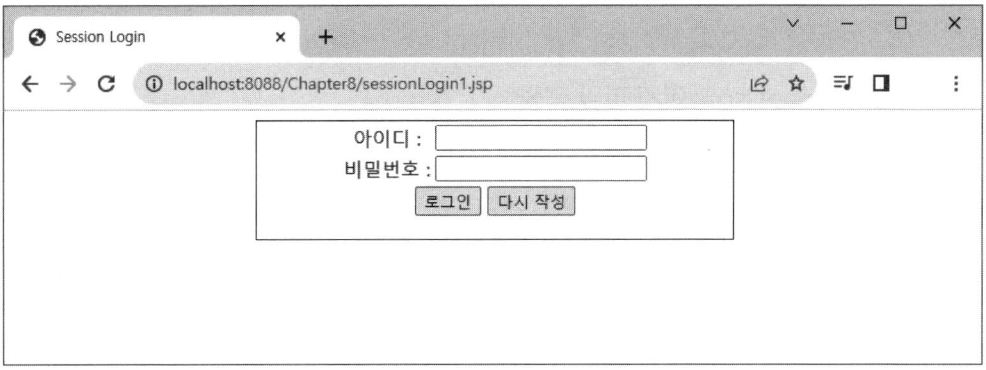

그림 8-13. 로그아웃 후 다시 요청된 로그인 화면

위의 세션을 이용한 로그인 예제는 로그인 기능을 구현할 때 중요한 부분을 모두 사용하고 있다. 처음 로그인할 때 아이디와 비밀번호 값을 입력하고 〈로그인〉 버튼을 누르게 되면 로그인 처리 페이지로 이동된다. 이 과정에서 아이디와 비밀번호를 확인하는 실질적인 로직은 단원의 내용에 포함되지 않으므로 생략하였다. 로그인 처리 페이지에서는 아이디, 비밀번호가 모두 일치하는 것으로 판단하고 세션 객체에 아이디를 저장한다. 실제로 포털 사이트들이 로그인을 유지할 수 있는 것은 세션 객체에 아이디를 저장하면서 다른 페이지를 실행할 때마다 세션 객체 내에 있는 아이디를 매번 확인하기 때문이다. 확인할 때 세션 객체에 아이디가 존재하지 않을 경우는 로그인되지 않은 상태이거나 로그아웃된 상태로 간주하게 된다. 위의 예제를 이해하였다면 이제 여러분은 세션의 개념과 사용 용도를 잘 파악한 것이다. 지금까지 세션을 이용한 로그인 구현 방법에 대해 알아보았다.

2) 쿠키를 이용한 사용자 화면 설정 정보 유지

쿠키를 이용해서 특정 정보를 저장하고 그 저장한 정보를 쿠키 파일을 통해 유지시키는 예제를 작성해볼 것이다. 다음은 쿠키를 이용하여 한국어 페이지와 영어 페이지를 설정한대로 볼 수 있는 예제이다. 외국인이 특정 홈페이지를 둘러보려 할 때 한국어와 영어 중 하나를 설정할 수 있게 한다면 외국인은 영어 페이지로 둘러보려고 할 것이다. 하지만 이 페이지를 접속할 때마다 계속해서 영어 페이지를 선택해야 한다면 매우 번거로운 일이 될 것이다. 이것을 쿠키로 저장하게 되면 매번 설정하지 않고 처음 한번만 설정하게 되면 쿠키 파일로 저장되어 다시 페이지를 설정하지 않아도 된다.

다음 예제를 작성하여 쿠키에 대해 좀 더 알아보도록 하자.

① cookieExample1.jsp 페이지 파일 작성하기

cookieExample1.jsp   ⬇ Chapter8₩src₩main₩webapp₩cookieExample1.jsp

```
1   <%@ page language="java" contentType="text/html; charset=UTF-8"%>
2   <%
3       String language="korea";
4       String cookie = request.getHeader("Cookie");
5
6       if(cookie!=null){
7           Cookie cookies[]=request.getCookies();
8
9           for(int i=0;i<cookies.length;i++){
10              if(cookies[i].getName().equals("language")){
11                  language=cookies[i].getValue();
12              }
13          }
14      }
```

```
15  %>
16  <html>
17  <head>
18  <title>쿠키를 이용한 화면 설정 예제</title>
19  </head>
20  <body>
21      <%if(language.equals("korea")){%>
22          <h3>안녕하세요. 이것은 쿠키 예제입니다.</h3>
23      <%}else{ %>
24          <h3>Hello. This is Cookie example.</h3>
25      <%} %>
26
27      <form action="cookieExample2.jsp" method="post">
28          <input type="radio" name="language" value="korea"
29            <%if(language.equals("korea")){%>checked<%}%>>한국어  페이지
30  보기
31          <input type="radio" name="language" value="english"
32            <%if(language.equals("english")){%>checked<%}%>>영어  페이지
33  보기
34          <input type="submit" value="설정">
35      </form>
36  </body>
37  </html>
```

✅ 코드 분석

4	쿠키가 존재하는지 확인하기 위해 쿠키 헤더 값을 가져온다.
7	존재하는 쿠키 값들을 배열로 가져온다.
9	원하는 language 값을 찾기 위해 쿠키 값들을 모두 확인한다.
11	language 변수에 쿠키로부터 얻어온 language 값을 대입한다.
21	language 쿠키 값이 korea로 되어있으면 한글을 표시하고 그렇지 않으면 영어로 표시한다.
28	Language 쿠키 값을 확인하여 korea면 한국어 페이지 보기를 선택하고, english일 경우 영어 페이지 보기를 선택한 상태로 설정한다. checked 속성은 해당 체크박스가 선택되게 하는 속성이다.

② cookieExample2.jsp 페이지 코드 작성하기

cookieExample2.jsp　　　　　　　　　⬇ Chapter8₩src₩main₩webapp₩cookieExample2.jsp

```
1   <%@ page language="java" contentType="text/html; charset=UTF-8"%>
2   <%
3       Cookie cookie=new Cookie("language",request.
4   getParameter("language"));
5       cookie.setMaxAge(60*60*24);
6       response.addCookie(cookie);
7   %>
8   <script>
9   location.href="cookieExample1.jsp"
10  </script>
```

✅ 코드 분석

3~4	쿠키 객체를 생성하고 language란 쿠키 이름에 입력받은 language 설정 값을 저장한다.
5	쿠키의 유효 시간을 24시간으로 설정한다.
6	클라이언트로 쿠키 값을 전송한다.
9	cookieExample1.jsp 페이지로 돌아간다.

③ 실행하기

01 작성한 예제 코드를 실행하면 다음과 같은 결과를 얻을 수 있다. 언어를 영어로 설정하려면 "영어 페이지로 보기" 라디오 버튼을 선택하고 〈설정〉 버튼을 클릭하면 된다.

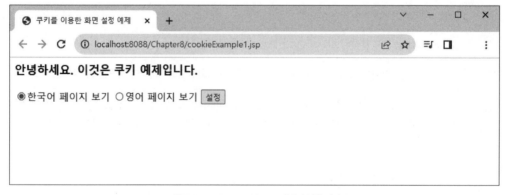

그림 8-14. cookieExample1.jsp 페이지 실행 화면

〈그림 8-14〉에서 "영어 페이지 보기" 라디오 버튼을 클릭한 후 〈설정〉 버튼을 클릭하면 언어가 영어로 변경된다.

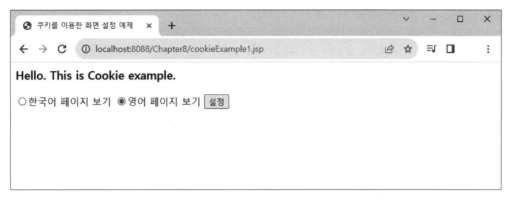

그림 8-15. 언어가 영어로 설정된 화면

앞의 예제 코드 결과를 보면 처음에는 기본적으로 한글 페이지로 설정되어 있다. 여기서 영어 페이지 보기를 선택한 후 설정 버튼을 누르게 되면 cookieExample2.jsp 페이지에서 영어 페이지 보기에 해당하는 값인 english를 language란 쿠키 이름 값에 저장시키게 된다. 이렇게 저장되면 앞의 쿠키 페이지는 영어로 된 문구가 출력된다. 이유는 쿠키 파일로 저장된 설정 값을 불러와서 페이지를 표시해주는 것이므로 일시적으로만 변하는 것이 아니다. 브라우저를 종료하고 다시 띄우더라도 영어 페이지로 설정한 뒤부터는 계속 영어 페이지만 보여지는 것을 확인할 수 있다.

쿠키는 이처럼 클라이언트에 저장되어 환경 설정을 유지할 수 있는 기능도 구현할 수 있다. 또 이 기능은 보안이 필요하지도 않으므로 세션보다 쿠키로 사용하는 것이 훨씬 더 효율적이다.

1 웹에서 클라이언트와 서버가 통신할 때 주로 사용하는 프로토콜은 HTTP 프로토콜이다. 이 HTTP 프로토콜의 대표적인 특성이 클라이언트와 서버의 상태가 유지되지 않는 것이다.
즉, 클라이언트가 서버로 요청을 한 후 서버에서 해당 요청에 대한 응답을 하면 서버와 클라이언트의 관계는 끝난다. 즉, 같은 클라이언트가 두 번째 요청을 전송하여도 두 번째 요청을 한 클라이언트가 첫 번째 요청을 한 클라이언트인지를 알지 못한다. 이러한 HTTP 프로토콜의 특성 때문에 상태를 유지해야 하는 프로그램인 로그인이나 장바구니 기능들을 구현하기가 힘들다.

이러한 단점을 보강하기 위해 세션은 클라이언트와 서버 간의 연결 상태를 유지시켜주는 역할을 한다. 클라이언트가 서버에 접속해서 작업을 할 때 클라이언트가 브라우저를 닫고 나가지 전까지는 서버와 클라이언트의 상태를 유지하는 세션이 유지된다.
따라서, 브라우저를 끄기 전까지는 세션 영역에 해당 클라이언트만 가지는 정보를 저장할 수 있다.

session.setAttribute("name","오정원");

이라고 실행하면 해당 클라이언트의 세션 영역에 name이라는 이름의 속성 값으로 오정원이라는 값이 저장되고 브라우저를 종료하기 전까지는 속성 값을 사용할 수 있다.

2 세션에서 getAttribute() 메소드로 속성을 받아올 수 있는데 이 경우 반드시 다음과 같이 적절하게 형 변환을 해 주어야 한다.
getAttribute() 메소드의 리턴 타입은 Object이기 때문에 특정 타입의 객체를 리턴 받으려면 다음과 같이 다운캐스팅 처리를 해 주어야 한다.
예: String name=(String)session.getAttribute("name");

3 쿠키는 클라이언트에 정보가 저장되므로 보안적인 문제가 발생할 우려가 있다. 보안적으로 문제가 있을만한 데이터는 세션을 이용하도록 한다.

4 쿠키는 객체 생성을 해준 후에 꼭 클라이언트로 전송하는 작업을 해 주어야 한다.
① Cookie cookie = new Cookie("name","hongkildong");
② response.addCookie(cookie);

①번 작업을 해 주더라도 ②번 작업을 해 주지 않으면 쿠키는 저장되지 않은 것과 마찬가지다. ②번이 응답에 쿠키 객체를 추가하는 부분이기 때문이다.

Chapter 09 예외 처리

웹에서 페이지 요청을 할 때 웹 페이지 자체의 오류가 있거나 요청한 페이지를 찾지 못하면 웹에서 오류 페이지가 실행된다. 웹에서 기본적으로 제공되는 에러 페이지는 사용자가 알 수 없는 이상한 영문들과 기타 문자들로 가득 차 있다. 웹에서 기본적으로 제공되는 에러 페이지들은 미관상으로도 좋지 않으며 일반 사용자들이 에러가 발생한 상황을 잘 이해하기도 힘들다. 이번 장에서는 웹에서 기본적으로 제공되는 에러 페이지를 사용하지 않고 JSP에서 에러 페이지를 지정하여 사용하는 방법을 알아본다.

1. page 지시자의 errorPage 속성 사용

JSP 페이지에서 에러를 처리하는 페이지를 지정하는 가장 간단한 방법은 page 지시자에서 errorPage를 지정하는 방법이다.

문법은 하단과 같이 사용된다.

```
<%@ page errorPage = "errorProcessing.jsp"%>
```

상단 표에 설명된 문법을 사용하여 errorPage 속성을 사용하는 예제를 작성해 본다.

① createError.jsp 페이지 코드 작성하기

createError.jsp   ⬇ Chapter9₩src₩main₩webapp₩createError.jsp

```
1   <%@ page language="java" contentType="text/html; charset=UTF-8"
2       pageEncoding="UTF-8"%>
3   <!DOCTYPE html PUBLIC "-//W3C//DTD HTML 4.01 Transitional//EN"
4   "http://www.w3.org/TR/html4/loose.dtd">
5   <html>
6   <head>
7   <meta http-equiv="Content-Type" content="text/html; charset=UTF-8">
```

8	`<title>Insert title here</title>`
9	`</head>`
10	`<body>`
11	`<%`
12	`    String name = request.getParameter("name");`
13	`    if(name == null){`
14	`    throw new NullPointerException();`
15	`    }`
16	`%>`
17	`</body>`
18	`</html>`

✅ 코드 분석

12~15	name이라는 이름으로 파라미터 값이 전송되어 오지 않으면 NullPointerException을 발생시키는 부분이다.

위의 createError.jsp 페이지를 실행하면 name 파라미터 값이 전송되지 않기 때문에 NullPointerException이 발생되며 특별히 에러 페이지 처리를 하지 않았기 때문에 하단 그림과 같이 웹 컨테이너에서 기본적으로 지원되는 에러 페이지가 출력된다.

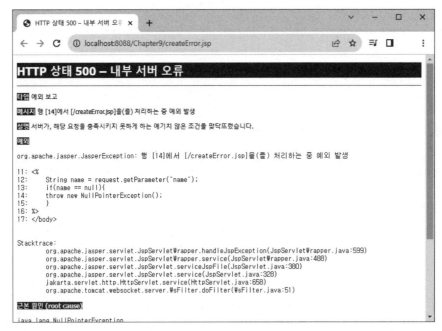

그림 9-1. 예외 처리가 되지 않은 상태의 출력 에러 페이지

앞의 그림과 같이 출력되는 에러 페이지는 사용자가 원하는 에러 페이지가 아니며 사용자가 보고 어떤 에러가 발생한지도 알 수 없다.

에러 내용이 위에 출력된 형태로 표시되는 것이 아니고 원하는 형태의 에러 페이지가 출력되려면 다음과 같이 createError.jsp 페이지 코드를 변경해야 한다.

createError.jsp   ⬇ Chapter9₩src₩main₩webapp₩createError.jsp

```
1   <%@ page language="java" contentType="text/html; charset=UTF-8"
2       pageEncoding="UTF-8" errorPage="errorProcessing.jsp"%>
3   <!DOCTYPE html PUBLIC "-//W3C//DTD HTML 4.01 Transitional//EN"
4   "http://www.w3.org/TR/html4/loose.dtd">
5   <html>
6   <head>
7   <meta http-equiv="Content-Type" content="text/html; charset=UTF-8">
8   <title>Insert title here</title>
9   </head>
10  <body>
11  <%
12      String name = request.getParameter("name");
13      if(name == null){
14      throw new NullPointerException();
15      }
16  %>
17  </body>
18  </html>
```

✓ 코드 분석

| 2 | errorCreate.jsp 페이지에서 발생한 에러 정보를 errorProcessing.jsp 페이지에서 처리하게 설정하는 부분이다. |

② errorProcessing.jsp 페이지 코드 작성하기

errorProcessing.jsp ⬇ Chapter9₩src₩main₩webapp₩errorProcessing.jsp

```
1    <%@ page language="java" contentType="text/html; charset=UTF-8"
2        pageEncoding="UTF-8" isErrorPage="true"%>
3    <!DOCTYPE html PUBLIC "-//W3C//DTD HTML 4.01 Transitional//EN"
4    "http://www.w3.org/TR/html4/loose.dtd">
5    <html>
6    <head>
7    <meta http-equiv="Content-Type" content="text/html; charset=UTF-8">
8    <title>Insert title here</title>
9    </head>
10   <body>
11   발생한 예외 종류 : <%=exception.getClass().getName() %>
12   <!--
13   사용 브라우저가 IE 일 경우는 에러 페이지 크기가 513바이트 이상 되어야 인식된다. 513
14   바이트 이상을 주석으로 만들어 주자
15   사용 브라우저가 IE 일 경우는 에러 페이지 크기가 513바이트 이상 되어야 인식된다. 513
16   바이트 이상을 주석으로 만들어 주자
17   사용 브라우저가 IE 일 경우는 에러 페이지 크기가 513바이트 이상 되어야 인식된다. 513
18   바이트 이상을 주석으로 만들어 주자
19   사용 브라우저가 IE 일 경우는 에러 페이지 크기가 513바이트 이상 되어야 인식된다. 513
20   바이트 이상을 주석으로 만들어 주자
21   -->
22   </body>
23   </html>
```

✅ 코드 분석

2	isErrorPage 속성 값이 "true"로 지정되어 있어야 createError.jsp 페이지에서 발생한 예외 객체를 11 라인처럼 exception 객체로 받아서 사용할 수 있다.
11	발생된 exception 객체의 예외 클래스 이름을 출력하는 부분이다.
12~21	주석에서 설명하는 것처럼 IE 브라우저에서는 에러 페이지가 인식되려면 페이지 크기가 513바이트 이상이 되어야 하기 때문에 HTML 주석 부분을 입력하여 페이지 크기를 늘린 것이다.

위와 같이 에러 페이지 처리를 한 후 createError.jsp 페이지를 실행하면 다음 그림과 같이 원하는 형태의 에러 페이지를 출력할 수 있다.

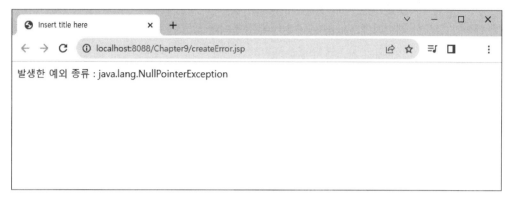

그림 9-2. 에러 페이지 처리 후 createError.jsp 페이지 실행

2. web.xml에서 error-code 엘리먼트 값 설정

이 방법은 JSP 페이지에서 빈번하게 발생하는 에러 번호별로 에러 처리 페이지를 설정하는 방법이다.
서버의 페이지 코드에서 오류는 대부분 500번 오류이므로 500번 오류 번호에 대해서 에러 페이지를 지정한다.

web.xml   ⬇ Chapter9₩src₩main₩webapp₩WEB-INF₩web.xml

```
1   <error-page>
2       <error-code>500</error-code>
3       <location>/500.jsp</location>
4   </error-page>
```

✅ 코드 분석

2	web.xml 페이지에 <error-page> 엘리먼트를 사용하면 에러 페이지를 지정할 수 있다. <error-page> 엘리먼트 영역을 기존의 web.xml 페이지에 추가하면 된다. 처리할 에러 번호를 500번으로 지정하는 부분이다.
3	500번 에러가 발생하면 500.jsp 페이지에서 에러를 처리하게 설정하였다.

위처럼 web.xml 페이지에서 설정한 에러 코드 번호별로 에러가 처리되려면 createError.jsp 페이지의 page 지시자에 정의되어 있는 errorPage 속성 값이 제거되어야 한다.

page 지시자의 errorPage 속성 값은 다른 에러 페이지 처리 방법보다 우선순위가 높기 때문에 에러가 발생한 페이지에 errorPage 속성이 설정되어 있으면 무조건 errorPage 속성 값으로 설정된 페이지에서 에러 처리를 수행한다.

createError.jsp 페이지 코드를 다음과 같이 수정한다.

createError.jsp   ⬇ Chapter9₩src₩main₩webapp₩createError.jsp

```
1    <%@ page language="java" contentType="text/html; charset=UTF-8
2        pageEncoding="UTF-8"%>
3    <!DOCTYPE html PUBLIC "-//W3C//DTD HTML 4.01 Transitional//EN"
4    "http://www.w3.org/TR/html4/loose.dtd">
5    <html>
6    <head>
7    <meta http-equiv="Content-Type" content="text/html; charset=UTF-8">
8    <title>Insert title here</title>
9    </head>
10   <body>
11   <%
12       String name = request.getParameter("name");
13       if(name == null){
14       throw new NullPointerException();
15       }
16   %>
17   </body>
18   </html>
```

✓ 코드 분석

2	errorPage 속성을 제거하였다.

위의 페이지와 같이 page 지시자에서 errorPage 속성을 제거한 후 createError.jsp 페이지를 실행하면 web.xml 페이지에 정의되어 있는 〈error-page〉 엘리먼트의 하위 엘리먼트인 〈location〉 엘리먼트에 정의되어 있는 500.jsp 페이지에서 에러 메시지를 처리하는 것을 확인할 수 있다.

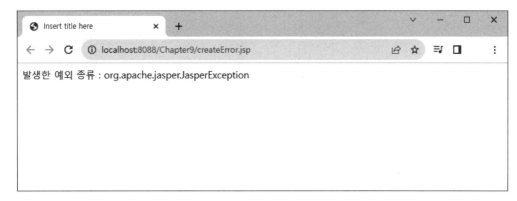

그림 9-3. web.xml의 <error-code> 엘리먼트를 이용해서 에러를 처리한 화면

3. web.xml에서 exception-type 엘리먼트 값 설정

이 방법으로 에러 처리를 하면 JSP 페이지 실행 시 자주 발생하는 에러 타입별로 에러 처리를 할 수 있다.

NullPointerException 예외의 경우는 자주 발생하는 예외 타입이므로 예외 타입별로 에러 페이지를 지정하는 것이 효율적이다.

web.xml   ⬇ Chapter9\src\main\webapp\WEB-INF\web.xml

```
1   <error-page>
2      <error-code>500</error-code>
3      <location>/500.jsp</location>
4   </error-page>
5   <error-page>
6      <exception-type>java.lang.NullPointerException</exception-type>
7      <location>/null.jsp</location>
8   </error-page>
```

6~8	Jsp 페이지 로딩 중 NullPointerException 이 발생했을 때 null.jsp 페이지에서 에러를 처리하게 설정한 부분이다.

createError.jsp 페이지 코드는 "web.xml에서 error-code 엘리먼트 값 설정" 부분에서 사용

한 코드와 동일한 코드를 사용하면 된다.

exception-type 엘리먼트 설정이 error-code 엘리먼트 설정보다 우선 순위가 높으므로 페이지를 실행하다가 NullPointerException이 발생하면 null.jsp 페이지에서 에러를 우선 처리하며 그 이외의 서버 오류가 발생하면 500.jsp 페이지에서 에러를 처리한다.

createError.jsp   ⬇ Chapter9₩src₩main₩webapp₩createError.jsp

```jsp
1   <%@ page language="java" contentType="text/html; charset=UTF-8"
2       pageEncoding="UTF-8"%>
3   <!DOCTYPE html PUBLIC "-//W3C//DTD HTML 4.01 Transitional//EN"
4   "http://www.w3.org/TR/html4/loose.dtd">
5   <html>
6   <head>
7   <meta http-equiv="Content-Type" content="text/html; charset=UTF-8">
8   <title>Insert title here</title>
9   </head>
10  <body>
11  <%
12      String name = request.getParameter("name");
13      if(name == null){
14      throw new NullPointerException();
15      }
16  %>
17  </body>
18  </html>
```

createError.jsp 페이지를 실행하면 다음 그림과 같이 null.jsp 페이지에서 에러를 처리하는 것을 알 수 있다.

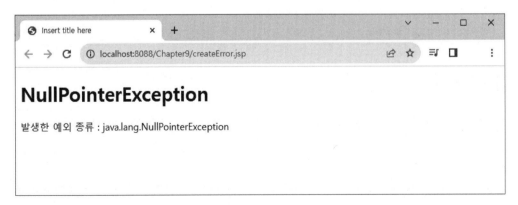

그림 9-4. web.xml 의 <exception-type> 엘리먼트를 이용해서 에러를 처리한 화면

■1 JSP에서 요청을 받았을 때 에러가 발생하고 기본적으로 에러 처리가 되어 있지 않으면 다음 그림과 같
이 서버에서 기본적으로 제공되는 에러 페이지에서 에러를 처리한다.
서버에서 기본적으로 제공되는 에러 페이지는 사용자들이 보기에도 미려하지 않고 무슨 내용인지도 쉽
게 파악되지 않는다.

■2 서버에서 기본적으로 제공되는 에러 페이지를 사용하지 않고 원하는 에러 페이지에서 에러를 처리하게
하는 방법은 세 가지가 존재한다.

① page 지시자의 errorPage 속성을 사용하는 방법
<%@ page language="java" contentType="text/html; charset=UTF-8"
    pageEncoding="UTF-8" errorPage="errorProcessing.jsp"%>

이 방법에서 errorPage 속성 값으로 지정된 페이지의 page 지시자의 isErrorPage 속성 값이 true로 지정
되어 있어야 해당 페이지에서 에러가 발생한 정보를 담고 있는 exception 객체를 사용할 수 있다.

② web.xml 에서 error-code 엘리먼트 값 설정

web.xml   ⬇ Chapter9₩src₩main₩webapp₩WEB-INF₩web.xml

```
1   <error-page>
2      <error-code>500</error-code>
3      <location>/500.jsp</location>
4   </error-page>
```

③ web.xml 에서 exception-type 엘리먼트 값 설정

web.xml   ⬇ Chapter9₩src₩main₩webapp₩WEB-INF₩web.xml

```
1   <error-page>
2      <error-code>500</error-code>
3      <location>/500.jsp</location>
4   </error-page>
5   <error-page>
6      <exception-type>java.lang.NullPointerException</exception-
7   type>
8      <location>/null.jsp</location>
9   </error-page>
```

3 상단에서 제시한 세 가지 에러 처리 방식의 우선 순위
page 지시자의 errorPage 속성 값 지정 → web.xml 페이지의 exception-type 엘리먼트 값 설정 → web.xml 페이지의 error-code 엘리먼트 값 설정

page 지시자의 errorPage 속성 값 지정 방식이 우선 순위가 제일 높기 때문에 page 지시자의 errorPage 속성 값이 지정되면 무조건 지정된 페이지에서 에러 처리를 담당한다.

Chapter
10

파일 업로드

이번 장에서는 파일 업로드 기능에 대해서 학습한다. 파일 업로드 기능은 웹에서 빈번하게 사용되는 기능이다. 자료실을 구현할 때에도 파일 업로드 기능을 사용하며, 쇼핑몰 관리자 페이지에서도 상품 관리에서 상품 등록 시에도 상품 이미지 업로드 기능을 구현해야 한다.

파일 업로드 기능은 입출력 스트림을 이용해서 개발자가 직접 구현해도 되지만, 중복 파일 이름 처리, 한글 파일명 처리 등 부수적으로 처리해야 하는 기능들이 많으므로 직접 처리하기에는 코드가 복잡해진다.
따라서, 일반적으로는 이미 해당 기능이 구현되어 있는 업로드 컴포넌트를 사용하여 업로드 기능을 구현한다.

이번 장에서는 업로드 컴포넌트 중 사용 빈도가 높은 Servlet 3.0부터 제공되는 Part 인터페이스를 사용해서 업로드 기능을 구현하는 방법을 살펴본다.

1. 파일 업로드의 원리

파일을 업로드할 수 있는 기능이 있는 게시판 글 쓰기 폼을 보면 〈input〉 태그로 파일 경로를 찾아서 설정할 수 있게 해주고, 파일을 선택한 후에 업로드 또는 글 쓰기 버튼을 클릭하면 글 내용과 함께 파일이 업로드되는 것을 확인할 수 있다.
개발자가 입출력 스트림을 이용해서 클라이언트에서 전송되어 오는 파일 객체를 직접 업로드 처리할 수도 있으나, 파일 업로드용으로 이미 개발되어 있는 컴포넌트들이 많이 있기 때문에 컴포넌트에서 제공되는 API를 이용하면 보다 쉽게 업로드 기능을 구현할 수 있다.

```
<form method="post" enctype="multipart/form-data">
  <input type="file" name="filename">
</form>
```

위의 코드 내용은 클라이언트 페이지 코드 내용을 예로 살펴본 것이다.
폼 태그를 자세히 보면 enctype 속성이 multipart/form-data로 설정되어 있는 것을 확인할 수 있다. 이 타입을 지정하지 않으면 파일 선택 박스에서 선택된 파일 객체가 전송되는 것이 아니고 파일 이름만 문자열 형태로 서버로 전송되기 때문에 업로드 기능을 제대로 구현할 수 없다. 반대로 이 속성을 지정하게 되면 데이터도 파일 형태로 넘어가며 큰 용량의 데이터도 전송할 수 있게 되므로, 파일 업로드를 가능하게 해준다. 이 폼 태그 안의 데이터들이 서버 쪽으로 전송되면, 서버에서는 전송되어 온 데이터들을 받아서 전송된 파일 객체를 업로드 처리해 준다. 이 업로드 모듈을 직접 구현할 수도 있지만 이미 업로드용으로 개발되어 있는 컴포넌트들이 많이 존재하므로 모듈을 직접 개발할 필요는 없다. 이 책에서는 가장 많이 쓰이는 Part 인터페이스를 이용해서 파일 업로드를 구현할 것이다.

2. Part 인터페이스를 사용한 업로드

1) Part 인터페이스

Part 인터페이스는 multipart/form-data 형태로 전송된 POST 요청의 항목 데이터를 다루는 기능들이 정의된 인터페이스이다. Part 인터페이스에서 제공되는 메소드들에는 다음과 같은 것들이 존재한다.

메소드	설명
delete()	Part에 담겨있는 파일 항목을 관련된 임시 디렉토리를 포함하여 삭제한다.
getContentType()	Part 객체의 컨텐트 타입을 String 형태로 반환한다.
getHeader(java.lang.String name)	인자로 지정된 헤더의 정보를 String 형태로 반환한다.
getHeaderNames()	Part 객체의 헤더 정보들을 Collection<String> 형태로 반환한다.
getHeaders(java.lang.String name)	인자로 지정된 헤더의 정보들을 Collection<String> 형태로 반환한다.
getInputStream()	Part의 내용을 읽어 들일 수 있는 InputStream 타입의 객체를 반환한다.
getName()	Part 객체의 이름을 String 타입으로 반환한다.
getSize()	파일의 크기를 바이트 단위의 long 타입으로 반환한다.
write(java.lang.String fileName)	Part 객체의 파일을 인자로 지정된 파일 이름으로 디스크상에 출력한다.

2) MultipartConfig 어노테이션

MultiPartConfig 어노테이션은 이 어노테이션이 지정된 서블릿 객체가 multipart/form-data 형태의 요청 데이터를 처리할 수 있게 해 주는 어노테이션이다.

이 어노테이션이 지정된 서블릿 클래스 객체에서는 request 객체의 getPart(String name) 메소드나 getParts() 메소드를 호출하여 Part 객체를 얻을 수 있다.

MultipartConfig 어노테이션에서 옵션으로 사용할 수 있는 항목들은 다음과 같은 것들이 있다. 하단에 나열된 옵션 항목들은 필수적으로 지정되어야 하는 항목이 아니므로 모두 생략 가능하다.

옵션항목	설명
fileSizeThreshold	파일이 업로드될 때 임시 디렉토리에 저장되기 시작할 파일의 바이트 크기가 이 크기를 넘으면 임시 디렉토리에 저장되기 시작한다. 이 크기를 넘지 않으면 메모리에 저장된다. 기본값은 0이다. 데이터 타입은 int이다.
location	업로드된 파일이 저장될 디렉토리를 String 타입으로 지정한다.
maxFileSize	업로드할 수 있는 최대 파일의 바이트 크기로 데이터 타입은 long이다.
maxRequestSize	하나의 요청에서 업로드할 수 있는 최대 바이트 수이다. 데이터 타입은 long이다.

3) Part 인터페이스를 사용한 업로드 구현하기

Part 인터페이스와 MultiPartConfig 어노테이션을 사용하여 단일 파일 업로드와 다중 파일 업로드를 구현해 보겠다.

① 단일 파일 업로드를 위한 클라이언트 코드 작성

partUploadForm1.jsp   ⬇ Chapter10₩src₩main₩webapp₩partUploadForm1.jsp

```
1   <%@ page language="java" contentType="text/html; charset=UTF-8"
2       pageEncoding="UTF-8"%>
3   <!DOCTYPE html PUBLIC "-//W3C//DTD HTML 4.01 Transitional//EN"
4   "http://www.w3.org/TR/html4/loose.dtd">
5   <html>
6   <head>
```

7	`<meta http-equiv="Content-Type" content="text/html; charset=UTF-8">`
8	`<title>Insert title here</title>`
9	`</head>`
10	`<body>`
11	`<h1>단일 파일 업로드 테스트</h1>`
12	`<form action = "partUploadPro1" method = "POST" enctype="multipart/`
13	`form-data">`
14	`    <label for = "writer">작성자 : </label><input type = "text" name =`
15	`"writer" id = "writer"> `
16	`    <label for = "partFile1">업로드 파일 : </label><input type = "file"`
17	`name = "partFile1" id = "partFile1"> `
18	`    <input type = "submit" value = "단일업로드"/>`
19	`</form>`
20	`</body>`
21	`</html>`

✅ 코드 분석

12~19	서블릿으로 파일 업로드를 요청하기 위한 form 영역을 정의한 부분이다. 파일 업로드 요청을 하기 위해서는 form 태그의 enctype 속성 값을 "multipart/form-data"로 지정해야 한다.
16~17	파일을 선택하는 입력 양식을 삽입하기 위해서 type 속성 값을 "file"로 지정하였다.

② 단일 파일 업로드를 위한 서블릿 코드 작성

PartUploadPro1Servlet.java   ⬇ Chapter10₩src₩main₩java₩PartUploadPro1Servlet.java

```java
1   import java.io.IOException;
2   import java.io.PrintWriter;
3   import jakarta.servlet.ServletException;
4   import jakarta.servlet.annotation.MultipartConfig;
5   import jakarta.servlet.annotation.WebServlet;
6   import jakarta.servlet.http.HttpServlet;
7   import jakarta.servlet.http.HttpServletRequest;
8   import jakarta.servlet.http.HttpServletResponse;
9   import jakarta.servlet.http.Part;
10
11  /**
12   * Servlet implementation class PartUploadPro1Servlet
13   */
```

```java
14
15   @WebServlet("/partUploadPro1")
16   @MultipartConfig(
17   fileSizeThreshold=0,
18   location = "C:/jsp2.3/upload"
19   )
20   public class PartUploadPro1Servlet extends HttpServlet {
21       private static final long serialVersionUID = 1L;
22
23       /**
24        * @see HttpServlet#HttpServlet()
25        */
26       public PartUploadPro1Servlet() {
27           super();
28           // TODO Auto-generated constructor stub
29       }
30
31       /**
32        * @see HttpServlet#doPost(HttpServletRequest request,
33   HttpServletResponse response)
34        */
35       protected void doPost(HttpServletRequest request,
36   HttpServletResponse response) throws ServletException, IOException {
37           // TODO Auto-generated method stub
38           request.setCharacterEncoding("UTF-8");
39           String writer = request.getParameter("writer");
40           Part part = request.getPart("partFile1");
41           response.setContentType("text/html;charset=UTF-8");
42           PrintWriter out = response.getWriter();
43           String contentDisposition = part.getHeader("content-
44   disposition");
45           String uploadFileName = getUploadFileName(contentDisposition);
46           part.write(uploadFileName);
47           out.println("작성자 " + writer + "님이 " + uploadFileName + " 파
48   일을 업로드 하였습니다." );
49       }
50
51       private String getUploadFileName(String contentDisposition) {
52           // TODO Auto-generated method stub
53           String uploadFileName = null;
```

```
54          String[] contentSplitStr = contentDisposition.split(";");
55          int firstQutosIndex = contentSplitStr[2].indexOf("\"");
56          int lastQutosIndex = contentSplitStr[2].lastIndexOf("\"");
57          uploadFileName = contentSplitStr[2].substring(firstQutosIndex
58  + 1, lastQutosIndex);
59          return uploadFileName;
60      }
61  }
```

✅ **코드 분석**

16~19	서블릿에서 multipart/form-data 형태로 전송된 데이터를 처리할 수 있는 MultiPartConfig 어노테이션을 지정하는 부분이다. 업로드된 파일이 0 바이트보다 커지면 임시 디렉토리에 저장되도록 옵션을 주었고, 업로드된 파일이 최종 저장될 경로를 C:\jsp3.1\upload 디렉토리로 지정하였다.
39	writer라는 이름으로 클라이언트 폼에서 전송되어 온 작성자 정보를 받는 부분이다.
40	입력 양식의 name 속성 값이 partFile인 file 입력 양식에서 전송되어 온 파일을 Part 객체로 얻어오는 부분이다.
43~44	content-disposition 헤더 정보를 얻어오는 부분이다. 이 헤더 정보는 form-data; name="partFile1"; filename="test.txt"와 같은 형태로 반환된다. 이 정보를 이용하여 파일에서 클라이언트가 선택한 파일의 이름을 얻어올 수 있다.
45	클라이언트가 업로드한 파일명을 얻어오는 부분이다.
46	18라인에서 location 옵션으로 지정된 경로로 클라이언트가 선택한 파일명으로 업로드된 파일을 저장하는 부분이다.
47~48	작성자와 파일명을 화면에 출력하는 부분이다.
51~60	content-disposition 헤더 정보를 이용해서 클라이언트가 업로드한 파일명을 구하여 반환하는 메소드이다.
54	content-disposition 헤더 정보 form-data; name="partFile1"; filename="test.txt"를 ";" 문자를 기준으로 분리하는 부분이다. split으로 분리하게 되면 form-data, name="partFile1", filename="test.txt" 세 부분으로 분리된다. 업로드된 파일명을 구하기 위해서 필요한 문자열 부분은 filename="test.txt" 부분이므로 contentSplitStr[2] 부분에 저장된다.
55	filename="test.txt" 문자열 부분에서 마지막 "\" 가 존재하는 인덱스 값을 구하는 부분이다.
56	filename="test.txt" 문자열 부분에서 마지막 ["] 가 존재하는 인덱스 값을 구하는 부분이다. filename="test.txt" 에서 업로드된 파일 이름(test.txt)을 구하려면 마지막 "\" 문자 뒷 문자부터 마지막 ["] 문자 앞 문자까지 가져오면 된다.

57~58	filename="test.txt" 문자열부터 업로드된 파일명을 얻어오는 부분이다. substring 메소드에 인자가 두 개 주어지면 첫 번째 인자는 startIndex 이며 해당 인덱스 문자는 포함되고, 두 번째 인자는 endIndex 이면 해당 인덱스 문자는 구해지는 문자열에 포함되지 않는다. 메소드의 원형은 String substring(int startIndex, int endIndex) 이다.

③ 단일 파일 업로드를 위한 예제 실행하기

단일 파일 업로드를 실행하기 위해서 하단 그림과 같이 클라이언트 페이지인 partUploadForm1.jsp를 실행하고 작성자를 입력한 후 업로드할 파일을 선택한다.

그림 10-1. partUploadForm1.jsp 페이지를 실행한 화면 그림

〈그림 10-1〉 그림 화면에서 〈단일 업로드〉 전송 버튼을 클릭하면 다음 그림과 같이 partUploadPro1 서블릿에서 업로드 처리를 완료한 후 결과 메시지를 출력해 준다.

그림 10-2. 단일 파일 업로드 처리를 완료했다는 메시지를 출력하는 화면 그림

서블릿에서 업로드 완료 메시지를 확인한 후 파일 업로드 경로로 지정한 "C:\jsp3.1\upload" 디렉토리를 열어보면 클라이언트에서 선택한 파일(test.txt)이 업로드되어 있는 것을 확인할 수 있다.

그림 10-3. 단일 파일이 업로드된 upload 폴더

④ 다중 파일 업로드를 위한 클라이언트 코드 작성

partUploadForm2.jsp   ⬇ Chapter10₩src₩main₩webapp₩partUploadForm2.jsp

```
1    <%@ page language="java" contentType="text/html; charset=UTF-8"
2        pageEncoding="UTF-8"%>
3    <!DOCTYPE html PUBLIC "-//W3C//DTD HTML 4.01 Transitional//EN"
4    "http://www.w3.org/TR/html4/loose.dtd">
5    <html>
6    <head>
7    <meta http-equiv="Content-Type" content="text/html; charset=UTF-8">
8    <title>Insert title here</title>
9    </head>
10   <body>
11   <h1>단일 파일 업로드 테스트</h1>
12   <form action = "partUploadPro2" method = "POST" enctype="multipart/
13   form-data">
14       <label for = "writer">작성자 : </label><input type = "text" name =
15   "writer" id = "writer"><br>
16       <label for = "partFile1">업로드 파일1 : </label><input type = "file"
17   name = "partFile1" id = "partFile1"><br>
18       <label for = "partFile2">업로드 파일2 : </label><input type = "file"
19   name = "partFile2" id = "partFile2"><br>
20       <input type = "submit" value = "다중업로드"/>
```

21	`</form>`
22	`</body>`
23	`</html>`

✅ 코드 분석

18~19	다중 업로드 구현을 위해서 두 번째 파일도 선택할 수 있도록 partUploadForm1.jsp의 코드에 file 타입의 입력 양식을 하나 더 추가하였다.

⑤ 다중 파일 업로드를 위한 서블릿 코드 작성

PartUploadPro2Servlet.java ⬇ Chapter10₩src₩main₩java₩PartUploadPro2Servlet.java

```java
import java.io.IOException;
import java.io.PrintWriter;
import jakarta.servlet.ServletException;
import jakarta.servlet.annotation.MultipartConfig;
import jakarta.servlet.annotation.WebServlet;
import jakarta.servlet.http.HttpServlet;
import jakarta.servlet.http.HttpServletRequest;
import jakarta.servlet.http.HttpServletResponse;
import jakarta.servlet.http.Part;

/**
 * Servlet implementation class PartUploadPro2Servlet
 */
@WebServlet("/partUploadPro2")
@MultipartConfig(
        fileSizeThreshold=0,
        location = "C:/jsp2.3/upload"
)
public class PartUploadPro2Servlet extends HttpServlet {
    private static final long serialVersionUID = 1L;

    /**
     * @see HttpServlet#HttpServlet()
     */
    public PartUploadPro2Servlet() {
        super();
        // TODO Auto-generated constructor stub
```

```
28        }
29
30        /**
31         * @see HttpServlet#doPost(HttpServletRequest request,
32      HttpServletResponse response)
33         */
34        protected void doPost(HttpServletRequest request,
35      HttpServletResponse response) throws ServletException, IOException {
36            // TODO Auto-generated method stub
37            request.setCharacterEncoding("UTF-8");
38            response.setContentType("text/html;charset=UTF-8");
39            PrintWriter out = response.getWriter();
40            String writer = request.getParameter("writer");
41            String uploadFileNameList = "";
42            for(Part part: request.getParts()){
43                if(!part.getName().equals("writer")){
44                    String contentDisposition = part.getHeader("content-
45      disposition");
46                    String uploadFileName = getUploadFileName(contentDispos
47      ition);
48                    part.write(uploadFileName);
49                    uploadFileNameList += " " + uploadFileName;
50                }
51            }
52            out.println("작성자 " + writer + "님이 " + uploadFileNameList + "
53      파일을 업로드 하였습니다.");
54        }
55
56        private String getUploadFileName(String contentDisposition) {
57            // TODO Auto-generated method stub
58            String uploadFileName = null;
59            String[] contentSplitStr = contentDisposition.split(";");
60            int firstQutosIndex = contentSplitStr[2].indexOf("₩"");
61            int lastQutosIndex = contentSplitStr[2].lastIndexOf("₩"");
62            uploadFileName = contentSplitStr[2].substring(firstQutosIndex
63      + 1, lastQutosIndex);
64            return uploadFileName;
65        }
66
67    }
```

41	업로드한 파일 이름들을 문자열로 연결하기 위해서 선언한 변수이다. 업로드된 모든 파일 이름들을 문자열로 저장할 변수이다.
42~51	클라이언트에서 전송된 모든 파라미터 값들을 가지고 Part 객체를 생성해서 파일 업로드 작업을 하는 부분이다. 주의할 점은 type 속성 값이 file이 아닌 writer 파라미터 값에 대해서도 Part 객체가 생성되기 때문에 43 라인에서와 같이 writer라는 파라미터 이름으로 전송된 Part 객체에 대해서는 업로드 작업을 하지 않도록 처리해 주어야 한다.
52~53	작성자 명과 업로드된 모든 파일명을 출력하는 부분이다.

⑥ 다중 파일 업로드를 위한 예제 실행하기

다중 파일 업로드를 테스트하기 위해서 partUploadForm2.jsp 페이지를 실행한 후 〈그림 10-4〉와 같이 작성자명과 업로드할 파일 두 개를 선택한다.

그림 10-4. partUploadForm2.jsp 페이지 실행

〈그림 10-4〉에서 〈다중 업로드〉 버튼을 클릭하면 〈그림 10-5〉와 같이 다중 업로드 처리 후 처리 결과를 출력해 준다.

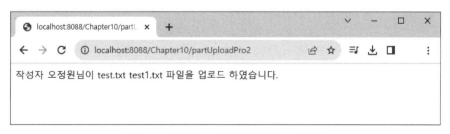

그림 10-5. 다중 업로드 처리 결과를 출력하는 화면 그림

다중 업로드 성공을 확인한 후 C:\jsp3.1\upload 폴더를 확인하면 〈그림 10-6〉 그림 화면과
같이 다중 업로드된 파일들을 확인할 수 있다.

그림 10-6. 다중 업로드된 upload 폴더

1 파일 업로드를 구현할 때에는 파일 업로드 폼에 있는 폼 태그의 enctype 속성 값을 multipart/form-data로 설정하여야 한다.

이 부분을 처리하지 않으면 file 타입의 입력 상자에 선택된 파일이 파일 객체로 전송되지 않고 문자열로 전송된다.

```
<form action="action.jsp" method="post"enctype="multipart/form-data"/>
```

2 Part 인터페이스는 multipart/form-data 형태로 전송된 POST 요청의 항목 데이터를 다루는 기능들이 정의된 인터페이스이다.

Part 인터페이스에서 제공되는 메소드들에는 다음과 같은 것들이 존재한다.

메소드	설명
delete()	Part에 담겨있는 파일 항목을 관련된 임시 디렉토리를 포함하여 삭제한다.
getContentType()	Part 객체의 컨텐트 타입을 String 형태로 반환한다.
getHeader(java.lang.String name)	인자로 지정된 헤더의 정보를 String 형태로 반환한다.
getHeaderNames()	Part 객체의 헤더 정보들을 Collection<String> 형태로 반환한다.
getHeaders(java.lang.String name)	인자로 지정된 헤더의 정보들을 Collection<String> 형태로 반환한다.
getInputStream()	Part의 내용을 읽어 들일 수 있는 InputStream 타입의 객체를 반환한다.
getName()	Part 객체의 이름을 String 타입으로 반환한다.
getSize()	파일의 크기를 바이트 단위의 long 타입으로 반환한다.
write(java.lang.String fileName)	Part 객체의 파일을 인자로 지정된 파일 이름으로 디스크상에 출력한다.

3 MultiPartConfig 어노테이션은 이 어노테이션이 지정된 서블릿 객체가 multipart/form-data 형태의 요청 데이터를 처리할 수 있게 해 주는 어노테이션이다.

이 어노테이션이 지정된 서블릿 클래스 객체에서는 request 객체의 getPart(String name) 메소드나 getParts() 메소드를 호출하여 Part 객체를 얻을 수 있다.

MultipartConfig 어노테이션에서 옵션으로 사용할 수 있는 항목들을 다음과 같은 것들이 있다.

다음 페이지에 나열된 옵션 항목들은 필수적으로 지정되어야 하는 항목이 아니므로 모두 생략 가능하다.

옵션 항목	설명
fileSizeThreshold	파일이 업로드될 때 임시 디렉토리에 저장되기 시작할 파일의 바이트 크기가 이 크기를 넘으면 임시 디렉토리에 저장되기 시작한다. 이 크기를 넘지 않으면 메모리에 저장된다. 기본값은 0이다. 데이터 타입은 int이다.
location	업로드된 파일이 저장될 디렉토리를 String 타입으로 지정한다.
maxFileSize	업로드할 수 있는 최대 파일의 바이트 크기로 데이터 타입은 long이다.
maxRequestSize	하나의 요청에서 업로드할 수 있는 최대 바이트 수이다. 데이터 타입은 long이다.

이미지 섬네일

이번 장에서는 섬네일 기능에 대해서 살펴본다. 섬네일은 영어로 thumb nail, 엄지 손가락의 손톱이란 의미로, 즉 원래 이미지보다 작은 이미지를 의미한다. 작은 이미지를 이용하여 이미지 검색을 빨리 할 수 있는 일반 문자열의 인덱스와 비슷한 기능을 한다. 갤러리 기능 등을 구현할 때 전체 리스트를 작은 이미지로 미리 보여줌으로써 전체 이미지를 먼저 보고 원하는 이미지를 선택하게 하는 등의 기능을 구현할 수 있다. 본 장에서는 자바에서 제공되는 JAI(Java Advanced Imaging) API를 이용하여 섬네일 기능을 구현해 본다.

1. 섬네일 이미지의 개요

섬네일 이미지는 이미지 편집 프로그램이나 윈도 탐색기 등에서 여러 개의 이미지를 한꺼번에 보고자 할 때 아주 작은 크기로 원 이미지를 축소하여 보여주는 것을 말한다. JSP에서도 이러한 기능을 어렵지 않게 구현할 수 있다. 섬네일 이미지의 예제를 직접 작성해보자.

2. 섬네일 이미지 만들기

1) JAI(Java Advanced Imaging) API 소개

JAI API는 강력한 이미지 편집 기능을 가진 API이다. JAI API는 다양한 이미지 타입과 다양한 효과(흐림 효과, 판화 효과 등)를 적용시킬 수 있다. 하지만 이런 것을 모두 알아볼 수는 없으므로 여기서는 섬네일 이미지와 관련된 기능만 살펴보도록 할 것이다.

 JAI API에 대해 자세히 살펴보려면 http://docs.oracle.com/cd/E17802_01/products/products/java-media/jai/forDevelopers/jai-apidocs/index.html 페이지를 참고하도록 하자. 이 페이지는 JAI API의 모든 자료들이 들어있으며, 이 API를 사용하려면 필수적으로 숙지해야 하는 페이지이다.

위에서 말한 URL에 접속하면 JAI API를 참조할 수 있다.

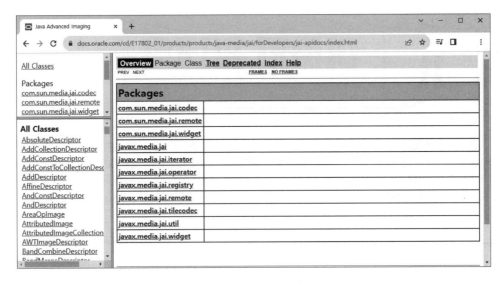

그림 11-1. JAI API 설명 문서

2) JAI(Java Advanced Imaging) API 다운로드 및 설치

JAI API를 사용하기 위해 API를 다운로드하고 설치하도록 하겠다. https://www.oracle.com/java/technologies/java-archive-downloads-java-client-downloads.html에서 다운로드 받을 수 있다. 해당 사이트에 접속하여 스크롤하면 〈그림 11-2〉와 같은 화면을 볼 수 있다. 〈Accept License Agreement〉 옵션 버튼을 체크하고 jai-1_1_2_01-lib-windows-i586.exe 링크를 클릭하여 다운로드 한다.

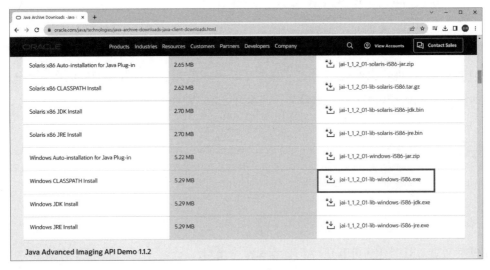

그림 11-2. JAI API 다운로드-1

다음 그림은 jai-1_1_2_01-lib-windows-i586.exe가 다운로드된 화면 그림이다. jai-1_1_2_01-lib-windows-i586.exe를 더블클릭하여 설치한다.

그림 11-3. JAI API 다운로드-2

jai-1_1_2_01-lib-windows-i586.exe 파일을 더블클릭하면 다음 그림과 같이 jai 설치 화면으로 진행된다.

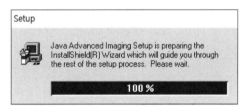

그림 11-4. JAI API 설치-1

〈그림 11-4〉 그림 화면과 같이 100% 진행되면 다음 화면이 출력된다.

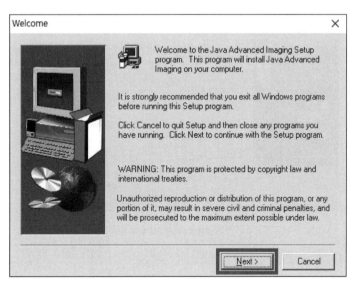

그림 11-5. JAI API 설치-2

〈그림 11-5〉에서 〈Next〉 버튼을 클릭한다.

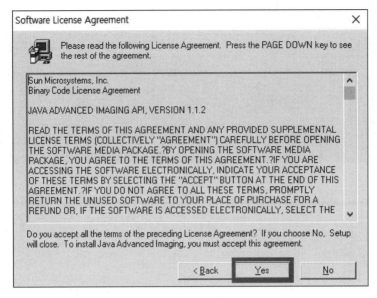

그림 11-6. JAI API 설치-3

〈그림 11-6〉에서 〈Yes〉 버튼을 클릭한다.

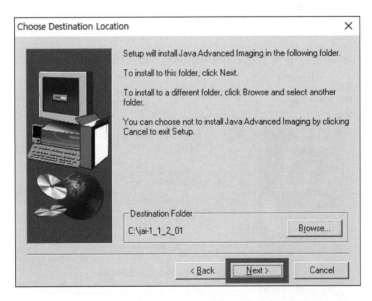

그림 11-7. JAI API 설치-4

〈그림 11-7〉에서 설치될 경로를 선택한 후 〈Next〉 버튼을 클릭한다.

그림 11-8. JAI API 설치-5

〈그림 11-8〉을 보면 jai 라이브러리가 제대로 설치된 것을 확인할 수 있다. 디렉토리에서 빨간 박스가 표시된 jai_codec.jar, jai_core.jar 파일을 복사한다. jai_codec.jar, jai_core.jar 파일을 복사한 후 〈그림 11-9〉와 같이 "Chapter11\src\main\webapp\WEB-INF\lib" 디렉토리에 jai_codec.jar, jai_core.jar 파일을 붙인다.

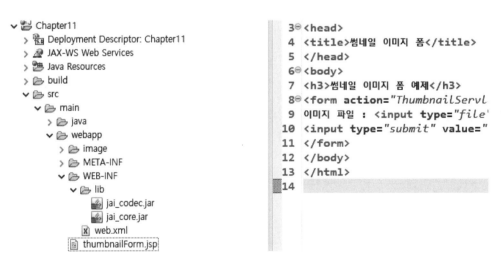

그림 11-9. 이클립스 lib 디렉토리에 jai 라이브러리 붙여넣기

〈그림 11-9〉까지 진행하면 jai 라이브러리 설치가 마무리된다. 이제 jai 라이브러리를 사용하여 섬네일 이미지 예제를 작성하겠다.

3) 섬네일 이미지 예제 작성하기

여기서는 JAI API를 이용하여 섬네일 이미지 예제를 작성할 것이다. (섬네일 이미지를 만드는 방법은 JAI API를 이용하는 것 외에도 다양한 방법이 있다. JAI API를 이용하지 않고도 직접 섬네일을 구현하는 클래스를 개발할 수도 있다. 하지만 JAI 라이브러리에서 섬네일 이미지를 만들 수 있도록 여러 API를 제공하고 있기 때문에 따로 직접 구현할 필요가 없다.)

실제 소스 코드를 작성하도록 하자.

① thumbnailForm.jsp 페이지 코드 작성

thumbnailForm.jsp   ⬇ Chapter11₩src₩main₩webapp₩thumbnailForm.jsp

```
1   <%@ page language="java" contentType="text/html; charset=UTF-8"%>
2   <html>
3   <head>
4   <title>썸네일 이미지 폼</title>
5   </head>
6   <body>
7   <h3>썸네일 이미지 폼 예제</h3>
8   <form action="ThumbnailServlet" method="post" enctype="multipart/
9   form-data">
10  이미지 파일 : <input type="file" name="filename"><p>
11  <input type="submit" value="전송">
12  </form>
13  </body>
14  </html>
```

8~9	이미지 파일을 전송하기 위해 enctype을 multipart/form-data로 설정한다.

② thumbnail.jsp 페이지 코드 작성

ThumnailServlet.java   ⬇ Chapter11₩src₩main₩java₩ThumnailServlet.java

```java
1   import java.io.File;
2   import java.io.IOException;
3   import java.io.InputStream;
4   import java.io.OutputStream;
5   import java.nio.file.Files;
6   import java.awt.Graphics2D;
7   import java.awt.image.BufferedImage;
8   import java.awt.image.renderable.ParameterBlock;
9   import javax.media.jai.JAI;
10  import javax.imageio.ImageIO;
11  import javax.media.jai.RenderedOp;
12  import jakarta.servlet.ServletException;
13  import jakarta.servlet.annotation.MultipartConfig;
14  import jakarta.servlet.annotation.WebServlet;
15  import jakarta.servlet.http.HttpServlet;
16  import jakarta.servlet.http.HttpServletRequest;
17  import jakarta.servlet.http.HttpServletResponse;
18  import jakarta.servlet.http.Part;
19
20  @WebServlet("/ThumbnailServlet")
21  @MultipartConfig(location = "/C:/jsp3.1/workspace/Chapter11/src/main/
22  webapp/image",
23      fileSizeThreshold = 1024 * 1024,
24      maxFileSize = 1024 * 1024 * 100,
25      maxRequestSize = 1024 * 1024 * 100 * 5
26  )
27  public class ThumbnailServlet2 extends HttpServlet {
28      private static final long serialVersionUID = 1L;
29
30      protected void doPost(HttpServletRequest request,
31  HttpServletResponse response)
32          throws ServletException, IOException {
33      request.setCharacterEncoding("UTF-8");
34
35       String imagePath = request.getServletContext().getRealPath("/
36  image");
37
```

```java
        Part part = request.getPart("filename");
        String filename = getFileName(part);

        String filePath = imagePath + File.separator + filename;

        try (InputStream input = part.getInputStream();
                OutputStream output = Files.newOutputStream(new
File(filePath).toPath())) {
            byte[] buffer = new byte[1024];
            int bytesRead;
            while ((bytesRead = input.read(buffer)) != -1) {
                output.write(buffer, 0, bytesRead);
            }
        } catch (IOException e) {
            e.printStackTrace();
        }

        createThumbnail(imagePath, filename);

        response.setContentType("text/html;charset=UTF-8");
        response.getWriter().println("<html>");
        response.getWriter().println("<head><title>이미지 썸네일 예제</
title></head>");
        response.getWriter().println("<body>");
        response.getWriter().println("-원본 이미지-<br>");
        response.getWriter().println("<img src=₩"image/" + filename +
"₩"><p>");
        response.getWriter().println("-썸네일 이미지-<br>");
        response.getWriter().println("<img src=₩"image/sm_" + filename
+ "₩">");
        response.getWriter().println("</body></html>");
    }

    private void createThumbnail(String uploadDirectory, String
uploadFileName) {
        try {
            String imagePath = uploadDirectory + File.separator +
uploadFileName;

            ParameterBlock pb = new ParameterBlock();
```

```
78          pb.add(imagePath);
79          RenderedOp rOp = JAI.create("fileload", pb);
80
81          BufferedImage bi = rOp.getAsBufferedImage();
82              BufferedImage thumb = new BufferedImage(100, 100,
83   BufferedImage.TYPE_INT_RGB);
84
85          Graphics2D g = thumb.createGraphics();
86          g.drawImage(bi, 0, 0, 100, 100, null);
87
88              File thumbnailFile = new File(uploadDirectory + File.
89   separator + "sm_" + uploadFileName);
90          ImageIO.write(thumb, "jpg", thumbnailFile);
91       } catch (IOException e) {
92          e.printStackTrace();
93       }
94     }
95
96    private String getFileName(Part part) {
97        for (String cd : part.getHeader("content-disposition").
98   split(";")) {
99          if (cd.trim().startsWith("filename")) {
100             String fileName = cd.substring(cd.indexOf('=') +
101   1).trim().replace("\"", "");
102             return fileName.substring(fileName.lastIndexOf(File.
103   separator) + 1);
104          }
105       }
106    return null;
107     }
108 }
```

⊘ 코드 분석

6~11	섬네일 이미지를 만들기 위해 JAI 클래스 및 그래픽 관련된 클래스들을 import한다.
13~18	섬네일 이미지를 만들기 전에 섬네일 이미지로 변환할 이미지를 업로드해야 하므로 업로드 관련 클래스를 import한다.
21~26	실제로 업로드 될 폴더의 경로를 설정하고, 이미지 업로드 제한을 1메가로 설정한다.

38~53	섬네일 이미지로 변환할 이미지를 업로드한다.
85~93	업로드 된 이미지 파일의 이름을 얻어온다.
51~53	이미지 제한 용량을 넘거나 기타 Exception이 발생할 경우 Exception 내용을 출력한다.
77~79	ParameterBlock 클래스에 변환할 이미지를 담고 그 이미지를 불러온다. JAI 1.0 이전에는 JAI의 create 메소드의 두 번째 인자에 파일명을 직접 담을 수 있었지만 JAI 1.1 이후부터는 deprecated되었기 때문에, ParameterBlock을 통해서만 이미지를 담을 수 있다. 33라인에서 파라미터 블록에 업로드된 이미지를 담는다. "fileLoad" 연산은 JAI가 제공하는 코덱을 사용한다는 옵션이다. 별도의 JAI Image I/O 툴 패키지에 포함된"imageRead" 연산을 사용해도 된다.
81	불러온 이미지를 bi로 생성한 BufferedImage 클래스에 담는다.
82~83	thumb란 이미지 버퍼를 생성하고 버퍼의 사이즈를 100x100로 설정한다.
85~86	thumb의 이미지 버퍼에 원본 이미지를 정해진 버퍼 사이즈인 100x100로 맞추어 드로우한다.
88~90	출력할 위치와 파일 이름을 설정하고 섬네일 이미지를 생성한다. 이 코드에서는 저장하는 타입을 jpg로 설정하였다.

위의 예제 코드를 모두 작성하였으면 thumbnailForm.jsp 페이지, 즉 클라이언트 페이지를 실행한다.

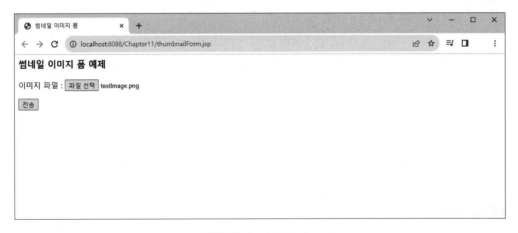

그림 11-10. thumbnailForm.jsp

〈그림 11-10〉에서 업로드할 이미지 파일을 선택하고 〈전송〉 버튼을 클릭하면 다음 그림과 같이 섬네일 이미지와 원본 이미지가 출력되는 것을 확인할 수 있다.

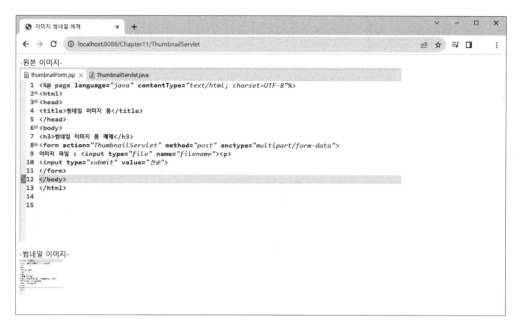

그림 11-11. 섬네일 이미지가 생성된 화면

이 예제는 섬네일 이미지를 축소시키는 부분의 알고리즘을 직접 구현하지 않고, JAI API를 사용하여 구현하였다. 이렇게 공개된 라이브러리를 사용하게 되면 고급 기능을 어렵게 구현하지 않더라도 쉽게 처리가 가능하다.

KEY-POINT

1 섬네일 이미지는 원본 이미지를 축소한 작은 이미지를 의미한다. 이 기능은 JAI API를 사용하면 어렵지 않게 구현할 수 있으며, 따로 작은 이미지를 만들지 않아도 원본 이미지만 가지고 있다면 작은 이미지를 자동으로 생성할 수 있게 해준다.

2 JAI API는 강력한 이미지 편집 기능을 제공한다. JAI API 라이브러리는 다음 사이트에서 다운로드할 수 있다.
https://www.oracle.com/java/technologies/java-archive-downloads-java-client-downloads.html
JAI 라이브러리는 본 책에서 사용한 기능뿐만 아니라 훨씬 다양한 기능들을 제공하고 있다. JAI API에 대해 공부하려면 모든 API 내용이 설명되어있는 다음 사이트를 참고하도록 한다.
http://docs.oracle.com/cd/E17802_01/products/products/java-media/jai/forDevelopers/jai-apidocs/index.html

3 JAI 라이브러리를 사용하여 섬네일 기능을 구현하려면 하단 그림과 같이 jai_codec.jar, jai_core.jar 라이브러리가 필요하다. 섬네일 기능을 구현하기 전에 먼저 파일이 업로드되어야 하기 때문에 Part 인터페이스도 사용해야 된다. webapp 밑에 image 폴더도 생성해야 한다. image 폴더를 생성하고 jsp 파일을 실행하면 "C:\jsp3.1\workspace\.metadata\.plugins\org.eclipse.wst.server.core\tmp0\wtpwebapps\Chapter11\image" 경로가 자동으로 생성되면서 클라이언트가 업로드하는 파일이 이 경로에 저장된다.

JavaMail

자바 메일은 자바 API를 이용하여 전자 메일을 주고받을 수 있는 기능이다. 자바 메일 기능은 쇼핑몰에서 주문이 완료되면 주문 내역을 자동으로 고객의 메일 주소로 발송하는 기능 등을 구현할 때 빈번히 사용되는 기능이다. 자바 메일 기능은 우리가 흔히 웹상에서 메일을 주고받는 기능을 구현하는 것이다. 자바로 메일 기능을 구현하려면 mail.jar과 activation.jar 라이브러리 파일이 필요하다. 이 두 라이브러리를 각 사이트에서 다운로드하여 WEB-INF/lib 디렉토리에 추가한 후 자바 메일 기능을 구현해 보도록 한다.

1. 자바 메일의 개요

자바 메일이란 POP3, SMTP 등의 메일 프로토콜을 이용하여 메일을 주고받을 수 있도록 제공해주는 API이다. 웹 사이트에서 메일을 확인하거나 메일을 보내는 것은 메일 서버만 존재한다면 자바에서 제공하는 API를 통해서 얼마든지 구현이 가능하다. 자바 메일을 구현하기 위해서는 먼저 자바 메일에 관련된 API를 설치하여야 하며 구현할 메일 서비스에 해당하는 메일 서버를 설치하여야 한다. 자바 메일은 자바로 구현한다는 것을 제외하고는 다른 메일 서비스와 별다른 차이가 없다.

실제로 자바 메일을 어떻게 구현하는지에 대해 알아보도록 하겠다.

2. 자바 메일의 구현

1) 자바 메일 API 다운로드 및 설치

자바 메일을 구현하기 전에 자바 메일 API를 설치해야 한다. 자바 메일의 API는 https://www.oracle.com/java/technologies/javamail-api.html에서 다운로드 받을 수 있다.

01 https://www.oracle.com/java/technologies/javamail-api.html에 접속하고 좌측
표시되어 있는 "DOWNLOAD" 링크를 클릭한다.

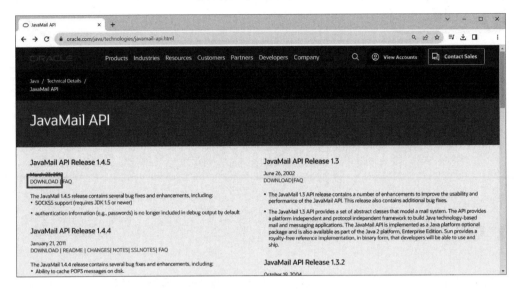

그림 12-1. javamail api 메인 페이지

02 박스가 표시되어 있는 "javamail1_4_5.zip" 링크를 클릭한다.

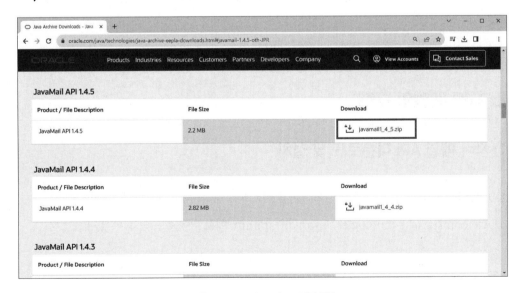

그림 12-2. javamail api release 버전 목록

03 mail.jar 파일을 복사한다.

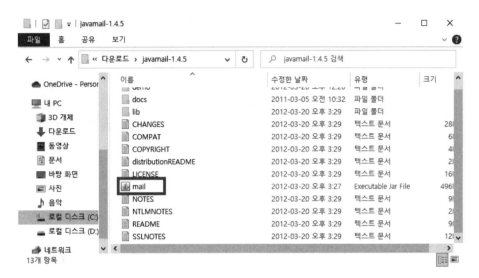

그림 12-3. javamail1_4_5.zip 파일이 압축 해제된 화면

04 "Chapter12\src\main\webapp\WEB-INF\lib" 디렉토리에 mail.jar 파일을 저장한다.

그림 12-4. 프로젝트의 lib 디렉토리에 mail.jar 파일 저장

05 자바로 메일을 전송하려면 mail.jar 파일 이외에 activation.jar 파일도 필요하다. activation.jar 파일을 다운로드하기 위해서 "https://www.oracle.com/java/technologies/java-beans-activation.html" 경로로 접속한다.
사이트 접속 후 "download" 링크를 클릭한다.

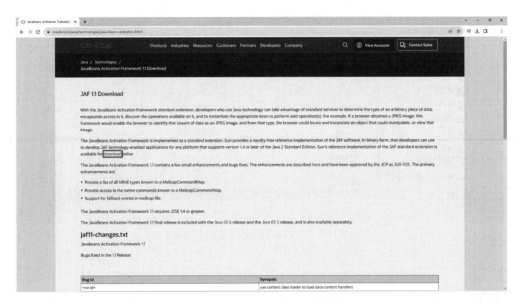

그림 12-5. activation.jar 파일 다운로드 메인 페이지

06 "Download" 링크를 클릭한다.

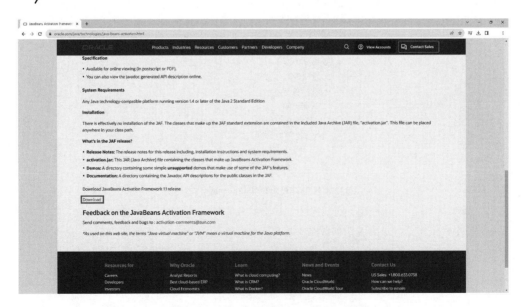

그림 12-6. JavaBeans Activation Framework 1.1 release

07 "jaf-1_1_1.zip" 링크를 클릭한다.

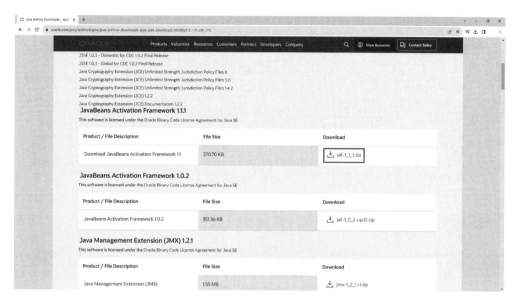

그림 12-7. JavaBeans Activation Framework 버전 목록

08 jaf-1_1_1.zip 파일을 선택하여 압축 해제한다.

그림 12-8. jaf-1_1_1.zip 파일 압축 해제를 위한 선택

09 jaf-1_1_1.zip 파일을 선택하여 압축 해제한 후 activation.jar 파일을 선택 후 복사한다.

그림 12-9. jaf-1_1_1.zip 파일이 압축 해제된 화면 그림

10 복사한 activation.jar 파일을 "Chapter12\src\main\webapp\WEB-INF\lib" 디렉토리에 저장한다.

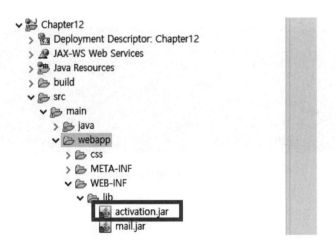

그림 12-10. activation.jar 파일을 프로젝트의 lib 디렉토리에 복사

〈그림 12-10〉까지 진행하면 자바에서 자바 메일 관련 API를 사용하여 메일을 보낼 때 사용될 라이브러리가 모두 준비되었다. 다음 준비해야 할 사항은 자바에서 메일을 보낼 때 사용할 SMTP 서버를 준비하는 것이다.

2) Google SMTP를 사용하여 메일 전송하기

SMTP(Simple Mail Transfer Protocol)란 메일을 전송할 수 있도록 해주는 프로토콜을 의미한다. 대부분의 메일 서버는 SMTP 서버를 거쳐 메일을 전송하게 된다. SMTP 서비스를 Window CD를 사용하여 Window 구성 요소 추가로 설치할 수도 있지만 본 교재에서는 Google SMTP를 사용하여 메일을 전송한다.

자바 메일 API를 사용하여 메일을 보내는 기능을 구현해볼 것이다. 코드를 작성하다 보면 처음에는 어렵다고 느낄 수 있으나, 각 코드가 어떤 역할을 하는지를 파악하면 이해하기 쉬울 것이다. 다음의 예제를 작성하고 코드를 분석해 보도록 하자.

① mailForm.jsp 페이지 코드 작성

mailForm.css   ⬇ Chapter12₩src₩main₩webapp₩css₩mailForm.css

```
1    table{
2        width : 450px;
3        margin : auto;
4    }
5    h1{
6        text-align: center;
7    }
8    td{
9        border : 1px dotted gray;
10   }
```

mailForm.jsp   ⬇ Chapter12₩src₩main₩webapp₩mailForm.jsp

```
1    <%@ page language="java" contentType="text/html; charset=UTF-8"%>
2    <html>
3    <head>
4    <title>자바 메일 보내기 폼</title>
5    <link href="css/mainForm.css" rel="stylesheet" type="text/css">
```

```
6    </head>
7    <body>
8    <form action="mailSend" method="post">
9    <h1>자바 메일 보내기</h1>
10   <table>
11      <tr><td>보내는 사람 메일 : </td><td><input type="text"
12   name="sender"></td></tr>
13      <tr><td>받는 사람 메일 : </td><td><input type="text"
14   name="receiver"></td></tr>
15      <tr><td>제목 : </td><td><input type="text" name="subject"></td></
16   tr>
17      <tr>
18         <td>내용 : </td>
19         <td><textarea name="content" cols=40 rows=20></textarea></td>
20      </tr>
21      <tr><td align=center colspan=2><input type="submit" value="보내
22   기"></td></tr>
23   </table>
24   </form>
25   </body>
26   </html>
```

10~23	메일 송신에 관련된 데이터를 입력하는 부분이다.

② MailSendServlet.java 코드 작성

MailSendServlet.java   ⬇ Chapter12₩src₩main₩java₩mailtest₩MailSendServlet.java

```
1    package mailtest;
2
3    import java.io.IOException;
4    import java.io.PrintWriter;
5    import java.util.Properties;
6    import javax.mail.Address;
7    import javax.mail.Authenticator;
8    import javax.mail.Message;
9    import javax.mail.Session;
```

```
10    import javax.mail.Transport;
11    import javax.mail.internet.InternetAddress;
12    import javax.mail.internet.MimeMessage;
13    import jakarta.servlet.ServletException;
14    import jakarta.servlet.annotation.WebServlet;
15    import jakarta.servlet.http.HttpServlet;
16    import jakarta.servlet.http.HttpServletRequest;
17    import jakarta.servlet.http.HttpServletResponse;
18
19    /**
20     * Servlet implementation class MailSendServlet
21     */
22    @WebServlet("/mailSend")
23    public class MailSendServlet extends HttpServlet {
24        private static final long serialVersionUID = 1L;
25
26        /**
27         * @see HttpServlet#HttpServlet()
28         */
29        public MailSendServlet() {
30            super();
31            // TODO Auto-generated constructor stub
32        }
33
34        /**
35         * @see HttpServlet#doPost(HttpServletRequest request,
36    HttpServletResponse response)
37         */
38        protected void doPost(HttpServletRequest request,
39    HttpServletResponse response) throws ServletException, IOException {
40            request.setCharacterEncoding("UTF-8");
41            String sender = request.getParameter("sender");
42            String receiver = request.getParameter("receiver");
43            String subject = request.getParameter("subject");
44            String content = request.getParameter("content");
45            response.setContentType("text/html;charset=UTF-8");
46            PrintWriter out = response.getWriter();
47            try {
48                Properties properties = System.getProperties();
49                properties.put("mail.smtp.starttls.enable", "true");
```

```
50          properties.put("mail.smtp.host", "smtp.gmail.com");
51          properties.put("mail.smtp.auth", "true");
52          properties.put("mail.smtp.port", "587"); // gmail 포트
53          // TLS 오류 해결을 위해 아래 코드 추가
54          properties.put("mail.smtp.ssl.protocols", "TLSv1.2");
55          Authenticator auth = new GoogleAuthentication();
56          Session s = Session.getDefaultInstance(properties, auth);
57          Message message = new MimeMessage(s);
58          Address sender_address = new InternetAddress(sender);
59          Address receiver_address = new InternetAddress(receiver);
60          message.setHeader("content-type", "text/
61  html;charset=UTF-8");
62          message.setFrom(sender_address);
63          message.addRecipient(Message.RecipientType.TO, receiver_
64  address);
65          message.setSubject(subject);
66          message.setContent(content, "text/html;charset=UTF-8");
67          message.setSentDate(new java.util.Date());
68          Transport.send(message);
69          out.println("<h3>메일이 정상적으로 전송되었습니다.</h3>");
70      } catch (Exception e) {
71          out.println("SMTP 서버가 잘못 설정되었거나, 서비스에 문제가 있습니
72  다.");
73          e.printStackTrace();
74      }
75    }
76
77  }
```

✅ 코드 분석

40	자바 메일 보내기 폼에서 입력한 한글 정보가 깨지지 않도록 한다.
41~44	클라이언트 페이지에서 메일 전송에 사용하기 위해서 전송되어 온 파라미터 값들을 받는 부분이다.
48	서버 정보를 Properties 객체에 저장한다.
49	Starttls Command를 사용할 수 있게 설정하는 부분이다.
50	SMTP 서버를 지정하는 부분이다.
51	AUTH command를 사용하여 사용자 인증을 할 수 있게 하는 설정하는 부분이다.

52	서버 포트를 지정하는 부분이다.
55	인증 정보를 생성하는 부분이다.
56	메일을 전송하는 역할을 하는 단위인 Session 객체를 생성하는 부분이다.
57	생성한 Session 객체를 사용하여 전송할 Message 객체를 생성하는 부분이다.
58	메일을 송신할 송신 주소를 생성하는 부분이다.
59	메일을 수신할 수신 주소를 생성하는 부분이다.
60~67	메일 전송에 필요한 값들을 설정하는 부분이다.
68	메시지를 메일로 전송하는 부분이다.

③ GoogleAuthentication.java 코드 작성

GoogleAuthentication.java　　　　⬇ Chapter12₩src₩main₩java₩mailtest₩GoogleAuthentication.java

```
 1   package mailtest;
 2   import javax.mail.Authenticator;
 3   import javax.mail.PasswordAuthentication;
 4
 5   public class GoogleAuthentication extends Authenticator {
 6       PasswordAuthentication passAuth;
 7
 8      public GoogleAuthentication(){
 9           passAuth = new PasswordAuthentication("gardenfi1749",
10   "*************");
11      }
12
13      public PasswordAuthentication getPasswordAuthentication() {
14          return passAuth;
15      }
16   }
```

✅ 코드 분석

9~10	PasswordAuthentication 객체를 생성하는 부분이다. 첫 번째 인자가 구글 아이디이며 두 번째 인자가 비밀번호이다.
13	Authenticator 구현 시 반드시 구현해 주어야 하는 메소드이다.

3) 예제 실행하기

01 앞에서 작성한 mailForm.jsp 예제를 실행하면 다음과 같은 화면이 출력된다. 각 양식
에 내용을 작성하고 〈보내기〉 버튼을 클릭한다.

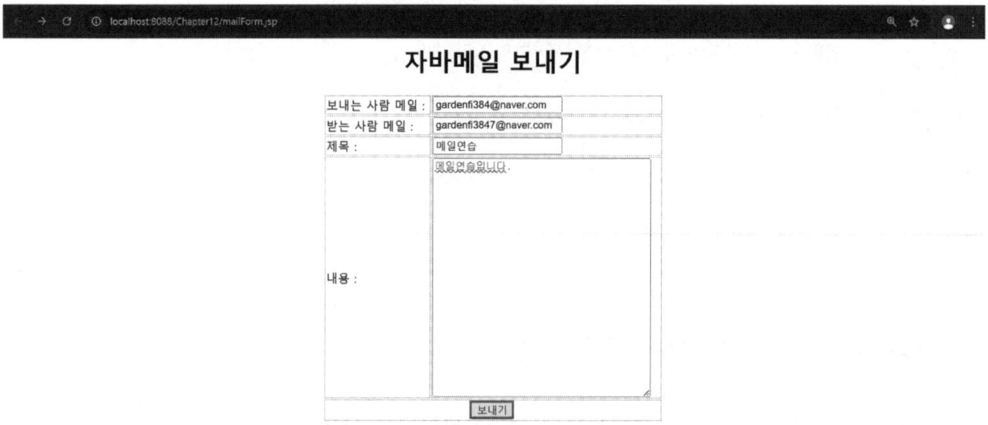

그림 12-11. mailForm.jsp 페이지 실행화면

02 메일이 정상적으로 전송되면 메일이 정상적으로 전송되었다는 메시지가 출력된다.

그림 12-12. 메일이 정상적으로 전송된 화면

만약 〈그림 12-12〉와 같이 출력되지 않고 javax.mail.AuthenticationFailedException 메시지가 출력되면 "https://www.google.com/account/about/?hl=ko" 사이트에 접속하여 gmail 2단계 인증을 설정해야 한다.

4) 구글 2단계 인증 설정

01 "https://www.google.com/account/about/?hl=ko" 페이지에 접속한 후 "Google 계정으로 이동" 버튼을 클릭한다.

그림 12-13. https://www.google.com/account/about/?hl=ko 페이지에 접속한 화면

02 아래의 로그인 페이지로 이동하면 구글 아이디와 비밀번호를 입력하고 인증한다.

그림 12-14. 구글 계정으로 로그인 하는 화면

03 구글 계정으로 로그인이 되면 아래와 같은 계정 화면이 열린다.
아래와 같이 보안 탭과 Google에 로그인하는 방법에서 2 단계 인증 〉 시작하기를 선택한 후 화면에 나오는 절차대로 진행해서 2단계 인증을 설정한다.

그림 12-15. 2단계 인증을 설정하는 화면

04 2단계 인증 설정 후 로그아웃을 한 후 다시 2단계 인증 방식으로 로그인을 한다. 아래 그림처럼 스마트폰으로 전송된 메시지에서 "예 …"를 클릭한 후 화면에 나오는 번호 (94)를 선택하면 2단계 인증 방식으로 Google에 로그인된다.

그림 12-16. 2단계 인증 방식으로 로그인 하는 화면

05 2단계 인증 방식으로 로그인한 후 계정 메인 화면의 검색 창에 "앱 비밀번호"를 입력하고 엔터를 친다.

그림 12-17. 2단계 인증 방식으로 로그인 한 후 검색 창에 "앱 비밀번호"를 입력하고 엔터를 친 화면

06 〈그림 12-17〉화면에서 엔터를 치는 순간 앱 비밀번호를 입력하는 화면이 출력된다. 아래와 같이 생성할 앱 이름을 입력하고 "만들기" 버튼을 클릭한다.

그림 12-18. 앱 비밀번호 설정 화면

07 〈그림 12-18〉 화면에서 "만들기" 버튼을 클릭하면 아래와 같이 MailTest 앱의 비밀번호가 생성된다.

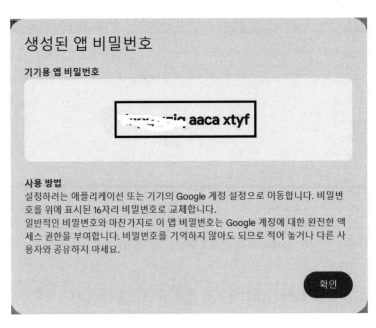

그림 12-19. 앱 비밀번호가 생성된 화면

GoogleAuthentication.java 코드의 9라인에 있는 passAuth = new PasswordAuthentication("gardenfi1749", "*************"); 코드 부분에서 음영 처리된 부분에 생성된 비밀번호를 지정하여 사용하면 된다.

KEY-POINT

1 자바 메일 API는 SMTP, POP3 등의 프로토콜을 사용하여 메일을 전송 또는 수신 기능을 구현할 수 있게 해준다. 자바 메일 보내기 기능을 구현하려면 mail.jar와 activation.jar 파일이 필요하다. 프로젝트에 하단 그림과 같이 두 jar 파일이 복사되어 있어야 한다.

2 자바 메일 API에서 메일 수신/전송의 주요 기능은 javax.mail 패키지에 들어있다.
자바 메일 보내기에 사용되었던 주요 객체는 다음과 같다.

- Session: 메일을 송수신하기 위한 환경 설정을 위해 사용된다.
- Address: 메일을 송수신하는 메일 주소를 설정하기 위해 사용된다.
- Message: 전송할 메일의 정보(송신자/수신자, 제목, 내용 등)를 설정하기 위해 사용된다.
- Transport: 실제로 메일을 전송하기 위해 사용한다.

Google SMTP 인증에 문제가 있을 때는 "https://accounts.google.com/b/0/SmsAuthConfig?hl=ko" 사이트에 접속하여 2단계 인증을 설정한 후 비밀번호를 생성하여 사용해야 한다.

2단계 인증 사용

2단계 인증을 사용하면 비밀번호가 도용되는 경우에 대비하여 계정 보안을 한층 강화할 수 있습니다. 2단계 인증을 설정한 후에는 다음을 사용하여 계정에 로그인할 수 있습니다.

- 비밀번호
- 휴대전화

2단계 인증 허용

1. Google 계정 ☑을 엽니다.
2. 탐색 패널에서 **보안**을 선택합니다.
3. 'Google에 로그인하는 방법'에서 **2단계 인증 > 시작하기**를 선택합니다.
4. 화면에 표시되는 단계를 따릅니다.

도움말: 직장, 학교 또는 기타 그룹을 통해 계정을 사용하고 있으면 이 단계로 복구되지 않을 수도 있습니다. 2단계 인증을 설정할 수 없는 경우 관리자에게 문의하세요.

[2단계 인증 사용]

데이터베이스를 이용한 회원 관리 시스템

프로그램을 작성할 때 데이터베이스를 사용하지 않을 수는 없다. 프로그램에는 다루어야 할 데이터가 존재하기 때문이다. 회원 관리 프로그램을 구현한다면 회원의 정보를 관리해야 할 것이며, 게시판 프로그램을 구현하면 게시판 글에 관한 데이터를 관리해야 한다. 이번 장에서는 데이터베이스를 관리하는 시스템인 DBMS(DataBase Management System)에 대해서 살펴볼 것이며, 데이터베이스를 이용하는 프로그램의 예로 회원 관리 시스템을 구현해 본다.

1. 데이터베이스의 개요 및 설치

이 단원에서는 데이터베이스의 개요와 설치에 대해서 알아보도록 할 것이다.

1) 데이터베이스와 DBMS

데이터베이스란 여러 시스템들이 공유할 수 있도록 저장되어 운용되는 데이터의 집합을 말한다. 데이터베이스에 보관한 자료(데이터)는 특정 응용 프로그램에서만 사용되는 것이 아니라 여러 응용 프로그램 및 웹에서 검색하여 사용할 수 있다. 데이터베이스의 이해를 돕기 위해 몇 가지 특징을 설명하도록 하겠다.

먼저 데이터베이스는 통합된 데이터이다. 데이터베이스가 자주 사용되기 이전에는 파일 처리 시스템이 많이 사용되었는데 이 시스템을 사용하게 되면 응용 프로그램마다 데이터를 독립적으로 가지기 때문에, 데이터의 중복 현상이 발생하게 된다. 하지만 데이터베이스를 사용하게 되면 데이터를 통합하여 관리하기 때문에, 데이터 중복 현상이 발생하지 않게 된다. 그 외 실시간 접근(사용자가 데이터베이스에 접근하여 데이터를 요청하면 데이터베이스는 실시간으로 응답)이 가능하다는 특성과 계속적인 삽입, 삭제, 갱신으로 데이터의 변화가 일어난다는 특성을 꼽을 수 있다.

DBMS란 Database Management System의 약어이며, 응용 프로그램과 데이터베이스 사이에서 데이터가 올바르게 정보 교환을 할 수 있도록 관리해주는 시스템을 말한다. DBMS의 기능은 크게 세 가지로 나눌 수 있는데, 테이블 등을 설계하고 생성할 수 있는 정의 기능과 데이터의 삽입, 수정, 삭제, 검색 등 데이터를 조작할 수 있는 조작 기능, 그리고 저장된 데이터가 일관성을 유지하고 데이터의 중복 문제를 발생하지 않도록 하는 제어 기능이 있다.

데이터베이스와 DBMS에 대한 내용은 매우 방대하므로 이론적인 설명은 이 정도만 하고, 이어서 실제 DBMS를 설치하고 DBMS와 연동하여 프로그래밍하는 예제를 다루면서 좀 더 자세한 내용을 다뤄보도록 하겠다.

2) MySQL 설치

MySQL이란 오라클이 관리하고 배포하는 DBMS 중 하나이며, 2024년 현재까지도 강력한 시장 지위를 유지하고 있다. MySQL은 GNU GPL(GNU General Public License)과 상업용 라이센스의 이중 라이센스로 관리되고 있다. 먼저, MySQL을 사용하기 위해 MySQL을 다운로드하고 설치하도록 한다. 여기서는 교재를 집필하는 시점에서의 최신 버전인 8.1.0 버전을 설치하도록 하겠다.

01 http://www.mysql.com 에 접속하여 하단의 빨간 박스가 표시되어 있는 MySQL Community Server 링크를 클릭한다.

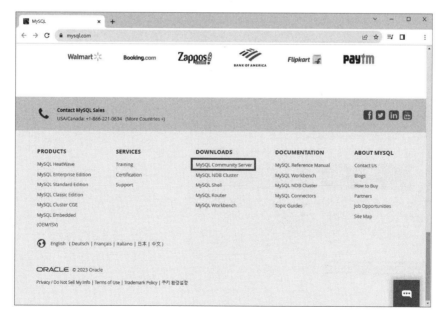

그림 13-1. MySQL 사이트

02 사용중인 운영체제를 선택한 후 빨간 박스가 표시되어 있는 "Download" 링크를 클릭한다.

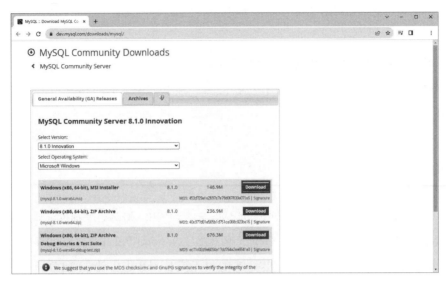

그림 13-2. mysql-8.1.0-winx64.msi

03 〈로그인〉 버튼이 출력되는데 로그인을 하지 않으려면 하단에 링크되어 있는 "No thanks, just start my download" 링크를 클릭하면 된다.

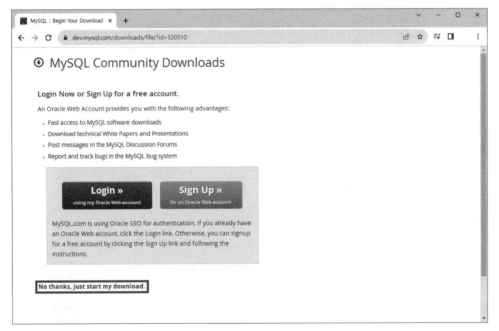

그림 13-3. mysql-8.1.0-winx64.msi

04 mysql-8.1.0-winx64.msi 파일이 다운로드 된 것을 확인하다.

이름	^	수정한 날짜	유형	크기
∨ 오늘 (1)				
mysql-8.1.0-winx64		2024-08-21 오전 9:50	Windows Installer...	150,400KB

그림 13-4. 파일이 다운로드된 디렉토리

05 다음 화면과 같이 출력되면 〈Next〉 버튼을 클릭한다.

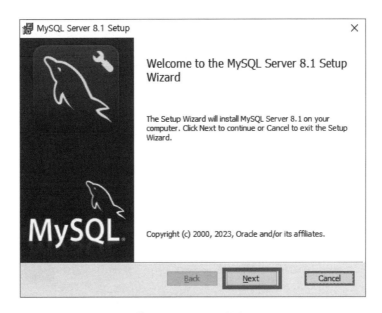

그림 13-5. MySQL Server 8.1 Setup

06 체크박스를 체크하여 라이선스에 동의하고 〈Next〉 버튼을 클릭한다.

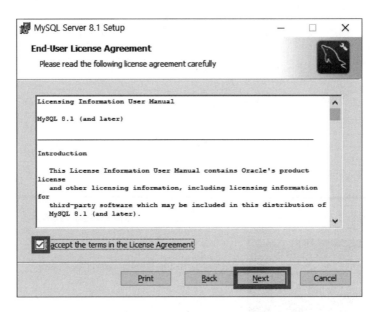

그림 13-6. License Agreement 대화상자

07 다음 화면에서 〈Typical〉을 클릭한다.

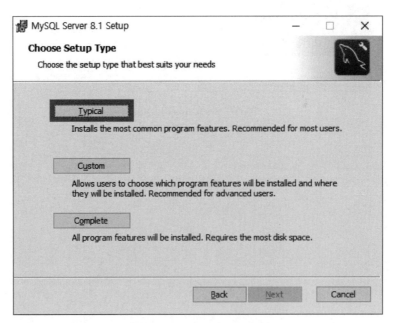

그림 13-7. Choose Setup Type 대화상자

08 설치가 완료되면 다음 화면에서 〈Finish〉 버튼을 클릭한다.

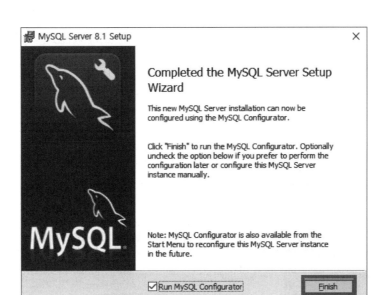

그림 13-8. Completed the MySQL Server Setup Wizard

09 다음 화면에서 〈Next〉 버튼을 클릭한다.

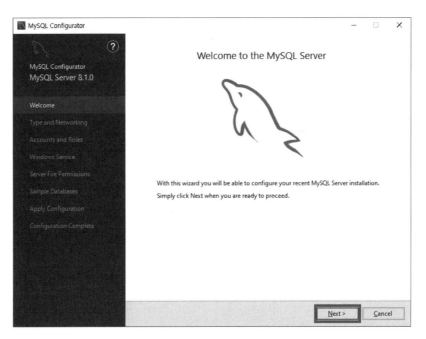

그림 13-9. 구성요소 설치 작업 진행

10 다음 화면은 "Config Type"과 "Networking"을 설정하는 부분이다. "Config Type"은 "Development Machine"을 선택하고 "Connectivity" 부분에서 연결 방식은 "TCP/IP"를 체크한다. MySQL 서버의 기본 포트는 그림에 출력되는 것과 같이 3306 포트를 사용한다. 3306포트에 대한 방화벽을 해제하여 외부 시스템에서도 접속이 가능하도록 "Open Firewall port for network access" 체크박스를 체크한 후 〈Next〉 버튼을 클릭한다.

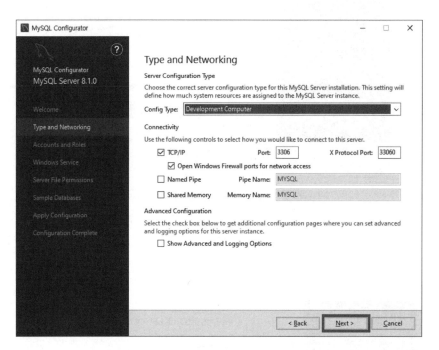

그림 13-10. Type and Networking 대화 상자 화면

11 다음 화면은 MySQL의 최고 관리자 계정인 root 계정의 암호를 설정하는 부분이다. 입력상자에 관리자 암호를 동일하게 입력한다. 본 교재에서는 테스트용으로 "1234"로 간단히 지정한다. MySQL User Accounts 부분은 MySQL 설치 시 새로운 사용자를 생성할 수 있는 부분이다. 비워두고 〈Next〉 버튼을 클릭한다.

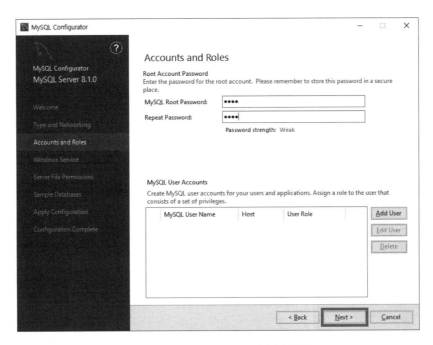

그림 13-11. Accounts and Roles 대화상자 화면

12 다음 화면은 MySQL 서비스 시작 방식을 지정하는 부분이다. "Windows Service Name: " 항목의 값은 윈도우상에서 사용되는 MySQL 서비스의 이름이다. Window 시작 시 MySQL 서비스가 자동으로 시작되게 하려면 "Start the MySQL Server at System Startup" 체크박스를 체크한다. Window로 로그인한 표준 계정으로 MySQL 서비스를 시작하려면 "Standard System Account" 옵션 버튼을 체크하고 〈Next〉 버튼을 클릭한다. MySQL 서비스를 시작하는 데 특별한 Window 계정을 사용하려면 〈Custom User〉 옵션 버튼을 선택한다.

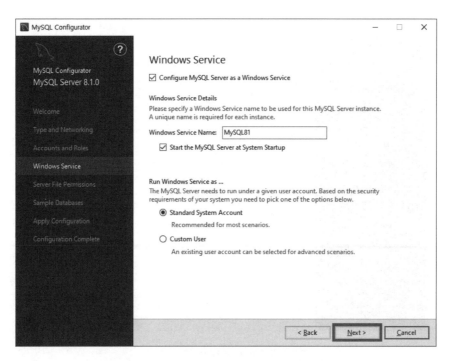

그림 13-12. Windows Service 대화상자 화면

13 다음 화면에서 〈Next〉 버튼을 클릭한다.

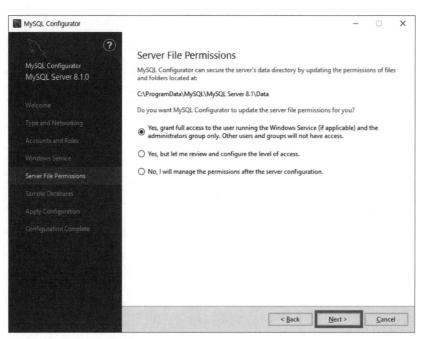

그림 13-13. Server File Permissions 대화 상자 화면

14 다음 화면에서 〈Next〉 버튼을 클릭한다.

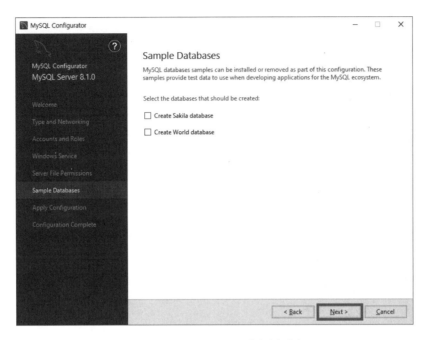

그림 13-14. Sample Databases 대화 상자 화면

15 〈Execute〉 버튼을 클릭하여 서버 구성을 적용한다.

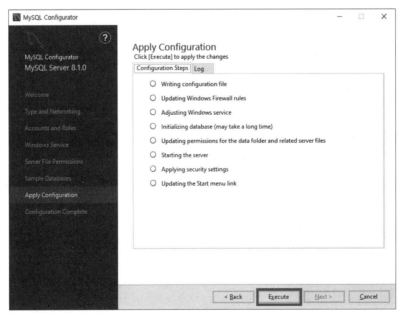

그림 13-15. 서버 구성 적용 화면

16 서버 구성 적용이 완료되면 〈Next〉 버튼을 클릭한다.

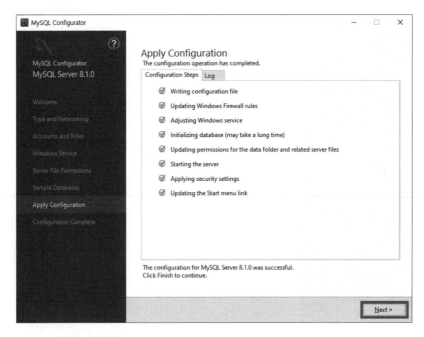

그림 13-16. 제품 구성이 완료된 화면

17 다음 화면과 같이 출력되면 MySQL 설치가 완료된 것이다.

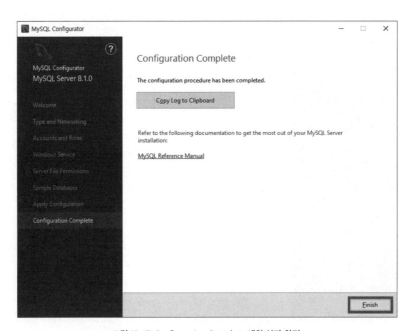

그림 13-17. Configuration Complete 대화 상자 화면

18 MySQL에서 제공되는 유틸성의 실행 파일들은 "C:\Program Files\MySQL\MySQL Server 8.1\bin" 디렉토리에 제공되므로 필요한 실행 파일들을 임의의 위치에서 실행하려면 bin 디렉토리 경로를 PATH 환경 변수로 설정해 주어야 한다. 박스로 표시된 주소 부분을 복사한다.

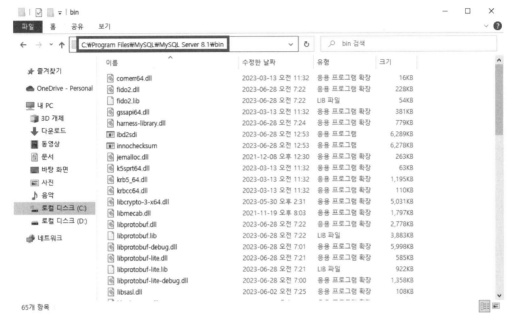

그림 13-18. bin 디렉토리

19 PATH 환경 변수를 설정하기 위해서 다음 화면처럼 찾기→ "시스템 환경 변수 편집"을 검색하고 클릭한다.

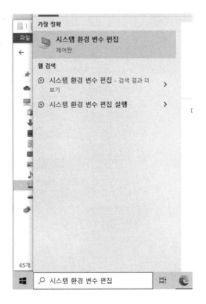

그림 13-19. "시스템 환경 변수 편집"을 검색

20 PATH 환경 변수를 설정하기 위해서 〈환경 변수〉 버튼을 클릭한다.

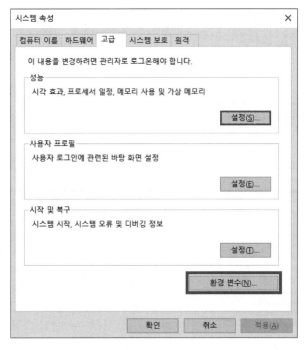

그림 13-20. 시스템 속성

21 다음 화면처럼 시스템 변수 → Path 항목을 선택하고 〈편집〉 버튼을 클릭한다.

그림 13-21. 환경 변수 대화상자

22 〈새로 만들기〉 버튼을 클릭하고 "C:\Program Files\MySQL\MySQL Server 8.1\bin;"을 입력 후 〈확인〉 버튼을 클릭한다. 18번에서 복사한 경로를 붙이면 된다.

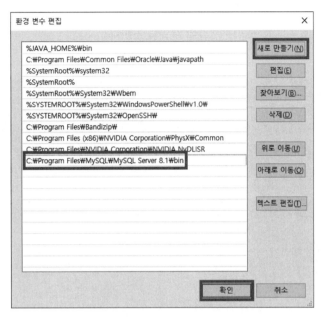

그림 13-22. PATH 환경 변수 편집 대화상자

23 최종적으로 〈확인〉 버튼을 클릭해서 환경 변수 설정을 마무리한다.

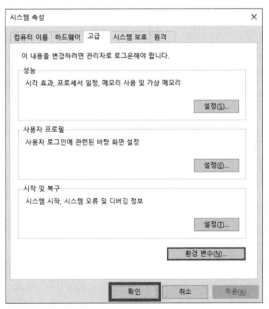

그림 13-23. 시스템 속성 대화상자

24 CMD 창을 연 후 다음 화면처럼 명령을 입력한 후 "Enter password: " 부분에
MySQL을 설치할 때 11번 단계에서 root 계정의 암호로 지정한 "1234"를 입력하여
root 계정으로 MySQL 서버에 접속을 시도한다.

mysql〉프롬프트가 열리면 접속에 성공한 것이다.

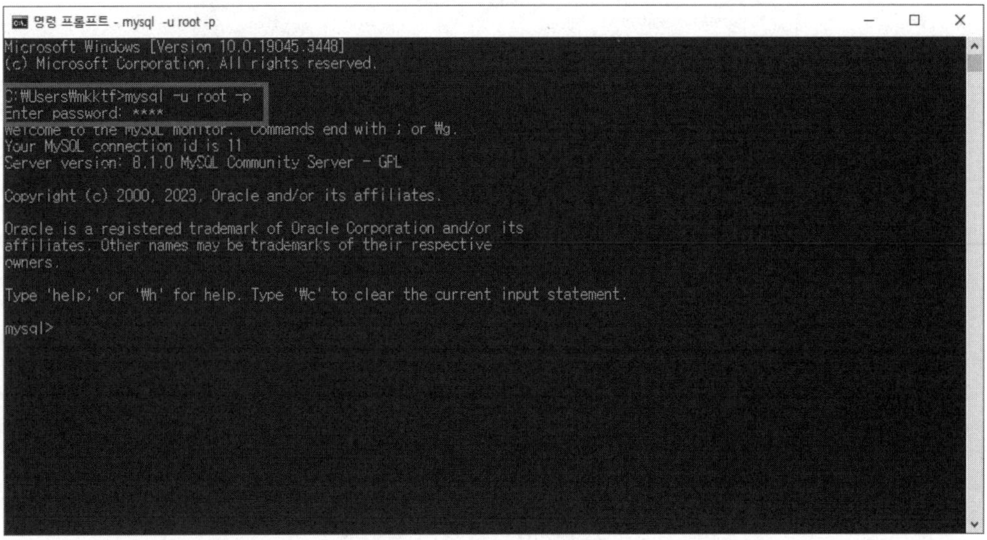

그림 13-24. MySQL 에 root 계정으로 접속

3) MariaDB 설치

MariaDB는 오픈소스 기반 DBMS이며 라이선스 정책은 GPL v2 라이선스를 사용한다. 명령어
는 MySQL과 동일하다. 라이선스 부분에서 MySQL에 비해서 자유롭기 때문에 MySQL의 대용
으로 많이 사용되는 추세이다.

MariaDB의 설치 방법을 살펴보자. 우선 MariaDB의 포트 번호는 MySQL의 포트 번호와 동일
하기 때문에 MariaDB를 사용하려면 MySQL 서비스부터 중지해 주어야 한다.

01 찾기 → "서비스"를 검색하고 클릭한다.

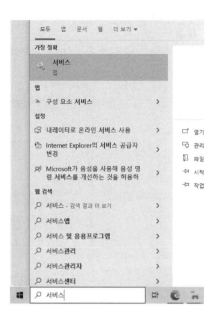

그림 13-25. 서비스 메뉴

02 MariaDB에서 사용하는 포트 번호가 MySQL에서 사용하는 포트 번호와 동일하기 때문에 MySQL 서비스가 시작된 상태에서 MariaDB 서비스를 실행하면 포트 충돌로 서비스를 실행할 수 없다.

다음 화면에서 MySQL81 서비스를 선택한 후 더블클릭 한다.

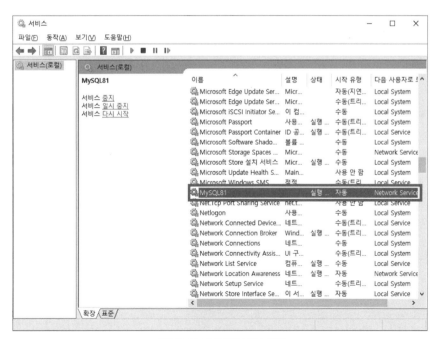

그림 13-26. MySQL81 서비스 선택

03 시작 유형을 "수동"으로 선택한 후 〈중지〉 버튼을 클릭하여 서비스를 중지한다. 서비스를 중지한 후 〈적용〉 버튼과 〈확인〉 버튼을 차례대로 누른다.

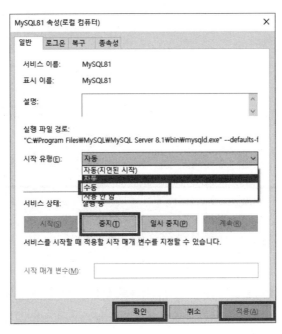

그림 13-27. MySQL81 서비스 속성

04 화면을 보면 MySQL81 항목이 수동으로 표시되며 시작됨이 출력되지 않는 것을 확인할 수 있다.

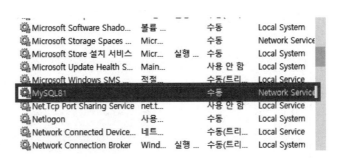

그림 13-28. MySQL81 서비스가 중지된 화면

05 MySQL 서비스가 중지되었으면 MariaDB 설치 프로그램을 다운로드 받아서 설치하면 된다. "http://mariadb.org" 사이트에 접속한 후 〈Download〉 버튼을 클릭한다.

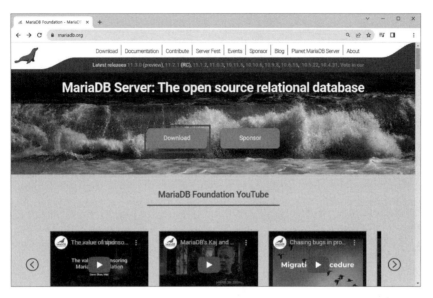

그림 13-29. MariaDB 홈페이지

06 다음 화면에서 각자의 운영체제에 맞게 선택한 후 〈다운로드〉 버튼을 클릭한다. 여기서는 교재 집필 중인 현 시점에서 최신 버전인 MariaDB 11.1.2 버전을 설치하도록 하겠다.

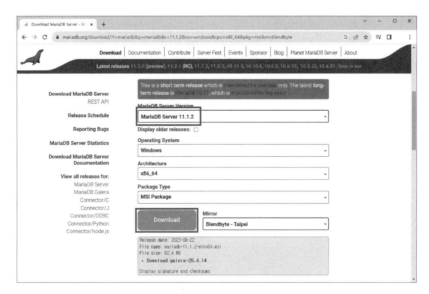

그림 13-30. mariadb-11.1.2-winx64.msi

07 설치 파일이 다운로드 된 것을 확인한 후 설치 파일을 더블클릭하여 설치를 시작한다.

그림 13-31. MariaDB 설치 파일이 다운로드된 화면

08 〈Next〉 버튼을 클릭하여 설치를 진행한다.

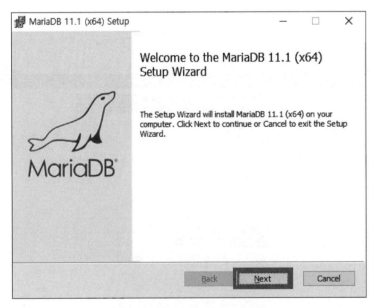

그림 13-32. MariaDB Setup Wizard 화면

09 라이선스 동의 체크박스를 체크한 후 〈Next〉 버튼을 클릭하여 설치를 계속한다.

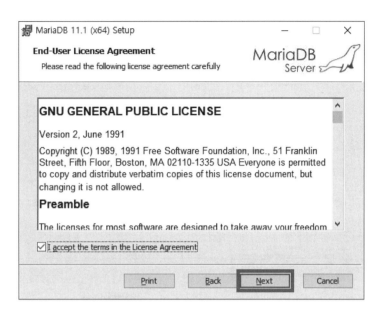

그림 13-33. 라이선스 동의 화면

10 MariaDB 설치 경로를 선택하기 위해서 〈Browse…〉 버튼을 클릭한다.

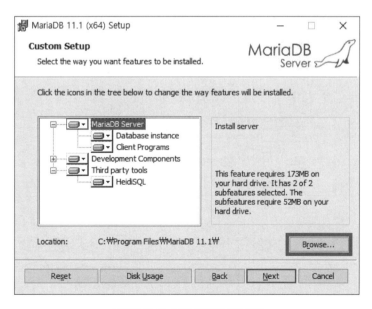

그림 13-34. MariaDB 설치경로 선택 화면

11 "Folder name : " 입력상자에 "C:\jsp3.1\MariaDB 11.1\을 입력하고 〈OK〉 버튼을 클릭하여 설치 경로를 변경한다.

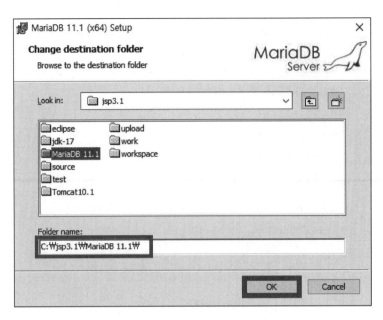

그림 13-35. MariaDB 설치경로 입력 화면

12 변경된 설치 경로를 확인하고 〈Next〉 버튼을 클릭한다.

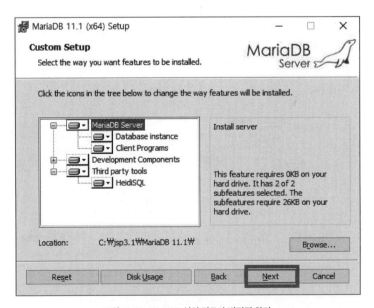

그림 13-36. MariaDB 설치 경로가 변경된 화면

13 root 계정 암호를 입력하고 "Enable access from remote machines for 'root' user" 체크박스를 체크하여 외부 시스템에서도 root 계정으로 접속하는 것을 허용한 후 〈Next〉 버튼을 클릭하여 설치를 계속한다. 본 교재에서는 "1234"로 간단한 암호를 지정한다.

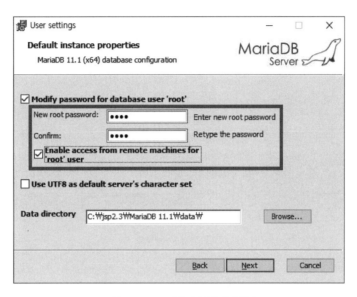

그림 13-37. root 계정 비밀번호 입력 화면

14 다음 화면에서 기본 속성을 그대로 유지하고 〈Next〉 버튼을 클릭한다.

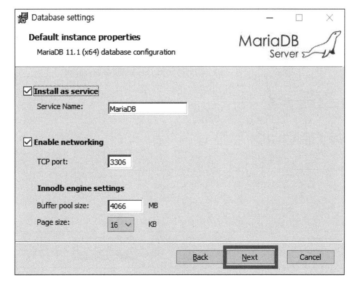

그림 13-38. MariaDB 기본 속성

15 〈Install〉 버튼을 클릭하여 14번까지 설정한 내용대로 설치를 시작한다.

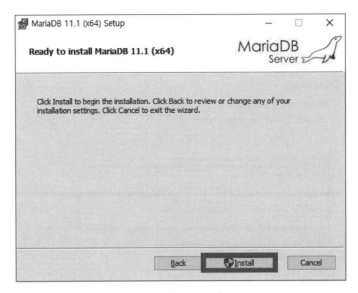

그림 13-39. Install 화면

16 다음 화면이 출력되면 설치가 완료된 것이다. 〈Finish〉 버튼을 클릭하여 설치를 마무리한다.

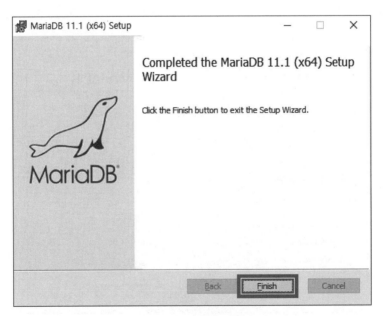

그림 13-40. 설치 완료 화면

17 MariaDB가 제공하는 실행 파일들을 임의의 위치에서 사용하려면 bin 디렉토리를 PATH 환경 변수로 설정해 주어야 한다. PATH 환경 변수를 설정하는 방법은 MySQL 설치 부분에서 이미 설명한 바 있다.

다음 화면의 "C:\jsp3.1\MariaDB 11.1\bin" 경로를 복사한다.

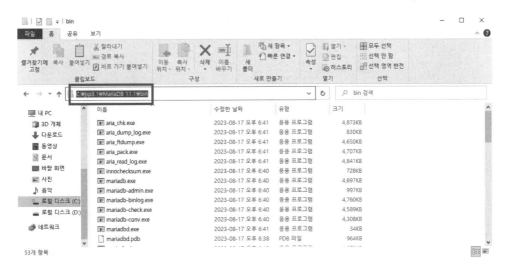

그림 13-41. bin 디렉토리 경로

18 다음 화면으로 가는 순서는 MySQL 환경 변수 부분을 참조하면 된다.

〈새로 만들기〉 버튼 클릭 후 "C:\jsp3.1\MariaDB 11.1\bin;"을 입력하고 계속해서 〈확인〉 버튼을 클릭한다.

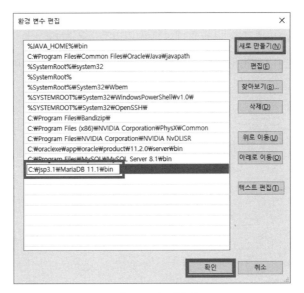

그림 13-42. 시스템 속성

19 다음 화면에서 빨간 박스로 표시되어 있는 부분의 mysql –u root –p 명령을 입력한 후 암호를 "1234"를 입력했을 때 MariaDB[〈none〉] 프롬프트가 실행되면 MariaDB 가 제대로 설치된 것이다.

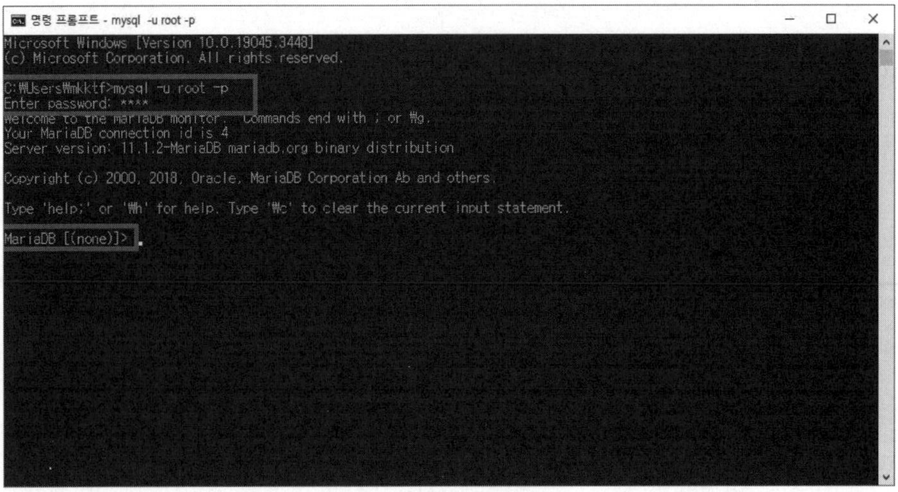

그림 13-43. MariaDB 접속 화면

4) Oracle 설치

Oracle은 Oracle corporation에서 개발한 DBMS로, 2024년 현재까지도 점유율 1위로 기업에서 널리 쓰이고 있으며 특히 DBMS에서 중요하다고 볼 수 있는 안정성은 어떤 DBMS보다 뛰어나다고 한다. Oracle은 주로 대용량 데이터를 처리하므로 MySQL보다 사용하기 까다롭고 설정해주어야 할 것들이 많다. 앞으로 데이터베이스와 관련된 예제는 오라클을 사용하여 다룰 것이다.

이 책에서 설치하고 사용할 오라클 버전은 학습용으로 주로 사용되는 Oracle Database Express Edition 11g Release 2 버전이지만, 최신 버전으로 설치하여도 무방하다.

01 오라클 설치 파일을 다운로드하기 위해서 하단 "https://www.oracle.com/ database/technologies/xe-prior-release-downloads.html" 사이트에 접속한 후 사용자 PC 환경에 맞는 파일의 "Download" 링크를 클릭한다.

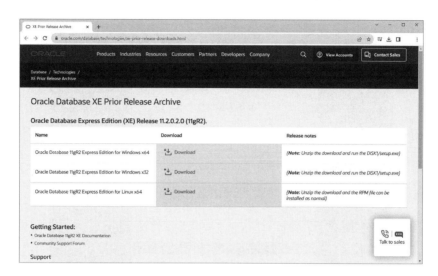

그림 13-44. Oracle Database Express Edition 11g Release 2 버전 링크 화면

02 라이선스 동의를 위해 체크 박스를 체크한 후 〈DownLoad OracleXE112_Win64. zip〉 버튼을 클릭한다.

그림 13-45. 라이선스 동의 대화 상자 화면

03 현재 로그인되지 않은 상태이면 다음 화면과 같이 로그인 화면이 나타난다. 사용자 이름과 비밀번호를 입력한 후 〈로그인〉 버튼을 클릭한다. 〈로그인〉 버튼을 클릭하면 다운로드가 진행된다.

그림 13-46. 로그인 화면

04 다음 화면을 보면 "OracleXE112_Win64.zip" 파일이 다운로드된 것을 확인할 수 있다. "OracleXE112_Win64.zip" 파일을 압축 해제한다.

그림 13-47. 설치 파일이 다운로드 된 폴더 화면

05 "setup.exe" 파일을 더블클릭하여 실행한다.

그림 13-48. OracleXE112_Win64.zip 파일이 압축 해제된 폴더

06 〈Next〉 버튼을 클릭한다.

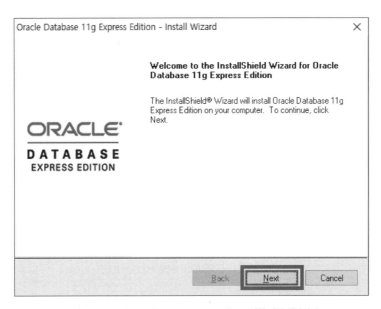

그림 13-49. Oracle Database 11g Express Edition 설치 시작 대화상자

07 ⟨I accept the terms in the license agreement⟩ 옵션 버튼을 선택하여 라이선스에 동의한 후 ⟨Next⟩ 버튼을 클릭한다.

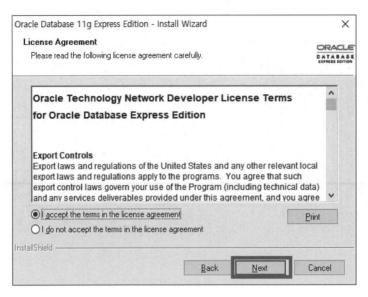

그림 13-50. License Agreement 대화상자

08 오라클 설치 디렉토리를 확인한 후 ⟨Next⟩ 버튼을 클릭한다.

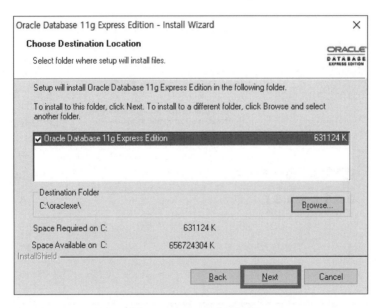

그림 13-51. License Agreement 대화상자

09 관리자(SYS, SYSTEM) 비밀번호를 입력하고 〈Next〉 버튼을 클릭한다.

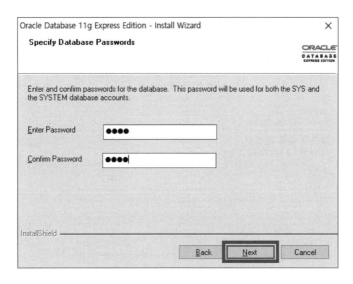

그림 13-52. 관리자 비밀번호 지정 대화상자

10 설치 속성들을 확인하고 〈Install〉 버튼을 클릭하여 설치를 진행한다.

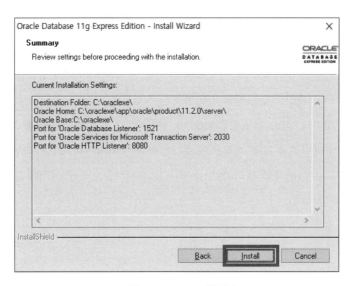

그림 13-53. Summary 대화상자

〈Finish〉 버튼을 클릭하여 오라클 설치를 마무리한다.

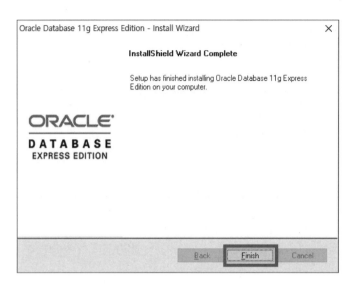

그림 13-54. 오라클 설치 완성 화면

12 오라클 설치가 완료되었으면 오라클에서 제공하는 클라이언트 툴(오라클 서버에 접속해서 명령을 전송할 수 있는 툴)인 SQLPLUS를 사용해서 오라클 서버에 접속해 본다. 다음 화면처럼 sqlplus "/as sysdba" 명령을 실행하여 오라클 서버에 접속한다. SQLPLUS 툴로 오라클 서버에 접속하는 명령 형식은 "sqlplus 오라클 계정/오라클 비밀번호"이다. 계정이 java이고 비밀번호가 java이면 sqlplus java/java 명령을 실행해야 하는 것이다. 다음 화면처럼 sqlplus 뒤에 "/"로 시작하면 오라클 계정으로 로그인하는 것이 아니고 윈도우 계정으로 로그인한다는 의미이다. 또한, 하단 그림처럼 "/as sysdba"로 로그인하면 관리자로 로그인되기 때문에 오라클 서버에 접속하여 모든 권한을 부여받는다.

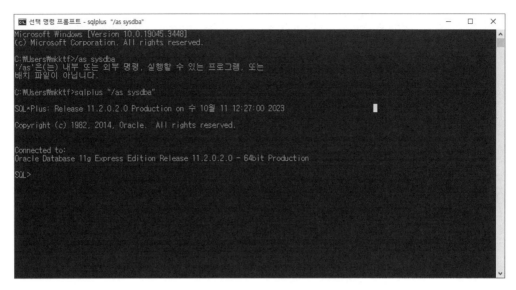

그림 13-55. SQLPLUS로 오라클 서버에 접속한 화면

2. SQL

1) SQL 소개

SQL(Structured Query Language)은 데이터베이스에 데이터를 삽입, 수정, 삭제, 검색을 하기 위한 관계형 데이터베이스에서 제공하는 질의 언어이다. 데이터베이스와 응용프로그램 사이에 존재하여 데이터의 올바른 정보 교환을 하게 해주는 것이 DBMS인데, DBMS상에서 삽입, 수정, 삭제, 검색 기능을 실제로 처리하는 언어가 바로 SQL이다. SQL을 잘 활용하면 데이터베이스의 데이터 관리를 효율적으로 할 수 있고, 성능 또한 좋아지게 된다.

SQL은 크게 DDL(Data Definition Language), DML(Data Manipulation Language), DCL(Data Control Language)의 세 가지로 나눌 수 있다. 기본 문법을 먼저 알아보자.

2) SQL 구문 종류

▶ DDL

DDL은 데이터베이스 테이블을 생성하거나 재정의 및 제거할 수 있는 기능을 가진다. DDL의 종류에는 다음과 같은 세 가지가 있다.

SQL문	설명
CREATE	데이터베이스 또는 테이블과 같은 객체를 생성한다.
ALTER	데이터베이스 또는 테이블과 같은 객체를 수정한다.
DROP	데이터베이스 또는 테이블과 같은 객체를 제거한다.

(1) CREATE문

CREATE문은 테이블을 생성하는 기능을 한다. 작성 형식은 다음과 같다.

```
CREATE  TABLE  생성할 테이블명(
  필드명1 타입명,
  필드명2 타입명,
  …
  primary key(필드명)
);
```

CREATE문을 직접 실행해 보기 위해 명령 프롬프트 창을 실행하고 테스트용으로 사용할 사용자를 생성한다. 〈그림 13-56〉과 같이 sqlplus "/as sysdba" 명령을 사용해서 관리자로 접속 후 새로운 사용자를 생성한다.

"CREATE USER java IDENTIFIED BY java;" 명령문은 아이디를 "java"로 비밀번호를 "java"로 새로운 오라클 사용자를 생성하는 명령이다. "CREATE USER" 명령은 생성할 사용자 이름을 지정하는 키워드이며 "IDENTIFIED BY" 명령은 생성하는 사용자의 비밀번호를 지정하는 키워드이다.

"GRANT CONNECT, RESOURCE TO java;" 명령문은 java 사용자에게 오라클에서 작업할 수 있는 권한 종류를 부여하는 부분이다.

오라클에서 관련성이 있는 여러 권한들을 모아놓은 단위를 롤(role) 이라고 하는데 CONNECT 와 RESOURCE는 롤이다.

CONNECT에는 오라클 서버에 접속하는 데 필요한 권한들이 모아져 있고, RESOURCE에는 오라클 자원을 다루는 데 필요한 권한들(테이블 생성, 테이블 삭제 권한 등)이 모아져 있다. 일반적으로 새로운 오라클 사용자를 생성하는 경우 CONNECT와 RESOURCE 롤을 부여하면 데이터베이스에서 할 수 있는 기본적인 작업들은 할 수 있다.

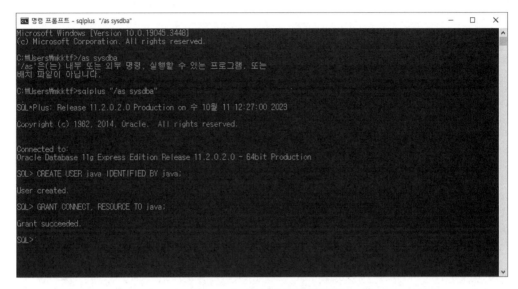

그림 13-56. 새로운 오라클 사용자 생성 화면

새로운 오라클 계정을 생성하였으면 생성된 계정(java)으로 오라클 서버에 접속한다. 〈그림 13-57〉처럼 현재 관리자로 오라클 서버에 접속한 상태이니 DISCONN 명령으로 관리자 접속을 해제한 후 CONN java/java 명령을 사용해서 java 계정으로 재접속한다.

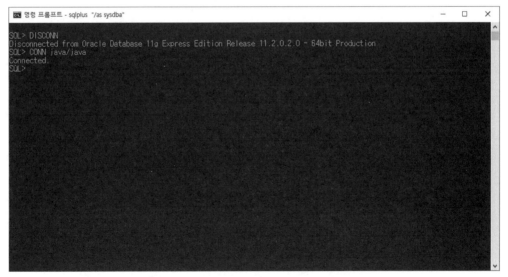

그림 13-57. 관리자 계정 연결 해제 후 java 계정으로 재접속 화면

만약, 현재 접속한 계정을 해제만 하는 것이 아니고 SQLPLUS 툴에서 완전히 빠져나오려면 "exit" 명령을 이용하면 된다. SQLPLUS 툴에서 완전히 빠져나온 후 다시 SQLPLUS를 사용해서 오라클 서버에 접속을 하려면 〈그림 13-58〉처럼 sqlplus 명령어를 사용해야 한다.

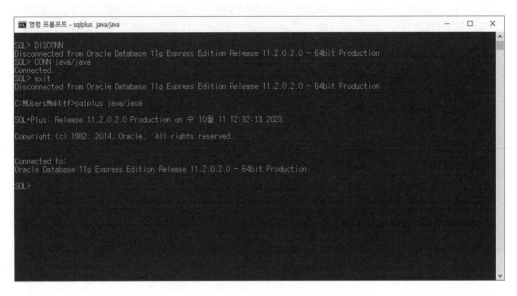

그림 13-58. SQLPLUS 툴 종료 후 SQLPLUS툴로 오라클 재접속 화면

CREATE문 작성 형식에 따라 SQL 프롬프트에 다음과 같이 입력하면 student 테이블이 생성된다. 이 SQL문을 설명하면 student는 테이블 이름이며, num이란 컬럼을 number 타입으로 생성하고 name이란 컬럼은 VARCHAR2 타입으로 10바이트의 크기로 생성한 것이다. primary key(num)가 의미하는 것은 num 컬럼을 기본 키로 설정하겠다는 것이다. 기본 키로 설정된 컬럼에는 null 값도 저장할 수 없고, 다른 레코드 값과 동일한 값도 저장할 수 없다.

```
CREATE  TABLE  student(
  num number,
  name varchar2(10),
  primary key(num)
);
```

그림 13-59. student 테이블 화면

(2) ALTER문

ALTER문은 테이블 구조를 변경(컬럼 수정, 삭제, 추가, 제약 추가 등)하는 SQL문이다. 작성 형식은 다음과 같다.

ALTER문은 다른 DDL문과 다르게 ADD, MODIFY, DROP의 적용 옵션이 있다. 즉, 옵션에 따라 생성되어 있는 테이블의 컬럼을 수정, 삭제 또는 새 필드 추가를 하게 된다.

```
ALTER TABLE 테이블명 적용옵션 (
   컬럼명 데이터타입명
);
```

명령 프롬프트 창에서 다음과 같이 입력하면 앞서 생성한 student 테이블의 name 컬럼의 데이터 타입이 VARCHAR2(10)인 것이 VARCHAR2(20)으로 변경된다. 변경된 테이블을 확인하려면 DESC student; 를 입력하면 된다.

```
ALTER  TABLE  student MODIFY(
  name varchar2(20)
);
```

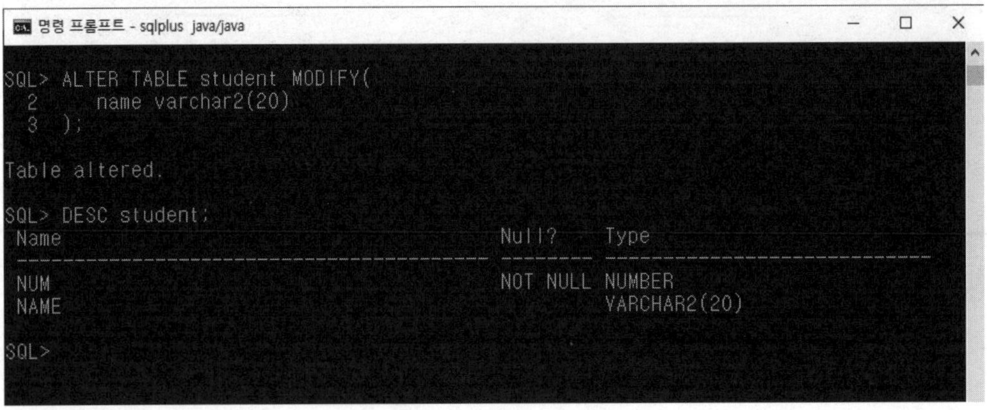

그림 13-60. student 테이블 구조 변경 화면

(3) DROP문

DROP문으로는 테이블을 삭제할 수 있다. 구문 형식은 다음과 같다.

```
DROP TABLE 테이블명;
```

DROP문으로 테이블 삭제를 하는 방법은 매우 간단하다. 앞서 생성했던 student 테이블을 삭제하려면 다음과 같은 SQL문을 작성하면 된다.

```
DROP  TABLE  student;
```

이 쿼리를 실행한 뒤 테이블 구조를 확인해보면 student 객체가 존재하지 않는다고 표시된다.

그림 13-61. student 테이블 삭제 화면

▶ DML

DML은 데이터의 검색 및 삽입, 수정, 삭제할 수 있는 기능을 가진다. DML문은 다음과 같은 SQL문을 가지고 있다.

SQL문	설명
INSERT	테이블에 데이터를 삽입한다.
UPDATE	테이블에 삽입된 데이터를 수정한다.
DELETE	테이블에 삽입된 데이터를 삭제한다.
SELECT	테이블에 존재하는 데이터를 특정 조건으로 검색하여 결과를 출력한다.

(1) INSERT문

INSERT문은 데이터베이스에 데이터를 삽입할 때 사용하며, 테이블에 존재하는 컬럼 개수만큼 필드명과 필드 값을 입력할 수 있다. 작성 형식은 다음과 같다. 앞서 student 테이블을 삭제했기 때문에 CREATE문을 다시 실행한 후 INSERT문을 실행한다.

```
INSERT INTO 테이블명 (컬럼명1, 컬럼명2 ...) VALUES (데이터값1, 데이터값2 ...)
```

앞서 DDL문을 실습했던 것처럼 SQL 프롬프트에 다음 SQL문을 작성해 보자.

```
INSERT INTO student (num, name) VALUES(1, '홍길동');
```

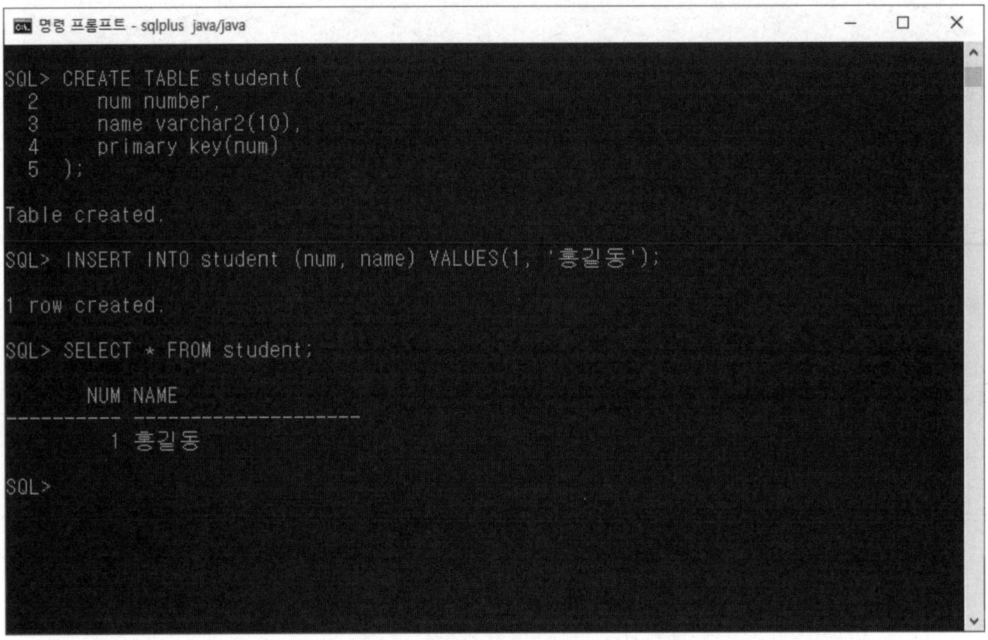

그림 13-62. student 테이블에 데이터 삽입 - 1 화면

INSERT문을 실행하였을 때 '1개의 행이 만들어졌습니다.'라는 문구가 출력되면 데이터가 적절하게 삽입된 것이다. SELECT문을 이용하여 student 테이블의 내용을 확인하면 입력한 데이터가 삽입된 것을 볼 수 있다.

INSERT문을 실행할 때 테이블명 뒤에 데이터를 삽입할 컬럼명을 지정하지 않을 수도 있다. 컬럼명을 지정하지 않으면 테이블에 존재하는 전체 컬럼에 삽입할 데이터를 모두 나열해야 한다. 즉, VALUES 키워드에 나열하는 데이터의 개수가 테이블에 존재하는 컬럼의 개수와 동일해야 한다.

```
INSERT INTO 테이블명 VALUES (데이터값1, 데이터값2 ...)
```

앞서 DDL문을 실습했던 것처럼 SQL 프롬프트에 다음 SQL문을 작성해보자.

```
INSERT INTO student VALUES(2, '김철수');
```

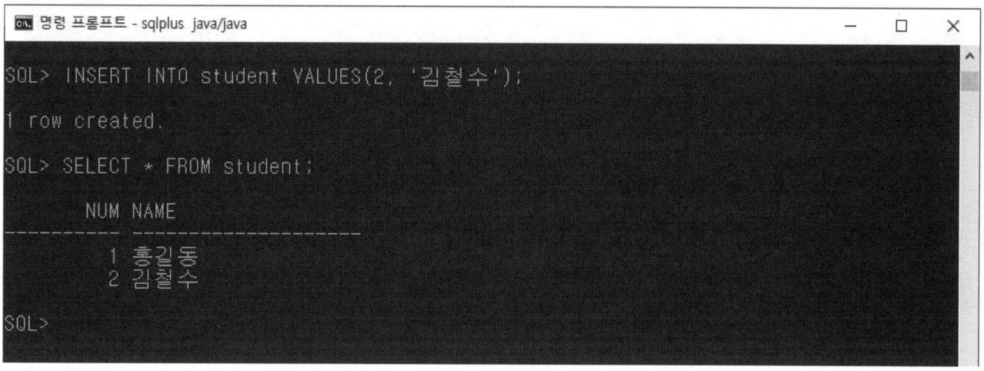

그림 13-63. student 테이블에 데이터 삽입 - 2 화면

(2) UPDATE문

UPDATE문은 테이블에 저장되어 있는 레코드의 값을 수정하는 문장이다. AND나 OR 등을 이용해서 여러 조건을 적용할 수 있다. 작성 형식은 다음과 같다.

```
UPDATE 테이블명 SET 컬럼명1='수정값1', 컬럼명2='변경값2'…
              WHERE 컬럼명3='조건값1' AND 컬럼명4='조건값2';
```

다음은 UPDATE문의 사용 예제이다. 이 SQL문은 num 컬럼의 값이 1인 레코드값을 찾아서 name 필드 값을 '김길동'으로 변경한다. SQL문 내에 있는 WHERE 절이 조건을 설정하는 부분이 된다. SET 뒤의 부분은 변경할 컬럼의 값을 설정한다.

```
UPDATE student SET name='김길동' WHERE num=1;
```

그림 13-64. student 테이블의 데이터 수정 화면

SQL문을 실행해보면 위의 화면처럼 NAME 컬럼의 값이 '김길동'으로 수정된 것을 확인할 수 있다.

(3) DELETE문

DELETE문은 INSERT문으로 삽입된 데이터를 삭제하는 문장이다. UPDATE문과 마찬가지로 WHERE절로 조건을 주어 조건에 해당하는 레코드만 삭제할 수 있다. 작성 형식은 다음과 같다. 오라클에서는 DELETE 단어 뒤의 FROM 단어는 생략할 수 있다.

```
DELETE FROM 테이블명 WHERE 컬럼명1='조건값1' AND 컬럼명2='조건값2';
```

다음은 DELETE문을 사용한 예제로 이 예제는 name 컬럼의 값이 '김길동'인 데이터를 삭제한다. SELECT문을 실행하여 데이터가 제거된 것을 확인할 수 있다.

```
DELETE FROM student WHERE name='김길동';
```

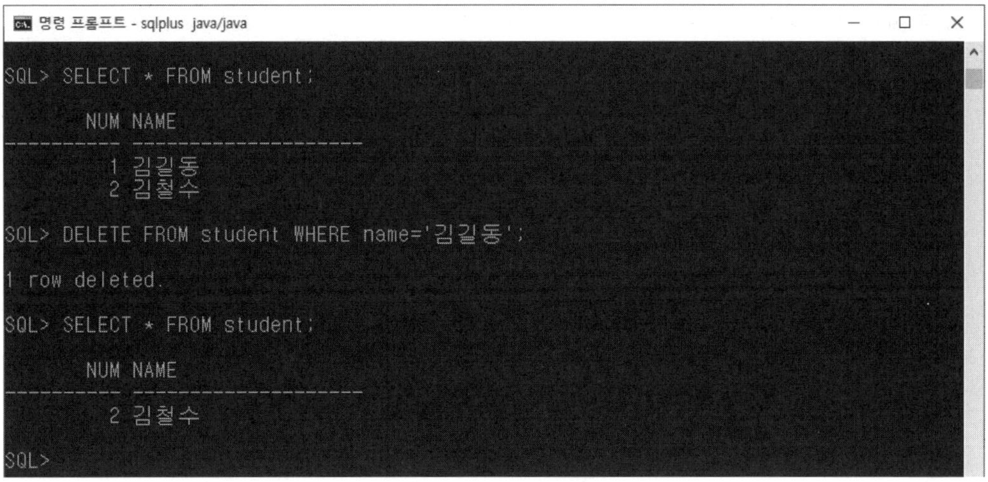

그림 13-65. student 테이블의 데이터 삭제 화면

(4) SELECT문

INSERT, UPDATE, DELETE문의 예제를 실습하면서 항상 SELECT문을 실행한 것을 볼 수 있었다. 한 마디로 SELECT문은 데이터베이스의 데이터를 검색하여 출력할 때 사용한다. 작성 형식은 다음과 같다.

```
SELECT 컬럼명1, 컬럼명2 … FROM 테이블명1, 테이블명2 …
          WHERE 컬럼명3='조건값1' AND 컬럼명4='조건값2'
          ORDER BY 컬럼명5 [ASC | DESC];
```

SELECT 뒤에 오는 컬럼명은 출력할 컬럼명을 의미하며 FROM 뒤의 테이블명은 보통 1개를 입력하지만, 여러 테이블과 연동하여 결과를 출력할 때는 여러 개를 지정할 수 있다. WHERE 절은 앞에서 UPDATE문이나 DELETE문에서 사용한 WHERE절과 같이 조건절 역할을 한다. SELECT문이 검색하는 기능을 하는 SQL문이기 때문에 조건을 설정하는 WHERE절이 가장 중요하다고 볼 수 있다. ORDER BY는 뒤에 제시되는 컬럼명을 기준으로 정렬을 하며 컬럼명 뒤에는 정렬 방식을 정하는 ASC(오름차순), DESC(내림차순)가 붙는다(생략할 경우는 오름 차순 정렬). SELECT절의 종류에는 이 외에도 다른 기능이 많지만, 본 교재에서는 꼭 알아야 하는 기능만을 설명하였다.

다음은 SELECT 문장을 사용한 예제이다. SELECT 문장 예제를 실습하기 전에 INSERT문을 사용하여 SQL문 예제를 실습할 수 있게 레코드를 미리 삽입한다.

```
INSERT INTO student (num, name) VALUES (1, '홍길동');
INSERT INTO student (num, name) VALUES (3, '고길종');
INSERT INTO student (num, name) VALUES (4, '김길동');
INSERT INTO student (num, name) VALUES (5, '김길동');
INSERT INTO student (num, name) VALUES (6, '김기문');
```

그림 13-66. student 테이블에 예제 데이터 삽입 화면

〈그림 13-66〉를 보면 INSERT문으로 입력한 값들이 모두 출력되었다. SELECT문 뒤에 '*'라는 문자가 입력되었는데, 이것은 모든 컬럼을 의미한다. student 테이블에는 num, name 컬럼이

존재하는데 SELECT * FROM student; 를 입력한 것은 SELECT num, name FROM student;
를 입력한 것과 같은 의미이다. 모든 컬럼의 값을 조회할 때는 모든 컬럼명을 입력하지 않아도
'*' 문자 하나로 모든 컬럼명을 표현할 수 있다.

다음 SELECT문 예제를 실행해보자.

```
SELECT * FROM student WHERE name='김길동';
```

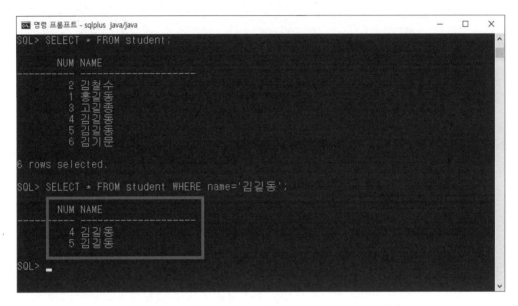

그림 13-67. student 테이블에서 name 컬럼값이 김길동인 레코드 조회 화면

이 쿼리문은 WHERE절에 name 컬럼의 값이 '김길동'인 값만 검색하므로, 두 개의 레코드만이
출력되었다. SELECT문은 무엇보다도 WHERE절을 잘 이용할 줄 알아야 한다.

다음 SELECT문 예제를 실행한다.

```
SELECT * FROM student ORDER BY num DESC;
```

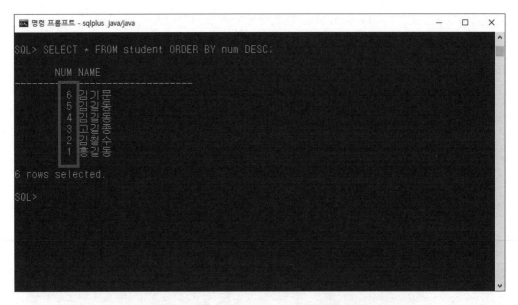

그림 13-68. student 테이블의 레코드들을 num 컬럼값의 내림차순으로 조회 화면

〈그림 13-68〉과 같이 SELECT 문장 실행 결과를 확인하면 num 필드를 기준으로 내림차순으로 정렬되어 있는 것을 확인할 수 있다. 내림차순 정렬이 되는 것은 ORDER BY 뒤에 정렬 옵션을 DESC로 주었기 때문이다. 생략할 경우 자동으로 ASC가 적용되어 오름차순으로 정렬된다.

SELECT 문장까지 DML의 기본적인 내용들을 다루어 보았다. DML은 실제로 데이터를 삽입, 수정, 삭제 및 검색하는 역할을 하므로 SQL문 중에 사용 빈도가 높다. 데이터베이스 관련된 프로그래밍을 하려면 앞의 내용들을 충분히 숙지하여야 한다.

마지막으로 DCL은 데이터베이스 사용자의 권한을 생성, 제거하는 등 제어할 수 있는 기능을 가진다. DCL 문장들은 SQL 전문 서적을 참조하기 바란다. 데이터베이스를 이용하여 프로그래밍을 할 때 중심적으로 다루는 SQL은 DDL과 DML이다. 앞의 SQL 문장 내용을 모두 숙지했다면 프로그래밍을 하면서 SQL에 대한 문제는 어렵지 않게 해결할 수 있을 것이다. 다음은 앞에서 익힌 DDL을 기반으로 회원 관리 시스템을 위한 테이블을 작성해볼 것이다.

3) 회원 관리 시스템을 위한 테이블 작성

이번에는 회원 관리 시스템을 개발하기 위해 사용될 데이터베이스 테이블을 작성하겠다. 생성하는 테이블은 회원 입장에서는 회원가입과 로그인이 가능하며, 관리자 입장에서는 회원의 정보 수정, 회원 삭제가 가능하도록 구현할 것이다. 이런 내용들을 구현하려면 테이블에 어떤 컬럼들이 필요한지 다음 표를 통해서 알아보자.

필드명	의미
ID	회원 아이디
PASSWORD	회원 비밀번호
NAME	회원 이름
AGE	회원 나이
GENDER	회원 성별
EMAIL	회원 이메일

회원 관리 시스템을 구현하기 위해서 위와 같이 컬럼을 정의하였다. 총 6개의 컬럼으로 구성되어 있으며, 이 컬럼들은 회원이 갖게 될 정보들이다. 회원은 ID, PASSWORD 이 두 개의 필드로 로그인을 하고, ID가 존재하지 않는다면 회원가입으로 회원 레코드를 삽입할 수도 있다. 관리자도 마찬가지로 회원 삭제 시에는 ID를 기준으로 검색하여 레코드를 삭제하고, 회원 정보 수정 또한 ID를 조건으로 설정하여 회원의 정보를 수정한다. 이제 작성된 표를 기반으로 테이블을 생성하는 문장을 작성하겠다.

```
CREATE TABLE member (
    id VARCHAR2(15),
    password VARCHAR2(10),
    name VARCHAR2(10),
    age NUMBER,
    gender VARCHAR2(5),
    email VARCHAR2(30),
    PRIMARY KEY(id)
);
```

표를 기반으로 테이블을 생성하는 코드를 작성해 보았다. 아이디와 비밀번호, 이름, 성별, 이메일 주소는 모두 문자열로 이루어져 있기 때문에 VARCHAR2 타입으로 필드를 생성하였고 나이의 경우는 숫자이므로 NUMBER 타입으로 필드를 생성하였다. member 테이블에서 기준이 되는 필드는 아이디이므로 기본키를 id로 설정하였다. 이제 테이블을 실제로 생성하기 위해 위의 CREATE문을 작성하여 실행하자.

그림 13-69. member 테이블을 생성하는 화면

member 테이블이 생성되었다. member 테이블은 뒤에 나올 내용에서 회원 관리 시스템을 만들 때 사용할 테이블이므로 테이블을 미리 생성해 두도록 하자. 이제 자바와 DBMS를 연동할 수 있게 제공해 주는 JDBC API에 대해 살펴보자.

3. JDBC

1) JDBC의 개요

JDBC란 자바와 DBMS를 연결시켜주는 API(응용 프로그램 인터페이스)이다. 쉽게 말하면 데이터베이스에 데이터를 삽입, 수정, 삭제할 때 SQL 프롬프트에서 SQL문을 사용하지 않아도, 자바 프로그램에서 SQL문을 사용하여 데이터베이스에 데이터를 추가하고 삭제하는 작업을 할 수 있게 하는 API이다. JDBC는 DBMS 종류에 상관없이 독립적으로 사용이 가능하다는 장점이 있다. 즉, 오라클이나 MySQL 또는 MySQL을 사용하더라도 JDBC를 사용한다면 동일하게 SQL문을 자바 프로그램에서 사용할 수 있는 인터페이스를 제공한다. 프로그래머는 직접 DBMS의 접근부터 SQL을 사용하는 부분까지의 알고리즘을 구현하지 않아도 JDBC API를 사용한다면, 데이터베이스와 관련된 작업을 처리하는 것이 가능하다. JDBC API는 자바에서 제공하는 API 중 가장 성공적인 API 중 하나로 평가받고 있다.

2) JDBC 드라이버의 설치

JDBC 드라이버는 각 DBMS와 연동하여 JDBC API를 사용할 수 있도록 지원해주는 JDBC API 모듈이다. DBMS의 종류가 많기 때문에 DBMS 종류에 맞는 JDBC 드라이버를 설치해주어야 한다. 여기서는 Oracle JDBC Driver를 설치하겠다. 드라이버 설치는 간단하므로 이 설치 방법을 익히면 다른 DBMS 드라이버도 쉽게 설치할 수 있을 것이다.

01 "C:\oraclexe\app\oracle\product\11.2.0\server\jdbc\lib" 폴더의 내용을 살펴보자. 여러 개의 jar 파일 중 JDBC 드라이버 파일은 ojdbc6.jar 파일이다. 이 파일을 이클립스 프로젝트 폴더의 라이브러리 폴더 안에 복사하거나 톰캣의 라이브러리 폴더에 복사하면 JDBC 드라이버 설치는 끝나게 된다. 탐색기에서 확인한 ojdbc6.jar 파일을 복사하도록 하자.

그림 13-70. ojdbc6.jar 파일 복사 화면

02 다음 화면과 같이 ojdbc6.jar 파일을 톰캣의 lib폴더에 복사한다.

그림 13-71. 톰캣 설치 경로의 lib 디렉토리에 ojdbc6.jar 파일 복사 화면

03 톰캣의 라이브러리 디렉토리에 ojdbc6.jar 파일을 복사하면 해당 톰캣을 사용하는 모든 프로젝트에서 DB 작업이 가능하지만, 개별 프로젝트에서만 라이브러리를 등록하려면 이클립스에서 JDBC를 사용할 프로젝트의 라이브러리 폴더에 ojdbc6.jar 파일을 복사하면 된다. WebContent 안의 lib 폴더에 ojdbc6.jar 파일을 복사하자. Chapter13 애플리케이션에서만 JDBC API를 사용하려면 〈그림 13-72〉의 작업만 필요하며 〈그림 13-71〉의 작업은 필요 없다.

그림 13-72. 웹 애플리케이션 경로의 lib 디렉토리에 ojdbc6.jar 파일 복사 화면

이제 JDBC 드라이버에 대한 설치는 끝난 것이며 JDBC API를 사용하여 프로그래밍을 하는 일만 남았다. 다음은 JDBC 프로그램의 작성 단계에 대해서 알아보겠다.

3) JDBC 프로그램의 작성 단계

JDBC 프로그램을 하기 위해서는 기본적으로 준비해야 할 작성 단계가 있다. 그 내용은 다음과 같이 네 가지 정도로 나눌 수 있다.

- JDBC 드라이버 이름 및 접속할 JDBC URL 설정
- JDBC 드라이버 로드
- JDBC URL과 계정 정보를 이용하여 Connection 객체를 얻음
- JDBC를 이용한 데이터베이스 작업

JDBC 드라이버 이름을 설정하는 이유는 JDBC가 어느 DBMS에 대한 드라이버를 사용하는지 알아야 하기 때문이다. 오라클을 사용할 경우는 오라클에 맞는 드라이버 이름을 사용해야 한다. 접속할 JDBC URL은 접속할 DBMS의 호스트 주소 등을 의미한다. 이 두 가지 정보를 설정하였다면, JDBC 드라이버 이름을 가지고 JDBC 드라이버를 로드해야 한다. 로드한 후에는 JDBC URL과 계정 정보를 가지고 DBMS에 접속하는 작업을 하여 Connection 객체를 얻어온다. Connection 객체는 실제 데이터베이스 작업을 하기 위해 꼭 필요한 객체이다. 이 객체를 얻어왔다면 이것을 이용하여 여러 가지 작업을 수행할 수 있다. 아직 구체적으로 설명은 하지 않았지만, Connection 객체 내의 Statement를 이용하여 데이터의 삽입, 수정, 삭제를 수행할 수 있다. 앞에서 JDBC 드라이버를 설치했으므로, JDBC와 연동하는 예제를 다루어 볼 것이다.

4) JDBC 연동 예제 작성하기

(1) jdbcTest.jsp 코드 작성하기

jdbcTest.jsp   ⬇ Chapter13₩src₩main₩webapp₩jdbcTest.jsp

```
1  <%@ page language="java" contentType="text/html; charset=UTF-8"%>
2  <%@ page import="java.sql.*" %>
3  <%
4     Connection conn=null;
5
6     String driver="oracle.jdbc.driver.OracleDriver";
7     String url="jdbc:oracle:thin:@localhost:1521:XE";
8
```

```
 9      Boolean connect=false;
10
11      try{
12          Class.forName(driver);
13          conn=DriverManager.getConnection(url,"java","java");
14
15          connect=true;
16
17          conn.close();
18      }catch(Exception e){
19          connect=false;
20          e.printStackTrace();
21      }
22  %>
23  <html>
24  <head>
25  <title>JDBC 연동 테스트 예제</title>
26  </head>
27  <body>
28  <h3>
29  <%if(connect==true){ %>
30      연결되었습니다.
31  <%}else{ %>
32      연결에 실패하였습니다.
33  <%} %>
34  </h3>
35  </body>
36  </html>
```

✓ 코드 분석

4	Connection 타입의 변수를 선언한다.
6	JDBC 드라이버 이름을 설정한다. JDBC 드라이버 이름은 사용하는 DBMS마다 다르며, 앞의 예제는 오라클을 기준으로 한 JDBC명이다.
7	JDBC 드라이버를 사용하여 접속할 URL을 의미한다. 이 코드는 localhost 주소의 1521 포트로 접속하며, SID명은 XE를 사용한다. Oracle Database Express Edition을 설치하게 되면, 기본적으로 SID명이 XE로 설정된다.
12	JDBC 드라이버 이름으로 드라이버를 로드한다.

13	설정했던 JDBC URL을 이용하여 Connection 객체를 얻어온다. (이 때는 DBMS에 사용하는 아이디와 비밀번호를 알고 있어야 한다. 여기서는 java 계정을 사용하였다.)
15	데이터베이스에 제대로 연결되어 Connection 객체가 생성되면 connect 변수 값을 true로 변경하여 오라클이 제대로 연동되었음을 표시한다.
17	데이터베이스와의 연결을 해제한다.
18~21	데이터베이스와 연결할 때 Exception이 발생하면 Exception 내용을 출력한다. 드라이버 이름이 틀리거나 주소와 포트명 또는 SID명이 제대로 입력되지 않으면 Exception이 발생한다.

○ 실행 화면

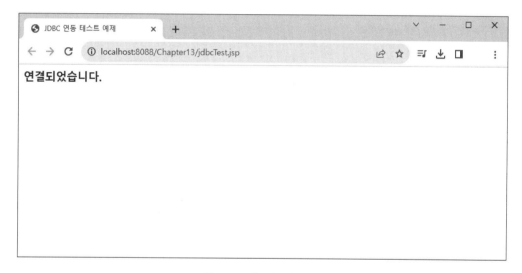

그림 13-73. 오라클 연동 테스트 화면

📑 연결에 실패한 경우 해결 방법

만약 연결이 실패한다고 출력될 경우는 드라이버 이름과 JDBC URL을 확인해보자. 드라이버 이름과 접속 URL은 예제에 있는 그대로 사용하면 되지만, 포트 번호나 SID명의 경우 독자마다 다른 경우가 있다. 이 경우, 다음 경로에 존재하는 listener.ora 파일에서 확인할 수 있다. (C:₩oraclexe₩app₩oracle₩product₩11.2.0₩server₩network₩ADMIN)

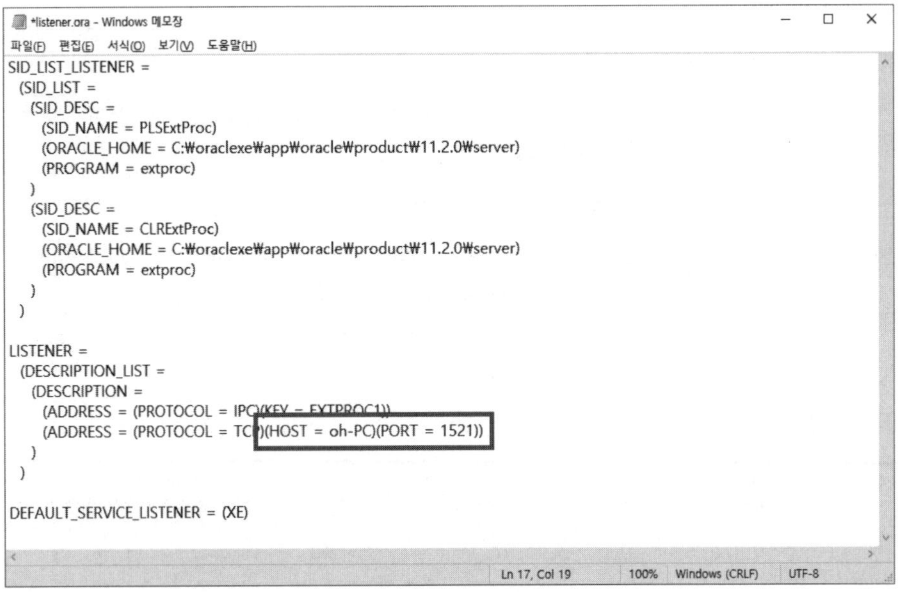

그림 13-74. listener.ora파일 소스코드 화면

여기서 LISTENER 부분을 살펴보면 HOST와 PORT 속성을 확인할 수 있다. HOST 속성 값이 컴퓨터 이름으로 설정되어 있으면 코드 7라인의 url 부분에 서버를 "localhost"로 지정해도 되고, 컴퓨터 IP를 지정해도 된다. 만약, HOST 속성 값이 "localhost"로 지정되어 있으면 url 부분의 서버 이름으로 "localhost"만 사용이 가능하다. url 변수에 지정한 포트 번호도 listener.ora 파일에 지정되어 있는 포트 번호와 일치하는지 확인한 후 SID명도 일치하는지 확인한다.

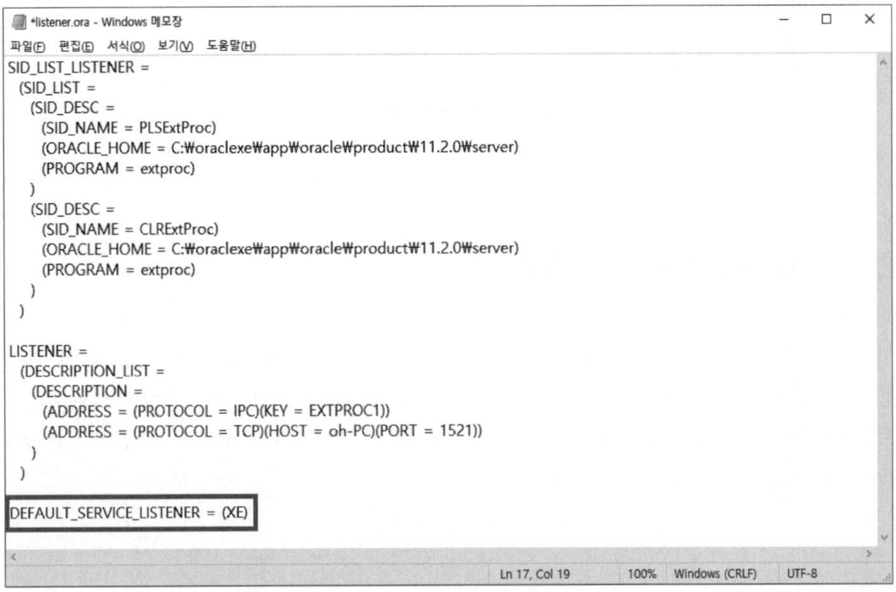

그림 13-75. listener.ora파일 소스코드 화면

<그림 13-75>를 보면 DEFAULT_SERVICE_LISTENER = (XE) 로 작성되어 있는 부분을 볼 수 있다. 여기서 XE가 SID명을 의미한다. 다른 말로 표현하면 오라클 서버에 XE라는 이름의 데이터베이스를 의미한다. 오라클의 SID 를 확인하는 다른 방법은 OracleService를 확인하는 것이다.

다음 화면과 같이 "찾기 → 서비스"를 검색하여 실행한다.

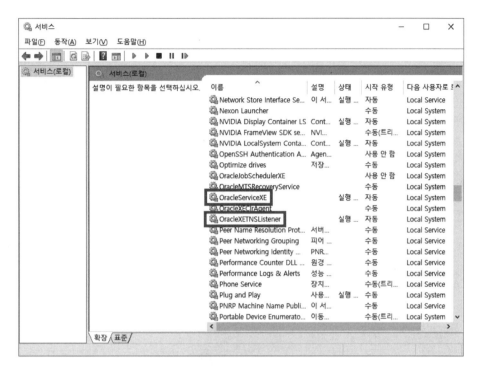

그림 13-76. 서비스 메뉴 화면

OracleXETNSListener 서비스는 네트워크에서 들어오는 요청을 오라클 서비스가 연결해 주는 서비스이며, OracleServiceXE 서비스는 데이터베이스를 제공하는 서비스이다. OracleService 뒤에 제공되는 이름 즉 XE가 SID 명이다.

5) MySQL 과 MariaDB를 애플리케이션과 연동하기

▶ MySQL 연동하기

01 "https://dev.mysql.com/downloads/connector/j/" 사이트로 이동하여 PC 환경에 맞는 OS를 선택 후 〈Download〉 버튼을 클릭한다.

Window 환경인 경우 "PlatForm independent"를 선택 후 다음 그림과 같이 〈Download〉 버튼을 클릭한다.

그림 13-77. "https://dev.mysql.com/downloads/connector/j/" 사이트 화면

02 〈No thanks, just start my download〉 버튼을 클릭하여 다운로드를 진행한다.

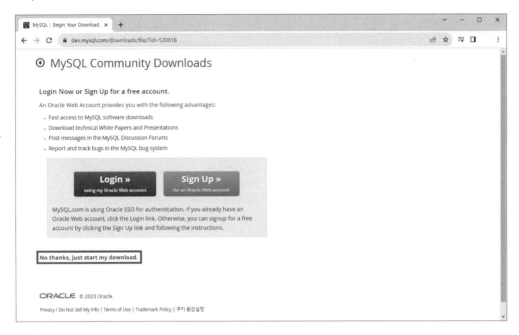

그림 13-78. mysql-connector-j-8.1.0 Download 화면

03 mysql-connector-j-8.1.0.zip가 다운로드된 것을 확인하고, 압축을 푼다.

그림 13-79. mysql-connector-j-8.1.0.zip

04 mysql-connector-j-8.1.0.jar 파일을 복사한다.

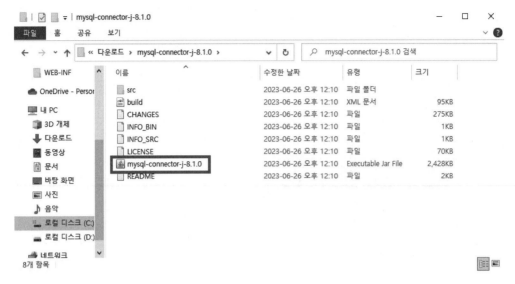

그림 13-80. mysql-connector-j-8.1.0 폴더

05 웹 애플리케이션의 lib 디렉토리에 mysql-connector-j-8.1.0.jar 파일을 복사한다.

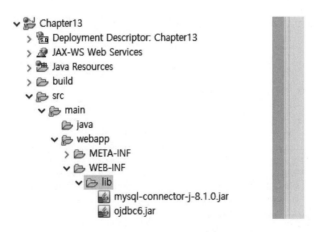

그림 13-81. 웹 애플리케이션의 lib 디렉토리 화면

06 MySQL 서버와 MariaDB 서버는 동일한 포트(3306) 포트를 사용하므로 MySQL 서버를 사용하려면 MariaDB 서버를 종료하고 MySQL 서비스를 시작해야 한다.

〈그림 13-82〉처럼 MariaDB 서비스인 MariaDB 이름의 서비스를 중지시키고 MySQL 서비스인 MySQL81 이름의 서비스를 시작시킨다.

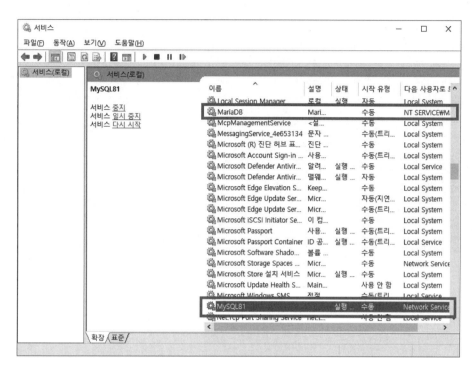

그림 13-82. 서비스 메뉴 화면

07 MySQL로 접속할 때 사용할 사용자명과 데이터베이스를 생성한다.

〈그림 13-83〉과 같이 java라는 사용자에게 모든 권한을 부여하면서 비밀번호를 java로 생성한다.

*.*의 의미는 모든 데이터베이스의 모든 객체에 권한을 부여한다는 의미이며 'java'@'%'의 의미는 java 계정에 권한을 부여한다는 의미로, @ 뒤에 있는 내용은 어떤 호스트에서 접속을 허용하겠느냐를 지정하는 부분인데 이 부분을 %로 지정하면 다른 모든 호스트에서 java 계정으로 로그인이 가능하다는 의미이다. 만약 로컬로만 인증이 가능하게 하려면 이 부분을 localhost로 지정하면 된다.

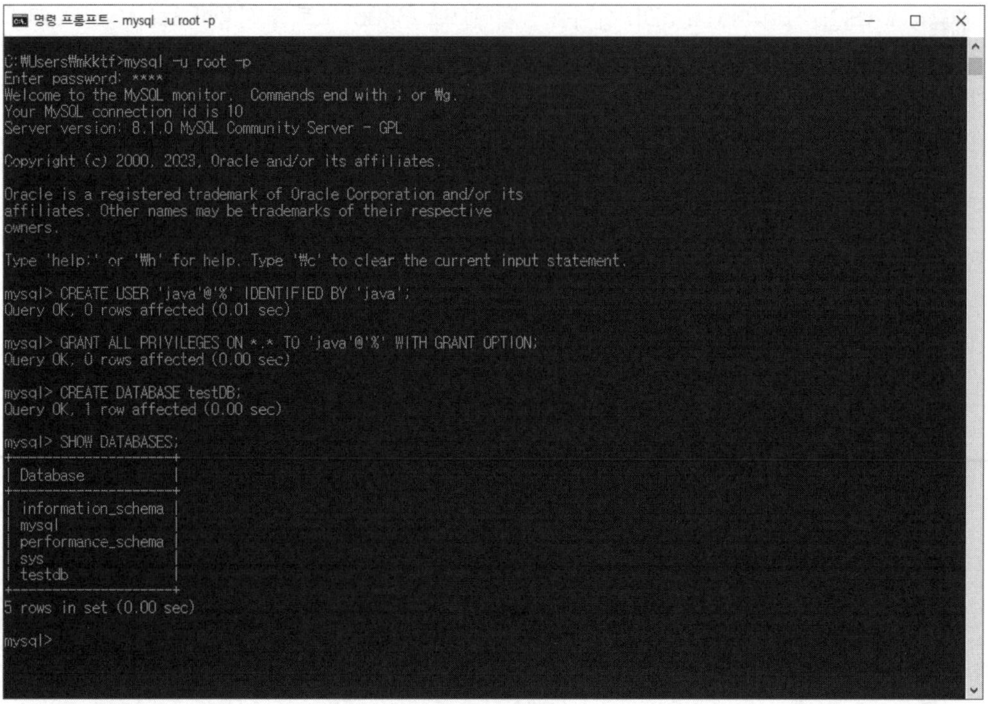

그림 13-83. mysql 접속화면

SHOW DATABASES 명령어는 MySQL에 존재하는 모든 데이터베이스 이름을 출력하는 명령어이다.

08 mySQLJdbcTest.jsp 코드 작성하기

mySQLJDbcTest.jsp   ⬇ Chapter13₩src₩main₩webapp₩mySQLJDbcTest.jsp

```jsp
1    <%@ page language="java" contentType="text/html; charset=UTF-8"%>
2    <%@ page import="java.sql.*" %>
3    <%
4        Connection conn=null;
5
6        String driver="com.mysql.jdbc.Driver";
7        String url="jdbc:mysql://localhost:3306/testDB";
8
9        Boolean connect=false;
10
11       try{
```

```
12          Class.forName(driver);
13          conn=DriverManager.getConnection(url,"java","java");
14
15          connect=true;
16
17          conn.close();
18      }catch(Exception e){
19          connect=false;
20          e.printStackTrace();
21      }
22  %>
23  <html>
24  <head>
25  <title>JDBC 연동 테스트 예제</title>
26  </head>
27  <body>
28  <h3>
29  <%if(connect==true){ %>
30      연결되었습니다.
31  <%}else{ %>
32      연결에 실패하였습니다.
33  <%} %>
34  </h3>
35  </body>
36  </html>
```

---

jdbcTest.jsp 코드와 대부분 일치하나 6, 7 라인에서 driver와 url 값을 MySQL 용으로 변경하였다.

---

09 MySQL 연동 테스트

다음 화면과 같이 mySQLJdbcTest.jsp 페이지를 실행했을 때 성공 메시지가 출력되면
연동에 성공한 것이다.

그림 13-84. mysql 연동 화면

▶ MariaDB 연동하기

01 "https://mariadb.com/downloads/connectors/connectors-data-access/java8-connector"사이트에 접속하여 PC 환경에 맞는 OS를 선택 후 〈Download〉 버튼을 클릭한다.

Window 환경에서는 "Platform Independent"를 선택하면 된다. 여기서는 교재 집필 중인 시점에서 최신 버전인 3.2.0-GA 버전을 설치하겠다.

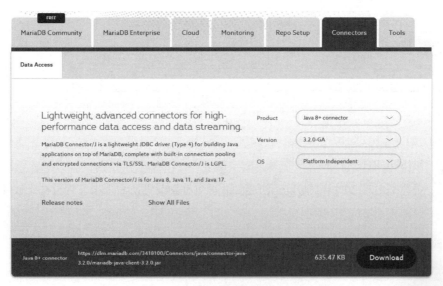

그림 13-85. MariaDB 다운로드 페이지 화면

02 mariadb-java-client-3.2.0.jar 파일을 다운로드한 후 복사한다.

그림 13-86. mariadb-java-client-3.2.0 다운로드

03 웹 애플리케이션의 lib 디렉토리에 mariadb-java-client-3.2.0.jar 파일을 복사한다.

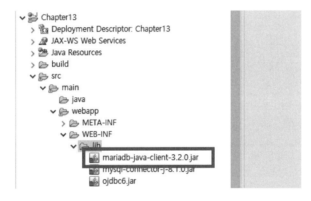

그림 13-87. 웹 애플리케이션의 lib 디렉토리 화면

04 MariaDB 서비스인 MySQL이라는 이름의 서비스를 시작시키고 MySQL 서비스인 MySQL81이라는 이름의 서비스를 중지시킨다.

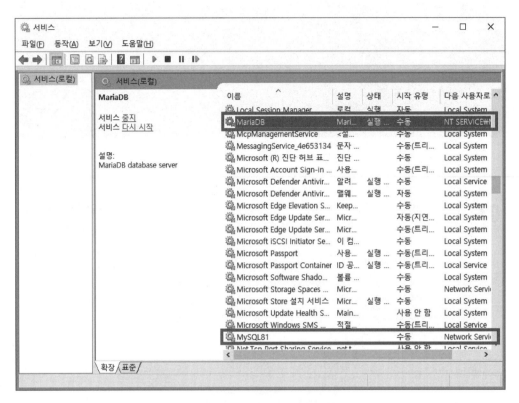

그림 13-88. 서비스 메뉴 화면

05 MariaDB 접속에 사용될 계정과 데이터베이스를 생성한다.
명령문들은 MySQL에서 사용한 명령문들과 동일하다.

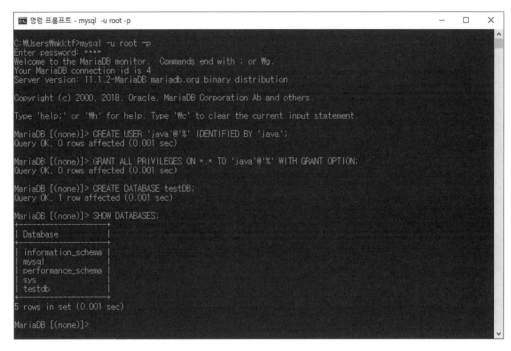

그림 13-89. MariaDB 계정 생성 및 데이터베이스 생성 화면

06 mariaDBJdbcTest.jsp 코드 작성하기

mariaDBJdbcTest.jsp   ⬇ Chapter13₩src₩main₩webapp₩mariaDBJdbcTest.jsp

```
1   <%@ page language="java" contentType="text/html; charset=UTF-8"%>
2   <%@ page import="java.sql.*" %>
3   <%
4       Connection conn=null;
5
6       String driver="org.mariadb.jdbc.Driver";
7       String url="jdbc:mysql://localhost:3306/testDB";
8
9       Boolean connect=false;
10
11      try{
12          Class.forName(driver);
```

```
13          conn=DriverManager.getConnection(url,"java","java");

14

15          connect=true;

16

17          conn.close();

18      }catch(Exception e){

19          connect=false;

20          e.printStackTrace();

21      }

22  %>

23  <html>

24  <head>

25  <title>JDBC 연동 테스트 예제</title>

26  </head>

27  <body>

28  <h3>

29  <%if(connect==true){ %>

30      연결되었습니다.

31  <%}else{ %>

32      연결에 실패하였습니다.

33  <%} %>

34  </h3>

35  </body>

36  </html>
```

 코드 분석

jdbcTest.jsp 코드와 대부분 일치하나 6, 7 라인에서 driver와 url 값을 MariaDB용으로 변경하였다.

07 MariaDB 연동 테스트

다음 화면처럼 mariaDBJdbcTest.jsp 페이지를 실행했을 때 성공 메시지가 출력되면 제대로 연동된 것이다.

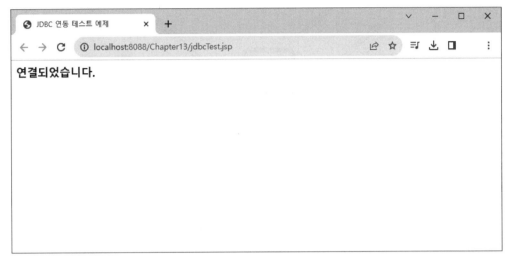

그림 13-90. MariaDB 서버에 연결된 화면

4. 커넥션 풀(Connection Pool)

1) 커넥션 풀의 개요

앞에서 JDBC와 연동하는 예제를 다루어 보았다. JDBC를 연동하기 위해서는 드라이버를 로드하고 JDBC URL로 접속하여 Connection 객체를 얻어오는 단계를 거쳐야 한다. 여기서 알아볼 커넥션 풀은 데이터베이스와 연결된 Connection 객체를 미리 생성하여 풀(Pool) 속에 저장해두고 필요할 때마다 이 풀에 접근하여 Connection 객체를 사용하고, 작업이 끝나면 다시 반환하는 것을 말한다. 사용자가 웹 사이트에 요청을 하는데 이때마다 매번 Connection 객체를 생성하여 연결한다면 매우 비효율적일 것이다. 즉, 메모리에 Connection 객체가 너무 많이 생성되게 된다. 반면 커넥션 풀을 사용하면 풀 속에 미리 커넥션이 생성되어 있기 때문에 커넥션을 생성하는 데 드는 연결 시간이 소비되지 않는다. 또한 현재 다른 사용자가 사용하지 않는 커넥션을 재사용이 가능하기 때문에 사용자가 접속할 때마다 계속해서 커넥션을 생성할 필요가 없다. 즉, 커넥션 풀을 사용한다면 프로그램 효율과 성능이 전체적으로 증가하게 된다.

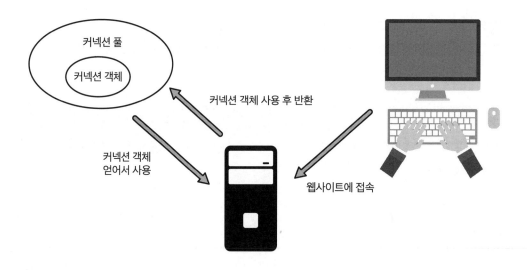

그림 13-91. CP(Connection Pool) 사용 흐름

위 그림은 커넥션 풀이 사용되는 구조이다. 사용자가 웹 사이트에 접속하여 데이터베이스 관련 작업을 요청하면 서버는 커넥션 풀에서 커넥션 객체를 얻어와서 데이터베이스에 접속하여 데이터베이스 작업을 수행한다. 수행을 완료하였다면 커넥션 객체를 다시 커넥션 풀로 반환하는 작업을 한다. 반환된 커넥션 객체는 데이터베이스 작업을 요청한 다른 사용자에 의해서 사용될 수 있다. 커넥션 풀은 이같은 구조로 이루어져 있기 때문에, 웹 사이트 접속 시 매번 커넥션 객체를 만들어 사용하는 것보다 효율적이다. CP(Connection Pool)를 사용하는 것은 데이터베이스 관련 애플리케이션을 개발할 때는 필수적이다. 애플리케이션에서 CP(Connection Pool)를 사용하지 않으면 메모리에 너무 큰 부담이 발생하므로 서버는 얼마 버티지 못하고 서비스가 중지된다. 일반적으로 서버가 뻗었다고 표현한다.

2) JNDI의 개요

JNDI(Java Naming and Directory Interface)란 명명 서비스 및 디렉토리 서비스에 접근하기 위한 API를 말한다. 즉 특정 자원에 접근하기 위한 이름으로 사용된다.

3) 톰캣(Tomcat)에서 제공되는 CP(Connection Pool)를 위한 DBCP API를 사용하여 데이터베이스 사용하기

톰캣에서는 다음 그림과 같이 톰캣 설치 경로의 lib 디렉토리에 CP(Connection Pool) 기능을 제공하기 위해 DBCP API를 제공한다.

그림 13-92. DBCP API 라이브러리

01 "Chapter13\src\main\webapp\META-INF" 디렉토리 밑에 context.xml 파일을 생성해서 서버에 공유할 리소스를 정의한다.

context.xml   ⬇ Chapter13₩src₩main₩webapp₩META-INF₩context.xml

```
 1  <Context>
 2    <Resource name="jdbc/OracleDB"
 3      auth="Container"
 4      type="javax.sql.DataSource"
 5      username="java"
 6      password="java"
 7      driverClassName="oracle.jdbc.driver.OracleDriver"
 8      factory="org.apache.tomcat.dbcp.dbcp2.BasicDataSourceFactory"
 9      url="jdbc:oracle:thin:@127.0.0.1:1521:XE"
10      maxActive="500"
11      maxIdle="100"/>
12  </Context>
```

1	context.xml 파일의 최상위 엘리먼트는 <Context>로 정해져 있다.
2	공유하는 리소스의 이름을 지정하는 부분이다. 클라이언트에서 정의하는 리소스를 얻어갈 때는 여기서 name 속성으로 정의한 리소스 명을 사용해야 한다.
3	클라이언트에서 리소스를 얻어갈 때 인증은 톰캣 컨테이너에서 하겠다는 의미이다.
4	공유할 리소스의 타입을 DataSource로 지정하는 부분이다. 클라이언트에서는 공유된 DataSource의 getConnection() 메소드를 사용해서 Connection 객체를 얻어갈 수 있다.
5, 6	연동할 오라클 서버의 계정과 비밀번호를 지정하는 부분이다.
8	DBCP API를 사용해서 클라이언트에 공유할 DataSource를 생성하도록 지정하는 부분이다. 자바 API 클래스 중 이름이 Factory로 끝나는 클래스들은 특정 객체를 생성하여 반환하는 역할을 하는 클래스들이다.
9	연동할 오라클 url을 지정하는 부분이다.
10	동시에 제공할 수 있는 최대 Connection 개수를 지정하는 부분이다.
12	현재 서비스되고 있는 Connection 객체를 제외한 CP(Connection Pool)에 여유로 남길 수 있는 최대 Connection 개수를 지정한 부분이다.

02 dbcpAPITest.jsp 코드 작성하기

dbcpAPITest.jsp   ⬇ Chapter13₩src₩main₩webapp₩dbcpAPITest.jsp

```
1   <%@ page language="java" contentType="text/html; charset=UTF-8"%>
2   <%@ page import="java.sql.*"%>
3   <%@ page import="javax.sql.*" %>
4   <%@ page import="javax.naming.*" %>
5   <%
6       Connection conn = null;
7
8       try {
9           Context init = new InitialContext();
10          DataSource ds = (DataSource) init.lookup("java:comp/env/jdbc/
11  OracleDB");
12          conn = ds.getConnection();
13
```

14	out.println("<h3>연결되었습니다.</h3>");
15	}catch(Exception e){
16	out.println("<h3>연결에 실패하였습니다.</h3>");
17	e.printStackTrace();
18	}
19	%>

✓ 코드 분석

9	dbcpAPITest.jsp 페이지가 실행되는 톰캣 자체의 Context를 얻어오는 부분이다. Context란 각종 환경설정 정보를 의미한다.
10~11	톰캣 서버에 공유되어 있는 DataSource 객체 리소스를 얻어오는 부분이다. java:comp/env JNDI는 정해져 있는 이름이며 Resource 정의 Context까지 접근하는 JNDI이다. 즉, context.xml에 정의된 리소스에 접근하려면 java:comp/env라는 이름의 Context 까지는 반드시 접근해야 한다. jdbc/OracleDB JNDI 이름은 context.xml 에서 리소스 명으로 정의한 이름이다.
12	DataSource에서 제공하는 getConnection() 메소드를 사용하면 톰캣 서버의 CP(Connection Pool)에서 제공하는 Connection 객체를 얻어올 수 있다.

03 dbcpAPITest.jsp를 실행한다.

그림 13-93. CP(Connection Pool) 사용 오라클 연동 테스트

위와 같이 "연결되었습니다." 라는 메시지가 출력된다면 오라클이 제대로 연동된 것이다. 만약 연결 실패 메시지가 나온다면, 코드를 다시 한번 확인하도록 하자. context.xml 파일에 입력한 오라클 드라이버 이름과 접속 호스트 및 포트 번호, SID명을 확인하도록 한다. context.xml 파일을 문제없이 작성하였다면 JSP 파일에서도 리소스 이름이 제대로 입력되었는지 확인해야 한다. 또한, 드라이버를 로딩하지 못하면 오라클 드라이버 라이브러리(ojdbc6.jar) 파일이 톰캣의 lib 디렉토리에 제대로 복사되어 있는지를 확인한다. CP(Connection Pool) 기능은 톰캣 자체에서 제공되는 기능이기 때문에 드라이버 라이브러리(ojdbc6.jar) 파일이 톰캣의 lib 디렉토리에 존재해야 한다.

4) 트랜잭션(Transaction)

트랜잭션이란 일처리의 최소 단위를 의미한다. 트랜잭션은 데이터베이스 처리를 모두 일관되게 하기 위해 존재한다. 만약 데이터베이스에 두 가지의 명령을 주었을 때, 첫 번째 명령의 처리는 올바르게 되었지만 두 번째 명령의 처리가 올바르지 못하다면, 이것은 일관되지 않은 것이다. 두 가지 명령 중 하나라도 실패하면 원점으로 되돌릴 수 있어야 하며, 이러한 개념을 가진 것이 트랜잭션이다. 테이블에 10000개의 데이터가 있고, 10000개의 데이터에 대해서 수정 작업을 하는데 5000개의 데이터에 수정 작업이 완료된 후 시스템에 문제가 발생한 경우 5000개만 수정된 상태에서 작업이 완료되면 데이터의 일관성이 깨지기 때문에 수정이 완료된 5000개의 데이터 작업도 취소시켜서 원래 데이터로 되돌려야 한다. 또한, 계좌이체 요청 시 인출 계좌에서 금액을 차감하는 작업은 성공하고, 이체 대상 계좌의 금액을 증가하는 작업은 실패한 상황에서 계좌이체가 마무리되면 문제가 발생할 수 있기 때문에 두 개의 작업이 모두 성공했을 때만 계좌이체 작업을 마무리해 주어야 한다.

〈그림 13-94〉는 트랜잭션의 기본 흐름도이다.
처음 데이터베이스 작업을 시작하기 전에 Begin으로 작업이 시작된다.
Process 단계에서 각 데이터베이스 작업들을 처리하게 되며, 이 작업들이 오류 없이 모두 잘 작동된다면 Commit을 수행하게 된다. 이로서 트랜잭션 처리가 마무리된 것이다. 여러 데이터베이스 작업들 중 하나의 작업이라도 문제가 발생하게 되면 Rollback을 실행하여 Begin 이후에 처리한 데이터베이스 작업은 모두 무효 처리된다. Process 단계에서 처리되는 작업들은 Commit이 실행되지 않는 한, 실제 데이터베이스 파일에 업데이트 작업이 이루어지지 않는다.

이처럼 트랜잭션을 이용하면 하나의 트랜잭션으로 묶인 작업들을 전부 실행되든지 전부 취소되게 처리할 수 있다. 트랜잭션 내용은 다음 JDBC의 실전 활용의 트랜잭션 관리 부분에서 조금 더 자세히 다루어 보도록 하겠다.

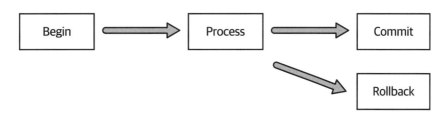

그림 13-94. 트랜잭션의 기본 흐름도

5. JDBC의 실전 활용

이제 JDBC를 연동할 때 실제로 자주 사용되는 내용들을 다루어 보겠다. 앞으로 다룰 내용을 모두 숙지한다면, JDBC를 연동한 프로그래밍을 할 때 많은 도움이 될 것이다.

1) Statement와 PreparedStatement

(1) Statement

Statement란 실제 데이터베이스에 SQL문을 보내기 위해 필요한 객체이다. 삽입, 수정, 삭제, 검색을 처리하는 DML문을 사용할 때는 이 인터페이스를 사용한다. 이 객체는 Connection 객체의 연결 정보를 가져와서 DB에 접근하므로 이 객체를 사용하기 위해서는 접속 상태인 Connection 객체가 먼저 존재해야 한다. Statement 객체에서 자주 사용되는 메소드는 다음의 표와 같다.

메소드	설명
executeQuery(String sql)	SELECT문을 실행할 때 사용한다(ResultSet 객체 반환).
executeUpdate(String sql)	삽입, 수정, 삭제와 관련된 SQL문 실행에 사용한다. 적용된 행수를 반환한다.
close( )	Statement 객체를 반환할(닫을) 때 사용한다.

executeQuery() 메소드의 경우는 SELECT문을 실행할 때 사용되는데 이 메소드는 ResultSet 객체를 반환한다. ResultSet 객체는 SELECT문을 이용하여 테이블로부터 얻어온 데이터(레코드)를 담고 있는 객체라고 할 수 있는데 executeUpdate() 메소드는 삽입, 수정, 삭제와 관련된 SQL문 실행에 사용되며 수정된 레코드 수를 반환한다. 만약 두 개의 레코드를 삽입하게 되면 executeUpdate() 메소드는 2를 반환하게 된다. 이렇게 반환하는 값으로 모든 레코드가 정상적으로 등록되었는지도 확인할 수 있다.

그리고 또 자주 사용하는 것을 넘어 필수적으로 사용해야 하는 메소드 중 close() 메소드가 있다. 이 메소드는 Statement 객체를 모두 사용한 후 메모리에 반환하기 위해 사용된다. 객체를 사용하지 않을 때 반환해주면 메모리가 낭비되는 것을 막을 수 있다.

다음의 예제를 통하여 Statement의 사용 방법을 알아보도록 하자. CP(Connection Pool)를 설정하지 않았다면, 앞의 내용을 참고하여 다시 설정하도록 한다.
student 테이블도 앞 SQL문에 대한 설명 시 생성했던 테이블을 사용하도록 하겠다.

statementTest.jsp   ⬇ Chapter13₩src₩main₩webapp₩statementTest.jsp

```
1    <%@ page language="java" contentType="text/html; charset=UTF-8"%>
2    <%@ page import="java.sql.*"%>
3    <%@ page import="javax.sql.*" %>
4    <%@ page import="javax.naming.*" %>
5    <%
6        Connection conn = null;
7        String sql="INSERT INTO student (num,name) VALUES (7,'홍길동')";
8        Statement stmt = null;
9        try {
10           Context init = new InitialContext();
11           DataSource ds = (DataSource) init.lookup("java:comp/env/jdbc/
12   OracleDB");
13           conn = ds.getConnection();
14           stmt=conn.createStatement();
15
16           int result=stmt.executeUpdate(sql);
17           if(result!=0){
18               out.println("<h3>레코드가 등록되었습니다.</h3>");
19           }
20       }catch(Exception e){
```

```
21          out.println("<h3>레코드 등록에 실패하였습니다.</h3>");
22          e.printStackTrace();
23      }
24  finally{
25      try{
26          stmt.close();
27          conn.close();
28      }
29      catch(Exception e){
30          e.printStackTrace();
31      }
32  }
33  %>
```

✓ 코드 분석

2~4	Connection 객체와 JNDI를 사용하기 위한 패키지의 클래스들을 import한다.
6	Connection 변수를 선언한다.
7	실행할 SQL 문을 생성한다.
10~13	JNDI를 이용하여 CP(Connection Pool)에서 Connection 객체를 얻어온다.
14	Connection 객체를 사용하여 Statement 객체를 생성한다.
16	SQL문을 Statement 객체를 이용하여 실행한다.
17~19	레코드 삽입이 성공되었을 때 삽입 성공 메시지를 출력한다.
20~23	레코드 삽입 작업 중에 Exception이 발생한 경우 Exception 내용 출력과 오류 메시지를 출력한다.

statementTest.jsp 페이지를 실행했을 때 "레코드가 등록되었습니다."라는 메시지가 출력되면
레코드 삽입에 성공한 것이다.

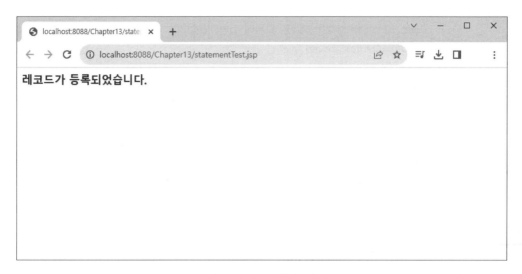

그림 13-95. 레코드 삽입 성공 화면

레코드가 성공적으로 등록된 것을 확인하려면 sqlplus 툴로 접속하여 student 테이블의 레코드들을 조회하면 된다.

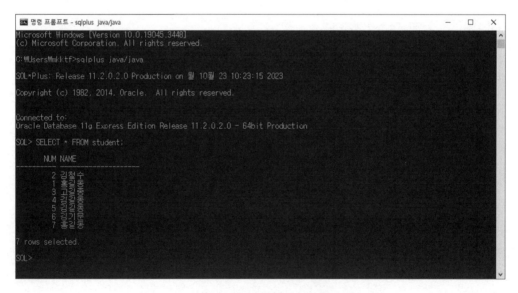

그림 13-96. 레코드 삽입 성공 확인 화면

위 화면에서 출력된 레코드를 보면 '7 홍길동' 레코드가 등록되어 있다. 다시 말하지만 Statement 인터페이스는 이처럼 SQL문을 실행할 수 있는 기능을 가지고 있다. 즉, Statement 인터페이스를 이용하지 못한다면 JDBC를 연동한다 해도 아무것도 개발할 수가 없다. 실제 작업의 대부분은 레코드의 삽입, 수정, 삭제, 검색 등의 작업으로 이루어지기 때문이다.

statementTest.jsp 페이지를 한 번 더 실행해보자. 다음 화면과 같이 statementTest.jsp 페이지를 한 번 더 실행하면 실패 메시지가 출력된다.

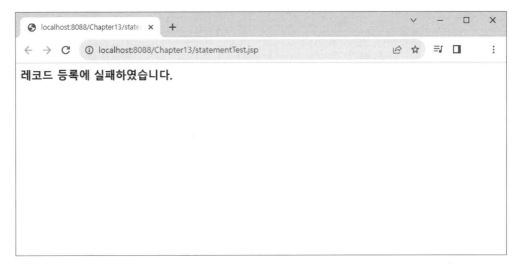

그림 13-97. 동일한 레코드 삽입 실패 화면

처음에는 잘 등록되던 레코드가 두 번 실행하니 레코드 등록에 실패하였다. 실패 원인은 바로 레코드 중복 때문이다. student 테이블을 만들 때 기본 키(Primary key) 값을 num으로 주었던 것을 기억할 것이다. 기본 키가 설정되면 기본 키로 설정된 컬럼의 값은 중복을 허용하지 않게 된다. 그렇기 때문에 이미 등록된 레코드가 있는데도 불구하고 다시 중복되는 레코드 등록 작업을 하게 되면, 중복으로 인한 오류가 발생하는 것이다. 새로운 레코드를 등록하기 위해서는 num 컬럼 값이 중복되지 않도록 num 값을 바꾸어 등록하면 된다. 그리고 레코드가 중복되지 않아도 실패하였다고 결과가 나올 경우가 있는데, 이 경우는 JNDI 설정이 제대로 되어있지 않는 등 DB 연결과 관련된 문제 때문이다. 이 경우는 앞에서 살펴본 context.xml 파일 설정과 ojdbc6.jar 파일의 톰캣의 lib 디렉터리에 복사 등의 내용을 다시 확인해야 한다.

(2) PreparedStatement

PreparedStatement 객체가 하는 일은 Statement 객체와 비슷하다. PreparedStatement 인터페이스가 Statement 인터페이스를 상속받기 때문이다. Statement와 같이 레코드 조작 및 검색 쿼리를 위한 SQL문을 전달하기 위해 쓰인다. 하지만 PreparedStatement를 이용하게 되면 값 매핑 기능을 사용해서 Statement 인터페이스보다 편리하게 SQL문을 전송할 수 있다.

```
INSERT INTO student (num, name) VALUES (7, '홍길동');
INSERT INTO student (num, name) VALUES (8, '홍길동');
INSERT INTO student (num, name) VALUES (9, '홍길동');
INSERT INTO student (num, name) VALUES (10, '홍길동');
```

만약 위의 SQL문을 Statement 객체를 이용하여 레코드를 추가하는 코드를 작성한다면 다음과 같을 것이다.

```
<%
  Statement stmt=conn.createStatement();

  stmt.executeUpdate("INSERT INTO student(num,name) VALUES (8, '홍길동');
  stmt.executeUpdate("INSERT INTO student(num,name) VALUES (9, '홍길동');
  stmt.executeUpdate("INSERT INTO student(num,name) VALUES (10, '홍길동');
  stmt.executeUpdate("INSERT INTO student(num,name) VALUES (11, '홍길동');
%>
```

위에서 추가하는 레코드는 4개라 얼마 되지 않으므로 이렇게 추가해도 크게 불편하지 않을 수 있지만, 100개 이상의 레코드를 추가하게 된다면 소스 코드 또한 방대하게 늘어나게 될 것이다. 이때 PreparedStatement 객체를 이용한다면 단 한 줄의 SQL문으로 수많은 레코드를 추가할 수 있다. 또한, Statement 객체로 SQL문을 실행할 때는 SQL문을 실행할 때마다 컴파일 단계를 거치지만, PreparedStatement 객체를 사용하면 객체를 생성할 때만 단 한 번 구문 분석(컴파일)을 거치므로 반복적인 SQL 구문을 실행할 때는 PreparedStatement가 훨씬 효율이 좋다. 다음 예제를 통해서 PreparedStatement 객체가 어떻게 사용되는지 살펴보자.

preparedStatementTest.jsp   ⬇ Chapter13₩src₩main₩webapp₩preparedStatementTest.jsp

```
1   <%@ page language="java" contentType="text/html; charset=UTF-8"%>
2   <%@ page import="java.sql.*"%>
3   <%@ page import="javax.sql.*" %>
4   <%@ page import="javax.naming.*" %>
5   <%
6       Connection conn = null;
7       String sql="INSERT INTO student (num,name) VALUES (?,'홍길동')";
8       PreparedStatement pstmt = null;
9       try {
10          Context init = new InitialContext();
11          DataSource ds = (DataSource) init.lookup("java:comp/env/jdbc/
12   OracleDB");
13          conn = ds.getConnection();
14          pstmt=conn.prepareStatement(sql);
15
16          for(int i=8;i<=11;i++){
17              pstmt.setInt(1,i);
18              if(pstmt.executeUpdate()!=0){
19                  out.println("<h3>"+i+"번 레코드를 등록하였습니다.</h3>");
20              }
21          }
22      }catch(Exception e){
23          out.println("<h3>레코드 등록에 실패하였습니다.</h3>");
24          e.printStackTrace();
25      }
26      finally{
27          try{
28              pstmt.close();
29              conn.close();
30          }
31          catch(Exception e){
32              e.printStackTrace();
33          }
34      }
35   %>
```

코드 분석

2~4	Connection 객체와 JNDI를 사용하기 위한 패키지를 import한다.
6	Connection 타입의 변수를 선언한다.
7	데이터 삽입에 사용할 SQL문을 생성한다.
10~13	JNDI를 이용하여 연결된 Connection 객체를 얻어온다.
14	Connection 객체를 사용하여 PreparedStatement 객체를 생성한다. 그리고 사용할 SQL문을 인자로 지정한다.
16~21	8~11까지의 num 값을 지정해서 레코드를 삽입할 for문을 반복한다.
17	1번째 인수(num 필드)에 i 값을 매핑한다. SQL 부분에서 ?(placeholder) 가 있는 부분에 매핑이 된다.
18	17라인에서 넘겨준 인자로 매핑된 SQL문을 실행한다.

preparedStatementTest.jsp 페이지를 실행하면 다음 화면과 같은 결과 화면이 출력된다.

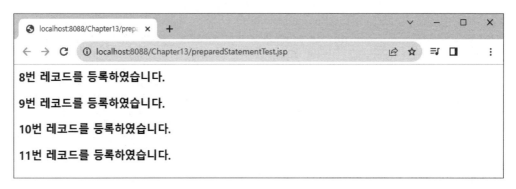

그림 13-98. PreparedStatement 인터페이스를 이용한 데이터 삽입 화면

PreparedStatement를 사용하면 반복되는 SQL문을 쉽게 구현할 수 있게 된다. 앞의 코드에서 Statement 객체와 다른 점은 preparedStatementTest.jsp 페이지 코드의 7번 라인을 들수 있다. 7번 라인의 코드에서 sql 변수 내용을 보면 '?'라는 바인딩 변수가 포함되어 있다. 이 변수가 마치 함수에서의 인수와 같은 역할을 한다. 17번째 라인을 보면 stmt.setInt(1,i); 으로 코딩되어 있는데, 이 코드에서 첫 번째 인수가 1로 지정되어 있는 것은 SQL문의 첫 번

째 '?' 변수가 오는 위치를 말한다. 두 번째 인수는 '?' 가 있는 위치에 대치할 값을 의미한다. 앞의 코드에서는 '?'가 한 개만 들어있지만, SQL문에서 여러 조건절을 사용해서 여러 인수들을 지정할 수도 있다. 그때마다 PreparedStatement의 set 메소드를 사용하면 되는 것이다. PreparedStatement의 set 메소드는 여러 종류가 있다. 앞에서는 setInt()를 사용하였는데, 그 이유는 넘겨주는 인자 값이 int형이기 때문이다. i 값은 for문에서 int로 선언한 변수이기 때문이다. 만약 바인딩시켜 주는 인자가 String 타입이라면 setString() 메소드를 사용하여 매핑될 값을 넘겨주면 된다. 즉, 넘겨주는 인자의 데이터 타입에 따라 맞는 메소드를 사용하는 것이다. 또한, 최종적으로 SQL문을 실행하는 executeUpdate, executeQuery 등의 메소드에 SQL문이 인자로 지정되지 않는 것이 Statement로 SQL 구문을 실행하는 방식과의 차이점이다.

2) Stored Procedure와 CallableStatement

Stored Procedure는 데이터베이스 내에 프로시저를 선언하여 클라이언트가 필요할 때마다 호출하여 사용하도록 하는 단위로, '저장된 프로시저'라고도 한다. 이것은 클라이언트에서 SQL문을 실행하는 것과 달리 데이터베이스 쪽에서 프로시저로 존재하는 것이기 때문에, 클라이언트에서 저장된 프로시저를 실행만 해주면 그 프로시저 내용이 오라클 내부에서 바로 처리되므로 실행 속도 또한 더 빠르며, 네트워크에서 사용하는 쿼리 양도 줄어드므로 부하가 적다는 장점이 있다. 그리고 데이터베이스 내에 존재한다는 특성 때문에 각 DBMS마다 프로시저를 생성하는 문법도 다르다. Stored Procedure는 DBMS의 문법에 해당하는 것이므로, 여기서는 간단히 의미만 알아보았으며, 나머지 자세한 내용은 관련 DB 관련 서적을 참고하길 바란다.

CallableStatement는 데이터베이스 내의 저장 프로시저(Stored Procedure)를 호출하기 위해 존재하는 객체이다. CallableStatement 객체는 다음과 같이 사용할 수 있다.

```
1        ...
2    conn = ds.getConnection();
3    CallableStatement cs=conn.prepareCall("{call procedure_
4  name(?,?,?)}");
5    cs.setInt(1,1);
6    cs.setString(2,"홍길동");
7    cs.registerOutParameter(3, java.sql.Types.VARCHAR);
8    cs.execute();
```

9	`out.println("<h3>"+cs.getString(3)+"</h3>");`
10	`cs.close();`
11	…

코드 분석

2	연결된 Connection 객체를 가져온다.
3~4	CallableStatement 객체를 생성하여 호출할 프로시저를 설정한다.
5~6	프로시저에 인수를 바인딩한다.
7	반환 받을 값의 타입을 VARCHAR로 설정한다(DB의 타입이어야 함).
8	3~4 라인에서 설정한 프로시저를 실행한다.
9	실행한 프로시저에서 얻어온 값을 표시한다.
10	객체를 반환한다.

CallableStatement 객체는 PreparedStatement 객체를 상속받아 사용하는 것이므로, set 메소드를 PreparedStatement 객체를 사용할 때와 똑같이 사용할 수 있다. registerOutParameter() 메소드는 프로시저에서 넘어오는 값을 반환 받기 위해서는 꼭 사용해야 한다. 이 메소드는 프로시저로부터 넘어오는 값의 타입을 지정해주는 역할을 한다. 이와 같이 CallableStatement는 DBMS에 저장되어 있는 프로시저(Stored Procedure)를 호출하기 위해 존재하는 객체로, 이것을 잘 이용한다면 더 빠른 성능의 프로그램을 구현할 수 있을 것이다.

프로시저 실행 방법을 실습하려면 우선 프로시저에서 사용할 테이블부터 생성해야 한다. 사원의 월급 정보를 저장하는 employee 테이블을 다음과 같이 생성한다.

그림 13-99. employee 테이블 생성 화면

employee 테이블이 생성되었으면 간단하게 사원의 연봉을 계산해 주는 프로시저를 생성한다.

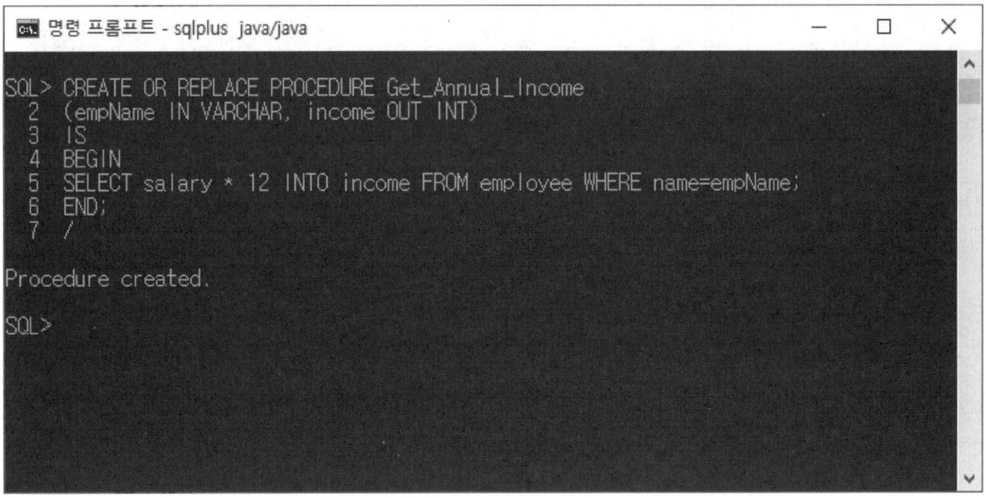

그림 13-100. 프로시저 생성 화면

앞의 화면에서 OR REPLACE 옵션을 기존에 Get_Annual_Income이라는 동일한 이름의 프로시저가 존재하면 기존 프로시저를 삭제하고 새롭게 동일한 이름의 프로시저를 생성하는 옵션이다.

empName 파라미터 변수 뒤에 있는 IN의 의미는 empName 파라미터 변수 값이 프로시저를 실행하는 곳에서 프로시저로 들어오는 변수라는 의미로 프로시저 실행 시 던져주는 값이 empName 변수에 할당된다. Income 파라미터 변수 뒤에 지정된 OUT의 의미는 income 파라미터 변수 값이 프로시저가 실행된 후에 프로시저를 호출한 쪽으로 반환해 주는 값을 담을 변수라는 것을 의미한다.

IS 부분은 프로시저 내에서 사용하는 변수를 선언하는 부분이다. BEGIN ~ END; 사이에 작성된 문장들이 프로시저가 실행될 때 수행하는 명령문들이다. 본 프로시저에서는 empName 값으로 넘어온 이름을 가진 사원의 연봉을 계산해서 되돌려줄 값을 저장하는 income 변수에 할당하는 명령문을 실행하고 있다.

'/' 문자는 상단에 작성된 내용으로 프로시저를 생성하라는 명령으로 사용된다.

프로시저를 실행하기 전에 현재 employee 테이블에 삽입되어 있는 레코드들을 확인한다.

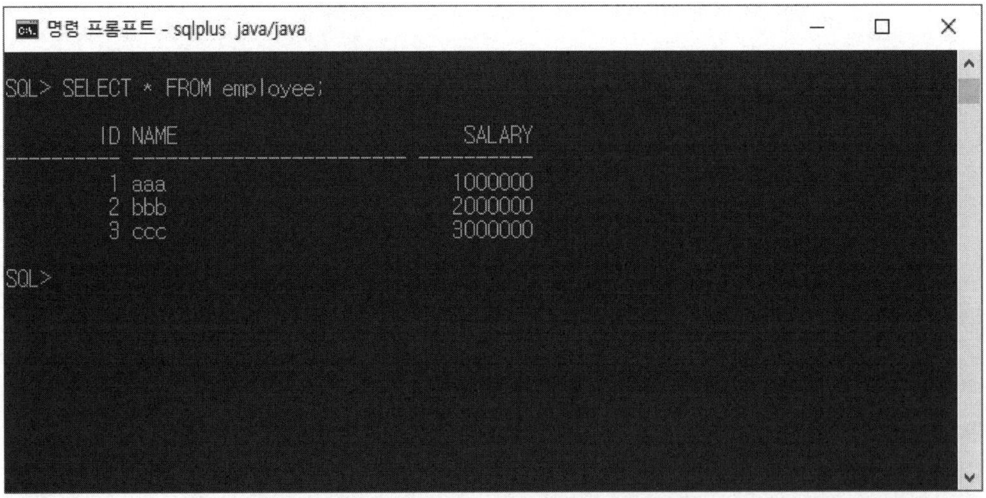

그림 13-101. 프로시저 실행 전 employee 테이블 데이터 조회 화면

작성된 프로시저를 사용해서 특정 사원의 연봉을 계산하는 예제 코드를 작성한다.

```jsp
1    <%@ page language="java" contentType="text/html; charset=UTF-8"%>
2    <%@ page import="java.sql.*"%>
3    <%@ page import="javax.sql.*" %>
4    <%@ page import="javax.naming.*" %>
5    <%
6        Connection conn = null;
7        CallableStatement cs = null;
8        try {
9            Context init = new InitialContext();
10           DataSource ds = (DataSource) init.lookup("java:comp/env/jdbc/
11   OracleDB");
12           conn = ds.getConnection();
13           cs=conn.prepareCall("{call Get_Annual_Income(?,?)}");
14           cs.setString(1,"aaa");
15           cs.registerOutParameter(2, java.sql.Types.VARCHAR);
16           cs.execute();
17           out.println("<h3>"+cs.getInt(2)+"</h3>");
18       }catch(Exception e){
19           out.println("<h3>레코드 등록에 실패하였습니다.</h3>");
20           e.printStackTrace();
21       }
22       finally{
23           try{
24               cs.close();
25               conn.close();
26           }
27           catch(Exception e){
28               e.printStackTrace();
29           }
30       }
31   %>
```

✅ 코드 분석

13	CallableStatement 객체를 생성하는 부분이다. 프로시저를 호출할 때는 call 명령을 이용하며 Get_Annual_Income(?,?)에서 프로시저를 호출할 때 IN Parameter 값과 Out Parameter 값 두 개를 매핑한다. 첫 번째 ?에 매핑되는 변수 값은 프로시저의 empName 파라미터 변수 값으로 할당된다. 두 번째 ? 부분은 OUT Parameter인 income 변수와 매핑되고 15 라인에서는 OUT Parameter의 데이터 타입을 매핑한다. 그리고, 17라인에서 cs.getInt(2) 부분에서 프로시저에서 OUT Parameter 인 income 변수에 지정한 값을 얻어올 수 있다.

3) ResultSet과 ResultSetMetaData

(1) ResultSet

ResultSet이란 Statement 객체 또는 PreparedStatement 객체로 SELECT문을 사용하여 얻어온 레코드 값들을 테이블의 형태로 갖게 되는 객체이다. Statement 또는 PreparedStatement 객체의 executeQuery() 메소드의 반환 값을 확인해보면 ResultSet으로 되어 있는 것을 알수 있다. SELECT문을 통해서 데이터를 얻어온다면 ResultSet 객체에 그 데이터가 저장된다. 즉, ResultSet 객체는 SELECT문으로 데이터를 얻어올 때는 반드시 사용해야 하는 객체이다. ResultSet에서 자주 사용되는 메소드들은 다음 표의 내용과 같다.

메소드	설명
close()	ResultSet 객체를 반환한다(닫는다).
getXXX(int ColumnIndex)	인자로 지정된 번호의 컬럼 값을 XXX 데이터 타입으로 가져온다(컬럼 인덱스 지정).
getXXX(String ColumnName)	인자로 지정한 컬럼명의 컬럼 값을 XXX 데이터 타입으로 가져온다(컬럼명 지정).
next()	다음 행(레코드)으로 커서(작업 위치)를 이동한다(다음 행이 없으면 false 반환, 있으면 true 반환).

다음 "ResultSet의 커서 자유롭게 움직이기" 부분에서 커서 이동에 관련된 메소드를 자세히 살펴볼 것이다.

먼저 close() 메소드는 앞에서 살펴본 Connection, PrepareStatement, Statement, CallableStatement 객체에도 존재하는 메소드이다. 객체를 모두 사용했다면, 필수적으로 실행해주어야 하는 메소드이며, 이 메소드는 객체를 반환하여 메모리의 낭비를 막는다.

getXXX() 메소드는 ResultSet 객체의 핵심 역할을 하는 메소드이다. ResultSet 객체는 SELECT문으로 가져온 레코드를 테이블 형태로 가지고 있으며, 그 레코드에 있는 특정 컬럼의 값을 가져오기 위해서는 getXXX() 메소드를 사용한다. 레코드 값의 타입에 따라 사용하는 메소드가 달라진다. 만약, String 타입의 데이터를 가져올 경우 getString() 메소드를 사용하여야하며, int 타입의 데이터를 가져올 경우 getInt() 메소드를 사용하여야 한다. 이것은 가져오는 데이터 타입에 맞게 사용하면 된다.

또, getXXX() 메소드는 인자를 두 가지 방법으로 전달할 수 있다. 첫 번째 방법은 컬럼 인덱스 값을 사용하는 것이다. 이 방법은 테이블의 각 컬럼 이름에 해당하는 인덱스를 알고 있을 경우 사용된다. 긴 컬럼 이름 대신 컬럼 인덱스 값을 사용하므로, 간결한 코드를 작성할 수 있다. 두 번째 방법은 컬럼 이름을 사용하는 것인데, 이 방법은 테이블의 컬럼 이름에 해당하는 인덱스 값을 모르더라도, 컬럼 이름만 알면 그 값을 사용하여 처리할 수 있다. 컬럼 이름을 넣으면 가독성이 좋아지는 장점이 있다. 컬럼 인덱스를 입력할 때는 그 인덱스 값에 해당하는 컬럼 이름이 코드상에 나타나지 않기 때문이다.

next() 메소드는 커서를 다음 행으로 이동시키는 메소드이다. ResultSet 객체 내에 5개의 레코드가 존재한다면, 제일 처음 next()를 실행할 때 첫 번째 레코드가 있는 행으로 이동된다. 첫 번째 레코드 값을 가져오려면 이처럼 한번 행을 이동하여 getXXX() 메소드로 데이터를 가져오면 되는 것이다. 가져온 뒤 다음 레코드 값을 가져오려면 next() 메소드를 다시 호출하여 getXXX() 메소드를 사용하면 된다. next()에서 false를 반환할 경우 더 이상 레코드가 없는 것임을 의미한다.

다음 예제를 통해서 ResultSet 객체를 사용해보자.

resultSetTest.jsp   ⬇ Chapter13₩src₩main₩webapp₩resultSetTest.jsp

```
1   <%@ page language="java" contentType="text/html; charset=UTF-8"%>
2   <%@ page import="java.sql.*"%>
3   <%@ page import="javax.sql.*" %>
4   <%@ page import="javax.naming.*" %>
5   <%
6       Connection conn = null;
7       String sql="SELECT * FROM student";
8       PreparedStatement pstmt= null;
9       ResultSet rs=null;
10
11      try {
12          Context init = new InitialContext();
13          DataSource ds = (DataSource) init.lookup("java:comp/env/jdbc/
14  OracleDB");
15          conn = ds.getConnection();
16
17          pstmt=conn.prepareStatement(sql);
18          rs=pstmt.executeQuery();
```

```
19
20              while(rs.next()){
21                  out.println("<h3>"+rs.getInt(1)+","+rs.getString(2)+"</
22      h3>");
23              }
24
25          }catch(Exception e){
26              out.println("<h3>데이터 가져오기에 실패하였습니다.</h3>");
27              e.printStackTrace();
28          }finally{
29              try{
30                  rs.close();
31                  pstmt.close();
32                  conn.close();
33              }
34              catch(Exception e){
35                  e.printStackTrace();
36              }
37          }
38      %>
```

✓ 코드 분석

12~15	JNDI를 이용하여 연결된 Connection 객체를 가져온다.
17	Connection 객체를 사용하여 PreparedStatement 객체를 생성한다
18	PreparedStatement 객체로 SQL문을 실행하여 얻어온 레코드들을 ResultSet 타입의 변수로 참조한다.
20~23	레코드가 존재하지 않을 때까지 계속 레코드 행을 다음으로 이동하면서 레코드 값을 가져와서 표시한다.
29~33	사용한 객체를 반환한다.

작성한 예제를 실행하면 student 테이블의 데이터 조회 결과가 표시된다.

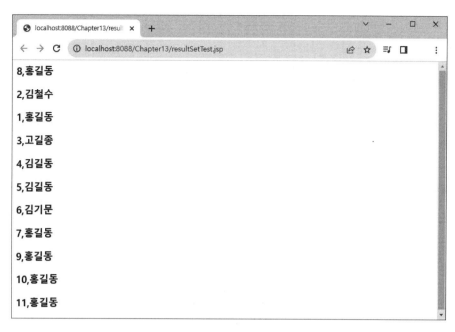

그림 13-102. student 테이블의 레코드 데이터 조회 화면

위의 결과는 SQLPLUS의 SQL 프롬프트에서 "SELECT * FROM student;"를 입력하더라도 같은 결과가 나온다. 다시 설명하면 ResultSet은 SELECT문으로 얻어온 레코드 값들을 보관하는 객체이다. 가져온 데이터를 위와 같이 표시할 수 있으며, 가져온 데이터를 기반으로 여러 가지 데이터베이스 작업을 수행할 수 있는 것이다. 앞의 코드(resultSetTest.jsp)에서 21 라인을 보면 첫 번째 인덱스에 해당하는 레코드 값을 가져올 때는 getInt() 메소드를 사용하였으며, 두 번째 인덱스에 해당하는 레코드 값을 가져올 때는 getString() 메소드를 사용한 것을 알 수 있다. 이유는 첫 번째 컬럼 이름인 num의 타입은 int이며, 두 번째 필드 이름인 name의 타입은 String에 해당하는 VARCHAR2로 되어있기 때문이다. get 메소드를 사용할 때는 가져올 데이터 타입을 정확히 지정해 주어야 한다.

(2) ResultSetMetaData

ResultSetMetaData 객체는 ResultSet으로 얻어온 레코드들의 메타 정보에 해당하는 컬럼의 정보들을 제공한다. ResultSetMetaData 객체를 사용하게 되면, 컬럼 수나, 각 컬럼 이름, 컬럼 타입 등의 정보를 쉽게 알아낼 수 있다. ResultSetMetaData에서 자주 쓰이는 메소드들을 확인해보도록 하자.

메소드	설명
getColumnCount()	ResultSet에 저장되어 있는 테이블의 컬럼의 수를 반환한다.
getColumnLabel(int column)	해당 번호의 컬럼의 레이블(title)을 반환한다.
getColumnName(int column)	해당 번호의 컬럼의 이름을 반환한다.
getColumnType(int column)	해당 번호의 컬럼의 데이터 타입을 int형으로 반환한다.
getColumnTypeName(int column)	해당 번호의 컬럼의 데이터 타입을 String형으로 반환한다.

ResultSetMetaData 객체는 앞의 메소드를 보고도 알 수 있듯이, 칼럼 정보를 확인하기 위해 존재한다.

위의 몇 가지 메소드를 사용하여 다음 예제를 작성해보자.

resultSetMetaDataTest.jsp　　　　　⬇ Chapter13₩src₩main₩webapp₩resultSetMetaDataTest.jsp

```
1    <%@ page language="java" contentType="text/html; charset=UTF-8"%>
2    <%@ page import="java.sql.*"%>
3    <%@ page import="javax.sql.*" %>
4    <%@ page import="javax.naming.*" %>
5    <%
6        Connection conn = null;
7        String sql = "SELECT * FROM student";
8        PreparedStatement pstmt = null;
9        ResultSet rs = null;
10       ResultSetMetaData rsmd = null;
11
12       try {
13           Context init = new InitialContext();
14           DataSource ds = (DataSource) init.lookup("java:comp/env/jdbc/
15   OracleDB");
16           conn = ds.getConnection();
17
18           pstmt = conn.prepareStatement(sql);
19           rs = pstmt.executeQuery();
20           rsmd = rs.getMetaData();
21
22           out.println("칼럼 수 : "+rsmd.getColumnCount()+"<br>");
```

```
23          for(int i=1;i<=rsmd.getColumnCount();i++){
24              out.println(i+"번째 칼럼의 이름 : " + rsmd.getColumnName(i)+"
25   : ");
26              out.println(i+"번째 칼럼의 타입 이름 : " +rsmd.
27   getColumnTypeName(i)+"<br>");
28          }
29      }catch(Exception e){
30          e.printStackTrace();
31      }finally{
32          try{
33              rs.close();
34              pstmt.close();
35              conn.close();
36          }
37          catch(Exception e){
38              e.printStackTrace();
39          }
40      }
41   %>
```

✅ 코드 분석

20	ResultSet 객체로부터 ResultSetMetaData 객체를 얻어온다.
22	칼럼의 총 개수를 얻어온다.
23~27	칼럼의 총 개수만큼 반복하면서 각 칼럼의 이름과 칼럼의 데이터 타입을 얻어와 출력한다.

작성한 예제를 실행하면 다음과 같은 결과가 표시된다.

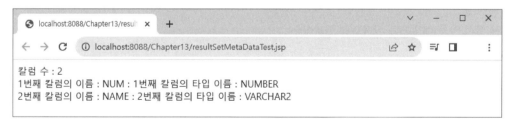

그림 13-103. student 테이블에 있는 각 레코드 메타데이터를 얻어오는 화면

살펴본 바와 같이 ResultSetMetaData 객체는 컬럼 수 또는 각 컬럼 정보 등을 얻어낼 목적으로 사용한다. getColumnCount() 메소드로 컬럼 수를 반환하고, getColumnName() 메소드는 컬럼의 이름을 반환한다. getColumnTypeName() 메소드는 컬럼의 데이터 타입을 반환하므로, 타입을 알아야 할 경우 유용하게 쓰이는 메소드이다.

4) ResultSet의 커서 자유롭게 움직이기

이번에는 ResultSet 객체에서 커서를 자유롭게 움직이는 방법에 대해 알아볼 것이다. ResultSet 객체는 앞에서도 설명했듯이 여러 레코드들이 저장되어 있는 객체이다. 여기서 자신이 원하는 레코드에 접근하려면 커서를 자유롭게 움직일 수 있어야 한다. 앞의 메소드에서는 설명하지 않았던, 커서 이동 관련 메소드에 대해 알아보도록 하겠다. 다음 표를 통해 자세히 알아보도록 하자.

메소드	설명
absolute(int rowNum)	지정한 위치로 커서를 이동한다.
beforeFirst()	커서를 처음 레코드 이전 위치로 이동한다. 커서를 실제 레코드가 아닌 ResultSet 객체의 처음 부분으로 이동한다.
afterLast()	커서를 마지막 레코드 이후 위치로 이동한다. 커서를 실제 레코드가 아닌 ResultSet 객체의 끝 부분으로 이동한다.
first()	처음 레코드가 존재하는 행으로 이동한다.
last()	마지막 레코드가 존재하는 행으로 이동한다.
next()	다음 레코드 행으로 이동한다.
previous()	이전 레코드 행으로 이동한다.

앞의 메소드 내용을 모두 이해한다면 커서를 자유롭게 움직일 수 있다. 다음 예제를 통해 몇 가지 커서 이동 메소드를 사용해보도록 하자.

```
1    <%@ page language="java" contentType="text/html; charset=UTF-8"%>
2    <%@ page import="java.sql.*"%>
3    <%@ page import="javax.sql.*" %>
4    <%@ page import="javax.naming.*" %>
5    <%
6        Connection conn = null;
7        String sql = "SELECT * FROM student";
8        PreparedStatement pstmt = null;
9        ResultSet rs = null;
10
11       try {
12           Context init = new InitialContext();
13           DataSource ds = (DataSource) init.lookup("java:comp/env/jdbc/
14   OracleDB");
15           conn = ds.getConnection();
16
17           pstmt = conn.prepareStatement(sql,ResultSet.TYPE_SCROLL_
18   SENSITIVE,
19                                        ResultSet.CONCUR_UPDATABLE);
20           rs = pstmt.executeQuery();
21
22           rs.last();
23           out.println(rs.getInt(1)+","+rs.getString(2)+"<br>");
24           rs.first();
25           out.println(rs.getInt(1)+","+rs.getString(2)+"<br>");
26           rs.absolute(3);
27           out.println(rs.getInt(1)+","+rs.getString(2)+"<br>");
28       }catch(Exception e){
29           out.println("<h3>데이터 가져오기에 실패하였습니다.</h3>");
30           e.printStackTrace();
31       }finally{
32           try{
33               rs.close();
34               pstmt.close();
35               conn.close();
36           }
37           catch(Exception e){
38               e.printStackTrace();
39           }
```

40	}
41	%>

✓ 코드 분석

17~18	Connection 객체를 사용하여 PrepardStatement 객체를 생성한다. 미리 사용할 SQL문을 인자로 넘김과 동시에 ResultSet 옵션을 설정한다. 커서가 앞뒤로 이동 가능하게 하려면 ResultSet.TYPE을 ResultSet.TYPE_SCROLL_SENSITIVE와 같이 타입에 SCROLL이 포함된 타입으로 지정해야 한다.
20	설정한 SQL문을 실행하여 가져온 레코드들을 ResultSet 객체에 저장한다.
22	커서를 마지막 행으로 이동시킨다.
23	마지막 행의 데이터를 표시한다.
24	커서를 처음 행으로 이동시킨다.
25	처음 행의 데이터를 표시한다.
26	커서를 세 번째 레코드의 위치로 이동시킨다.
27	세 번째 레코드의 데이터를 표시한다.

작성한 예제를 실행하면 다음과 같이 데이터가 출력된다. 출력 레코드 순서는 〈그림 13-104〉를 참조한다.

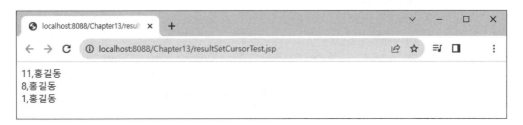

그림 13-104. student 테이블의 첫 번째, 마지막, 세 번째 레코드 데이터 출력화면

커서 이동 관련 메소드를 사용하여 앞의 예제를 작성해보았다. 그런데 앞의 코드에서 17~19 번째 라인을 보면 ResultSet 옵션 값이 사용된 것을 알 수 있다. 이 옵션이 붙어있지 않게 되면 first(), last() 등 커서 이동 관련 메소드를 사용할 수가 없다. 커서 옵션은 다음과 같다.

상수명	설명
TYPE_FORWARD_ONLY	커서 이동을 다음 레코드로만 이동되도록 한다.
TYPE_SCROLL_SENSITIVE	커서 이동을 자유롭게 하고 업데이트 내용을 반영한다.
TYPE_SCROLL_INSENSITIVE	커서 이동을 자유롭게 하고 업데이트 내용을 반영하지 않는다.
CONCUR_UPDATABLE	데이터 변경이 가능하도록 한다.
CONCUR_READ_ONLY	데이터 변경이 불가능하도록 한다.

앞 예제 코드에서 아무 옵션을 주지 않게 되면 기본 값으로 TYPE_FORWARD_ONLY 값이 적용되는데, 이 때문에 first(), last() 등 커서를 이동하는 메소드를 사용할 수 없게 되는 것이다. 즉, 스크롤이 가능하게 하는 TYPE_SCROLL_SENSITIVE, TYPE_SCROLL_INSENSITIVE 옵션 등을 주어야 레코드의 위치를 자유롭게 이동시킬 수 있다. 레코드의 커서 이동은 자신이 원하는 데이터를 레코드를 자유롭게 내비게이션하면서 빠르게 얻어내고자 할 때 필수적이다.

5) CLOB 데이터 다루기

여기서는 CLOB 데이터를 다루어 보도록 하겠다. CLOB이란 오라클에 존재하는 데이터 타입으로 대량의 텍스트 데이터를 저장할 수 있다. 이 CLOB 데이터는 다른 필드 타입과는 달리 다루기가 조금 까다롭다. CLOB 타입 데이터를 다루려면 톰캣과의 호환성과 오라클 버전을 모두 살펴보아야 한다. 오라클 버전에 따라서도 CLOB 타입 데이터를 다루는 방법이 다르기 때문이다. 우선 모든 버전에서 사용될 수 있는 CLOB 다루는 방법에 대해 알아보도록 하겠다.

(1) CLOB 데이터 삽입하기

우선 다음과 같이 clobtable을 생성한다.

```
CREATE TABLE clobtable (num Number, content CLOB);
```

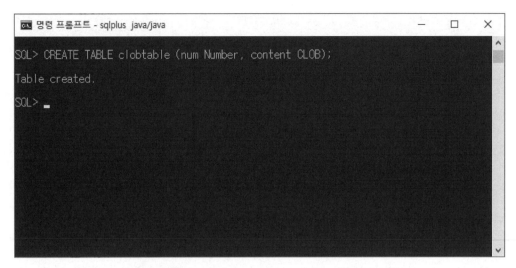

그림 13-105. student 테이블의 첫 번째, 마지막, 세 번째 레코드 데이터 출력화면

그 다음 아래와 같이 clob 타입을 사용하는 코드를 작성하도록 한다.

clobWriteTest.jsp   ⬇ Chapter13\src\main\webapp\clobWriteTest.jsp

```
1    <%@ page language="java" contentType="text/html; charset=UTF-8"%>
2    <%@ page import="java.sql.*"%>
3    <%@ page import="javax.sql.*" %>
4    <%@ page import="javax.naming.*" %>
5    <%
6        Connection conn = null;
7        PreparedStatement pstmt = null;
8        StringBuffer sb=null;
9        try {
10           Context init = new InitialContext();
11           DataSource ds = (DataSource) init.lookup("java:comp/env/jdbc/
12   OracleDB");
13           conn = ds.getConnection();
14           String sql="INSERT INTO clobtable (num,content) VALUES (1,?)";
15
16           sb=new StringBuffer();
17
18           for(int i=0;i<10000;i++){
19               sb.append("홍길동");
20           }
21           pstmt=conn.prepareStatement(sql);
```

22	`pstmt.setString(1, sb.toString());`
23	`pstmt.executeUpdate();`
24	`out.println("데이타를 저장했습니다.");`
25	`}catch(Exception e){`
26	`e.printStackTrace();`
27	`}finally{`
28	`try{`
29	`pstmt.close();`
30	`conn.close();`
31	`}`
32	`catch(Exception e){`
33	`e.printStackTrace();`
34	`}`
35	`}`
36	`%>`

✓ 코드 분석

18~20	StringBuffer 객체인 sb 객체에 "홍길동"이라는 문자열을 10000번 추가하는 부분이다. 문자셋이 "UTF-8"을 사용하면 한글 한자를 3바이트로 다루므로 3 * 3 * 10000 총 90000바이트 문자열이 생성된다. <그림 13-105> 그림 화면에서 content 컬럼의 데이터 타입을 VARCHAR2를 설정하였다면 삽입할 수 있는 최대 크기가 4000바이트이므로 sb 객체에 저장된 값을 content 값으로 삽입할 수 없지만 CLOB 타입은 4G 문자열까지 저장이 가능하므로 sb 객체에 저장된 문자열들을 모두 삽입할 수 있다.
22	14라인의 insert문에서 ? 부분에 sb 객체로 만들어진 문자열을 매핑하는 부분이다.
23	insert 구문을 실행하는 부분이다. insert 작업이 성공하면 24라인의 문자열이 출력된다.

앞의 코드를 작성하면 다음과 같은 결과가 보인다.

그림 13-106. clobtable 테이블에 데이터 삽입이 성공한 화면

데이터가 제대로 저장되었는지 SQLPLUS툴로 확인해보자.

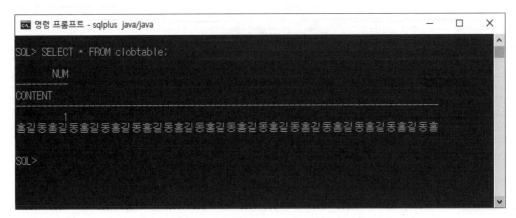

그림 13-107. SQLPLUS 에서 clobtable 테이블의 데이터를 조회한 화면

위와 같이 출력된다면 CLOB 데이터가 제대로 삽입된 것이다.

(2) 삽입된 CLOB 데이터를 읽어 들이기

clobWriteTest.jsp 페이지에서 삽입된 데이터를 조회하는 다음의 clobReadTest.jsp 예제를
작성해보자.

clobReadTest.jsp   ⬇ Chapter13₩src₩main₩webapp₩clobReadTest.jsp

```
1    <%@ page language="java" contentType="text/html; charset=UTF-8"%>
2    <%@ page import="java.sql.*"%>
3    <%@ page import="javax.sql.*" %>
4    <%@ page import="javax.naming.*" %>
5    <%
6        Connection conn = null;
7        PreparedStatement pstmt = null;
8        StringBuffer sb = null;
9        ResultSet rs = null;
10       try {
11           Context init = new InitialContext();
12           DataSource ds = (DataSource) init.lookup("java:comp/env/jdbc/
13   OracleDB");
14           conn = ds.getConnection();
```

```
15        pstmt=conn.prepareStatement("SELECT * FROM clobtable WHERE
16    num=1");
17            rs = pstmt.executeQuery();
18            if(rs.next()){
19            out.println(rs.getString("content"));
20            }
21        }catch(Exception e){
22            e.printStackTrace();
23        }finally{
24            try{
25                rs.close();
26                pstmt.close();
27                conn.close();
28            }
29            catch(Exception e){
30                e.printStackTrace();
31            }
32        }
33    %>
```

✅ 코드 분석

15~16	SELECT문을 사용해서 PreparedStatement 객체를 생성한다.
19	데이터 타입이 CLOB으로 정의되어 있는 content 컬럼에 저장되어 있는 값을 얻어오는 부분이다.

앞의 예제를 실행시키면 다음 화면과 같은 90000바이트의 데이터가 출력된다.

그림 13-108. jsp에서 clobtable 테이블의 데이터를 조회한 화면

살펴본 바와 같이 CLOB 데이터는 대량의 텍스트 데이터를 삽입하고 표시할 수 있다. 용량이 큰 데이터를 사용할 때는 CLOB 데이터 타입을 자주 사용하므로 앞의 예제를 이해하고 코드 작성 방법을 숙지하도록 한다.

6) 트랜잭션 관리

이제 트랜잭션 관리에 대해 알아볼 것이다. 트랜잭션의 역할은 데이터베이스의 모든 작업을 일관되게 처리해주는 것이다. 이것은 앞에서도 살펴본 내용이었다. 이제는 트랜잭션을 이용하여 어떻게 데이터베이스의 작업을 일관되게 처리하는지, 작업 도중 발생하는 문제를 어떻게 처리하여 원점으로 되돌리는지에 대해 살펴보도록 할 것이다. 트랜잭션의 명령에는 크게 COMMIT과 ROLLBACK이 존재한다. COMMIT은 처리한 작업을 모두 완료하도록 하는 명령이며 ROLLBACK은 처리한 작업을 모두 되돌리는 명령이다.

비즈니스 로직 처리 메소드 하나에서 여러 개의 DML 문장을 실행해야 한다면 반드시 트랜잭션 처리가 되어야 한다. 예를 들어 주문 요청 처리 시 주문이 제대로 이루어지기 위해서 결제 테이블에 결제 정보가 입력되는 작업이 이루어져야 하고, 결재가 제대로 이루어지면 주문 목록 테이블에도 해당 주문 내용이 입력되어야 한다. 이 작업이 모두 성공해야 주문 처리가 완성되는 것이다. 만약 결재는 제대로 되었는데 주문 목록에 내용이 들어가지 않으면 문제가 될 것이다.

다음 예제를 통해 이런 명령을 어떻게 사용하는지 알아보자. 이 예제를 작성하려면 student 테이블의 num 필드의 값이 12, 13인 레코드가 존재하지 않는 상태여야 한다.

transactionTest.jsp　　　　　　　　⬇ Chapter13\src\main\webapp\transactionTest.jsp

```
1    <%@ page language="java" contentType="text/html; charset=UTF-8"%>
2    <%@ page import="java.sql.*"%>
3    <%@ page import="javax.sql.*" %>
4    <%@ page import="javax.naming.*" %>
5    <%
6        Connection conn = null;
7        PreparedStatement pstmt = null;
8        ResultSet rs = null;
9        String sql="INSERT INTO student (num, name) VALUES (13,'홍길동')";
10       String sql2="SELECT * FROM student WHERE num=12";
```

```
11      try {
12          Context init = new InitialContext();
13          DataSource ds = (DataSource) init.lookup("java:comp/env/jdbc/
14   OracleDB");
15          conn = ds.getConnection();
16
17          conn.setAutoCommit(false);
18
19          pstmt=conn.prepareStatement(sql);
20          pstmt.executeUpdate();
21
22          pstmt=conn.prepareStatement(sql2);
23          rs=pstmt.executeQuery();
24          if(!rs.next()){
25              conn.rollback();
26              out.println("<h3>데이터 삽입에 문제가 발생하여 롤백하였습니다.</
27   h3>");
28          }else{
29              conn.commit();
30              out.println("<h3>데이터 삽입이 모두 완료되었습니다.</h3>");
31          }
32
33          conn.setAutoCommit(true);
34      }catch(Exception e){
35          out.println("<h3>데이터 삽입에 실패하였습니다.</h3>");
36          e.printStackTrace();
37      }finally{
38          try{
39              rs.close();
40              pstmt.close();
41              conn.close();
42          }
43          catch(Exception e){
44              e.printStackTrace();
45          }
46      }
47   %>
```

17	트랜잭션을 이용하기 위해서 setAutoCommit을 false로 설정한다. 자바의 autoCommit 속성은 기본값이 true이므로 INSERT, DELETE, UPDATE 등의 데이터를 조작하는 작업을 실행했을 때 해당 작업이 즉시 완료되어 되돌릴 수 없다. 즉, 트랜잭션 작업을 처리할 수 없다. 자바에서 트랜잭션 처리를 하려면 Connection 객체의 setAutoCommit(false) 속성을 사용하여 autoCommit 속성을 false로 변경해 주어야 한다.
20	9 라인에서 정의한 INSERT 문을 실행하는 부분이다. 즉, num이 13인 레코드를 새로 삽입하는 부분이다. 17 라인에서 트랜잭션을 시작시켰기 때문에 INSERT 작업은 메모리상에서만 이루어지고 데이터페이지에는 적용되지 않기 때문에 COMMIT을 수행해야 작업이 완료된다.
23	10 라인에서 정의한 num 값이 12인 레코드를 조회하는 SQL문을 실행하는 부분이다.
24~28	num 값이 12인 레코드가 존재하지 않으면 19라인에서 실행한 INSERT 작업을 취소하는 부분이다.
28~31	num 값이 12인 레코드가 존재하면 19라인에서 실행한 INSERT 작업을 완료하는 부분이다. 현재 num 값이 12인 레코드가 존재하지 않기 때문에 19라인에서 실행한 INSERT 문장을 취소되어 num 값이 13번인 레코드가 테이블에 삽입되지 않는다.

앞의 예제를 실행하면 다음과 같이 롤백 메시지가 출력된다.

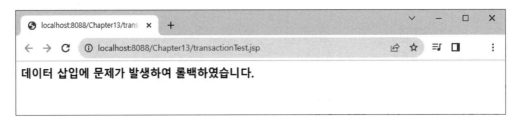

그림 13-109. INSERT 작업이 롤백된 화면

앞에서 작성한 transactionTest.jsp 코드는 student 테이블의 num 컬럼 값이 12인 레코드가 존재하지 않으면 ROLLBACK 처리를 하도록 작성되어 있다. ROLLBACK 처리되었다면, num 필드 값이 13인 레코드가 삽입되지 않아야 한다. SQL 프롬프트에서 그 내용을 확인해보자.

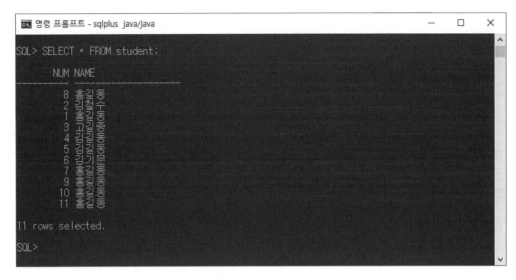

그림 13-110. SQLPLUS 툴로 INSERT 작업이 롤백된 결과 화면

확인해보니 num 컬럼 값이 13인 레코드가 삽입되지 않았다. 앞에서 ROLLBACK 처리를 했기 때문에, 레코드 삽입이 실제로 처리되지 않은 것이다. 레코드 삽입이 처리되도록 하려면 COMMIT 명령을 처리하도록 해야 한다.

다음과 같이 num 값이 12인 레코드를 삽입해보도록 하자.

그림 13-111. student 테이블에 num 값이 12인 레코드 삽입 화면

위 화면과 같이 num 값이 12인 레코드를 삽입하였다. 레코드를 삽입한 후 COMMIT 명령까지 처리해주도록 한다. 이제 앞의 transactionTest.jsp 코드를 다시 실행해보자. 결과는 다음과 같이 COMMIT 처리가 된다.

localhost:8088/Chapter13/trans
localhost:8088/Chapter13/transactionTest.jsp
데이터 삽입이 모두 완료되었습니다.

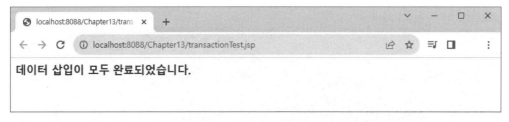

그림 13-112. student 테이블에 num 값이 13인 레코드 삽입 작업이 COMMIT된 화면

〈그림 13-112〉와 같은 결과가 보여지는 이유는 앞의 transactionTest.jsp 코드가 num 컬럼 값이 12인 레코드가 존재할 경우 COMMIT 명령이 실행되도록 작성되어 있기 때문이다. COMMIT 명령을 내리게 되면 레코드를 삽입하는 SQL문이 실제 데이터 페이지에 반영되게 된다. 앞의 예제를 현금인출기를 예로 들어 설명하면 현금인출기에서 돈을 출금하려고 할 때, 현금인출기의 오작동으로 통장의 액수는 줄어들고, 돈이 나오지 않는다면 큰 문제가 발생하게 될 것이다. 이때, 트랜잭션의 특성을 이용하는 것이다. 돈이 나오지 않는다면 ROLLBACK 처리하여, 통장의 액수를 다시 원래대로 돌리면 돈을 출금하기 전으로 돌아가게 될 것이다.
앞의 예제는 단순히 이 트랜잭션의 COMMIT과 ROLLBACK의 역할을 알아보기 위한 것이며 이 트랜잭션을 이용한다면 데이터의 일관성을 유지할 수 있다.

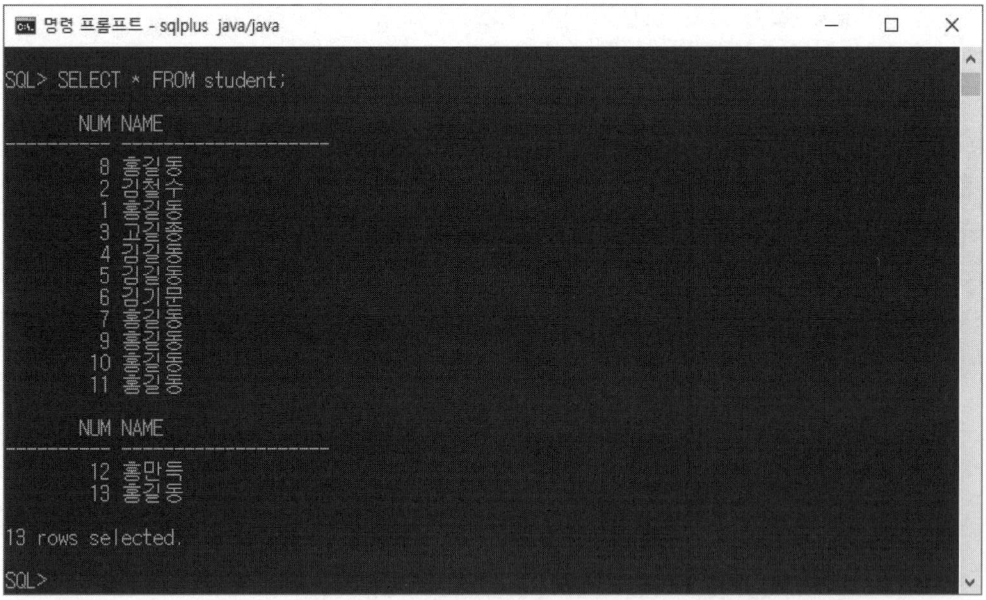

명령 프롬프트 - sqlplus java/java
SQL> SELECT * FROM student;
NUM NAME
8 홍길동
2 김철수
1 홍길동
3 고길동
4 김길동
5 김길동
6 김기문
7 홍길동
9 홍길동
10 홍길동
11 홍길동
NUM NAME
12 홍만득
13 홍길동
13 rows selected.
SQL>

그림 13-113. student 테이블에 num 값이 13인 레코드가 삽입된 결과 확인 화면

6. 데이터베이스를 연동한 회원 관리 시스템

데이터베이스를 연동한 회원 관리 시스템을 개발해보자. 이 시스템을 개발하면서 앞에서 공부한 JDBC를 연동하는 방법과 데이터베이스에 접근하여 데이터를 조작하는 방법 등을 다시 한번 익힐 수 있을 것이다.

1) 회원 관리 시스템 설계하기

여기서는 회원 관리 시스템을 개발하기 전에 무엇이 필요한지 미리 준비하고 어떻게 개발할 것인지 설계하도록 한다. 먼저 회원 관리 시스템을 개발할 때 가장 먼저 설계해야 할 것은 데이터베이스 구조이다. 데이터베이스 구조는 앞에서 이미 다음과 같이 설계하였다.

```
CREATE TABLE member (
    id VARCHAR2(15),
    password VARCHAR2(10),
    name VARCHAR2(15),
    age NUMBER,
    gender VARCHAR2(5),
    email VARCHAR2(30),
    PRIMARY KEY(id)
);
```

이 회원 관리 시스템에서 회원은 회원가입과 로그인을 할 수 있으며, 관리자는 회원 정보 확인 및 정보 수정, 회원 삭제를 할 수 있다. 본 회원 관리 시스템을 구성하는 jsp 파일들의 목록은 하면 표의 내용과 같다.

웹 페이지	설명
loginForm.jsp	로그인 폼 페이지(로그인 정보를 입력하는 페이지).
joinForm.jsp	회원가입 폼 페이지(회원가입 정보를 입력하는 페이지).
loginProcess.jsp	로그인을 실제로 처리하는 페이지.
joinProcess.jsp	회원가입을 실제로 처리하는 페이지.
main.jsp	메인 페이지.
member_list.jsp	회원 목록을 확인하는 페이지.
member_info.jsp	특정 회원 정보를 보여주는 페이지.
member_delete.jsp	특정 회원의 정보를 삭제 처리하는 페이지.

jsp 페이지는 이와 같이 구성된다. 처음에는 회원가입 페이지에서 회원가입 처리를 진행하고 로그인 페이지로 이동하여 로그인을 하게 되면 메인 페이지가 출력된다. 관리자 아이디로 접속했을 경우는 메인 페이지에서 관리자 페이지인 회원 목록 페이지로 이동할 수 있도록 구현한다. 여기서 관리자 아이디는 'admin'으로 설정하도록 한다. 이제 데이터베이스 테이블과 각 페이지도 설계하였으므로 코드를 작성해보도록 하겠다. DB 연결(Connection 객체 생성)은 CP(Connection Pool)를 사용할 것이므로 "webapp\META-INF" 디렉토리에 context.xml 파일이 존재해야 한다.

코드를 작성하기 전에 이클립스에서 제공하는 DataSource Explorer 툴을 소개하겠다.

이 툴을 사용하면 sql 관련 작업을 수행할 때 sqlplus와 같은 별도의 툴을 이용할 필요 없이 이클립스 내에서 모든 처리가 가능하다.

01 "Data Source Explorer" 뷰에서 "DataBase Connections → New" 메뉴를 선택한다.

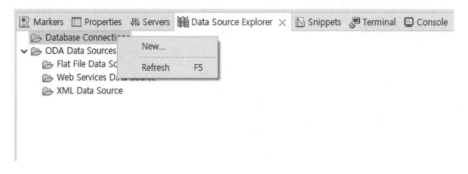

그림 13-114. Database Connections → New 메뉴 화면

02 사용 DBMS 종류를 Oracle로 선택하고 〈Next〉 버튼을 클릭한다.

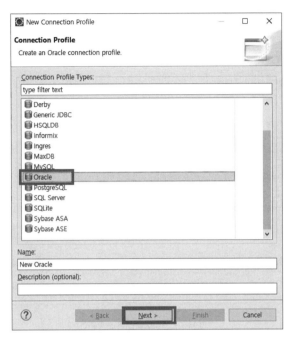

그림 13-115. DBMS 선택 화면

03 "New Driver Definition" 아이콘을 클릭한다.

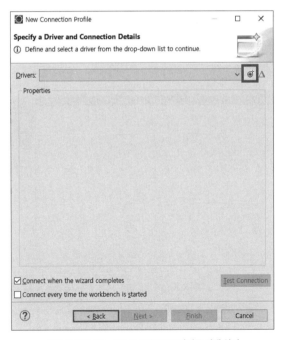

그림 13-116. New Driver Definition 아이콘 선택 화면

04 "Oracle Thin Driver 11"을 선택하고 "JAR List" 탭을 선택한다.

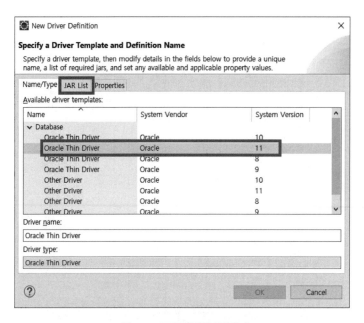

그림 13-117. 드라이버 종류 선택 화면

05 현재 설정되어 있는 jar 파일을 선택하고 〈Edit JAR/Zip〉 버튼을 클릭한다.

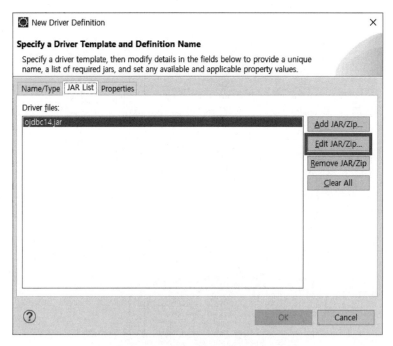

그림 13-118. 드라이버 라이브러리 종류 선택 화면

06 "C:\oraclexe\app\oracle\product\11.2.0\server\jdbc\lib\ojdbc6.jar" 파일을 연 후 "Properties" 탭을 클릭한다.

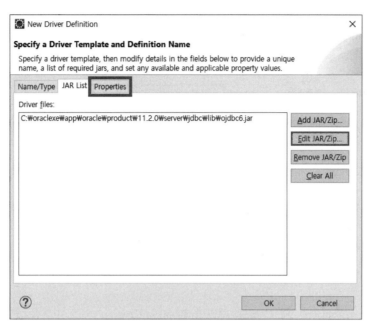

그림 13-119. ojdbc6.jar 파일 선택 화면

07 "Properties" 탭에서 오라클 연결에 관한 설정을 입력한다.

• Connection URL: Server 부분을 삭제하고 localhost라는 오라클이 실질적으로 구 동되고 있는 호스트를 지정한다. 만약, 연결하려는 오라클 서버가 localhost가 아니라 다른 시스템에서 실행되고 있다면 해당 서버의 ip를 지정해 주어야 한다. 마지막 DB 부분은 실질적으로 서비스되고 있는 오라클의 SID명을 지정하면 된다. 여기에서는 설 치한 데이터베이스 명인 XE를 지정한다.
• Driver Class: 오라클이 제공하는 드라이버 클래스 명을 지정한다. 기본적으로 제공 되는 이름을 사용한다.
• Password: 오라클 암호를 지정한다.
• User ID: 오라클 계정을 지정한다.

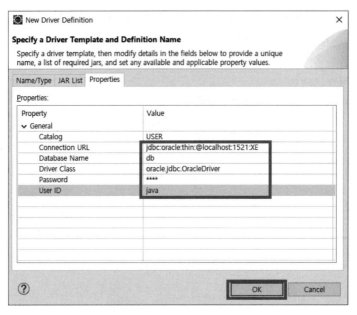

그림 13-120. DBMS 연결 속성 설정 화면

08 "Save password" 체크박스를 체크한 후 〈Test Connection〉 버튼을 클릭하여 데이터 베이스 연결을 테스트한 후 "Ping succeeded" 화면이 출력되면 〈Finish〉 버튼을 클릭한다.

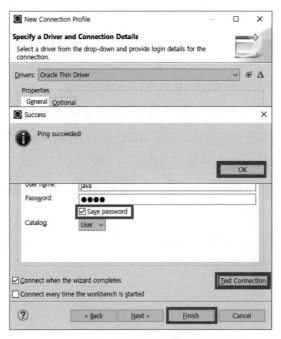

그림 13-121. DBMS 연결 테스트 화면

09 "New Oracle"을 클릭하여 확장하였을 때 XE 데이터베이스의 객체들이 출력되면 데이터베이스가 제대로 연결된 것이다.

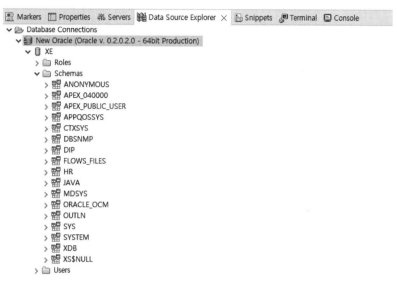

그림 13-122. 데이터베이스가 연결된 화면

10 SQL문을 실행할 수 있는 SQL File을 생성하기 위해서 webapp 디렉토리에서 마우스 우측 버튼을 클릭하고 "New→ SQL File" 메뉴를 선택한다. 이클립스에서 SQL File을 생성하면 SQL File 안에서 모든 SQL문을 실행할 수 있다.

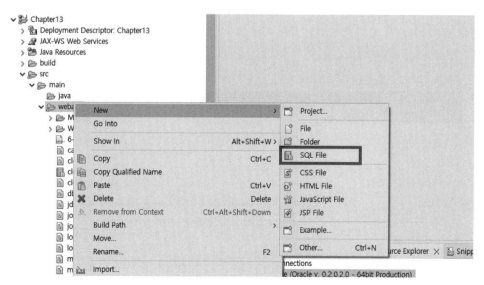

그림 13-123. "New→ SQL File" 메뉴 선택 화면

11 다음 화면에서 필요한 속성들을 그림 내용과 같이 설정한다

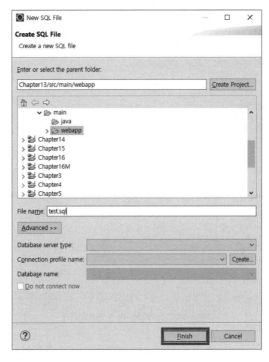

그림 13-124. "New→ SQL File" 메뉴 선택 화면

12 test 테이블 생성 SQL문을 입력한 후 실행할 SQL문을 마우스로 드래그해서 선택한 후 마우스 우측 버튼을 클릭한 후 "Execute Selected Text" 메뉴를 선택한다. 실행할 SQL문을 선택한 후 단축키 alt+x를 눌러도 된다.

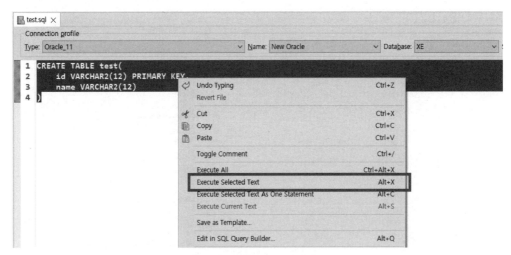

그림 13-125. SQL File 속성 설정 화면

13 "Succeeded" 메뉴가 출력되면 SQL 문이 성공적으로 실행된 것이다.

그림 13-126. test 테이블을 생성하는 SQL문이 성공적으로 실행된 화면

14 다음 화면처럼 "JAVA→ Tablses" 디렉토리에 "TEST" 테이블이 존재하면 SQL문이 성공적으로 실행된 것이다.

그림 13-127. 생성된 test 테이블을 확인하는 화면

만약, 13번에서 "Succeeded" 메시지가 출력되었는데 14번에서 "TEST" 테이블이 출력되지 않으면 "JAVA→Tables" 디렉토리에서 마우스 우측 버튼을 누르고 "Refresh" 메뉴를 선택하여 새로 고침한다.

단축키 "F5"를 눌러도 된다.

그림 13-128. Tables 디렉토리를 Refresh 하는 화면

2) 회원 관리 시스템 구현하기

이제 앞에서 작성한 회원 관리 시스템 설계를 기반으로 시스템을 구현한다.

요청의 시작은 loginForm.jsp에서 시작한다. 로그인하는 사용자가 이미 등록되어 있으면 로그인이 성공되며, 사용자가 등록되어 있지 않거나 비밀번호가 일치하지 않으면 loginForm.jsp 페이지로 요청이 다시 되돌려지게 된다. 그리고 새롭게 회원가입하고자 할 때는 회원가입 링크를 클릭하여 새로운 회원으로 등록할 수 있도록 처리하였다.

(1) loginForm.jsp 페이지 코드 작성

loginForm.css　　　　　　⬇ Chapter13₩src₩main₩webapp₩css₩loginForm.css

```css
1  table{
2      margin : auto;
3      width : 400px;
4      border : 1px solid gray;
5      text-align: center;
6  }
7  .td_title{
8      font-weight: bold;
9      font-size: x-large;
10 }
```

loginForm.jsp　　　　　　⬇ Chapter13₩src₩main₩webapp₩loginForm.jsp

```jsp
1  <%@ page language="java" contentType="text/html; charset=UTF-8"%>
2  <html>
3  <head>
4  <title>회원 관리 시스템 로그인 페이지</title>
5  <link href="css/loginForm.css" rel="stylesheet" type="text/css">
6  </head>
7  <body>
8  <form name="loginform" action="loginProcess.jsp" method="post">
9  <table>
10    <tr>
11      <td colspan="2" class = "td_title">
12          로그인 페이지
13      </td>
14    </tr>
15    <tr>
16      <td><label for = "id">아이디 : </label></td>
17      <td><input type="text" name="id" id = "id"/></td>
18    </tr>
19    <tr>
20      <td><label for = "pass">비밀번호 : </label></td>
21      <td><input type="password" name="pass" id = "pass"/></td>
22    </tr>
23    <tr>
24      <td colspan="2">
```

```
25              <a href="javascript:loginform.submit()">로그인</
26   a>  
27              <a href="joinForm.jsp">회원가입</a>
28          </td>
29      </tr>
30   </table>
31   </form>
32   </body>
33   </html>
```

✅ 코드 분석

8	폼(form) 영역에 있는 데이터가 전송(submit)되는 요청 URL을 "loginProcess.jsp" 페이지로 지정한 부분이다.
17	로그인에 사용될 아이디를 입력하는 입력양식이다.
21	로그인에 사용될 비밀번호를 입력하는 입력양식이다.
25~26	로그인 링크를 클릭하면 javascript를 사용하여 loginform 객체(form객체)의 submit() 메소드를 호출하여 loginProcess.jsp 페이지로 요청하는 부분이다.
27	회원가입 텍스트를 클릭하면 "loginForm.jsp" 로 요청을 전송하는 링크를 지정한 부분이다.

(2) 회원가입 페이지(joinForm.jsp) 코드 작성

joinForm.css   ⬇ Chapter13₩src₩main₩webapp₩css₩joinForm.css

```
1    table{
2        margin : auto;
3        width : 400px;
4        border : 1px solid gray;
5        text-align: center;
6    }
7    .td_title{
8        font-weight: bold;
9        font-size: x-large;
10   }
```

```
1   <%@ page language="java" contentType="text/html; charset=UTF-8"%>
2   <html>
3   <head>
4   <title>회원 관리 시스템 회원가입 페이지</title>
5   <link href="css/joinForm.css" rel="stylesheet" type="text/css">
6   </head>
7   <body>
8   <form name="joinform" action="joinProcess.jsp" method="post">
9   <table border=1>
10      <tr>
11          <td colspan="2" class = "td_title">
12              회원가입 페이지
13          </td>
14      </tr>
15      <tr>
16          <td><label for = "id">아이디 : </label></td>
17          <td><input type="text" name="id" id = "id"/></td>
18      </tr>
19      <tr>
20          <td><label for = "pass">비밀번호 : </label></td>
21          <td><input type="password" name="pass" id = "pass"/></td>
22      </tr>
23      <tr>
24          <td><label for = "name">이름 : </label></td>
25          <td><input type="text" name="name" id = "name"/></td>
26      </tr>
27      <tr>
28          <td><label for = "age"> 나이 : </label> </td>
29          <td><input type="text" name="age" id = "age"/>
30          </td>
31      </tr>
32      <tr>
33          <td><label for = "gender1"></label>성별 : </td>
34          <td>
35              <input type="radio" name="gender" value="남" checked id =
36  "gender1"/>남자
37              <input type="radio" name="gender" value="여" id =
38  "gender2"/>여자
39          </td>
40      </tr>
```

41	`<td><label for = "email">이메일 주소 : </label></td>`
42	`<td><input type="text" name="email" id = "email"/></td>`
43	`</tr>`
44	`<tr>`
45	`<td colspan="2">`
46	`<a href="javascript:joinform.submit()">회원가입</`
47	`a>  `
48	`<a href="javascript:joinform.reset()">다시작성</a>`
49	`</td>`
50	`</tr>`
51	`</table>`
52	`</form>`
53	`</body>`
54	`</html>`

코드 분석

46~47	회원가입 링크를 클릭했을 때 joinform 폼 영역의 데이터를 8 라인에서 action 속성으로 지정된 joinProcess.jsp로 전송하면서 요청을 하게 처리하는 부분이다.
48	다시작성을 클릭했을 때 joinform 폼 객체의 reset() 메소드를 호출하여 입력한 데이터를 모두 초기화시키게 처리한 부분이다.

(3) joinProcess.jsp 페이지 코드 작성

joinProcess.jsp   ⬇ Chapter13₩src₩main₩webapp₩joinProcess.jsp

```
1   <%@ page language="java" contentType="text/html; charset=UTF-8"%>
2   <%@ page import="java.sql.*"%>
3   <%@ page import="javax.sql.*" %>
4   <%@ page import="javax.naming.*" %>
5   <%
6       request.setCharacterEncoding("UTF-8");
7       String id=request.getParameter("id");
8       String pass=request.getParameter("pass");
9       String name=request.getParameter("name");
10      int age=Integer.parseInt(request.getParameter("age"));
11      String gender=request.getParameter("gender");
```

```
12        String email=request.getParameter("email");
13
14      Connection conn=null;
15      PreparedStatement pstmt=null;
16
17      try {
18          Context init = new InitialContext();
19          DataSource ds = (DataSource) init.lookup("java:comp/env/jdbc/
20      OracleDB");
21          conn = ds.getConnection();
22
23          pstmt=conn.prepareStatement("INSERT INTO member VALUES
24      (?,?,?,?,?,?)");
25          pstmt.setString(1,id);
26          pstmt.setString(2,pass);
27          pstmt.setString(3,name);
28          pstmt.setInt(4,age);
29          pstmt.setString(5,gender);
30          pstmt.setString(6,email);
31          int result=pstmt.executeUpdate();
32
33          if(result!=0){
34              out.println("<script>");
35              out.println("location.href='loginForm.jsp'");
36              out.println("</script>");
37          }else{
38              out.println("<script>");
39              out.println("location.href='joinForm.jsp'");
40              out.println("</script>");
41          }
42      }catch(Exception e){
43          e.printStackTrace();
44      }finally{
45          try{
46              pstmt.close();
47              conn.close();
48          }
49          catch(Exception e){
50              e.printStackTrace();
51          }
```

52	}
53	%>

✅ 코드 분석

6	회원가입 폼(joinForm.jsp)에서 파라미터로 전송된 데이터를 얻어올 때 한글 데이터가 깨지지 않도록 처리하는 부분이다.
7~12	회원가입 폼에서 파라미터로 전송된 데이터들을 얻어오는 부분이다.
23~31	회원가입 폼에서 파라미터로 전송된 데이터들을 member 테이블의 새로운 레코드로 삽입하는 부분이다.
33~37	레코드를 성공적으로 삽입하면 로그인 폼으로 이동한다.
37~41	레코드 삽입에 실패한 경우 회원가입 폼으로 이동한다.

(4) loginProcess.jsp 페이지 코드 작성

loginProcess.jsp   ⬇ Chapter13₩src₩main₩webapp₩loginProcess.jsp

```
1   <%@ page language="java" contentType="text/html; charset=UTF-8"%>
2   <%@ page import="java.sql.*"%>
3   <%@ page import="javax.sql.*" %>
4   <%@ page import="javax.naming.*" %>
5   <%
6       String id=request.getParameter("id");
7       String pass=request.getParameter("pass");
8
9       Connection conn=null;
10      PreparedStatement pstmt=null;
11      ResultSet rs=null;
12
13      try {
14          Context init = new InitialContext();
15          DataSource ds = (DataSource) init.lookup("java:comp/env/jdbc/
16  OracleDB");
17          conn = ds.getConnection();
18
19          pstmt=conn.prepareStatement("SELECT * FROM member WHERE
20  id=?");
```

```
21          pstmt.setString(1,id);
22          rs=pstmt.executeQuery();
23
24          if(rs.next()){
25              if(pass.equals(rs.getString("password"))){
26                  session.setAttribute("id",id);
27                  out.println("<script>");
28                  out.println("location.href='main.jsp'");
29                  out.println("</script>");
30              }
31          }
32
33          out.println("<script>");
34          out.println("location.href='loginForm.jsp'");
35          out.println("</script>");
36      }catch(Exception e){
37          e.printStackTrace();
38      }finally{
39          try{
40              rs.close();
41              pstmt.close();
42              conn.close();
43          }
44          catch(Exception e){
45              e.printStackTrace();
46          }
47      }
48  %>
```

✅ 코드 분석

6	로그인 폼(loginForm.jsp) 페이지에서 파라미터로 전송된 아이디 값을 받는 부분이다.
7	로그인 폼(loginForm.jsp) 페이지에서 파라미터로 전송된 비밀번호 값을 받는 부분이다.
19~20	사용자가 입력한 아이디를 가지고 있는 회원의 정보를 조회하는 SQL 문으로 PreparedStatement 객체를 생성하는 부분이다.
25	DB에서 가져온 비밀번호(rs.getString("password")와 사용자가 입력한 비밀번호 pass 변수에 저장된 값을 비교하는 부분이다.

25~30	사용자가 입력한 아이디를 가진 회원 정보가 존재하고 사용자가 입력한 비밀번호와 DB에서 가져온 비밀번호까지 일치하면, 즉 로그인에 성공하면 26 라인에서 session 영역에 "id"라는 이름의 속성 값을 생성하고 "main.jsp" 페이지로 이동하게 처리하는 부분이다.
33~35	로그인에 실패한 경우 "loginForm.jsp" 페이지로 이동하는 부분이다.

(5) 관리자 메인 페이지(main.jsp) 코드 작성

main.jsp

⬇ Chapter13₩src₩main₩webapp₩main.jsp

```jsp
1   <%@ page language="java" contentType="text/html; charset=UTF-8"%>
2   <%
3       String id=null;
4
5       if (session.getAttribute("id")!=null){
6           id=(String)session.getAttribute("id");
7       }else{
8           out.println("<script>");
9           out.println("location.href='loginForm.jsp'");
10          out.println("</script>");
11      }
12  %>
13  <html>
14  <head>
15  <title>회원 관리 시스템 메인 페이지</title>
16  </head>
17  <body>
18  <h3><%=id %> 로 로그인하셨습니다.</h3>
19  <%if(id.equals("admin")){%>
20  <a href="member_list.jsp">관리자모드 접속 (회원 목록 보기)</a>
21  <%}%>
22  </body>
23  </html>
```

✓ 코드 분석

5~7	세션에 아이디가 등록되어 있으면(로그인된 상태이면) 세션에 저장된 아이디 값을 변수에 저장한다.
7~11	세션에 아이디가 등록되어 있지 않은 경우(로그인되지 않은 상태이면) 로그인 폼으로 이동한다.
19~21	아이디가 admin(관리자 아이디)인 경우 관리자 모드로 접속(회원 목록 보기 화면으로 이동)하는 링크를 생성한다.

(6) 관리자 모드 페이지 (member_list.jsp) 코드 작성

member_list.css   ⬇ Chapter13₩src₩main₩webapp₩css₩member_list.css

```css
1   table{
2       margin : auto;
3       width : 400px;
4       border : 1px solid gray;
5       text-align: center;
6   }
7   .td_title{
8       font-weight: bold;
9       font-size: x-large;
10  }
```

member_list.jsp   ⬇ Chapter13₩src₩main₩webapp₩member_list.jsp

```jsp
1   <%@ page language="java" contentType="text/html; charset=UTF-8"%>
2   <%@ page import="java.sql.*"%>
3   <%@ page import="javax.sql.*" %>
4   <%@ page import="javax.naming.*" %>
5   <%
6       String id=null;
7
8       if ((session.getAttribute("id")==null) ||
9         (!((String)session.getAttribute("id")).equals("admin"))) {
10          out.println("<script>");
11          out.println("location.href='loginForm.jsp'");
12          out.println("</script>");
13      }
14
15      Connection conn=null;
16      PreparedStatement pstmt=null;
17      ResultSet rs=null;
18      try {
19              Context init = new InitialContext();
20              DataSource ds =
21                  (DataSource) init.lookup("java:comp/env/jdbc/
22  OracleDB");
23              conn = ds.getConnection();
24
```

```
25              pstmt=conn.prepareStatement("SELECT * FROM member");
26              rs=pstmt.executeQuery();
27        }catch(Exception e){
28            e.printStackTrace();
29        }
30
31    %>
32    <html>
33    <head>
34    <title>회원 관리 시스템 관리자모드(회원 목록 보기)</title>
35    <link href="css/member_list.css" rel="stylesheet" type="text/css">
36    </head>
37    <body>
38    <table>
39        <tr><td colspan=2 class="td_title">회원 목록</td></tr>
40        <%while(rs.next()){%>
41        <tr>
42            <td>
43                <a href="member_info.jsp?id=<%=rs.getString("id") %>">
44                    <%=rs.getString("id") %>
45                </a>
46            </td>
47            <td>
48                <a href="member_delete.jsp?id=<%=rs.getString("id") %>">
49    삭제</a>
50            </td>
51        </tr>
52        <%} %>
53    </table>
54    </body>
55    </html>
```

✅ 코드 분석

8~13	세션에 "id"라는 이름의 속성 값이 저장되어 있지 않거나 "id" 이름의 속성 값이 "admin"이 아니면 "loginForm.jsp" 페이지로 이동하게 처리하는 부분이다.
25	member 테이블의 모든 컬럼 값을 가져오는 SELECT문으로 PreparedStatement 객체를 생성하는 부분이다.
40~52	member 테이블에 존재하는 레코드 수만큼 회원 정보를 출력하는 부분이다.

43~45	회원 아이디를 클릭하면 해당 회원의 정보를 보여주는 "member_info.jsp" 페이지로 이동하는 링크를 걸어주는 부분이다. 정보를 보여줄 회원을 판단하기 위해서 아이디 값을 파라미터로 전송한다.
44	회원의 "id" 컬럼 값을 출력하는 부분이다.
48~49	회원 정보를 삭제하는 페이지인 "member_delete.jsp" 페이지로 링크를 건 부분이다. 회원 정보를 삭제할 때는 삭제할 회원을 판단할 수 있어야 하기 때문에 "id" 값을 파라미터로 전송한다.

(7) 회원정보를 보여주는 페이지(member_info.jsp) 코드 작성

member_info.css   ⬇ Chapter13₩src₩main₩webapp₩css₩member_info.css

```
1   table{
2       margin : auto;
3       width : 400px;
4       border : 1px solid gray;
5       text-align: center;
6   }
```

member_info.jsp   ⬇ Chapter13₩src₩main₩webapp₩member_info.jsp

```
1    <%@ page language="java" contentType="text/html; charset=EUC-KR"%>
2    <%@ page import="java.sql.*"%>
3    <%@ page import="javax.sql.*" %>
4    <%@ page import="javax.naming.*" %>
5    <%
6        String id=null;
7        if ((session.getAttribute("id")==null) ||
8                (!((String)session.getAttribute("id")).equals("admin"))) {
9            out.println("<script>");
10           out.println("location.href='loginForm.jsp'");
11           out.println("</script>");
12       }
13
14       String info_id=request.getParameter("id");
15
16       Connection conn=null;
17       PreparedStatement pstmt=null;
18       ResultSet rs=null;
19
20       try {
21               Context init = new InitialContext();
```

```
22          DataSource ds =
23              (DataSource) init.lookup("java:comp/env/jdbc/
24  OracleDB");
25          conn = ds.getConnection();
26
27          pstmt=conn.prepareStatement("SELECT * FROM member WHERE
28  id=?");
29          pstmt.setString(1,info_id);
30          rs=pstmt.executeQuery();
31          rs.next();
32      }catch(Exception e){
33          e.printStackTrace();
34      }
35  %>
36  <html>
37  <head>
38  <title>회원 관리 시스템 관리자모드(회원 정보 보기)</title>
39  <link href="css/member_info.css" rel="stylesheet" type="text/css">
40  </head>
41  <body>
42  <table>
43      <tr>
44          <td>아이디 : </td>
45          <td><%=rs.getString("id") %></td>
46      </tr>
47      <tr>
48          <td>비밀번호 : </td>
49          <td><%=rs.getString("password") %></td>
50      </tr>
51      <tr>
52          <td>이름 : </td>
53          <td><%=rs.getString("name") %></td>
54      </tr>
55      <tr>
56          <td>나이 : </td><td><%=rs.getString("age") %></td>
57      </tr>
58      <tr>
59          <td>성별 : </td><td><%=rs.getString("gender") %></td>
60      </tr>
61      <tr>
```

```
62          <td>이메일 주소 : </td>
63          <td><%=rs.getString("email") %></td>
64       </tr>
65       <tr>
66          <td colspan=2><a href="member_list.jsp">리스트로 돌아가기</a></
67 td>
68       </tr>
69    </table>
70    </body>
71    </html>
```

코드 분석

7~12	세션에 로그인한 사용자의 아이디가 등록되어 있지 않거나, 세션에 아이디가 등록되어 있더라도 아이디가 admin(관리자 아이디)이 아닐 경우는 로그인 폼 페이지로 이동한다.
14	회원 정보를 조회할 조건인 아이디를 변수에 저장한다.
27~30	member 테이블에서 정보를 확인할 아이디를 가지고 있는 회원 정보를 member 테이블에서 조회한다.
31	레코드가 있는 위치로 커서를 이동하기 위해 next() 메소드를 호출한다.
43~64	14 라인에서 파라미터로 넘어온 아이디 값을 가지고 있는 회원 정보를 출력하는 부분이다.
66~67	회원 목록을 보는 페이지로 링크를 생성한 부분이다.

(8) 회원 정보를 삭제하는 페이지(member_delete.jsp) 코드 작성

member_delete.jsp   ⬇ Chapter13₩src₩main₩webapp₩member_delete.jsp

```
1  <%@ page language="java" contentType="text/html; charset=UTF-8"%>
2  <%@ page import="java.sql.*"%>
3  <%@ page import="javax.sql.*" %>
4  <%@ page import="javax.naming.*" %>
5  <%
6     String id=null;
7
8     if ((session.getAttribute("id")==null) ||
9       (!((String)session.getAttribute("id")).equals("admin"))) {
10         out.println("<script>");
```

```
11          out.println("location.href='loginForm.jsp'");
12          out.println("</script>");
13      }
14
15      String delete_id=request.getParameter("id");
16
17      Connection conn=null;
18      PreparedStatement pstmt=null;
19      ResultSet rs=null;
20
21      try {
22          Context init = new InitialContext();
23          DataSource ds =
24              (DataSource)  init.lookup("java:comp/env/jdbc/
25   OracleDB");
26          conn = ds.getConnection();
27
28          pstmt=conn.prepareStatement("DELETE  FROM  member  WHERE
29   id=?");
30          pstmt.setString(1,delete_id);
31          pstmt.executeUpdate();
32
33          out.println("<script>");
34          out.println("location.href='member_list.jsp'");
35          out.println("</script>");
36      }catch(Exception e){
37          e.printStackTrace();
38      }finally{
39          try{
40              pstmt.close();
41              conn.close();
42          }
43          catch(Exception e){
44              e.printStackTrace();
45          }
46      }
47   %>
```

8~13	세션에 아이디가 등록되어 있지 않거나, 세션에 아이디가 등록되더라도 그 아이디가 admin(관리자 아이디)가 아닐 경우는 로그인 폼 페이지로 이동한다.
15	파라미터로 넘어온 삭제할 회원의 아이디를 변수에 저장한다.
28~31	member 테이블에서 변수에 저장해 두었던 아이디에 해당하는 회원 정보를 삭제한다.
33~35	회원 목록 보기 페이지로 이동한다.

3) 회원 관리 시스템 실행해보기

페이지 코드 작성을 모두 작성했으면, loginForm.jsp 파일을 실행하여 결과를 확인해 보자.

01 회원가입이 제대로 처리되는지 확인하기 위해 "회원가입" 링크를 클릭한다.

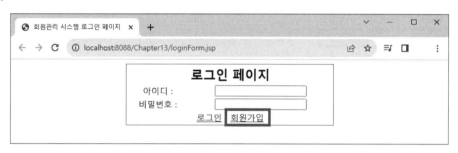

그림 13-129. 로그인 페이지 화면

02 회원가입 양식을 입력(관리자 모드의 내용 확인을 위해 아이디는 'admin'로 함)하고 "회원가입" 링크를 클릭한다. 이때, 나이는 숫자를 입력해야 한다.

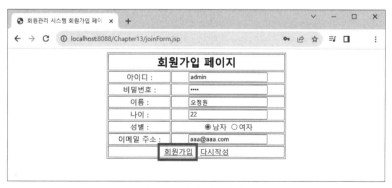

그림 13-130. 회원가입 페이지 화면

03 아이디에 "admin"을 입력하고 비밀번호에 "admin" 아이디의 비밀번호를 입력한 후 "로그인" 링크를 클릭한다.

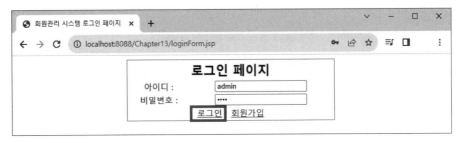

그림 13-131. 로그인 페이지 화면

04 "관라자 모드 접속(회원 목록 보기)" 링크를 클릭하여 관리자 모드로 들어간다.

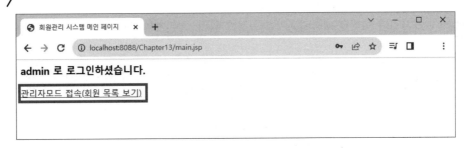

그림 13-132. 관리자로 로그인된 화면

05 member 테이블에 등록되어 있는 아이디들이 출력되는 것을 확인할 수 있다. 현재 "admin" 회원만 등록되어 있기 때문에 "admin" 아이디만 출력된다. "admin" 링크를 클릭하여 회원 정보 보기 요청을 한다.

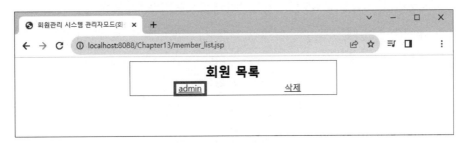

그림 13-133. 회원 목록이 출력된 화면

06 "admin" 회원의 상세정보가 출력되는 것을 확인할 수 있다. 리스트로 돌아가기 링크를 클릭하여 목록 보기 화면으로 돌아간다.

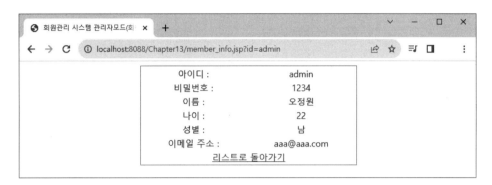

그림 13-134. 회원 정보 보기 화면

07 "삭제" 링크를 클릭하여 삭제 요청을 한다.

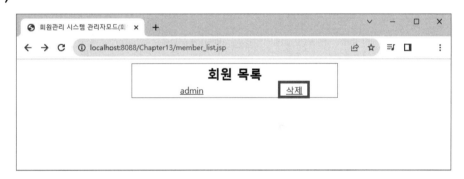

그림 13-135. 회원 목록 보기 화면

08 "admin" 회원 정보가 삭제된 것을 확인할 수 있다.

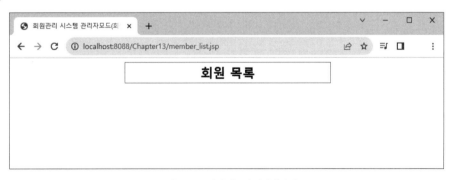

그림 13-136. 회원 정보가 삭제된 화면

KEY-POINT

1 DBMS는 응용 프로그램과 데이터베이스 사이에서 효율적으로 데이터를 관리하게 할 수 있도록 해주는 시스템이며, 널리 쓰이는 DBMS는 MYSQL, MSSQL, ORACLE, MariaDB 등이 있다.

- MySQL 다운로드 주소: http://www.mysql.com
- Oracle 다운로드 주소: http://www.oracle.com
- MariaDB 다운로드 주소: https://downloads.mariadb.org

2 자주 쓰이는 SQL 문법의 예

(INSERT문)

```
INSERT INTO 테이블명 (컬럼명1, 컬럼명2 ...) VALUES (데이터값1, 데이터값2 ...)
```

```
INSERT INTO 테이블명 VALUES (데이터값1, 데이터값2 ...)
```

(UPDATE문)

```
UPDATE 테이블명 SET 컬럼명1='변경값1', 컬럼명2='변경값2' ...
            WHERE 컬럼명3='변경값3' AND 컬럼명4='변경값4';
```

(DELETE문)

```
DELETE FROM 테이블명 WHERE 컬럼명1='조건값1' AND 컬럼명2='조건값2';
```

(SELECT문)

```
SELECT 컬럼명1, 커럼명2 ... FROM 테이블명1, 테이블명2 ...
            WHERE 컬럼명3='조건값1' AND 컬럼명4='조건값2'
            ORDER BY 컬럼명5 [ASC | DESC];
```

3 JDBC를 연동하기 위해서는 드라이버를 로드하고 JDBC URL로 접속하여 Connection 객체를 얻어오는 단계를 거쳐야 한다. 커넥션 풀은 데이터베이스와 연결된 Connection 객체를 미리 생성하여 풀(Pool) 속에 저장해두고 필요할 때마다 이 풀에 접근하여 Connection 객체를 사용하고, 작업이 끝나면 다시 반환하는 것을 말한다. 사용자가 웹 사이트에 요청을 하는데 이 때마다 매번 Connection 객체를 생성하여 연결한다면 매우 비효율적일 것이다. 즉, 메모리에 Connection 객체가 너무 많이 생성되게 된다. 반면 커넥션 풀을 사용하면 풀 속에 미리 커넥션이 생성되어 있기 때문에 커넥션을 생성하는 데 드는 연결 시간이 소비되지 않는다. 또한 현재 다른 사용자가 사용하지 않는 커넥션을 재사용이 가능하기 때문에 사용자가 접속할 때마다 계속해서 커넥션을 생성할 필요가 없다. 즉, 커넥션 풀을 사용한다면 프로그램 효율과 성능이 전체적으로 증가하게 된다.

커넥션 풀 기능을 사용하려면 프로젝트의 "webapp₩META-INF" 디렉토리에 context.xml 파일을 정의해야 한다.

context.xml   ⬇ Chapter13₩src₩main₩webapp₩META-INF₩context.xml

```
1   <Context>
2     <Resource name="jdbc/OracleDB"
3      auth="Container"
4      type="javax.sql.DataSource"
5      username="java"
6      password="java"
7      driverClassName="oracle.jdbc.driver.OracleDriver"
8      factory="org.apache.tomcat.dbcp.dbcp2.BasicDataSourceFactory"
9      url="jdbc:oracle:thin:@127.0.0.1:1521:XE"
10     maxActive="500"
11     maxIdle="100"/>
12  </Context>
```

✓ 코드 분석

1	context.xml 파일의 최상위 엘리먼트는 <Context>로 정해져 있다.
2	공유하는 리소스의 이름을 지정하는 부분이다. 클라이언트에서 정의하는 리소스를 얻어갈 때는 여기서 name 속성으로 정의한 리소스 명을 사용해야 한다.
3	클라이언트에서 리소스를 얻어갈 때 인증은 톰캣 컨테이너에서 하겠다는 의미이다.
4	공유할 리소스의 타입을 DataSource로 지정하는 부분이다. 클라이언트에서는 공유된 DataSource의 getConnection() 메소드를 사용해서 Connection 객체를 얻어갈 수 있다.
5, 6	연동할 오라클 서버의 계정과 비밀번호를 지정하는 부분이다.

8	DBCP API를 사용해서 클라이언트에 공유할 DataSource를 생성하도록 지정하는 부분이다. 자바 API 클래스 중 이름이 Factory로 끝나는 클래스들은 특정 객체를 생성하여 반환하는 역할을 하는 클래스들이다.
9	연동할 오라클 url을 지정하는 부분이다.
10	동시에 제공할 수 있는 최대 Connection 개수를 지정하는 부분이다.
11	현재 서비스되고 있는 Connection 객체를 제외한 CP(Connection Pool)에 여유로 남길 수 있는 최대 Connection 개수를 지정한 부분이다.

JSTL (JSP Standard Tag Library)**과**
EL (Expression Language)

커스텀 태그란 개발자가 직접 정의할 수 있는 태그를 의미한다. 일반적인 태그들은 모두 각각의 기능이 있지만, 그 기능들로는 자신이 원하는 내용을 구현하지 못할 수도 있다. 커스텀 태그는 현재 존재하는 태그 외에도 새로운 태그를 정의하여 자신만이 원하는 기능을 구현할 수 있다. 커스텀 태그는 필요한 기능을 라이브러리 형태로 만들어두고 사용한다. 커스텀 태그를 만들어서 프로그래밍을 한다면 개발 속도 또한 빨라질 것이며, 효율적으로 개발을 할 수 있다. JSTL은 자카르타에서 제공하는 자주 사용되는 필요한 기능들을 모아놓은 커스텀 태그 라이브러리이다. JSTL에 정의된 기능을 사용해도 프로그래밍 시 필요한 대부분의 기능을 처리할 수 있기 때문에 실무에서의 JSTL 사용 빈도는 높다. JSTL은 용도에 따라 사용하는 기능이 달라지는데 크게 네 가지로 나누어진다. core, function, fmt, xml, sql로 나누어지는데 core는 기본적인 기능들을 제공하며 fmt는 format의 약자로 형식화에 관한 기능들을 제공한다. xml은 XML 처리에 좀 더 편한 기능을 제공해주며 sql도 마찬가지로 SQL 처리에 편한 기능을 제공해준다. 또한 본 장에서는 Expression Tag(<%=%>)보다 값을 편리하게 출력할 수 있는 EL(Expression Language)에 대해서도 학습한다.

1. JSTL의 다운로드 및 설치

JSTL은 JSP 자체에 포함되어 있는 기능이 아니기 때문에 JSTL 기능을 사용하기 위해서는 JSTL 라이브러리를 설치하여야 한다. JSTL 라이브러리를 설치하기 위해서 톰캣 사이트(http://tomcat.apache.org)에 접속한다.

본 교재의 14장 코드를 실행했을 때 500 에러가 발생한다면 톰캣 사이트에서 다운로드한 jar 파일이 아닌

"https://mvnrepository.com/search?q=jakarta.servlet.jsp.jstl" 사이트에 접속하여 Jakarta Standard Tag Library API와 Jakarta Standard Tag Library Implementation 이 두 개의 2.0.0 버전의 jar 파일을 다운로드해 WEB-INF/lib 디렉토리에 붙여 넣으면 된다. 두 jar 파일의 명칭은 각각 jakarta.servlet.jsp.jstl-2.0.0.jar, jakarta.servlet.jsp.jstl-api-2.0.0.jar이다.

01 https://mvnrepository.com/search?q=jakarta.servlet.jsp.jstl 에 접속한다.

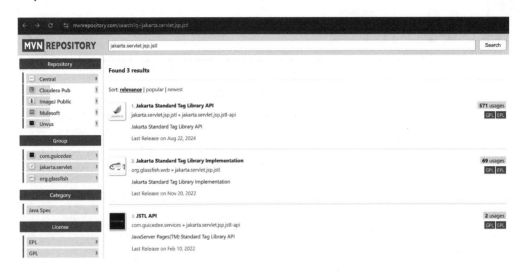

그림 14-1. https://mvnrepository.com/search?q=jakarta.servlet.jsp.jstl 에 접속한 화면

02 박스가 쳐진 두 개의 jar 파일을 다운로드한다.

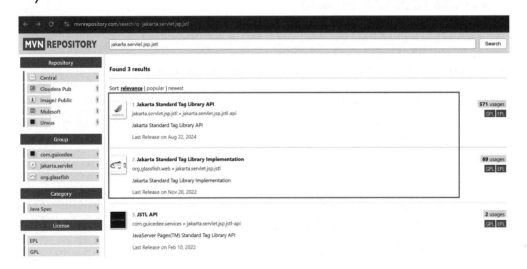

그림 14-2.다운로드할 두 개의 jar 파일

03 다운로드한 두 개의 파일을 WEB-INF/lib 디렉토리에 붙여 넣는다.

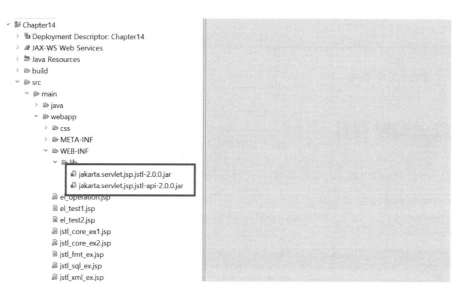

그림 14-3. "Chapter14₩src₩main₩webapp₩WEB-INF₩lib" 디렉토리 화면

2. EL(Expression Language)의 개요

EL(Expression Language)은 직역하면 표현 언어를 의미한다. EL은 JSP 스크립트 태그 (〈%=%〉)를 대신하여 JSP 값들을 좀더 편리하게 출력하기 위해 제공되는 언어이다. 예를 들어 〈%=hello%〉라는 코드를 EL로 표현할 때는 ${hello}로 표현된다. 〈%= %〉의 태그가 ${ }로 표현식이 바뀌었다는 것만으로도 소스의 이해가 더 쉬워지게 된다. 〈%= %〉 태그를 사용할 경우 일반 태그 〈〉 사이에 표현식이 표현되어 겹쳐지므로 이해하기 어려울 수가 있다. EL은 이런 단점을 보완하고 간결한 데이터 출력을 위해 제공되는 기능이다. EL에서는 변수값도 출력하지만, 연산자와 내장 객체도 제공하고 있다. 연산자가 포함되어 있기 때문에 연산 기능을 처리할 때도 편리하다. EL는 앞서 언급했지만 다음과 같은 표현식을 사용한다.

```
test 변수를 표현할 때 -> ${test}
```

hello 객체의 test 속성 값을 출력하는 표현은 다음과 같다.

```
${hello.test} 나 ${hello['test']}, ${hello["test"]}
```

위의 내용이 EL의 가장 기본적인 내용이다. 이제 좀 더 나아가서 EL의 내장 객체와 연산자에 대해서 알아보도록 하자.

3. EL의 내장 객체

EL에는 여러 종류의 내장 객체가 존재한다. 다음 표를 통해 어떤 내장 객체가 있고 각 내장 객체가 어떤 역할을 하는지 알아보자.

내장 객체	설명
pageScope	Page 영역에 존재하는 객체를 참조할 때 사용한다.
requestScope	Request 영역에 존재하는 객체를 참조할 때 사용한다.
sessionScope	Session 영역에 존재하는 객체를 참조할 때 사용한다.
applicationScope	Application 영역에 존재하는 객체를 참조할 때 사용한다.
param	파라미터 값을 얻어올 때 사용한다.
paramValues	파라미터 값을 배열로 얻어올 때 사용한다.
header	Header 정보를 얻어올 때 사용한다.
headerValues	Header 정보를 배열로 얻어올 때 사용한다.
cookie	쿠키 객체를 참조할 때 사용한다.
initParam	컨텍스트의 초기화 파라미터를 의미한다.
pageContext	PageContext 객체를 참조할 때 사용한다.

EL은 총 11개의 내장 객체를 제공하고 있다. 여기서 자주 쓰이는 객체인 param 객체와 sessionScope 객체를 사용한 예제를 작성해보도록 하겠다.

el_test1.css

Chapter14₩src₩main₩webapp₩css₩el_test1.css

```
1  table{
2     width : 400px;
3     margin : auto;
4     border : 1px solid gray;
5     text-align: center;
6  }
```

el_test1.jsp

Chapter14₩src₩main₩webapp₩el_test1.jsp

```
1  <%@ page language="java" contentType="text/html; charset=UTF-8"
2     pageEncoding="UTF-8"%>
3  <%
4     session.setAttribute("test","Session Test");
5  %>
6  <html>
7  <head>
8  <title>EL 내장 객체 사용 예제</title>
9  <link href="css/el_test1.css" rel="stylesheet" type="text/css">
10 </head>
11 <body>
12 <form action="el_test2.jsp" method="post">
13 <table>
14    <tr>
15       <td>이름 : </td>
16       <td><input type="text" name="name" value="홍길동"></td>
17    </tr>
18    <tr>
19       <td colspan=2 align=center><input type="submit" value="입력"></
20 td>
21    </tr>
22 </table>
23 </form>
24 </body>
25 </html>
```

코드 분석

4	session 영역에 "test" 이름의 속성 값을 "Session Test" 문자열로 생성하는 부분이다.
16	"name" 이라는 이름으로 "el_test2.jsp" 페이지에 전송될 파라미터 값으로 "홍길동"을 지정하는 부분이다.

el_test2.jsp   ⬇ Chapter14₩src₩main₩webapp₩el_test2.jsp

```
1    <%@ page language="java" contentType="text/html; charset=UTF-8"%>
2    <%
3        request.setCharacterEncoding("UTF-8");
4    %>
5    <html>
6    <head>
7    <title>EL 내장 객체 사용 예제</title>
8    </head>
9    <body>
10   <h3>${sessionScope.test}</h3>
11   <h3>${param.name }</h3>
12   </body>
13   </html>
```

 코드 분석

10	session 영역에 "test"라는 이름으로 저장되어 있는 속성 값을 출력하는 부분이다.
11	param 내장 객체는 클라이언트에서 전송되어 오는 파라미터 값을 파라미터 이름과 값으로 저장하고 있는 컬렉션 형태의 객체이다. 파라미터 중 이름이 "name"인 파라미터 값을 출력하는 부분이다.

위에서 작성한 예제 코드들을 테스트하기 위해 다음 화면처럼 el_test1.jsp를 실행한다.

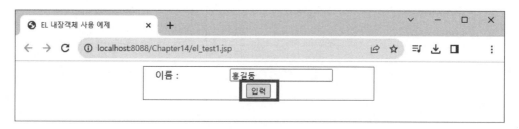

그림 14-4. el_test1.jsp 페이지 실행 화면

〈입력〉 버튼을 클릭하면 〈h3〉${sessionScope.test}〈/h3〉, 〈h3〉${param.name }〈/h3〉 부분 코드에서 세션 영역에 저장되어 있는 test 속성 값과 파라미터 값으로 컬렉션 형태로 param 내장 객체에 저장되어 있는 "name" 이름의 파라미터 값이 잘 출력되는 것을 확인할 수 있다.

그림 14-5. session 영역의 속성 값과 파라미터 값을 출력하는 화면

EL 내장 객체를 사용한 예제를 작성해보았다. 이같이 EL에 내장되어 있는 객체를 사용한다면 복잡한 자바 코드를 사용하지 않아도 파라미터에 관한 정보를 쉽게 얻을 수 있고, 또 여러 Scope 내에 존재하는 객체를 쉽게 표현할 수 있다.

4. EL의 연산자

EL에서 제공하는 연산자는 다음과 같은 것들이 존재한다.

연산자	설명
.	빈, 맵의 속성에 접근하기 위한 연산자이다.
[ ]	배열, 리스트의 요소 또는 빈, 맵의 속성에 접근하기 위한 연산자이다.
( )	연산의 우선 순위를 변경할 때 사용한다.
x ? a : b	x의 조건이 만족하면 a를 리턴하고, 만족하지 않으면 b를 리턴한다.
empty	값이 NULL이거나 컬렉션의 사이즈가 0일 경우 true를 반환한다.

. 과 [ ] 연산자는 객체의 속성에 접근할 때 사용하는 연산자이다. [ ]는 모든 객체의 속성에 접근할 때 사용할 수 있지만 .은 빈 객체나 맵의 속성에 접근할 때만 사용이 가능하다. ( )는 계산의 우선순위를 변경할 때 사용하는데 이 연산자는 일반 산수에서의 괄호와 같은 의미를 갖는다. x ? a : b 는 삼항 연산자라 부르며 x의 조건에 따라 a와 b 중 하나가 리턴된다. 자바에서 사용하는 문법과 같다. empty는 객체의 값이 null이거나 비어 있는지를 판단하는 메소드이다.

산술 연산자	설명
+	더하기 연산자
-	빼기 연산자
*	곱하기 연산자
/ 또는 div	나누기 연산자
% 또는 mod	나머지 연산자

산술 연산자는 산수할 때와 사용하는 방법이 동일하다. /와 % 기호는 div와 mod로 바꿔서 사용할 수도 있다.

논리 연산자	설명
&& 또는 and	두 항의 내용을 모두 만족할 경우 true, 그렇지 않으면 false를 반환한다.
|| 또는 or	두 항의 내용 중 하나라도 만족하면 true, 그렇지 않으면 false를 반환한다.
! 또는 not	값이 만족하지 않으면 true, 만족하면 false를 반환한다. 즉 true는 false로, false는 true로 변경해 주는 연산자이다.

논리 연산자는 두 항의 내용을 확인하여 참, 거짓을 판별할 때 사용한다. &&와 ||는 이항 연산자이며 !는 단항 연산자이다.

비교 연산자	설명
== 또는 eq	두 항의 값이 같으면 true, 그렇지 않으면 false를 반환한다.
!= 또는 ne	두 항의 값이 다르면 false, 그렇지 않으면 true를 반환한다.
< 또는 lt	'보다 작다'라는 의미를 갖고, 왼쪽 항이 오른쪽 항보다 작으면 true를 반환한다.
> 또는 gt	'보다 크다'라는 의미를 갖고, 왼쪽 항이 오른쪽 항보다 크면 true를 반환한다.
<= 또는 le	'같거나 작다'라는 의미를 갖고, 왼쪽 항이 오른쪽 항보다 같거나 작으면 true를 반환한다.
>= 또는 ge	'같거나 크다'라는 의미를 갖고, 왼쪽 항이 오른쪽 항보다 같거나 크면 true를 반환한다.

비교 연산자는 두 항을 비교할 때 사용하는 연산자이다. 각 비교 연산자의 기능을 알고 상황에 따라 적절한 연산자를 쓸 줄 알아야 한다.

다음 예제를 통해서 EL의 연산자의 사용 방법을 익혀보도록 하자.

```
1    <%@ page language="java" contentType="text/html; charset=UTF-8"%>
2    <html>
3    <head>
4    <title>EL 연산자 사용 예제</title>
5    </head>
6    <body>
7    <h3>₩${5+7} = ${5+7}</h3>
8    <h3>₩${8-3} = ${8-3}</h3>
9    <h3>₩${6*3} = ${6*3}</h3>
10   <h3>₩${9/3} = ${9/3}</h3>
11   <h3>₩${10%3} = ${10%3}</h3>
12   <h3>₩${10==9} = ${10==9}</h3>
13   <h3>₩${5!=7} = ${5!=7}</h3>
14   <h3>₩${7<8} = ${7<8}</h3>
15   <h3>₩${8>8} = ${8>8}</h3>
16   <h3>₩${15<=9} = ${15<=9}</h3>
17   <h3>₩${7>=2} = ${7>=2}</h3>
18   <h3>₩${5+3==8 ? 8 : 10} = ${5+3==8 ? 8 : 10}</h3>
19   </body>
20   </html>
```

 코드 분석

EL에서 제공되는 각 연산자들을 테스트하였다.

예제를 실행하면 다음 화면과 같은 결과가 출력된다.

\는 escape 문자이다. 즉, 표현식 앞에 \를 붙이면 해당 표현식 부분은 파싱되지 않고 문자열 자체로 인식된다. 즉, 해당 문자가 그대로 화면에 출력된다.

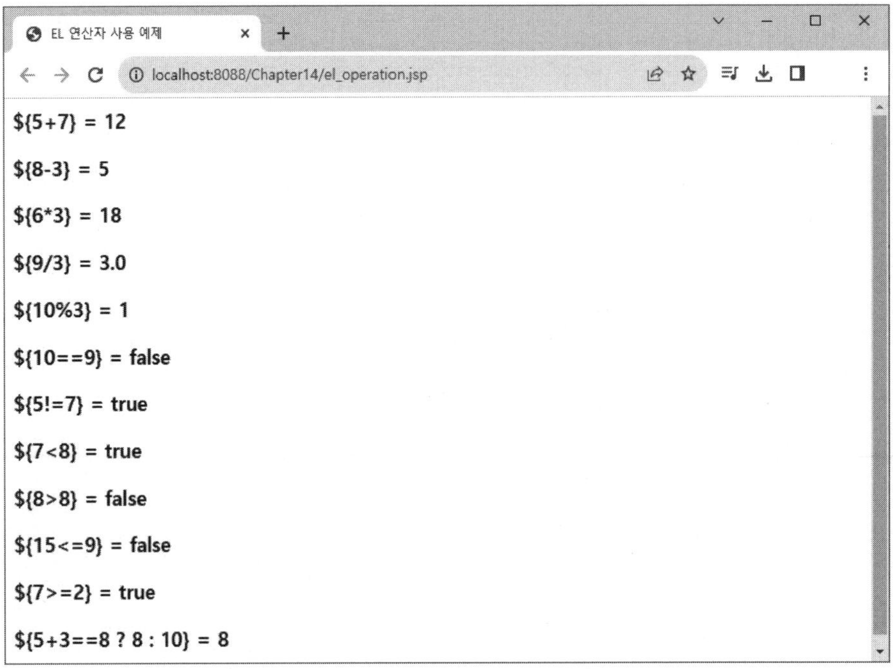

그림 14-6. EL의 연산자 테스트 화면

앞에서 테스트한 것과 같이 EL은 처음 다루는 사용자라도 쉽게 익힐 수 있는 표현 언어이다. 학습하는 데 오랜 시간이 걸리지 않으며 해당 문법을 익혀서 코드에 적용하면 코드가 훨씬 간결해질 수 있다.

5. JSTL의 기본 액션 - JSTL core

JSTL core 파트는 JSTL에서 기본적인 기능(즉, 컨트롤에 관계된 기능)들을 구현해 놓은 라이브러리이다. 예를 들어 문자열을 출력하거나, 반복문, 조건문과 같은 내용이 core 라이브러리에 포함되어 있는 것이다. 이 core 라이브러리를 사용하면 커스텀 태그의 장점대로 자바 코드를 사용하지 않아도 쉽게 기본 기능을 구현할 수 있다. 먼저 이 라이브러리를 사용하기 위해서는 JSP 페이지에 태그 라이브러리로 등록을 해야 한다. 등록하는 방법은 다음과 같다.

```
<%@ taglib prefix="c" uri="http://java.sun.com/jsp/jstl/core" %>
```

이 코드에서 prefix의 c는 태그를 사용할 때 항상 붙는 접두어가 된다. 예를 들어 〈c:out/〉, 〈c:set/〉 과 같이 태그 앞에 c가 항상 붙게 되는 것이다. c를 사용하지 않아도 문법상의 오류는 없지만 c를 사용하는 것이 거의 약속된 형태이다. 이것은 core의 약자로 약속된 접두어이다. uri는 태그 라이브러리가 존재하는 위치를 의미한다. http://java.sun.com/jsp/jstl/core가 core 라이브러리가 존재하는 위치가 된다. JSTL core 라이브러리에는 어떤 태그들이 존재하는지 알아보도록 하자.

- 출력 태그: 〈c:out〉
- 변수 설정 및 삭제 태그: 〈c:set〉, 〈c:remove〉
- 예외 처리 태그: 〈c:catch〉
- 조건 처리 태그: 〈c:if〉, 〈c:choose〉, 〈c:when〉, 〈c:otherwise〉
- 반복 처리 태그: 〈c:forEach〉, 〈c:forTokens〉
- 페이지 처리 태그: 〈c:import〉, 〈c:redirect〉, 〈c:url〉, 〈c:param〉

```
<c:out value="출력값" default="기본값" escapeXml="true 또는 false">
```

〈c:out〉은 지정된 값을 출력시키는 태그이며, value 속성을 이용해서 변수의 내용을 출력할 수 있다. default 속성은 기본 값을 의미하는데 value값이 null일 경우 이 기본 값을 출력하게 된다. escapeXml은 기본 값으로 false로 지정되어 있으며 〈, 〉 등의 특수 기호를 처리할 때 사용된다. true일 경우 〈 값은 <로 표현되고 〉 값은 > 로 표현이 된다.

```
<c:set var="변수명" value="설정값" target="객체" property="값" scope="범위">
```

〈c:set〉은 지정된 변수에 값을 설정하는 태그이다. var는 값을 저장할 변수 이름을 의미하고 value는 저장할 값을 의미한다. target은 값을 설정할 프로퍼티에 대한 객체를 의미한다. property는 값을 설정할 객체의 프로퍼티를 의미한다. scope는 변수의 유효 범위를 의미하며 설정하지 않을 경우 기본 값으로 page를 갖는다.

```
<c:remove var="변수명" scope="범위">
```

〈c:remove〉는 설정된 속성을 제거하는 태그이다. var은 설정된 속성이 저장되어 있는 변수를
의미하며, scope는 지정된 범위에서 저장된 속성을 제거하도록 한다.

```
<c:catch var="변수명" >
```

〈c:catch〉는 예외 처리를 위한 태그이다. 예외가 발생하면 var에 지정된 예외 객체가 할당된다.

```
<c:if test="조건" var="변수명" scope="범위">
```

〈c:if〉는 조건 처리를 할 때 사용되는 태그이다. 자바에서의 if와 같은 역할을 한다. test 속성에
는 조건을 지정하고 var 속성의 변수에는 조건 처리한 결과를 저장한다. scope는 var 속성에
지정한 변수의 범위를 의미한다.

```
<c:choose>
  <c:when test="조건"> </c:when>
  <c:otherwise> </c:otherwise>
</c:choose>
```

〈c:choose〉는 조건 처리를 할 때 쓰이는 태그이며, if문과는 달리 자바에서 switch와 비슷
한 역할을 한다. 〈c:choose〉 태그 자체는 별다른 의미가 없고 조건문의 시작을 알릴 뿐이다.
〈c:when〉 태그에서 test 속성으로 조건을 확인하며 조건에 만족하면 〈c:when〉과 〈/c:when〉
사이에 있는 내용을 처리한다. 〈c:when〉 태그는 조건에 따라 여러 개가 사용될 수도 있다.
〈c:otherwise〉 태그는 〈c:when〉 태그의 조건에 모두 만족하지 않을 경우 실행된다.

```
<c:forEach items="객체명" begin="시작 인덱스" end="끝 인덱스" step="증감식"
var="변수명" varStatus="상태변수">
```

〈c:forEach〉는 자바의 for문과 유사하다. items 속성에 컬렉션이나 배열 형태의 객체를 지정하여 객체의 인덱스만큼 반복할 수도 있으며, begin과 end 속성으로 원하는 범위만큼 반복문을 수행할 수도 있다. step은 증감식을 설정하여 1,3,5,7 … 또는 2,4,6,8 … 등의 반복도 가능하도록 한다. var은 반복 중일 때 현재 반복하고 있는 값을 기억하는 변수이다. varStatus는 반복의 상태를 갖게 되는 변수이다.

```
<c:forTokens items="객체명" delims="구분자" begin="시작 인덱스" end="끝 인덱스"
step="증감식" var="변수명" varStatus="상태변수">
```

〈c:forTokens〉는 자바의 for문과 StringTokenizer 객체를 결합하였다고 볼 수 있다. items에 지정한 값을 delims 속성의 구분자로 나눈 후 나눠진 만큼 반복을 수행한다. items, delims, var 이 세 가지의 속성만으로도 〈c:forTokens〉 태그를 수행할 수 있게 된다. begin과 end의 경우는 delims 구분자로 나눠진 값들을 기준으로 시작 값과 끝 값을 정해주기 때문이다.

```
<c:import url="URL값" var="변수명" scope="범위" varReader="입력스트림명"
context="contextName" charEncoding="인코딩값">
```

〈c:import〉는 지정된 URL을 태그가 사용된 JSP 페이지에 출력시키는 기능을 한다. url 속성에는 HTTP뿐만 아니라 FTP 외부 리소스도 올 수 있다. var는 리소스가 저장될 변수명이며 scope는 var 속성의 변수의 범위를 의미한다. varReader는 var 속성과 마찬가지로 리소스가 저장될 변수를 의미한다. 단, 이 변수는 Reader 객체여야 한다. context 속성은 URL에 접근할 때의 컨텍스트 이름을 의미한다. charEncoding 속성은 지정된 URL의 리소스를 가져올 때 어떻게 인코딩할 것인지를 의미한다.

```
<c:redirect url="URL값" context="contextName">
```

〈c:redirect〉는 지정된 URL로 페이지를 이동시키는 기능을 한다. url 속성에 이동할 URL을 입력하며 context 속성에는 컨텍스트 이름을 입력하지만, 일반적으로 url 속성만 사용한다.

```
<c:url var="변수명" scope="범위" value="값" context="contextName">
```

〈c:url〉은 value 속성에 지정된 값으로 URL을 생성하는 기능을 한다. scope는 var 속성에 입력되어 있는 변수의 범위를 의미한다.

```
<c:param name="파라미터명" value="값">
```

〈c:param〉은 〈c:import〉 태그에 파라미터를 전달하기 위한 태그이다. name 속성에 파라미터 명을 입력하고 value에 값을 입력하여 전달한다.

EL은 jsp 자체에서 제공이 되고 있지만 jstl은 JSP 자체에서 제공이 되지 않기 때문에 반드시 〈그림 14-1〉처럼 톰캣 사이트에 접속하여 라이브러리를 다운로드해야 한다.

jstl_core_ex1.jsp   ⬇ Chapter14₩src₩main₩webapp₩jstl_core_ex1.jsp

```
1   <%@ page language="java" contentType="text/html; charset=UTF-8"%>
2   <%@ taglib prefix="c" uri="http://java.sun.com/jsp/jstl/core" %>
3   <html>
4   <head>
5   <title>JSTL core 라이브러리 사용 예제 1</title>
6   </head>
7   <body>
```

```
8    <c:set var="test" value="Hello JSTL!"/>
9    <h3>&lt;c:set&gt; 사용 후 : <c:out value="${test}"/></h3>
10   <c:remove var="test"/>
11   <h3>&lt;c:remove&gt; 사용 후 : <c:out value="${test}"/></h3>
12
13   <c:catch var="err">
14   <%=10/0%>
15   </c:catch>
16   <h3>&lt;c:catch&gt;로 잡아낸 오류 : <c:out value="${err}"/></h3>
17
18   <c:if test="${5<10}">
19   <h3>5는 10보다 작다.</h3>
20   </c:if>
21   <c:if test="${6+3==9}">
22   <h3>6 + 3 은 9이다.</h3>
23   </c:if>
24
25   <c:choose>
26      <c:when test="${5+10==50}">
27         <h3>5+10은 50이다.</h3>
28      </c:when>
29
30      <c:otherwise>
31         <h3>5+10은 50이 아니다.</h3>
32      </c:otherwise>
33   </c:choose>
34   </body>
35   </html>
```

코드 분석

2	JSTL의 core 라이브러리를 사용하기 위해 uri 속성을 core 라이브러리가 존재하는 곳으로 설정하고 접두사 속성인 prefix 값은 c로 설정한다.
8	<c:set> 태그를 이용하여 test 변수에 'Hello JSTL!' 값을 저장한다.
9	<c:out> 태그를 이용하여 test 변수의 값을 출력한다.
10	<c:remove> 태그를 이용하여 test 변수 값을 제거한다.
13	<c:catch> 태그로 예외 처리를 하며 오류가 발생할 경우 err 변수에 오류 내용이 저장된다.

14	<c:catch> 태그를 테스트하기 위해 10을 0으로 나누어 강제로 오류를 발생시킨다.
18	5<10의 조건값을 이용하여 <c:if> 태그를 사용한다.
25~33	5+10==50의 조건이 참인지 검사한다. 위의 조건에 만족하지 않을 경우 <c:otherwise> 태그의 내용을 표시한다.

앞의 예제 코드를 실행하면 다음과 같은 결과가 출력된다.

그림 14-7. JSTL-core 테스트 화면

〈c:set〉을 사용하여 변수에 'Hello JSTL!'라는 데이터를 저장하여 데이터를 출력하였고 〈c:remove〉로 데이터를 입력한 변수를 제거한 후 다시 출력해 보았으나, 변수는 제거된 상태 이므로 데이터가 출력되지 않는다. 〈c:catch〉 태그가 0으로 나눈 Exception을 err 변수에 저 장하여 출력하였다. 앞의 예제 코드를 보면 자바 코드가 거의 필요 없고 순수 JSTL 라이브러리 로만 구현이 되어 있다. 이렇게 JSTL 라이브러리를 사용하면 일반 태그만 사용하는 것처럼 간 결하게 프로그래밍을 할 수 있다. core 파트 예제를 하나 더 작성해 보자.

```
1   <%@ page language="java" contentType="text/html; charset=UTF-8"%>
2   <%@ taglib prefix="c" uri="http://java.sun.com/jsp/jstl/core" %>
3   <html>
4   <head>
5   <title>JSTL core 라이브러리 사용 예제 2</title>
6   </head>
7   <body>
8   <c:forEach var="test" begin="1" end="10" step="2">
9       <b>${test}</b> 
10  </c:forEach>
11  <br>
12  <c:forTokens  var="alphabet"  items="a,b,c,d,e,f,g,h,i,j,k,l,m,n"
13  delims=",">
14      <b>${alphabet}</b> 
15  </c:forTokens>
16  <br>
17  <c:set var="data" value="홍길동,김길동,고길동"/>
18  <c:forTokens var="varData" items="${data}" delims=",">
19      <b>${varData}</b> 
20  </c:forTokens>
21  </body>
22  </html>
```

✅ 코드 분석

2	JSTL의 core 라이브러리를 사용하기 위해 uri 속성을 core 라이브러리가 존재하는 경로로 설정하고 접두사 속성인 prefix 값은 c로 설정한다.
8	<c:forEach> 태그를 이용하여 test 변수 값을 1부터 10까지 반복한다. step 값이 2이므로 1,3,5,7,9 이렇게 숫자가 2씩 증가하게 된다.
9	test 변수를 출력한다.
12	items 속성에 할당된 문자열을 delims 속성 값인 ,로 분리한 후 분리된 문자열만큼 반복을 수행한다. 분리된 문자열 하나하나의 값은 alphabet 변수에 저장된다.
17	data 변수에 , 문자로 구분되는 문자열을 설정한다.
18	data 변수에 저장된 문자열을 "," 문자열로 분리하여 분리된 각 문자열을 하나씩 "varData" 변수에 저장하면서 for 문을 반복한다.
19	"varData" 변수에 반복적으로 저장되는 문자열을 출력한다.

앞의 예제 코드를 실행하면 다음과 같은 결과가 출력된다.

그림 14-8. JSTL-core 테스트 화면

앞의 예제로 〈c:forEach〉와 〈c:forTokens〉 태그에 대해 이해하였다. JSTL의 core 라이브러리는 기본적인 기능들을 제공하기 때문에 빈번히 사용되는 라이브러리이다. JSTL의 core 라이브러리는 JSTL에서 제공하는 기능 중 가장 자주 사용되는 기능이다.

6. JSTL의 국제화/형식화 액션 - JSTL fmt

JSTL fmt란 국제화/형식화의 기능을 제공해주는 JSTL 라이브러리이다. 이 내용을 구체적으로 설명하면 국제화는 다국어 내용을 처리, 형식화는 날짜와 숫자 형식 등을 처리하는 것을 의미한다. JSTL fmt 라이브러리를 사용할 때도 core 라이브러리를 사용할 때처럼 사용할 JSP 페이지에 태그 라이브러리를 등록해주어야 한다. 태그 라이브러리로 등록하는 코드는 다음과 같다.

```
<%@ taglib prefix="fmt" uri="http://java.sun.com/jsp/jstl/fmt" %>
```

이 코드를 작성하면 fmt 라이브러리를 사용할 수 있는 준비가 완료된 것이다. fmt 라이브러리에는 어떤 태그들이 존재하는지 알아보도록 하자.

- 인코딩 관련 태그: 〈fmt:requestEncoding〉
- 국제화 관련 태그: 〈fmt:setLocale〉, 〈fmt:timeZone〉, 〈fmt:setTimeZone〉
  〈fmt:bundle〉, 〈fmt:setBundle〉, 〈fmt:message〉, 〈fmt:param〉

• 형식화 관련 태그: 〈fmt:formatNumber〉, 〈fmt:parseNumber〉, 〈fmt:formatDate〉,
　　　　　　　　〈fmt:parseDate〉

```
<fmt:requestEncoding value="인코딩값">
```

〈fmt:requestEncoding〉은 request 객체에 포함된 파라미터 값들을 인코딩할 때 사용한다. 보통 한글 값이 넘어올 경우 〈%request.setCharacterEncoding("UTF-8");%〉 코드로 request 객체에 포함된 파라미터 값들을 한글 처리에 알맞게 인코딩해준다. 〈fmt:requestEncoding〉태그가 바로 이 기능을 하는 태그이다.

```
<fmt:setLocale value="값" variant="" scope="범위">
```

〈fmt:setLocale〉은 다국어 페이지를 사용할 때 언어를 지정하는 태그이다. 보통 세계적으로 알려져 있는 사이트의 경우는 여러 나라에 해당하는 언어를 지원해준다. 이 태그는 여러 나라에 해당하는 언어를 지원하도록 설계되어 있을 때 어떤 언어를 사용하여 페이지를 표시할지 설정하는 태그이다. value 속성은 어떤 언어를 사용할지 지정하는 속성이며 언어 코드를 입력할 수 있다. variant 속성은 브라우저의 스펙을 지정할 때 사용한다.

```
<fmt:timeZone value="timeZone">
```

```
<fmt:setTimeZone value="timeZone" var = "지정된 timeZone이 저장될 변수명" scope
= "변수가 저장될 영역">
```

〈fmt:timeZone〉은 지정한 지역 값으로 시간대를 맞출 때 사용된다. 이와 비슷한 태그로는 〈fmt:setTimeZone〉이 있는데, 〈fmt:setTimeZone〉은 특정 페이지 전체에 적용이 되지만, 〈fmt:timeZone〉 태그는 첫 태그와 끝 태그 사이의 Body 부분의 내용에만 적용된다.

〈fmt:bundle〉은 properties 확장명을 가진 파일의 리소스를 불러올 때 사용한다. 보통 페이지의 다국어 처리를 위해 많이 사용된다. basename에는 properties 확장명을 가진 파일을 지정할 수 있다. 패키지까지 포함한 경로를 지정하여야 한다는 것에 주의하도록 한다. prefix는 properties 내의 키 값에 쉽게 접근할 수 있도록 간략한 접근어를 사용할 수 있게 해준다. 그리고 불러온 리소스는 이 태그의 Body 내에서만 사용할 수 있다.

```
<fmt:setBundle basename="basename" var="변수명" scope="범위">
```

이 태그는 〈fmt:bundle〉 태그와 같은 기능을 하는 태그이다. 차이점은 사용 영역이다. 〈fmt:bundle〉 태그는 첫 태그와 끝 태그 사이의 Body 영역에서만 불러온 리소스를 사용할 수 있지만, 〈fmt:setBundle〉 태그는 페이지 전체에 적용시킬 수 있다. 그 외 나머지 기능은 〈fmt:bundle〉과 같다. var에는 설정한 리소스 내용을 가지고 있을 변수명을 입력하면 되며, scope로 변수가 공유될 범위를 지정할 수 있다.

```
<fmt:message key="키값" bundle="bundle변수" var="변수명" scope="범위">
```

〈fmt:message〉는 설정한 properties 파일의 리소스 내용을 읽을 때 사용한다. properties 파일에는 여러 키 값들로 내용이 구분되어 있으며, 〈fmt:message〉 태그의 key 속성으로 키 값으로 설정된 내용을 가져올 수 있다. bundle 속성에는 〈fmt:setBundle〉 태그에서 var 속성에 지정했던 변수를 입력할 수 있다. 즉, bundle 속성을 사용하여 properties 파일에 접근할 수 있다는 것이다. 〈fmt:bundle〉을 썼을 때는 물론 bundle 속성이 필요가 없다.

```
<fmt:param value="파라미터값">
```

〈fmt:param〉 태그는 〈fmt:message〉 태그로 읽어온 리소스 내용에 파라미터를 전달하는 태그이다. 리소스 내용이 예를 들어 '{0} 님 안녕하세요.'일 경우 〈fmt:param〉 태그로 {0} 대신 원하는 파라미터를 지정할 수 있다.

```
<fmt:formatNumber value="값" type="타입" pattern="패턴" currencyCode="값"
currencySymbol="값" groupingUsed="True 또는 False" maxIntegerDigits="값"
  minIntegerDigits="값" maxFractionDigits="값" minFractionDigits="값"
  var="변수명" scope="범위">
```

〈fmt:formatNumber〉 태그는 숫자 형식의 패턴을 설정할 때 사용한다. value 속성에는 패턴을 적용시킬 원래의 값을 입력하며, type은 숫자의 타입을 의미한다. 타입은 숫자, 통화, 퍼센트 중 원하는 타입으로 설정할 수 있다. pattern 속성은 지정한 값을 어떤 패턴으로 변화시킬지를 정할 수 있다. currencyCode는 통화 코드를 의미하며, 숫자 타입이 통화일 경우만 유효하다. currencySymbol도 숫자 타입이 통화일 경우만 유효하며, 통화 기호를 지정할 수 있다. groupingUsed는 그룹 기호의 포함 여부를 나타낸다. maxIntegerDigits는 최대 정수 길이, minIntegerDigits는 최소 정수 길이, maxFractionDigits은 최대 소수점 자릿수, minFractionDigits은 최소 소수점 자릿수를 의미한다.

```
<fmt:parseNumber value="값" type="타입" pattern="패턴" parseLocale="값"
    integerOnly="True 또는 False" var="변수명" scope="범위">
```

〈fmt:parseNumber〉는 문자열을 숫자, 통화 또는 퍼센트의 형태로 변환할 때 사용하는 태그이다. value 속성에 문자열 값을 입력하고, type에는 숫자, 통화, 퍼센트 중 변환할 타입을 설정한다. pattern 속성은 value 속성의 값을 설정된 타입으로 변환하면서 어떤 패턴을 갖게 할 것인지를 지정할 수 있다. parseLocale은 파싱할 기본 패턴을 지정하며 integerOnly는 지정된 값 중 정수 부분만 해석할지의 여부를 지정하는 속성이다.

```
<fmt:formatDate value="값" type="타입" dateStyle="값" timeStyle="값"
pattern="패턴" timeZone="값" var="변수명" scope="범위">
```

〈fmt:formatDate〉는 날짜 형식의 패턴을 설정할 때 사용되는 태그이다. value 속성에는 날짜 또는 시간을 입력할 수 있고, type 속성으로 날짜인지 시간인지 또는 날짜와 시간 둘 다 포함한 타입인지를 지정할 수 있다. dateStyle는 날짜의 스타일을 지정할 수 있으며 이것은 type 속성이 date 또는 both일 때만 적용된다. timeStyle은 시간의 스타일을 지정할 수 있다. type 속성이 time 또는 both일 때만 적용된다. timeZone 속성은 날짜와 시간이 표시될 시간대를 지정할 수 있다.

```
<fmt:parseDate value="값" type="타입" dateStyle="값" timeStyle="값"
pattern="패턴" timeZone="값" parseLocale="값" var="변수명" scope="범위">
```

〈fmt:parseDate〉는 문자열을 날짜와 시간의 형태로 변환하는 태그이다. value 속성에 입력된 문자열 값을 type 속성에 지정된 타입으로 날짜와 시간의 형태로 변환한다. 나머지 속성은 앞에서 설명한 〈fmt:formatDate〉의 속성과 기능이 같다. 단지 〈fmt:parseDate〉는 문자열 값을 파싱하여 날짜, 시간 형태로 변환해주는 것뿐이다.

지금까지 fmt 라이브러리의 각 기능들을 살펴보았다. 이제 주요 기능들을 예제로 작성해보도록 한다.
다음 소스를 작성해보도록 하자. 소스를 작성하기 전에는 이클립스 프로젝트의 라이브러리 폴더에 JSTL 라이브러리 파일을 복사하는 것을 잊지 않도록 한다. 그리고 먼저 properties 파일을 작성해야 한다.

test.properties　　　　　　　　　　　　　⬇ Chapter14₩src₩main₩java₩test.properties

```
1   name=Hongkildong.
2   say=Hello. I'm Hongkildong.
3   say2=My friend is {0}.
```

 코드 분석

속성 파일에 속성 이름과 값을 저장한다.

test_ko.properties   ⬇ Chapter14₩src₩main₩java₩test_ko.properties

```
1   name=₩ud64d₩uae38₩ub3d9.
2   say=₩uc548₩ub155₩ud558₩uc138₩uc694 ₩ud64d₩uae38₩ub3d9₩uc785₩ub2c8₩
3   ub2e4.
4   say2=₩ub0b4 ₩uce5c₩uad6c₩ub294 {0} ₩uc785₩ub2c8₩ub2e4.
```

속성 파일에 속성 이름과 값을 저장한다.
최신 이클립스 버전은 한글을 입력하면 자동으로 코드에서 확인하는 것처럼 아스키 코드화된다.

properties 파일은 주로 국제화를 구현할 때 사용된다. test.properties 파일은 영문 페이지를 구현할 때 사용하고, test_ko.properties 파일은 한글 페이지를 구현할 때 사용한다. 그런데 test_ko.properties 파일 내용을 보면 한글은 보이지 않는다. 이것은 한글로 된 문서를 아스키 코드화시킨 것이다. 최신 버전의 이클립스에서는 한글을 입력하면 자동으로 변환된다.

태그를 사용할 때 리소스 파일(속성 파일)을 읽을 수 있다. 다음과 같이 코드를 작성하자.

jstl_fmt_ex.jsp   ⬇ Chapter14₩src₩main₩webapp₩jstl_fmt_ex.jsp

```
1    <%@ page language="java" contentType="text/html; charset=UTF-8"%>
2    <%@ taglib prefix="fmt" uri="http://java.sun.com/jsp/jstl/fmt" %>
3    <jsp:useBean id="date" class="java.util.Date"/>
4
5    <html>
6    <head>
7    <title>JSTL fmt 라이브러리 사용 예제</title>
8    </head>
9    <body>
10
11   <fmt:setLocale value="en_US"/>
12   <fmt:bundle basename="test">
13      <fmt:message key="name"/><br>
14      <fmt:message key="say"/><br>
15      <fmt:message key="say2">
16         <fmt:param value="고길동"/>
17      </fmt:message>
```

```
18    </fmt:bundle>
19
20    <p>
21    <fmt:formatNumber value="50000" type="currency"/><br>
22    <fmt:formatNumber value="0.15" type="percent"/><br>
23    <fmt:formatNumber value="500567300" pattern="###,###,###"/><p>
24
25    <fmt:formatDate value="${date}" type="date"/><br>
26    <fmt:formatDate value="${date}" type="time"/><br>
27    <fmt:formatDate value="${date}" type="both"/><p>
28
29    <fmt:formatDate value="${date}" type="both" timeStyle="short"
30    dateStyle="short"/><br>
31    <fmt:formatDate value="${date}" type="both" timeStyle="long"
32    dateStyle="long"/><br>
33
34    </body>
35    </html>
```

✓ 코드 분석

2	JSTL의 fmt 라이브러리를 사용하기 위해 uri 속성을 fmt 라이브러리가 존재하는 Uri로 설정하고 접두사 속성인 prefix 값은 fmt로 설정한다.
3	date 변수에 날짜와 시간을 저장한다.
11	어떤 언어를 사용할지 지정할 수 있다. <fmt:setLocale> 태그의 value 값은 언어 코드와 국가 코드로 조합되며, en_US는 영문을 의미한다. 앞에서 만든 test.properties 파일이 영문 페이지에 해당하는 파일이다. 언어를 한글로 지정하려면 value값을 ko_KR로 지정하면 test_ko.properties 파일을 사용하기 때문에 언어가 한글로 표시된다.
12	test 이름을 가진 properties 파일을 읽는다. 즉, test.properties 파일을 읽으며, 지정된 언어가 한글일 경우 test_ko.properties 파일을 읽게 된다.
13~17	각 키에 해당하는 값을 출력한다.
16	say2 키 값에는 {0} 부분이 있는데, 이 부분에 파라미터를 전달할 수 있다. 파라미터 value 속성을 '고길동'으로 전달하였으므로 test.properties 파일에 정의된 {0}의 값은 '고길동'으로 지정된다.
21	입력된 50000 값을 통화 형식으로 변환한다. 결과는 ₩50000으로 출력될 것이다.
22	입력된 0.15 값을 퍼센트 형식으로 변환한다. 결과는 15%로 출력될 것이다.

23	입력된 숫자를 지정한 패턴인 ###,###,### 형식으로 출력한다.
25	변수에 있는 날짜와 시간 중에서 날짜만 출력한다.
26	시간만 출력하도록 한다.
27	날짜와 시간을 모두 출력한다. 날짜와 시간을 짧게 표현한다. 날짜와 시간을 길게 표현한다.
29~30	short 타입으로 날짜와 시간을 출력한다.
30~31	long 타입으로 날짜와 시간을 출력한다.

앞의 jstl_fmt_ex.jsp 예제 파일을 실행하면 영문 리소스 파일(test.properties)을 읽어 들여 영문으로 결과가 출력되는 것을 확인할 수 있다.

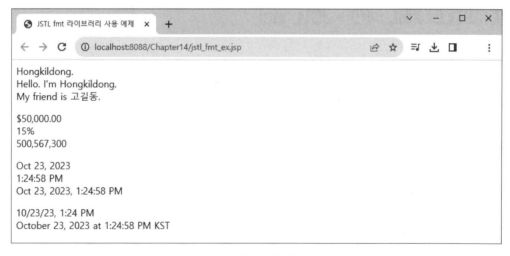

그림 14-9. 영문 로케일 적용 화면

jstl_fmt_ex.jsp 예제 파일의 11 라인 코드 〈fmt:setLocale〉 태그에서 value 속성 값을 ko_KR로 지정하고 다시 실행하면 한글 리소스 파일(test_ko.properties)이 적용되어 화면이 한글로 출력되는 것을 확인할 수 있다.

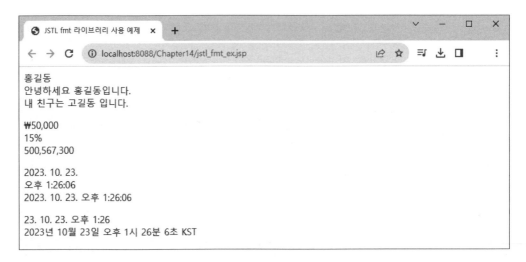

그림 14-10. 한글 로케일 적용 화면

7. JSTL의 XML 액션 - JSTL xml

JSTL xml은 XML 문서에서 자주 사용되는 기능들을 태그 라이브러리로 모아 놓은 것이다. XML에서도 데이터를 표현하거나, 제어문을 사용할 때가 많은데, 이런 기능들을 직접 구현하지 않아도 JSTL에서 기능을 바로 사용할 수 있도록 라이브러리로 제공한다. 그리고 일부 태그는 core 라이브러리의 태그들과 유사하기 때문에 이해하는 데 어렵지는 않을 것이다. 다음 코드는 JSTL xml을 사용하기 위해 등록해야 할 코드이다.

```
<%@ taglib prefix="x" uri="http://java.sun.com/jsp/jstl/xml" %>
```

이 코드를 작성하면 xml 라이브러리를 사용할 수 있게 된다. xml 라이브러리에는 어떤 태그들이 존재하는지 알아보도록 하자.

- 출력, 변수 설정 태그: ⟨x:out⟩, ⟨x:set⟩
- 조건 처리 태그: ⟨x:if⟩, ⟨x:choose⟩, ⟨x:when⟩, ⟨x:otherwise⟩
- 반복 처리 태그: ⟨x:forEach⟩
- 기타 XML 관련 태그: ⟨x:parse⟩, ⟨x:transform⟩, ⟨x:param⟩

```
<x:out select="XPath expression" escapeXml="true 또는 false">
```

이 태그는 지정된 XPath의 내용을 출력하는 태그이다. escapeXml은 기본 값으로 false로 지정되어 있으며 〈, 〉 등의 특수 기호의 출력 형태를 설정할 때 쓰인다. true일 경우 〈 값은 <로 표현되고 〉 값은 > 로 표현이 된다.

```
<x:set var="변수명" select="XPath expression" scope="범위">
```

〈x:set〉 태그는 지정된 변수에 지정한 XPath 내의 XML 내용을 저장하는 태그이다. var 속성은 값을 저장할 변수를 의미하며, select 속성에 XPath 표현식을 입력할 수 있다. scope는 변수의 공유 범위를 의미한다.

```
<x:if select="XPath expression" var="변수명" scope="범위">
```

〈x:if〉 태그는 core 라이브러리에 존재하는 〈c:if〉 태그와 유사한 기능을 갖는다. select 속성에 지정된 XPath 표현식으로 조건을 판별하며, var 속성의 변수에는 조건 처리의 결과를 저장한다.

```
<x:choose>
  <x:when select="XPath expression"> </c:when>
  <x:otherwise> </x:otherwise>
</x:choose>
```

〈x:choose〉 태그는 core 라이브러리의 〈c:choose〉와 유사한 기능을 갖는다. 조건문의 시작을 알리는 태그로 사용된다. 〈x:when〉은 조건을 지정할 때 사용되며 select 속성에 XPath 표현식을 입력하여 조건을 지정할 수 있다. 〈x:otherwise〉 태그 사이의 내용은 〈x:when〉 태그의 조건에도 성립하지 않을 경우 처리된다. 전체적으로 core 라이브러리의 조건문과 비슷하다고 보면 된다.

```
<x:forEach var="변수명" select="XPath expression" begin="시작 인덱스" end="끝
인덱스" step="증감식">
```

```
<x:parse var="변수명" varDom="변수명" scope="범위" scopeDom="범위"
doc="source" systemId="URI" filter="필터">
```

〈x:forEach〉 태그는 XML에서 반복 처리가 필요할 때 사용된다. 〈x:forEach〉에서 자주 사용되는 속성은 select 속성이며, 여기에 XPath 표현식을 입력하여 반복 처리를 수행한다.

〈x:parse〉 태그는 XML 문서를 파싱할 때 사용된다. 보통은 var 속성을 사용하여 파싱할 XML 문서를 var 속성에 입력된 변수에 저장한다. systemId와 filter는 세부적인 파싱을 위해 사용되는데 systemId는 파싱되고 있는 문서의 URI를 나타내고 filter는 파싱하기 전에 지정된 필터의 내용을 걸러낼 때 사용한다. doc 속성은 직접 XML 문서의 위치를 지정할 때 사용한다.

```
<x:transform var="변수명" scope="범위" result="변수명" doc="source"
xslt="XSLTStyleSheet">
```

〈x:transform〉 태그는 XML 문서를 XSL 스타일시트를 이용하여 새로운 문서로 변형시키는 역할을 한다. doc 속성에는 XML 문서를 입력하고 xslt 속성에는 XSL 스타일시트를 입력한다. var 속성에는 생성된 결과를 저장할 수 있다. result 속성도 생성된 결과를 지정할 수 있으며, 이 속성은 javax.xml.transform.Result의 타입을 반환한다. var 속성을 이용하는 것이 scope 속성도 지정할 수 있으므로 result보다 나을 수 있다.

```
<x:param name="이름" value="값">
```

〈x:param〉 태그는 〈x:transform〉 태그 사이에 파라미터 값을 전달하기 위해 사용한다. name 속성에는 전달할 파라미터의 이름과 value 속성에는 전달할 파라미터 값을 입력한다.

지금까지 xml 라이브러리의 각 기능들을 살펴보았다. 이제 주요 기능들을 예제를 작성해보도록 한다. 다음 소스를 작성해보도록 하자.

jstl_xml_ex.jsp   ⬇ Chapter14₩src₩main₩webapp₩jstl_xml_ex.jsp

```
1   <%@ page language="java" contentType="text/html; charset=UTF-8"%>
2   <%@ taglib prefix="x" uri="http://java.sun.com/jsp/jstl/xml" %>
3
4   <html>
5   <head>
6   <title>JSTL xml 라이브러리 사용 예제</title>
7   </head>
8   <body>
9
10  <x:parse var="xmldata">
11  <students>
12      <student>
13          <name>홍길동</name>
14          <age>18</age>
15          <gender>남</gender>
16          <phone>011-3456-11xx</phone>
17      </student>
18      <student>
19          <name>김길동</name>
20          <age>19</age>
21          <gender>남</gender>
22          <phone>010-4567-00xx</phone>
23      </student>
24      <student>
25          <name>홍길순</name>
26          <age>18</age>
27          <gender>여</gender>
28          <phone>없음</phone>
29      </student>
30      <student>
31          <name>김길순</name>
32          <age>18</age>
33          <gender>여</gender>
34          <phone>없음</phone>
35      </student>
```

```
36    </students>
37    </x:parse>
38
39    <x:forEach select="$xmldata//student">
40        <x:if select="./name!='홍길순'">
41            <x:out select="./name"/>
42            <x:set select="./age" var="age"/>
43            <x:out select="$age"/>
44            <x:out select="./gender"/>
45
46            <x:choose>
47                <x:when select="./phone!='없음'">
48                    [전화번호 : <x:out select="./phone"/>]
49                </x:when>
50                <x:otherwise>
51                    [전화 없음]
52                </x:otherwise>
53            </x:choose>
54            <br>
55        </x:if>
56    </x:forEach>
57
58    </body>
59    </html>
```

jstl_xml_ex.jsp 페이지 코드를 실행하면 다음 화면처럼 Lorg/apache/xpath/XPath 클래스가 없다는 오류가 발생한다. Jakarta Standard Tag Library API / Jakarta Standard Tag Library Implementation 이 두 jar를 사용했을 경우 에러가 발생하지 않는다. 즉 아래 xalan. jar 다운로드는 생략하여도 된다.

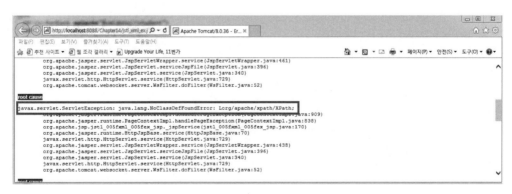

그림 14-11. java.lang.NoClassDefFoundError 화면

xml 라이브러리는 JSTL의 일부지만, xml 라이브러리의 태그를 사용할 때 XPath를 사용한다면 그에 해당하는 클래스도 존재해야 하는데, 이 클래스는 JSTL에 포함되어 있지 않다. 이 클래스를 사용하기 위해서는 xalan.jar 파일을 라이브러리 폴더에 등록해야 한다. 이 파일은 "http://xml.apache.org/xalan-j/"에서 다운로드 받을 수 있다.

01 "Download/Build" 메뉴를 클릭한다.

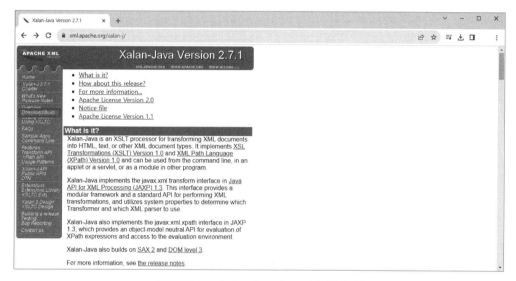

그림 14-12. http://xml.apache.org/xalan-j/ 홈페이지 화면

02 "xalan-j distribution directory" 링크를 클릭한다.

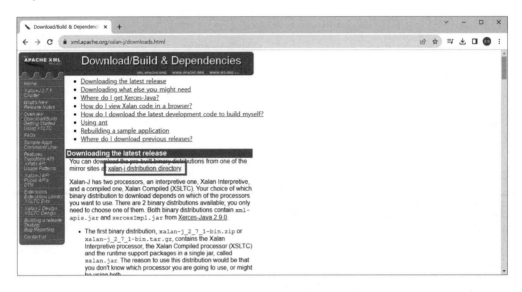

그림 14-13. Downloading the latest release 화면

03 "archive.apache.org/dist/xml" 링크를 클릭한다.

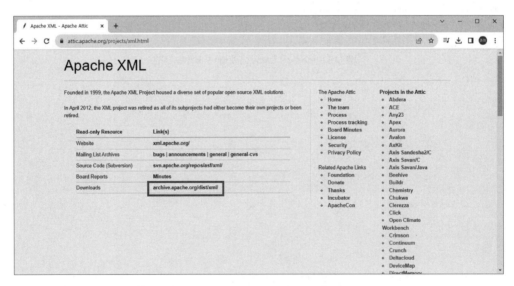

그림 14-14. archive.apache.org/dist/xml 링크 화면

04 "xalan-j/" 링크를 클릭하면 하단에 Xalan Archive 파일들이 출력된다.

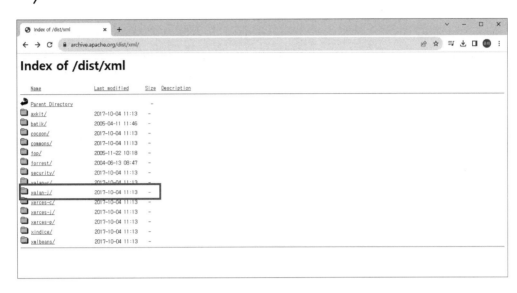

그림 14-15. xalan-j/ 링크 화면

05 binaries/를 클릭해 들어가서 각 버전의 파일들이 출력되면 xalan-j_2_7_1-bin.zip 파일을 다운로드하기 위해서 "xalan-j_2_7_1-bin.zip" 링크를 클릭한다.

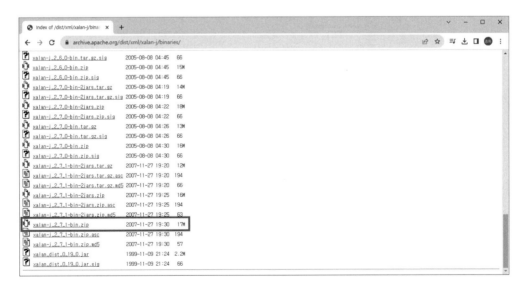

그림 14-16. xalan-j_2_7_1-bin.zip 링크 화면

06 xalan-j_2_7_1-bin.zip 파일을 다운로드한다.

그림 14-17. xalan-j_2_7_1-bin.zip 파일이 다운로드된 화면

07 xalan-j_2_7_1-bin.zip 파일을 압축 해제한 후 "C:\jsp3.1\xalan-j_2_7_1-bin\ xalan-j_2_7_1" 디렉토리에서 xalan.jar 파일을 복사한다.

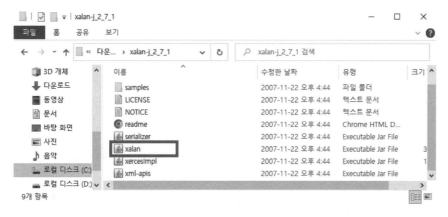

그림 14-18. xalan-j_2_7_1-bin.zip 파일을 압축 해제한 화면

08 〈그림 14-19〉 화면처럼 프로젝트의 lib 디렉토리에 xalan 라이브러리를 프로젝트에 적용하였으면 jstl_xml_ ex.jsp 예제 페이지를 다시 한번 실행 한다.

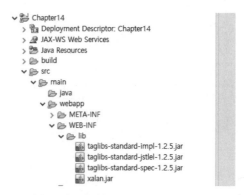

그림 14-19. 프로젝트의 lib 디렉토리에 xalan.jar 파일을 복사 붙여 넣은 화면

이제 어떤 오류도 발생하지 않게 된다.

그림 14-20. jstl_xml_ex.jsp 페이지를 성공적으로 실행한 화면

XPath를 사용할 때는 반드시 xalan.jar 파일을 라이브러리 폴더에 추가하는 것을 잊지 않도록 한다.

여기까지 xml 라이브러리에 대해서 알아보았으며, xml 라이브러리를 사용하기 위해서는 XPath 개념도 알아야 한다. 본 교재에서 XPath의 개념은 다루지 않을 것이며 다른 XML 교재를 참고하기 바란다.

8. JSTL의 SQL 액션 - JSTL sql

JSTL sql은 SQL 관련 기능을 제공해주는 JSTL 라이브러리이다. sql 라이브러리를 이용해서 데이터베이스 서버에 접근할 수 있으며, SQL문을 전송할 수도 있다. 또 트랜잭션 처리도 가능하기 때문에, 데이터베이스 작업 시 JSTL sql 라이브러리만 이용해서 작업하더라도 DB 작업에 부족한 점이 없다. JSTL sql 라이브러리를 사용하기 위해서는 다음의 코드를 등록해야 한다.

```
<%@ taglib prefix="sql" uri="http://java.sun.com/jsp/jstl/sql" %>
```

sql 라이브러리에는 어떤 태그들이 존재하는지 알아보도록 하자.

- 데이터베이스 연결 태그: 〈sql:setDataSource〉
- 쿼리 전송 관련 태그: 〈sql:query〉, 〈sql:update〉, 〈sql:param〉, 〈sql:dateParam〉

• 트랜잭션 태그: 〈sql:transaction〉

```
<sql:setDataSource var="변수명" scope="범위" dataSource="dataSource"
driver="driver" url="url"    user="user" password="password">
```

〈sql:setDataSource〉 태그는 데이터베이스 서버에 접근하기 위해 존재한다. 접근 방법은 크게 두 가지 방법이 있다. dataSource 속성을 이용하거나 driver, url, user, password 속성을 이용하는 방법인데, dataSource 속성을 사용할 때는 미리 작성해둔 JNDI 리소스가 존재해야 한다. 앞에서 context.xml 파일을 생성하여 JNDI 리소스를 만든 적이 있었다. 그 리소스를 그대로 가져다 사용할 경우는 dataSource 속성만 이용하면 편리하게 데이터베이스 서버에 접근할 수 있다. JNDI 리소스가 존재하지 않을 경우는 직접 드라이버 이름과 URL 및 아이디, 비밀번호를 설정하여 DB 서버에 접속할 수 있다. 접속하여 얻어진 연결 정보는 var 속성에 입력된 변수에 저장되므로, 쿼리 전송 태그를 사용할 때 이 변수를 가져다 사용하면 된다.

```
<sql:query var="변수명" scope="범위" sql="sql" dataSource="dataSource"
startRow="startRow"      maxRows="maxRows">
```

〈sql:query〉 태그는 데이터베이스 서버에 쿼리를 전송할 때 사용한다. dataSource 속성에는 JNDI 리소스나 〈sql:setDataSource〉로 데이터베이스 서버에 접속한 연결 정보를 얻어온 변수를 설정할 수 있다. sql 속성에는 실행할 SQL문을 지정할 수 있다. sql 속성을 사용하지 않더라도 바디 부분에 쿼리문을 입력하는 방법도 있다. var 속성의 변수에는 SQL 쿼리가 실행된 결과를 저장한다. startRow는 얻어온 쿼리 결과의 시작 행 값을 의미한다. 첫 번째 레코드 값부터 시작하려면 0으로 설정한다. maxRows는 얻어온 쿼리 결과의 레코드의 최대 수를 의미하는데, startRow와 maxRows는 자주 사용되지는 않는다.

```
<sql:update var="변수명" scope="범위" sql="sql" dataSource="dataSource>
```

〈sql:update〉 태그는 주로 레코드의 추가, 수정, 삭제 기능을 사용할 때 쓰인다. var 속성에 입력한 변수에는 레코드를 업데이트한 결과가 저장되며, sql 속성에는 레코드를 업데이트할 SQL문을 지정할 수 있다. dataSource 속성에는 〈sql:query〉 태그에서와 마찬가지로 JNDI 리소스 이름 또는 〈sql:setDataSource〉로 연결한 데이터베이스 변수를 입력한다.

```
<sql:param value="value">
```

〈sql:param〉는 〈sql:query〉 태그나 〈sql:update〉 태그로 SQL문장을 전송할 때 파라미터를 전달해주는 태그이다. 예를 들어 'SELECT * FROM STUDENT WHERE NAME=?' 쿼리를 전송할 때 ? 부분의 값을 〈sql:param〉 태그를 사용하여 지정할 수 있다. 전달해야 할 파라미터가 두 가지 이상일 경우는 순차적으로 〈sql:param〉 태그를 사용하면 된다.

```
<sql:dateParam value="value" type="type">
```

〈sql:dateParam〉 태그는 〈sql:param〉과 같이 파라미터를 전달하는 기능을 제공한다. 차이점이 있다면 〈sql:dateParam〉 태그는 날짜 정보의 파라미터를 전달할 때 사용한다. type 속성에는 date, time, timestamp 중 하나의 값이 올 수 있다. 이것은 각각 Statement 객체의 setDate(), setTime(), setTimestamp() 메소드와 같은 기능을 한다.

```
<sql:transaction dataSource="dataSource" isolation="isolation">
```

〈sql:transaction〉 태그는 데이터베이스 작업 시 트랜잭션을 사용하도록 해준다. dataSource 속성에는 JNDI 리소스 이름을 입력하거나 〈sql:setDataSource〉로 데이터베이스에 연결한 정보를 얻은 변수를 입력한다. 그리고 isolation 속성을 이용하여 격리 수준을 지정할 수 있다. 지정할 수 있는 속성 값으로는 read_committed, read_uncommitted, repeatable_read, serializable을 입력할 수 있다. 〈sql:transaction〉 태그의 바디 부분에 쿼리 태그를 사용하며, 실패할 경우는 트랜잭션 태그 내의 작업을 모두 반영하지 않게 되므로 트랜잭션 관리가 가능해진다.

여기까지 sql 라이브러리의 기능들을 살펴보았다. 이제 sql 라이브러리를 사용한 예제를 작성해보도록 할 것이다. 예제에서는 test 테이블을 사용할 것이다. sqlplus로 java 계정에 접속하여 다음과 같은 테이블을 만들도록 한다.

```
CREATE  TABLE  test(
  num NUMBER,
  name varchar2(10),
  primary key(num)
);
```

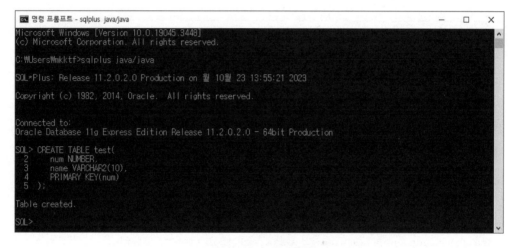

그림 14-21. test 테이블 생성 화면

sql 파트를 테스트하기 위해서 하단의 jstl_sql_ex.jsp 코드를 작성하자.

jstl_sql_ex.jsp   ⬇ Chapter14₩src₩main₩webapp₩jstl_sql_ex.jsp

1	<%@ page language="java" contentType="text/html; charset=UTF-8"%>
2	<%@ taglib prefix="c" uri="http://java.sun.com/jsp/jstl/core" %>
3	<%@ taglib prefix="sql" uri="http://java.sun.com/jsp/jstl/sql" %>
4	<html>
5	<head>

```
 6   <title>JSTL sql 라이브러리 사용 예제</title>
 7   </head>
 8   <body>
 9
10   <sql:setDataSource var="conn" driver="oracle.jdbc.driver.
11   OracleDriver"
12                url="jdbc:oracle:thin:@localhost:1521:XE"
13                user="java"
14                password="java"/>
15
16   <sql:update dataSource="${conn}">
17      INSERT INTO test (num, name) VALUES (1, '홍길동')
18   </sql:update>
19   <sql:update dataSource="${conn}">
20      INSERT INTO test (num, name) VALUES (2, '조준동')
21   </sql:update>
22   <sql:update dataSource="${conn}">
23      INSERT INTO test (num, name) VALUES (3, '홍길동')
24   </sql:update>
25   <sql:update dataSource="${conn}">
26      INSERT INTO test (num, name) VALUES (4, '홍길순')
27   </sql:update>
28
29   <sql:query var="rs" dataSource="${conn}">
30      SELECT * FROM test WHERE name=?
31      <sql:param>홍길동</sql:param>
32   </sql:query>
33
34   <c:forEach var="data" items="${rs.rows}">
35      <c:out value="${data['num']}"/>
36      <c:out value="${data['name']}"/>
37      <br>
38   </c:forEach>
39
40   </body>
41   </html>
```

2~3	JSTL을 사용하기 위해 태그 라이브러리로 등록한다.
10~14	데이터베이스 서버에 접속하여 conn 변수에 연결 정보를 설정한다.
16~27	conn 변수에 있는 연결 정보를 사용하여 레코드들을 추가한다.
29~32	name 컬럼의 값이 "홍길동"인 레코드 정보를 rs 변수에 얻어온다.
34	가져온 레코드 수만큼 반복 처리한다.
35~36	각 레코드의 "name" 컬럼과 "num" 컬럼 값을 출력한다.

jstl_sql_ex.jsp 페이지 코드를 실행하여 결과를 확인해 보자.

레코드를 4개 추가하였으나, 이름이 '홍길동'인 레코드만 가져오므로 2개의 레코드만이 출력되었다. 이같이 sql 라이브러리만 사용하더라도 일반적인 데이터베이스 작업을 하는 데 무리가 없다.

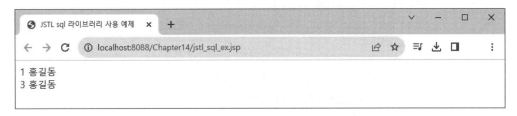

그림 14-22. jstl_sql_ex.jsp 페이지 실행 화면

지금까지 JSTL에 대해 알아보았다. JSTL은 태그 형태로 JSP 기능을 제공하므로 뷰 페이지 코드가 간결해진다. EL과 같이 사용하면 기존의 뷰 페이지 코드량이 확연히 간결해진다.

KEY-POINT

1 커스텀 태그는 태그를 개발자가 직접 정의할 수 있으며, 반복적으로 사용되는 기능을 태그로 정의해 두면 매우 편리하다. 커스텀 태그는 다음과 같은 흐름을 가지고 있다.

```
JSP  ➡  TLD 파일  ➡  태그 핸들러
```

2 JSTL은 자주 사용되는 커스텀 태그를 모아놓은 라이브러리이며, 기본적인 기능들은 우리가 힘들게 커스텀 태그로 만들지 않더라도 JSTL에서 제공해준다.
JSTL 라이브러리는 톰캣 홈페이지에서 다운로드할 수 있다. 톰캣 홈페이지에서 다운로드한 jar 파일을 사용했을 때 오류가 발생할 경우 https://mvnrepository.com/search?q=jakarta.servlet.jsp.jstl 이 사이트에 접속하여 Jakarta Standard Tag Library API / Jakarta Standard Tag Library Implementation 이 두 개의 jar 파일을 다운로드하여 사용하면 된다.

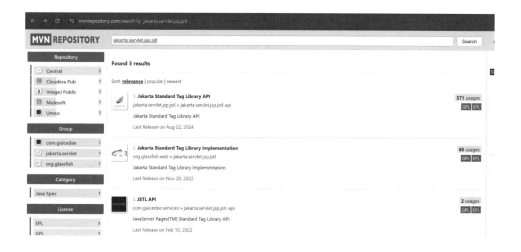

EL은 JSP 2.0부터 자체적으로 지원되지만 JSTL은 JSP에 포함되어 있지 않으므로 사용하기 전에 반드시 해당 프로젝트의 라이브러리 디렉토리에 JSTL을 사용하기 위한 라이브러리를 추가해 주는 작업을 해 주어야 한다.

3 EL은 Expression Language로 표현 언어를 의미하며 복잡한 Expression Tag(<%=%>) 대신 다른 표현 기호를 사용한다. 즉, 별도의 EL 문법을 제공해 주고 있다.
그 외 다양한 연산자와 많은 내장 객체를 지원하므로, EL을 사용하면 편리하고 다양하게 데이터를 출력할 수 있다.

EL 사용 예: <%=hello %> 의 코드를 ${hello}로 표현할 수 있다.

모델 2 프로그램을 진행할 때 EL 기능의 장점을 더 구체적으로 살펴볼 수 있다.

EL에서 제공되는 내장 객체에는 다음과 같은 것들이 있다.

내장 객체	설명
pageScope	Page 영역에 존재하는 객체를 참조할 때 사용한다.
requestScope	Request 영역에 존재하는 객체를 참조할 때 사용한다.
sessionScope	Session 영역에 존재하는 객체를 참조할 때 사용한다.
applicationScope	Application 영역에 존재하는 객체를 참조할 때 사용한다.
param	파라미터 값을 얻어올 때 사용한다.
paramValues	파라미터 값을 배열로 얻어올 때 사용한다.
header	Header 정보를 얻어올 때 사용한다.
headerValues	Header 정보를 배열로 얻어올 때 사용한다.
cookie	쿠키 객체를 참조할 때 사용한다.
initParam	컨텍스트의 초기화 파라미터를 의미한다.
pageContext	PageContext 객체를 참조할 때 사용한다.

EL에서 사용하는 대표적인 연산자들은 다음과 같은 것들이 있다.

연산자	설명
.	빈, 맵의 속성에 접근하기 위한 연산자이다.
[]	배열, 리스트의 요소 또는 빈, 맵의 속성에 접근하기 위한 연산자이다.
()	연산의 우선 순위를 변경할 때 사용한다.
x ? a : b	x의 조건이 만족하면 a를 리턴하고, 만족하지 않으면 b를 리턴한다.
empty	값이 NULL이거나 컬렉션의 사이즈가 0일 경우 true를 반환한다.

산술 연산자	설명
+	더하기 연산자
-	빼기 연산자
*	곱하기 연산자
/ 또는 div	나누기 연산자
% 또는 mod	나머지 연산자

논리 연산자	설명
&& 또는 and	두 항의 내용을 모두 만족할 경우 true, 그렇지 않으면 false를 반환한다.
|| 또는 or	두 항의 내용 중 하나라도 만족하면 true, 그렇지 않으면 false를 반환한다.
! 또는 not	값이 만족하지 않으면 true, 만족하면 false를 반환한다. 즉 true는 false로, false는 true로 변경해 주는 연산자이다.

비교 연산자	설명
== 또는 eq	두 항의 값이 같으면 true, 그렇지 않으면 false를 반환한다.
!= 또는 ne	두 항의 값이 다르면 false, 그렇지 않으면 true를 반환한다.
< 또는 lt	'보다 작다'라는 의미를 갖고, 왼쪽 항이 오른쪽 항보다 작으면 true를 반환한다.
> 또는 gt	'보다 크다'라는 의미를 갖고, 왼쪽 항이 오른쪽 항보다 크면 true를 반환한다.
<= 또는 le	'같거나 작다'라는 의미를 갖고, 왼쪽 항이 오른쪽 항보다 같거나 작으면 true를 반환한다.
>= 또는 ge	'같거나 크다'라는 의미를 갖고, 왼쪽 항이 오른쪽 항보다 같거나 크면 true를 반환한다.

Chapter
15

Model 2로 만드는 게시판 프로젝트

이번 장에서는 최근 자바 웹 애플리케이션을 개발할 때 주로 사용되는 모델 2 개발 방법에 대해서 살펴본다. 과거 요구 사항이 많지 않고 단순할 때 주로 사용되던 모델 1 개발 방법과 요구사항이 많아지고 복잡해지면서 최근에 주로 사용되는 모델2 개발 방법을 비교하며, 모델 2 개발 방법의 요청 처리 구조에 대해서 학습한다. 또한, 모델 2 구조를 연습하기 위해서 응답형 게시판과 회원 관리 기능과 연결된 게시판 프로그램을 작성하고 테스트한다.

. . . .

1. 모델 2의 개요

1) 모델 1과 모델 2의 비교

모델 1 개발 방법이란 앞부분에서 계속 코딩해 왔던 코딩 방식이다. 모델 1 개발 방법의 요청 처리 흐름은 다음과 같다.

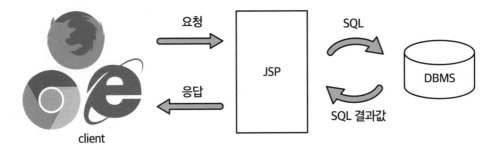

그림 15-1. 모델 1 개발 방법의 요청 처리 흐름도

위의 흐름도를 보면 매우 간단하게 구현되어 있다. 모델 1은 JSP 페이지에서 화면을 보여주고, 요청을 하게 되면 JSP 페이지에서 직접 비즈니스 로직을 수행하여 요청 처리를 하게 된다. 앞에서 데이터베이스를 연동하는 JSP 페이지를 만들 때 디자인 부분과 데이터베이스와 연동하는 로직 부분이 모두 같은 페이지에 코딩되었던 것을 기억할 것이다. 이같이 개발할 경우 개발 시간은 짧아질 수도 있지만, 프로젝트가 마무리되고 유지보수를 하게 될 경우 소스 코드 분

석이 어려워지고 또 디자이너가 디자인을 변경할 경우에는 태그 외에 자바 코드들이 섞여 있기 때문에 해석하는 데 문제가 발생하게 될 것이다. 프로젝트 규모가 커지면 생산성 또한 저하된다. 집을 지을 때도 간단한 개집을 지을 때는 혼자 작업하는 것이 빠를 수 있어도 빌딩을 지을 때는 혼자 짓기 어려운 것과 비슷하다.

이 문제점(즉 코드의 복잡성과 디자이너와 개발자 영역의 비분리 등)들은 프로젝트 규모가 커질수록 더더욱 걸림돌이 될 수밖에 없다.

이 문제를 해결하기 위해 등장한 개발 방법이 모델 2 개발 방법이다(모델 2의 흐름도는 MVC 패턴을 설명할 때 확인하도록 할 것이다).

모델 2 개발 방법은 디자인 부분과 개발(비즈니스 로직) 부분을 분리해서 작업하기 때문에, 디자이너는 디자인 부분만, 프로그래머는 로직 부분만 작업하는 것이 가능하다. 코딩도 모두 JSP 페이지에 하는 것이 아닌 각 담당하는 부분의 페이지가 독립적(디자이너는 JSP 페이지, 프로그래머는 Java 클래스)으로 존재하므로 동시에 개발이 가능하여 프로젝트 규모가 커지면 오히려 프로젝트 생산성도 좋아진다.

또한, 모델 2 방식으로 개발하면 유지보수를 할 경우 디자인을 변경하거나 로직을 변경할 때 자신이 작업한 부분(디자이너는 디자인 부분, 개발자는 로직 부분)에만 접근하여 변경할 수 있게 된다.

단, 모델 2의 경우는 설계 단계가 까다로워서 모델 1보다는 개발 기간이 더 길다. 따라서 일반적으로 규모가 그다지 크지 않은 프로젝트에서는 모델 1로, 규모가 큰 프로젝트일 경우는 모델 2로 개발하는 경우가 많다. 규모가 작을 경우는 규모가 작은 만큼 유지보수에 걸리는 비용이 덜 들기 때문이다. 모델 1과 모델 2는 각자 장단점이 있으므로 개발하는 프로젝트에 맞추어 개발 방식을 설정하면 될 것이다.

2) MVC 패턴의 개요

MVC란 Model, View, Controller의 약자이며 이것은 모델 2 개발 방식과 거의 유사한 의미이다. 모델 2는 화면 출력 부분(디자인 부분)을 View로 칭하고, 데이터베이스와 연동하는 부분 등의 로직 부분을 Model이라 칭한다. Controller는 이 두 부분을 적절하게 연결시켜주는 역할을 한다.

모델 1은 한 페이지에 Model과 View가 모두 존재하는 형태이다.

즉, 모델 1은 Controller가 존재하지 않는다. Model과 View가 한 곳에 붙어있으므로 Controller가 의미 없기 때문이다.

모델 2는 Model과 View를 독립적으로 코딩하기 때문에 Controller를 만들어서 Model과 View 사이에 개입하여 서로 연동되는 역할을 해주어야 한다. MVC 패턴이 많이 쓰이는 이유는 바로 디자이너는 Model 부분을 신경 쓰지 않고 View 부분만 집중하여 개발할 수 있고, 프로그래머는 View 부분을 신경 쓰지 않고 Model 부분만 집중하여 개발할 수 있기 때문이다.

모델 1으로만 개발을 했을 경우 MVC 패턴 이해가 어려울 수도 있다. MVC 패턴을 이해하여야 규모가 큰 프로젝트에서 효율적인 프로그래밍을 할 수 있다.

3) MVC 패턴의 구성 및 흐름

MVC는 앞에서 설명했듯이 모델 1과 달리 Model, View, Controller 세 부분으로 나누어 개발하는 패턴을 말한다. MVC는 다음과 같은 흐름을 갖는다.

Controller는 중앙에 위치하여 View와 Model 사이에 연동을 담당한다. MVC로 구성된 사이트에 요청을 하면 초기 진입점은 Controller이다.

반드시 처리할 비즈니스 로직이 존재한다면 Controller를 호출하여 Model에서 비즈니스 로직을 수행하고 그 결과를 가지고 View에서 보이도록 해야만 한다.

출력된 View 페이지에서 또 다른 요청을 할 경우도 Controller에게 요청을 하게 되며 Controller는 요청 내용을 받은 후 Model을 호출하여 요청에 해당하는 비즈니스 로직을 수행한다. 그리고 또다시 Controller는 Model의 결과 값을 얻어 View 페이지로 보내게 된다. 이것이 바로 MVC 패턴이다.

모델 1에 비해 복잡한 구조를 띄고 있다고 생각할 수도 있겠지만 구조를 정확히 이해하면 오히려 작업하기 편리하고 유지보수 하기가 쉽다.

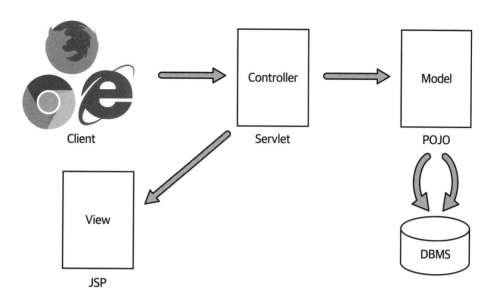

그림 15-2. 모델 2 개발 방법의 요청 처리 흐름도

4) Controller (서블릿)

Controller는 MVC 패턴에서 View와 Model을 연결시켜주는 핵심 요소이다. Controller는 서블릿으로 구성되어 있는데, 그 이유는 초기 진입점이자 뷰와 모델을 연동하는 역할을 하기 때문이다(Web에서 요청을 받을 수 있는 자바 코드 형태는 서블릿이다).

Model의 경우는 일반적인 클래스 파일(POJO)로 이루어져 있으므로 외부에서 직접적인 접근을 할 수가 없다. 그리고 Model은 목적이 비즈니스 로직을 수행하는 것이므로 외부에서 접근할 필요도 없기 때문에 서블릿으로 만드는 것은 적합하지 않다.

Controller는 요청을 받아서 요청에 해당하는 Model과 View를 호출하는 역할만 하지 응답 화면을 만드는 것이 아니기 때문에 View처럼 JSP 페이지로 구현할 필요도 없다. Controller는 보여지는 페이지가 아닌 연결시켜주는 통로 역할을 할 뿐이다. 결국 Controller는 MVC 패턴에서 중심 역할을 한다는 것과 반드시 서블릿으로 이루어져야 한다는 것이다. Model과 View는 각각 비즈니스 로직 처리와 화면 출력을 담당하므로 Controller를 통해서 비즈니스 로직 처리를 위해 Model을 호출하고 처리가 완료되면 화면 출력을 하기 위해 Model에서 처리한 결과를 View로 전달하는 역할을 하게 된다.

5) View(JSP)

View는 MVC 패턴 중 화면 출력 부분에 해당한다. 화면 출력을 담당하므로 JSP 페이지로 구성되며, 코드는 거의 디자인에 관한 것으로 이루어져 있다. View에서는 절대 데이터베이스 연동과 같은 비즈니스 로직을 구현하지 않으며, Controller를 통하여 Model에서 처리한 결과를 화면에 출력할 때 사용한다. View가 존재하지 않는다면, 자동차 껍데기가 없이 엔진만 존재하는 것과 같다. 아무리 Controller와 Model이 잘 구현되어 있어도 View가 없다면 사용자에게 내용을 보여줄 수 없을 것이다. View는 단순히 결과를 화면에 보여주는 정도로만 사용된다.

6) Model(POJO)

Model은 MVC 패턴에서 실제로 비즈니스 로직을 실행하는 부분이다.
Model은 비즈니스 로직을 처리하여 얻은 결과를 Controller를 통해 View 페이지로 전달하게 된다. 데이터베이스 작업을 할 경우 이 작업이 Model 부분에서 이루어지게 된다. 예를 들어 게시판을 개발할 경우 게시판에 글을 등록하는 작업, 게시판의 글을 삭제하는 작업, 게시판의 글을 수정하는 등의 작업은 모두 Model에서 데이터베이스와 연동되어 처리된다. 처리가 완료되면 그 결과를 가지고 뷰 페이지에서 화면을 만드는 데 필요한 데이터가 Controller를 통하여 View로 전달하여 처리된 내용이 화면에 표시되는 것이다. Model 클래스 파일로 이루어져 있다. Model은 View처럼 화면을 보여주는 것이 아니므로 JSP 페이지로 만들어질 필요가 없다. Model 클래스에서 작성해주어야 할 것은 개발할 시스템의 비즈니스 로직이다.

2. 이클립스에서 MySQL 데이터베이스 연결하기

이번 장에서 구현할 게시판의 데이터베이스로는 MySQL을 사용할 것이므로 "Data Source Explorer" 탭에서 MySQL 데이터베이스를 연결해 놓으면 데이터베이스 작업을 하기가 편하다. 프로그램 코드를 본격적으로 작성하기 전에 데이터베이스 부분을 준비한다.
MySQL 데이터베이스에 연결을 하려면 우선 MySQL 서버가 실행되어야 한다.

01 서비스 항목에서 MySQL81 서비스를 시작시켜 MySQL 서비스를 시작한다.

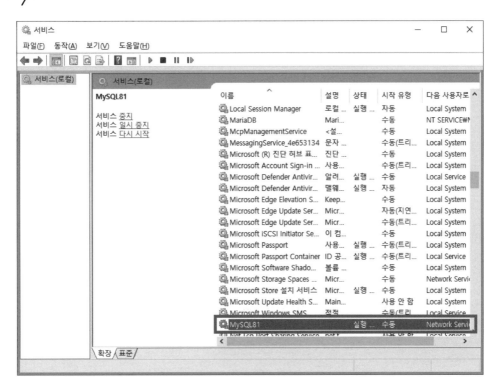

그림 15-3. MySQL 서비스 시작 화면

02 MySQL 서버가 시작되었으면 "Database Connections"에서 마우스 우측 버튼을 클릭하고 "New" 메뉴를 선택한다.

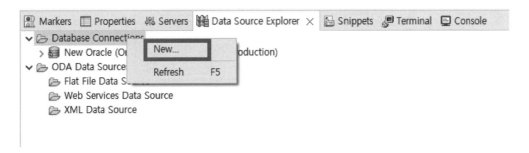

그림 15-4. Database Connections → New 메뉴 선택 화면

03 MySQL을 선택한 후 〈Next〉 버튼을 클릭한다.

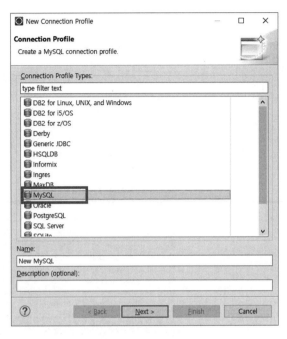

그림 15-5. DBMS 선택 화면

04 〈New Driver Definition〉 버튼을 클릭한다.

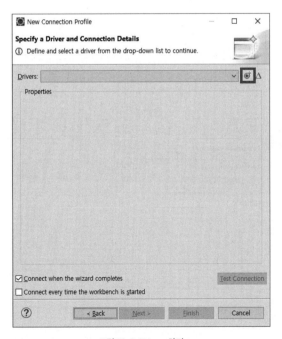

그림 15-6. Drivers 화면

05 다음 화면은 MySQL 드라이버 종류를 선택하는 화면이다. 박스로 표시되어 있는 드라이버를 선택한 후 "JAR List" 탭을 누른다.

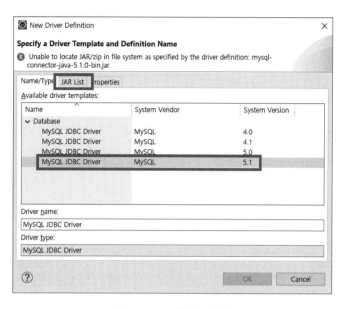

그림 15-7. 드라이버 종류 선택 화면

06 박스로 표시된 기존 Connector 파일을 선택하고 올바른 Connector 파일을 지정하기 위해서 〈Edit JAR/Zip···〉 버튼을 누른다.

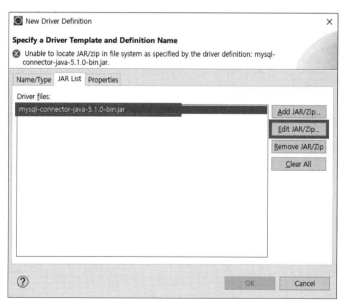

그림 15-8. Connector 파일 선택 화면

07 Chapter13에서 다운로드해 두었던 MySQL 버전에 맞는 Connector 파일을 선택하고 〈열기〉 버튼을 누른다.

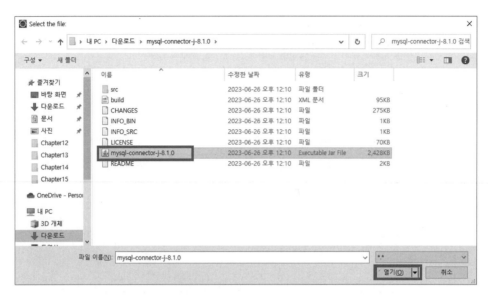

그림 15-9. Connector 파일 선택 화면

08 DB 연결 속성 정보들을 설정하기 위해서 "Properties" 탭을 누른다.

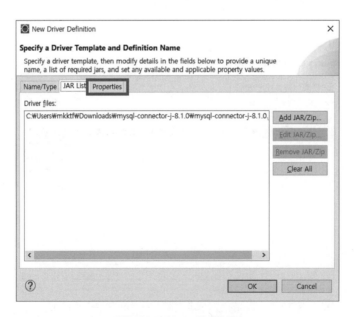

그림 15-10. Properties 탭 선택 화면

09 Connection URL값을 표시된 것처럼 변경하고, Password 값을 "java", User ID 값을 "java"로 입력한 후 〈OK〉 버튼을 누른다.

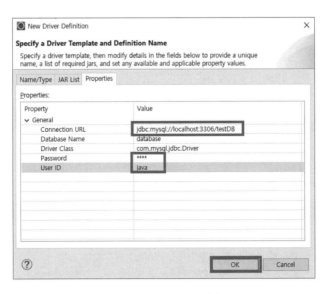

그림 15-11. Properties 탭 화면

10 "Save password" 체크박스를 체크한 후 〈Test Connection〉 버튼을 누르고 하단 그림 화면처럼 "Ping succeeded" 메시지 상자가 출력되면 〈OK〉 버튼을 누른다.

그림 15-12. Test Connection 화면

11 〈Finish〉 버튼을 눌러서 MySQL Connection 생성을 마무리한다.

그림 15-13. Finish 화면

12 "New MySQL" 인스턴스가 생성되면 MySQL 데이터베이스 연결에 성공한 것이다.

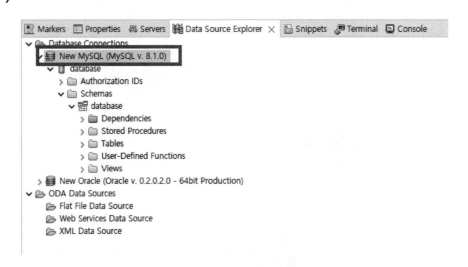

그림 15-14. MySQL Connection 생성 화면

3. MVC 패턴(모델2 개발 방법)을 사용한 간단한 게시판

1) 왜 게시판인가?

우리는 MVC 패턴을 사용한 게시판을 만들도록 할 것이다. 그런데 왜 게시판을 개발하려고 하는 것일까? 그 이유는 게시판에 DB를 연동해서 웹에서 구현하는 대부분의 기능이 포함되어 있기 때문이다. 보통 데이터베이스와 연동하는 시스템은 DBMS에 접근하여 데이터의 삽입, 수정, 삭제 과정을 거치고 그 결과를 화면으로 출력한다. 게시판도 마찬가지다. 글을 쓰거나 삭제를 하면 DBMS에 접근하여 데이터를 삽입하거나 삭제하는 작업을 거치게 된다. 그리고 그 결과가 게시판 리스트에 표현된다. 게시판을 개발할 수 있게 되면 다른 어떤 데이터베이스 연동 시스템이라도 조금만 응용하면 개발이 가능하다. 이것이 우리가 게시판을 개발하려는 이유이다. JSP의 전반적인 내용을 모두 익혔다면 게시판 정도는 작성할 수 있는 능력이 있어야 한다.

2) 게시판의 흐름

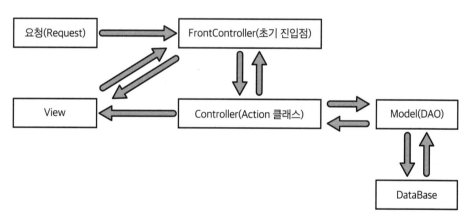

그림 15-15. 게시판의 요청 처리 흐름도

흐름도를 보면 복잡하게 보이지만, 실제로는 그리 복잡하지 않다. 처음 브라우저로 요청을 받게 되면 초기 진입점인 FrontController로 요청이 넘어가게 된다. FrontController는 그 요청을 받아서 View로 포워딩할 것인지 Action 클래스를 호출할 것인지 결정한다. Action 클래스가 호출될 경우 DAO를 호출하여 비즈니스 로직을 수행한 후 결과 내용을 Controller가 받아서 View로 넘겨주며, View에서는 그 결과 값을 시각적으로 출력해주게 된다. View에서 또다시 요청을 하면 FrontController로 요청이 넘어가고 Action 클래스인 Controller를 호출하여 다시 비즈니스 로직을 수행하게 된다. 이렇게 앞으로 개발할 게시판은 위와 같은 흐름으로 요청 처리가 된다. 게시판의 흐름이기도 하지만, 가장 기본적인 모델 2의 흐름이기도 하다. 현재는 흐름을 파악하기 어려울 수도 있으나, 게시판을 완성하게 되면 앞의 흐름을 이해할 수 있을 것이다.

3) MySQL을 이용한 응답형 게시판 구현

MySQL 데이터 베이스를 사용하여 응답형 게시판을 구현하겠다.
응답형 게시판 프로그램에 웹에서 사용할 수 있는 대부분의 로직이 포함되어 있으므로 응답형 게시판을 완벽히 이해하면 다른 웹 프로그램을 작성할 때 유용하다.

(1) 테이블 정의 및 생성

• 테이블명 : board

컬럼명	데이터 타입	키	참조 컬럼	Null	제약	설명
board_num	INT	PK		NOT NULL		글 번호
board_name	VARCHAR(20)			NOT NULL		글 작성자
board_pass	VARCHAR(15)			NOT NULL		글 비밀번호
board_subject	VARCHAR(50)			NOT NULL		글 제목
board_content	VARCHAR(2000)			NOT NULL		글 내용
board_file	VARCHAR(50)			NOT NULL		첨부파일
re_ref	INT			NOT NULL		관련글 번호
re_lev	INT			NOT NULL		답글 레벨
re_step	INT			NOT NULL		관련글 중 출력 순서
board_readcount	INT			NOT NULL		조회수
board_date	date			NOT NULL		작성일

• sql 구문

```
CREATE TABLE BOARD(
  BOARD_NUM INT,
  BOARD_NAME VARCHAR(20) NOT NULL,
  BOARD_PASS VARCHAR(15) NOT NULL,
  BOARD_SUBJECT VARCHAR(50) NOT NULL,
  BOARD_CONTENT VARCHAR(2000) NOT NULL,
  BOARD_FILE VARCHAR(50),
  BOARD_RE_REF INT NOT NULL,
  BOARD_RE_LEV INT NOT NULL,
  BOARD_RE_SEQ INT NOT NULL,
  BOARD_READCOUNT INT DEFAULT 0,
  BOARD_DATE DATE,
  PRIMARY KEY(BOARD_NUM)
);
```

위의 표에서 제시된 SQL 구문을 실행하여 BOARD 테이블을 생성한다.

Type: MySql8.1, Name: New MySQL, Database: database를 선택하고 상단 표에 있는 SQL 구문을 입력한 후 alt + x 단축키를 눌러 SQL 구문을 실행한다.

다음 화면과 같이 succeeded 메시지가 출력되면 Board 테이블이 제대로 생성된 것이다.

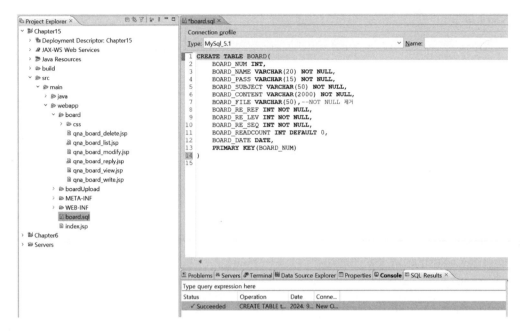

```
1   CREATE TABLE BOARD(
2       BOARD_NUM INT,
3       BOARD_NAME VARCHAR(20) NOT NULL,
4       BOARD_PASS VARCHAR(15) NOT NULL,
5       BOARD_SUBJECT VARCHAR(50) NOT NULL,
6       BOARD_CONTENT VARCHAR(2000) NOT NULL,
7       BOARD_FILE VARCHAR(50),--NOT NULL 제거
8       BOARD_RE_REF INT NOT NULL,
9       BOARD_RE_LEV INT NOT NULL,
10      BOARD_RE_SEQ INT NOT NULL,
11      BOARD_READCOUNT INT DEFAULT 0,
12      BOARD_DATE DATE,
13      PRIMARY KEY(BOARD_NUM)
14  )
15
```

그림 15-16. Board 테이블 생성 화면

(2) 패키지 분류

그림 15-17. Chapter15 프로젝트의 패키지 구조 화면

(3) 클래스 구현

① DB 관련 공통 기능 클래스

〈그림 15-9〉에서 사용한 mysql-connector-j-8.1.0.jar 파일을 tomcat의 라이브러리 경로에 붙여 넣는다. 이 부분은 MySQL Connection Pool 기능을 사용하기 위한 설정이다.

그림 15-18. MySQL Java Connector 파일 톰캣 라이브러리 디렉토리에 복사 붙여 넣기한 화면

• context.xml 파일

⬇ Chapter15₩src₩main₩webapp₩META-INF₩context.xml

```
1   <?xml version="1.0" encoding="UTF-8"?>
2   <Context>
3     <Resource
4        name="jdbc/MySQLDB"
5        auth="Container"
6        type="javax.sql.DataSource"
7        username="java"
8        password="java"
9        driverClassName="com.mysql.jdbc.Driver"
10       factory="org.apache.tomcat.dbcp.dbcp2.BasicDataSourceFactory"
11       url="jdbc:mysql://localhost:3306/testdb"
12       maxActive="500"
13     />
14  </Context>
```

4	데이터베이스 작업을 하는 클래스에서 정의되는 Resource 객체를 얻어갈 때 사용하는 이름이다. 서버상에 공유할 Resource의 타입을 지정한다.
6	DataSource 객체를 얻어가면 DataSource 객체에 getConnection()이라는 메소드를 사용해서 Connection 객체를 얻어갈 수 있다.
7~9	MySQL 데이터베이스에 연결할 수 있는 설정 정보를 정의하는 부분이다.
10	DataSource 객체를 생성해 주는 Factory 클래스를 지정한 부분이다. Tomcat10.1에 탑재되어 있는 라이브러리 경로를 지정했다.
11	연결할 MySQL url을 지정한 부분이다.
12	동시에 반환할 수 있는 Connection 객체를 설정한 부분이다.

⬇ Chapter15₩src₩main₩java₩db₩JdbcUtil.java

```java
package db;

import java.sql.*;
import javax.naming.Context;
import javax.naming.InitialContext;
import javax.sql.DataSource;

public class JdbcUtil {

    public static Connection getConnection(){
        Connection con=null;

        try {
            Context initCtx = new InitialContext();
            Context envCtx = (Context)initCtx.lookup("java:comp/env");
            DataSource ds = (DataSource)envCtx.lookup("jdbc/MySQLDB");
            con = ds.getConnection();
            con.setAutoCommit(false);
        } catch (Exception e) {
            e.printStackTrace();
        }

        return con;
    }
```

```
25
26      public static void close(Connection con){
27
28          try {
29              con.close();
30          } catch (Exception e) {
31              e.printStackTrace();
32          }
33
34      }
35
36      public static void close(Statement stmt){
37
38          try {
39              stmt.close();
40          } catch (Exception e) {
41              e.printStackTrace();
42          }
43
44      }
45
46      public static void close(ResultSet rs){
47
48          try {
49              rs.close();
50          } catch (Exception e) {
51              e.printStackTrace();
52          }
53
54      }
55
56      public static void commit(Connection con){
57
58          try {
59              con.commit();
60              System.out.println("commit success");
61          } catch (Exception e) {
62              e.printStackTrace();
63          }
64
```

```
65          }
66
67      public static void rollback(Connection con){
68
69          try {
70              con.rollback();
71              System.out.println("rollback success");
72          } catch (Exception e) {
73              e.printStackTrace();
74          }
75
76      }
77
78  }
```

✔ 코드 분석

10~24	Connection Pool에서 Connection 객체를 얻어와서 반환하는 메소드를 정의한 부분이다.
14	톰캣 자체의 컨텍스트를 얻어오는 부분이다.
15	Resource 정의에 관한 컨텍스트를 얻어오는 부분이다. lookup 메소드의 반환 타입이 Object이므로 Context 타입으로 다운캐스팅해야 한다.
16	context.xml 에 정의한 DataSource 객체를 얻어오는 부분이다.
17	Connection Pool에서 Connection 객체를 얻어오는 부분이다.
18	Connection 객체에 트랜잭션을 적용시키는 부분이다.
26~34	Connection 객체를 닫아주는 역할을 하는 메소드를 정의한 부분이다.
36~44	Statement 객체를 닫아주는 역할을 하는 메소드를 정의한 부분이다.
46~54	ResultSet 객체를 닫아주는 역할을 하는 메소드를 정의한 부분이다.
56~65	트랜잭션 중에 실행된 작업들을 완료시키는 기능을 하는 메소드를 정의한 부분이다.
67~76	트랜잭션 중에 실행된 작업들을 취소시키는 기능을 하는 메소드를 정의한 부분이다.

② Action 클래스들의 규격을 정의한 Action 인터페이스

각 요청을 처리하는 Action 클래스들을 다형성을 이용해서 동일한 타입으로 참조하기 위해서 각 Action 클래스들이 구현할 Action 인터페이스를 설계한다.

⬇ Chapter15₩src₩main₩java₩action₩Action.java

```
1   package action;
2
3   import jakarta.servlet.http.HttpServletRequest;
4   import jakarta.servlet.http.HttpServletResponse;
5   import vo.ActionForward;
6
7   public interface Action {
8       ActionForward execute(HttpServletRequest request,
9   HttpServletResponse response)  throws Exception;
10  }
```

✅ 코드 분석

8~9	각 요청을 처리하는 Action 클래스들이 공통적으로 구현해야 하는 execute 메소드를 정의한 부분이다. 웹 요청을 처리하고 응답하기 위해서 HttpServletRequest request 와 HttpServletResponse response 를 파라미터 변수로 처리 했다.

③ 포워딩 정보를 저장할 수 있는 ActionForward 클래스

컨트롤러 역할을 하는 서블릿에서 클라이언트의 각 요청을 받아서 처리한 후 최종적으로 뷰 페이지로 포워딩 처리 시 이동할 뷰 페이지의 url과 포워딩 방식(디스패치나 리다이렉트)이 필요하다.
이 두 정보를 편리하게 다루기 위해서 ActionForward 클래스를 설계한다.

```
1    package vo;
2    public class ActionForward {
3
4        private String path;
5        private boolean redirect;
6
7        public ActionForward(String path, boolean redirect) {
8            this.path = path;
9            this.redirect = redirect;
10       }
11
12       public String getPath() {
13           return path;
14       }
15
16       public void setPath(String path) {
17           this.path = path;
18       }
19
20       public boolean isRedirect() {
21           return redirect;
22       }
23
24       public void setRedirect(boolean redirect) {
25           this.redirect = redirect;
26       }
27
28   }
```

✅ 코드 분석

4	서블릿에서 요청 처리 후 포워딩될 최종 뷰 페이지 url이 저장되는 변수 정의
5	포워딩 방식이 저장되는 변수. 값이 false면 디스패치 방식으로, true면 리다이렉트 방식으로 포워딩 한다.

④ 애플리케이션에서 하나의 데이터로 다루어져야 할 정보들을 저장하는 클래스들

• 게시판 글 하나의 정보를 저장하는 클래스

⬇ Chapter15₩src₩main₩java₩vo₩BoardBean.java

```java
 1   package vo;
 2
 3   import java.sql.Date;
 4
 5   public class BoardBean {
 6
 7       private int BOARD_NUM;
 8       private String BOARD_NAME;
 9       private String BOARD_PASS;
10       private String BOARD_SUBJECT;
11       private String BOARD_CONTENT;
12       private String BOARD_FILE;
13       private int BOARD_RE_REF;
14       private int BOARD_RE_LEV;
15       private int BOARD_RE_SEQ;
16       private int BOARD_READCOUNT;
17       private Date BOARD_DATE;
18
19       public int getBOARD_NUM() {
20           return BOARD_NUM;
21       }
22
23       public void setBOARD_NUM(int board_num) {
24           BOARD_NUM = board_num;
25       }
26
27       public String getBOARD_NAME() {
28           return BOARD_NAME;
29       }
30
31       public void setBOARD_NAME(String board_name) {
32           BOARD_NAME = board_name;
33       }
34
35       public String getBOARD_PASS() {
```

```java
36          return BOARD_PASS;
37      }
38
39      public void setBOARD_PASS(String board_pass) {
40          BOARD_PASS = board_pass;
41      }
42
43      public String getBOARD_SUBJECT() {
44          return BOARD_SUBJECT;
45      }
46
47      public void setBOARD_SUBJECT(String board_subject) {
48          BOARD_SUBJECT = board_subject;
49      }
50
51      public String getBOARD_CONTENT() {
52          return BOARD_CONTENT;
53      }
54      public void setBOARD_CONTENT(String board_content) {
55          BOARD_CONTENT = board_content;
56      }
57
58      public String getBOARD_FILE() {
59          return BOARD_FILE;
60      }
61      public void setBOARD_FILE(String board_file) {
62          BOARD_FILE = board_file;
63      }
64
65      public int getBOARD_RE_REF() {
66          return BOARD_RE_REF;
67      }
68
69      public void setBOARD_RE_REF(int board_re_ref) {
70          BOARD_RE_REF = board_re_ref;
71      }
72
73      public int getBOARD_RE_LEV() {
74          return BOARD_RE_LEV;
75      }
```

```
76      public void setBOARD_RE_LEV(int board_re_lev) {
77          BOARD_RE_LEV = board_re_lev;
78      }
79
80      public int getBOARD_RE_SEQ() {
81          return BOARD_RE_SEQ;
82      }
83      public void setBOARD_RE_SEQ(int board_re_seq) {
84          BOARD_RE_SEQ = board_re_seq;
85      }
86
87      public int getBOARD_READCOUNT() {
88          return BOARD_READCOUNT;
89      }
90
91      public void setBOARD_READCOUNT(int board_readcount) {
92          BOARD_READCOUNT = board_readcount;
93      }
94
95      public Date getBOARD_DATE() {
96          return BOARD_DATE;
97      }
98
99      public void setBOARD_DATE(Date board_date) {
100         BOARD_DATE = board_date;
101     }
102
103 }
```

 코드 분석

게시판 글 하나의 정보를 저장할 수 있는 클래스이다.

・ 페이징 처리 관련 정보를 저장하는 클래스

⬇ Chapter15\src\main\java\vo\PageInfo.java

```
1   package vo;
2
3   public class PageInfo {
4
5       private int page;
6       private int maxPage;
7       private int startPage;
8       private int endPage;
9       private int listCount;
10
11      public int getPage() {
12          return page;
13      }
14
15      public void setPage(int page) {
16          this.page = page;
17      }
18
19      public int getMaxPage() {
20          return maxPage;
21      }
22
23      public void setMaxPage(int maxPage) {
24          this.maxPage = maxPage;
25      }
26
27      public int getStartPage() {
28          return startPage;
29      }
30
31      public void setStartPage(int startPage) {
32          this.startPage = startPage;
33      }
34
35      public int getEndPage() {
36          return endPage;
37      }
38
```

```
39        public void setEndPage(int endPage) {
40            this.endPage = endPage;
41        }
42
43        public int getListCount() {
44            return listCount;
45        }
46
47        public void setListCount(int listCount) {
48            this.listCount = listCount;
49        }
50
51    }
```

페이징 처리에 필요한 정보를 저장할 수 있는 클래스이다.

⑤ 모든 클라이언트의 요청을 받아서 제어하는 컨트롤러 클래스

게시판 프로젝트의 모든 웹 요청은 지금 정의하는 서블릿으로 요청된다.
전체 요청이 이 부분에서 제어된다.

⬇ Chapter15₩src₩main₩java₩controller₩BoardFrontController.java

```
1    package controller;
2
3    import java.io.IOException;
4    import jakarta.servlet.RequestDispatcher;
5    import jakarta.servlet.ServletException;
6    import jakarta.servlet.annotation.WebServlet;
7    import jakarta.servlet.http.HttpServletRequest;
8    import jakarta.servlet.http.HttpServletResponse;
9    import action.Action;
10   import action.BoardDeleteProAction;
11   import action.BoardDetailAction;
```

```
12    import action.BoardListAction;
13    import action.BoardModifyFormAction;
14    import action.BoardModifyProAction;
15    import action.BoardReplyFormAction;
16    import action.BoardReplyProAction;
17    import action.BoardWriteProAction;
18    import vo.ActionForward;
19
20    @WebServlet("*.bo")
21    @MultipartConfig(maxFileSize = 5 * 1024 * 1024)
22    public class BoardFrontController extends jakarta.servlet.http.
23    HttpServlet
24    {
25        protected void doProcess(HttpServletRequest request,
26    HttpServletResponse response)
27                throws ServletException, IOException {
28
29            request.setCharacterEncoding("UTF-8");
30            String RequestURI=request.getRequestURI();
31            String contextPath=request.getContextPath();
32            String command=RequestURI.substring(contextPath.length());
33            ActionForward forward=null;
34            Action action=null;
35
36            if(command.equals("/boardWriteForm.bo")){
37                forward=new ActionForward();
38                forward.setPath("/board/qna_board_write.jsp");
39            }else if(command.equals("/boardWritePro.bo")){
40                action  = new BoardWriteProAction();
41                try {
42                    forward=action.execute(request, response );
43                } catch (Exception e) {
44                    e.printStackTrace();
45                }
46            }
47            else if(command.equals("/boardList.bo")){
48                action = new BoardListAction();
49                try{
50                    forward=action.execute(request, response);
51                }catch(Exception e){
52                    e.printStackTrace();
```

```
53                  }
54              }
55          else if(command.equals("/boardDetail.bo")){
56              action = new BoardDetailAction();
57              try{
58                  forward=action.execute(request, response);
59              }catch(Exception e){
60                  e.printStackTrace();
61              }
62          }
63          else if(command.equals("/boardReplyForm.bo")){
64              action = new BoardReplyFormAction();
65              try{
66                  forward=action.execute(request, response);
67              }catch(Exception e){
68                  e.printStackTrace();
69              }
70          }
71          else if(command.equals("/boardReplyPro.bo")){
72              action = new BoardReplyProAction();
73              try{
74                  forward=action.execute(request, response);
75              }catch(Exception e){
76                  e.printStackTrace();
77              }
78          }
79          else if(command.equals("/boardModifyForm.bo")){
80              action = new BoardModifyFormAction();
81              try{
82                  forward=action.execute(request, response);
83              }catch(Exception e){
84                  e.printStackTrace();
85              }
86          }else if(command.equals("/boardModifyPro.bo")){
87              action = new BoardModifyProAction();
88              try{
89                  forward=action.execute(request, response);
90              }catch(Exception e){
91                  e.printStackTrace();
92              }
```

```
93          }else if(command.equals("/boardDeleteForm.bo")){
94              String nowPage = request.getParameter("page");
95              request.setAttribute("page", nowPage);
96                          int board_num=Integer.parseInt(request.
97   getParameter("board_num"));
98              request.setAttribute("board_num",board_num);
99              forward=new ActionForward();
100             forward.setPath("/board/qna_board_delete.jsp");
101         }
102         else if(command.equals("/boardDeletePro.bo")){
103             action = new BoardDeleteProAction();
104             try{
105                 forward=action.execute(request, response);
106             }catch(Exception e){
107                 e.printStackTrace();
108             }
109         }
110
111         if(forward != null){
112
113             if(forward.isRedirect()){
114                 response.sendRedirect(forward.getPath());
115             }else{
116                 RequestDispatcher dispatcher=
117                         request.getRequestDispatcher(forward.getPath());
118                 dispatcher.forward(request, response);
119             }
120
121         }
122
123     }
124
125     protected void doGet(HttpServletRequest request, HttpServletResponse
126   response)
127             throws ServletException, IOException {
128         doProcess(request,response);
129     }
130
131     protected void doPost(HttpServletRequest request, HttpServletResponse
132   response)
```

```
133            throws ServletException, IOException {
134        doProcess(request,response);
135    }
136
137  }
```

20	마지막 url이 *.bo 로 끝나는 요청을 매핑하는 서블릿으로 지정하는 부분이다.
24~32	전송된 요청을 파악하는 부분이다.
33	각 Action 클래스 객체의 execute 메소드를 실행한 후 반환되는 ActionForward 객체를 저장할 변수를 정의한 부분이다.
34	각 요청을 처리하는 Action 클래스 객체를 다형성을 사용해서 참조하는 변수를 정의한 부분이다.
36~109	각 요청에 해당하는 Action 클래스 객체를 실행하는 부분이다. 각 Action 객체를 실행하면 forward 변수에 각 액션 객체에서 반환된 ActionForward 객체가 참조된다.
36~39	글쓰기 페이지를 열어주는 요청 같은 경우는 특별한 비즈니스 로직을 실행할 필요 없이 forward.setPath("/board/qna_board_write.jsp") 문장으로 포워딩 될 페이지만 지정하면 된다.
93~101	게시판 글 하나를 삭제한 후 원래 보던 목록보기 페이지로 되돌아가야 하기 때문에 게시판 삭제를 위해서 비밀번호를 입력하는 페이지(qna_board_delete.jsp)로 페이지 번호를 공유한다(request.setAttribute("page", nowPage);). 이 페이지 번호는 글 상세내용을 본 후 삭제 버튼을 눌렀을 때 파라미터로 전송된다.
111~121	각 Action 클래스 객체에서 반환된 ActionForward 객체 정보를 사용하여 포워딩 처리하는 부분이다.

⑥ 각 클라이언트의 요청을 처리하는 Action 클래스들

BoardFrontController에서 전송된 요청을 파악하여 각 요청을 처리하는 Action 클래스 객체의 execute 메소드를 호출하게 된다.

• 새로운 글을 등록하는 Action 클래스

게시판 글 등록 시 업로드 기능도 추가되어 있으므로 업로드 기능을 수행하는 Part 인터페이스를 사용한다.

⬇ Chapter15₩src₩main₩java₩action₩BoardWriteProAction.java

```
1    package action;
2
3    import jakarta.servlet.ServletContext;
4    import jakarta.servlet.http.HttpServletRequest;
5    import jakarta.servlet.http.HttpServletResponse;
6    import jakarta.servlet.http.Part;
7    import svc.BoardWriteProService;
8    import vo.ActionForward;
9    import vo.BoardBean;
10   import java.io.*;
11   import jakarta.servlet.annotation.MultipartConfig;
12
13   public class BoardWriteProAction implements Action {
14
15       public ActionForward execute(HttpServletRequest request,
16   HttpServletResponse response) throws Exception {
17
18           ActionForward forward = null;
19           BoardBean boardBean = null;
20
21           Part filePart = request.getPart("file");
22           String fileName = getSubmittedFileName(filePart);
23
24           boardBean = new BoardBean();
25           boardBean.setBOARD_NAME(request.getParameter("BOARD_NAME"));
26           boardBean.setBOARD_PASS(request.getParameter("BOARD_PASS"));
27           boardBean.setBOARD_SUBJECT(request.getParameter("BOARD_
28   SUBJECT"));
29           boardBean.setBOARD_CONTENT(request.getParameter("BOARD_
30   CONTENT"));
31
32           if (fileName != null && !fileName.isEmpty()) {
33               String saveDirectory = "/boardUpload";
34               ServletContext context = request.getServletContext();
35               String realFolder = context.getRealPath(saveDirectory);
36               String filePath = realFolder + File.separator + fileName;
37
```

```
38          try (InputStream fileContent = filePart.getInputStream();
39              OutputStream outputStream = new
40   FileOutputStream(filePath)) {
41              int read;
42              byte[] bytes = new byte[1024];
43              while ((read = fileContent.read(bytes)) != -1) {
44                  outputStream.write(bytes, 0, read);
45              }
46          } catch (IOException e) {
47              e.printStackTrace();
48              response.setContentType("text/html;charset=UTF-8");
49              PrintWriter out = response.getWriter();
50              out.println("<script>");
51              out.println("alert('파일 업로드 실패')");
52              out.println("history.back();");
53              out.println("</script>");
54              return forward;
55          }
56
57          boardBean.setBOARD_FILE(fileName);
58      }
59
60      BoardWriteProService boardWriteProService = new
61   BoardWriteProService();
62      boolean isWriteSuccess = boardWriteProService.
63   registArticle(boardBean);
64
65      if(!isWriteSuccess){
66          response.setContentType("text/html;charset=UTF-8");
67          PrintWriter out = response.getWriter();
68          out.println("<script>");
69          out.println("alert('등록실패')");
70          out.println("history.back();");
71          out.println("</script>");
72      }
73      else{
74          forward = new ActionForward();
75          forward.setRedirect(true);
76          forward.setPath("boardList.bo");
77      }
```

```
78
79          return forward;
80      }
81
82      private String getSubmittedFileName(Part part) {
83              for (String cd : part.getHeader("content-disposition").
84  split(";")) {
85              if (cd.trim().startsWith("filename")) {
86                      String fileName = cd.substring(cd.indexOf('=') +
87  1).trim().replace("₩"", "");
88                  return fileName;
89              }
90          }
91          return null;
92      }
93  }
```

✅ 코드 분석

21~22	이 부분에서 업로드하는 파일이 업로드 처리된다.
24~30	새로 등록할 글 정보를 저장할 BoardBean 객체를 생성하는 부분이다. 새로 등록할 글 정보들을 BoardBean 객체의 속성 값으로 할당하는 부분이다.
33	파일을 업로드할 디렉토리 명을 지정한 부분이다.
35	서버상의 파일 경로를 저장할 실제 경로를 저장할 변수를 정의한 부분이다.
62	새로운 글을 등록하는 비즈니스 로직이 실행되는 메소드를 호출하는 부분이다.
65~72	글 등록 작업이 실패했을 때 자바스크립트로 등록 실패 경고창을 출력한 후 이전 페이지로 되돌아가게 처리하는 부분이다.
73~77	글 등록 성공 후 목록 보기 요청을 하는 부분이다.
76	글이 데이터베이스에 저장된 후 바로 글 목록 보기 요청이 실행된다.

• 글 목록 보기 요청을 처리하는 Action 클래스

⬇ Chapter15₩src₩main₩java₩action₩BoardListAction.java

```
1    package action;
2
3    import java.util.*;
4    import jakarta.servlet.http.HttpServletRequest;
5    import jakarta.servlet.http.HttpServletResponse;
6    import svc.BoardListService;
7    import vo.ActionForward;
8    import vo.BoardBean;
9    import vo.PageInfo;
10
11   public class BoardListAction implements Action {
12
13      public ActionForward execute(HttpServletRequest
14   request,HttpServletResponse response) throws Exception{
15
16         ArrayList<BoardBean> articleList=new ArrayList<BoardBean>();
17         int page=1;
18         int limit=10;
19
20         if(request.getParameter("page")!=null){
21             page=Integer.parseInt(request.getParameter("page"));
22         }
23
24         BoardListService boardListService = new BoardListService();
25         int listCount=boardListService.getListCount(); //총 리스트 수를
26   받아옴.
27         articleList = boardListService.getArticleList(page,limit); //
28   리스트를 받아옴.
29         //총 페이지 수.
30         int maxPage=(int)((double)listCount/limit+0.95); //0.95를 더해
31   서 올림 처리.
32         //현재 페이지에 보여줄 시작 페이지 수(1, 11, 21 등...)
33         int startPage = (((int) ((double)page / 10 + 0.9)) - 1) * 10 + 1;
34         //현재 페이지에 보여줄 마지막 페이지 수.(10, 20, 30 등...)
35             int endPage = startPage+10-1;
36
37         if (endPage> maxPage) endPage= maxPage;
```

```
38
39          PageInfo pageInfo = new PageInfo();
40          pageInfo.setEndPage(endPage);
41          pageInfo.setListCount(listCount);
42          pageInfo.setMaxPage(maxPage);
43          pageInfo.setPage(page);
44          pageInfo.setStartPage(startPage);
45          request.setAttribute("pageInfo", pageInfo);
46          request.setAttribute("articleList", articleList);
47          ActionForward forward= new ActionForward();
48          forward.setPath("/board/qna_board_list.jsp");
49          return forward;
50
51      }
52
53  }
```

✓ 코드 분석

16	각 페이지당 출력될 전체 글 목록을 저장할 ArrayList 객체를 생성하는 부분이다.
17	목록보기 요청에서 출력될 페이지의 기본값으로 1페이지를 설정하는 부분이다.
18	한 페이지당 출력될 글의 개수를 10개로 설정하는 부분이다.
20~22	목록 보기에 출력될 페이지가 파라미터로 전송된 경우 page 변수의 값을 변경하는 부분이다. 목록 보기 페이지에서 조회할 페이지 번호를 클릭하고 요청한 경우는 페이지 번호가 파라미터로 전송되어 온다.
25~26	총 글의 개수를 반환하는 메소드를 호출하는 부분이다.
27~28	지정한 페이지에 출력될 글 목록을 반환하는 메소드를 호출하는 부분이다.
30~31	총 페이지 수를 계산하는 부분이다.
33	페이징 부분에 출력되는 페이지 번호 중 첫 번째 페이지 번호를 계산하는 부분이다. 만약 하단에 다음과 같이 페이지 번호가 출력된다면 startPage는 1이 된다. [이전][1] [2] [3] [4] [5] [6] [7] [8] [9] [10][다음]
35	페이징 부분에 출력되는 페이지 번호 중 마지막 페이지 번호를 계산하는 부분이다. 만약 하단에 다음과 같이 페이지 번호가 출력된다면 endPage는 10이 된다. [이전][1] [2] [3] [4] [5] [6] [7] [8] [9] [10][다음]

37	전체 페이지 중 마지막 페이지가 출력될 때는 하단에 출력되는 페이지 리스트가 10개가 안 될 수도 있다. startPage가 11인데 총 페이지 수는 15페이지밖에 존재하지 않는 경우, 33 라인과 같은 방식으로 endPage를 계산하면 endPage 값이 20이 되기 때문에 존재하지 않는 페이지 번호를 출력할 수 있다. [이전][11] [12] [13] [14] [15] [16] [17] [18] [19] [20][다음] 상단 페이지 출력 부분에서 16페이지부터는 존재하지 않는 페이지이다. 따라서, 계산된 endPage 값을 총 존재하는 페이지의 마지막 페이지 번호로 지정해야 한다. [이전][11] [12] [13] [14] [15] [다음]
39	페이징에 관한 정보를 저장할 PageInfo 객체를 생성하는 부분이다.
40~44	pageInfo 객체에 페이징 관련 정보들을 속성 값으로 설정하는 부분이다.
45	pageInfo 객체를 request 영역에 속성 값으로 공유하는 부분이다.
46	해당 페이지에 출력될 글의 목록 정보를 request 영역에 공유하는 부분이다.

• 글 상세 내용 보기 요청을 처리하는 Action 클래스

⬇ Chapter15₩src₩main₩java₩action₩BoardDetailAction.java

```
1    package action;
2
3    import jakarta.servlet.http.HttpServletRequest;
4    import jakarta.servlet.http.HttpServletResponse;
5    import svc.BoardDetailService;
6    import vo.ActionForward;
7    import vo.BoardBean;
8
9     public class BoardDetailAction implements Action {
10
11       public ActionForward execute(HttpServletRequest
12   request,HttpServletResponse response) throws Exception{
13
14         int board_num=Integer.parseInt(request.getParameter("board_
15   num"));
16         String page = request.getParameter("page");
17         BoardDetailService boardDetailService = new BoardDetailService();
18         BoardBean article = boardDetailService.getArticle(board_num);
19         ActionForward forward = new ActionForward();
20         request.setAttribute("page", page);
```

```
21          request.setAttribute("article", article);
22          forward.setPath("/board/qna_board_view.jsp");
23          return forward;
24
25      }
26
27  }
```

✓ 코드 분석

14~15	파라미터로 전송되어 오는 상세 내용을 볼 글의 번호를 받는 부분이다.
16	파라미터로 전송되는 페이지 번호를 받는 부분이다.
18	파라미터로 전송된 글 번호를 가지고 있는 글 하나의 정보를 반환하는 메소드를 호출하는 부분이다.
20~21	페이지 번호와 글 정보를 request 영역에 속성으로 공유하는 부분이다.

• 글 수정 폼 보기 요청을 처리하는 Action 클래스

⬇ Chapter15₩src₩main₩java₩action₩BoardModifyFormAction.java

```
1   package action;
2
3   import jakarta.servlet.http.HttpServletRequest;
4   import jakarta.servlet.http.HttpServletResponse;
5   import svc.BoardDetailService;
6   import vo.ActionForward;
7   import vo.BoardBean;
8
9   public class BoardModifyFormAction implements Action {
10
11      public ActionForward execute(HttpServletRequest
12  request,HttpServletResponse response) throws Exception{
13
14          ActionForward forward = new ActionForward();
15          int board_num=Integer.parseInt(request.
16  getParameter("board_num"));
17          BoardDetailService boardDetailService
18          = new BoardDetailService();
```

```
19        BoardBean  article  =boardDetailService.getArticle(board_
20  num);
21            request.setAttribute("article", article);
22            forward.setPath("/board/qna_board_modify.jsp");
23            return forward;
24
25      }
26
27  }
```

✅ 코드 분석

15~16	파라미터로 전송되어 오는 수정 대상이 되는 글의 번호를 받는 부분이다.'
19~20	수정 대상이 되는 글의 정보를 반환하는 메소드를 호출하는 부분이다. 수정 폼에는 해당 글의 이전 정보를 출력해 주고 새로운 정보를 입력 받아야 한다.
21	수정 대상이 되는 글의 이전 정보를 request 영역에 속성으로 공유하는 부분이다.

• 글 수정 요청을 처리하는 Action 클래스

⬇ Chapter15₩src₩main₩java₩action₩BoardModifyProAction.java

```
1   package action;
2
3   import java.io.PrintWriter;
4   import jakarta.servlet.http.HttpServletRequest;
5   import jakarta.servlet.http.HttpServletResponse;
6   import svc.BoardModifyProService;
7   import vo.ActionForward;
8   import vo.BoardBean;
9
10  public class BoardModifyProAction implements Action {
11
12      public ActionForward execute(HttpServletRequest
13  request,HttpServletResponse response)
14          throws Exception{
15
16          ActionForward forward = null;
```

```
17          boolean isModifySuccess = false;
18          int board_num=Integer.parseInt(request.getParameter("BOARD_
19  NUM"));
20          BoardBean article=new BoardBean();
21          BoardModifyProService boardModifyProService = new
22  BoardModifyProService();
23          boolean isRightUser=boardModifyProService.
24  isArticleWriter(board_num, request.getParameter("BOARD_PASS"));
25
26          if(!isRightUser){
27              response.setContentType("text/html;charset=UTF-8");
28              PrintWriter out=response.getWriter();
29              out.println("<script>");
30              out.println("alert('수정할 권한이 없습니다.');");
31              out.println("history.back();");
32              out.println("</script>");
33          }
34          else{
35              article.setBOARD_NUM(board_num);
36              article.setBOARD_SUBJECT(request.getParameter("BOARD_
37  SUBJECT"));
38              article.setBOARD_CONTENT(request.getParameter("BOARD_
39  CONTENT"));
40              isModifySuccess = boardModifyProService.
41  modifyArticle(article);
42
43              if(!isModifySuccess){
44                  response.setContentType("text/html;charset=UTF-8");
45                  PrintWriter out=response.getWriter();
46                  out.println("<script>");
47                  out.println("alert('수정실패');");
48                  out.println("history.back()");
49                  out.println("</script>");
50              }
51              else{
52                  forward = new ActionForward();
53                  forward.setRedirect(true);          forward.
54  setPath("boardDetail.bo?board_num="+article.getBOARD_NUM());
55              }
56
```

```
57              }
58
59          return forward;
60      }
61  }
```

✓ 코드 분석

17	글 수정 작업 성공 여부를 저장할 변수를 정의한 부분이다.
18~19	파라미터로 전송되어 오는 수정 대상이 되는 글의 번호를 얻어오는 부분이다.
23~24	파라미터로 전송된 비밀번호를 사용해서 글 수정 요청을 한 사용자가 글을 작성한 사용자인지를 판단해 주는 메소드를 호출하는 부분이다.
26~33	글 수정 요청을 한 사용자가 글을 작성한 사용자가 아닐 경우 자바 스크립트로 경고창을 출력하고 이전 페이지로 되돌아가게 처리하는 부분이다.
51~55	글 수정 요청을 한 사용자가 글을 작성한 사용자인 경우 수정 작업을 실행하고 글 상세 내용 보기를 다시 요청하는 부분이다.

• 글 삭제 요청을 처리하는 Action 클래스

⬇ Chapter15₩src₩main₩java₩action₩BoardDeleteProAction.java

```
1   package action;
2
3   import java.io.PrintWriter;
4   import jakarta.servlet.http.HttpServletRequest;
5   import jakarta.servlet.http.HttpServletResponse;
6   import svc.BoardDeleteProService;
7   import vo.ActionForward;
8
9   public class BoardDeleteProAction implements Action {
10
11      public ActionForward execute(HttpServletRequest
12  request,HttpServletResponse response)
13          throws Exception{
14
15          ActionForward forward = null;
```

```
16        int board_num=Integer.parseInt(request.getParameter("board_
17   num"));
18        String nowPage = request.getParameter("page");
19        BoardDeleteProService boardDeleteProService = new
20   BoardDeleteProService();
21        boolean isArticleWriter =boardDeleteProService.
22   isArticleWriter(board_num, request.getParameter("BOARD_PASS"));
23
24        if(!isArticleWriter){
25            response.setContentType("text/html;charset=UTF-8");
26            PrintWriter out=response.getWriter();
27            out.println("<script>");
28            out.println("alert('삭제할 권한이 없습니다');");
29            out.println("history.back()");
30            out.println("</script>");
31            out.close();
32        }
33        else{
34        boolean isDeleteSuccess = boardDeleteProService.
35   removeArticle(board_num);
36
37        if(!isDeleteSuccess){
38            response.setContentType("text/html;charset=UTF-8");
39            PrintWriter out=response.getWriter();
40            out.println("<script>");
41            out.println("alert('삭제실패');");
42            out.println("history.back();");
43            out.println("</script>");
44            out.close();
45        }
46        else{
47            forward = new ActionForward();
48            forward.setRedirect(true);
49            forward.setPath("boardList.bo?page=" + nowPage);
50        }
51
52        }
53        return forward;
54    }
55
```

56	}
57	

✓ 코드 분석

16~17	파라미터로 전송되어 오는 삭제 대상이 되는 글의 번호를 얻어오는 부분이다.
18	글 삭제 요청을 처리한 후 원래 보던 페이지 목록으로 돌아가기 위해서 페이지 번호를 얻어오는 부분이다.
21~22	삭제 요청을 한 사용자가 글을 작성한 사용자인지를 판단하는 부분이다.
24~32	삭제 요청을 한 사용자가 글을 작성한 사용자가 아닐 경우 경고창을 출력하고 이전 페이지로 되돌아가게 처리하는 부분이다.
34~35	인자값으로 지정한 글 번호를 가지고 있는 글을 삭제하는 기능을 하는 메소드를 호출하는 부분이다.
37~45	삭제 작업이 실패한 경우 자바스크립트로 경고창을 출력하고 이전 페이지로 되돌아가게 처리하는 부분이다.
46~50	삭제 작업이 성공한 경우 글 목록 보기를 다시 요청하는 부분이다. 이전에 보던 페이지로 다시 돌아가게 하기 위해서 page 값을 파라미터로 전송한다.

• 답변글 쓰기 폼 출력 요청을 처리하는 Action 클래스

⬇ Chapter15₩src₩main₩java₩action₩BoardReplyFormAction.java

```
1   package action;
2
3   import jakarta.servlet.http.HttpServletRequest;
4   import jakarta.servlet.http.HttpServletResponse;
5   import svc.BoardDetailService;
6   import vo.ActionForward;
7   import vo.BoardBean;
8
9   public class BoardReplyFormAction implements Action {
10
11      public ActionForward execute(HttpServletRequest
12  request,HttpServletResponse response)
13          throws Exception{
14
```

```
15              ActionForward forward = new ActionForward();
16              String nowPage = request.getParameter("page");
17              int board_num=Integer.parseInt(request.
18   getParameter("board_num"));
19              BoardDetailService boardDetailService = new
20   BoardDetailService();
21              BoardBean  article=boardDetailService.getArticle(board_
22   num);
23              request.setAttribute("article", article);
24              request.setAttribute("page", nowPage);
25              forward.setPath("/board/qna_board_reply.jsp");
26              return forward;
27
28       }
29
30   }
31
```

코드 분석

16	답변글 등록 처리를 한 후 원래 보던 페이지로 되돌아가야 하기 때문에 파라미터로 전송되어 오는 페이지 번호 값을 얻어오는 부분이다.
21~22	답변글을 달아줄 대상 글의 정보를 얻어오는 부분이다.
23~24	글 정보와 페이지 번호를 request 영역에 속성으로 공유하는 부분이다.

• 답변글 등록 요청을 처리하는 Action 클래스

⬇ Chapter15₩src₩main₩java₩action₩BoardReplyProAction.java

```
1   package action;
2
3   import java.io.PrintWriter;
4   import jakarta.servlet.http.HttpServletRequest;
5   import jakarta.servlet.http.HttpServletResponse;
6   import svc.BoardReplyProService;
7   import vo.ActionForward;
8   import vo.BoardBean;
9
```

```
10   public class BoardReplyProAction implements Action {
11
12      public ActionForward execute(HttpServletRequest
13   request,HttpServletResponse response)
14     throws Exception{
15
16     ActionForward forward = null;
17        String nowPage = request.getParameter("page");
18     BoardBean article = new BoardBean();          article.
19   setBOARD_NUM(Integer.parseInt(request.getParameter("BOARD_NUM")));
20          article.setBOARD_NAME(request.getParameter("BOARD_
21   NAME"));
22          article.setBOARD_PASS(request.getParameter("BOARD_
23   PASS"));
24     article.setBOARD_SUBJECT(request.getParameter("BOARD_SUBJECT"));
25          article.setBOARD_CONTENT(request.getParameter("BOARD_
26   CONTENT"));   article.setBOARD_RE_REF(Integer.parseInt(request.
27   getParameter("BOARD_RE_REF")));
28     article.setBOARD_RE_LEV(Integer.parseInt(request.
29   getParameter("BOARD_RE_LEV")));
30           article.setBOARD_RE_SEQ(Integer.parseInt(request.
31   getParameter("BOARD_RE_SEQ")));    BoardReplyProService
32   boardReplyProService = new BoardReplyProService();
33          boolean isReplySuccess = boardReplyProService.
34   replyArticle(article);
35
36          if(isReplySuccess){
37              forward = new ActionForward();
38              forward.setRedirect(true);
39              forward.setPath("boardList.bo?page=" + nowPage);
40          }
41          else{
42              response.setContentType("text/html;charset=UTF-8");
43              PrintWriter out = response.getWriter();
44              out.println("<script>");
45              out.println("alert('답장실패')");
46              out.println("history.back()");
47              out.println("</script>");
48          }
49
```

```
50          return forward;
51
52      }
53
54  }
55
```

18~31	답변글 작성 폼에서 작성한 파라미터 데이터들을 전송받아 BoardBean 객체의 속성 값으로 설정하는 부분이다.
32~34	답변글 등록 작업을 하는 메소드를 호출하는 부분이다.
36~40	답변글 등록 작업이 성공했을 때 글 목록 보기를 다시 요청하는 부분이다.
41~48	답변글 등록 작업이 실패했을 때 자바스크립트로 경고창을 출력하고 이전 페이지로 되돌아가게 처리한 부분이다.

⑦ 각 클라이언트의 요청을 처리하는 비즈니스 로직이 구현되는 Service 클래스들

• 글 등록 요청을 처리하는 비즈니스 로직을 구현하는 Service 클래스

⬇ Chapter15₩src₩main₩java₩svc₩BoardWriteProService.java

```
1   package svc;
2
3   import java.sql.Connection;
4   import dao.BoardDAO;
5   import vo.BoardBean;
6   import static db.JdbcUtil.*;
7   public class BoardWriteProService {
8
9       public boolean registArticle(BoardBean boardBean) throws Exception{
10          // TODO Auto-generated method stub
11
12          boolean isWriteSuccess = false;
13          Connection con = getConnection();
14          BoardDAO boardDAO = BoardDAO.getInstance();
```

```
15          boardDAO.setConnection(con);
16          int insertCount = boardDAO.insertArticle(boardBean);
17
18          if(insertCount > 0){
19              commit(con);
20              isWriteSuccess = true;
21          }
22          else{
23              rollback(con);
24          }
25
26          close(con);
27          return isWriteSuccess;
28
29      }
30
31  }
```

✓ 코드 분석

12	글 등록 작업 성공 여부를 저장할 변수를 정의한 부분이다.
14	싱글톤 방식으로 BoardDAO 클래스의 인스턴스를 얻어오는 부분이다.
15	BoardDAO 클래스에서 데이터베이스 작업을 수행할 때 사용할 Connection 객체를 주입하는 부분이다.
16	데이터베이스에 새로운 글 정보를 삽입하는 기능을 수행하는 메소드를 호출하는 부분이다.
18~21	새로운 글 정보를 데이터베이스에 성공적으로 삽입한 경우 트랜잭션을 완성시키고 isWriteSuccess 변수값을 true로 설정하는 부분이다.
22~24	새로운 글 정보를 데이터 베이스에 삽입하는 작업이 실패했을 때 트랜잭션 작업을 취소시키는 부분이다.

• 글 목록 보기 요청을 처리하는 비즈니스 로직을 구현하는 Service 클래스

⬇ Chapter15₩src₩main₩java₩svc₩BoardListService.java

```java
package svc;

import static db.JdbcUtil.*;
import java.sql.Connection;
import java.util.ArrayList;
import dao.BoardDAO;
import vo.BoardBean;

public class BoardListService {

    public int getListCount() throws Exception {
        // TODO Auto-generated method stub

        int listCount = 0;
        Connection con = getConnection();
        BoardDAO boardDAO = BoardDAO.getInstance();
        boardDAO.setConnection(con);
        listCount = boardDAO.selectListCount();
        close(con);
        return listCount;

    }

    public ArrayList<BoardBean> getArticleList(int page, int limit)
throws Exception{

        ArrayList<BoardBean> articleList = null;
        Connection con = getConnection();
        BoardDAO boardDAO = BoardDAO.getInstance();
        boardDAO.setConnection(con);
        articleList = boardDAO.selectArticleList(page,limit);
        close(con);
        return articleList;

    }

}
```

14	총 글의 개수를 저장할 변수를 선언한 부분이다.
18	데이터베이스에서 총 게시판 글의 개수를 반환하는 기능을 하는 메소드를 호출한 부분이다.
27	해당 페이지에 출력될 글 목록을 저장할 ArrayList 타입의 레퍼런스 변수를 선언한 부분이다.
31	데이터베이스에서 해당 페이지에 출력될 글 목록을 반환하는 메소드를 호출한 부분이다.

• 글 상세 내용 보기 요청을 처리하는 비즈니스 로직을 구현하는 Service 클래스

⬇ Chapter15₩src₩main₩java₩svc₩BoardDetailService.java

```
1   package svc;
2
3   import java.sql.Connection;
4   import dao.BoardDAO;
5   import vo.BoardBean;
6   import static db.JdbcUtil.*;
7
8   public class BoardDetailService {
9
10      public BoardBean getArticle(int board_num) throws Exception{
11          // TODO Auto-generated method stub
12
13          BoardBean article = null;
14          Connection con = getConnection();
15          BoardDAO boardDAO = BoardDAO.getInstance();
16          boardDAO.setConnection(con);
17          int updateCount = boardDAO.updateReadCount(board_num);
18
19          if(updateCount > 0){
20              commit(con);
21          }
22          else{
23              rollback(con);
24          }
25
26          article = boardDAO.selectArticle(board_num);
```

27	close(con);
28	return article;
29	
30	}
31	
32	}

17	상세 글 내용을 볼 글의 조회수를 증가시키는 메소드를 호출하는 부분이다.
19~24	조회수 증가 update 작업의 트랜잭션을 처리해 주는 부분이다. 오라클에서는 데이터를 조작하는 작업(insert,update,delete 등)을 실행할 때는 내부적으로 암시적 트랜잭션이 적용되므로 반드시 트랜잭션을 처리하는 부분이 존재해야 한다.
26	인자로 지정한 글 번호의 정보를 반환하는 메소드를 호출하는 부분이다.

• 글 수정하기 요청을 처리하는 비즈니스 로직을 구현하는 Service 클래스

⬇ Chapter15₩src₩main₩java₩svc₩BoardModifyProService.java

```
1    package svc;
2
3    import static db.JdbcUtil.*;
4    import java.sql.Connection;
5    import vo.BoardBean;
6    import dao.BoardDAO;
7
8    public class BoardModifyProService {
9
10       public boolean isArticleWriter(int board_num, String pass) throws
11   Exception {
12           // TODO Auto-generated method stub
13
14           boolean isArticleWriter = false;
15           Connection con = getConnection();
16           BoardDAO boardDAO = BoardDAO.getInstance();
17           boardDAO.setConnection(con);
18           isArticleWriter = boardDAO.isArticleBoardWriter(board_num,
19   pass);
```

```
20          close(con);
21          return isArticleWriter;
22
23      }
24
25      public boolean modifyArticle(BoardBean article) throws Exception {
26          // TODO Auto-generated method stub
27
28          boolean isModifySuccess = false;
29          Connection con = getConnection();
30          BoardDAO boardDAO = BoardDAO.getInstance();
31          boardDAO.setConnection(con);
32          int updateCount = boardDAO.updateArticle(article);
33
34          if(updateCount > 0){
35              commit(con);
36              isModifySuccess=true;
37          }
38          else{
39              rollback(con);
40          }
41
42          close(con);
43          return isModifySuccess;
44
45      }
46
47  }
```

✓ 코드 분석

10~23	수정 시 입력한 비밀번호를 비교하여 수정 작업을 하는 사용자가 해당 글을 작성한 사용자인지를 판단하는 메소드를 정의한 부분이다.
18~19	데이터베이스에 저장된 데이터를 사용하여 수정 작업을 하는 사용자가 글을 작성한 사용자인지를 판단하는 메소드를 호출하는 부분이다.
25~45	글 수정 작업을 처리하는 비지니스 로직이 구현되는 메소드를 정의한 부분이다.
32	수정 정보를 파라미터 값으로 전송받아 데이터베이스에서 글 정보를 수정하는 메소드를 호출하는 부분이다.
34~40	트랜잭션을 처리하는 부분이다.

• 글 삭제하기 요청을 처리하는 비즈니스 로직을 구현하는 Service 클래스

⬇ Chapter15₩src₩main₩java₩svc₩BoardDeleteProService.java

```java
package svc;

import static db.JdbcUtil.close;
import static db.JdbcUtil.commit;
import static db.JdbcUtil.getConnection;
import static db.JdbcUtil.rollback;
import java.sql.Connection;
import dao.BoardDAO;

public class BoardDeleteProService {

    public boolean isArticleWriter(int board_num, String pass) throws
Exception {
        // TODO Auto-generated method stub

        boolean isArticleWriter = false;
        Connection con = getConnection();
        BoardDAO boardDAO = BoardDAO.getInstance();
        boardDAO.setConnection(con);
        isArticleWriter = boardDAO.isArticleBoardWriter(board_num,
pass);
        close(con);
        return isArticleWriter;

    }

    public boolean removeArticle(int board_num) throws Exception{
        // TODO Auto-generated method stub

        boolean isRemoveSuccess = false;
        Connection con = getConnection();
        BoardDAO boardDAO = BoardDAO.getInstance();
        boardDAO.setConnection(con);
        int deleteCount = boardDAO.deleteArticle(board_num);

        if(deleteCount > 0){
            commit(con);
```

```
38              isRemoveSuccess=true;
39          }
40          else{
41              rollback(con);
42          }
43
44          close(con);
45          return isRemoveSuccess;
46      }
47
48  }
```

12~25	글 삭제 요청을 한 사용자가 글을 작성한 사용자인지를 판단하는 메소드를 정의한 부분이다.
27~46	글 삭제 요청을 처리하는 메소드를 정의한 부분이다.
36~42	트랜잭션을 처리하는 부분이다.

• 답변하기 요청을 처리하는 비즈니스 로직을 구현하는 Service 클래스

⬇ Chapter15\src\main\java\svc\BoardReplyProService.java

```
1  package svc;
2
3  import static db.JdbcUtil.*;
4  import java.sql.Connection;
5  import dao.BoardDAO;
6  import vo.BoardBean;
7
8  public class BoardReplyProService {
9
10     public boolean replyArticle(BoardBean article) throws Exception{
11         // TODO Auto-generated method stub
12
13         boolean isReplySuccess = false;
14         int insertCount = 0;
```

```
15          Connection con = getConnection();
16          BoardDAO boardDAO = BoardDAO.getInstance();
17          boardDAO.setConnection(con);
18          insertCount = boardDAO.insertReplyArticle(article);
19
20          if(insertCount > 0){
21              commit(con);
22              isReplySuccess = true;
23          }
24          else{
25              rollback(con);
26          }
27
28          close(con);
29          return isReplySuccess;
30
31      }
32
33  }
```

18	답변글 정보를 파라미터 값으로 전송받아 데이터베이스에 답변글을 등록하는 메소드를 호출하는 부분이다.

⑧ 오라클 데이터베이스로 SQL 구문을 전송하는 클래스

• 답변하기 요청을 처리하는 비즈니스 로직을 구현하는 Service 클래스

⬇ Chapter15₩src₩main₩java₩dao₩BoardDAO.java

```
1   package dao;
2
3   import static db.JdbcUtil.*;
4   import java.sql.Connection;
5   import java.sql.PreparedStatement;
6   import java.sql.ResultSet;
7   import java.sql.SQLException;
8   import java.util.ArrayList;
```

```java
 9    import javax.sql.DataSource;
10    import vo.BoardBean;
11
12    public class BoardDAO {
13
14        DataSource ds;
15        Connection con;
16        private static BoardDAO boardDAO;
17
18        private BoardDAO() {
19            // TODO Auto-generated constructor stub
20        }
21
22        public static BoardDAO getInstance(){
23            if(boardDAO == null){
24                boardDAO = new BoardDAO();
25            }
26            return boardDAO;
27        }
28
29        public void setConnection(Connection con){
30            this.con = con;
31        }
32
33        //글의 개수 구하기.
34        public int selectListCount() {
35
36            int listCount= 0;
37            PreparedStatement pstmt = null;
38            ResultSet rs = null;
39
40            try{
41
42                pstmt=con.prepareStatement("select count(*) from board");
43                rs = pstmt.executeQuery();
44
45                if(rs.next()){
46                    listCount=rs.getInt(1);
47                }
48            }catch(Exception ex){
```

```
49              System.out.println("getListCount 에러: " + ex);
50          }finally{
51              close(rs);
52              close(pstmt);
53          }
54
55          return listCount;
56
57      }
58
59      //글 목록 보기.
60      public ArrayList<BoardBean> selectArticleList(int page,int limit){
61
62          PreparedStatement pstmt = null;
63          ResultSet rs = null;
64          String board_list_sql="select * from board order by BOARD_RE_
65  REF desc,BOARD_RE_SEQ asc limit ?,10";
66          ArrayList<BoardBean> articleList = new ArrayList<BoardBean>();
67          BoardBean board = null;
68          int startrow=(page-1)*10; //읽기 시작할 row 번호..
69
70          try{
71              pstmt = con.prepareStatement(board_list_sql);
72              pstmt.setInt(1, startrow);
73              rs = pstmt.executeQuery();
74
75              while(rs.next()){
76                  board = new BoardBean();
77                  board.setBOARD_NUM(rs.getInt("BOARD_NUM"));
78                  board.setBOARD_NAME(rs.getString("BOARD_NAME"));
79                  board.setBOARD_SUBJECT(rs.getString("BOARD_SUBJECT"));
80                  board.setBOARD_CONTENT(rs.getString("BOARD_CONTENT"));
81                  board.setBOARD_FILE(rs.getString("BOARD_FILE"));
82                  board.setBOARD_RE_REF(rs.getInt("BOARD_RE_REF"));
83                  board.setBOARD_RE_LEV(rs.getInt("BOARD_RE_LEV"));
84                  board.setBOARD_RE_SEQ(rs.getInt("BOARD_RE_SEQ"));
85                  board.setBOARD_READCOUNT(rs.getInt("BOARD_
86  READCOUNT"));
87                  board.setBOARD_DATE(rs.getDate("BOARD_DATE"));
88                  articleList.add(board);
```

```
 89              }
 90
 91          }catch(Exception ex){
 92              System.out.println("getBoardList 에러 : " + ex);
 93          }finally{
 94              close(rs);
 95              close(pstmt);
 96          }
 97
 98          return articleList;
 99
100      }
101
102      //글 내용 보기.
103      public BoardBean selectArticle(int board_num) {
104
105          PreparedStatement pstmt = null;
106          ResultSet rs = null;
107          BoardBean boardBean = null;
108
109          try{
110              pstmt = con.prepareStatement(
111              "select * from board where BOARD_NUM = ?");
112              pstmt.setInt(1, board_num);
113              rs= pstmt.executeQuery();
114
115              if(rs.next()){
116                  boardBean = new BoardBean();
117                  boardBean.setBOARD_NUM(rs.getInt("BOARD_NUM"));
118  boardBean.setBOARD_NAME(rs.getString("BOARD_NAME"));
119      boardBean.setBOARD_SUBJECT(rs.getString("BOARD_SUBJECT"));
120      boardBean.setBOARD_CONTENT(rs.getString("BOARD_CONTENT"));
121      boardBean.setBOARD_FILE(rs.getString("BOARD_FILE"));
122      boardBean.setBOARD_RE_REF(rs.getInt("BOARD_RE_REF"));
123  boardBean.setBOARD_RE_LEV(rs.getInt("BOARD_RE_LEV"));
124    boardBean.setBOARD_RE_SEQ(rs.getInt("BOARD_RE_SEQ"));
125      boardBean.setBOARD_READCOUNT(rs.getInt("BOARD_READCOUNT"));
126    boardBean.setBOARD_DATE(rs.getDate("BOARD_DATE"));
127              }
128          }catch(Exception ex){
```

```
129              System.out.println("getDetail 에러 : " + ex);
130         }finally{
131             close(rs);
132             close(pstmt);
133         }
134
135         return boardBean;
136
137     }
138
139     //글 등록.
140     public int insertArticle(BoardBean article){
141
142         PreparedStatement pstmt = null;
143         ResultSet rs = null;
144         int num =0;
145         String sql="";
146         int insertCount=0;
147
148         try{
149         pstmt=con.prepareStatement("select max(board_num) from
150 board");
151             rs = pstmt.executeQuery();
152
153             if(rs.next())
154                 num =rs.getInt(1)+1;
155             else
156                 num=1;
157
158     sql="insert into board (BOARD_NUM,BOARD_NAME,BOARD_PASS,BOARD_
159 SUBJECT,";
160             sql+="BOARD_CONTENT, BOARD_FILE, BOARD_RE_REF,"+
161 "BOARD_RE_LEV,BOARD_RE_SEQ,BOARD_READCOUNT,"+
162             "BOARD_DATE) values(?,?,?,?,?,?,?,?,?,?,now())";
163
164                 pstmt = con.prepareStatement(sql);
165             pstmt.setInt(1, num);
166             pstmt.setString(2, article.getBOARD_NAME());
167             pstmt.setString(3, article.getBOARD_PASS());
168             pstmt.setString(4, article.getBOARD_SUBJECT());
```

```
169          pstmt.setString(5, article.getBOARD_CONTENT());
170          pstmt.setString(6, article.getBOARD_FILE());
171          pstmt.setInt(7, num);
172          pstmt.setInt(8, 0);
173          pstmt.setInt(9, 0);
174          pstmt.setInt(10, 0);
175
176          insertCount=pstmt.executeUpdate();
177
178       }catch(Exception ex){
179          System.out.println("boardInsert 에러 : "+ex);
180       }finally{
181          close(rs);
182          close(pstmt);
183       }
184
185       return insertCount;
186
187    }
188
189    //글 답변.
190    public int insertReplyArticle(BoardBean article){
191
192       PreparedStatement pstmt = null;
193       ResultSet rs = null;
194       String board_max_sql="select max(board_num) from board";
195       String sql="";
196       int num=0;
197       int insertCount=0;
198       int re_ref=article.getBOARD_RE_REF();
199       int re_lev=article.getBOARD_RE_LEV();
200       int re_seq=article.getBOARD_RE_SEQ();
201
202       try{
203          pstmt=con.prepareStatement(board_max_sql);
204          rs = pstmt.executeQuery();
205          if(rs.next())num =rs.getInt(1)+1;
206          else num=1;
207          sql="update board set BOARD_RE_SEQ=BOARD_RE_SEQ+1 where
208 BOARD_RE_REF=? ";
```

```
209            sql+="and BOARD_RE_SEQ>?";
210            pstmt = con.prepareStatement(sql);
211            pstmt.setInt(1,re_ref);
212            pstmt.setInt(2,re_seq);
213            int updateCount=pstmt.executeUpdate();
214
215            if(updateCount > 0){
216                commit(con);
217            }
218
219            re_seq = re_seq + 1;
220            re_lev = re_lev+1;
221                      sql="insert into board        (BOARD_NUM,BOARD_
222     NAME,BOARD_PASS,BOARD_SUBJECT,";
223            sql+="BOARD_CONTENT, BOARD_FILE,BOARD_RE_REF,BOARD_RE_
224     LEV,BOARD_RE_SEQ,";
225            sql+="BOARD_READCOUNT,BOARD_DATE) values(?,?,?,?,?,?,?,?,
226     ?,?,now())";
227            pstmt = con.prepareStatement(sql);
228            pstmt.setInt(1, num);
229            pstmt.setString(2, article.getBOARD_NAME());
230            pstmt.setString(3, article.getBOARD_PASS());
231            pstmt.setString(4, article.getBOARD_SUBJECT());
232            pstmt.setString(5, article.getBOARD_CONTENT());
233            pstmt.setString(6, ""); //답장에는 파일을 업로드하지 않음.
234            pstmt.setInt(7, re_ref);
235            pstmt.setInt(8, re_lev);
236            pstmt.setInt(9, re_seq);
237            pstmt.setInt(10, 0);
238            insertCount = pstmt.executeUpdate();
239        }catch(SQLException ex){
240            System.out.println("boardReply 에러 : "+ex);
241        }finally{
242            close(rs);
243            close(pstmt);
244        }
245
246        return insertCount;
247
248    }
```

```
249
250      //글 수정.
251      public int updateArticle(BoardBean article){
252
253          int updateCount = 0;
254          PreparedStatement pstmt = null;
255          String sql="update board set BOARD_SUBJECT=?,BOARD_CONTENT=?
256  where BOARD_NUM=?";
257
258          try{
259              pstmt = con.prepareStatement(sql);
260              pstmt.setString(1, article.getBOARD_SUBJECT());
261              pstmt.setString(2, article.getBOARD_CONTENT());
262              pstmt.setInt(3, article.getBOARD_NUM());
263              updateCount = pstmt.executeUpdate();
264          }catch(Exception ex){
265              System.out.println("boardModify 에러 : " + ex);
266          }finally{
267              close(pstmt);
268          }
269
270          return updateCount;
271
272      }
273
274      //글 삭제.
275      public int deleteArticle(int board_num){
276
277          PreparedStatement pstmt = null;
278          String board_delete_sql="delete from board where BOARD_
279  num=?";
280          int deleteCount=0;
281
282          try{
283              pstmt=con.prepareStatement(board_delete_sql);
284              pstmt.setInt(1, board_num);
285              deleteCount=pstmt.executeUpdate();
286          }catch(Exception ex){
287              System.out.println("boardDelete 에러 : "+ex);
288          }  finally{
```

```
289              close(pstmt);
290          }
291
292          return deleteCount;
293
294      }
295
296      //조회수 업데이트.
297      public int updateReadCount(int board_num){
298
299          PreparedStatement pstmt = null;
300          int updateCount = 0;
301          String sql="update board set BOARD_READCOUNT = "+
302              "BOARD_READCOUNT+1 where BOARD_NUM = "+board_num;
303
304          try{
305              pstmt=con.prepareStatement(sql);
306              updateCount = pstmt.executeUpdate();
307          }catch(SQLException ex){
308              System.out.println("setReadCountUpdate 에러 : "+ex);
309          }
310          finally{
311              close(pstmt);
312          }
313
314          return updateCount;
315
316      }
317
318      //글쓴이인지 확인.
319      public boolean isArticleBoardWriter(int board_num,String pass){
320
321          PreparedStatement pstmt = null;
322          ResultSet rs = null;
323          String board_sql="select * from board where BOARD_NUM=?";
324          boolean isWriter = false;
325
326          try{
327              pstmt=con.prepareStatement(board_sql);
328              pstmt.setInt(1, board_num);
```

```
329                 rs=pstmt.executeQuery();
330                 rs.next();
331
332                 if(pass.equals(rs.getString("BOARD_PASS"))){
333                     isWriter = true;
334                 }
335         }catch(SQLException ex){
336             System.out.println("isBoardWriter 에러 : "+ex);
337         }
338         finally{
339             close(pstmt);
340         }
341
342         return isWriter;
343
344     }
345
346 }
```

코드 분석

16	외부 클래스에서 BoardDAO 변수에 직접 접근할 수 없도록 접근 제한자를 private으로 지정함.
18~20	외부 클래스에서 생성자를 사용해서 객체를 새로 생성할 수 없도록 생성자의 접근 제한자를 private으로 지정함.
22~27	싱글톤 패턴으로 BoardDAO 객체를 생성해서 리턴해 주는 메소드를 정의한 부분이다.
29~31	BoardDAO 객체에 Connection 객체를 주입하는 메소드를 정의한 부분이다.
34~57	게시판 전체 글 개수를 반환해 주는 메소드를 정의한 부분이다.
42	COUNT 함수를 사용해서 전체 글의 개수를 조회하는 SQL 구문으로 PreparedStatement 객체를 생성하는 부분이다.
45~47	데이터베이스에서 조회한 전체 글의 개수를 listCount 변수에 할당하는 부분이다.
60~100	해당 페이지에 출력될 글 목록을 데이터베이스에서 조회하여 반환하는 메소드를 정의한 부분이다.
64~65	limit ?,10 해당 페이지의 시작 레코드 인덱스를 ? 부분에 매핑하여 해당 페이지에 출력될 첫번째 글부터 10개를 조회하게 한 부분이다.
68	해당 페이지에서 출력되어야 하는 시작 레코드의 인덱스 번호를 구하는 부분이다.

103~137	파라미터 값으로 지정된 글 번호를 가지고 있는 글의 정보를 데이터베이스에서 조회하여 반환하는 메소드를 정의한 부분이다.
110~111	조회하는 글의 조건값으로 board_num 컬럼 값을 사용한다.
140~187	새로운 글을 데이터 베이스에 등록하는 역할을 하는 메소드를 정의한 부분이다.
153~154	새로 글이 등록될 때 부여될 관련글 번호 값을 구하는 부분이다. 목록 보기에 글이 출력될 때 이 관련글 번호에 의해서 원글과 해당 글의 답변글이 하나로 묶인다. 따라서 답글을 달 때는 자신이 답변을 하는 원글의 관련글 번호가 자신의 관련글 번호로 지정된다.
190~248	답변글을 등록하는 기능이 정의되어 있는 메소드를 정의한 부분이다.
207~212	자신이 답변을 달려고 하는 글과 같은 글 그룹에 속하고 자신이 답변을 달려고 하는 글보다 뒤에 출력되는 글들의 출력 순서를 하나씩 증가시키는 SQL 구문이다. 만약 첫 번째 글을 작성하면 다음과 같이 각 컬럼 값들이 설정된다. 　　　　　　　BOARD_RE_REF　　　　　BOARD_RE_SEQ 1. 원글　　　　　1　　　　　　　　　　0 원글에 답변글을 달면 다음과 같이 각 컬럼 값들이 지정된다. 　　　　　　　BOARD_RE_REF　　　　　BOARD_RE_SEQ 1. 원글　　　　　1　　　　　　　　　　0 2. 답글1　　　　1　　　　　　　　　　1 만약 원글에 다시 답변글을 달면 답변글이 원글 다음에 바로 출력되어야 하므로 컬럼 값이 다음과 같이 되어야 한다. 　　　　　　　BOARD_RE_REF　　　　　BOARD_RE_SEQ 1. 원글　　　　　1　　　　　　　　　　0 3. 답글2　　　　1　　　　　　　　　　1 2. 답글1　　　　1　　　　　　　　　　1 + 1 두 번째 답글의 BOARD_RE_SEQ 값이 1이 되어야 하는데 이미 답글1의 BOARD_RE_SEQ 값이 1 로 지정되어 있기 때문에 답글1의 BOARD_RE_SEQ 값에 1을 더해서 순서를 뒤로 민 것이다. 그리고 답글2의 BOARD_RE_SEQ 값은 답변을 단 글보다 1 증가시키면 된다.
219~220	답변글의 re_level(답글 레벨) 값과 re_step 값을 원들 보다 하나 증가시킨 부분이다.
251~272	글 수정하기 요청을 처리하는 메소드를 정의한 부분이다.
275~294	글 삭제하기 요청을 처리하는 메소드를 정의한 부분이다.
297~316	글의 조회수를 증가시키는 기능을 하는 메소드를 정의한 부분이다.
319~344	현재 사용자가 글을 작성한 사용자인지를 확인하는 메소드를 정의한 부분이다.

⑨ 클라이언트의 요청에 대한 응답화면을 만들어낼 뷰 페이지들

• 글을 새로 작성하는 화면을 보여주는 뷰 페이지

⬇ Chapter15₩src₩main₩webapp₩board₩css₩qna_board_write.css

```
1   #writeForm {
2       width: 500px;
3       height: 610px;
4       border: 1px solid red;
5       margin: auto;
6   }
7
8   h2 {
9       text-align: center;
10  }
11
12  table {
13      margin: auto;
14      width: 450px;
15  }
16
17  .td_left {
18      width: 150px;
19      background: orange;
20  }
21
22  .td_right {
23      width: 300px;
24      background: skyblue;
25  }
26
27  #commandCell {
28      text-align: center;
29  }
```

1~6	글 쓰기 폼 영역의 스타일을 정의한 부분이다. qna_board_write.jsp 코드상 13~54라인 부분의 스타일을 정의한 부분이다.
2~3	영역의 넓이와 높이 픽셀을 지정한 부분이다.
4	영역의 테두리 선을 지정한 부분이다.
5	영역을 화면의 가운데 배치하는 부분이다.
17~20	새로운 글을 등록할 때 각 입력하는 값들의 레이블이 출력되는 글쓰기 테이블의 왼쪽 셀에 적용될 스타일을 지정한 부분이다.
19	제목을 출력하는 셀의 배경색을 오렌지색으로 설정하는 부분이다.
27~29	qna_board_write.jsp 코드에서 49~52 라인 즉, 등록 버튼이나 다시쓰기 버튼이 출력되는 영역의 스타일을 지정한 부분이다.

⬇ Chapter15₩src₩main₩webapp₩board₩qna_board_write.jsp

```
1    <%@ page language="java" contentType="text/html; charset=UTF-8"%>
2
3    <!DOCTYPE html>
4    <html>
5    <head>
6    <meta charset="UTF-8">
7    <title>MVC 게시판</title>
8    <link href="board/css/qna_board_write.css" rel="stylesheet"
9    type="text/css">
10   </head>
11   <body>
12       <!-- 게시판 등록 -->
13       <section id="writeForm">
14          <h2>게시판글등록</h2>
15          <form action="boardWritePro.bo" method="post"
16              enctype="multipart/form-data" name="boardform">
17              <table>
18                 <tr>
19                     <td class="td_left"><label for="BOARD_NAME">글쓴이</
20   label></td>
21                     <td class="td_right"><input type="text" name="BOARD_
22   NAME" id="BOARD_NAME" required="required" /></td>
```

```
23          </tr>
24          <tr>
25              <td class="td_left"><label for="BOARD_PASS">비밀번호
26   </label></td>
27              <td class="td_right"><input name="BOARD_PASS"
28   type="password" id="BOARD_PASS" required="required" /></td>
29          </tr>
30          <tr>
31              <td class="td_left"><label for="BOARD_SUBJECT">제 목
32   </label></td>
33              <td class="td_right"><input name="BOARD_SUBJECT"
34   type="text" id="BOARD_SUBJECT" required="required" /></td>
35          </tr>
36          <tr>
37              <td class="td_left"><label for="BOARD_CONTENT">내 용
38   </label></td>
39              <td><textarea id="BOARD_CONTENT" name="BOARD_
40   CONTENT" cols="40" rows="15" required="required"></textarea></td>
41          </tr>
42          <tr>
43              <td class="td_left"><label for="BOARD_FILE"> 파일 첨
44   부 </label></td>
45              <td class="td_right"><input name="BOARD_FILE"
46   type="file" id="BOARD_FILE" required="required" /></td>
47          </tr>
48      </table>
49      <section id="commandCell">
50          <input type="submit" value="등록">  
51   <input type="reset" value="다시쓰기" />
52      </section>
53   </form>
54   </section>
55   <!-- 게시판 등록 -->
56   </body>
57   </html>
```

16	게시판 글 등록 시 파일 업로드 기능도 처리하므로 enctype="multipart/form-data" 부분을 지정하였다. 이 enctype 속성이 지정되어야 업로드하는 파일이 서버로 제대로 전송된다.
17~48	각 입력 상자마다 label 태그를 사용하여 레이블을 클릭할 때 레이블에 해당하는 데이터를 입력하는 입력 상자로 커서가 이동하게 처리하였다. 폼 화면에서 각 레이블을 클릭하면 for 속성으로 지정된 id 속성을 가지고 있는 입력 상자로 커서가 이동된다. 또한 required="required" 속성을 사용하여 반드시 데이터를 입력해야 하는 데이터의 입력 상자에는 값을 입력하지 않으면 요청이 전송되지 않게 처리했다. required="required" 속성이 주어진 입력 상자에 아무 값도 입력하지 않고 등록 버튼을 클릭하면 요청이 전송되지 않는다.

• 전체 게시판 글목록을 보여주는 뷰 페이지

⬇ Chapter15₩src₩main₩webapp₩board₩css₩qna_board_list.css

```css
1   #registForm {
2       width: 500px;
3       height: 600px;
4       border: 1px solid red;
5       margin: auto;
6   }
7   h2 {
8       text-align: center;
9   }
10  table {
11      margin: auto;
12      width: 450px;
13  }
14  #tr_top {
15      background: orange;
16      text-align: center;
17  }
18  #pageList {
19      margin: auto;
20      width: 500px;
21      text-align: center;
22  }
23  #emptyArea {
```

```
24        margin: auto;
25        width: 500px;
26        text-align: center;
27    }
```

⬇ Chapter15₩src₩main₩webapp₩board₩css₩qna_board_list.css

```
 1    #registForm {
 2        width: 500px;
 3        height: 600px;
 4        border: 1px solid red;
 5        margin: auto;
 6    }
 7    h2 {
 8        text-align: center;
 9    }
10    table {
11        margin: auto;
12        width: 450px;
13    }
14    #tr_top {
15        background: orange;
16        text-align: center;
17    }
18    #pageList {
19        margin: auto;
20        width: 500px;
21        text-align: center;
22    }
23    #emptyArea {
24        margin: auto;
25        width: 500px;
26        text-align: center;
27    }
```

```
1    <%@page import="vo.PageInfo"%>
2    <%@page import="vo.BoardBean"%>
3    <%@ page language="java" contentType="text/html; charset=UTF-8"%>
4    <%@ page import="java.util.*"%>
5    <%@ page import="java.text.SimpleDateFormat"%>
6
7    <%
8        ArrayList<BoardBean> articleList=(ArrayList<BoardBean>)request.
9    getAttribute("articleList");
10       PageInfo pageInfo = (PageInfo)request.getAttribute("pageInfo");
11       int listCount=pageInfo.getListCount();
12       int nowPage=pageInfo.getPage();
13       int maxPage=pageInfo.getMaxPage();
14       int startPage=pageInfo.getStartPage();
15       int endPage=pageInfo.getEndPage();
16   %>
17
18   <!DOCTYPE html>
19   <html>
20   <head>
21   <meta charset="UTF-8" />
22   <title>MVC 게시판</title>
23   <link href="board/css/qna_borad_list.css" rel="stylesheet"
24   type="text/css">
25   </head>
26
27   <body>
28       <!-- 게시판 리스트 -->
29       <section id="listForm">
30          <h2>
31              글 목록<a href="boardWriteForm.bo">게시판글쓰기</a>
32          </h2>
33          <table>
34              <%
35   if(articleList != null && listCount > 0){
36   %>
37
38              <tr id="tr_top">
39                  <td>번호</td>
40                  <td>제목</td>
```

```
41            <td>작성자</td>
42            <td>날짜</td>
43            <td>조회수</td>
44          </tr>
45
46          <%
47        for(int i=0;i<articleList.size();i++){
48
49    %>
50          <tr>
51            <td><%=articleList.get(i).getBOARD_NUM()%></td>
52            <td>
53
54            <%if(articleList.get(i).getBOARD_RE_LEV()!=0){ %>
55    <%for(int a=0;a<=articleList.get(i).getBOARD_RE_LEV()*2;a++){ %>
56                 
57    <%} %> ▶
58                          <%}else{ %> ▶ <%} %> <a
59    href="boardDetail.bo?board_num=<%=articleList.get(i).getBOARD_
60    NUM()%>&page=<%=nowPage%>">
61                <%=articleList.get(i).getBOARD_SUBJECT()%>
62            </a>
63            </td>
64            <td><%=articleList.get(i).getBOARD_NAME() %></td>
65            <td><%=articleList.get(i).getBOARD_DATE() %></td>
66        <td><%=articleList.get(i).getBOARD_READCOUNT() %></td>
67            </tr>
68            <%} %>
69        </table>
70    </section>
71
72    <section id="pageList">
73        <%if(nowPage<=1){ %>
74        [이전] 
75        <%}else{ %>
76        <a href="boardList.bo?page=<%=nowPage-1 %>">[이전]</a> 
77        <%} %>
78
79        <%for(int a=startPage;a<=endPage;a++){
80        if(a==nowPage){%>
```

```
81          [<%=a %>]
82          <%}else{ %>
83
84          <a href="boardList.bo?page=<%=a %>">[<%=a %>]
85          </a> 
86          <%} %>
87          <%} %>
88          <%if(nowPage>=maxPage) { %>
89          [다음]
90          <%}else{ %>
91          <a href="boardList.bo?page=<%=nowPage+1 %>">[다음]</a>
92          <%} %>
93
94      </section>
95      <%
96      }
97      else
98      {
99      %>
100     <section id="emptyArea">등록된 글이 없습니다.</section>
101     <%
102     }
103 %>
104
105 </body>
106 </html>
```

![코드 분석]

8~9	request 영역에 articleList라는 이름으로 공유되어 있는 속성 값을 ArrayList 타입으로 얻어오는 부분이다. 이 articleList 객체는 BoardListAction 클래스의 request.setAttribute("articleList", articleList); 부분에서 공유된 것이다.
10	request 영역에 pageInfo라는 이름으로 공유되어 있는 페이징 처리 관련 정보를 PageInfo 타입으로 얻어오는 부분이다. 이 페이징 처리 관련 정보는 BoardListAction 의 request.setAttribute("pageInfo", pageInfo); 부분에서 공유된 것이다.
11~15	페이징 처리 관련 정보를 코드에서 사용하기 편하게 각 변수에 저장하는 부분이다.
31	글 목록 보기 페이지에서 새로운 글을 등록할 수 있는 요청을 링크한 부분이다.

35	articleList라는 이름의 속성이 request 영역에 제대로 공유되어 있고, 해당 ArrayList 객체에 요소가 하나라도 있으면 글 목록을 보여 주는 조건문 부분이다.
38~44	출력되는 게시판 글 목록의 각 데이터들의 제목을 출력하는 부분이다. 각 데이터의 제목은 상단에 한 번만 출력되면 되기 때문에 for문에 처리하지 않고 for문 밖에서 처리했다.
47~77	존재하는 게시판 글만큼 반복하면서 각 게시판 글의 정보를 출력하는 부분이다.
51	게시판 글 번호를 출력하는 부분이다.
54~57	articleList.get(i).getBOARD_RE_LEV()!=0 조건을 만족할 때, 즉 해당 글이 답변글일 경우 articleList.get(i).getBOARD_RE_LEV()*2 개수만큼 스페이스 바를 출력해서 들여쓰기 처리를 하는 부분이다. 답글 레벨에 2를 곱하여 답글 레벨이 하나 증가할 때마다 스페이스 바를 두 번씩 출력하였다.
58	답글이 아닌 경우는 들여쓰기를 처리하지 않고 ▶를 바로 출력한 부분이다.
59~60	글 제목을 출력하면서 해당 글의 제목을 클릭했을 때 글 내용 상세 보기 요청을 할 수 있도록 링크 한 부분이다. 링크를 클릭했을 때 선택된 글 내용을 보여주어야 하기 때문에 파라미터로 글 번호를 전송하며 글 내용을 본 후 목록 보기로 돌아갈 때 원래 보던 페이지로 돌아가야 하기 때문에 페이지 번호도 같이 파라미터로 전송한다.
64	작성자 이름을 출력하는 부분이다.
65	작성일을 출력하는 부분이다.
66	조회수를 출력하는 부분이다.
72~94	페이징 처리를 위해서 페이지 번호를 출력하는 부분이다.
73~75	현재 페이지 번호가 1페이지보다 작거나 같으면, 즉 이전 페이지가 존재하지 않으면 이전 문자열을 링크하지 않는 부분이다.
75~77	이전 페이지가 존재하면 이전 페이지로 이동할 수 있도록 이전 문자열을 링크 걸어주는 부분이다.
79~87	페이지 리스트에 출력될 처음 페이지에서 마지막 페이지까지의 페이지 번호를 출력하는 부분이다.
80~82	페이지 번호로 출력될 번호가 현재 목록 보기 화면에 출력된 페이지 번호와 같을 때 출력될 페이지 번호를 "[]" 로 묶어서 강조하는 부분이다.
82~85	페이지 번호로 출력될 번호가 현재 목록 보기 화면에 출력된 페이지 번호와 같지 않으면 페이지 번호를 강조하지 않고 출력하는 부분이다.
88~90	현재 출력될 페이지 번호가 마지막 페이지 번호보다 크거나 같으면, 즉 다음 페이지가 존재하지 않으면 다음 문자열을 링크하지 않는 부분이다.
90~92	현재 페이지 번호가 마지막 페이지 번호보다 작으면 다음 문자열을 링크해서 클릭하면 다음 페이지로 이동하게 처리한 부분이다.

- 특정 게시판 글 하나의 상세 정보를 보여주는 뷰 페이지

⬇ Chapter15₩src₩main₩webapp₩board₩css₩qna_board_view.css

```
 1   #articleForm {
 2       width: 500px;
 3       height: 500px;
 4       border: 1px solid red;
 5       margin: auto;
 6   }
 7
 8   h2 {
 9       text-align: center;
10   }
11
12   #basicInfoArea {
13       height: 40px;
14       text-align: center;
15   }
16
17   #articleContentArea {
18       background: orange;
19       margin-top: 20px;
20       height: 350px;
21       text-align: center;
22       overflow: auto;
23   }
24   #commandList {
25       margin: auto;
26       width: 500px;
27       text-align: center;
28   }
```

⬇ Chapter15₩src₩main₩webapp₩board₩qna_board_view.jsp

```
 1   <%@page import="vo.BoardBean"%>
 2   <%@page language="java" contentType="text/html; charset=UTF-8"%>
 3
 4   <%
 5       BoardBean article = (BoardBean)request.getAttribute("article");
 6           String nowPage = (String)request.getAttribute("page");
 7   %>
```

```
8
9    <!DOCTYPE html>
10   <html>
11   <head>
12   <meta charset="UTF-8">
13   <title>MVC 게시판</title>
14   <link href="board/css/qna_board_view.css" rel="stylesheet"
15   type="text/css">
16   </head>
17
18   <body>
19       <!-- 게시판 수정 -->
20       <section id="articleForm">
21           <h2>글 내용 상세보기</h2>
22           <section id="basicInfoArea">
23               제 목 :
24               <%=article.getBOARD_SUBJECT()%>
25               첨부파일 :
26               <%if(!(article.getBOARD_FILE()==null)){ %>
27               <a href="file_down?downFile=<%=article.getBOARD_FILE()%>">
28   <%=article.getBOARD_FILE() %>
29               </a>
30               <%} %>
31           </section>
32           <section id="articleContentArea">
33               <%=article.getBOARD_CONTENT() %>
34           </section>
35       </section>
36       <section id="commandList">
37           <a href="boardReplyForm.bo?board_num=<%=article.getBOARD_
38   NUM() %>&page=<%=nowPage%>">[답변] </a>
39   <a href="boardModifyForm.bo?board_num=<%=article.getBOARD_NUM()
40   %>">
41           [수정] </a>
42   <a href="boardDeleteForm.bo?board_num=<%=article.getBOARD_NUM()
43   %>&page=<%=nowPage%>">[삭제] </a>
44    <a href="boardList.bo?page=<%=nowPage%>">[목록]</a>   
45       </section>
46   </body>
47   </html>
```

5	글 하나에 대한 상세 정보를 저장하고 있는 request 영역에 공유되어 있는 article이라는 이름의 속성 값을 BoardBean 클래스 타입으로 얻어오는 부분이다.
6	이 속성은 BoardDetailAction 클래스의 request.setAttribute("page", page); 부분에서 공유된다. 이 page 값은 답변하기, 삭제하기 요청을 할 때 요청의 파라미터로 전송하여 요청 처리가 끝난 후 목록 보기 페이지로 되돌아갈 때 원래 보던 페이지로 되돌아갈 수 있게 처리하기 위해서 얻어온다.
22~31	해당 게시판 글의 기본 데이터를 출력하는 영역이다. 글 내용 부분은 내용이 많아질 수 있으므로 별도의 섹션을 구분하여 출력한다.
32~34	이 부분은 스타일 시트의 22 라인에서 overflow: auto; 속성을 지정하여 지정한 영역의 크기 이상이 출력되면 스크롤 처리하였다.
37~38	답변 요청을 링크하는 부분이다. 파라미터로 답변할 대상 글의 번호와 페이지 번호를 전송한다.
39~41	수정 요청을 링크하는 부분이다. 수정 처리 대상이 되는 글의 번호를 파라미터 값으로 전송한다.
42~43	삭제 요청을 링크하는 부분이다. 삭제할 글의 번호와 현재 페이지 번호를 파라미터 값으로 전송한다.
44	목록 요청을 링크한 부분이다.

• 답변글을 작성하는 화면을 보여주는 뷰 페이지

⬇ Chapter15₩src₩main₩webapp₩board₩css₩qna_board_reply.css

```css
1   #registForm {
2       width: 500px;
3       height: 610px;
4       border: 1px solid red;
5       margin: auto;
6   }
7
8   h2 {
9       text-align: center;
10  }
11
12  table {
13      margin: auto;
14      width: 450px;
15  }
16
```

```
17   .td_left {
18       width: 150px;
19       background: orange;
20   }
21
22   .td_right {
23       width: 300px;
24       background: skyblue;
25   }
26
27   #commandCell {
28       text-align: center;
29   }
```

⬇ Chapter15₩src₩main₩webapp₩board₩qna_board_reply.jsp

```
1    <%@page import="vo.BoardBean"%>
2    <%@ page language="java" contentType="text/html; charset=UTF-8"%>
3    <%
4        BoardBean article=(BoardBean)request.getAttribute("article");
5        String nowPage = (String)request.getAttribute("page");
6    %>
7
8    <!DOCTYPE html>
9    <html>
10   <head>
11   <meta charset="UTF-8" />
12   <title>MVC 게시판</title>
13   <script language="javascript">
14       </script>
15   <link href="board/css/qna_board_reply.css" rel="stylesheet"
16   type="text/css">
17   </head>
18   <body>
19       <!-- 게시판 답변 -->
20
21
22       <section id="writeForm">
23           <h2>게시판글등록</h2>
24   <form action="boardReplyPro.bo" method="post" name="boardform">
```

```
25    <input type="hidden" name="page" value="<%=nowPage %>" />
26     <input type="hidden" name="BOARD_NUM" value="<%=article.getBOARD_
27    NUM() %>">
28    <input type="hidden" name="BOARD_RE_REF"
29        value="<%=article.getBOARD_RE_REF() %>">
30    <input type="hidden" name="BOARD_RE_LEV"
31        value="<%=article.getBOARD_RE_LEV() %>">
32    <input type="hidden" name="BOARD_RE_SEQ"
33        value="<%=article.getBOARD_RE_SEQ() %>">
34            <table>
35                <tr>
36                    <td class="td_left"><label for="BOARD_NAME">글쓴이</
37    label></td>
38                    <td class="td_right"><input type="text" name="BOARD_
39    NAME" id="BOARD_NAME" /></td>
40                </tr>
41                <tr>
42                    <td class="td_left"><label for="BOARD_PASS">비밀번호
43    </label></td>
44                    <td class="td_right"><input name="BOARD_PASS"
45    type="password" id="BOARD_PASS" /></td>
46                </tr>
47                <tr>
48                    <td class="td_left"><label for="BOARD_SUBJECT">제 목
49    </label></td>
50                    <td class="td_right"><input name="BOARD_SUBJECT"
51    type="text" id="BOARD_SUBJECT" /></td>
52                </tr>
53                <tr>
54                    <td class="td_left"><label for="BOARD_CONTENT">내 용
55    </label></td>
56                    <td><textarea id="BOARD_CONTENT" name="BOARD_
57    CONTENT" cols="40" rows="15"></textarea></td>
58                </tr>
59            </table>
60            <section id="commandCell">
61                <input type="submit" value="답변글등록" />  
62    <input type="reset" value="다시작성" />
63            </section>
64        </form>
```

```
65        </section>
66    </body>
67    </html>
```

4	답변할 대상 글에 대한 정보를 가진 request 영역에 ariticle이라는 이름으로 공유되어 있는 속성 값을 BoardBean 클래스 타입으로 얻어오는 부분이다. 이 속성은 BoardReplyFormAction 클래스의 request.setAttribute("article", article); 에서 공유된다. 새글 작성하는 화면과 답글을 작성하는 화면의 형태는 동일하지만 답글을 작성할 때는 답글을 달 대상글의 정보가 요청에 전송된다는 차이점이 있다.
5	답변을 달 대상 글이 존재하던 페이지 번호를 request 영역에서 얻어오는 부분이다. 이 속성은 BoardReplyFormAction 클래스의 request.setAttribute("page", nowPage); 부분에서 공유된다.
25~33	답변을 달 대상 글의 정보를 hidden 타입의 입력상자의 value 속성으로 설정하여 답변하기 요청의 파라미터 값으로 전송하는 부분이다.

• 수정글을 작성하는 화면을 보여주는 뷰 페이지

⬇ Chapter15₩src₩main₩webapp₩board₩css₩qna_board_modify.css

```
1    #registForm{
2        width: 500px;
3        height: 600px;
4        border : 1px solid red;
5        margin:auto;
6     }
7
8    h2{
9        text-align: center;
10    }
11
12    table{
13       margin:auto;
14       width: 450px;
15     }
16
```

```
17      .td_left{
18        width: 150px;
19        background:orange;
20      }
21
22      .td_right{
23        width: 300px;
24        background:skyblue;
25      }
26
27      #commandCell{
28        text-align: center;
29      }
```

⬇ Chapter15₩src₩main₩webapp₩board₩qna_board_modify.jsp

```
1    <%@page import="vo.BoardBean"%>
2    <%@ page language="java" contentType="text/html; charset=UTF-8"%>
3    <%
4        BoardBean article = (BoardBean)request.getAttribute("article");
5    %>
6
7    <!DOCTYPE html>
8    <html>
9    <head>
10   <meta charset="UTF-8">
11       <title>MVC 게시판</title>
12       <script type="text/javascript">
13       function modifyboard(){
14           modifyform.submit();
15       }
16       </script>
17   <link href="board/css/qna_board_modify.css" rel="stylesheet"
18   type="text/css">
19   </head>
20   <body>
21   <!-- 게시판 등록 -->
22
23   <section id = "writeForm">
24   <h2>게시판글수정</h2>
```

```
25    <form action="boardModifyPro.bo" method="post" name = "modifyform"
26    >
27    <input type = "hidden" name = "BOARD_NUM" value = "<%=article.
28    getBOARD_NUM()%>"/>
29    <table>
30        <tr>
31            <td class="td_left">
32                <label for = "BOARD_NAME">글쓴이</label>
33            </td>
34            <td class="td_right">
35                <input type = "text" name="BOARD_NAME" id = "BOARD_NAME"
36    value = "<%=article.getBOARD_NAME()%>"/>
37            </td>
38        </tr>
39        <tr>
40            <td class="td_left">
41                <label for = "BOARD_PASS">비밀번호</label>
42            </td>
43            <td class="td_right">
44                <input name="BOARD_PASS" type="password" id = "BOARD_
45    PASS"/>
46            </td>
47        </tr>
48        <tr>
49            <td class="td_left">
50                <label for = "BOARD_SUBJECT">제 목</label>
51            </td>
52            <td class="td_right">
53                <input name="BOARD_SUBJECT" type="text" id = "BOARD_
54    SUBJECT" value = "<%=article.getBOARD_SUBJECT()%>"/>
55            </td>
56        </tr>
57        <tr>
58            <td class="td_left">
59                <label for = "BOARD_CONTENT">내 용</label>
60            </td>
61            <td>
62                <textarea id = "BOARD_CONTENT" name="BOARD_CONTENT"
63    cols="40" rows="15"><%=article.getBOARD_CONTENT()%></textarea>
64            </td>
```

65	`    </tr>`
66	`  </table>`
67	`    <section id = "commandCell">`
68	`        <a href="javascript:modifyboard()">[수정]</a>   `
69	`        <a href="javascript:history.go(-1)">[뒤로]</a>`
70	`    </section>`
71	`  </form>`
72	`  </section>`
73	`  </body>`
74	`  </html>`

3~5	수정할 대상 글의 정보를 가지고 있는 article이라는 이름의 속성 값을 request 영역에서 얻어오는 부분이다.
	이 속성 값은 BoardModifyFormAction 클래스의 request.setAttribute("article", article); 부분에서 공유된다.
	수정 데이터 작성 폼은 글 쓰기 작성 폼과 형태는 같지만 수정 폼 에서는 이전에 등록된 글을 보여주는 차이점이 있다.
	수정 데이터를 입력하는 각 입력 상자의 value 속성 값으로 등록되어 있는 정보들을 지정한다.

• 삭제 요청 시 글의 비밀번호를 입력하는 화면을 보여주는 뷰 페이지

⬇ Chapter15₩src₩main₩webapp₩board₩css₩qna_board_delete.css

1	`#passForm{`
2	`    width:400px;`
3	`    margin:auto;`
4	`    border : 1px solid orange;`
5	`  }`

⬇ Chapter15₩src₩main₩webapp₩board₩qna_board_delete.jsp

1	`<%@ page language="java" contentType="text/html; charset=UTF-8"%>`
2	`<%`
3	`   int board_num=(Integer)request.getAttribute("board_num");`
4	`       String nowPage = (String)request.getAttribute("page");`
5	`%>`

```
6
7    <!DOCTYPE html>
8    <html>
9    <head>
10   <meta charset="UTF-8">
11   <title>MVC 게시판</title>
12   <link href="board/css/qna_board_delete.css" rel="stylesheet"
13   type="text/css">
14   </head>
15   <body>
16   <section id = "passForm">
17   <form name="deleteForm" action="boardDeletePro.bo?board_
18   num=<%=board_num %>"
19       method="post">
20   <input type = "hidden" name = "page" value = "<%=nowPage %>"/>
21   <table>
22   <tr>
23       <td>
24           <label>글 비밀번호 : </label>
25       </td>
26       <td>
27           <input name="BOARD_PASS" type="password">
28       </td>
29   </tr>
30   <tr>
31       <td>
32           <input type="submit" value = "삭제"/>
33             
34           <input type = "button" value = "돌아가기" onClick
35   ="javascript:history.go(-1)"/>
36       </td>
37   </tr>
38   </table>
39   </form>
40   </section>
41   </body>
42   </html>
```

2~5	삭제 대상이 되는 글의 번호와 삭제 요청을 하기 전에 보고 있던 페이지 번호를 request 영역에서 얻어오는 부분이다.
	이 값들은 BoardFrontController 클래스의
	else if(command.equals("/boardDeleteForm.bo")){
	                           String nowPage = request.getParameter("page");
	                           request.setAttribute("page", nowPage);
	             int board_num=Integer.parseInt(request.getParameter("board_num"));
	                           request.setAttribute("board_num",board_num);
	                           forward=new ActionForward();
	                           forward.setPath("/board/qna_board_delete.jsp");
	            }
	부분에서 공유되어 있다.

(4) 응답형 게시판 애플리케이션 실행

응답형 게시판 프로젝트를 요청별로 실행하면서 확인해 본다.

① 게시판 글쓰기

01 index.jsp 페이지를 실행한 후 "게시판글쓰기" 링크를 클릭하여 글쓰기 요청을 한다.

그림 15-19. 프로젝트의 index.jsp 파일을 실행한 화면 그림

02 글 등록 시 필요한 내용들을 작성하고 〈등록〉 버튼을 클릭한다.

그림 15-20. 게시판 글쓰기 폼에 내용을 입력한 화면 그림

03 작성한 글이 데이터베이스에 저장된 후 게시판 글 목록이 출력되는 것을 확인할 수 있다.

그림 15-21. 게시판 글 등록 처리 후 목록 보기 페이지가 출력된 화면

〈그림 15-21〉을 보면 한글이 깨지는 것을 확인할 수 있다. MySQL에서 한글이 제대로 인식되게 하려면 우선 "C:\Program Files\MySQL\MySQL Server 8.1" 디렉토리 안에 my.ini 파일이 있는지 확인한다. 한글이 제대로 인식된 경우는 지금부터의 한글 처리 내용은 따라 하지 않아도 된다.

만약 my.ini 파일이 존재하지 않으면 "C:\ProgramData\MySQL\MySQL Server 8.1" 경로

에서 my.ini 파일을 복사하여 "C:\Program Files\MySQL\MySQL Server 8.1" 경로에 붙여넣기 한다.

ProgramData 디렉토리에는 기본적으로 숨김 속성이 체크되어 있으므로 탐색기의 "보기" 메뉴에서 "숨김 항목" 옵션을 체크해야 보인다.
상단 메뉴에서 "보기" 메뉴를 클릭 후 "숨긴 항목" 옵션을 체크한다.

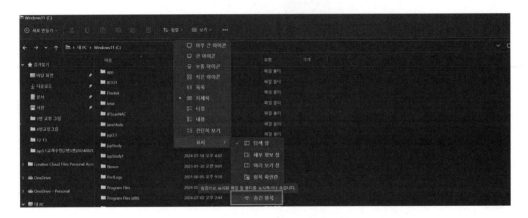

그림 15-22. 폴더 및 검색 옵션 메뉴 화면

ProgramData 디렉토리가 보이게 설정한 후 〈그림15-23〉처럼 "C:\ProgramData\MySQL\MySQL Server 8.1" 경로에서 my.ini 파일을 복사한다.

그림 15-23. "C:\ProgramData\MySQL\MySQL Server 8.1" 디렉토리 화면

복사한 my.ini 파일을 "C:\ProgramData\MySQL\MySQL Server 8.1" 디렉토리에 복사한다.

그림 15-24. "C:₩ProgramData₩MySQL₩MySQL Server 8.1" 디렉토리 화면

my.ini 파일을 메모장으로 연 후 default-character-set=utf8, character-set-server=utf8 두 항목을 설정하고 MySQL 서비스를 다시 시작하면 된다.

01, 02번 단계를 다시 실행하면 다음 화면처럼 한글이 제대로 인식되는 것을 확인할 수 있다.

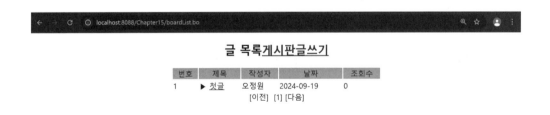

그림 15-25. 한글 처리된 글 목록 보기 페이지 화면

04 02번 글 등록 화면에서 required 속성이 지정된 입력 양식에 값을 입력하지 않고 〈등록〉 버튼을 클릭하면 〈그림 15-26〉처럼 오류 메시지를 출력하고 요청이 제대로 전송되지 않는다.

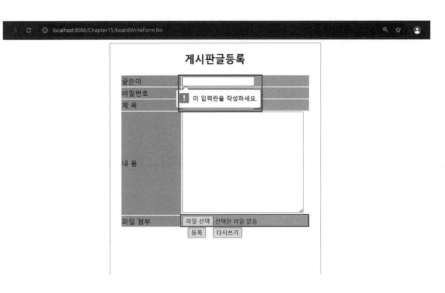

그림 15-26. 필수입력 사항을 입력하지 않고 등록 버튼을 클릭한 화면 그림

05 등록된 글이 10개 이상 되면 페이지 출력 부분에 여러 개의 페이지가 출력된다. 페이지 번호를 누르면 해당 페이지로 이동하게 되고, [이전] 링크를 누르면 이전 페이지로 이동하며 [다음] 링크를 누르면 다음 페이지로 이동하게 된다.

그림 15-27. 목록보기 화면에서 페이징 부분이 처리된 화면 그림

② 글 내용 상세보기

목록 보기 화면에서 특정 글의 제목을 클릭했을 때 클릭된 글의 상세 정보를 출력해 주는 요청이다.

01 화면에서 원하는 글의 제목 링크를 클릭하면 해당 글의 상세 정보가 출력된다.

그림 15-28. 제목이 bb인 글의 상세 정보가 출력된 화면 그림

③ 답변

글 내용 상세보기 화면에서 "답변" 링크를 클릭해 해당 글에 답변을 다는 요청이다.

01 답변 링크를 클릭한다.

그림 15-29. 상세정보 보기 화면에서 답변 링크를 클릭하는 화면 그림

02 답변 글에 필요한 데이터를 입력하고 〈답변글등록〉 버튼을 클릭한다.

그림 15-30. 답변 글 데이터를 입력한 화면 그림

03 답변 글이 등록되면 요청 처리가 성공한 것이다.

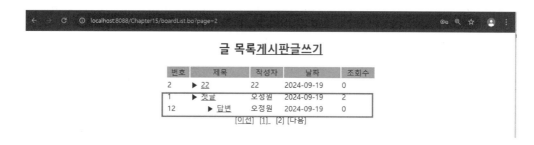

그림 15-31. 답변 글 등록 결과 화면 그림

④ 수정

글 내용 상세 보기 화면에서 수정 요청을 처리한다.

01 "수정" 링크를 클릭한다.

그림 15-32. 글 내용 상세보기 화면에서 수정 링크를 클릭하는 화면 그림

02 수정에 필요한 정보들을 입력하고 "수정" 링크를 클릭한다.

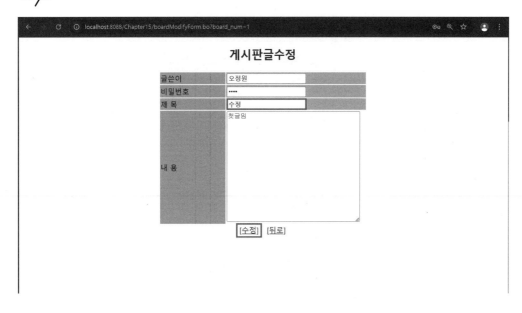

그림 15-33. 게시판 글 수정 화면 에서 수정 정보를 입력하고 수정 링크를 클릭하는 화면 그림

03 다음 화면처럼 제목 부분이 수정되어 있으면 글 수정 요청이 성공적으로 처리된 것이다.

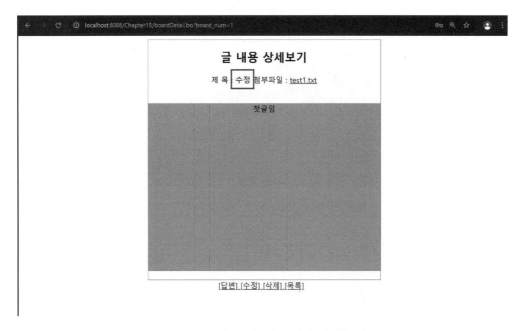

그림 15-34. 게시판 글 수정 요청 처리가 완료된 화면 그림

04 비밀번호를 잘못 입력하고 "수정" 링크를 클릭하면 경고창이 출력된다.

그림 15-35. 글 수정 요청 시 비밀번호가 틀렸을 경우의 화면 그림

05 경고 창의 〈확인〉 버튼을 클릭하면 수정 페이지로 되돌아간다.

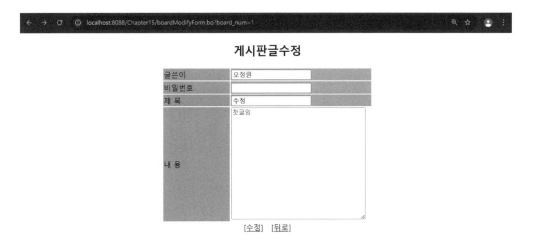

그림 15-36. 글 수정 페이지로 되돌아간 화면 그림

06 "뒤로" 링크를 클릭한다.

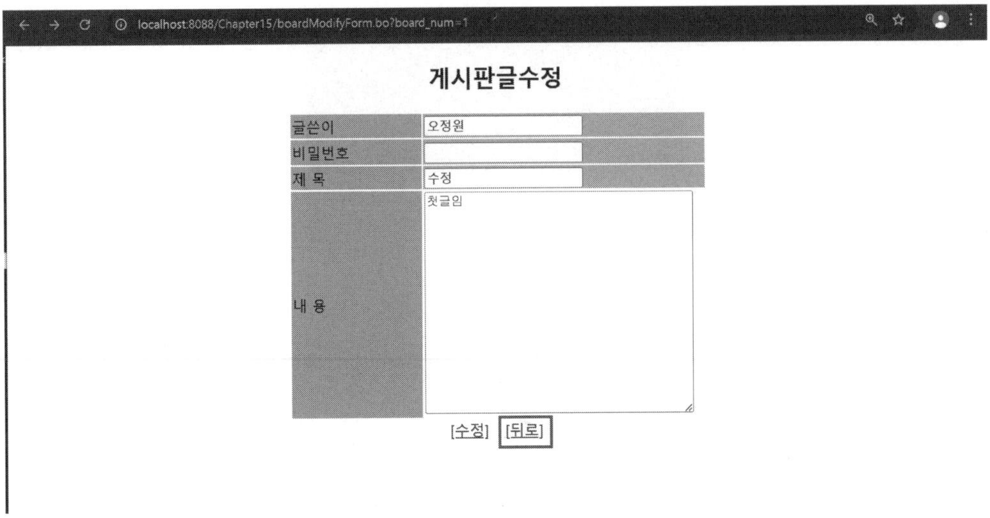

그림 15-37. 글 수정 페이지에서 뒤로 링크를 클릭하는 화면 그림

07 "뒤로" 링크를 클릭하면 글 내용 상세보기 페이지로 되돌아간다.

그림 15-38. 글 내용 상세보기 페이지로 되돌아간 화면 그림

⑤ 삭제

글 내용 상세 보기 페이지에서 삭제 링크를 클릭할 경우의 요청을 처리한다.

01 "삭제" 링크를 클릭한다.

그림 15-39. 글 상세 보기 페이지에서 삭제 링크를 클릭하는 화면 그림

02 비밀번호를 잘못 입력하고 〈삭제〉 버튼을 클릭한다.

그림 15-40. 글 삭제 요청 시 비밀번호를 입력하는 화면 그림

03 비밀번호를 잘못 입력하고 〈삭제〉 버튼을 클릭하면 경고 창이 출력된다.

그림 15-41. 글 삭제 요청 시 비밀번호를 잘못 입력하여 경고 창이 출력된 화면 그림

04 경고 창에서 〈확인〉 버튼을 클릭하면 비밀번호를 입력하는 페이지로 되돌아간다.

그림 15-42. 글 삭제 요청 시 비밀번호를 입력하는 페이지로 되돌아간 화면 그림

05 비밀번호를 맞게 입력하고 〈삭제〉 버튼을 클릭하면 삭제 요청 처리가 완료된다.

그림 15-43. 글 제목이 수정인 글이 삭제된 결과 화면 그림

자바 웹 애플리케이션 개발에서 가장 근간이 되는 모델2 개발 방법에 대해서 살펴보았고 모델 2 개발 방법으로 응답형 게시판을 구현해 보았다.

응답형 게시판에는 웹에서 실행되는 대부분의 프로그램의 로직이 포함되어 있으므로 응답형 게시판 소스를 완전하게 이해하면 다른 웹 프로그램을 구현하는 데 많은 도움이 될 것이다.

1 모델 1 개발 방법과 모델 2 개발 방법의 비교

<모델 1의 요청 처리 흐름도>

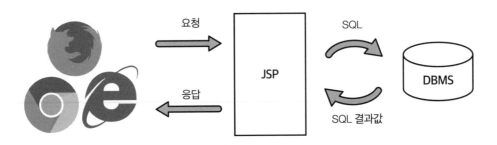

<모델 2의 요청 처리 흐름도>

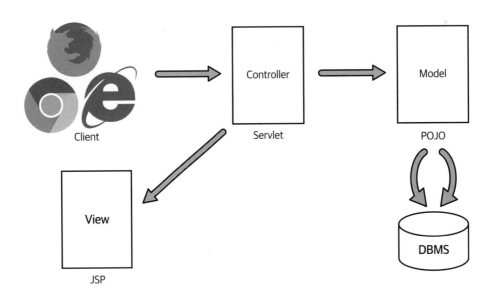

모델 1은 컨트롤러가 따로 구현되지 않고 JSP에서 모델 역할, 뷰 페이지 역할, 컨트롤러의 역할까지 하게 되어, 작성은 간편하지만 프로젝트가 커지면 유지보수가 힘들다는 단점이 있다. 모델 2는 개발자가 담당하는 비즈니스 로직 처리 부분인 모델 부분과 디자이너가 담당하는 화면을 생성하는 뷰 부분이 나누어져 있어서 유지보수에도 유리하고 프로젝트 규모가 크지만, 개발자와 디자이너가 각 분리된 부분을 동시에 작업할 수 있기 때문에 생산성이 오히려 향상된다.

2 MVC 패턴

- Model(모델): Model은 MVC 패턴에서 비즈니스 로직을 처리하는 부분이다. Model은 비즈니스 로직을 처리하여 결과를 Controller를 통해 View 페이지로 전달하게 된다. 이 모델 부분이 실질적으로 개발자들이 담당하는 부분이다.

- View(뷰): View는 MVC 패턴 중 화면 출력 부분에 해당한다. 화면 출력을 담당하므로 JSP 페이지로 구성되며, 코드는 거의 디자인에 관한 것으로 이루어져 있다. View에서는 절대 데이터베이스 연동과 같은 비즈니스 로직을 구현하지 않으며, Controller를 통하여 Model에서 처리한 결과를 화면에 출력할 때 사용한다. 이 부분은 실질적으로 디자이너의 작업 영역에 속한다.

- Controller(컨트롤러): Controller는 MVC 패턴에서 View와 Model을 연결시켜주는 역할을 한다. Controller는 요청을 받아서 해당 요청과 연결된 모델에서 비즈니스 로직을 처리하고 그 결과를 일정영역에 저장하고 뷰 페이지로 포워딩하는 역할을 한다.

이번 장에서 학습한 모델 2 내용이 실무에서 자바로 개발할 때 가장 근간이 되는 기술이다. 스트럿츠, 스프링 등 프레임워크들도 실질적으로 모델 2 요청 처리를 위해 제공되는 것들이기 때문이다.

Model 2 예제들

이 장에서는 모델 2를 이용해서 작성한 여러 예제들을 실행하면서 모델 2의 여러 형태를 익히도록 하겠다. 모델 2 구조도 하나의 형태만 사용하지 않고 여러 가지 다른 형태의 모델 2 구조를 설계하여 작업하겠다. 세션을 이용한 로그인 로그아웃 예제와 개(dog) 상품을 판매할 수 있는 쇼핑몰 프로젝트로 모델 2 구조를 이해한다.

1. 세션을 이용한 로그인, 로그아웃 예제

사용자가 로그인에 성공하면 로그인한 사용자의 정보를 세션에 저장하여 로그인 처리를 하고, 로그아웃했을 경우에는 세션에서 사용자 정보를 삭제하여 로그아웃 처리하는 기능을 본 예제를 통해서 구현해보겠다. 예제에서는 FrontController 서블릿을 사용하지 않고 클라이언트의 요청을 서블릿에서 바로 받는 기본 형태의 모델 2 구조를 사용한다.

우선 다음과 같이 USERS 테이블을 생성한다. 데이터베이스는 오라클을 사용한다.

```
CREATE TABLE users(
     id VARCHAR2(12) PRIMARY KEY,
     passwd VARCHAR2(12),
     addr VARCHAR2(50),
       age NUMBER,
     email VARCHAR2(30),
       gender CHAR(1),
       name VARCHAR2(12),
     nation VARCHAR2(16)
);
INSERT INTO users VALUES('java','java','서울시',40,'aaa@aaa.com','M','오정
원','대한민국');
COMMIT;
```

1) 패키지 구조 보기

LoginProject의 패키지 구조는 다음과 같다.

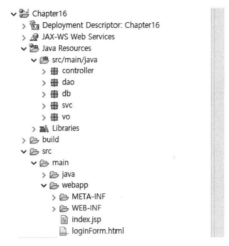

그림 16-1. LoginProject 패키지 구조

① src 폴더 하단

db	데이터베이스 관련 공통적으로 수행해야 하는 기능들을 정의한 패키지이다. • JdbcUtil.java: DB에 연결을 담당하는 메소드, DB 작업을 처리한 후 사용한 자원을 해제시켜 주는 메소드 등이 정의되어 있다. 즉, DB 작업을 할 때 공통적으로 필요한 기능들이 정의되어 있다.
controller	MVC 패턴에서 컨트롤러 역할을 하는 서블릿들이 정의되어 있는 패키지이다. • LoginServlet.java: 로그인 처리를 담당하는 서블릿이다. • LogoutServlet.java: 로그아웃 처리를 담당하는 서블릿이다.
svc	비즈니스 로직을 구현하는 자바 파일들이 정의되어 있는 패키지이다. • LoginService.java: 로그인, 로그아웃에 관한 비즈니스 로직이 정의되어 있는 자바 파일이다.
dao	DB에 존재하는 데이터들을 sql 문장을 이용해서 다루는 클래스들 즉 DAO(Data Access Object)들이 존재하는 패키지이다. • LoginDao: 로그인이나 로그아웃 처리를 위한 sql 문장들을 전송하는 메소드들이 정의되어 있는 클래스이다.
vo (Value Object)	관련이 있는 특정 데이터 하나를 저장할 수 있는 형태의 클래스들이 존재하는 패키지이다. • User.java: 사용자 정보 하나를 저장하는 역할을 하는 클래스이다.

② webapp 폴더 하단

index.jsp	사용자가 처음으로 요청하는 페이지이며, 현재 로그인 상태이면 로그아웃 링크를 출력해 주고 로그아웃 상태이면 로그인 링크를 출력한다.
loginForm.html	사용자가 로그인에 사용할 아이디와 비밀번호를 입력할 수 있는 페이지

2) 요청 처리 구조

요청 처리 구조를 그림으로 표현하면 다음과 같다. 로그인 처리 구조를 보면 로그아웃의 처리 구조도 이해할 수 있을 것이다.

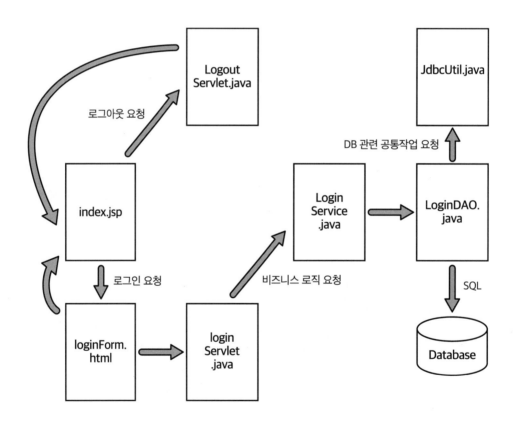

그림 16-2. 로그인/로그아웃 요청 처리 구조

사용자가 index.jsp를 실행했을 때 로그인이 된 상태이면 "로그아웃" 링크를 출력해 주고 현재 로그아웃 상태이면 "로그인" 링크를 출력해준다. 사용자가 로그인 링크를 클릭하면 아이디와 비밀번호를 입력할 수 있는 화면이 구성되어 있는 loginForm.html 페이지가 요청된다. loginForm.html 화면에서 아이디와 비밀번호를 입력하고 로그인 요청을 하면 LoginServlet 에서 사용자가 입력한 아이디와 비밀번호를 이용해서 로그인 요청을 처리한 후 index.jsp 페이지로 다시 돌아간다.

index.jsp 페이지로 돌아갔을 때 로그인이 된 상태이면 "로그아웃" 링크를 출력해 주고 사용자가 로그아웃 요청을 하면 LogoutServlet에서 로그아웃 처리를 하고 index.jsp 페이지로 되돌아간다. 로그아웃 처리가 된 상태에서 index.jsp 페이지를 실행하면 다시 "로그인" 링크가 출력된다.

3) 각 프로젝트 코드 알아보기

해당 프로젝트의 코드를 하나씩 살펴보도록 하겠다.

① 사용자가 처음으로 접속하는 페이지(index.jsp) 작성

index.jsp   ⬇ Chapter16₩LoginProject₩src₩main₩webapp₩index.jsp

```
1  <%@ page language="java" contentType="text/html; charset=UTF-8"
2      pageEncoding="UTF-8"%>
3  <!DOCTYPE html PUBLIC "-//W3C//DTD HTML 4.01 Transitional//EN"
4  "http://www.w3.org/TR/html4/loose.dtd">
5  <html>
6  <head>
7  <meta http-equiv="Content-Type" content="text/html; charset=UTF-8">
8  <title>Insert title here</title>
9  </head>
10 <body>
11 <%
12     String id = (String)session.getAttribute("id");
13
14     if(id == null){
15 %>
16     <a href = "loginForm.html">로그인</a>
17 <%
```

```
18          }
19        else{
20    %>
21        <a href = "logout">로그아웃</a>
22    <%
23          }
24    %>
25    </body>
26    </html>
```

12	현재 세션 영역에 "id" 라는 이름으로 저장되어 있는 속성 값을 얻어오는 부분이다.
14~18	현재 세션 영역에 "id"라는 이름의 속성 값이 저장되어 있지 않으면, 즉 로그인되지 않은 상태이면 "로그인"이라는 링크를 출력하는 부분이다.
19~23	현재 세션 영역에 "id"라는 이름의 속성 값이 저장되어 있으면, 즉 현재 로그인된 상태이면 "로그아웃" 링크를 출력하는 부분이다.

② 로그인에 사용될 아이디와 비밀번호를 입력 받을 수 있는 페이지(loginForm.html) 작성

loginForm.css   ⬇ Chapter16₩LoginProject₩src₩main₩webapp₩css₩loginForm.css

```css
1    #loginFormArea{
2        margin : auto;
3        width : 400px;
4        height : 200px;
5        border : 2px double purple;
6        border-radius : 10px;
7        text-align: center;
8    }
9    fieldset{
10       text-align: center;
11       border : none;
12   }
13   #selectButton{
14       margin-top : 10px;
```

```
15  }
16  table{
17          width : 380px;
18      margin : auto;
19  }
20  .td_left{
21      width : 180px
22  }
23  .td_right{
24      width : 200px
25  }
```

loginForm.html   ⬇ Chapter16₩LoginProject₩src₩main₩webapp₩loginForm.html

```
 1  <!DOCTYPE html>
 2  <html>
 3  <head>
 4  <meta charset="UTF-8">
 5  <title>Insert title here</title>
 6  <link href="css/loginForm.css" rel="stylesheet" type="text/css">
 7  </head>
 8  <body>
 9      <section  id = "loginFormArea">
10      <h1>로그인</h1>
11      <form action="login" method = "POST">
12          <fieldset>
13              <table>
14                  <tr>
15                      <td class = "td_left">
16                      <label for = "id">아이디 : </label>
17                      </td>
18                      <td class = "td_right">
19                      <input type = "text" name = "id" id = "id"/>
20                      </td>
21                  </tr>
22                  <tr>
23                      <td class = "td_left">
24                      <label for = "passwd">비밀번호 : </label>
25                      </td>
26                      <td class = "td_right">
```

```
27            <input type = "password" name = "passwd" id =
28    "passwd"/>
29                    </td>
30            </tr>
31        </table>
32
33        <input type = "submit" value = "로그인" id = "selectButton"/>
34        </fieldset>
35    </form>
36    </section>
37    </body>
38    </html>
```

코드 분석

19	아이디 값을 입력 받는 입력 양식을 정의한 부분이다.
27~28	비밀번호 값을 입력 받는 입력 양식을 정의한 부분이다.

③ 로그인 요청을 처리하는(요청을 받는) 서블릿 페이지(LoginServlet.java) 작성

LoginServlet.java   ⬇ Chapter16₩LoginProject₩src₩main₩java₩controllert₩LoginServlet.java

```
1    package controller;
2
3    import java.io.IOException;
4    import java.io.PrintWriter;
5    import jakarta.servlet.ServletException;
6    import jakarta.servlet.annotation.WebServlet;
7    import jakarta.servlet.http.HttpServlet;
8    import jakarta.servlet.http.HttpServletRequest;
9    import jakarta.servlet.http.HttpServletResponse;
10   import jakarta.servlet.http.HttpSession;
11   import svc.LoginService;
12   import vo.Member;
13
14   /**
```

```
15    * Servlet implementation class LoginServlet
16    */
17   @WebServlet("/login")
18   public class LoginServlet extends HttpServlet {
19       private static final long serialVersionUID = 1L;
20
21       /**
22        * @see HttpServlet#HttpServlet()
23        */
24       public LoginServlet() {
25          super();
26          // TODO Auto-generated constructor stub
27       }
28
29       /**
30        * @see HttpServlet#doPost(HttpServletRequest request,
31   HttpServletResponse response)
32        */
33
34       protected void doPost(HttpServletRequest request,
35   HttpServletResponse response) throws ServletException, IOException {
36          // TODO Auto-generated method stub
37          String id = request.getParameter("id");
38          String passwd = request.getParameter("passwd");
39          LoginService loginService = new LoginService();
40          Member loginMember = loginService.getLoginMember(id,passwd);
41          //로그인이 성공되면 Member객체가 넘어오고 실패하면 null이 넘어옴
42
43          if(loginMember != null){
44              HttpSession session = request.getSession();
45              session.setAttribute("id", id);
46              response.sendRedirect("index.jsp");
47          }
48          else{
49              response.setContentType("text/html;charset=UTF-8");
50              PrintWriter out = response.getWriter();
51              out.println("<script>");
52              out.println("alert('로그인실패')");
53              out.println("history.back()");
54              out.println("</script>");
```

55	}
56	}
57	
58	}

✓ 코드 분석

37	클라이언트에서 "id"라는 이름으로 전송된 파라미터 값을 얻어오는 부분이다.
38	클라이언트에서 "passwd"라는 이름으로 전송된 파라미터 값을 얻어오는 부분이다.
39	로그인 비즈니스 로직을 처리하는 LoginService 클래스 객체를 생성하는 부분이다.
40	로그인에 성공한 사용자의 정보를 얻어오는 getLoginMember 메소드를 호출하는 부분이다. getLoginMember 메소드에서는 로그인에 성공하면 로그인에 성공한 사용자의 정보를 Member 객체에 담아서 반환하고, 로그인에 실패하면 null을 반환한다.
43~47	사용자가 로그인에 성공했을 경우 실행될 문장들을 정의한 부분이다.
44~45	로그인이 성공했을 경우 세션(session) 영역에 "id"라는 이름으로 로그인에 성공한 아이디 값을 속성으로 공유하는 부분이다.
46	index.jsp 페이지로 리다이렉트하는 부분이다.
48~55	로그인에 실패했을 때 실행될 문장들을 정의한 부분이다. 자바스크립트를 사용해서 '로그인 실패'라는 경고창을 출력한 후 경고 창에서 "확인" 버튼을 누르면 이전 페이지인 "loginForm.html"로 되돌아가게 처리하였다. (history.back())

④ 로그인 비즈니스 로직을 처리하는 파일(LoginService.java) 코드 작성

LoginService.java   ⬇ Chapter16₩LoginProject₩src₩main₩java₩svc₩LoginService.java

```
1  package svc;
2
3  import static db.JdbcUtil.*;
4  import java.sql.Connection;
5  import dao.LoginDAO;
6  import vo.Member;
7  public class LoginService {
8
```

```
9        public Member getLoginMember(String id, String passwd) {
10           // TODO Auto-generated method stub
11           LoginDAO loginDAO = LoginDAO.getInstance();
12           Connection con = getConnection();
13           loginDAO.setConnection(con);
14           Member loginMember = loginDAO.selectLoginMember(id,passwd);
15           close(con);
16           return loginMember;
17       }
18
19   }
```

✓ 코드 분석

11	LoginDAO 클래스에 정의되어 있는 getInstance() 메소드를 호출하여 LoginDAO 객체를 참조하는 레퍼런스 값을 얻어온다. LoginDAO 클래스 객체는 getInstance() 메소드가 처음 호출할 때만 생성하고 두 번째 호출할 때부터는 힙 영역에 이미 생성되어 있는 객체의 레퍼런스 값을 반환하게 된다. 즉, singleton 패턴을 사용한다.
13	LoginDAO 객체에서 DB 작업을 할 때 사용할 Connection 객체를 주입하는 부분이다.
14	LoginDAO 객체로 로그인한 사용자의 정보를 Member 객체로 반환하는 메소드(selectLoginmember)를 호출하는 부분이다.
15	DB 작업을 끝낸 후 사용했던 Connection 객체를 닫아주는 부분이다.
16	로그인된 사용자의 정보를 반환하는 부분이다.

⑤ 데이터베이스에 로그인 관련 SQL 구문을 전송하는 파일(LoginDAO.java) 코드 작성

LoginDAO.java   ⬇ Chapter16₩LoginProject₩src₩main₩java₩dao₩LoginDAO.java

```
1   package dao;
2
3   import java.sql.Connection;
4   import java.sql.PreparedStatement;
5   import java.sql.ResultSet;
6   import vo.Member;
7   import static db.JdbcUtil.*;
8
```

```
9     public class LoginDAO {
10
11        private static LoginDAO loginDAO;
12        private Connection con;
13
14        private LoginDAO() {
15            // TODO Auto-generated constructor stub
16        }
17
18        public static LoginDAO getInstance(){
19            if(loginDAO == null){
20                loginDAO = new LoginDAO();
21            }
22            return loginDAO;
23        }
24
25        public void setConnection(Connection con){
26            this.con = con;
27        }
28
29        public Member selectLoginMember(String id, String passwd) {
30            // TODO Auto-generated method stub
31            Member loginMember = null;
32            PreparedStatement pstmt = null;
33            ResultSet rs = null;
34            try {
35                pstmt = con.prepareStatement("SELECT * FROM users WHERE id
36    = ? AND passwd = ?");
37                pstmt.setString(1, id);
38                pstmt.setString(2, passwd);
39                rs = pstmt.executeQuery();
40                if(rs.next()){
41                    loginMember = new Member();
42                    loginMember.setAddr(rs.getString("addr"));
43                    loginMember.setAge(rs.getInt("age"));
44                    loginMember.setEmail(rs.getString("email"));
45                    loginMember.setGender(rs.getString("gender"));
46                    loginMember.setId(rs.getString("id"));
47                    loginMember.setName(rs.getString("name"));
48                    loginMember.setNation(rs.getString("nation"));
```

```
49              loginMember.setPasswd(rs.getString("passwd"));
50          }
51      } catch (Exception e) {
52          // TODO: handle exception
53          e.printStackTrace();
54      }
55      finally{
56          try {
57              close(rs);
58              close(pstmt);
59          } catch (Exception e) {
60              // TODO: handle exception
61              e.printStackTrace();
62          }
63      }
64      return loginMember;
65  }
66
67 }
```

11	LoginDAO 타입의 레퍼런스 변수 선언. 접근 제한자를 private으로 지정하여 외부 클래스에서 직접 접근할 수 없게 하였다.
12	LoginDAO 클래스에서 DB 작업을 할 때 사용할 Connection 객체의 변수 선언.
14~16	외부 클래스에서 LoginDAO의 생성자를 사용해서 LoginDAO 객체를 직접 생성할 수 없도록 생성자의 접근 제한자를 private으로 지정하였다.
18~23	외부 클래스에서 getInstance 메소드를 처음 호출할 때(loginDAO 값이 null일 때)만 LoginDAO 객체를 생성하고 두 번째 호출할 때부터는 객체를 반복적으로 생성하지 않고 처음 호출 때 생성된 객체의 레퍼런스 값을 반환하게 정의한 부분이다. 이 경우처럼 객체를 힙 영역에 하나 생성한 후 공유하는 패턴을 singleton 패턴이라고 한다. 주로 클래스에 메소드만 정의되어 있고 객체마다 다른 속성 값을 유지할 필요가 없는 클래스에 사용된다.
25~27	LoginDAO 객체에서 사용할 Connection 객체를 주입하는 부분이다.
29~65	사용자가 입력한 아이디와 비밀번호를 사용하여 로그인 처리를 수행한 후 로그인에 성공하면 로그인에 성공한 사용자의 정보를 Member 객체에 저장하여 반환하고, 로그인에 실패하면 null을 반환하는 메소드를 정의한 부분이다.

35~39	사용자가 입력한 아이디와 비밀번호를 가진 회원의 모든 컬럼 값을 가져오는 SQL 구문을 실행하는 부분이다.
40~50	39 라인에서 조회하는 회원 정보를 Member 객체의 속성 값으로 설정하는 부분이다.
40	회원 중 아이디가 동일한 회원은 없으니 사용자가 입력한 아이디와 비밀번호를 가지고 있는 회원은 존재하거나 존재하지 않거나 둘 중 하나이기 때문에 if문을 사용하여 비교하였다. 즉, while 문장으로 여러 번 반복할 필요가 없다.

⑥ 데이터베이스 작업 시 반복적으로 사용하는 기능들을 정의한 파일(JdbcUtil.java) 코드 작성

JdbcUtil.java   ⬇ Chapter16₩LoginProject₩src₩main₩java₩db₩JdbcUtil.java

```java
1    package db;
2
3    import java.sql.Connection;
4    import java.sql.ResultSet;
5    import java.sql.Statement;
6    import javax.naming.Context;
7    import javax.naming.InitialContext;
8    import javax.sql.DataSource;
9
10   //데이터베이스 작업을 할 때 반복적으로 수행해야 하는 작업을 정의하는 클래스
11   public class JdbcUtil {
12
13       public static Connection getConnection(){
14           Connection con = null;
15           try {
16               Context initCtx = new InitialContext();
17               Context envCtx = (Context)initCtx.lookup("java:comp/env");
18               DataSource ds = (DataSource)envCtx.lookup("jdbc/jsptest");
19               con = ds.getConnection();
20               con.setAutoCommit(false);
21               System.out.println("connect succes");
22           } catch (Exception e) {
23               // TODO Auto-generated catch block
24               e.printStackTrace();
25           }
26           return con;
```

```
27          }
28
29          public static void close(Connection con){
30              try {
31                  con.close();
32              } catch (Exception e) {
33                  // TODO: handle exception
34                  e.printStackTrace();
35              }
36          }
37
38          public static void close(Statement stmt){
39              try {
40                  stmt.close();
41              } catch (Exception e) {
42                  // TODO: handle exception
43                  e.printStackTrace();
44              }
45          }
46
47          public static void close(ResultSet rs){
48              try {
49                  rs.close();
50              } catch (Exception e) {
51                  // TODO: handle exception
52                  e.printStackTrace();
53              }
54          }
55
56          public static void commit(Connection con){
57              try {
58                  con.commit();
59              } catch (Exception e) {
60                  // TODO: handle exception
61                  e.printStackTrace();
62              }
63          }
64
65          public static void rollback(Connection con){
66              try {
```

```
67        con.rollback();
68      } catch (Exception e) {
69        // TODO: handle exception
70        e.printStackTrace();
71      }
72    }
73  }
```

 코드 분석

15장에서 사용한 JdbcUtil 클래스와 동일한 코드 내용이므로 코드 설명은 생략한다.

⑦ 회원 한 명의 정보를 저장하는 파일(Member.java) 코드 작성

Member.java　　　　　　　　　　⬇ Chapter16₩LoginProject₩src₩main₩java₩vo₩Member.java

```
1   package vo;
2
3   public class Member {
4       private String name;
5       private String addr;
6       private int age;
7       private String nation;
8       private String id;
9       private String passwd;
10      private String gender;
11      private String email;
12      public String getName() {
13          return name;
14      }
15      public void setName(String name) {
16          this.name = name;
17      }
18      public String getAddr() {
19          return addr;
20      }
```

```java
21        public void setAddr(String addr) {
22            this.addr = addr;
23        }
24        public int getAge() {
25            return age;
26        }
27        public void setAge(int age) {
28            this.age = age;
29        }
30        public String getNation() {
31            return nation;
32        }
33        public void setNation(String nation) {
34            this.nation = nation;
35        }
36        public String getId() {
37            return id;
38        }
39        public void setId(String id) {
40            this.id = id;
41        }
42        public String getPasswd() {
43            return passwd;
44        }
45        public void setPasswd(String passwd) {
46            this.passwd = passwd;
47        }
48        public String getGender() {
49            return gender;
50        }
51        public void setGender(String gender) {
52            this.gender = gender;
53        }
54        public String getEmail() {
55            return email;
56        }
57        public void setEmail(String email) {
58            this.email = email;
59        }
60    }
```

회원 한 명의 정보를 저장할 속성들과 해당 속성 값들을 조회하는 메소드(Getter)들과 갱신하는 메소드(Setter)들이 정의되어 있다.

⑧ 로그아웃 요청을 처리하는 서블릿(LogoutServlet.java) 코드 작성

LogoutServlet.java   ⬇ Chapter16₩LoginProject₩src₩main₩java₩controller₩LogoutServlet.java

```java
1   package controller;
2
3   import java.io.IOException;
4   import jakarta.servlet.ServletException;
5   import jakarta.servlet.annotation.WebServlet;
6   import jakarta.servlet.http.HttpServlet;
7   import jakarta.servlet.http.HttpServletRequest;
8   import jakarta.servlet.http.HttpServletResponse;
9   import jakarta.servlet.http.HttpSession;
10
11  /**
12   * Servlet implementation class LogoutServlet
13   */
14  @WebServlet("/logout")
15  public class LogoutServlet extends HttpServlet {
16      private static final long serialVersionUID = 1L;
17
18      /**
19       * @see HttpServlet#HttpServlet()
20       */
21      public LogoutServlet() {
22          super();
23          // TODO Auto-generated constructor stub
24      }
25
26      /**
27       * @see HttpServlet#doGet(HttpServletRequest request,
28  HttpServletResponse response)
29       */
30      protected void doGet(HttpServletRequest request,
31  HttpServletResponse response) throws ServletException, IOException {
```

32	// TODO Auto-generated method stub
33	//id 정보를 저장하고 있는 session 을 삭제 후 index.jsp 로 리다이렉트
34	HttpSession session = request.getSession();
35	session.invalidate();
36	response.sendRedirect("index.jsp");
37	}
38	
39	}

✓ 코드 분석

34	로그아웃을 요청한 사용자의 세션 객체(session)를 얻어오는 부분이다.
35	사용자의 세션 영역을 제거하는 부분이다. session.invalidate()
36	index.jsp 페이지로 리다이렉트하는 부분이다.

⑨ CP(Connection Pool)에 관한 설정 파일인 context.xml 파일 코드 작성

context.xml   ⬇ Chapter16₩LoginProject₩src₩main₩webapp₩META-INF₩context.xml

```
1   <Context>
2       <Resource name="jdbc/jsptest"
3       auth="Container"
4       type="javax.sql.DataSource"
5       username="java"
6       password="java"
7       driverClassName="oracle.jdbc.driver.OracleDriver"
8       factory="org.apache.tomcat.dbcp.dbcp2.BasicDataSourceFactory"
9       url="jdbc:oracle:thin:@localhost:1521:XE"
10      maxActive="500"/>
11  </Context>
```

2	데이터베이스 작업을 하는 클래스에서 정의되는 Resource 객체를 얻어갈 때 사용하는 이름이다.
4	서버상에 공유할 Resource의 타입을 지정한다. DataSource 객체를 얻어가면 DataSource 객체에 getConnection()이라는 메소드를 사용해서 Connection 객체를 얻어갈 수 있다.
5~6	오라클 데이터베이스에 연결할 수 있는 설정 정보를 정의하는 부분이다.
8	Tomcat 10.1에 탑재되어 있는 라이브러리 경로를 지정했다.
9	연결할 오라클 url을 지정한 부분이다.
11	동시에 반환할 수 있는 Connection 객체를 설정한 부분이다.

4) 실행하기

01 사용자가 처음으로 요청할 index.jsp 페이지를 실행한다. 처음 페이지를 실행하면 로그인한 상태가 아니므로 "로그인" 링크가 출력된다.

그림 16-3. index.jsp 페이지 실행 화면

02 "로그인" 링크를 클릭하면 〈그림 16-4〉와 같이 로그인에 사용되는 아이디와 비밀번호를 입력할 수 있는 화면이 출력된다. 아이디와 비밀번호를 입력한 후 〈로그인〉 버튼을 클릭하여 로그인 요청을 한다.

그림 16-4. index.jsp 페이지 실행 화면

03 입력한 아이디와 비밀번호로 로그인이 실패하면 "로그인실패" 경고창이 출력된다.

그림 16-5. 로그인실패 경고창이 출력된 화면

04 경고창의 〈확인〉 버튼을 누르면 다음 화면처럼 로그인 화면으로 다시 이동된다. 올바른 회원의 아이디와 비밀번호를 입력하고 〈로그인〉 버튼을 누른다.

그림 16-6. 올바른 사용자 정보를 입력한 로그인 화면

05 올바른 정보를 입력하고 〈로그인〉 버튼을 누르면 로그인이 성공된 후 다음 화면처럼 "로그아웃"으로 텍스트가 변경된다.

그림 16-7. 로그아웃 링크로 변경된 index.jsp 페이지 화면

06 "로그아웃" 링크를 클릭하면 로그아웃 요청처리가 되면서 텍스트가 "로그인"으로 변경된다.

그림 16-8. 로그아웃 처리 후 index.jsp 페이지 화면

2. 쿠키 정보를 이용한 자동 로그인 예제

이번에는 특정 사이트에 한 번 로그인되면 로그인된 아이디와 비밀번호 정보를 로그인을 성공한 사용자의 시스템에 쿠키 정보로 저장하고, 다음에 다시 같은 시스템을 사용하는 사용자가 사이트에 접속하면 인증 화면이 실행되지 않고 쿠키에 저장되어 있는 정보를 이용하여 자동으로 로그인되도록 하는 예제를 구현해 보겠다. 테이블은 LoginProject 예제에서 사용한 users 테이블을 그대로 사용한다.

1) 패키지 구성

전체적인 패키지 구성은 다음과 같다. CookieLoginProject의 패키지 LoginProject 예제와 유사하므로 구조 설명은 생략한다. 전체적인 요청 처리 구조도 LoginProject 요청 처리 구조와 동일하다.

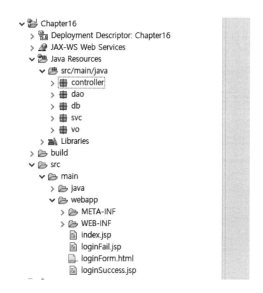

그림 16-9. CookieLoginProject 프로젝트의 패키지 구조 화면

2) 프로젝트 코드 보기

① 사용자가 처음 요청하는 index.jsp 페이지 코드 작성

사용자가 해당 프로젝트에 요청을 할 때는 index.jsp 페이지부터 시작한다. 해당 애플리케이션에 접근할 때 무조건 index.jsp를 통한다고 가정한다.

```
1   <%@ page language="java" contentType="text/html; charset=UTF-8"
2     pageEncoding="UTF-8"%>
3   <!DOCTYPE html PUBLIC "-//W3C//DTD HTML 4.01 Transitional//EN"
4   "http://www.w3.org/TR/html4/loose.dtd">
5   <html>
6   <head>
7   <meta http-equiv="Content-Type" content="text/html; charset=UTF-8">
8   <title>Insert title here</title>
9   </head>
10  <body>
11  <jsp:forward page="/login"></jsp:forward>
12  </body>
13  </html>
```

11	index.jsp 페이지를 실행하면 "/login" 서블릿을 매핑하는 서블릿으로 포워딩한다.

② "/login" URL을 매핑하는 서블릿 페이지(LoginServlet.java) 코드 작성

```
1   package controller;
2
3   import java.io.IOException;
4   import jakarta.servlet.RequestDispatcher;
5   import jakarta.servlet.ServletException;
6   import jakarta.servlet.annotation.WebServlet;
7   import jakarta.servlet.http.Cookie;
8   import jakarta.servlet.http.HttpServlet;
9   import jakarta.servlet.http.HttpServletRequest;
10  import jakarta.servlet.http.HttpServletResponse;
11  import svc.LoginService;
12  import vo.Member;
13
14  /**
15   * Servlet implementation class LoginServlet
```

```
16      */
17   @WebServlet("/login")
18   public class LoginServlet extends HttpServlet {
19       private static final long serialVersionUID = 1L;
20
21       /**
22        * @see HttpServlet#HttpServlet()
23        */
24       public LoginServlet() {
25           super();
26           // TODO Auto-generated constructor stub
27       }
28
29       /**
30        * @see HttpServlet#doPost(HttpServletRequest request,
31   HttpServletResponse response)
32        */
33       @Override
34       protected void doGet(HttpServletRequest request,
35   HttpServletResponse response) throws ServletException, IOException {
36           // TODO Auto-generated method stub
37
38           Cookie[] cookieArray = request.getCookies();
39           String id = "";
40           String passwd = "";
41
42           if(cookieArray != null){
43
44               for (int i = 0; i < cookieArray.length; i++) {
45                   if(cookieArray[i].getName().equals("id")){
46                       id = cookieArray[i].getValue();
47                   }
48                   else if(cookieArray[i].getName().equals("passwd")){
49                       passwd = cookieArray[i].getValue();
50                   }
51               }
52
53               LoginService loginService = new LoginService();
54               Member loginMember = loginService.getLoginMember(id,passwd);
55
```

```
56          if(loginMember != null){
57              RequestDispatcher dispatcher = request.getRequestDispat
58      cher("loginSuccess.jsp");
59              request.setAttribute("loginMember", loginMember);
60              dispatcher.forward(request, response);
61          }
62          else{
63              RequestDispatcher dispatcher =
64                      request.getRequestDispatcher("loginForm.html");
65              dispatcher.forward(request, response);
66          }
67      }
68  }
69  protected void doPost(HttpServletRequest request,
70  HttpServletResponse response) throws ServletException, IOException {
71      // TODO Auto-generated method stub
72
73      String id = request.getParameter("id");
74      String passwd = request.getParameter("passwd");
75      String useCookie = request.getParameter("useCookie");
76      LoginService loginService = new LoginService();
77      Member loginMember = loginService.getLoginMember(id,passwd);
78
79      if(useCookie != null){
80
81          Cookie idCookie = new Cookie("id", id);
82          idCookie.setMaxAge(60 * 60 * 24);
83          Cookie passwdCookie = new Cookie("passwd", passwd);
84          passwdCookie.setMaxAge(60 * 60 * 24);
85          response.addCookie(idCookie);
86          response.addCookie(passwdCookie);
87
88      }
89
90      if(loginMember != null){
91
92          RequestDispatcher dispatcher = request.getRequestDispatche
93      r("loginSuccess.jsp");
94          request.setAttribute("loginMember", loginMember);
95          dispatcher.forward(request, response);
```

```
96
97              }
98          else{
99
100              RequestDispatcher dispatcher = request.
101     getRequestDispatcher("loginFail.jsp");
102              dispatcher.forward(request, response);
103
104          }
105      }
106
107  }
```

코드 분석

17	"/login" URL 요청을 매핑하는 부분이다.
34~35	사용자가 "loginForm.html" 페이지에서 아이디와 비밀번호를 입력하고 로그인 요청을 한 것이 아니고 index.jsp 페이지를 실행한 후 <jsp:forward/> 액션 태그에 의해서 요청이 들어왔을 때는 요청이 GET 방식으로 넘어오기 때문에 doGet 메소드가 실행된다.
38	클라이언트에서 전송된 쿠키 객체들을 얻어오는 부분이다. request.getCookies() 메소드는 클라이언트에서 전송된 쿠키 객체들을 배열로 반환한다.
39~40	클라이언트 시스템에 저장된 아이디와 비밀번호를 저장할 변수들을 선언한 부분이다.
42	쿠키 배열이 null이 아닌지를 체크하는 부분이다. 클라이언트에서 쿠키 객체가 하나라도 넘어왔으면 쿠키 배열은 null이 아니다.
44~51	클라이언트에서 전송된 쿠키 객체들의 이름을 하나씩 비교하면서 아이디가 저장된 쿠키 객체와 비밀번호가 저장된 쿠키 객체를 찾아서 아이디와 비밀번호 값을 얻어와서 id 변수와 passwd 변수에 할당하는 부분이다. 클라이언트 시스템에 저장하는 쿠키 객체의 이름은 LoginServlet.java 코드의 79~88 라인 부분에서 지정한다.
45	쿠키 배열에 저장된 각 쿠키 객체의 이름이 "id"인지를 비교하는 부분이다. 클라이언트에 저장되는 쿠키 정보의 형태는 "cookieName=cookieValue;각종옵션들"이다. 즉, 각 쿠키 객체들은 쿠키 이름으로 구분된다.
46	쿠키 이름이 "id"인 쿠키의 값을 id 변수에 할당하는 부분이다.
48	쿠키 이름이 "passwd"인지를 판단하는 부분이다.
49	쿠키 이름이 "passwd"인 쿠키 객체의 값을 얻어와서 passwd 변수에 할당하는 부분이다.

53	로그인 비즈니스 로직이 구현되어 있는 LoginService 객체를 생성하는 부분이다.
54	LoginService 클래스에 정의되어 있는 getLoginMember 메소드를 호출하여 로그인에 성공한 사용자의 정보를 Member 객체 타입으로 얻어오는 부분이다. getLoginMember 메소드에서는 사용자가 로그인에 성공하면 로그인에 성공한 사용자의 정보를 Member 객체의 속성 값으로 설정하여 반환하고, 사용자가 로그인에 실패하면 null 값을 반환한다.
56~61	로그인에 성공하였으면, 즉 사용자 시스템의 쿠키 정보에 로그인에 성공한 아이디와 비밀번호가 저장되어 있는 경우 request 영역에 로그인에 성공한 사용자의 정보를 Member 객체 타입으로 공유하고 "loginSuccess.jsp" 페이지로 포워딩하는 부분이다. loginSuccess.jsp 페이지에서는 request 영역에 공유된 속성 값을 얻어서 로그인에 성공한 사용자의 정보를 화면에 출력한다.
62~66	사용자가 로그인에 실패하면 "loginForm.html" 페이지로 포워딩하는 부분이다. 이 경우는 사용자가 사이트에 접속했을 때 사용자 시스템에 로그인 정보가 없는 경우이다. 사이트에 접속했을 때 사용자의 시스템 쿠키에 이전에 로그인한 사용자의 정보가 저장되어 있지 않으면 로그인 화면을 보여주어 아이디와 비밀번호를 입력하게 처리하는 부분이다.
69~70	loginForm.html 페이지에 아이디와 비밀번호를 입력한 후 "로그인" 버튼을 눌러서 로그인 요청을 하면 요청이 "POST" 방식으로 전송되기 때문에 doPost 메소드가 실행된다.
73~74	클라이언트에서 전송된 아이디와 비밀번호를 얻어와서 id 변수와 passwd 변수에 할당하는 부분이다.
75	"loginForm.html" 페이지 화면에서 쿠키 사용 체크 박스를 체크했는지를 판단하는 부분이다. 쿠키 사용 체크 박스를 체크했으면 "on" 문자열이 전송되어 오고 체크하지 않았으면 null 값이 전송된다.
77	사용자가 입력한 아이디와 비밀번호를 이용해서 로그인된 사용자 정보를 요청하는 부분이다.
79~88	사용자가 쿠키 사용 체크 박스를 체크한 경우 클라이언트에서 전송된 아이디와 비밀번호를 쿠키 정보로 저장하는 부분이다.
90~97	로그인에 성공한 경우 "loginSuccess.jsp" 페이지로 포워딩하는 부분이다. "loginSuccess.jsp" 페이지에서는 로그인에 성공한 사용자의 정보를 화면에 출력한다.
98~104	로그인에 실패한 경우 "loginFail.jsp" 페이지로 포워딩하는 부분이다.

③ 로그인 비즈니스 로직을 처리하는 파일(LoginService.java) 코드 작성

LoginService.java   ⬇ Chapter16₩CookieLoginProject₩src₩main₩java₩svc₩LoginService.java

```java
1    package svc;
2
3    import static db.JdbcUtil.*;
4    import java.sql.Connection;
5    import dao.LoginDAO;
6    import vo.Member;
7    public class LoginService {
8
9        public Member getLoginMember(String id, String passwd) {
10           // TODO Auto-generated method stub
11           LoginDAO loginDAO = LoginDAO.getInstance();
12           Connection con = getConnection();
13           loginDAO.setConnection(con);
14           Member loginMember = loginDAO.selectLoginMember(id,passwd);
15           close(con);
16           return loginMember;
17       }
18
19   }
```

✅ 코드 분석

11	LoginDAO 클래스에 정의되어 있는 getInstance() 메소드를 호출하여 LoginDAO 객체를 참조하는 레퍼런스 값을 얻어온다. LoginDAO 클래스 객체는 getInstance() 메소드가 처음 호출할 때만 생성하고 두 번째 호출할 때부터는 힙 영역에 이미 생성되어 있는 객체의 레퍼런스 값을 반환하게 된다. 즉, singleton 패턴을 사용한다.
13	LoginDAO 객체에서 DB 작업을 할 때 사용할 Connection 객체를 주입하는 부분이다.
14	LoginDAO 객체로 로그인한 사용자의 정보를 Member 객체로 반환하는 메소드(selectLoginmember)를 호출하는 부분이다.
15	DB 작업을 끝낸 후 사용했던 Connection 객체를 닫아주는 부분이다.
16	로그인된 사용자의 정보를 반환하는 부분이다.

④ 데이터베이스에 로그인 관련 SQL 구문을 전송하는 파일(LoginDAO.java) 코드 작성

LoginDAO.java   ⬇ Chapter16₩CookieLoginProject₩src₩main₩java₩dao₩LoginDAO.java

```java
1   package dao;
2
3   import java.sql.Connection;
4   import java.sql.PreparedStatement;
5   import java.sql.ResultSet;
6   import vo.Member;
7   import static db.JdbcUtil.*;
8
9   public class LoginDAO {
10
11      private static LoginDAO loginDAO;
12      private Connection con;
13
14      private LoginDAO() {
15          // TODO Auto-generated constructor stub
16      }
17
18      public static LoginDAO getInstance() {
19          if(loginDAO == null) {
20              loginDAO = new LoginDAO();
21          }
22          return loginDAO;
23      }
24
25      public void setConnection(Connection con) {
26          this.con = con;
27      }
28
29      public Member selectLoginMember(String id, String passwd) {
30          // TODO Auto-generated method stub
31          Member loginMember = null;
32          PreparedStatement pstmt = null;
33          ResultSet rs = null;
34          try {
35              pstmt = con.prepareStatement("SELECT * FROM users WHERE id
36  = ? AND passwd = ?");
```

```
37          pstmt.setString(1, id);
38          pstmt.setString(2, passwd);
39          rs = pstmt.executeQuery();
40          if(rs.next()){
41              loginMember = new Member();
42              loginMember.setAddr(rs.getString("addr"));
43              loginMember.setAge(rs.getInt("age"));
44              loginMember.setEmail(rs.getString("email"));
45              loginMember.setGender(rs.getString("gender"));
46              loginMember.setId(rs.getString("id"));
47              loginMember.setName(rs.getString("name"));
48              loginMember.setNation(rs.getString("nation"));
49              loginMember.setPasswd(rs.getString("passwd"));
50          }
51      } catch (Exception e) {
52          // TODO: handle exception
53          e.printStackTrace();
54      }
55      finally{
56          try {
57              close(rs);
58              close(pstmt);
59          } catch (Exception e) {
60              // TODO: handle exception
61              e.printStackTrace();
62          }
63      }
64      return loginMember;
65  }
66
67 }
```

코드 분석

11	LoginDAO 타입의 레퍼런스 변수 선언. 접근 제한자를 private으로 지정하여 외부 클래스에서 직접 접근할 수 없게 하였다.
12	LoginDAO 클래스에서 DB 작업을 할 때 사용할 Connection 객체의 변수 선언.
14~16	외부 클래스에서 LoginDAO의 생성자를 사용해서 LoginDAO 객체를 직접 생성할 수 없도록 생성자의 접근 제한자를 private으로 지정하였다.
18~23	외부 클래스에서 getInstance 메소드를 처음 호출할 때(loginDAO 값이 null일 때)만 LoginDAO 객체를 생성하고 두 번째 호출할 때부터는 객체를 반복적으로 생성하지 않고 처음 호출 때 생성된 객체의 레퍼런스 값을 반환하게 정의한 부분이다. 이 경우처럼 객체를 힙 영역에 하나 생성한 후 공유하는 패턴을 singleton 패턴이라고 한다. 주로 클래스에 메소드만 정의되어 있고 객체마다 다른 속성 값을 유지할 필요가 없는 클래스에 사용된다.
25~27	LoginDAO 객체에서 사용할 Connection 객체를 주입하는 부분이다.
29~65	사용자가 입력한 아이디와 비밀번호를 사용하여 로그인 처리를 수행한 후 로그인에 성공하면 로그인에 성공한 사용자의 정보를 Member 객체에 저장하여 반환하고, 로그인에 실패하면 null을 반환하는 메소드를 정의한 부분이다.
35~39	사용자가 입력한 아이디와 비밀번호를 가진 회원의 모든 컬럼 값을 가져오는 SQL 구문을 실행하는 부분이다.
40~50	39 라인에서 조회하는 회원 정보를 Member 객체의 속성 값으로 설정하는 부분이다.
40	회원 중 아이디가 동일한 회원은 없기에 사용자가 입력한 아이디와 비밀번호를 가지고 있는 회원은 존재하거나 존재하지 않거나 둘 중 하나이기 때문에 if문을 사용하여 비교하였다. 즉, while 문장으로 여러 번 반복할 필요가 없다.

⑤ 데이터베이스 작업 시 반복적으로 사용하는 기능들을 정의한 파일(JdbcUtil.java) 코드 작성

JdbcUtil.java ⬇ Chapter16₩CookieLoginProject ₩src₩main₩java₩db₩JdbcUtil.java

```
1   package db;
2
3   import java.sql.Connection;
4   import java.sql.ResultSet;
5   import java.sql.Statement;
6   import javax.naming.Context;
7   import javax.naming.InitialContext;
8   import javax.sql.DataSource;
```

```
 9
10   //데이터베이스 작업을 할 때 반복적으로 수행해야 하는 작업을 정의하는 클래스
11   public class JdbcUtil {
12
13       public static Connection getConnection(){
14           Connection con = null;
15           try {
16               Context initCtx = new InitialContext();
17               Context envCtx = (Context)initCtx.lookup("java:comp/env");
18               DataSource ds = (DataSource)envCtx.lookup("jdbc/jsptest");
19               con = ds.getConnection();
20               con.setAutoCommit(false);
21               System.out.println("connect succes");
22           } catch (Exception e) {
23               // TODO Auto-generated catch block
24               e.printStackTrace();
25           }
26           return con;
27       }
28
29       public static void close(Connection con){
30           try {
31               con.close();
32           } catch (Exception e) {
33               // TODO: handle exception
34               e.printStackTrace();
35           }
36       }
37
38       public static void close(Statement stmt){
39           try {
40               stmt.close();
41           } catch (Exception e) {
42               // TODO: handle exception
43               e.printStackTrace();
44           }
45       }
46
47       public static void close(ResultSet rs){
48           try {
```

```
49              rs.close();
50          } catch (Exception e) {
51              // TODO: handle exception
52              e.printStackTrace();
53          }
54      }
55
56      public static void commit(Connection con){
57          try {
58              con.commit();
59          } catch (Exception e) {
60              // TODO: handle exception
61              e.printStackTrace();
62          }
63      }
64
65      public static void rollback(Connection con){
66          try {
67              con.rollback();
68          } catch (Exception e) {
69              // TODO: handle exception
70              e.printStackTrace();
71          }
72      }
73  }
```

 코드 분석

15장에서 사용한 JdbcUtil 클래스와 동일한 코드 내용이므로 코드 설명은 생략한다.

⑥ 회원 한 명의 정보를 저장하는 파일(Member.java) 코드 작성

Member.java   ⬇ Chapter16₩CookieLoginProject₩src₩main₩java₩vo₩Member.java

```java
1   package vo;
2
3   public class Member {
4       private String name;
5       private String addr;
6       private int age;
7       private String nation;
8       private String id;
9       private String passwd;
10      private String gender;
11      private String email;
12      public String getName() {
13          return name;
14      }
15      public void setName(String name) {
16          this.name = name;
17      }
18      public String getAddr() {
19          return addr;
20      }
21      public void setAddr(String addr) {
22          this.addr = addr;
23      }
24      public int getAge() {
25          return age;
26      }
27      public void setAge(int age) {
28          this.age = age;
29      }
30      public String getNation() {
31          return nation;
32      }
33      public void setNation(String nation) {
34          this.nation = nation;
35      }
36      public String getId() {
37          return id;
```

```
38          }
39          public void setId(String id) {
40              this.id = id;
41          }
42          public String getPasswd() {
43              return passwd;
44          }
45          public void setPasswd(String passwd) {
46              this.passwd = passwd;
47          }
48          public String getGender() {
49              return gender;
50          }
51          public void setGender(String gender) {
52              this.gender = gender;
53          }
54          public String getEmail() {
55              return email;
56          }
57          public void setEmail(String email) {
58              this.email = email;
59          }
60      }
```

 코드 분석

회원 한 명의 정보를 저장할 속성들과 해당 속성 값들을 조회하는 메소드(Getter)들과 갱신하는 메소드들(Setter)들이 정의되어 있다.

⑦ CP(Connection Pool)에 관한 설정 파일인 context.xml 파일 코드 작성

context.xml   ⬇ Chapter16₩CookieLoginProject₩src₩main₩webapp₩META-INF₩context.xml

```
1    <Context>
2        <Resource name="jdbc/jsptest"
3        auth="Container"
4        type="javax.sql.DataSource"
5        username="java"
6        password="java"
7        driverClassName="oracle.jdbc.driver.OracleDriver"
8        factory="org.apache.tomcat.dbcp.dbcp2.BasicDataSourceFactory"
9        url="jdbc:oracle:thin:@localhost:1521:XE"
10       maxActive="500"/>
11   </Context>
```

✅ 코드 분석

2	데이터베이스 작업을 하는 클래스에서 정의되는 Resource 객체를 얻어갈 때 사용하는 이름이다.
4	서버 상에 공유할 Resource의 타입을 지정한다. DataSource 객체를 얻어가면 DataSource 객체에 getConnection()이라는 메소드를 사용해서 Connection 객체를 얻어갈 수 있다.
5~7	오라클 데이터베이스에 연결을 할 수 있는 설정 정보를 정의하는 부분이다.
8	Tomcat 10.1에 탑재되어 있는 라이브러리 경로를 지정했다.
9	연결할 오라클 url을 지정한 부분이다.
10	동시에 반환할 수 있는 Connection 객체를 설정한 부분이다.

3) 실행하기

01 사용자가 제일 먼저 요청하는 "index.jsp" 페이지를 실행한다.

그림 16-10. index.jsp 페이지가 실행되어 loginForm.html 페이지로 포워딩된 화면

02 아이디와 비밀번호를 제대로 입력하고 쿠키사용 체크 박스를 체크한 후 〈로그인〉 버튼을 눌러 로그인 요청을 하면 쿠키에 아이디와 비밀번호가 저장된 후 다음 화면과 같이 로그인에 성공한 사용자의 정보가 화면에 출력된다.

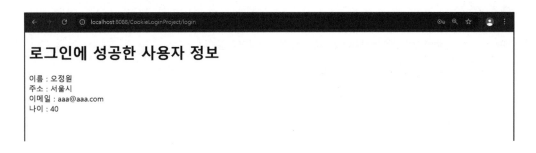

그림 16-11. 로그인이 성공된 화면

03 올바르지 않은 아이디와 비밀번호를 입력하고 〈로그인〉 버튼을 누르면 로그인 실패 화면이 출력된다.

로그인실패

그림 16-12. 로그인에 실패한 화면

04 〈그림 16-11〉과 같이 로그인이 성공된 후 브라우저를 닫은 후 다음 화면에서 표시되어 있는 빨간색 버튼을 눌러서 서버를 중지한다. 클라이언트가 해당 사이트에서 완전히 나가게 한 것이다.

그림 16-13. 톰캣 서버 중지 화면

05 index.jsp 페이지를 다시 실행하면 LoginServlet으로 포워딩되면서 쿠키에 저장된 아이디와 비밀번호 값으로 자동 로그인이 성공되는 것을 확인할 수 있다.

로그인에 성공한 사용자 정보

이름 : 오정원
주소 : 서울시
이메일 : aaa@aaa.com
나이 : 40

그림 16-14. 쿠키 값에 의해서 자동 로그인된 화면

3. 강아지 쇼핑몰 예제

본 예제에서는 간단하게 강아지를 구매하는 쇼핑몰을 구현해 보겠다. 본 예제에서는 패키지 구조에 FrontController 패턴을 추가하고, 쿠키를 이용해서 오늘 본 상품을 상품 리스트 페이지에 출력할 것이며, 세션을 이용해서 장바구니 기능을 구현해 보겠다. taglibs에 오류가 발생 시 Chapter14 taglibs 부분을 참고하면 된다.

1) 패키지 구조

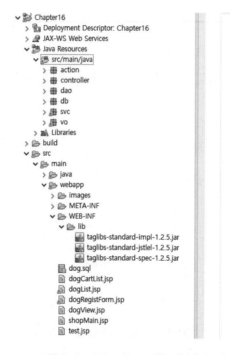

그림 16-15. DogShopping 프로젝트 패키지 구조 화면

2) 테이블 정의 및 생성

· 테이블명: Dog

컬럼명	데이터타입	키	참조컬럼	Null	제약	설명
id	NUMBER	PK		NOT NULL		상품 아이디
kind	VARCHAR2(12)			NOT NULL		개 품종
price	NUMBER			NOT NULL		개 가격
image	VARCHAR2(20)			NOT NULL		개 이미지
country	VARCHAR2(12)			NOT NULL		원산지
height	NUMBER			NULL		평균 개 신장
height	NUMBER			NULL		평균 개 체중
content	VARCHAR2(400)			NULL		개 설명
readcount	NUMBER			NULL		조회수

· sql 구문

```
CREATE TABLE dog(
  id NUMBER PRIMARY KEY,
  kind VARCHAR2(12) NOT NULL,
  price NUMBER NOT NULL,
  image VARCHAR2(20) NOT NULL,
  country VARCHAR2(12) NOT NULL,
  height NUMBER,
  weight NUMBER,
  content VARCHAR2(400),
  readcount NUMBER
);
CREATE SEQUENCE dog_seq;

INSERT INTO dog VALUES(dog_seq.nextval,'푸들',1000,'pu.jpg','프랑스',1,20,'
털많다',0);
INSERT INTO dog VALUES(dog_seq.nextval,'불독',2000,'bul.jpg','독일',1,20,'
못생겼다',0);
INSERT INTO dog VALUES(dog_seq.nextval,'진도개',3000,'jin.jpg','대한민
국',1,20,'최고다',0);
INSERT INTO dog VALUES(dog_seq.nextval,'허스키',4000,'h.jpg','북극',1,20,'멋
지다',0);
COMMIT
```

3) 각 프로젝트 코드 알아보기

① DB 관련 공통 기능 클래스

DogShopping 애플리케이션에서 데이터베이스 연결을 할 때는 Connection Pool을 사용하겠다.

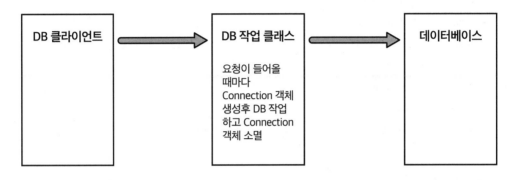

그림 16-16. Connection Pool을 사용하지 않고 데이터베이스 작업을 처리하는 구조 그림

〈그림 16-16〉처럼 데이터베이스 관련 작업 요청이 들어올 때마다 Connection 객체를 생성하게 되면 많은 수의 클라이언트가 요청을 할 경우 메모리상에 너무 많은 Connection 객체가 생성되면서 데이터베이스 관련 요청을 처리할 수 있는 클라이언트 수의 한계가 발생한다.
즉, 어느 순간부터 클라이언트의 DB 관련 요청 처리를 할 수 없게 된다.

따라서, 일정한 수의 Connection 객체를 미리 Connection Pool 에 생성하고, 클라이언트의 데이터베이스 관련 요청이 전송되면 Connection Pool에 생성되어 있는 Connection 중 하나를 사용하여 데이터베이스 관련 처리를 하게 하고, 해당 클라이언트 요청에 대한 처리가 마무리되면 사용하던 Connection 객체를 다시 Connection Pool로 반환하여 다른 클라이언트의 요청에서 사용할 수 있게 처리해야 한다.
일정한 개수의 Connection 객체를 사용하여 많은 수의 클라이언트 요청을 처리하게 해야 한다.

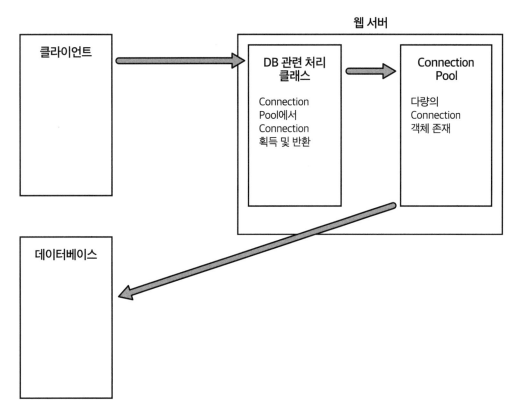

웹 서버

클라이언트

DB 관련 처리
클래스

Connection
Pool에서
Connection
획득 및 반환

Connection
Pool

다량의
Connection
객체 존재

데이터베이스

그림 16-17. Connection Pool을 사용하여 데이터베이스 작업을 처리하는 구조 그림

context.xml   ⬇ Chapter16₩DogShopping₩src₩main₩webapp₩META-INF₩context.xml

```xml
 1  <?xml version="1.0" encoding="UTF-8"?>
 2  <Context>
 3      <Resource
 4          name="jdbc/dogTest"
 5          auth="Container"
 6          type="javax.sql.DataSource"
 7          username="java"
 8          password="java"
 9          driverClassName="oracle.jdbc.driver.OracleDriver"
10          factory="org.apache.tomcat.dbcp.dbcp2.BasicDataSourceFactory"
11          url="jdbc:oracle:thin:@localhost:1521:XE"
12          maxActive="500"
13      />
14  </Context>
```

4	데이터베이스 작업을 하는 클래스에서 정의되는 Resource 객체를 얻어갈 때 사용하는 이름이다. 서버상에 공유할 Resource의 타입을 지정한다.
6	DataSource 객체를 얻어가면 DataSource 객체에 getConnection()이라는 메소드를 사용해서 Connection 객체를 얻어갈 수 있다.
7~9	오라클 데이터베이스에 연결을 할 수 있는 설정 정보를 정의하는 부분이다.
10	DataSource 객체를 생성해 주는 Factory 클래스를 지정한 부분이다. Tomcat 10.1에 탑재되어 있는 라이브러리 경로를 지정했다.
11	연결할 오라클 url을 지정한 부분이다.
12	동시에 반환할 수 있는 Connection 객체를 설정한 부분이다.

JdbcUtil.java   ⬇ Chapter16₩DogShopping₩src₩main₩java₩db₩JdbcUtil.java

```java
1   package db;
2
3   import java.sql.*;
4   import javax.naming.Context;
5   import javax.naming.InitialContext;
6   import javax.sql.DataSource;
7
8   public class JdbcUtil {
9
10      public static Connection getConnection(){
11          Connection con=null;
12
13          try {
14              Context initCtx = new InitialContext();
15              Context envCtx = (Context)initCtx.lookup("java:comp/env");
16              DataSource ds = (DataSource)envCtx.lookup("jdbc/dogTest");
17              con = ds.getConnection();
18              con.setAutoCommit(false);
19          } catch (Exception e) {
20              e.printStackTrace();
21          }
22
23          return con;
24      }
```

```
25
26        public static void close(Connection con){
27
28            try {
29                con.close();
30            } catch (Exception e) {
31                e.printStackTrace();
32            }
33
34        }
35
36        public static void close(Statement stmt){
37
38            try {
39                stmt.close();
40            } catch (Exception e) {
41                e.printStackTrace();
42            }
43
44        }
45
46        public static void close(ResultSet rs){
47
48            try {
49                rs.close();
50            } catch (Exception e) {
51                e.printStackTrace();
52            }
53
54        }
55
56        public static void commit(Connection con){
57
58            try {
59                con.commit();
60                System.out.println("commit success");
61            } catch (Exception e) {
62                e.printStackTrace();
63            }
64
```

```
65          }
66
67      public static void rollback(Connection con){
68
69          try {
70              con.rollback();
71              System.out.println("rollback success");
72          } catch (Exception e) {
73              e.printStackTrace();
74          }
75
76      }
77
78  }
```

✓ 코드 분석

10~24	Connection Pool에서 Connection 객체를 얻어와서 반환하는 메소드를 정의한 부분이다.
14	톰캣 자체의 컨텍스트를 얻어오는 부분이다.
15	Resource 정의에 관한 컨텍스트를 얻어오는 부분이다. lookup 메소드의 반환 타입이 Object이므로 Context 타입으로 다운캐스팅해야 한다.
16	context.xml에 정의한 DataSource 객체를 얻어오는 부분이다.
17	Connection Pool에서 Connection 객체를 얻어오는 부분이다.
18	Connection 객체에 트랜잭션을 적용시키는 부분이다.
26~34	Connection 객체를 닫아주는 역할을 하는 메소드를 정의한 부분이다.
36~44	Statement 객체를 닫아주는 역할을 하는 메소드를 정의한 부분이다.
46~54	ResultSet 객체를 닫아주는 역할을 하는 메소드를 정의한 부분이다.
56~65	트랜잭션 중에 실행된 작업들을 완료시키는 기능을 하는 메소드를 정의한 부분이다.
67~76	트랜잭션 중에 실행된 작업들을 취소시키는 기능을 하는 메소드를 정의한 부분이다.

② Action 클래스들의 규격을 정의한 Action 인터페이스

각 요청을 처리하는 Action 클래스들을 다형성을 이용해서 동일한 타입으로 참조하기 위해서 각 Action 클래스들이 구현할 Action 인터페이스를 설계한다.

Action.java　　　　　　　　　　⬇ Chapter16\DogShopping\src\main\java\action\Action.java

```
1    package action;
2
3    import jakarta.servlet.http.HttpServletRequest;
4    import jakarta.servlet.http.HttpServletResponse;
5    import vo.ActionForward;
6
7    public interface Action {
8        ActionForward execute(HttpServletRequest request,
9    HttpServletResponse response)
10            throws Exception;
11   }
```

✓ 코드 분석

8~9	각 요청을 처리하는 Action 클래스들이 공통적으로 구현해야 하는 execute 메소드를 정의한 부분이다. 웹 요청을 처리하고 응답하기 위해서 HttpServletRequest request 와 HttpServletResponse response를 파라미터 변수로 처리했다.

③ 포워딩 정보를 저장할 수 있는 ActionForward 클래스

컨트롤러 역할을 하는 서블릿에서 클라이언트의 각 요청을 받아서 처리한 후 최종적으로 뷰 페이지로 포워딩 처리 시 이동할 뷰 페이지의 url 과 포워딩 방식(디스패치나 리다이렉트)이 필요하다.
이 두 정보를 편리하게 다루기 위해서 ActionForward 클래스를 설계한다.

```java
1    package vo;
2    public class ActionForward {
3
4        private String path;
5        private boolean redirect;
6
7        public ActionForward(String path, boolean redirect) {
8            this.path = path;
9            this.redirect = redirect;
10       }
11
12       public String getPath() {
13           return path;
14       }
15
16       public void setPath(String path) {
17           this.path = path;
18       }
19
20       public boolean isRedirect() {
21           return redirect;
22       }
23
24       public void setRedirect(boolean redirect) {
25           this.redirect = redirect;
26       }
27
28   }
29
```

![코드 분석]

4	서블릿에서 요청 처리 후 포워딩될 최종 뷰 페이지 url이 저장되는 변수 정의.
5	포워딩 방식이 저장되는 변수. 값이 false면 디스패치 방식으로, true면 리다이렉트 방식으로 포워딩 한다.

④ 애플리케이션에서 하나의 데이터로 다루어져야 할 정보들을 저장하는 클래스들

• 개 상품 하나의 정보를 저장하는 클래스

Dog.java   ⬇ Chapter16₩DogShopping₩src₩main₩java₩vo₩Dog.java

```java
package vo;

public class Dog {

    private int id;
    private String kind;
    private int price;
    private String image;
    private String country;
    private int height;
    private int weight;
    private String content;
    private int readcount;

    public Dog(int id, String kind, int price, String image, String
country,
            int height, int weight, String content, int readcount) {
        super();
        this.id = id;
        this.kind = kind;
        this.price = price;
        this.image = image;
        this.country = country;
        this.height = height;
        this.weight = weight;
        this.content = content;
        this.readcount = readcount;
    }

    public int getId() {
        return id;
    }

    public void setId(int id) {
```

```
35          this.id = id;
36      }
37
38      public String getKind() {
39          return kind;
40      }
41
42      public void setKind(String kind) {
43          this.kind = kind;
44      }
45
46      public int getPrice() {
47          return price;
48      }
49
50      public void setPrice(int price) {
51          this.price = price;
52      }
53
54      public String getImage() {
55          return image;
56      }
57
58      public void setImage(String image) {
59          this.image = image;
60      }
61      public String getCountry() {
62          return country;
63      }
64
65      public void setCountry(String country) {
66          this.country = country;
67      }
68
69      public int getHeight() {
70          return height;
71      }
72
73      public void setHeight(int height) {
74          this.height = height;
```

```
 75           }
 76
 77       public int getWeight() {
 78           return weight;
 79       }
 80
 81       public void setWeight(int weight) {
 82           this.weight = weight;
 83       }
 84
 85       public String getContent() {
 86           return content;
 87       }
 88
 89       public void setContent(String content) {
 90           this.content = content;
 91       }
 92
 93       public int getReadcount() {
 94           return readcount;
 95       }
 96
 97       public void setReadcount(int readcount) {
 98           this.readcount = readcount;
 99       }
100
101   }
```

 코드 분석

개 상품 하나의 정보를 저장할 수 있는 클래스이다.

• 장바구니 항목 하나의 정보를 저장하는 클래스

Cart.java　　　　　　　　　　　　⬇ Chapter16₩DogShopping₩src₩main₩java₩vo₩Cart.java

```java
 1   package vo;
 2
 3   public class Cart {
 4
 5       private String image;
 6       private String kind;
 7       private int price;
 8       private int qty;
 9
10       public String getImage() {
11           return image;
12       }
13
14       public void setImage(String image) {
15           this.image = image;
16       }
17
18       public String getKind() {
19           return kind;
20       }
21
22       public void setKind(String kind) {
23           this.kind = kind;
24       }
25
26       public int getPrice() {
27           return price;
28       }
29
30       public void setPrice(int price) {
31           this.price = price;
32       }
33
34       public int getQty() {
35           return qty;
36       }
37
```

```
38      public void setQty(int qty) {
39          this.qty = qty;
40      }
41
42  }
```

 코드 분석

장바구니 항목 하나의 정보를 저장할 수 있는 클래스이다.

---

⑤ 모든 클라이언트의 요청을 받아서 제어하는 컨트롤러 클래스

DogShopping 프로젝트의 모든 웹 요청은 지금 정의하는 서블릿으로 요청된다.
전체 요청이 이 부분에서 제어된다.

DogFrontController.java   ⬇ Chapter16₩DogShopping₩src₩main₩java₩controller₩
DogFrontController.java

```
1   package controller;
2
3   import java.io.IOException;
4   import jakarta.servlet.RequestDispatcher;
5   import jakarta.servlet.ServletException;
6   import jakarta.servlet.annotation.WebServlet;
7   import jakarta.servlet.http.HttpServlet;
8   import jakarta.servlet.http.HttpServletRequest;
9   import jakarta.servlet.http.HttpServletResponse;
10  import vo.ActionForward;
11  import action.Action;
12  import action.DogCartAddAction;
13  import action.DogCartListAction;
14  import action.DogCartQtyDownAction;
15  import action.DogCartQtyUpAction;
16  import action.DogCartRemoveAction;
17  import action.DogCartSearchAction;
18  import action.DogListAction;
19  import action.DogRegistAction;
```

```
20    import action.DogRegistFormAction;
21    import action.DogViewAction;
22
23    @WebServlet("*.dog")
24    @MultipartConfig(maxFileSize = 5 * 1024 * 1024)
25    public class DogFrontController extends HttpServlet {
26
27        protected void doGet(HttpServletRequest request, HttpServletResponse
28    response)
29                throws ServletException, IOException {
30            doProcess(request, response);
31        }
32
33        protected void doPost(HttpServletRequest request, HttpServletResponse
34    response)
35                throws ServletException, IOException {
36            doProcess(request, response);
37        }
38
39        protected void doProcess(HttpServletRequest request, HttpServletResponse
40    response)
41                throws ServletException, IOException {
42            request.setCharacterEncoding("UTF-8");
43            //1. 요청파악
44            String requestURI = request.getRequestURI();
45            //요청 URL : http://localhost:8088/boardProject/boardWriteFrom.
46    bo
47            //requestURI : /boardProject/boardWriteForm.bo 반환
48
49            String contextPath = request.getContextPath();
50            //   /boardProject 반환
51
52            String command = requestURI.substring(contextPath.length());
53            Action action = null;
54            ActionForward forward = null;
55
56            //2.각 요청별로 비지니스로직 호출
57            if(command.equals("/dogList.dog")){
58                action = new DogListAction();
59                //프로젝트명 + 기능 + 형태(?)
60                try {
```

```
 61                    forward = action.execute(request, response);
 62                } catch (Exception e) {
 63                    e.printStackTrace();
 64                }
 65            }
 66            else if(command.equals("/dogView.dog")){
 67                action = new DogViewAction();
 68                //프로젝트명 + 기능 + 형태(?)
 69                try {
 70                    forward = action.execute(request, response);
 71                } catch (Exception e) {
 72                    e.printStackTrace();
 73                }
 74            }
 75            else if(command.equals("/dogCartAdd.dog")){
 76                action = new DogCartAddAction();
 77                //프로젝트명 + 기능 + 형태(?)
 78                try {
 79                    forward = action.execute(request, response);
 80                } catch (Exception e) {
 81                    e.printStackTrace();
 82                }
 83            }
 84            else if(command.equals("/dogCartList.dog")){
 85                action = new DogCartListAction();
 86                //프로젝트명 + 기능 + 형태(?)
 87                try {
 88                    forward = action.execute(request, response);
 89                } catch (Exception e) {
 90                    e.printStackTrace();
 91                }
 92            }
 93            else if(command.equals("/dogCartSearch.dog")){
 94                action = new DogCartSearchAction();
 95                //프로젝트명 + 기능 + 형태(?)
 96                try {
 97                    forward = action.execute(request, response);
 98                } catch (Exception e) {
 99                    e.printStackTrace();
100                }
```

```
101                }
102            else if(command.equals("/dogCartRemove.dog")){
103                action = new DogCartRemoveAction();
104                //프로젝트명 + 기능 + 형태(?)
105                try {
106                    forward = action.execute(request, response);
107                } catch (Exception e) {
108                    e.printStackTrace();
109                }
110            }
111            else if(command.equals("/dogCartQtyUp.dog")){
112                action = new DogCartQtyUpAction();
113                //모듈 + 기능 + 패턴
114                try {
115                    forward = action.execute(request, response);
116                } catch (Exception e) {
117                    e.printStackTrace();
118                }
119            }
120            else if(command.equals("/dogCartQtyDown.dog")){
121                action = new DogCartQtyDownAction();
122                //프로젝트명 + 기능 + 형태(?)
123                try {
124                    forward = action.execute(request, response);
125                } catch (Exception e) {
126                    e.printStackTrace();
127                }
128            }
129            else if(command.equals("/dogRegist.dog")){
130                action = new DogRegistAction();
131                //프로젝트명 + 기능 + 형태(?)
132                try {
133                    forward = action.execute(request, response);
134                } catch (Exception e) {
135                    e.printStackTrace();
136                }
137            }
138            else if(command.equals("/dogRegistForm.dog")){
139                action = new DogRegistFormAction();
140                try {
```

```
141          forward = action.execute(request, response);
142      } catch (Exception e) {
143          e.printStackTrace();
144      }
145   }
146   //3. 포워딩
147   if(forward !=null){
148      if(forward.isRedirect()){
149          response.sendRedirect(forward.getPath());
150      }else{
151          RequestDispatcher dispatcher = request.
152 getRequestDispatcher(forward.getPath());
153          dispatcher.forward(request, response);
154      }
155   }
156
157   }
158
159 }
```

✅ 코드 분석

23	앞의 url 경로에 상관없이 확장자가 뒤에 .dog로 끝나는 url 요청이 들어오면 요청 처리를 하겠다는 설정이다.
27~37	클라이언트에서 요청이 get 방식으로 전송되어 오거나 post 방식으로 전송되어 오거나 모든 요청을 처리하기 위해서 dogGet 메소드와 doPost 메소드에서 공통적으로 doProcess메소드를 호출하고 있다. 즉 DogFrontController 서블릿으로 들어오는 모든 요청에서는 doProcess 메소드를 호출하게 된다.
42	파라미터 값으로 한글이 전송되었을 때 한글을 처리하는 부분이다.
44~52	DogShopping 프로젝트의 모든 요청은 DogFrontController 서블릿에서 처리하기 때문에 어떤 요청이 전송되었는지를 먼저 파악해야 해당 요청을 처리할 수 있다. 전송된 요청이 어떤 요청인지를 URL을 이용하여 파악하는 부분이다.
53	요청이 파악되면 해당 요청을 처리하는 각 Action 클래스 객체를 사용해서 요청을 처리하게 되는데 각 요청에 해당하는 Action 클래스 객체들을 다형성을 이용해서 참조하기 위해서 Action 인터페이스 타입의 변수를 정의하였다.
54	각 Action 클래스 객체의 execute 메소드를 호출하면 요청에 해당하는 비지니스 로직을 수행하고 포워딩될 URL 정보와 리다이렉트 방식 정보를 반환한다. 이 포워딩에 관련된 정보를 저장할 객체를 참조할 변수를 선언한 부분이다.

57~145	파악된 각 요청(command)에 대해서 각 Action 클래스 객체의 execute 메소드를 다형성을 이용해서 호출하여 비지니스 로직을 처리하고 포워딩에 관련된 정보를 ActionForward 타입으로 반환받는 부분이다.
147~154	Action 객체에서 반환된 forward 객체의 정보를 이용해서 포워딩 처리를 하는 부분이다.
148~150	포워딩 방식이 리다이렉트 방식으로 설정되어 있으면 리다이렉트 방식으로 포워딩하는 부분이다.
150~155	포워딩 방식이 디스패치 방식으로 설정되어 있으면 디스패치 방식으로 포워딩하는 부분이다.

⑥ 각 클라이언트의 요청을 처리하는 Action 클래스들

DogFrontController에서 전송된 요청을 파악하여 각 요청을 처리하는 Action 클래스 객체의 execute 메소드를 호출하게 된다.

• 새로운 개 상품 정보를 등록하는 Action 클래스

DogRegistAction.java   ⬇ Chapter16₩DogShopping₩src₩main₩java₩action₩DogRegistAction.java

```
1    package action;
2
3    import java.io.File;
4    import java.io.IOException;
5    import java.io.PrintWriter;
6
7    import jakarta.servlet.ServletException;
8    import jakarta.servlet.ServletContext;
9    import jakarta.servlet.http.HttpServletRequest;
10   import jakarta.servlet.http.HttpServletResponse;
11   import jakarta.servlet.http.Part;
12
13   import svc.DogRegistService;
14   import vo.ActionForward;
15   import vo.Dog;
16
17   public class DogRegistAction implements Action {
18
19       @Override
```

```
20      public ActionForward execute(HttpServletRequest request,
21  HttpServletResponse response)
22          throws Exception {
23      DogRegistService dogRegistService = new DogRegistService();
24      String realFolder = "";
25      // 파일 업로드될 서버 상의 물리적인 경로
26
27      String saveFolder = "/images";
28      int maxSize = 5 * 1024 * 1024; // 5MB
29      // 한 번에 업로드할 수 있는 파일의 크기
30
31      ServletContext context = request.getServletContext();
32      realFolder = context.getRealPath(saveFolder);
33
34      try {
35          String kind = request.getParameter("kind");
36          int price = Integer.parseInt(request.getParameter("price"));
37          String nation = request.getParameter("nation");
38          int height = Integer.parseInt(request.
39  getParameter("height"));
40          int weight = Integer.parseInt(request.
41  getParameter("weight"));
42          String content = request.getParameter("content");
43          Part imagePart = request.getPart("image");
44          String imageFileName = getSubmittedFileName(imagePart);
45          String image = "";
46
47          if (imageFileName != null) {
48              image = uploadFile(imagePart, realFolder, imageFileName);
49          }
50
51          Dog dog = new Dog(0, kind, price, image, nation, height,
52  weight, content, 0);
53          boolean isRegistSuccess = dogRegistService.registDog(dog);
54          ActionForward forward = null;
55
56          if (isRegistSuccess) {
57              forward = new ActionForward("dogList.dog", true);
58          } else {
59              response.setContentType("text/html;charset=UTF-8");
```

```
60          PrintWriter out = response.getWriter();
61          out.println("<script>");
62          out.println("alert('등록실패');");
63          out.println("history.back();");
64          out.println("</script>");
65      }
66
67      return forward;
68  } catch (Exception e) {
69      e.printStackTrace();
70  }
71
72  return null;
73 }
74
75 private String getSubmittedFileName(Part part) {
76     for (String cd : part.getHeader("content-disposition").
77 split(";")) {
78         if (cd.trim().startsWith("filename")) {
79             String fileName = cd.substring(cd.indexOf('=') +
80 1).trim().replace("\"", "");
81             return fileName;
82         }
83     }
84     return null;
85 }
86
87 private String uploadFile(Part part, String saveDirectory, String
88 fileName) throws IOException {
89     File uploadDir = new File(saveDirectory);
90     if (!uploadDir.exists()) {
91         uploadDir.mkdirs();
92     }
93
94     File file = new File(uploadDir, fileName);
95
96     int count = 1;
97     String baseName = fileName.substring(0, fileName.
98 lastIndexOf('.'));
99     String extension = fileName.substring(fileName.lastIndexOf('.'));
```

```
100
101         while (file.exists()) {
102             fileName = baseName + "_" + count + extension;
103             file = new File(uploadDir, fileName);
104             count++;
105         }
106
107         String filePath = file.getAbsolutePath();
108
109         try {
110             part.write(filePath);
111         } catch (IOException e) {
112             e.printStackTrace();
113             return null;
114         }
115
116         return fileName;
117     }
118 }
```

코드 분석

23	파일을 서버상에 업로드한 후 업로드된 파일의 정보를 데이터베이스에 저장하는 비즈니스 로직이 구현되는 Service 클래스 객체를 생성하는 부분이다.
24	파일이 업로드될 서버상의 실제 경로를 저장할 변수를 정의한 부분이다.
27	파일이 업로드될 논리적인 디렉토리 이름을 정의한 부분이다.
28	한 번의 요청에 의해서 업로드될 수 있는 바이트 수를 정의한 부분이다. 5Mbyte로 지정하였다.
31~32	파일이 업로드될 서버상의 물리적인 경로를 얻어오는 부분이다. 즉, 웹 애플리케이션 루트의 image 디렉토리의 물리적인 경로를 얻어온다.
44	서버상에 업로드된 파일 이름을 얻어오는 부분이다.
51~52	클라이언트에서 전송된 파라미터 데이터들을 사용해서 새로 등록될 개 정보를 저장하는 Dog 객체를 생성하는 부분이다.
53	개 상품 등록 비즈니스 로직을 처리하는 registDog 메소드를 호출하는 부분이다.
54	최종적으로 메소드에서 반환해야 되는 ActionForward 객체의 클래스 변수를 정의하는 부분이다.

56~58	개 상품 등록 작업이 성공적으로 처리되었을 때 리다이렉트 방식으로 개 목록 보기 요청을 하도록 하는 부분이다. 여기서 생성해서 반환하는 forward 객체가 DogFrontController 서블릿의 forward = action.execute(request, response); 부분으로 반환되어 해당 정보를 사용하여 포워딩 처리된다.
58~65	개 상품 등록 작업이 실패되었을 경우 자바스크립트를 사용해서 "등록실패" 문자열을 경고창으로 띄어 주고 이전 URL, 즉 개 상품 등록 페이지로 되돌아가게 처리한 부분이다.

• 개 상품 목록 보기 요청을 처리하는 Action 클래스

DogListAction.java   ⬇ Chapter16₩DogShopping₩src₩main₩java₩action₩DogListAction.java

```java
package action;

import java.util.ArrayList;
import jakarta.servlet.http.Cookie;
import jakarta.servlet.http.HttpServletRequest;
import jakarta.servlet.http.HttpServletResponse;
import svc.DogListService;
import vo.ActionForward;
import vo.Dog;

public class DogListAction implements Action {

    @Override
    public ActionForward execute(HttpServletRequest request,
            HttpServletResponse response) throws Exception {
        // TODO Auto-generated method stub
        ArrayList<String> todayImageList = new ArrayList<String>();
        Cookie[] cookieArray = request.getCookies();

        if(cookieArray != null){
            for (int i = 0; i < cookieArray.length; i++) {
                if(cookieArray[i].getName().startsWith("today")){
                    todayImageList.add(cookieArray[i].getValue());
                }
            }
        }
```

```
27
28          DogListService dogListService = new DogListService();
29          ArrayList<Dog> dogList = dogListService.getDogList();
30          request.setAttribute("dogList", dogList);
31          request.setAttribute("todayImageList", todayImageList);
32          ActionForward forward = new ActionForward("dogList.jsp",
33   false);
34          return forward;
35      }
36
37   }
```

✅ 코드 분석

17	전체 개 상품 목록을 보여주는 뷰 페이지에서 오늘 본 상품의 이미지도 출력하므로 오늘 본 상품의 이미지를 저장할 ArrayList 객체를 생성하는 부분이다
18	클라이언트에서 넘어온 Cookie 객체들을 배열 형태로 반환 받는 부분이다. 사이트에서 오늘 본 상품이 있다면 각 상품의 이미지가 쿠키로 저장되어 있다.
20~26	요청에 넘어온 쿠키 객체 중 오늘 본 상품 이미지 이름을 저장하고 있는 쿠키 객체를 찾아서 todayImageList ArrayList 객체에 쿠키 객체의 값, 즉 이미지 이름을 요소로 추가하는 부분이다. 특정 상품의 자세한 내용을 볼 때 DogViewAction 클래스에서 내용을 본 상품의 이미지를 today 문자열 뒤에 해당 상품의 아이디를 붙인 이름으로 쿠키 객체에 저장한다.
28	개 상품 목록 보기 요청을 처리하는 서비스 객체를 생성하는 부분이다.
29	등록되어 있는 개 상품 정보를 ArrayList 타입으로 얻어오는 부분이다.
30	request 영역에 개 상품 목록 정보를 속성으로 공유하는 부분이다.
31	Request 영역에 오늘 본 개 상품 이미지 목록 정보를 속성으로 공유하는 부분이다.
32~33	포워딩 정보를 ActionForward 객체로 생성하는 부분이다. 포워딩 될 페이지는 dogList.jsp 페이지로 지정했으며 포워딩 방식은 디스패치 방식으로 지정했다.

• 특정 개 상품의 상세 정보 보기 요청을 처리하는 Action 클래스

DogViewAction.java   ⬇ Chapter16₩DogShopping₩src₩main₩java₩action₩DogViewAction.java

```
 1   package action;
 2
 3   import jakarta.servlet.http.Cookie;
 4   import jakarta.servlet.http.HttpServletRequest;
 5   import jakarta.servlet.http.HttpServletResponse;
 6   import svc.DogViewService;
 7   import vo.ActionForward;
 8   import vo.Dog;
 9
10   public class DogViewAction implements Action {
11
12       @Override
13       public ActionForward execute(HttpServletRequest request,
14               HttpServletResponse response) throws Exception {
15           DogViewService dogViewService = new DogViewService();
16           int id = Integer.parseInt(request.getParameter("id"));
17           Dog dog = dogViewService.getDogView(id);
18           request.setAttribute("dog", dog);
19           Cookie todayImageCookie = new Cookie("today"+id, dog.
20   getImage());
21           todayImageCookie.setMaxAge(60*60*24);
22           response.addCookie(todayImageCookie);
23           ActionForward forward = new ActionForward("dogView.jsp",
24   false);
25           return forward;
26       }
27
28   }
```

코드 분석

15	개 상품 정보 상세 보기 비지니스 로직을 처리하는 서비스 객체를 생성한 부분이다.
16	상세 정보를 출력할 대상 개 상품의 id 값을 파라미터로 받는 부분이다.
17	파라미터 값으로 전송된 id 값을 가지고 있는 개의 정보를 Dog 클래스 객체 타입으로 반환 받는 부분이다.
18	request 영역에 dog 객체를 속성으로 공유하는 부분이다.
19~20	개 상품 정보의 이미지 이름 문자열을 today 문자열 뒤에 해당 개 상품의 id 값을 연결하여 ("today"+id) 쿠키 이름을 지정한 후 쿠키 객체를 생성하여 저장하는 부분이다.
21	오늘 본 상품 이미지를 저장한 쿠키 객체가 클라이언트 시스템에 저장되어 있을 기간을 24시간으로 설정하는 부분이다.
22	응답에 쿠키 객체를 추가하는 부분이다.
23~24	포워딩 정보를 ActionForward 객체로 생성하는 부분이다. 포워딩될 URL은 dogView.jsp로 설정하고, 포워딩 방식은 디스패치 방식으로 설정했다.

• 새로운 개 상품 정보 등록 페이지를 보여주는 요청을 처리하는 Action 클래스

DogRegistFormAction.java   ⬇ Chapter16₩DogShopping₩src₩main₩java₩action₩
DogRegistFormAction.java

```
1    package action;
2
3    import jakarta.servlet.http.HttpServletRequest;
4    import jakarta.servlet.http.HttpServletResponse;
5    import vo.ActionForward;
6
7    public class DogRegistFormAction implements Action {
8
9        @Override
10       public ActionForward execute(HttpServletRequest request,
11               HttpServletResponse response) throws Exception {
12           ActionForward forward = new ActionForward("dogRegistForm.jsp",
13   false);
14           return forward;
15       }
16
17   }
```

DogRegistFormAction 클래스 객체는 특별한 비즈니스 로직을 처리할 필요가 없기 때문에 12~13 라인에서 바로 ActionForward 객체를 생성해서 dogRegistForm.jsp로 포워딩 처리를 한다.

• 장바구니 담기 요청을 처리하는 Action 클래스

DogCartAddAction.java   ⬇ Chapter16₩DogShopping₩src₩main₩java₩action₩
DogCartAddAction.java

```
1    package action;
2
3    import jakarta.servlet.http.HttpServletRequest;
4    import jakarta.servlet.http.HttpServletResponse;
5    import svc.DogCartAddService;
6    import vo.ActionForward;
7    import vo.Dog;
8
9    public class DogCartAddAction implements Action {
10
11       @Override
12       public ActionForward execute(HttpServletRequest request,
13              HttpServletResponse response) throws Exception {
14          DogCartAddService dogCartAddService = new DogCartAddService();
15          int id = Integer.parseInt(request.getParameter("id"));
16          Dog cartDog = dogCartAddService.getCartDog(id);
17          dogCartAddService.addCart(request, cartDog);
18          ActionForward forward = new ActionForward("dogCartList.dog",
19    true);
20          return forward;
21       }
22
23    }
```

14	장바구니 항목을 추가하는 비즈니스 로직을 처리하는 구현되어 있는 서비스 객체를 생성하는 부분이다.
15	장바구니 항목으로 추가될 개 상품의 아이디를 파라미터 값으로 얻어오는 부분이다.
16	장바구니 함목으로 추가될 개 상품 정보를 얻어오는 부분이다.
17	특정 개 상품을 장바구니 항목으로 추가하는 메소드를 호출하는 부분이다. 세션 영역 객체에 장바구니 항목을 추가해야 하기 때문에 파라미터 값으로 request 객체를 던진다. 세션 객체를 얻어올 때 request.getSession() 메소드를 호출해서 얻어오게 된다.
18~19	포워딩에 사용되는 정보들 ActionForward 객체로 생성하는 부분이다. 장바구니 항목을 추가한 후 장바구니 목록 보기 요청을 다시 하기 위해서 url을 dogCartList.dog 로 지정하였고, 리다이렉트 방식으로 포워딩 처리를 하기 위해서 redirect 속성 값을 true로 지정하였다.

• 장바구니 목록 보기 요청을 처리하는 Action 클래스

DogCartListAction.java   ⬇ Chapter16₩DogShopping₩src₩main₩java₩action₩
DogCartListAction.java

```java
1   package action;
2
3   import java.util.ArrayList;
4   import jakarta.servlet.http.HttpServletRequest;
5   import jakarta.servlet.http.HttpServletResponse;
6   import svc.DogCartListService;
7   import vo.ActionForward;
8   import vo.Cart;
9
10  public class DogCartListAction implements Action {
11
12      @Override
13      public ActionForward execute(HttpServletRequest request,
14              HttpServletResponse response) throws Exception {
15          DogCartListService dogCartListService = new DogCartListService();
16          ArrayList<Cart> cartList = dogCartListService.getCartList(request);
17          //총금액계산
18          int totalMoney = 0;
19          int money = 0 ;
```

```
20
21          for (int i = 0; i < cartList.size(); i++) {
22              money = cartList.get(i).getPrice()*cartList.get(i).
23   getQty();
24              totalMoney += money;
25          }
26
27          request.setAttribute("totalMoney", totalMoney);
28          request.setAttribute("cartList", cartList);
29          ActionForward forward = new ActionForward("dogCartList.jsp",
30   false);
31          return forward;
32      }
33
34   }
```

코드 분석

15	장바구니 목록 보기 비즈니스 로직을 처리하는 서비스 클래스 객체를 생성하는 부분이다.
16	전체 장바구니 목록을 ArrayList 타입의 객체로 반환하는 메소드를 호출하는 부분이다.
18	지불해야 하는 총금액을 저장하는 변수를 정의한 부분이다.
19	장바구니 항목 하나에 대한 지불 금액을 저장하는 변수를 정의한 부분이다.
21~24	장바구니 항목 목록에 존재하는 전체 상품을 구매하는 데 필요한 총금액을 계산하는 부분이다.
22~23	장바구니 항목 하나당의 금액을 계산하는 부분이다.
24	각 장바구니 항목의 금액을 총금액에 더하면서 전체 장바구니 항목의 상품을 구매하기 위해 필요한 총금액을 계산하는 부분이다.
27	총금액을 request 영역에 속성으로 공유하는 부분이다.
28	전체 장바구니 목록을 request 영역에 속성으로 공유하는 부분이다.
29~30	포워딩에 필요한 정보를 ActionForward 객체로 생성하는 부분이다. 포워딩될 URL로 장바구니 목록을 출력해 주는 dogCartList.jsp로 지정하고, 포워딩 방식은 디스패치 방식으로 처리하기 위해 false로 지정했다.

• 장바구니 항목 삭제 요청을 처리하는 Action 클래스

DogCartRemoveAction.java   ⬇ Chapter16₩DogShopping₩src₩main₩java₩action₩
DogCartRemoveAction.java

```java
 1   package action;
 2
 3   import jakarta.servlet.http.HttpServletRequest;
 4   import jakarta.servlet.http.HttpServletResponse;
 5   import svc.DogCartRemoveService;
 6   import vo.ActionForward;
 7
 8   public class DogCartRemoveAction implements Action {
 9
10      @Override
11      public ActionForward execute(HttpServletRequest request,
12           HttpServletResponse response) throws Exception {
13         String[] kindArray = request.getParameterValues("remove");
14         DogCartRemoveService dogCartRemoveService = new
15   DogCartRemoveService();
16         dogCartRemoveService.cartRemove(request,kindArray);
17         ActionForward forward = new ActionForward("dogCartList.
18   dog",true);
19         return forward;
20      }
21
22   }
```

✅ 코드 분석

13	동시에 여러 개의 장바구니 항목을 삭제할 수 있기 때문에 삭제할 장바구니 항목의 kind 파라미터 값을 배열 형태로 받는다. 본 프로젝트에서는 목록 보기 페이지에서 삭제할 장바구니 항목을 체크 박스 형태로 체크하게 처리된다.
14~15	장바구니 항목 삭제 비즈니스 로직을 처리하는 서비스 객체를 생성하는 부분이다.
16	장바구니 항목 삭제 요청을 처리하는 메소드를 호출하는 부분이다. 세션 영역에 공유되어 있는 장바구니 항목 정보를 삭제해야 하기 때문에 세션에 접근하기 위해서 request 객체를 인자로 던진다.
17~18	장바구니 항목 삭제 요청 처리를 실행한 후 포워딩될 정보를 ActionForward 객체로 생성하는 부분이다. 장바구니 항목 삭제 처리를 한 후 장바구니 목록 보기 요청을 다시 하기 위해서 URL을 dogCartList.dog로 지정하고, 포워딩 방식을 리다이렉트 방식으로 처리하기 위해서 true로 지정한다.

• 장바구니 항목 수량 증가 요청을 처리하는 Action 클래스

DogCartQtyUpAction.java   ⬇ Chapter16₩DogShopping₩src₩main₩java₩action₩
DogCartQtyUpAction.java

```java
1    package action;
2
3    import jakarta.servlet.http.HttpServletRequest;
4    import jakarta.servlet.http.HttpServletResponse;
5    import svc.DogCartQtyUpService;
6    import vo.ActionForward;
7
8    public class DogCartQtyUpAction implements Action {
9
10       @Override
11       public ActionForward execute(HttpServletRequest request,
12           HttpServletResponse response) throws Exception {
13         // TODO Auto-generated method stub
14         String kind = request.getParameter("kind");
15         DogCartQtyUpService dogCartQtyUpService = new DogCartQtyUpService();
16         dogCartQtyUpService.upCartQty(kind, request);
17         ActionForward forward = new ActionForward("dogCartList.dog",
18   true);
19         return forward;
20      }
21
22    }
```

✅ 코드 분석

14	수량을 증가시킬 대상이 되는 장바구니 항목의 kind 값을 파라미터 값으로 받는 부분이다. 장바구니 항목의 식별자는 kind 값을 사용한다.
15	장바구니 항목의 수량을 증가시키는 비즈니스 로직을 처리하는 서비스 객체를 생성하는 부분이다.
16	장바구니 항목의 수량을 증가시키는 메소드를 호출하는 부분이다.
17~18	장바구니 항목의 수량을 증가시키는 요청을 처리한 후 포워딩 정보를 ActionForward 객체로 생성하는 부분이다. 장바구니 항목의 수량 증가 처리 후 장바구니 항목 목록 보기 요청을 다시 하기 위해서 URL을 dogCartList.dog로 지정했고, 포워딩 방식은 리다이렉트 방식으로 포워딩하기 위해서 true로 지정했다.

• 장바구니 항목의 수량을 감소시키는 요청을 처리하는 Action 클래스

DogCartQtyDownAction.java

⬇ Chapter16₩DogShopping₩src₩main₩java₩action₩
DogCartQtyDownAction.java

```java
1    package action;
2
3    import jakarta.servlet.http.HttpServletRequest;
4    import jakarta.servlet.http.HttpServletResponse;
5    import svc.DogCartQtyDownService;
6    import vo.ActionForward;
7
8    public class DogCartQtyDownAction implements Action {
9
10       @Override
11       public ActionForward execute(HttpServletRequest request,
12              HttpServletResponse response) throws Exception {
13           // TODO Auto-generated method stub
14          String kind = request.getParameter("kind");
15          DogCartQtyDownService dogCartQtyDownService = new
16   DogCartQtyDownService();
17          dogCartQtyDownService.downCartQty(kind,request);
18          ActionForward forward = new ActionForward("dogCartList.
19   dog",true);
20          return forward;
21      }
22
23   }
```

✓ 코드 분석

14	수량을 감소시킬 대상이 되는 장바구니 항목의 kind 값을 파라미터 값으로 받는 부분이다. 장바구니 항목의 식별자는 kind 값을 사용한다.
15~16	장바구니 항목의 수량을 감소시키는 비즈니스 로직을 처리하는 서비스 객체를 생성하는 부분이다.
17	장바구니 항목의 수량을 감소시키는 메소드를 호출하는 부분이다.
18~19	장바구니 항목의 수량을 감소시키는 요청을 처리한 후 포워딩 정보를 ActionForward 객체로 생성하는 부분이다. 장바구니 항목의 수량 감소 처리 후 장바구니 항목 목록 보기 요청을 다시 하기 위해서 URL을 dogCartList.dog로 지정했고, 포워딩 방식은 리다이렉트 방식으로 포워딩하기 위해서 true로 지정했다.

• 가격으로 장바구니 항목을 검색하는 Action 클래스

DogCartSearchAction.java

⬇ Chapter16₩DogShopping₩src₩main₩java₩action₩
DogCartSearchAction.java

```java
1   package action;
2
3   import java.util.ArrayList;
4   import jakarta.servlet.http.HttpServletRequest;
5   import jakarta.servlet.http.HttpServletResponse;
6   import svc.DogCartSearchService;
7   import vo.ActionForward;
8   import vo.Cart;
9
10  public class DogCartSearchAction implements Action {
11
12      @Override
13      public ActionForward execute(HttpServletRequest request,
14              HttpServletResponse response) throws Exception {
15          DogCartSearchService dogCartSearchService = new DogCartSearchService();
16          int startMoney = Integer.parseInt(request.getParameter("startMoney"));
17          int endMoney = Integer.parseInt(request.getParameter("endMoney"));
18          ArrayList<Cart> cartList =
19          dogCartSearchService.getCartSearchList(startMoney,endMoney,request);
20          request.setAttribute("cartList", cartList);
21          request.setAttribute("startMoney", startMoney);
22          request.setAttribute("endMoney", endMoney);
23            int totalMoney = 0;
24          int money = 0 ;
25
26          for (int i = 0; i < cartList.size(); i++) {
27              money = cartList.get(i).getPrice()*cartList.get(i).getQty();
28              totalMoney += money;
29          }
30
31          request.setAttribute("totalMoney", totalMoney);
32          ActionForward forward = new ActionForward("dogCartList.jsp",
33  false);
34          return forward;
35      }
36
37  }
```

15	가격으로 장바구니 항목을 검색하는 비즈니스 로직이 구현되어 있는 서비스 객체를 생성하는 부분이다.
16~17	검색에 사용될 시작 금액과 마지막 금액을 파라미터로 받는 부분이다.
18~19	시작 금액과 마지막 금액 사이에 존재하는 금액을 가지고 있는 상품의 장바구니 항목을 검색하는 메소드를 호출하는 부분이다.
20	검색한 장바구니 항목을 request 영역에 속성으로 공유하는 부분이다.
21	검색에 사용된 시작 금액을 request 영역에 속성으로 공유하는 부분이다.
22	검색에 사용된 마지막 금액을 request 영역에 속성으로 공유하는 부분이다.
32~33	검색 요청을 처리한 후 포워딩 정보를 ActionForward 객체로 생성하는 부분이다. 포워딩될 URL로 dogCartList.jsp를 지정하면 포워딩 방식으로 false를 지정한다.

⑦ 각 클라이언트의 요청을 처리하는 비즈니스 로직이 구현되는 Service 클래스들

• 개 상품 등록 요청을 처리하는 비즈니스 로직을 구현하는 Service 클래스

DogRegistService.java   ⬇ Chapter16₩DogShopping₩src₩main₩java₩svc₩DogRegistService.java

```
1   package svc;
2
3   import static db.JdbcUtil.*;
4   import java.sql.Connection;
5   import dao.DogDAO;
6   import vo.Dog;
7   public class DogRegistService {
8
9       public boolean registDog(Dog dog) {
10          DogDAO dogDAO = DogDAO.getInstance();
11          Connection con = getConnection();
12          dogDAO.setConnection(con);
13          boolean isRegistSuccess = false;
14          int insertCount = dogDAO.insertDog(dog);
15
16          if(insertCount>0){
```

```
17            commit(con);
18            isRegistSuccess=true;
19         }else{
20            rollback(con);
21         }
22
23         close(con);
24         return isRegistSuccess;
25      }
26
27   }
```

✓ 코드 분석

3	JdbcUtil 클래스에 static으로 정의되어 있는 속성과 메소드를 편리하게 사용하기 위해서 static import를 처리한 부분이다.
10	데이터베이스 작업을 처리할 DogDAO 객체를 얻어오는 부분이다.
11	데이터베이스 작업에 사용될 Connection 객체를 얻어오는 부분이다.
12	데이터베이스 작업에 사용될 Connection 객체를 DogDAO의 멤버 변수로 삽입하는 부분이다.
13	등록 작업 성공 여부를 저장할 변수를 정의한 부분이다.
14	데이터베이스에 새로운 개 상품 정보를 추가하는 메소드를 호출하는 부분이다.
16~19	등록 작업이 성공했을 때 트랜잭션 작업을 완성시키는 부분이다.
19~21	등록 작업이 실패했을 때 트랜잭션 작업을 취소시키는 부분이다.
23	사용한 Connection 객체를 닫아주는 부분이다.

• 개 상품 목록 보기 요청을 처리하는 비즈니스 로직을 구현하는 Service 클래스

DogListService.java   ⬇ Chapter16₩DogShopping₩src₩svc₩DogListService.java

```java
 1   package svc;
 2
 3   import static db.JdbcUtil.*;
 4   import java.sql.Connection;
 5   import java.util.ArrayList;
 6   import dao.DogDAO;
 7   import vo.Dog;
 8   public class DogListService {
 9
10       public ArrayList<Dog> getDogList() {
11           DogDAO dogDAO = DogDAO.getInstance();
12           Connection con = getConnection();
13           dogDAO.setConnection(con);
14           ArrayList<Dog> dogList = dogDAO.selectDogList();
15           close(con);
16           return dogList;
17       }
18
19   }
```

14	개 상품 목록을 ArrayList 객체 타입으로 반환하는 메소드를 호출하는 부분이다.

• 개 상품 상세 정보 보기 요청을 처리하는 비지니스 로직을 구현하는 Service 클래스

DogViewService.java   ⬇ Chapter16₩DogShopping₩src₩main₩java₩svc₩DogViewService.java

```java
 1   package svc;
 2
 3   import static db.JdbcUtil.*;
 4   import java.sql.Connection;
 5   import vo.Dog;
 6   import dao.DogDAO;
 7   public class DogViewService {
 8
```

```
 9        public Dog getDogView(int id) {
10            Connection con = getConnection();
11            DogDAO dogDAO = DogDAO.getInstance();
12            dogDAO.setConnection(con);
13            int updateCount = dogDAO.updateReadCount(id);
14
15            if(updateCount>0){
16                commit(con);
17            }else{
18                rollback(con);
19            }
20
21            Dog dog = dogDAO.selectDog(id);
22            close(con);
23            return dog;
24        }
25
26    }
```

✓ 코드 분석

13	상세 정보를 요청하는 개 상품의 조회수를 증가시키는 부분이다.
15~17	조회수 증가가 성공했을 때 트랜잭션 작업을 완성시키는 부분이다.
17~19	조회수 증가 작업이 실패했을 때 트랜잭션 작업을 취소시키는 부분이다.
21	파라미터로 전송된 id 값을 가지고 있는 개 상품 정보를 하나 얻어오는 부분이다.

- 새로운 장바구니 항목을 추가하는 요청을 처리하는 비즈니스 로직을 구현하는 Service 클래스

DogCartAddService.java   ⬇ Chapter16₩DogShopping₩src₩main₩java₩svc₩DogCartAddService.java

```java
package svc;

import static db.JdbcUtil.*;
import java.sql.Connection;
import java.util.ArrayList;
import jakarta.servlet.http.HttpServletRequest;
import jakarta.servlet.http.HttpSession;
import vo.Cart;
import vo.Dog;
import dao.DogDAO;

public class DogCartAddService {

    public Dog getCartDog(int id) {
        Connection con = getConnection();
        DogDAO dogDAO = DogDAO.getInstance();
        dogDAO.setConnection(con);
        Dog dog = dogDAO.selectDog(id);
        close(con);
        return dog;
    }

    public void addCart(HttpServletRequest request, Dog cartDog) {
        HttpSession session = request.getSession();
        ArrayList<Cart> cartList = (ArrayList<Cart>)session.
getAttribute("cartList");

        if(cartList == null){
            cartList = new ArrayList<Cart>();
            session.setAttribute("cartList", cartList);
        }

        boolean isNewCart = true;
        //지금 장바구니에 담는 항목이 새로 추가되는 항목인지를 저장할 변수
```

```
37              for (int i = 0; i < cartList.size(); i++) {
38                  if(cartDog.getKind().equals(cartList.get(i).getKind())){
39                      isNewCart = false;
40                      cartList.get(i).setQty(cartList.get(i).getQty()+1);
41                      break;
42                  }
43              }
44
45          if(isNewCart){
46              Cart cart = new Cart();
47              cart.setImage(cartDog.getImage());
48              cart.setKind(cartDog.getKind());
49              cart.setPrice(cartDog.getPrice());
50              cart.setQty(1);
51              cartList.add(cart);
52          }
53
54      }
55
56  }
```

🗸 코드 분석

15~22	파라미터 값으로 전송된 id 값을 가지고 있는 개 상품 정보를 얻어오는 메소드를 정의한 부분이다.
24~54	장바구니 항목을 추가하는 기능이 구현된 메소드를 정의하는 부분이다.
25	요청을 한 클라이언트의 세션 영역 객체를 얻어오는 부분이다.
26~27	현재 세션 영역에 저장되어 있는 장바구니 목록을 얻어오는 부분이다.
29~32	요청 시 아직 세션 영역에 장바구니 목록 객체가 존재하지 않으면, 즉 장바구니 요청을 처음 실행하는 경우에는 장바구니 항목을 요소로 추가할 ArrayList 객체를 생성해서 해당 객체를 세션 영역의 속성으로 공유해 주는 부분이다.
34	요청에 의해서 추가되는 장바구니 항목이 장바구니 항목 목록에 이미 존재하는 항목인지를 판단하는 변수를 정의하는 부분이다. isNewCart 변수의 기본값을 true로 지정하여 기본적으로 요청에서 지정한 항목이 처음으로 추가되는 장바구니 항목으로 지정되게 했다.
37~43	새로 추가할 장바구니 항목이 기존 장바구니 항목 목록(cartList)에 존재하는지를 판단하여 기존에 존재하는 장바구니 항목이면 isNewCart 변수 값을 false로 변경해 주고 기존 장바구니 항목의 수량을 하나 증가시키는 부분이다.

38	각 장바구니 항목 데이터의 식별자를 kind 값으로 사용하기 때문에 새로 추가하는 상품(cartDog)의 kind 값과 동일한 kind 값을 가지고 있는 cart 객체가 존재하면 새로 추가하려는 상품의 장바구니 항목이 존재한다고 판단한다.
40	새로 장바구니에 담는 개 상품의 장바구니 항목 개수를 증가시키는 부분이다.
45~52	장바구니 담기 요청을 한 개 상품이 장바구니 항목으로 존재하지 않으면 장바구니 항목을 저장하는 cartList 객체에 새로운 Cart 객체를 생성하여 추가하는 부분이다.

• 장바구니 목록 보기 요청을 처리하는 비즈니스 로직을 구현하는 Service 클래스

DogCartListService.java

⬇ Chapter16₩DogShopping₩src₩main₩java₩svc₩
DogCartListService.java

```java
1   package svc;
2
3   import java.util.ArrayList;
4   import jakarta.servlet.http.HttpServletRequest;
5   import jakarta.servlet.http.HttpSession;
6   import vo.Cart;
7
8   public class DogCartListService {
9
10      public ArrayList<Cart> getCartList(HttpServletRequest request) {
11          HttpSession session = request.getSession();
12          ArrayList<Cart> cartList = (ArrayList<Cart>)session.
13  getAttribute("cartList");
14          return cartList;
15      }
16  }
```

✅ 코드 분석

11	요청한 클라이언트의 세션 영역 객체를 얻어오는 부분이다.
12~13	세션 영역에 공유되어 있는 장바구니 목록 객체를 얻어오는 부분이다.

- 장바구니 항목 삭제 요청을 처리하는 비즈니스 로직을 구현하는 Service 클래스

DogCartRemoveService.java

⬇ Chapter16₩DogShopping₩src₩main₩java₩svc₩
DogCartRemoveService.java

```java
1    package svc;
2
3    import java.util.ArrayList;
4    import jakarta.servlet.http.HttpServletRequest;
5    import jakarta.servlet.http.HttpSession;
6    import vo.Cart;
7
8    public class DogCartRemoveService {
9
10       public void cartRemove(HttpServletRequest request, String[]
11   kindArray) {
12           HttpSession session = request.getSession();
13           ArrayList<Cart> cartList = (ArrayList<Cart>)session.
14   getAttribute("cartList");
15
16           for (int i = 0; i < kindArray.length; i++) {
17
18               for (int j = 0; j < cartList.size(); j++) {
19
20                   if(cartList.get(j).getKind().equals(kindArray[i])){
21                       cartList.remove(cartList.get(j));
22                   }
23
24               }
25
26           }
27       }
28
29   }
```

 코드 분석

12	요청에 대한 세션 객체를 얻어오는 부분이다.
13~14	세션 영역에서 장바구니 목록 객체를 얻어오는 부분이다.

16~26	클라이언트가 삭제할 대상으로 선택한 항목의 kind 값들을 반복해서 처리하는 부분이다.
18~24	삭제할 항목의 kind별로 해당 kind 값과 동일한 kind 값을 가진 장바구니 항목을 찾아서 삭제 처리하는 부분이다.
20	삭제할 kind 값과 장바구니 항목의 kind 값을 비교하는 부분이다.
21	삭제할 대상 장바구니 항목을 장바구니 목록에서 제거하는 부분이다.

• 장바구니 항목 수량 증가 요청을 처리하는 비즈니스 로직을 구현하는 Service 클래스

DogCartQtyUpService.java   ⬇ Chapter16₩DogShopping₩src₩main₩java₩svc₩
DogCartQtyUpService.java

```java
1   package svc;
2
3   import java.util.ArrayList;
4   import jakarta.servlet.http.HttpServletRequest;
5   import jakarta.servlet.http.HttpSession;
6   import vo.Cart;
7
8   public class DogCartQtyUpService {
9
10      public void upCartQty(String kind, HttpServletRequest request) {
11          HttpSession session = request.getSession();
12          ArrayList<Cart> cartList = (ArrayList<Cart>)session.
13  getAttribute("cartList");
14
15          for (int i = 0; i < cartList.size(); i++) {
16
17              if(cartList.get(i).getKind().equals(kind)){
18                  cartList.get(i).setQty(cartList.get(i).getQty()+1);
19              }
20
21          }
22
23      }
24
25  }
```

15~21	수량을 증가시킬 대상 장바구니 항목 객체를 kind 값으로 비교하여 검색한 후 해당 객체의 수량값을 증가시키는 부분이다.

• 장바구니 항목 수량 감소 요청을 처리하는 비즈니스 로직을 구현하는 Service 클래스

DogCartQtyDownService.java   ⬇ Chapter16₩DogShopping₩src₩main₩java₩svc₩
DogCartQtyDownService.java

```java
1   package svc;
2
3   import java.util.ArrayList;
4   import jakarta.servlet.http.HttpServletRequest;
5   import jakarta.servlet.http.HttpSession;
6   import vo.Cart;
7
8   public class DogCartQtyDownService {
9
10      public void downCartQty(String kind, HttpServletRequest request) {
11          HttpSession session = request.getSession();
12          ArrayList<Cart> cartList = (ArrayList<Cart>)session.
13  getAttribute("cartList");
14
15          for (int i = 0; i < cartList.size(); i++) {
16
17              if(cartList.get(i).getKind().equals(kind)){
18                  cartList.get(i).setQty(cartList.get(i).getQty()-1);
19              }
20
21          }
22
23      }
24
25  }
```

15~21	수량을 감소시킬 대상 장바구니 항목 객체를 kind 값으로 비교하여 검색한 후 해당 객체의 수량값을 감소시키는 부분이다.

• 장바구니 항목 검색 요청을 처리하는 비즈니스 로직을 구현하는 Service 클래스

DogCartSearchService.java

⬇ Chapter16₩DogShopping₩src₩main₩java₩svc₩
DogCartSearchService.java

```java
package svc;

import java.util.ArrayList;
import jakarta.servlet.http.HttpServletRequest;
import jakarta.servlet.http.HttpSession;
import vo.Cart;

public class DogCartSearchService {

    public ArrayList<Cart> getCartSearchList(int start_money, int
end_money, HttpServletRequest request) {
        HttpSession session = request.getSession();
        ArrayList<Cart> oldCartList = (ArrayList<Cart>)session.
getAttribute("cartList");
        ArrayList<Cart> cartList = new ArrayList<Cart>();

        for (int i = 0; i < oldCartList.size(); i++) {

            if(oldCartList.get(i).getPrice()>=start_money &&
oldCartList.get(i).getPrice()<=end_money){
                cartList.add(oldCartList.get(i));
            }

        }

        return cartList;
    }

}
```

13~14	세션 영역에 저장되어 있는 장바구니 목록 객체를 얻어오는 부분이다.
15	검색된 장바구니 항목을 저장할 새로운 ArrayList 객체를 생성하는 부분이다.
17~24	장바구니 목록을 반복하면서 검색 범위에 해당하는 장바구니 항목을 찾아서 새로 생성한 ArrayList 객체에 추가하는 부분이다.
19~20	장바구니 항목 중 가격이 검색 가격에 해당하는지를 체크하는 부분이다.

⑧ 오라클 데이터베이스로 SQL 구문을 전송하는 클래스

DogDAO.java   ⬇ Chapter16₩DogShopping₩src₩main₩java₩dao₩DogDAO.java

```
1    package dao;
2
3    import static db.JdbcUtil.*;
4    import java.sql.*;
5    import java.util.ArrayList;
6    import vo.Dog;
7
8    public class DogDAO {
9
10       Connection con;
11       private static DogDAO boardDAO;
12
13       private DogDAO() {
14
15       }
16
17       public void setConnection(Connection con){
18          this.con = con;
19       }
20
21       public static DogDAO getInstance(){
22
23          if(boardDAO ==null){
24             boardDAO = new DogDAO();
25          }
```

```
26
27          return boardDAO;
28      }
29
30      public ArrayList<Dog> selectDogList() {
31
32          PreparedStatement pstmt = null;
33          ResultSet rs= null;
34          ArrayList<Dog> dogList = null;
35
36          try {
37              pstmt = con.prepareStatement("SELECT * FROM dog");
38              rs = pstmt.executeQuery();
39
40              if(rs.next()){
41                  dogList = new ArrayList<Dog>();
42
43                  do {
44                      dogList.add(new Dog(
45                              rs.getInt("id")
46                              ,rs.getString("kind")
47                              ,rs.getInt("price")
48                              ,rs.getString("image")
49                              ,rs.getString("country")
50                              ,rs.getInt("height")
51                              ,rs.getInt("weight")
52                              ,rs.getString("content")
53                              ,rs.getInt("readcount")));
54                  } while (rs.next());
55
56              }
57
58          } catch (SQLException e) {
59              e.printStackTrace();
60          } finally {
61              close(rs);
62              close(pstmt);
63          }
64
65          return dogList;
```

```
66          }
67
68      public Dog selectDog(int id) {
69          PreparedStatement pstmt = null;
70          ResultSet rs = null;
71          Dog dog = null;
72
73          try {
74              pstmt = con.prepareStatement("SELECT * FROM dog WHERE
75  id=?");
76              pstmt.setInt(1, id);
77              rs = pstmt.executeQuery();
78
79              if(rs.next()){
80                  dog = new Dog(
81                          rs.getInt("id")
82                          ,rs.getString("kind")
83                          ,rs.getInt("price")
84                          ,rs.getString("image")
85                          ,rs.getString("country")
86                          ,rs.getInt("height")
87                          ,rs.getInt("weight")
88                          ,rs.getString("content")
89                          ,rs.getInt("readcount"));
90              }
91
92          } catch (SQLException e) {
93              e.printStackTrace();
94          } finally {
95              close(pstmt);
96              close(rs);
97          }
98
99          return dog;
100     }
101
102     public int updateReadCount(int id) {
103         PreparedStatement pstmt = null;
104         int updateCount = 0;
105         String sql = "";
```

```
106
107        try {
108            sql = "UPDATE dog SET readcount = readcount + 1 WHERE
109    id=?";
110            pstmt = con.prepareStatement(sql);
111            pstmt.setInt(1, id);
112            updateCount = pstmt.executeUpdate();
113        } catch (SQLException e) {
114            e.printStackTrace();
115        } finally {
116            close(pstmt);
117        }
118
119        return updateCount;
120    }
121
122    public int insertDog(Dog dog) {
123        PreparedStatement pstmt = null;
124        int insertCount = 0;
125        String sql = "";
126
127        try {
128            sql = "INSERT INTO dog VALUES(dog_seq.
129    nextval,?,?,?,?,?,?,?,?)";
130            pstmt = con.prepareStatement(sql);
131            pstmt.setString(1, dog.getKind());
132            pstmt.setInt(2, dog.getPrice());
133            pstmt.setString(3, dog.getImage());
134            pstmt.setString(4, dog.getCountry());
135            pstmt.setInt(5, dog.getHeight());
136            pstmt.setInt(6, dog.getWeight());
137            pstmt.setString(7, dog.getContent());
138            pstmt.setInt(8, dog.getReadcount());
139            insertCount = pstmt.executeUpdate();
140        } catch (SQLException e) {
141            e.printStackTrace();
142        } finally {
143            close(pstmt);
144        }
145
```

```
146          return insertCount;
147      }
148
149  }
```

코드 분석

3	데이터베이스 작업을 JdbcUtil 클래스에 정의되어 있는 static 메소드를 사용해서 편리하게 처리하기 위해서 JdbcUtil 클래스의 static 메소드나 속성을 임포트한 부분이다.
13~15	생성자의 접근 제한자를 외부 클래스에서 직접 호출할 수 없도록 private으로 지정했다. 외부 클래스에서 DogDAO 객체의 메소드를 사용할 때마다 객체를 계속 생성하게 하지 않고 싱글톤 패턴을 사용해서 처음 생성된 객체를 공유해서 사용하게 처리하기 위해서다.
17~19	데이터베이스 작업을 하기 위해서 필요한 Connection 객체를 멤버 변수 값으로 설정하는 메소드이다.
21~28	외부 클래스에서 DogDAO 클래스에 정의되어 있는 메소드를 사용하기 위해서 객체를 얻어갈 때 첫 번째 요청에서만 객체를 생성해 주고 다음에 객체를 사용할 때는 처음 생성된 객체의 레퍼런스 값을 공유하게 해주는 메소드이다. 생성자의 접근 제한자를 private으로 지정했으므로 외부 클래스에서 DogDAO 객체의 레퍼런스 값을 얻어갈 때는 반드시 getInstance() 메소드를 호출해서 얻어가야 한다.
30~66	데이터베이스에 저장되어 있는 모든 개 상품 정보를 반환하는 메소드를 정의한 부분이다.
68~100	데이터베이스에 저장되어 있는 개 상품 정보 중 파라미터로 전송된 id 값을 가지고 있는 개 상품의 정보를 반환하는 메소드를 정의한 부분이다.
102~120	상세 내용 보기 요청이 된 개 상품 정보의 조회수를 증가시키는 메소드를 정의한 부분이다.
122~147	새로운 개 상품 정보를 데이터베이스에 추가하는 메소드를 정의한 부분이다.

⑨ 클라이언트의 요청에 대한 응답 화면을 만들어낼 뷰 페이지들

• 개 쇼핑몰 시작 jsp 파일

shopMain.jsp   ⬇ Chapter16₩DogShopping₩src₩main₩webapp₩shopMain.jsp

```
1    <%@ page language="java" contentType="text/html; charset=UTF-8"
2       pageEncoding="UTF-8"%>
3    <!DOCTYPE html>
4
5    <html>
6    <head>
7    <meta http-equiv="Content-Type" content="text/html; charset=UTF-8">
8    <title>Insert title here</title>
9    </head>
10   <body>
11   <a href="dogList.dog">개상품목록보기</a>
12   </body>
13   </html>
```

✅ 코드 분석

| 11 | 개 상품 목록 보기 요청을 처리하는 요청 링크를 처리한 부분이다.
DogFrontController 서블릿에서 요청을 매핑할 수 있도록 URL 확장자를 .dog로 마무리했다. |

• 개 상품 목록을 출력해 주는 jsp 페이지

dogList.css   ⬇ Chapter16₩DogShopping₩src₩main₩webapp₩css₩dogList.css

```
1    #listForm{
2       width:700px;
3       height:500px;
4       border:1px solid red;
5       margin:auto;
6    }
7    h2{
8       text-align:center;
9    }
10   table{
```

```
11        margin:auto;
12        width:550px;
13    }
14    .div_empty{
15        background-color:red;
16        width: 100%;
17        height: 100%;
18        text-align: center;
19    }
20    #todayImageList{
21        text-align: center;
22    }
23    #productImage{
24        width: 150px;
25        height: 150px;
26        border: none;
27    }
28    #todayImage{
29        width: 100px;
30        height: 100px;
31        border: none;
32    }
```

✓ 코드 분석

1~6	개 상품 항목이 출력되는 영역의 스타일을 정의한 부분이다.
2	목록 출력 영역의 폭을 700px로 설정한다.
3	목록 출력 영역의 높이를 500px로 설정한다.
4	목록 출력 영역의 테두리의 두께를 1px 로 선 종류를 solid 로 선색상을 빨강색으로 설정한다.
5	목록 출력 영역을 전체 화면의 가운데 정렬한다.
7~9	h2 태그 영역에 출력된 내용들을 가운데 정렬한다.
14~19	div_empty라는 클래스 속성을 가진 태그 영역의 스타일을 정의한 부분이다.
15	배경색을 빨강색으로 설정한다.
16~17	폭과 높이를 자신을 포함하고 있는 영역에 꽉 차게 설정한다.

18	해당 영역의 내용을 가운데 정렬한다.
20~22	todayImageList라는 id 속성을 가지고 있는 영역의 내용을 가운데 정렬한다.
23~27	각 상품 이미지의 스타일을 지정한 부분이다.
28~32	오늘 본 상품 이미지의 스타일을 지정한 부분이다.

dogList.jsp   ⬇ Chapter16₩DogShopping₩src₩main₩webapp₩dogList.jsp

```
1   <%@page import="java.util.HashMap"%>
2   <%@page import="vo.Dog"%>
3   <%@page import="java.util.ArrayList"%>
4   <%@ page language="java" contentType="text/html; charset=UTF-8"
5      pageEncoding="UTF-8"%>
6   <%@ taglib prefix="c" uri="http://java.sun.com/jsp/jstl/core" %>
7   <!DOCTYPE html>
8   <html>
9   <head>
10  <meta http-equiv="Content-Type" content="text/html; charset=UTF-8">
11  <title>Insert title here</title>
12  <link href="css/dogList.css" rel="stylesheet" type="text/css">
13  </head>
14  <body>
15  <section id = "listForm">
16  <c:if test="${dogList != null}">
17  <h2>개 상품 목록  <a href="dogRegistForm.dog">개상품등록</a></h2>
18  <table>
19     <tr>
20        <c:forEach var = "dog" items="${dogList }" varStatus="status">
21        <td>
22           <a href="dogView.dog?id=${dog.id}">
23           <img src="images/${dog.image}" id="productImage"/>
24           </a>
25           상품명:${dog.kind}<br>
26           가격:${dog.price}<br>
27        </td>
28        <c:if test="${((status.index+1) mod 4)==0 }">
29           </tr>
30           <tr>
31        </c:if>
```

32	`        </c:forEach>`
33	`    </tr>`
34	`</table>`
35	`</c:if>`
36	`<c:if test="${dogList==null }">`
37	`    <div class="div_empty">`
38	`개상품이 없습니다. 분양불가`
39	`    </div>`
40	`</c:if>`
41	`<c:if test="${todayImageList !=null }">`
42	`<div id ="todayImageList">`
43	`    <h2>오늘 본 개 상품 목록</h2>`
44	`<table>`
45	`    <tr>`
46	`        <c:forEach var="todayImage" items="${todayImageList}"`
47	`varStatus="status">`
48	`        <td>`
49	`            <img src="images/${todayImage}" id="todayImage"/>`
50	`        </td>`
51	`        <c:if test="${((status.index+1) mod 4)==0 }">`
52	`        </tr>`
53	`        <tr>`
54	`        </c:if>`
55	`        </c:forEach>`
56	`    </tr>`
57	`</table>`
58	`</div>`
59	`</c:if>`
60	`</section>`
61	`</body>`
62	`</html>`

✔ 코드 분석

6	JSTL core 파트의 기능을 사용하기 위해서 커스텀 태그의 접두사를 지정한 부분이다. core 파트의 태그를 사용하려면 c 접두사로 시작하면 된다.
16~35	조회한 개 상품이 존재할 때 개 상품 정보를 출력해 주는 부분이다.
20~32	조회한 개 상품 개수만큼 반복하면서 개 정보를 출력하는 부분이다.

20	dogList ArrayList 객체에 요소로 추가되어 있는 개 상품 정보를 하나씩 dog 변수에 할당하면서 반복문이 실행된다.
	dogList 객체는 request 영역에 dogList 라는 이름으로 공유되어 있는 속성에 접근한 것이다.
	status 객체에는 forEach문의 실행 정보가 저장된다.
22~24	각 개 상품의 이미지를 출력하면서 상품 자세히 보기 요청을 링크했다. 상품 자세히 보기 요청에서는 해당 개를 구분할 수 있도록 id 값을 파라미터로 전송한다.
28	개 상품을 출력할 때 한 줄에 4개씩만 출력되도록 처리한 부분이다.
36~40	조회된 개 상품 정보가 하나도 존재하지 않을 때 출력되는 부분이다.
41~58	쿠키에 저장되어 있는 오늘 본 개 상품의 이미지를 출력하는 부분이다.

• 개 상품 하나의 상세 정보를 출력해 주는 jsp 페이지

dogView.css   ⬇ Chapter16₩DogShopping₩src₩main₩webapp₩css₩dogView.css

```
1   #listForm{
2       width:640px;
3       border:1px solid red;
4       margin:auto;
5   }
6   h2{
7       text-align:center;
8   }
9   img{
10      width: 280px;
11      height: 280px;
12      border: none;
13  }
14  #content_main{
15      height:300px;
16  }
17  #content_left{
18      width: 300px;
19      float:left;
20  }
21  #content_right{
22      width: 340px;
23      float:left;
24  }
```

```
25    #commandList{
26        text-align: center;
27    }
28    #desc{
29        height:170px;
30        background: skyblue;
31    }
```

✓ 코드 분석

19	스타일이 적용되는 영역을 띄어서 왼쪽으로 붙이는 속성 설정이다.
21~24	#content_right로 정의된 영역을 #content_left로 정의된 영역으로 붙이는 속성 설정이다.

dogView.jsp   ⬇ Chapter16₩DogShopping₩src₩main₩webapp₩₩dogView.jsp

```
1     <%@page import="vo.Dog"%>
2     <%@ page language="java" contentType="text/html; charset=UTF-8"
3         pageEncoding="UTF-8"%>
4     <!DOCTYPE html>
5     <html>
6     <head>
7     <meta http-equiv="Content-Type" content="text/html; charset=UTF-8">
8     <title>Insert title here</title>
9     <link href="css/dogView.css" rel="stylesheet" type="text/css">
10    </head>
11    <body>
12    <section id = "listForm">
13    <h2>${dog.kind}의 상세정보</h2>
14
15        <section id="content_main">
16            <section id = "content_left">
17                <img src="images/${dog.image}"/>
18            </section>
19            <section id = "content_right">
20                <b>품종 : </b> ${dog.kind}<br>
21                <b>가격 : </b> ${dog.price}<br>
22                <b>신장 : </b> ${dog.height}<br>
```

```
23        <b>체중 : </b> ${dog.weight}<br>
24        <b>원산지 : </b> ${dog.country}<br>
25        <p id="desc">
26        <b>내용 : </b> ${dog.content}<br>
27        </p>
28      </section>
29      <div style="clear:both"></div>
30      <nav id = "commandList">
31        <a href="dogList.dog">쇼핑계속하기</a>
32        <a href="dogCartAdd.dog?id=${dog.id}">장바구니에담기</a>
33      </nav>
34    </section>
35  </section>
36  </body>
37  </html>
```

• 개 상품 등록 정보를 입력하는 jsp 페이지

dogRegistForm.css   ⬇ Chapter16₩DogShopping₩src₩main₩webapp₩css₩dogRegistForm.css

```
1   #registForm{
2       width: 500px;
3       height: 600px;
4       border : 1px solid red;
5       margin:auto;
6   }
7   h2{
8       text-align: center;
9   }
10  table{
11      margin:auto;
12      width: 450px;
13  }
14  .td_left{
15      width: 150px;
16      background:orange;
17  }
18  .td_right{
19      width: 300px;
20      background:skyblue;
```

```
21      }
22    #commandCell{
23          text-align: center;
24      }
```

dogRegistForm.jsp   ⬇ Chapter16₩DogShopping₩src₩main₩webapp₩dogRegistForm.jsp

```
1     <%@ page language="java" contentType="text/html; charset=UTF-8"
2        pageEncoding="UTF-8"%>
3     <!DOCTYPE html>
4     <html>
5     <head>
6     <meta charset="UTF-8">
7     <title>Insert title here</title>
8     <link href="css/dogRegistForm.css" rel="stylesheet" type="text/css">
9     </head>
10    <body>
11    <section id = "registForm">
12      <header>
13         <h2>개정보등록</h2>
14      </header>
15          <form action="dogRegist.dog" method="post" name = "writeForm"
16    enctype="multipart/form-data">
17
18      <table>
19      <tr>
20        <td colspan="2">
21          <a href="dogList.dog">목록보기</a>
22        </td>
23
24      </tr>
25
26      <tr>
27        <td class = "td_left">
28          <label for = "kind">품종 : </label>
29        </td>
30        <td class = "td_right">
31          <input type = "text" name = "kind" id ="kind"
32    required="required"/>
33        </td>
34      </tr>
```

```
35
36      <tr>
37        <td class = "td_left">
38          <label for = "nation">원산지 : </label>
39        </td>
40        <td class = "td_right">
41          <input type = "text" name = "nation" id ="nation"/>
42        </td>
43      </tr>
44
45      <tr>
46        <td class = "td_left">
47          <label for = "price">가격 : </label>
48        </td>
49        <td class = "td_right">
50          <input type = "text" name = "price" id ="price"/>
51        </td>
52      </tr>
53      <tr>
54        <td class = "td_left">
55          <label for = "height">신장 : </label>
56        </td>
57        <td class = "td_right">
58          <input type = "text" name = "height" id ="height"/>
59        </td>
60      </tr>
61      <tr>
62        <td class = "td_left">
63          <label for = "weight">체중 : </label>
64        </td>
65        <td class = "td_right">
66          <input type = "text" name = "weight" id ="weight"/>
67        </td>
68      </tr>
69
70      <tr>
71        <td class = "td_left">
72          <label for = "content">글내용 : </label>
73        </td>
74        <td class = "td_right">
```

```
75          <textarea name="content" id="content" rows="13" cols="40"
76   wrap="off"></textarea>
77        </td>
78      </tr>
79      <tr>
80        <td class = "td_left">
81          <label for = "image">상품이미지 : </label>
82        </td>
83        <td class = "td_right">
84          <input type = "file" name = "image" id ="image"/>
85        </td>
86      </tr>
87      <tr>
88        <td colspan="2" id = "commandCell">
89          <input type = "submit" value = "개상품등록"/>
90          <input type = "reset" value = "다시작성"/>
91          <input type = "button" value = "개상품목록보기" onClick="window.
92   location.href='dogList.dog'"/>
93        </td>
94      </tr>
95      </table>
96      </form>
97
98   </section>
99   </body>
100  </html>
```

✅ 코드 분석

15~16	등록 요청에 파일 업로드 요청이 존재하므로 enctype="multipart/form-data"를 지정해야 한다.
21	목록 보기 요청을 링크한 부분이다.

• 장바구니 목록을 보여주는 jsp 페이지

dogCartList.css   ⬇ Chapter16₩DogShopping₩src₩main₩webapp₩css₩dogCartList.css

```css
 1  #listForm {
 2     width: 640px;
 3     border: 1px red solid;
 4     margin: auto;
 5
 6  }
 7
 8  h2 {
 9     text-align: center;
10  }
11
12  table {
13     width: 550px;
14     margin: auto;
15  }
16
17  .tr_top {
18     background-color: lime;
19  }
20
21  .div_empty {
22     text-align: center;
23  }
24
25  .td_command {
26     text-align: right;
27  }
28  #todayImageList{
29     text-align: center;
30  }
31  #productImage{
32    width:150px;
33    height:150px;
34    border:none;
35  }
36  #cartImage{
37    width:70px;
```

```
38        height:70px;
39        border:none;
40    }
41    #select{
42        text-align: right;
43    }
44    #commandList{
45        text-align: center;
46    }
47    #upImage{
48        width: 15px;
49    }
50    #downImage{
51        width: 15px;
52    }
```

dogCartList.jsp   ⬇ Chapter16₩DogShopping₩WebContent₩dogCartList.jsp

```
1    <%@page import="com.sun.org.apache.bcel.internal.generic.Select"%>
2    <%@page import="vo.Cart"%>
3    <%@page import="vo.Dog"%>
4    <%@page import="dao.DogDAO"%>
5    <%@page import="java.util.List"%>
6    <%@page import="java.text.SimpleDateFormat"%>
7    <%@page import="java.util.ArrayList"%>
8    <%@ page language="java" contentType="text/html; charset=UTF-8"
9      pageEncoding="UTF-8"%>
10     <%@ taglib prefix="c" uri="http://java.sun.com/jsp/jstl/core" %>
11    <!DOCTYPE html>
12    <html>
13    <head>
14    <meta charset="UTF-8">
15    <title>Insert title here</title>
16    <link href="css/dogCartList.css" rel="stylesheet" type="text/css">
17    <script>
18        function checkAll(theForm) {
19            if(theForm.remove.length == undefined) {
20                theForm.remove.checked = theForm.allCheck.checked;
21            }else{
22                for(var i=0;i<theForm.remove.length;i++) {
```

```
23              theForm.remove[i].checked = theForm.allCheck.checked;
24          }
25      }
26   }
27
28   function checkQty(kind,qty){
29      if(qty != 1){
30          location.href="dogCartQtyDown.dog?kind="+kind;
31      }
32   }
33  </script>
34  </head>
35  <body>
36  <c:if test="${startMoney !=null }">
37      <c:set var="startMoney" value="${startMoney}"></c:set>
38  </c:if>
39  <c:if test="${endMoney !=null }">
40      <c:set var="endMoney" value="${endMoney}"></c:set>
41  </c:if>
42  <section id="listForm">
43      <c:if test="${cartList !=null && cartList.size()>0 }">
44   <h2>장바구니 목록</h2>
45  <form method="post">
46       <table>
47      <tr id="select">
48          <td colspan="6">
49          <select id = "startMoney" name="startMoney">
50              <option>=최하=</option>
51              <c:choose>
52                  <c:when test="${startMoney==1000 }">
53                      <option selected="selected">1000</option>
54                      <option>2000</option>
55                      <option>3000</option>
56                      <option>4000</option>
57                  </c:when>
58                  <c:when test="${startMoney==2000 }">
59                      <option>1000</option>
60                      <option selected="selected">2000</option>
61                      <option>3000</option>
62                      <option
```

```
63              </c:when>
64              <c:when test="${startMoney==3000 }">
65                  <option>1000</option>
66                  <option>2000</option>
67                  <option selected="selected">3000</option>
68                  <option>4000</option>
69              </c:when>
70              <c:when test="${startMoney==4000 }">
71                  <option>1000</option>
72                  <option>2000</option>
73                  <option>3000</option>
74                  <option selected="selected">4000</option>
75              </c:when>
76              <c:otherwise>
77                  <option>1000</option>
78                  <option>2000</option>
79                  <option>3000</option>
80                  <option>4000</option>
81              </c:otherwise>
82          </c:choose>
83      </select>
84      <select id = "endMoney" name="endMoney">
85          <option>=최고=</option>
86          <c:choose>
87              <c:when test="${endMoney==1000 }">
88                  <option selected="selected">1000</option>
89                  <option>2000</option>
90                  <option>3000</option>
91                  <option>4000</option>
92              </c:when>
93              <c:when test="${endMoney==2000 }">
94                  <option>1000</option>
95                  <option selected="selected">2000</option>
96                  <option>3000</option>
97                  <option>4000</option>
98              </c:when>
99              <c:when test="${endMoney==3000 }">
100                 <option>1000</option>
101                 <option>2000</option>
102                 <option selected="selected">3000</option>
```

```
103            <option>4000</option>
104          </c:when>
105          <c:when test="${endMoney==4000 }">
106            <option>1000</option>
107            <option>2000</option>
108            <option>3000</option>
109            <option selected="selected">4000</option>
110          </c:when>
111          <c:otherwise>
112            <option>1000</option>
113            <option>2000</option>
114            <option>3000</option>
115            <option>4000</option>
116          </c:otherwise>
117        </c:choose>
118      </select>
119      <input type="submit" value="검색" formaction="dogCartSearch.
120  dog"/>
121      </td>
122    </tr>
123    <tr class = "tr_top">
124      <td><input type="checkbox" id = "allCheck" name="allCheck"
125  onclick="checkAll(this.form)"/> </td>
126        <td>번호</td>
127        <td>상품 이미지</td>
128        <td>상품명</td>
129        <td>가격</td>
130        <td>수량</td>
131    </tr>
132
133    <c:forEach var="cart" items="${cartList }" varStatus="status">
134
135    <tr>
136    <td>
137      <input type="checkbox" id="remove" name="remove"
138  value="${cart.kind }"/>
139    </td>
140      <td>
141      ${status.index+1}<!-- 번호값계산 -->
142      </td>
```

```
143              <td>
144               <img src = "images/${cart.image }" id ="cartImage"/>
145              </td>
146              <td>
147               ${cart.kind }
148              </td>
149              <td>
150               ${cart.price }
151              </td>
152              <td>
153               <a href="dogCartQtyUp.dog?kind=${cart.kind }">
154               <img src="images/up.jpg" id = "upImage" border=0/>
155               </a><br>
156               ${cart.qty }<br>
157                  <a href="javascript:checkQty('${cart.kind }',${cart.qty
158  })">
159               <img src="images/down.jpg" id = "downImage" border=0/>
160               </a>
161              </td>
162            </tr>
163          </c:forEach>
164        <tr>
165          <td colspan="5" style="text-align:center;">
166             총 금액 : ${totalMoney}원
167          </td>
168        </tr>
169        <tr>
170          <td colspan="5" style="text-align:center;">
171             <input type="submit" value="삭제"
172  formaction="dogCartRemove.dog"/>
173          </td>
174        </tr>
175        </table>
176  </form>
177      </c:if>
178      <c:if test="${cartList == null }">
179       <section class="div_empty">
180       개정보가 없습니다.
181       </section>
182      </c:if>
```

```
183    <nav id="commandList">
184        <a href="dogList.dog">쇼핑 계속하기</a>
185    </nav>
186
187  </section>
188  </body>
189  </html>
```

✓ 코드 분석

18~26	장바구니 항목 삭제 요청을 할 때 삭제할 항목을 체크 박스를 체크해서 선택한다. 체크 박스를 하나씩 체크할 수도 있지만 전체 체크 박스를 체크하는 체크 박스(상단의 체크 박스)를 선택하면 전체 체크 박스가 체크되어야 하고 전체 체크 박스를 체크하는 체크 박스를 선택 해제하면 모든 장바구니 항목의 체크 박스가 선택 해제되어야 한다. 이 부분을 자바 스크립트로 처리한 부분이다. 이 함수 영역은 124~125 라인 onclick="checkAll(this.form) 부분에서 allCheck 체크 박스가 클릭될 때 실행된다. checkAll 함수를 호출하면서 form 객체를 인자값으로 전송한다.
19~21	장바구니 항목이 하나가 출력되었을 경우 처리되는 부분이다. theForm은 인자로 전달된 form 객체이며 remove는 137~138 라인에서 정의된 각 장바구니 항목을 선택하는 체크 박스이다. 페이지에 remove라는 이름의 체크 박스가 하나 출력되면 단일 객체로 인식되지만 여러 개가 출력되면 배열 객체로 인식된다. 그리고 length 속성은 자바스크립트에서 배열 객체에 지원되는 속성이므로 theForm.remove.length == undefined라는 조건을 만족할 경우는 remove 객체가 배열 객체가 아니라는 의미이므로 remove 체크 박스가 하나 출력되었다는 의미이다.
20	checked: 체크 박스가 선택되었으면 true, 선택되었으면 false를 반환하는 속성.
21~25	장바구니 항목을 선택하는 체크 박스가 여러 개 출력되었을 경우를 처리하는 부분이다. 즉, 장바구니 항목이 여러 개일 경우이다.
28~32	장바구니 항목 수량 감소 요청을 할 때 현재 수량이 1이 아닐 경우만 수량 감소 요청을 하게 처리한 함수이다.
36~41	검색에 사용되는 startMoney 값과 endMoney 값을 속성으로 설정하는 부분이다. 검색 작업을 하지 않고 목록 보기 페이지가 실행된 경우는 이 값들이 null이기 때문에 해당 속성들을 사용할 때 NullPointerException이 발생한다. 따라서, NullPointerException이 발생하지 않도록 처리해 준 부분이다.
47~121	가격별 검색 부분을 처리한 부분이다.
141	status.index 속성을 사용하면 forEach문이 실행되는 인덱스 번호를 반환한다. 즉, 한 번 실행될 때 0, 두 번째 실행될 때 1이 반환된다.
153~155	장바구니 항목의 수량 증가 요청을 하는 부분이다.
157~160	장바구니 항목의 수량 감소 요청을 하는 부분이다.

5) 실행하기

DogShopping 웹 애플리케이션을 톰캣 서버로 실행해 본다.

① 개 상품 목록 보기

01 개 상품 목록 보기 링크를 클릭하여 개 상품 목록 보기 요청을 한다.

그림 16-18. shopMain.jsp를 실행한 화면 그림

02 다음 화면과 같이 등록된 개 상품들이 출력된다.

그림 16-19. 개 상품 목록이 출력된 화면 그림

② 개 상품 정보 상세 보기

01 〈그림 16-20〉그림 화면에서 빨간 박스가 쳐진 개 이미지를 클릭한다.

그림 16-20. 개 상품 목록이 출력된 화면에서 상세 정보를 출력할 개를 선택

02 개 상품 하나에 대한 정보가 제대로 출력된다.

그림 16-21. 개 상품 하나에 대한 상세 정보를 출력하는 그림

③ 오늘 본 상품 정보 쿠키에 저장 후 보여주기

01 "쇼핑계속하기" 링크를 클릭한다.

그림 16-22. 쇼핑계속하기를 선택하는 화면

02 오늘 본 개 상품 목록이 잘 출력된다.

그림 16-23. 개 상품 목록 화면에 오늘 본 개 상품 목록이 출력된 화면

④ 개 상품 등록

01 "개 상품 등록" 링크를 클릭한다.

개 상품 목록 개상품등록

상품명:푸들
가격:1000

상품명:불독
가격:2000

상품명:진도개
가격:3000

상품명:허스키
가격:4000

오늘 본 개 상품 목록

그림 16-24. 개 상품 목록 화면에서 개 상품 등록 메뉴가 선택된 화면

02 등록할 개 상품 정보를 모두 입력하고 〈개상품등록〉 버튼을 클릭한다.

개정보등록

목록보기

품종 :	세파트
원산지 :	독일
가격 :	1000
신장 :	1
체중 :	1
글내용 :	나는 셰퍼트요
상품이미지 :	파일 선택 se.jpg

개상품등록 다시작성 개상품목록보기

그림 16-25. 새로 등록할 개 상품 정보를 입력한 화면

새로운 개 상품이 잘 등록된다.

그림 16-26. 새로운 개 상품이 등록된 화면

⑤ 장바구니에 담기

"장바구니에담기" 링크를 클릭한다.

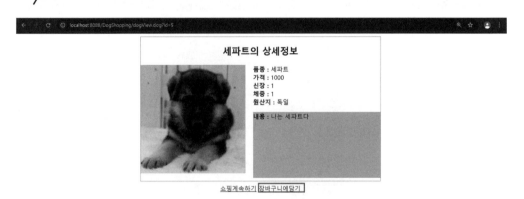

그림 16-27. 개 상품 상세 정보 보기 화면에서 장바구니 담기 메뉴 선택

02 장바구니에 해당 상품이 잘 담긴다.

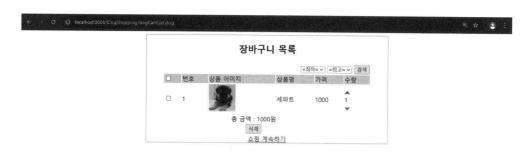

그림 16-28. 장바구니에 개 상품 정보 하나가 담긴 화면

03 "쇼핑 계속하기" 링크를 클릭한다.

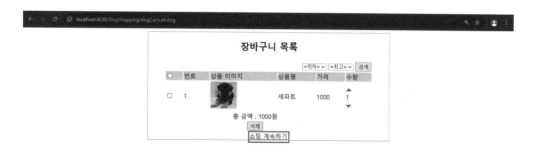

그림 16-29. 장바구니 목록 화면에서 쇼핑 계속하기 메뉴 선택

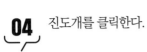

04 진도개를 클릭한다.

그림 16-30. 개 상품 목록 화면에서 기존 장바구니에 추가되지 않는 개 상품을 선택하는 그림

05 "장바구니에담기" 링크를 클릭한다.

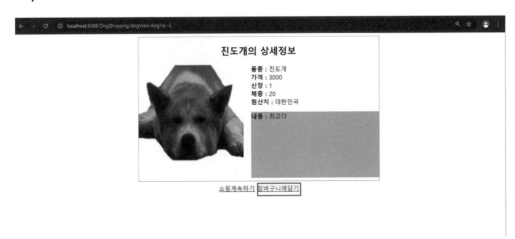

그림 16-31. 진도개 상세정보 보기 화면에서 장바구니 담기 메뉴를 선택하는 화면

06 새로운 장바구니 항목이 추가된다.

그림 16-32. 진도개 개 상품을 장바구니에 추가한 화면 그림

07 기존에 추가되어 있는 진도개를 다시 장바구니에 추가하면 다음 화면처럼 해당 항목의 수량이 증가된다.

그림 16-33. 기존 장바구니 항목에 진도개 항목을 한 번 더 추가한 화면 그림

⑥ 장바구니 항목 수량 증가 감소

본 기능을 실행하기 전에 장바구니 항목의 수량을 증가시키거나 감소시킬 때는 화살표 이미지를 클릭하여 처리할 것이고 수량 증가 감소 요청을 할 장바구니 항목을 kind 속성 값으로 판별한다.

kind 속성 값은 href 속성을 이용한 파라미터 방식으로 전송한다.

그러나, 본 기능을 테스트할 때는 한글 처리를 고려해 주어야 한다.

IE11에서 링크 방식으로 파라미터 값이 전송될 때는 자동 인코딩이 되지 않아 서버 단에서 한글 파라미터를 받으면 한글이 깨진다. 한글 처리를 위해서 다음 작업들을 처리한다.

01 〈그림 16-34〉처럼 kind 값을 UTF-8 로 인코딩해서 반환해주는 메소드를 정의해야 한다.

박스가 표시되어 있는

```
private String encodingKind;
```

부분과

```
public String getEncodingKind() {
    try{
    encodingKind = URLEncoder.encode(kind, "UTF-8");
    }
    catch(Exception e){
        e.printStackTrace();
    }
    return encodingKind;
}
```

부분을 삽입한다.

```java
    private int qty;
    private String encodingKind;

    public String getImage() {
        return image;
    }

    public void setImage(String image) {
        this.image = image;
    }

    public String getKind() {
        return kind;
    }

    public String getEncodingKind() {
        try{
        encodingKind = URLEncoder.encode(kind, "UTF-8");
        }
        catch(Exception e){
            e.printStackTrace();
        }
        return encodingKind;
    }

    public void setKind(String kind) {
        this.kind = kind;
    }

    public int getPrice() {
        return price;
```

그림 16-34. Dog.java 파일에 encodingKind 속성 값을 반환하는 메소드를 추가

02 〈그림 16-35〉처럼 location.href="dogCartQtyDown.dog?kind="+ encodeURIComponent(kind); 부분을 편집한다. 자바스크립트의 encodeURIComponent 함수를 사용해서 kind 값을 인코딩한다.

```
[ dogCartList.jsp ]
10 <!DOCTYPE html>
11 <html>
12 <head>
13 <meta charset="UTF-8">
14 <title>Insert title here</title>
15 <link href="css/dogCartList.css" rel="stylesheet" type="text/css">
16 <script>
17     function checkAll(theForm){
18         if(theForm.remove.length == undefined){
19             theForm.remove.checked = theForm.allCheck.checked;
20         }else{
21             for(var i=0;i<theForm.remove.length;i++){
22                 theForm.remove[i].checked = theForm.allCheck.checked;
23             }
24         }
25     }
26
27     function checkQty(kind,qty){
28         if(qty != 1){
29             location.href="dogCartQtyDown.dog?kind="+ encodeURIComponent(kind);
30         }
31     }
32 </script>
33 </head>
34 <body>
35 <c:if test="${startMoney !=null }">
36     <c:set var="startMoney" value="${startMoney}"></c:set>
37 </c:if>
38 <c:if test="${endMoney !=null }">
39     <c:set var="endMoney" value="${endMoney}"></c:set>
40 </c:if>
41 <section id="listForm">
42     <c:if test="${cartList !=null && cartList.size()>0 }">
43     <h2>장바구니 목록</h2>
44 <form method="post">
45     <table>
46         <tr id="select">
47             <td colspan="6">
```

그림 16-35. dogCartList.jsp 파일의 코드 화면-1

03 〈그림 16-36〉처럼 장바구니 항목 수량을 증가하는 요청 부분에서 인코딩 처리된 kind
값을 파라미터 값으로 전송한다.

```
<a href="dogCartQtyUp.dog?kind=${cart.encodingKind }">
        <img src="images/up.jpg" id = "upImage" border=0/>
</a>
```

```
133    <td>
134        <input type="checkbox" id="checkbox" name="remove" value="${cart.kind }"/>
135    </td>
136    <td>
137
138        ${status.index+1}<!-- 번호값계산 -->
139    </td>
140    <td>
141        <img src = "images/${cart.image }" id ="cartImage"/>
142    </td>
143    <td>
144        ${cart.kind }
145    </td>
146    <td>
147        ${cart.price }
148    </td>
149    <td>
150        <a href="dogCartQtyUp.dog?kind=${cart.encodingKind }">
151        <img src="images/up.jpg" id = "upImage" border=0/>
152        </a><br>
153        ${cart.qty }<br>
154        <a href="javascript:checkQty('${cart.kind}',${cart.qty})">
155        <img src="images/down.jpg" id = "downImage" border=0/>
156        </a>
157    </td>
158    </tr>
159    </c:forEach>
160    <tr>
161        <td colspan="5" style="text-align:center;">
162            총 금액 : ${totalMoney}원
163        </td>
164    </tr>
165    <tr>
166        <td colspan="5" style="text-align:center;">
167            <input type="submit" value="삭제" formaction="dogCartRemove.dog"/>
168        </td>
169    </tr>
170    </table>
```

그림 16-36. dogCartList.jsp 파일의 코드-2

⑦ 장바구니 항목 수량 증가

01 세파트 항목의 수량 증가 화살표를 클릭한다.

그림 16-37. 장바구니 항목 수량 증가 요청을 하기 전의 화면

02 세파트 항목의 수량이 증가되고 총 금액이 증가된다.

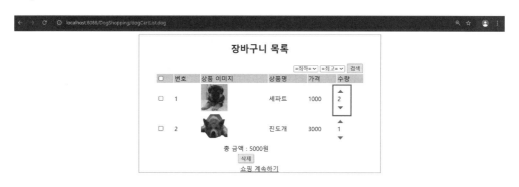

그림 16-38. 장바구니 항목 수량 증가 요청이 처리된 화면

⑧ 장바구니 항목 수량 감소

01 세파트 항목의 수량 감소 화살표 이미지를 클릭한다.

그림 16-39. 장바구니 항목 수량 감소 요청을 하기 전의 화면

02 세파트 항목이 감소되며 총 금액이 감소된다.

그림 16-40. 장바구니 항목 수량 감소 요청을 처리한 화면 그림

⑨ 장바구니 항목 삭제

장바구니 항목에서 체크 박스를 체크하고 삭제 버튼을 클릭하면 체크된 항목들이 모두 삭제된다.

제목 부분에 존재하는 체크 박스를 클릭하면 모든 항목의 체크 박스가 체크된다.

⑩ 모든 항목의 체크 박스 체크하거나 해제

01 제목 부분의 체크 박스를 체크한다.

그림 16-41. 장바구니 항목 삭제 체크 박스를 모두 체크하는 체크 박스를 선택하기 정의 화면

02 모든 장바구니 항목의 체크 박스가 체크된다.

그림 16-42. 장바구니 전체 항목을 선택하는 체크 박스를 체크한 화면

03 제목 부분의 체크 박스를 해제한다.

그림 16-43. 장바구니 전체 항목을 해제하는 체크 박스를 체크하기 전의 화면

04 장바구니 전체 항목의 체크 박스가 해제된다.

그림 16-44. 장바구니 전체 항목 선택이 해제된 화면

⑪ 장바구니 항목 삭제

장바구니 목록에서 삭제할 대상이 되는 항목을 선택하고 〈삭제〉 버튼을 클릭하면 선택된 장
바구니 항목이 삭제된다.

01 삭제하고자 하는 장바구니 항목의 체크 박스를 체크한 후 〈삭제〉 버튼을 누른다.

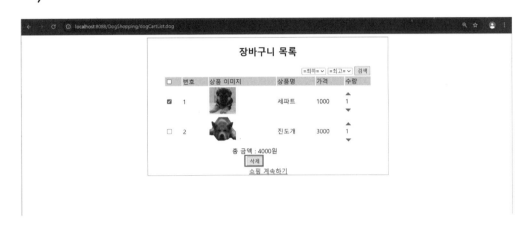

그림 16-45. 장바구니 전체 항목에서 삭제할 대상이 되는 장바구니 항목을 선택

02 〈그림 16-46〉 그림 화면처럼 선택된 장바구니 항목이 삭제된다.

그림 16-46. 장바구니 전체 항목에서 선택된 장바구니 항목이 삭제

⑫ 장바구니 항목 검색

장바구니 목록 리스트 페이지의 상단 검색 부분에서 검색할 가격의 범위를 선택하고 〈검색〉
버튼을 클릭하면 검색 범위로 선택한 가격에 해당하는 장바구니 항목이 검색된다.

01 다양한 가격대의 상품을 장바구니에 담는다.

그림 16-47. 다양한 가격의 상품을 장바구니에 담은 화면

02 검색할 가격대를 선택하고 〈검색〉 버튼을 클릭한다.

그림 16-48. 검색할 상품의 가격대를 선택한 화면

원하는 가격대의 상품이 검색된다.

그림 16-49. 가격을 사용해서 장바구니 항목에서 원하는 상품을 검색한 결과

4. 회원 관리 예제

1) 패키지 구조

회원 관리 시스템의 패키지 구조는 DogShopping 프로젝트의 패키지 구조와 유사하며 프로젝트의 뷰 페이지에서 JSTL을 사용하기 때문에("MemberProject\src\main\webapp\WEB-INF\lib" 때문에) JSTL 라이브러리를 추가해야 한다. taglibs 오류 발생 시 DogShopping과 동일한 방법을 사용한다.

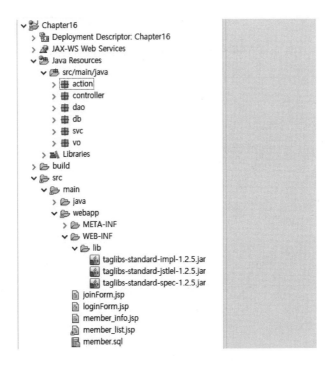

그림 16-50. MemberProject 프로젝트의 패키지 화면

2) 요청 처리 구조

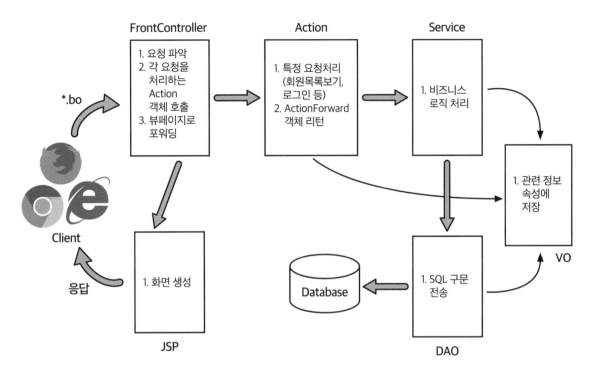

그림 16-51. MemberProject 프로젝트의 요청 처리 절차

위에 예시한 흐름도가 지금부터 개발할 프로젝트의 흐름도이다. 클라이언트로부터 요청을 받으면 처음으로 MemberFrontController로 접근하게 된다.

MemberFrontController에 요청이 전송되어 오면 MemberFrontController 내에서 요청에 맞게 Member를 처리할 수 있는 Controller(Action 클래스)를 호출하는 것이다. 다음으로 Controller에서는 회원 관련 처리 Model인 MemberDAO를 호출하여 요청을 처리하여 View(Member)에서 처리된 결과를 보여주게 된다.

3) 프로젝트 사용 클래스 설계

① View 페이지와 Action 클래스의 설계

회원 시스템의 View 페이지와 Action 클래스를 설계한다.

페이지 파일	설명
loginForm.jsp	로그인 폼 페이지이다.
joinForm.jsp	회원가입 폼 페이지이다.
member_list.jsp	관리자가 회원 목록을 볼 수 있는 페이지이다.
member_info.jsp	관리자가 회원 정보를 확인할 수 있는 페이지이다.

회원 시스템의 View 페이지는 복잡하지 않다. 회원 시스템의 기본 기능인 로그인과 회원가입과 관리자 모드에서는 회원 목록과 정보 확인 및 삭제 기능만 다루어 보도록 할 것이다.
loginForm.jsp 페이지에는 단순히 아이디와 비밀번호를 입력할 수 있도록 구성되어 있으며, joinForm.jsp 또한 기본적인 입력 정보(아이디, 비밀번호, 이름, 나이, 성별, 이메일 주소)를 입력하여 가입 처리를 할 수 있는 폼 페이지이다. member_list.jsp 파일은 관리자로 로그인하였을 때만 접근할 수 있는 회원 목록 확인 페이지이다.
member_info.jsp 파일은 관리자로 접근하였을 때만 회원 정보를 확인할 수 있는 페이지이다. 회원 삭제는 member_info.jsp 페이지에서 처리하게 된다. 회원 삭제 메뉴는 member_info.jsp 페이지에 존재하며, '삭제' 메뉴를 누르게 되면 회원을 삭제하는 Action 클래스를 바로 호출하기 때문에 회원 삭제 페이지는 따로 존재할 필요가 없다.
즉, 관리자는 강제 탈퇴 처리하는 회원을 비밀번호 입력 없이 바로 탈퇴시킬 수 있도록 처리를 하였다.

다음은 회원 시스템의 Action 클래스의 목록이다.

클래스 파일	설명
MemberLoginAction.java	사용자가 로그인할 때 호출되는 Action 클래스이다.
MemberJoinAction.java	회원가입 처리를 할 때 호출되는 Action 클래스이다.
MemberListAction.java	회원의 목록을 확인할 때 호출되는 Action 클래스이다.
MemberViewAction.java	회원의 정보를 확인할 때 호출되는 Action 클래스이다.
MemberDeleteAction.java	회원의 정보를 삭제할 때 호출되는 Action 클래스이다.

② 각 요청에 대한 비즈니스 로직을 구현하는 Service 클래스의 설계

클래스 파일	설명
MemberLoginService.java	사용자의 로그인 요청을 처리하는 비즈니스 로직이 구현된 클래스이다.
MemberJoinService.java	회원가입 요청을 처리하는 비즈니스 로직이 구현되어 있는 클래스이다.
MemberListService.java	회원 목록 보기 요청을 처리하는 비즈니스 로직이 구현되어 있는 클래스이다.
MemberViewService.java	회원 정보 보기 요청을 처리하는 비즈니스 로직이 구현되어 있는 클래스이다.
MemberDeleteService.java	회원 정보 삭제 요청을 처리하는 비즈니스 로직이 구현되어 있는 클래스이다.

③ SQL 구문을 전송하는 클래스 (DAO) 클래스 설계

클래스 파일	설명
MemberDAO.java	회원 정보를 다루는 SQL 구문을 전송하는 역할을 하는 클래스이다.

④ 사용자의 요청을 받는 역할을 하는 클래스(FrontController) 설계

클래스 파일	설명
MemberFrontController.java	회원에 관한 모든 요청을 받는 클래스이다.

⑤ 관련된 정보를 저장하는 클래스(VO) 설계

클래스 파일	설명
MemberBean.java	회원 한 명의 정보를 저장하는 클래스이다.
ActionForward.java	FrontController 클래스에서 뷰 페이지로 포워딩할 때 사용될 포워딩 정보가 저장되는 클래스이다.

⑥ 각 Action 클래스들의 규격을 정의하는 Action 인터페이스 설계

클래스 파일	설명
Action.java	MemberListAction.java, MemberViewAction.java 등 Action 클래스들의 구조를 정의한 인터페이스이다.

4) 데이터베이스 구조 설계

다음은 MEMBER 테이블의 구조이다.

필드명	타입	설명
MEMBER_ID	VARCHAR2(15)	회원의 아이디를 저장하는 컬럼이다.
MEMBER_PW	VARCHAR2(13)	회원의 비밀번호를 저장하는 컬럼이다.
MEMBER_NAME	VARCHAR2(15)	회원의 이름을 저장하는 컬럼이다.
MEMBER_AGE	NUMBER	회원의 나이를 저장하는 컬럼이다.
MEMBER_GENDER	VARCHAR2(5)	회원의 성별을 저장하는 컬럼이다.
MEMBER_EMAIL	VARCHAR2(30)	회원의 이메일 주소를 저장하는 컬럼이다.

MEMBER 테이블은 이렇게 여섯 개의 필드로 구성된다. 로그인에 사용되는 MEMBER_ID, MEMBER_PW 필드와 나머지 기본 정보로 사용되는 MEMBER_NAME, MEMBER_AGE, MEMBER_GENDER, MEMBER_EMAIL 필드로 이루어져 있다.

이제 앞에서 설계한 테이블들을 SQL문으로 변환하여 데이터베이스에 생성하도록 하자. 다음은 MEMBER 테이블을 SQL문으로 변환한 것이다.

```
CREATE TABLE MEMBER(
     MEMBER_ID  VARCHAR2(15),
     MEMBER_PW  VARCHAR2(13),
     MEMBER_NAME   VARCHAR2(15),
     MEMBER_AGE NUMBER,
     MEMBER_GENDER VAR CHAR2(5),
     MEMBER_EMAIL  VARCHAR2(30),
     PRIMARY KEY(MEMBER_ID)
);
```

5) 각 프로젝트 코드 알아보기

① Connection Pool 설정을 정의하는 파일

context.xml   ⬇ Chapter16₩MemberProject₩src₩main₩webapp₩META-INF₩context.xml

```
 1  <?xml version="1.0" encoding="UTF-8"?>
 2  <Context>
 3     <Resource
 4         name="jdbc/OracleDB"
 5         auth="Container"
 6         type="javax.sql.DataSource"
 7         username="java"
 8         password="java"
 9         driverClassName="oracle.jdbc.driver.OracleDriver"
10         factory="org.apache.tomcat.dbcp.dbcp2.BasicDataSourceFactory"
11         url="jdbc:oracle:thin:@localhost:1521:XE"
12         maxActive="500"
13     />
14  </Context>
```

4	데이터베이스 작업을 하는 클래스에서 정의되는 Resource 객체를 얻어갈 때 사용하는 이름이다.
6	서버상에 공유할 Resource의 타입을 지정한다. DataSource 객체를 얻어가면 DataSource 객체에 getConnection()이라는 메소드를 사용해서 Connection 객체를 얻어갈 수 있다.
7~9	오라클 데이터베이스에 연결할 수 있는 설정 정보를 정의하는 부분이다.
10	DataSource 객체를 생성해 주는 Factory 클래스를 지정한 부분이다. Tomcat10.1에 탑재되어 있는 라이브러리 경로를 지정했다.
11	연결할 오라클 url을 지정한 부분이다.
12	동시에 반환할 수 있는 Connection 객체를 설정한 부분이다.

② 데이터베이스 작업 시 공통적으로 사용하는 메소드를 정의한 클래스

JdbcUtil.java   ⬇ Chapter16₩MemberProject₩src₩main₩java₩db₩JdbcUtil.java

```
1   package db;
2
3   import java.sql.*;
4   import javax.naming.Context;
5   import javax.naming.InitialContext;
6   import javax.sql.DataSource;
7
8   public class JdbcUtil {
9
10      public static Connection getConnection(){
11          Connection con=null;
12
13          try {
14              Context initCtx = new InitialContext();
15              Context envCtx = (Context)initCtx.lookup("java:comp/env");
16              DataSource ds = (DataSource)envCtx.lookup("jdbc/dogTest");
17              con = ds.getConnection();
18              con.setAutoCommit(false);
19          } catch (Exception e) {
20              e.printStackTrace();
```

```
21              }
22
23          return con;
24      }
25
26      public static void close(Connection con){
27
28          try {
29              con.close();
30          } catch (Exception e) {
31              e.printStackTrace();
32          }
33
34      }
35
36      public static void close(Statement stmt){
37
38          try {
39              stmt.close();
40          } catch (Exception e) {
41              e.printStackTrace();
42          }
43
44      }
45
46      public static void close(ResultSet rs){
47
48          try {
49              rs.close();
50          } catch (Exception e) {
51              e.printStackTrace();
52          }
53
54      }
55
56      public static void commit(Connection con){
57
58          try {
59              con.commit();
60              System.out.println("commit success");
```

```
61        '    } catch (Exception e) {
62               e.printStackTrace();
63            }
64
65        }
66
67        public static void rollback(Connection con){
68
69            try {
70               con.rollback();
71               System.out.println("rollback success");
72            } catch (Exception e) {
73               e.printStackTrace();
74            }
75
76        }
77
78    }
```

✓ 코드 분석

10~24	Connection Pool에서 Connection 객체를 얻어와서 반환하는 메소드를 정의한 부분이다.
14	톰캣 자체의 컨텍스트를 얻어오는 부분이다.
15	Resource 정의에 관한 컨텍스트를 얻어오는 부분이다. lookup 메소드의 반환 타입이 Object이므로 Context 타입으로 다운캐스팅해야 한다.
16	context.xml에 정의한 DataSource 객체를 얻어오는 부분이다.
17	Connection Pool에서 Connection 객체를 얻어오는 부분이다.
18	Connection 객체에 트랜잭션을 적용시키는 부분이다.
26~34	Connection 객체를 닫아주는 역할을 하는 메소드를 정의한 부분이다.
36~44	Statement 객체를 닫아주는 역할을 하는 메소드를 정의한 부분이다.
46~54	ResultSet 객체를 닫아주는 역할을 하는 메소드를 정의한 부분이다.
56~65	트랜잭션 중에 실행된 작업들을 완료시키는 기능을 하는 메소드를 정의한 부분이다.
67~76	트랜잭션 중에 실행된 작업들을 취소시키는 기능을 하는 메소드를 정의한 부분이다.

③ 관련된 정보를 저장하는 클래스(VO)들

• 회원 정보 하나를 저장하는 클래스

MemberBean.java   ⬇ Chapter16₩MemberProject₩src₩main₩java₩vo₩MemberBean.java

```java
package vo;

public class MemberBean {
    private String MEMBER_ID;
    private String MEMBER_PW;
    private String MEMBER_NAME;
    private int MEMBER_AGE;
    private String MEMBER_GENDER;
    private String MEMBER_EMAIL;

    public String getMEMBER_ID() {
        return MEMBER_ID;
    }

    public void setMEMBER_ID(String member_id) {
        MEMBER_ID = member_id;
    }

    public String getMEMBER_PW() {
        return MEMBER_PW;
    }

    public void setMEMBER_PW(String member_pw) {
        MEMBER_PW = member_pw;
    }

    public String getMEMBER_NAME() {
        return MEMBER_NAME;
    }

    public void setMEMBER_NAME(String member_name) {
        MEMBER_NAME = member_name;
    }
```

```
35        public int getMEMBER_AGE() {
36            return MEMBER_AGE;
37        }
38
39        public void setMEMBER_AGE(int member_age) {
40            MEMBER_AGE = member_age;
41        }
42
43        public String getMEMBER_GENDER() {
44            return MEMBER_GENDER;
45        }
46
47        public void setMEMBER_GENDER(String member_gender) {
48            MEMBER_GENDER = member_gender;
49        }
50
51        public String getMEMBER_EMAIL() {
52            return MEMBER_EMAIL;
53        }
54
55        public void setMEMBER_EMAIL(String member_email) {
56            MEMBER_EMAIL = member_email;
57        }
58    }
```

 코드 분석

회원 정보 하나를 저장할 수 있는 클래스이다.

• 포워딩 정보 하나를 저장하는 클래스

ActionForward.java   ⬇ Chapter16₩MemberProject₩src₩main₩java₩vo₩ActionForward.java

```java
 1   package vo;
 2
 3   public class ActionForward {
 4       private boolean isRedirect=false;
 5       private String path=null;
 6
 7       public boolean isRedirect(){
 8           return isRedirect;
 9       }
10
11       public String getPath(){
12           return path;
13       }
14
15       public void setRedirect(boolean b){
16           isRedirect=b;
17       }
18
19       public void setPath(String string){
20           path=string;
21       }
22   }
```

 코드 분석

포워딩 정보 하나를 저장할 수 있는 클래스이다.

④ 모든 클라이언트의 요청을 받아서 제어하는 컨트롤러 클래스

MemberFrontController.java

⬇ Chapter16\MemberProject\src\main\java\controller\
MemberFrontController.java

```java
1   package controller;
2   import java.io.IOException;
3   import jakarta.servlet.RequestDispatcher;
4   import jakarta.servlet.ServletException;
5   import jakarta.servlet.annotation.WebServlet;
6   import jakarta.servlet.http.HttpServletRequest;
7   import jakarta.servlet.http.HttpServletResponse;
8   import action.Action;
9   import action.MemberDeleteAction;
10  import action.MemberJoinAction;
11  import action.MemberListAction;
12  import action.MemberLoginAction;
13  import action.MemberViewAction;
14  import vo.ActionForward;
15
16  @WebServlet("*.me")
17  public class MemberFrontController extends jakarta.servlet.http.
18  HttpServlet
19  {
20      static final long serialVersionUID = 1L;
21      protected void doProcess(HttpServletRequest request,
22  HttpServletResponse response)
23              throws ServletException, IOException {
24          String RequestURI=request.getRequestURI();
25          String contextPath=request.getContextPath();
26          String command=RequestURI.substring(contextPath.length());
27          ActionForward forward=null;
28          Action action=null;
29
30          if(command.equals("/memberLogin.me")){
31              forward=new ActionForward();
32              forward.setRedirect(true);
33              forward.setPath("./loginForm.jsp");
34          }else if(command.equals("/memberJoin.me")){
35              forward=new ActionForward();
36              forward.setRedirect(false);
```

```
37              forward.setPath("./joinForm.jsp");
38          }else if(command.equals("/memberLoginAction.me")){
39              action = new MemberLoginAction();
40              try{
41                  forward=action.execute(request, response);
42              }catch(Exception e){
43                  e.printStackTrace();
44              }
45          }else if(command.equals("/memberJoinAction.me")){
46              action = new MemberJoinAction();
47              try{
48                  forward=action.execute(request, response);
49              }catch(Exception e){
50                  e.printStackTrace();
51              }
52          }else if(command.equals("/memberListAction.me")){
53              action = new MemberListAction();
54              try{
55                  forward=action.execute(request, response);
56              }catch(Exception e){
57                  e.printStackTrace();
58              }
59          }else if(command.equals("/memberViewAction.me")){
60              action = new MemberViewAction();
61              try{
62                  forward=action.execute(request, response);
63              }catch(Exception e){
64                  e.printStackTrace();
65              }
66          }else if(command.equals("/memberDeleteAction.me")){
67              action = new MemberDeleteAction();
68              try{
69                  forward=action.execute(request, response);
70              }catch(Exception e){
71                  e.printStackTrace();
72              }
73          }
74          if(forward != null){
75              if(forward.isRedirect()){
76                  response.sendRedirect(forward.getPath());
```

```
77          }else{
78              RequestDispatcher dispatcher=
79                      request.getRequestDispatcher(forward.
80  getPath());
81              dispatcher.forward(request, response);
82          }
83      }
84  }
85
86  protected void doGet(HttpServletRequest request,
87  HttpServletResponse response)
88          throws ServletException, IOException {
89      doProcess(request,response);
90  }
91
92  protected void doPost(HttpServletRequest request,
93  HttpServletResponse response)
94          throws ServletException, IOException {
95      request.setCharacterEncoding("UTF-8");
96      doProcess(request,response);
97  }
98 }
```

✔ 코드 분석

21	클라이언트에서 넘어오는 모든 요청을 처리하는 로직이 정의되는 메소드를 doProcess라는 이름으로 정의하였다.
24~26	요청 종류를 판단하는 부분이다.
30~73	클라이언트에서 넘어온 각 요청을 처리하는 Action 클래스들의 execute 메소드를 호출하는 부분이다.
74~84	뷰 페이지로 포워딩 해 주는 부분이다.
86~97	클라이언트에서 요청이 GET 방식으로 넘어오든 POST 방식으로 넘어오든 요청을 공통적으로 처리하는 doProcess 메소드를 호출하는 부분이다. 89 라인에서 요청이 POST 방식으로 넘어왔을 때는 한글 처리를 해 주고 있다.

⑤ Action 클래스들의 규격을 정의한 Action 인터페이스

Action.java   ⬇ Chapter16₩MemberProject₩src₩main₩java₩action₩Action.java

```java
1    package action;
2
3    import jakarta.servlet.http.*;
4    import vo.ActionForward;
5
6    public interface Action {
7        public ActionForward execute(HttpServletRequest
8    request,HttpServletResponse response) throws Exception;
9    }
```

 코드 분석

7	모든 Action 클래스들에서 구현해야 할 execute 메소드를 정의한 부분이다.

⑥ 각 클라이언트의 요청을 처리하는 Action 클래스들

· 회원가입 요청을 처리하는 Action 클래스

MemberJoinAction.java   ⬇ Chapter16₩MemberProject₩src₩main₩java₩action₩
MemberJoinAction.java

```java
1    package action;
2
3    import java.io.PrintWriter;
4    import jakarta.servlet.http.HttpServletRequest;
5    import jakarta.servlet.http.HttpServletResponse;
6    import svc.MemberJoinService;
7    import vo.ActionForward;
8    import vo.MemberBean;
9
10   public class MemberJoinAction implements Action{
11       public ActionForward execute(HttpServletRequest
12   request,HttpServletResponse response)
```

```
13          throws Exception{
14
15              MemberBean member=new MemberBean();
16              boolean joinResult=false;
17
18              member.setMEMBER_ID(request.getParameter("MEMBER_ID"));
19              member.setMEMBER_PW(request.getParameter("MEMBER_PW"));
20              member.setMEMBER_NAME(request.getParameter("MEMBER_
21   NAME"));
22              member.setMEMBER_AGE(Integer.parseInt(request.
23   getParameter("MEMBER_AGE")));
24              member.setMEMBER_GENDER(request.getParameter("MEMBER_
25   GENDER"));
26              member.setMEMBER_EMAIL(request.getParameter("MEMBER_
27   EMAIL"));
28
29              MemberJoinService memberJoinService = new
30   MemberJoinService();
31              joinResult=memberJoinService.joinMember(member);
32
33              ActionForward forward = null;
34              if(joinResult==false){
35                  response.setContentType("text/html;charset=UTF-8");
36                  PrintWriter out = response.getWriter();
37                  out.println("<script>");
38                  out.println("alert('회원등록실패')");
39                  out.println("history.back()");
40                  out.println("</script>");
41              }
42              else{
43              forward = new ActionForward();
44              forward.setRedirect(true);
45              forward.setPath("./memberLogin.me");
46              }
47              return forward;
48          }
49   }
```

15	회원가입 페이지에서 사용자가 작성한 값들을 속성 값으로 저장할 MemberBean 객체를 생성하는 부분이다.
16	회원가입 요청 처리 성공 여부를 저장할 변수이다.
18~27	회원가입 페이지에서 전송된 회원의 정보를 member 객체의 속성 값으로 할당하는 부분이다.
29~30	회원가입 비즈니스 로직을 처리할 MemberJoinService 객체를 생성하는 부분이다.
31	회원가입 요청을 처리하는 joinMember 메소드를 호출하는 부분이다.
34~41	회원가입에 실패했을 때 "회원등록실패"라는 경고창을 출력한 후 경고창의 <확인> 버튼을 누르면 이전 페이지로 되돌아가게 처리하는 부분이다.
42~46	회원가입 요청이 성공하면 로그인 요청을 하기 위해서 "memberLogin.me" URL 요청을 하는 부분이다.

• 로그인 요청을 처리하는 Action 클래스

MemberLoginAction.java   ⬇ Chapter16₩MemberProject₩src₩main₩java₩action₩
MemberLoginAction.java

```
1    package action;
2
3    import java.io.PrintWriter;
4    import jakarta.servlet.http.HttpServletRequest;
5    import jakarta.servlet.http.HttpServletResponse;
6    import jakarta.servlet.http.HttpSession;
7    import svc.MemberLoginService;
8    import vo.ActionForward;
9    import vo.MemberBean;
10
11   public class MemberLoginAction implements Action{
12       public ActionForward execute(HttpServletRequest
13   request,HttpServletResponse response)
14       throws Exception{
15
16           HttpSession session=request.getSession();
17           MemberBean member=new MemberBean();
18
```

```
19              member.setMEMBER_ID(request.getParameter("MEMBER_ID"));
20              member.setMEMBER_PW(request.getParameter("MEMBER_PW"));
21
22              MemberLoginService memberLoginService = new
23  MemberLoginService();
24              boolean loginResult = memberLoginService.login(member);
25              ActionForward forward = null;
26              if(loginResult){
27              forward = new ActionForward();
28              session.setAttribute("id", member.getMEMBER_ID());
29              forward.setRedirect(true);
30              forward.setPath("./memberListAction.me");
31              }
32              else{
33                  response.setContentType("text/html;charset=euc-kr");
34                  PrintWriter out=response.getWriter();
35                  out.println("<script>");
36                  out.println("alert('로그인 실패');");
37                  out.println("location.href='./memberLogin.me';");
38                  out.println("</script>");
39              }
40              return forward;
41      }
42  }
```

코드 분석

16	로그인에 성공한 사용자의 아이디 값을 세션 영역에 속성으로 저장하기 위해 session 객체를 생성하는 부분이다.
17	로그인 페이지에서 파라미터로 넘어온 아이디 값과 비밀번호 값을 저장할 MemberBean 객체를 생성하는 부분이다.
19~20	Member 객체에 클라이언트에서 파라미터 값으로 넘어온 아이디와 비밀번호를 속성 값으로 할당하는 부분이다.
22~23	로그인 처리를 위한 비즈니스 로직이 구현되어 있는 MemberLoginService 클래스 객체를 생성하는 부분이다.
24	로그인 요청을 처리하는 login 메소드를 호출하는 부분이다.
26~31	로그인에 성공하면 전체 회원 목록을 보는 요청인 "memberListAction.me" URL 요청을 전송하는 부분이다.

• 전체 회원 목록을 보여주는 요청을 처리하는 Action 클래스

MemberListAction.java
⬇ Chapter16₩MemberProject₩src₩main₩java₩action₩
MemberListAction.java

```java
1   package action;
2
3   import java.io.PrintWriter;
4   import java.util.ArrayList;
5   import jakarta.servlet.http.HttpServletRequest;
6   import jakarta.servlet.http.HttpServletResponse;
7   import jakarta.servlet.http.HttpSession;
8   import svc.MemberListService;
9   import vo.ActionForward;
10  import vo.MemberBean;
11
12  public class MemberListAction implements Action{
13      public ActionForward execute(HttpServletRequest
14  request,HttpServletResponse response)
15          throws Exception{
16          HttpSession session=request.getSession();
17          String id=(String)session.getAttribute("id");
18          ActionForward forward = null;
19          if(id==null){
20              forward = new ActionForward();
21              forward.setRedirect(true);
22              forward.setPath("./memberLogin.me");
23          }else if(!id.equals("admin")){
24              response.setContentType("text/html;charset=UTF-8");
25              PrintWriter out=response.getWriter();
26              out.println("<script>");
27              out.println("alert('관리자가 아닙니다.');");
28              out.println("location.href='./memberLogin.me");
29              out.println("</script>");
30          }
31          else{
32              forward = new ActionForward();
```

```
33          MemberListService memberListService = new
34   MemberListService();
35          ArrayList<MemberBean> memberList=memberListService.
36   getMemberList();
37          request.setAttribute("memberList", memberList);
38          forward.setPath("./member_list.jsp");
39          }
40          return forward;
41      }
42   }
```

16	현재 admin 사용자가 로그인 된 상태인지를 알아보기 위해서 session 객체를 얻어온다. session 객체에 공유되어 있는 id 속성 값이 "admin" 이면 현재 관리자로 로그인된 상태이다. 전체 회원 목록은 관리자만 볼 수 있게 처리하기 위해서 현재 로그인된 사용자가 관리자인지를 체크한다.
19~23	현재 로그인한 상태가 아니면 로그인 요청을 다시 하게 하는 부분이다.
23~30	로그인한 상태이지만 사용자가 관리자가 아니면 로그인 요청을 다시 하게 하는 부분이다.
31~39	관리자로 로그인된 상태이면 ArrayList<MemberBean> 타입으로 모든 사용자의 정보를 얻어와서 35 라인에서 request 영역에 공유한 후 member_list.jsp 페이지로 포워딩하는 부분이다.

・회원 한 명의 상세 정보를 보여주는 요청을 처리하는 Action 클래스

MemberViewAction.java   ⬇ Chapter16₩MemberProject₩src₩main₩java₩action₩
MemberViewAction.java

```java
1   package action;
2
3   import java.io.PrintWriter;
4   import jakarta.servlet.http.HttpServletRequest;
5   import jakarta.servlet.http.HttpServletResponse;
6   import jakarta.servlet.http.HttpSession;
7   import svc.MemberViewService;
8   import vo.ActionForward;
9   import vo.MemberBean;
10
11  public class MemberViewAction implements Action{
12      public ActionForward execute(HttpServletRequest
13  request,HttpServletResponse response)
14      throws Exception{
15
16          HttpSession session=request.getSession();
17          String id=(String)session.getAttribute("id");
18
19          ActionForward forward = null;
20          if(id==null){
21              forward = new ActionForward();
22              forward.setRedirect(true);
23              forward.setPath("./memberLogin.me");
24          }else if(!id.equals("admin")){
25              response.setContentType("text/html;charset=euc-kr");
26              PrintWriter out=response.getWriter();
27              out.println("<script>");
28              out.println("alert('관리자가 아닙니다.');");
29              out.println("location.href='./memberLogin.me';");
30              out.println("</script>");
31          }
32
33          else{
34          forward = new ActionForward();
35          String viewId=request.getParameter("id");
36          MemberViewService memberViewService = new
37  MemberViewService();
```

38	`        MemberBean member=memberViewService.getMember(viewId);`
39	`        request.setAttribute("member", member);`
40	`        forward.setPath("./member_info.jsp");`
41	`        }`
42	`        return forward;`
43	`    }`
44	`}`
45	

코드 분석

33~41	관리자로 로그인된 상태이면 35라인에서 받은 아이디 값을 사용해서 MemberViewService 클래스의 getMember 메소드를 호출하여 아이디에 해당하는 사용자 정보를 MemberBean 객체 형태로 반환 받은 후 39 라인에서 request 영역에 속성으로 공유한 후 "member_info.jsp" 페이지로 포워딩하는 부분이다.

• 회원의 정보를 삭제하는 요청을 처리하는 Action 클래스

MemberDeleteAction.java   ⬇ Chapter16₩MemberProject₩src₩main₩java₩action₩
MemberDeleteAction.java

1	`package action;`
2	
3	`import java.io.PrintWriter;`
4	`import jakarta.servlet.http.HttpServletRequest;`
5	`import jakarta.servlet.http.HttpServletResponse;`
6	`import jakarta.servlet.http.HttpSession;`
7	`import svc.MemberDeleteService;`
8	`import vo.ActionForward;`
9	
10	`public class MemberDeleteAction implements Action{`
11	`    public ActionForward execute(HttpServletRequest`
12	`request,HttpServletResponse response)`
13	`        throws Exception{`
14	`    HttpSession session=request.getSession();`
15	`    String id=(String)session.getAttribute("id");`
16	
17	`    ActionForward forward = null;`
18	`    if(id==null){`

```
19          forward = new ActionForward();
20          forward.setRedirect(true);
21          forward.setPath("./memberLogin.me");
22      }else if(!id.equals("admin")){
23          response.setContentType("text/html;charset=UTF-8");
24          PrintWriter out=response.getWriter();
25          out.println("<script>");
26          out.println("alert('관리자가 아닙니다.');");
27          out.println("location.href='./memberLogin.me';");
28          out.println("</script>");
29      }
30      else{
31          String deleteId=request.getParameter("id");
32          MemberDeleteService memberDeleteService = new
33  MemberDeleteService();
34          boolean deleteResult=memberDeleteService.
35  deleteMember(deleteId);
36
37          if(deleteResult){
38              forward = new ActionForward();
39              forward.setRedirect(true);
40              forward.setPath("./memberListAction.me");
41          }
42          else{
43              response.setContentType("text/html;charset=UTF-8");
44              PrintWriter out=response.getWriter();
45              out.println("<script>");
46              out.println("alert('회원정보삭제 실패.');");
47              out.println("location.href='./memberLogin.me';");
48              out.println("</script>");
49          }
50      }
51      return forward;
52  }
53 }
```

14	세션 영역에 공유되어 있는 id 속성 값을 얻어오기 위해서 session 객체를 얻어오는 부분이다.
15	현재 세션 영역에 공유되어 있는 id 속성 값을 얻어오는 부분이다.
18~22	현재 로그인 된 상태가 아니면 로그인 요청을 하는 부분이다.
22~29	현재 로그인한 사용자가 관리자가 아니면 로그인 요청을 하는 부분이다.
31	사용자가 삭제하기 위해서 선택한 회원의 아이디를 받는 부분이다.
32~33	삭제 요청을 처리하는 비즈니스 로직이 구현되어 있는 MemberDeleteService 클래스 객체를 생성하는 부분이다.
34~35	클라이언트에서 파라미터 값으로 넘어온 아이디를 가지고 있는 회원의 정보를 삭제하는 deleteMember 메소드를 호출하는 부분이다.
37~41	회원 정보 삭제 작업 성공 시 회원 목록 보기 페이지로 포워딩하는 부분이다.
42~49	회원 정보 삭제 작업 실패 시 "회원정보삭제 실패" 경고창을 출력한 후 <확인> 버튼을 누르면 로그인 요청을 하는 부분이다.

⑦ 각 클라이언트의 요청을 처리하는 비즈니스 로직이 구현되는 Service 클래스들

• 회원 등록 요청을 처리하는 Service 클래스

MemberJoinService.java   ⬇ Chapter16₩MemberProject₩src₩main₩java₩svc₩
MemberJoinService.java

```
1    package svc;
2
3    import vo.MemberBean;
4    import static db.JdbcUtil.*;
5    import java.sql.Connection;
6    import dao.MemberDAO;
7
8    public class MemberJoinService {
9
10       public boolean joinMember(MemberBean member) {
11           // TODO Auto-generated method stub
12           boolean joinSuccess = false;
```

```
13              MemberDAO memberDAO = MemberDAO.getInstance();
14              Connection con = getConnection();
15              memberDAO.setConnection(con);
16              int insertCount = memberDAO.insertMember(member);
17              if(insertCount > 0){
18                  joinSuccess = true;
19                  commit(con);
20              }
21              else{
22                  rollback(con);
23              }
24              close(con);
25              return joinSuccess;
26          }
27
28      }
```

코드 분석

4	데이터베이스 작업 시 공통적으로 사용하는 메소드들이 JdbcUtil 클래스에 static으로 정의되어 있기 때문에 해당 메소드들을 사용하기 위해서 임포트하는 부분이다.
12	회원가입 성공 여부를 저장할 변수이다.
16	새로운 회원 정보 하나를 데이터베이스에 삽입하는 insertMember 메소드를 호출한 부분이다. insertCount 변수에는 삽입된 레코드 개수가 반환된다.
17~20	삽입된 레코드의 개수가 1개 이상이면 joinSuccess 변수 값을 true로 변경하고 트랜잭션을 완성(commit)시키는 부분이다.
21~23	삽입된 레코드가 없으면, 즉 반환 값이 0이면 트랜잭션 작업을 취소(rollback)시키는 부분이다.

• 로그인 요청을 처리하는 Service 클래스

MemberLoginService.java ⬇ Chapter16₩MemberProject₩src₩main₩java₩svc₩
MemberLoginService.java

```java
1    package svc;
2
3    import vo.MemberBean;
4    import static db.JdbcUtil.*;
5    import java.sql.Connection;
6    import dao.MemberDAO;
7
8    public class MemberLoginService {
9
10       public boolean login(MemberBean member) {
11           // TODO Auto-generated method stub
12           Connection con = getConnection();
13           MemberDAO memberDAO = MemberDAO.getInstance();
14           memberDAO.setConnection(con);
15           boolean loginResult = false;
16           String loginId = memberDAO.selectLoginId(member);
17           if(loginId != null){
18               loginResult = true;
19           }
20           close(con);
21           return loginResult;
22       }
23
24    }
```

⊘ 코드 분석

15	로그인 성공 여부를 저장하는 변수이다.
16	MemberDAO 클래스에 정의되어 있는 selectLoginId 메소드를 호출하여 로그인에 성공한 id 값을 반환 받는다. 로그인에 성공하면 로그인에 성공한 사용자의 id 값이 반환되며, 로그인에 실패하면 null이 반환된다.
17~19	로그인에 성공하면 loginResult 변수 값을 true로 변경한다.

• 전체 회원 목록 보기 요청을 처리하는 Service 클래스

MemberListService.java   ⬇ Chapter16₩MemberProject₩src₩main₩java₩svc₩
MemberListService.java

```java
 1   package svc;
 2
 3   import java.sql.Connection;
 4   import java.util.ArrayList;
 5   import dao.MemberDAO;
 6   import static db.JdbcUtil.*;
 7   import vo.MemberBean;
 8
 9   public class MemberListService {
10
11      public ArrayList<MemberBean> getMemberList() {
12          // TODO Auto-generated method stub
13          Connection con = getConnection();
14          MemberDAO memberDAO = MemberDAO.getInstance();
15          memberDAO.setConnection(con);
16          ArrayList<MemberBean> memberList = memberDAO.
17   selectMemberList();
18          close(con);
19          return memberList;
20      }
21
22   }
```

✓ 코드 분석

16~17	MemberDAO 클래스에 정의되어 있는 selectMemberList 메소드를 호출하여 전체 회원 목록을 반환 받는 부분이다.
19	전체 회원 목록 정보를 반환한다.

• 회원 한 명 정보 보기 요청을 처리하는 Service 클래스

MemberViewService.java

⬇ Chapter16₩MemberProject₩src₩main₩java₩svc₩
MemberViewService.java

```
1   package svc;
2
3   import vo.MemberBean;
4   import static db.JdbcUtil.*;
5   import java.sql.Connection;
6   import dao.MemberDAO;
7
8   public class MemberViewService {
9
10      public MemberBean getMember(String viewId) {
11          // TODO Auto-generated method stub
12          Connection con = getConnection();
13          MemberDAO memberDAO = MemberDAO.getInstance();
14          memberDAO.setConnection(con);
15          MemberBean member = memberDAO.selectMember(viewId);
16          close(con);
17          return member;
18      }
19
20  }
```

✅ 코드 분석

15	MemberDAO 클래스에 정의되어 있는 selectMember 메소드를 호출하여 인자로 지정된 아이디를 가진 회원의 정보를 MemberBean 객체 형태로 반환 받는 부분이다.
17	회원 정보 하나를 반환하는 부분이다.

• 회원 한 명 정보 삭제 요청을 처리하는 Service 클래스

MemberDeleteService.java

⬇ Chapter16₩MemberProject₩src₩main₩java₩svc₩
MemberDeleteService.java

```java
1    package svc;
2
3    import static db.JdbcUtil.*;
4    import java.sql.Connection;
5    import dao.MemberDAO;
6
7    public class MemberDeleteService {
8
9        public boolean deleteMember(String deleteId) {
10           // TODO Auto-generated method stub
11           boolean deleteResult = false;
12           Connection con = getConnection();
13           MemberDAO memberDAO = MemberDAO.getInstance();
14           memberDAO.setConnection(con);
15           int deleteCount = memberDAO.deleteMember(deleteId);
16           if(deleteCount > 0){
17               commit(con);
18               deleteResult = true;
19           }
20           else{
21               rollback(con);
22           }
23           close(con);
24           return deleteResult;
25       }
26
27   }
```

15	MemberDAO 클래스에 정의되어 있는 deleteMember 메소드를 호출하여 인자로 지정된 아이디를 가지고 있는 회원 정보를 삭제하는 부분이다.
16~19	삭제된 레코드가 하나 이상일 때, 즉 회원 정보 삭제 요청이 성공했을 때 트랜잭션을 완성시키는 부분이다.
20~22	회원 정보 삭제 작업이 실패했을 때 트랜잭션 작업을 취소하는 부분이다.

⑧ 오라클 데이터베이스로 SQL 구문을 전송하는 클래스

MemberDAO.java   ⬇ Chapter16₩MemberProject₩src₩main₩java₩dao₩MemberDAO.java

```
1    package dao;
2
3    import java.sql.Connection;
4    import java.sql.PreparedStatement;
5    import java.sql.ResultSet;
6    import java.util.ArrayList;
7    import javax.sql.DataSource;
8    import vo.MemberBean;
9    import static db.JdbcUtil.*;
10
11   public class MemberDAO {
12       public static MemberDAO instance;
13       Connection con;
14       PreparedStatement pstmt;
15       ResultSet rs;
16       DataSource ds;
17       private MemberDAO() {
18
19       }
20       public static MemberDAO getInstance(){
21           if(instance == null){
22               instance = new MemberDAO();
23           }
24           return instance;
25       }
26       public void setConnection(Connection con){
27           this.con = con;
```

```
28          }

30      public String selectLoginId(MemberBean member){
31          String loginId = null;
32          String sql="SELECT MEMBER_ID FROM MEMBER1 WHERE MEMBER_ID=?
33  AND MEMBER_PW=?";

35          try{
36              pstmt=con.prepareStatement(sql);
37              pstmt.setString(1, member.getMEMBER_ID());
38              pstmt.setString(2, member.getMEMBER_PW());
39              rs = pstmt.executeQuery();

41              if(rs.next()){
42                  loginId = rs.getString("MEMBER_ID");
43              }
44          }catch(Exception ex){
45              System.out.println(" 에러: " + ex);
46          }finally{
47              close(rs);
48              close(pstmt);
49          }

51          return loginId;
52      }

54      public int insertMember(MemberBean member){
55          String sql="INSERT INTO MEMBER1 VALUES (?,?,?,?,?,?)";
56          int insertCount=0;

58          try{

60              pstmt=con.prepareStatement(sql);
61              pstmt.setString(1, member.getMEMBER_ID());
62              pstmt.setString(2, member.getMEMBER_PW());
63              pstmt.setString(3, member.getMEMBER_NAME());
64              pstmt.setInt(4, member.getMEMBER_AGE());
65              pstmt.setString(5, member.getMEMBER_GENDER());
66              pstmt.setString(6, member.getMEMBER_EMAIL());
67              insertCount=pstmt.executeUpdate();
```

```
68
69              }catch(Exception ex){
70                  System.out.println("joinMember 에러: " + ex);
71              }finally{
72                  close(pstmt);
73              }
74
75          return insertCount;
76      }
77
78      public ArrayList<MemberBean> selectMemberList(){
79          String sql="SELECT * FROM MEMBER1";
80          ArrayList<MemberBean> memberList=new ArrayList<MemberBean>();
81          MemberBean mb = null;
82          try{
83
84              pstmt=con.prepareStatement(sql);
85              rs=pstmt.executeQuery();
86
87              if(rs.next()){
88                  do{
89                  mb=new MemberBean();
90                  mb.setMEMBER_ID(rs.getString("MEMBER_ID"));
91                  mb.setMEMBER_PW(rs.getString("MEMBER_PW"));
92                  mb.setMEMBER_NAME(rs.getString("MEMBER_NAME"));
93                  mb.setMEMBER_AGE(rs.getInt("MEMBER_AGE"));
94                  mb.setMEMBER_GENDER(rs.getString("MEMBER_GENDER"));
95                  mb.setMEMBER_EMAIL(rs.getString("MEMBER_EMAIL"));
96                  memberList.add(mb);
97                  }while(rs.next());
98              }
99          }catch(Exception ex){
100             System.out.println("getDeatilMember 에러: " + ex);
101
102         }finally{
103             close(rs);
104             close(pstmt);
105         }
106         return memberList;
107     }
```

```java
108
109     public MemberBean selectMember(String id){
110         String sql="SELECT * FROM MEMBER1 WHERE MEMBER_ID=?";
111         MemberBean mb = null;
112         try{
113
114             pstmt=con.prepareStatement(sql);
115             pstmt.setString(1, id);
116             rs=pstmt.executeQuery();
117
118             if(rs.next()){
119             mb=new MemberBean();
120             mb.setMEMBER_ID(rs.getString("MEMBER_ID"));
121             mb.setMEMBER_PW(rs.getString("MEMBER_PW"));
122             mb.setMEMBER_NAME(rs.getString("MEMBER_NAME"));
123             mb.setMEMBER_AGE(rs.getInt("MEMBER_AGE"));
124             mb.setMEMBER_GENDER(rs.getString("MEMBER_GENDER"));
125             mb.setMEMBER_EMAIL(rs.getString("MEMBER_EMAIL"));
126             }
127         }catch(Exception ex){
128             System.out.println("getDeatilMember 에러: " + ex);
129
130         }finally{
131             close(rs);
132             close(pstmt);
133         }
134
135         return mb;
136     }
137     public int deleteMember(String id){
138         String sql="DELETE MEMBER1 WHERE MEMBER_ID=?";
139         int deleteCount = 0;
140
141         try{
142             pstmt=con.prepareStatement(sql);
143             pstmt.setString(1, id);
144             deleteCount = pstmt.executeUpdate();
145         }catch(Exception ex){
146             System.out.println("deleteMember 에러: " + ex);
147         }finally{
```

```
148              close(pstmt);
149          }
150
151          return deleteCount;
152      }
153  }
```

✅ 코드 분석

20~25	처음 getInstance 메소드 요청 시만 MemberDAO 객체를 생성하고 두 번째 요청부터는 이미 생성된 MemberDAO 객체(instance)를 반환하게 구현한 부분이다. 즉 singleton 패턴을 구현한 부분이다.
26~28	MemberDAO 객체에 Connection 객체를 주입하는 메소드를 정의한 부분이다.
30~52	로그인에 성공한 사용자의 아이디를 반환하는 메소드를 정의한 부분이다.
32~39	사용자가 입력한 아이디와 비밀번호를 가진 회원의 아이디를 조회하는 SQL 구문을 실행한 부분이다.
54~76	새로운 회원 정보 하나를 member1 테이블에 삽입하는 메소드 정의 부분이다.
75	member1 테이블에 삽입된 레코드 개수를 반환하는 부분이다.
78~107	member1 테이블에 존재하는 모든 회원의 정보를 ArrayList<MemberBean> 타입으로 반환하는 메소드를 정의한 부분이다.
109~136	인자로 넘어온 아이디를 가지고 있는 회원의 정보를 MemberBean 타입으로 반환하는 메소드를 정의한 부분이다.
137~152	인자로 넘어온 아이디를 가지고 있는 회원의 정보를 member1 테이블에서 삭제하는 메소드를 정의한 부분이다.

⑨ 클라이언트의 요청에 대한 응답 화면을 만들어낼 뷰 페이지들

· 회원가입에 필요한 정보를 입력받는 jsp 페이지

joinForm.css   ⬇ Chapter16₩MemberProject₩src₩main₩webapp₩css₩joinForm.css

```
1    #joinformArea{
2        width : 400px;
3        margin : auto;
4        border : 1px solid gray;
5    }
6    table{
7        width : 380px;
8        margin :  auto;
9        text-align: center;
10   }
```

joinForm.jsp   ⬇ Chapter16₩MemberProject₩src₩main₩webapp₩joinForm.jsp

```
1    <%@ page language="java" contentType="text/html; charset=UTF-8"%>
2    <!DOCTYPE html>
3    <html>
4    <head>
5    <meta charset="UTF-8">
6    <title>Insert title here</title>
7    <link href="css/joinForm.css" rel="stylesheet" type="text/css">
8    </head>
9    <body>
10   <section id = "joinformArea">
11   <form name="joinform" action="./memberJoinAction.me" method="post">
12   <table>
13     <tr>
14        <td colspan="2">
15           <h1>회원가입 페이지</h1>
16        </td>
17     </tr>
18     <tr>
19        <td><label for = "MEMBER_ID">아이디 : </label> </td>
20        <td><input type="text" name="MEMBER_ID" id = "MEMBER_ID"/></
21   td>
```

```
22        </tr>
23        <tr>
24            <td><label for = "MEMBER_PW">비밀번호 : </label></td>
25            <td><input type="password" name="MEMBER_PW" id = "MEMBER_
26  PW"/></td>
27        </tr>
28        <tr>
29            <td><label for = "MEMBER_NAME">이름 : </label></td>
30            <td><input type="text" name="MEMBER_NAME" id = "MEMBER_
31  NAME"/></td>
32        </tr>
33        <tr>
34            <td><label for = "MEMBER_AGE">나이 : </label></td>
35            <td><input type="text" name="MEMBER_AGE" maxlength="2" id =
36  "MEMBER_AGE"/></td>
37        </tr>
38        <tr>
39            <td><label for = "MEMBER_GENDER">성별 : </label></td>
40            <td>
41                <input type="radio" name="MEMBER_GENDER" value="남"
42  checked="checked" id = "MEMBER_GENDER"/>남자
43                <input type="radio" name="MEMBER_GENDER" value="여"/>여자
44            </td>
45        </tr>
46        <tr>
47            <td><label for = "MEMBER_EMAIL">이메일 주소 : </label></td>
48            <td><input type="text" name="MEMBER_EMAIL" id = "MEMBER_
49  EMAIL"/></td>
50        </tr>
51        <tr>
52            <td colspan="2">
53                <a href="javascript:joinform.submit()">회원가입</a>  
54                <a href="javascript:joinform.reset()">다시작성</a>
55            </td>
56        </tr>
57    </table>
58    </form>
59    </section>
60    </body>
61    </html>
```

회원가입에 필요한 정보를 입력할 수 있는 뷰 페이지이다.

• 로그인에 필요한 아이디와 비밀번호를 입력 받을 수 있는 loginForm.jsp 페이지

loginForm.css   ⬇ Chapter16₩MemberProject₩src₩main₩webapp₩css₩loginForm.css

```
1   #loginformArea{
2       margin : auto;
3       width : 400px;
4       border : 1px solid gray;
5   }
6   table{
7       width : 380px;
8       margin : auto;
9       text-align: center;
10  }
```

loginForm.jsp   ⬇ Chapter16₩MemberProject₩src₩main₩webapp₩loginForm.jsp

```
1   <%@ page language="java" contentType="text/html; charset=UTF-8"%>
2   <!DOCTYPE html>
3   <html>
4   <head>
5   <meta charset="UTF-8">
6   <title>로그인 페이지</title>
7   <link href="css/loginForm.css" rel="stylesheet" type="text/css">
8   </head>
9   <body>
10  <section id = "loginformArea">
11  <form name="loginform" action="./memberLoginAction.me" method="post">
12  <table>
13     <tr>
14        <td colspan="2">
15           <h1>로그인 페이지</h1>
16        </td>
```

```
17        </tr>
18        <tr><td><label for = "MEMBER_ID">아이디 : </label></td><td><input
19    type="text" name="MEMBER_ID" id = "MEMBER_ID"/></td></tr>
20        <tr><td><label for = "MEMBER_PW">비밀번호 : </label></td><td><input
21    type="password" name="MEMBER_PW" id = "MEMBER_PW"/></td></tr>
22        <tr>
23            <td colspan="2">
24                <a href="javascript:loginform.submit()">로그인</
25    a>  
26                <a href="memberJoin.me">회원가입</a>
27            </td>
28        </tr>
29    </table>
30    </form>
31    </section>
32    </body>
33    </html>
```

로그인에 필요한 아이디와 비밀번호를 입력 받는 페이지

• 회원목록을 출력해 주는 member_list.jsp 페이지

Member_list.css   ⬇ Chapter16\MemberProject\src\main\webapp\css\Member_list.css

```
1     #memberListArea{
2         width : 400px;
3         border : 1px solid gray;
4         margin : auto;
5     }
6     table{
7         width : 380px;
8         margin : auto;
9         text-align: center;
10    }
```

```
1    <%@page import="vo.MemberBean"%>
2    <%@ page language="java" contentType="text/html; charset=UTF-8"%>
3    <%@ page import="java.util.*" %>
4    <%@ taglib prefix="c" uri="http://java.sun.com/jsp/jstl/core" %>
5    <!DOCTYPE html>
6    <html>
7    <head>
8    <meta charset="UTF-8">
9    <title>회원관리 시스템 관리자모드(회원 목록 보기)</title>
10   <link href="css/Member_List.css" rel="stylesheet" type="text/css">
11   </head>
12   <body>
13   <section id = "memberListArea">
14   <table>
15      <tr>
16         <td colspan=2><h1>회원 목록</h1></td>
17      </tr>
18      <c:forEach var = "member" items = "${memberList}">
19      <tr>
20         <td>
21            <a href="memberViewAction.me?id=${member.MEMBER_ID}">
22               ${member.MEMBER_ID}
23            </a>
24         </td>
25         <td>
26         <a href="memberDeleteAction.me?id=${member.MEMBER_ID}">삭제</
27   a>
28         </td>
29      </tr>
30      </c:forEach>
31   </table>
32   </section>
33   </body>
34   </html>
```

4	JSTL core 파트 라이브러리 접두사를 지정한 부분이다.
18~30	request 영역에 memberList라는 이름으로 공유되어 있는 ArrayList<MemberBean> 타입의 컬렉션 객체에서 MemberBean 객체 요소를 하나씩 member 변수에 할당하면서 반복문이 실행되는 부분이다.
21	EL(Expression Language)을 이용하여 MEMBER_ID 속성 값을 출력하는 부분이다.
26~27	삭제 링크를 생성하는 부분이다. 사용자가 삭제 요청을 할 때는 EL(Expression Language)을 이용하여 삭제하려는 회원의 MEMBER_ID 값을 파라미터 값으로 전송한다.

• 한 명의 회원 정보를 보여주는 member_info.jsp 페이지

member_info.css   ⬇ Chapter16₩MemberProject₩src₩main₩webapp₩css₩member_info.css

```
1    #memberInfoArea{
2         width : 400px;
3         margin : auto;
4         border : 1px solid gray;
5    }
6    table{
7         width : 380px;
8         margin : auto;
9         text-align: center;
10   }
```

member_info.jsp   ⬇ Chapter16₩MemberProject₩src₩main₩webapp₩member_info.jsp

```
1    <%@ page language="java" contentType="text/html; charset=UTF-8"%>
2    <%@ taglib prefix="c" uri="http://java.sun.com/jsp/jstl/core" %>
3    <!DOCTYPE html>
4    <html>
5    <head>
6    <meta charset="UTF-8">
7    <title>회원관리 시스템 관리자모드 (회원 정보 보기)</title>
8    <link href="css/member_info.css" rel="stylesheet" type="text/css">
9    </head>
10   <body>
```

```
11
12    <section id = "memberInfoArea">
13    <table>
14       <tr>
15          <td>아이디 : </td>
16          <td>${member.MEMBER_ID }</td>
17       </tr>
18       <tr>
19          <td>비밀번호 : </td>
20          <td>${member.MEMBER_PW}</td>
21       </tr>
22       <tr>
23          <td>이름 : </td>
24          <td>${member.MEMBER_NAME}</td>
25       </tr>
26       <tr>
27          <td>나이 : </td>
28          <td>${member.MEMBER_AGE}</td>
29       </tr>
30       <tr>
31          <td>성별 : </td>
32          <td>${member.MEMBER_GENDER}</td>
33       </tr>
34       <tr>
35          <td>이메일 주소 : </td>
36          <td>${member.MEMBER_EMAIL}</td>
37       </tr>
38       <tr>
39          <td colspan=2>
40             <a href="memberListAction.me">리스트로 돌아가기</a>
41          </td>
42       </tr>
43    </table>
44    </section>
45    </body>
46    </html>
```

request 영역에 member라는 이름으로 공유되어 있는 객체를 얻어와서 각 속성 값들을 EL(Expression Language)을 사용해서 출력하는 페이지이다.

6) 실행하기

① 회원가입하기

01 관리자 아이디인 admin과 다른 필요한 데이터들을 입력하고 "회원가입" 링크를 눌러서 회원가입 요청을 한다.

그림 16-52. admin 사용자 회원가입 화면

02 joinForm.jsp 페이지를 실행한 후 aaa 사용자 정보를 입력한 후 "회원가입" 링크를 클릭하여 aaa 사용자도 등록한다.

그림 16-53. aaa 사용자 회원가입 화면

03 joinForm.jsp 페이지에서 입력한 사용자 정보로 회원가입이 성공하면 loginForm.jsp 페이지로 이동한다.

그림 16-54. loginForm.jsp 화면

② 로그인하기

01 로그인 페이지에서 admin 아이디와 비밀번호를 입력하고 "로그인" 링크를 눌러 로그인 요청을 한다.

그림 16-55. loginForm.jsp 에서 admin으로 로그인하는 화면 그림

02 관리자 아이디로 제대로 로그인이 성공하면 전체 회원 목록이 출력된다.

그림 16-56. 회원 목록 화면

03 〈그림 16-55〉에서 잘못된 비밀번호를 입력한 후 "로그인" 링크를 누른다.

그림 16-57. 잘못된 비밀번호를 입력한 화면

04 로그인에 실패하면 "로그인 실패" 경고창이 출력되고 〈확인〉 버튼을 누르면 다시 로그인 페이지로 되돌아간다.

그림 16-58. 로그인에 실패한 화면

05 로그인 실패하면 다음 화면처럼 로그인 페이지로 되돌아온다.

그림 16-59. 로그인 페이지로 되돌아온 화면

③ 회원 정보 보기

01 회원의 아이디 링크를 눌러서 회원 정보 보기 요청을 전송한다.

그림 16-60. 회원 목록 화면에서 아이디 링크를 누른 화면

02 다음 화면은 〈그림 16-60〉에서 선택한 회원의 정보가 출력된 화면이다. "리스트로 돌아가기" 링크를 눌러 목록 보기 화면으로 돌아간다.

그림 16-61. 회원의 정보가 출력된 화면에서 리스트로 돌아가기 링크를 누른 화면

03 회원 목록 화면으로 되돌아간다.

그림 16-62. 회원 목록 화면으로 돌아간 화면

④ 회원정보 삭제

01 회원 목록 화면에서 〈삭제〉 버튼을 누른다.

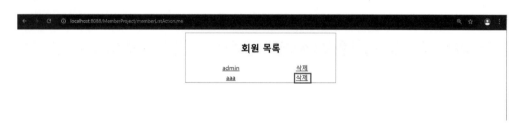

그림 16-63. 회원 목록 화면으로 삭제 링크를 누른 화면

02 회원 목록 페이지가 출력된다.

그림 16-64. 회원 정보 삭제 요청이 완료된 후 회원 목록 화면

5. 모델 2에 필터(Filter) 적용하기

필터는 서블릿에서 특정한 요청을 처리하기 전이나 후에 특정한 기능을 추가하는 기능이다. 프레임 워크 설계 등에 자주 사용하는 기능이므로 사용법을 소개하겠다.

1) 필터 전처리를 사용하여 한글 처리하기

간단하게 이름을 한글로 입력 받을 수 있는 jsp 페이지를 작성하였다.

① 한글 데이터를 입력할 수 있는 jsp 페이지 작성

test.jsp   ⬇ Chapter16₩DogShopping₩src₩main₩webapp₩test.jsp

```
1   <%@ page language="java" contentType="text/html; charset=UTF-8"
2       pageEncoding="UTF-8"%>
3   <!DOCTYPE html PUBLIC "-//W3C//DTD HTML 4.01 Transitional//EN"
4   "http://www.w3.org/TR/html4/loose.dtd">
5   <html>
6   <head>
7   <meta http-equiv="Content-Type" content="text/html; charset=UTF-8">
8   <title>Insert title here</title>
9   </head>
10  <body>
11  <form action="servletTest" method="post">
12    <label for = "name">이름 : </label>
13    <input type="text" name="name" id = "name"><br/>
14    <input type="submit" value="전송"/>
15  </form>
16  </body>
17  </html>
```

 코드 분석

한글로 이름을 입력할 수 있는 페이지이다.

② 간단하게 한글 이름을 파라미터로 전송받아 출력하는 코드

ServletTest.java   ⬇ Chapter16₩DogShopping₩src₩main₩java₩controller₩ServletTest.java

```java
1   package controller;
2
3   import java.io.IOException;
4   import java.io.PrintWriter;
5   import jakarta.servlet.ServletException;
6   import jakarta.servlet.annotation.WebServlet;
7   import jakarta.servlet.http.HttpServlet;
8   import jakarta.servlet.http.HttpServletRequest;
9   import jakarta.servlet.http.HttpServletResponse;
10
11  /**
12   * Servlet implementation class ServletTest
13   */
14  @WebServlet("/servletTest")
15  public class ServletTest extends HttpServlet {
16      private static final long serialVersionUID = 1L;
17
18      /**
19       * @see HttpServlet#HttpServlet()
20       */
21      public ServletTest() {
22          super();
23          // TODO Auto-generated constructor stub
24      }
25
26      /**
27       * @see HttpServlet#doPost(HttpServletRequest request,
28  HttpServletResponse response)
29       */
30      protected void doPost(HttpServletRequest request,
31  HttpServletResponse response) throws ServletException, IOException {
32          // TODO Auto-generated method stub
33          String name = request.getParameter("name");
34          response.setContentType("text/html;charset=UTF-8");
35          PrintWriter out = response.getWriter();
36          out.println("name="+name);
```

37	
38	}
39	
40	}

클라이언트에서 name이라는 이름으로 넘어오는 파라미터 값을 받아서 출력하는 서블릿이다.

위의 경우 test.jsp에서 한글 이름을 입력한 후 전송하면 한글이 깨진다. 필터 기능을 사용해서 한글을 처리해 보자.

· 필터 생성하기

01 이제 필터를 생성해 보도록 하겠다. 프로젝트에서 우측 버튼을 클릭하고 New → Other → Web→ Filter를 클릭하여 나타나는 화면에서 Class name에 MyFilter를 입력하고 〈Next〉 버튼을 클릭한다

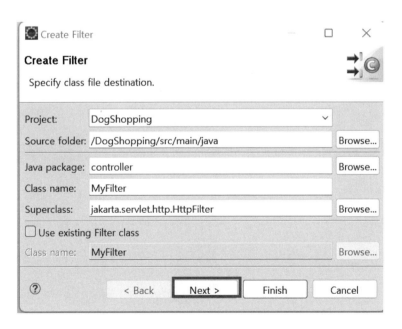

그림 16-65. Create Filter 대화상자 화면

02 "Filter mappings:" 영역의 "/MyFilter"를 마우스로 선택한 후 〈Edit〉 버튼을 누른다.

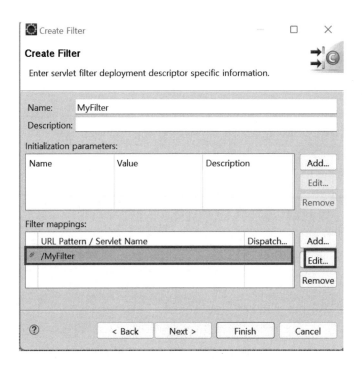

그림 16-66. Filter mappings 변경 대화상자 화면

03 Pattern을 "/*"로 수정한 후 〈OK〉 버튼을 누르고 다시 〈Finish〉 버튼을 눌러서 MyFilter 클래스를 생성한다. "/*"의 의미는 해당 애플리케이션으로 들어오는 모든 요청에 대해서 필터 처리를 하겠다는 의미이다.

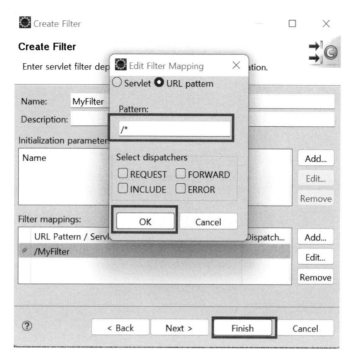

그림 16-67. Edit Filter mapping 대화상자 화면

③ 한글 처리 기능을 추가하는 필터 클래스 코드

MyFilter.java ⬇ Chapter16₩DogShopping₩src₩main₩java₩controller₩MyFilter.java

```java
1    package controller;
2
3    import java.io.IOException;
4    import jakarta.servlet.Filter;
5    import jakarta.servlet.FilterChain;
6    import jakarta.servlet.FilterConfig;
7    import jakarta.servlet.ServletException;
8    import jakarta.servlet.ServletRequest;
9    import jakarta.servlet.ServletResponse;
10   import jakarta.servlet.annotation.WebFilter;
11
12   /**
13    * Servlet Filter implementation class MyFilter
```

```
14    */
15    @WebFilter("/*")
16    public class MyFilter implements Filter {
17
18        /**
19         * Default constructor.
20         */
21        public MyFilter() {
22            // TODO Auto-generated constructor stub
23        }
24
25        /**
26         * @see Filter#destroy()
27         */
28        public void destroy() {
29            // TODO Auto-generated method stub
30        }
31
32        /**
33         * @see Filter#doFilter(ServletRequest, ServletResponse,
34    FilterChain)
35         */
36        public void doFilter(ServletRequest request, ServletResponse
37    response, FilterChain chain) throws IOException, ServletException {
38            request.setCharacterEncoding("UTF-8");
39            chain.doFilter(request, response);
40        }
41
42        /**
43         * @see Filter#init(FilterConfig)
44         */
45        public void init(FilterConfig fConfig) throws ServletException {
46            // TODO Auto-generated method stub
47        }
48
49    }
```

38	필터를 거치는 모든 요청에서 사용되는 파라미터 값의 한글 처리를 하는 부분이다.
39	이 부분 코드로 인해서 필터 처리 후 요청이 다시 서블릿으로 전송된다.

• 실행하기

test.jsp를 실행하고 입력 상자에 한글로 이름을 입력한 후 〈전송〉 버튼을 클릭하면 다음과 같이 한글 처리가 되는 것을 확인할 수 있다.

그림 16-68. test.jsp 화면에 한글 이름을 입력한 화면 그림

그림 16-69. 서블릿에서 한글 이름을 출력한 화면 그림

2) DogShopping 프로젝트에 필터 적용하기

아래 코드처럼 필터 부분만 추가하면 나머지는 서블릿을 Controller로 사용할 경우와 똑같은 코드를 사용하면 된다. 실행 방법도 동일하다. 단 애플리케이션을 실행할 때는 DogFrontController나 DogFrontControllerFilter 중 하나만 사용해야 한다.

```
 1    package controller;
 2
 3    import java.io.IOException;
 4    import jakarta.servlet.Filter;
 5    import jakarta.servlet.FilterChain;
 6    import jakarta.servlet.FilterConfig;
 7    import jakarta.servlet.RequestDispatcher;
 8    import jakarta.servlet.ServletException;
 9    import jakarta.servlet.ServletRequest;
10    import jakarta.servlet.ServletResponse;
11    import jakarta.servlet.annotation.WebFilter;
12    import jakarta.servlet.http.HttpServletRequest;
13    import jakarta.servlet.http.HttpServletResponse;
14    import vo.ActionForward;
15    import action.Action;
16    import action.DogCartAddAction;
17    import action.DogCartListAction;
18    import action.DogCartQtyDownAction;
19    import action.DogCartQtyUpAction;
20    import action.DogCartRemoveAction;
21    import action.DogListAction;
22    import action.DogViewAction;
23
24    /**
25     * Servlet Filter implementation class DogFrontControllerFilter
26     */
27    @WebFilter("*.dog")
28    public class DogFrontControllerFilter implements Filter {
29
30        /**
31         * Default constructor.
32         */
33        public DogFrontControllerFilter() {
34            // TODO Auto-generated constructor stub
35        }
36
37        /**
38         * @see Filter#destroy()
39         */
40        public void destroy() {
```

```
41          // TODO Auto-generated method stub
42      }
43
44      /**
45       * @see Filter#doFilter(ServletRequest, ServletResponse,
46  FilterChain)
47       */
48      public void doFilter(ServletRequest req, ServletResponse res,
49  FilterChain chain) throws IOException, ServletException {
50          // TODO Auto-generated method stub
51          // place your code here
52          // pass the request along the filter chain
53          HttpServletRequest request = (HttpServletRequest)req;
54          HttpServletResponse response = (HttpServletResponse)res;
55          String requestURI = request.getRequestURI();
56  // /project/boardWriteForm.bo
57  String contextPath = request.getContextPath();
58  // /project
59  String command =
60      requestURI.substring(contextPath.length());
61  //  /boardWriteForm.bo
62
63  Action action = null;
64      //각 Action 객체 들의 구조를 정의하고 있는 인터페이스.
65  //요청을 처리할 때 해당 요청을 처리할 Action 객체들을 하나씩 생성해서
66  //해당 객체를 Action 인터페이스의 레퍼런스 변수로 참조함..
67  ActionForward forward = null;
68
69  if(command.equals("/dogList.dog")){
70      action = new DogListAction();
71      try{
72          forward = action.execute(request, response);
73      }
74      catch(Exception e){
75          e.printStackTrace();
76      }
77  }
78  else if(command.equals("/dogView.dog")){
79      action = new DogViewAction();
80      try{
```

```
81          forward = action.execute(request, response);
82        }
83      catch(Exception e){
84          e.printStackTrace();
85        }
86    }
87
88    else if(command.equals("/dogCartAdd.dog")){
89        action = new DogCartAddAction();
90        try{
91            forward = action.execute(request, response);
92        }
93        catch(Exception e){
94            e.printStackTrace();
95        }
96    }
97
98    else if(command.equals("/dogCartList.dog")){
99        action = new DogCartListAction();
100       try{
101           forward = action.execute(request, response);
102       }
103       catch(Exception e){
104           e.printStackTrace();
105       }
106   }
107   else if(command.equals("/dogCartRemove.dog")){
108       action = new DogCartRemoveAction();
109       try{
110           forward = action.execute(request, response);
111       }
112       catch(Exception e){
113           e.printStackTrace();
114       }
115   }
116   else if(command.equals("/dogCartQtyUp.dog")){
117       action = new DogCartQtyUpAction();
118       try{
119           forward = action.execute(request, response);
120       }
```

```
121          catch(Exception e){
122              e.printStackTrace();
123          }
124      }
125      else if(command.equals("/dogCartQtyDown.dog")){
126          action = new DogCartQtyDownAction();
127          try{
128              forward = action.execute(request, response);
129          }
130          catch(Exception e){
131              e.printStackTrace();
132          }
133      }
134
135
136      if(forward != null){
137          if(forward.isRedirect()){
138              response.sendRedirect(forward.getPath());
139          }
140          else{
141              RequestDispatcher dispatcher
142              = request.getRequestDispatcher(forward.getPath());
143              dispatcher.forward(request, response);
144          }
145      }
146          //chain.doFilter(request, response);
147      }
148
149      /**
150       * @see Filter#init(FilterConfig)
151       */
152      public void init(FilterConfig fConfig) throws ServletException {
153          // TODO Auto-generated method stub
154      }
155
156  }
```

 코드 분석

146	doFilter 메소드 호출하는 부분이 없어야 요청 처리가 필터에서만 처리되고 마무리된다. 이 부분이 있으면 다른 서블릿으로 요청이 다시 넘어간다.

1 Frontcontroller 패턴을 적용하지 않은 모델 2 요청 처리 구조

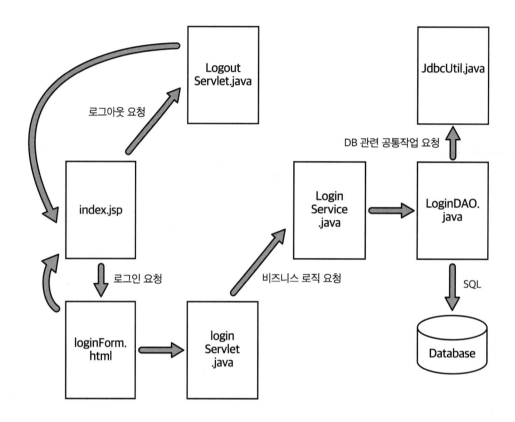

2 Frontcontroller 패턴을 적용한 모델 2 요청 처리 구조

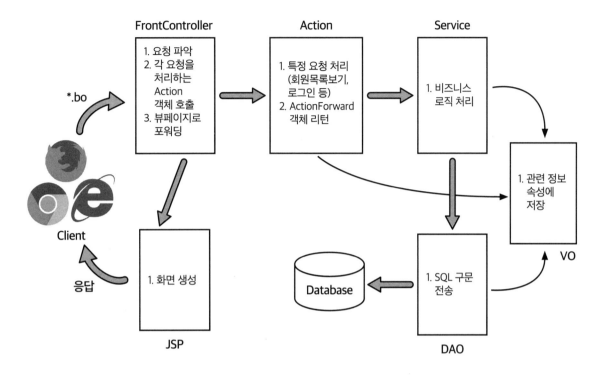

3 필터는 서블릿에서 특정한 요청을 처리하기 전이나 후에 특정한 기능을 추가하는 기능이다. 필터 클래스의 doFilter 메소드에 추가할 기능을 정의하면 된다.

• 개발 환경 설정

1) IntelliJ IDEA 설치 및 Tomcat 연동

01 웹 브라우저를 열고 https://www.jetbrains.com/ko-kr/idea/download/에 접속한 뒤 PC 환경에 맞는 OS를 선택한 후 하단으로 스크롤 시 다음 그림처럼 IntelliJ IDEA Community Edition 다운로드를 할 수 있다. 〈다운로드〉 버튼을 클릭하여 다운로드 한다. 여기서는 교재 집필 시점에서의 최신 버전인 2023.2.3 버전을 설치하겠다.

그림 16-70. IntelliJ IDEA Community Edition 설치 - 1

02 파일 탐색기에서 다운로드 받은 ideaIC-2023.2.3.exe 설치 파일을 더블클릭하여 실행한다.

그림 16-71. Intellij IDEA Community Edition 설치 - 2

03 〈그림 16-71〉에서 IntelliJ IDEA 설치 파일을 더블클릭하여 실행한 후 다음 화면에서 〈Next〉 버튼을 클릭한다.

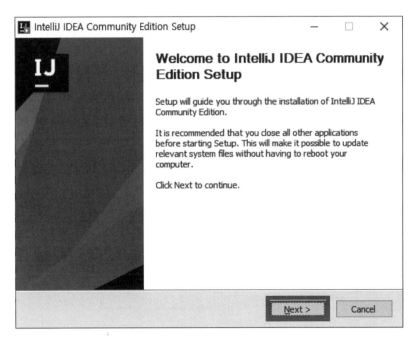

그림 16-72. IntelliJ IDEA Community Edition 설치 - 3

04 IntelliJ IDEA 설치 경로를 지정하는 부분이다. IntelliJ IDEA 설치 경로를 변경하고 싶다면 〈Change〉 버튼을 클릭한다. 본 교재에서는 기본 경로를 사용하기 때문에 〈Next〉 버튼을 클릭하여 설치를 진행한다.

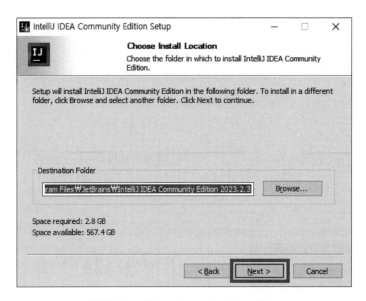

그림 16-73. IntelliJ IDEA Community Edition 설치 - 4

05 설치 옵션을 설정하는 부분이다. 다음 그림처럼 체크 후 〈Next〉 버튼을 클릭한다.

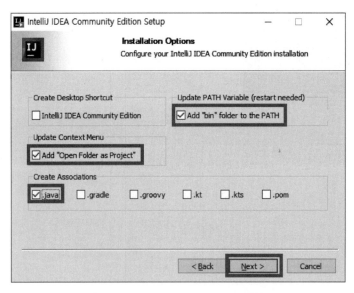

그림 16-74. IntelliJ IDEA Community Edition 설치 - 5

06 〈Install〉 버튼을 클릭하여 설치를 진행한다.

그림 16-75. IntelliJ IDEA Community Edition 설치 - 6

07 설치가 완료하기 위해 재부팅 여부를 확인하는 화면이다. Reboot now를 체크한 후 〈Finish〉 버튼을 클릭하여 설치를 완료한다.

그림 16-76. IntelliJ IDEA Community Edition 설치 - 7

08 시작 메뉴 → JetBrains → IntelliJ IDEA
Community Edition 2023.2.3을 클릭하여
실행한다.

그림 16-77. IntelliJ IDEA Community Edition 2023.2.3 실행

09 다음 화면에서 사용자 약관 동의를 위해 체크 박스를 체크 후 〈Continue〉 버튼을 클
릭한다.

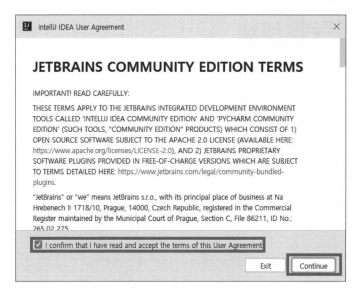

그림 16-78. IntelliJ IDEA 사용자 약관

10 다음 화면은 JetBrains의 개선을 위해 사용 정보 전송 여부를 선택하는 화면이다. 〈Don't Send〉 버튼을 클릭한다. 전송을 원할 시 〈Send Anonymous Statistics〉 버튼을 클릭하면 된다.

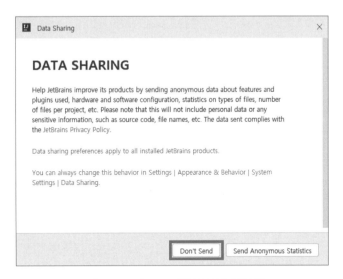

그림 16-79. IntelliJ IDEA 사용 정보 전송 여부 선택

11 다음 화면은 IntelliJ 실행 시 초기 화면이다. 이 화면에서 프로젝트를 새로 만들거나 기존 프로젝트 폴더를 열 수 있다.

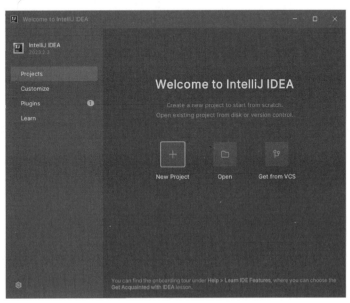

그림 16-80. Welcome to IntelliJ IDEA 초기 화면

12 Customize를 클릭하면 컬러 테마, 폰트 크기 등을 변경할 수 있다.

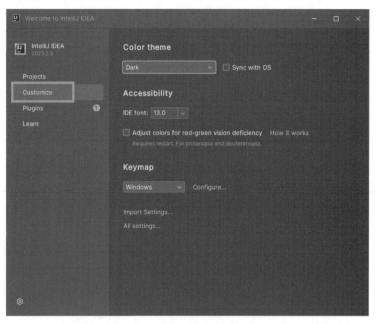

그림 16-81. Customize 화면

13 프로젝트를 생성하기 위해 New Project를 클릭한다.

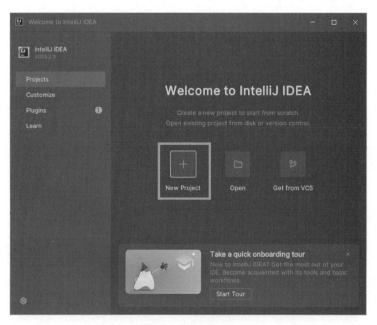

그림 16-82. 프로젝트 생성

14 좌측 Maven Archetype을 선택하고 프로젝트 명을 입력한다.

JDK가 설치되어 있을 경우 설치되어 있는 JDK 버전으로 설정되어 있다. JDK에 아무 것도 없을 경우 〈그림 16-84〉처럼 사용자가 원하는 방법을 클릭하여 추가하면 된다. Archetype은 〈Add…〉 버튼을 클릭 후 org.apache.maven.archetypes:maven-archetype-webapp으로 설정 후 〈Create〉 버튼을 클릭하여 프로젝트를 생성한다.

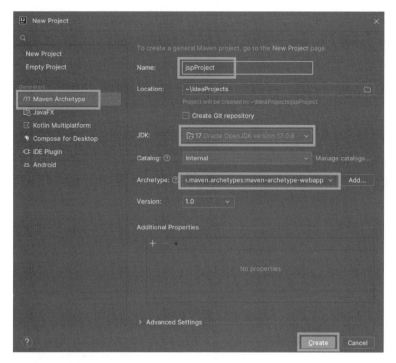

그림 16-83. New Project 화면

그림 16-84. Add SDK

15 다음 그림과 같이 IntelliJ에서 작업할 수 있는 화면이 실행되면 프로젝트가 제대로 생성된 것이다.

그림 16-85. IntelliJ 프로젝트 화면

16 IntelliJ Community에서 Tomcat을 사용하기 위해서는 Smart Tomcat 플러그인을 설치해야 된다.

우측 상단에 있는 ⚙ → Plugins…를 클릭한다.

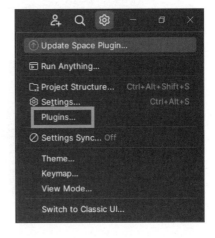

그림 16-86. Smart Tomcat 설치 - 1

17 다음 화면처럼 Smart Tomcat을 검색 후 〈Install〉 버튼을 클릭하여 설치한다. 설치가 완료되면 〈OK〉 버튼을 클릭한다.

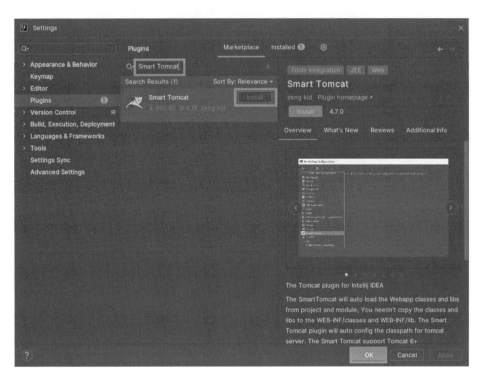

그림 16-87. Smart Tomcat 설치 - 2

18 다음 화면처럼 Current File →Edit Configurations…를 클릭한다.

그림 16-88. Smart Tomcat 설정 - 1

19 ╋ →Smart Tomcat을 클릭한다.

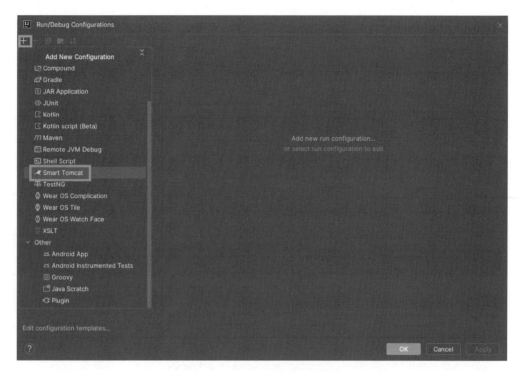

그림 16-89. Smart Tomcat 설정 - 2

20 Tomcat server는 설치되어 있는 Tomcat 디렉토리로 설정 후 〈OK〉 버튼을 클릭하여 설정을 완료한다.

Server port의 경우 8080포트를 이미 사용하고 있을 경우 변경해 주어야 한다.

상단 톰캣의 이름이 Unnamed라 되어 있는데 원하는 이름으로 변경해도 된다.

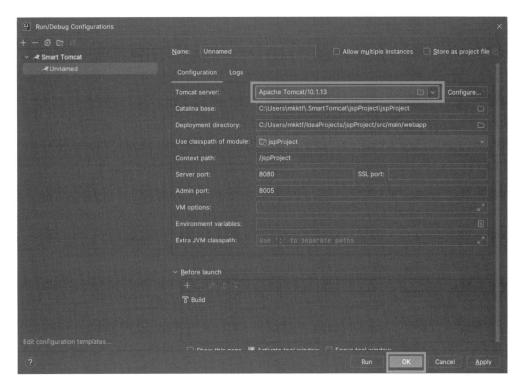

그림 16-90. Smart Tomcat 설정 - 3

21 index.jsp를 더블클릭하여 선택한다. 상단에 〈그림 16-90〉에서 추가한 Tomcat이 선택되어 있는 것을 확인한 후 ▷을 클릭하여 실행한다.

index.jsp에 마우스 우측 버튼을 클릭 후 Run '추가한 톰캣 이름'을 클릭하여 실행해도 된다.

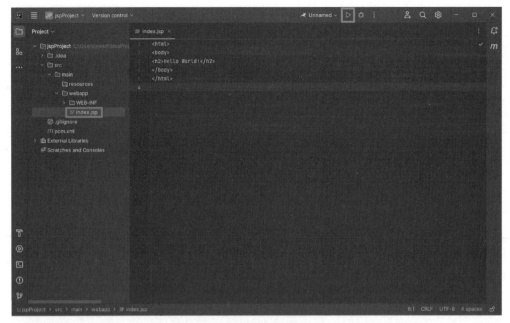

그림 16-91. Run '추가한 톰캣 이름'

22 오류 코드 없이 다음 그림과 같이 실행 결과가 출력되면 링크를 클릭 시 본인이 작성한 웹 페이지가 화면에 출력된다.

그림 16-92. 실행 결과 화면

23 다음 그림처럼 본인이 작성한 웹 페이지가 출력되면 톰캣 설정이 정상적으로 완료된 것이다.

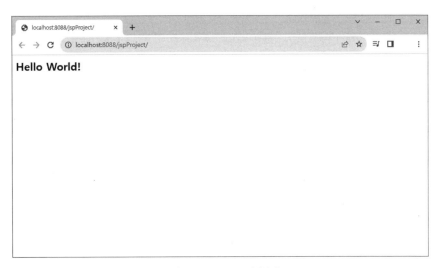

그림 16-93. index.jsp 실행화면

2) Visual Studio Code 설치 및 Tomcat 연동

01 웹 브라우저를 열고 https://code.visualstudio.com/에 〈Download for Windows〉 버튼을 클릭하여 다운로드 한다. Window OS가 아닌 경우 ▼를 클릭하여 PC 환경에 맞는 OS의 Stable 파일을 다운 받으면 된다. 여기서는 교재 집필 시점에서의 최신 버전인 1.83.1 버전을 설치하겠다.

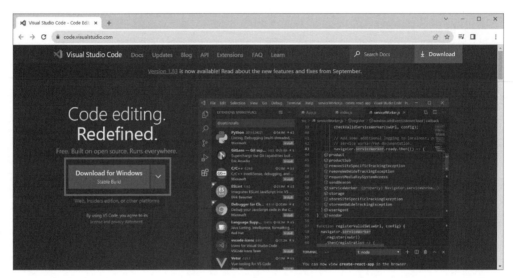

그림 16-94. Visual Studio Code 설치 - 1

02 파일 탐색기에서 다운로드 받은 VSCodeUserSetup-x64-1.83.1.exe 설치 파일을 더블클릭하여 실행한다.

그림 16-95. Visual Studio Code 설치 - 2

03 〈그림 16-95〉에서 Visual Studio Code 설치 파일을 더블클릭하여 실행한 후 다음 화면에서 약관 동의 후 〈다음〉 버튼을 클릭한다.

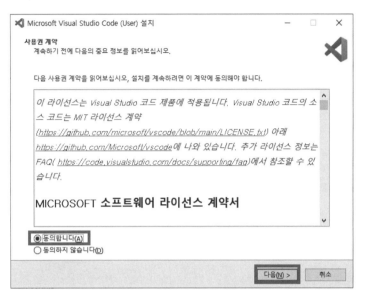

그림 16-96. Visual Studio Code 설치 - 2

04 Visual Studio Code 설치 경로를 지정하는 부분이다. Visual Studio Code 설치 경로를 변경하고 싶다면 〈찾아보기〉 버튼을 클릭한다. 본 교재에서는 기본 경로를 사용하기 때문에 〈다음〉 버튼을 클릭하여 설치를 진행한다.

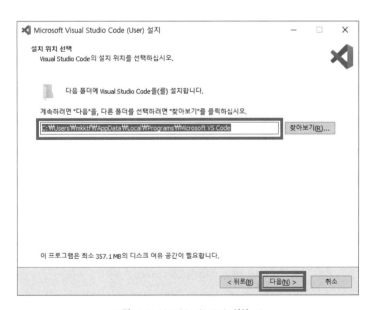

그림 16-97. Visual Studio Code 설치 - 4

05 〈다음〉 버튼을 클릭한다.

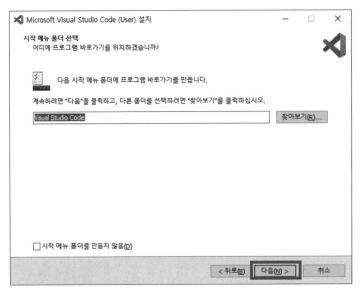

그림 16-98. Visual Studio Code 설치 - 5

06 〈다음〉 버튼을 클릭한다.

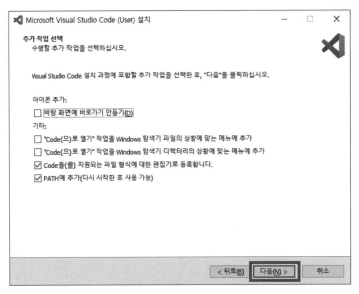

그림 16-99. Visual Studio Code 설치 - 6

07 〈설치〉 버튼을 클릭하여 설치를 진행한다.

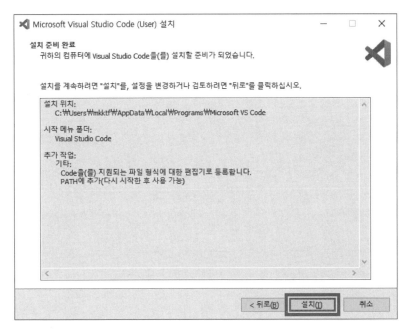

그림 16-100. Visual Studio Code 설치 - 7

08 설치가 완료되면 〈종료〉 버튼을 클릭하여 설치를 완료한다.

그림 16-101. Visual Studio Code 설치 - 8

09 설치가 완료되면 Visual Studio Code가 실행된다. 다음 화면은 Visual Studio Code 시작 시 기본 화면이다.

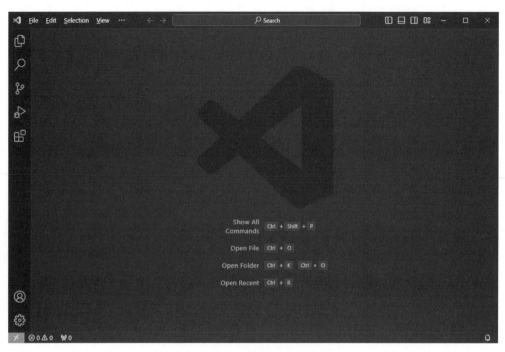

그림 16-102. Visual Studio Code 기본화면

10 🗖을 클릭 후 Debugger for Java와 Community Server를 각각 Install 한다.

그림 16-103. Extensions Install 화면

11 〈그림 16-103〉의 과정 완료 후 좌측 하단 SERVERS 아래에 Community Server Connector가 추가된다. Community Server Connector 클릭 시 SERVERS 우측의 Create New Server 아이콘을 클릭한다. 상단에 Download server? 항목에서 Yes를 클릭한다.

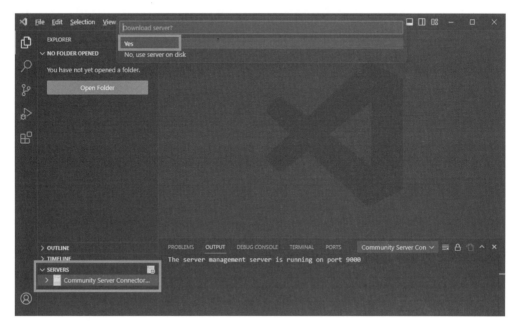

그림 16-104. Download server? 화면

12 Tomcat을 설치하기 위해 Apache Tomcat 11.0.0-M6를 선택한다. 원하는 버전을 사용하면 된다.

그림 16-105. Please choose a server to download 화면

13 라이선스 동의를 위해 Yes를 선택 후 설치를 진행한다.

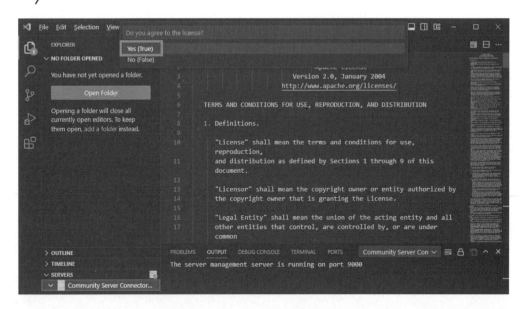

그림 16-106. Do you agree to the license? 화면

14 설치가 완료되면 SERVERS에 Tomcat이 추가된 것을 확인할 수 있다.

그림 16-107. Tomcat 11.0.0-M6가 추가된 화면

15 Tomcat에 마우스 우측 버튼을 클릭 후 Start Server를 클릭한다.

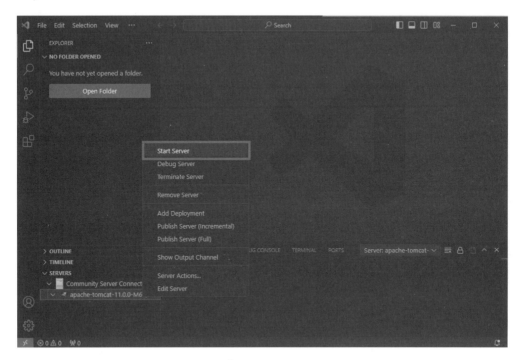

그림 16-108. Start Server

16 다음 그림과 같이 실행된 것을 확인할 수 있다.

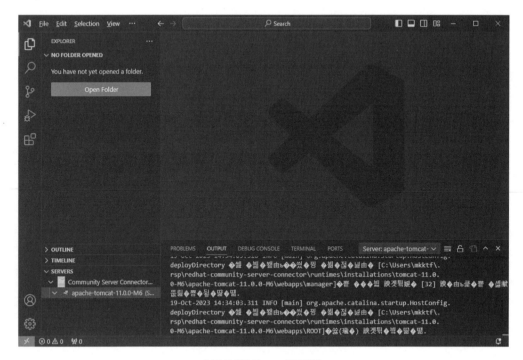

그림 16-109. Tomcat 실행 화면

17 〈그림 16-109〉처럼 한글이 깨져서 출력된다면 파일 탐색기에서 "C:\Users\PC 명\.rsp\redhat-community-server-connector\runtimes\installations\ tomcat-x.x.x\apache-tomcat-x.x.x\conf" 경로로 이동하여 logging.properties 파일을 연다.

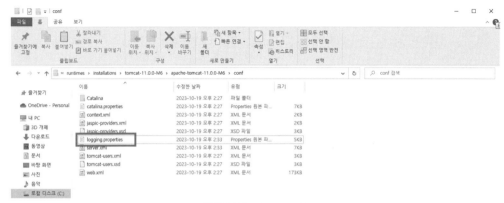

그림 16-110. logging.properties

18 logging.properties 파일을 열어서 UTF-8로 되어있는 부분을 전부 EUC-KR로 수정 후 저장한다.

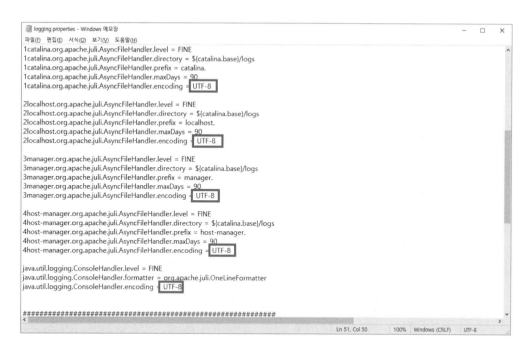

그림 16-111. logging.properties UTF-8 → EUC-KR로 수정

19 Tomcat 서버를 시작하면 한글이 제대로 출력되는 것을 확인할 수 있다.

그림 16-112. Tomcat Start Server

20 〈그림 16-112〉와 같이 정상적으로 실행이 되었을 경우 http://localhost:포트 번호/ 를 입력한다.

다음 그림과 같이 출력되면 Tomcat이 정상적으로 작동하고 있는 것이다.

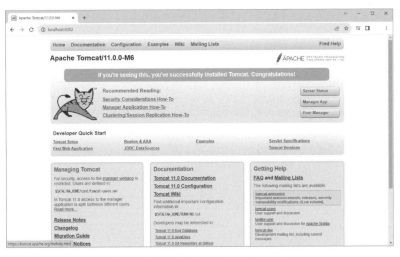

그림 16-113. http://localhost:포트 번호/ 결과 화면

• Tomcat 포트 번호 확인 및 변경

01 Tomcat에서 마우스 우측 버튼을 클릭 후 Server Actions를 클릭한다.

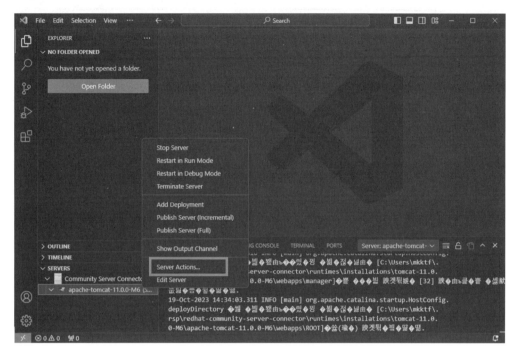

그림 16-114. Server Actions

02 Please choose the action you want to execute. 항목에서 Edit configuration File을 선택한다.

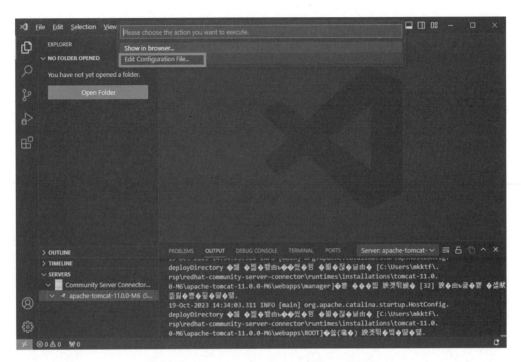

그림 16-115. Please choose the action you want to execute 화면

03 EditServerConfigurationActionHandler.serlection.label 항목에서 conf/server.xml을 클릭하면 server.xml 파일이 열린다.

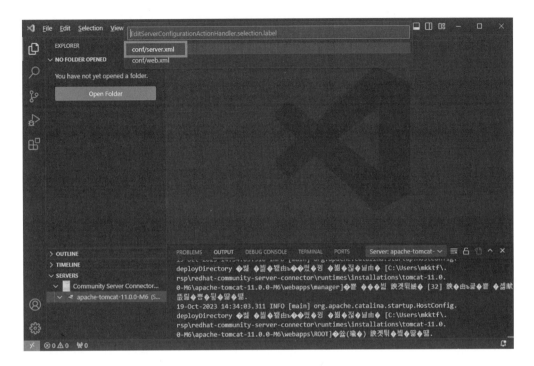

그림 16-116. EditServerConfigurationActionHandler.serlection.label 화면

04 server.xml 코드에서 Connector 부분에 port="xxxx" 부분이 현재 자신의 Tomcat 포트 번호이다.

포트 번호 변경을 원할 시 해당 번호를 수정 후 저장하면 변경이 된다.

그림 16-117. server.xml 화면

Index